# DA CIDADE E DO URBANO

CONSELHO EDITORIAL
Ana Paula Torres Megiani
Eunice Ostrensky
Haroldo Ceravolo Sereza
Joana Monteleone
Maria Luiza Ferreira de Oliveira
Ruy Braga

Stella Bresciani

DA CIDADE E DO URBANO
experiências, sensibilidades, projetos

Josianne Cerasoli
Marcia Naxara
Rodrigo de Faria
(organização)

Copyright © 2018 Maria Stella Martins Bresciani

Grafia atualizada segundo o Acordo Ortográfico da Língua Portuguesa de 1990, que entrou em vigor no Brasil em 2009.

Edição: Haroldo Ceravolo Sereza
Editora assistente: Danielly de Jesus Teles
Projeto gráfico e diagramação: Emerson Dylan
Capa: Mari Rá Chacon
Assistente acadêmica: Bruna Marques
Revisão: Alexandra Colontini
Imagens da capa: Foto de Fernanda Goulart, acervo *Urbano Ornamento*

CIP-BRASIL. CATALOGAÇÃO NA PUBLICAÇÃO
SINDICATO NACIONAL DOS EDITORES DE LIVROS, RJ

B849d

Bresciani, Maria Stella Martins
   Da cidade e do urbano : experiências, sensibilidades, projetos / Maria Stella Bresciani ; organização Josianne Cerasoli , Marcia Naxara , Rodrigo de Faria. - 1. ed. - São Paulo : Alameda, 2018.
     23 cm.

   Inclui bibliografia
   ISBN 978-85-7939-559-8

  1. Urbanismo. 2. Planejamento urbano. 3. Planejamento urbano - Aspectos ambientais. I. Cerasoli, Josianne. II. Naxara, Marcia. III. Faria, Rodrigo de. IV. Título.

18-51505   CDD: 711.4
                               CDU: 711.4

ALAMEDA CASA EDITORIAL
Rua 13 de Maio, 353 – Bela Vista
CEP 01327-000 – São Paulo, SP
Tel. (11) 3012-2403
www.alamedaeditorial.com.br

Sumário

7	Apresentação em três tempos
7	*Cidades*
13	*Da cidade e do urbano*
19	*Cidade no plural, escolhas*
27	Prefácio
	Figurações da grande cidade
39	À guisa de justificativa
45	Permanência e ruptura no estudo das cidades
73	As sete portas da cidade
87	Metrópoles: as faces do monstro urbano (as cidades no século XIX)
131	Lógica e dissonância – sociedade do trabalho: lei, ciência, disciplina e resistência operária
177	A cidade das multidões, a cidade aterrorizada

213	SÉCULO XIX: a elaboração de um mito literário
245	CULTURA E HISTÓRIA: uma aproximação possível
263	LA RUE entre histoire et littérature
279	UM POETA NO MERCADO
297	LITERATURA E CIDADE
331	LES REPRÉSENTATIONS D'UNE VILLE DANS LA FORMATION DE LA PENSÉE URBANISTIQUE: São Paulo de 1890 à 1950
349	MELHORAMENTOS ENTRE INTERVENÇÕES E PROJETOS ESTÉTICOS: São Paulo (1850-1950)
375	SANITARISMO E CONFIGURAÇÃO DO ESPAÇO URBANO
419	PLANOS E PROJETOS PARA INTERVENÇÕES NA CIDADE DE SÃO PAULO: 1890-1930 A polêmica entre arte e ciência
439	IMAGENS DE SÃO PAULO: entre estética e cidadania
473	CIDADE E TERRITÓRIO: os desafios da contemporaneidade em uma perspectiva histórica
493	A CONSTRUÇÃO DA CIDADE E DO URBANISMO: ideias têm lugar?
513	AGRADECIMENTOS

Apresentação em três tempos

Marcia Naxara, Rodrigo de Faria, Josianne Cerasoli

CIDADES
projetos, tempos, sensibilidades

> *Tal como os românticos acreditaram ser a "atividade do artista ler o segredo do universo" e os naturalistas ser a missão do literato apresentar a sociedade com a objetividade do cientista, as análises da formação do pensamento urbanístico parecem desejar alcançar ou penetrar a esfera da "realidade urbana".*[1]

> *As cidades trazem em si camadas superpostas de resíduos materiais: elementos da arquitetura, recorte das ruas ou monumentos. Poucas vezes mantidos em sua integridade, sobrevivem na forma de fragmentos, resíduos de outros tempos, suportes materiais da memória, marcas do passado inscritas no presente. (...) Essas camadas de resíduos materiais convivem com outras, também compostas por camadas sucessivas, contudo menos perceptíveis ao olhar, embora não menos importantes para a elaboração de uma identidade. Trata-se das memórias diversas, esquecidas ou rejeitadas, confusas ou fragmentadas, avessas a se unirem a marcos materiais; memórias constitutivas do viver em cidades, ambiente da urbanidade.*[2]

---

1 Do texto "Literatura e Sociedade".
2 Do texto "Imagens de São Paulo: estética e cidadania".

Cidades e metrópoles na modernidade, espaços complexos que se amplificam sem limites definidos acolhendo pessoas e culturas de diferentes origens, têm sido, de longa data, objeto de reflexão de Stella Bresciani. O intrincado do tecido urbano, os diferentes projetos e sensibilidades pelos quais se procurou apreendê-lo ou nele intervir, os intensos debates a nortear políticas e direções, compartilhados ao interesse essencial pelo humano e pelo político, conferiram às cidades posição central em seus estudos, por constituírem, por excelência, lugar de convivência entre os homens.

O volume que ora vêm a público tem sua própria história; foi acalentado durante longos anos, em tempos marcados por conversas e passeios pela cidade que nos é emblemática – em termos de vida e de estudos – São Paulo. De longa data combinamos selecionar e reunir seus escritos que confluíssem para a temática, de que resulta a presente coletânea – *Da cidade e do urbano: experiências, sensibilidades, projetos*. Além de possibilitar o acesso a textos dispersos, sua reunião busca conferir visibilidade a uma trajetória acadêmica singular pela amplitude de reflexões que combina rigor no trato com as fontes de pesquisa a uma grande sensibilidade, de que resultaram trabalhos finamente elaborados no entrelaçamento e junção de documentos oficiais, ensaios, literatura, imagens e projetos técnicos, artísticos e arquitetônicos que, em conjunto, foram configurando temáticas e associaram, de modo indelével, o político e o urbano.

Estudos e projetos que tiveram por ponto de partida a compreensão dos princípios liberais no pensamento republicano brasileiro de finais do século XIX, com continuidade quanto às concepções norteadoras de interpretações do Brasil realizadas nos anos 1930 – *O charme da ciência e a sedução da objetividade: Oliveira Vianna entre intérpretes do Brasil* –, em que Stella Bresciani perscruta as aproximações e afastamentos de trabalhos e autores tornados clássicos – Sergio Buarque de Holanda, Gilberto Freyre e Caio Prado Jr. – em diálogo com aquele que lhe confere título. Conjunto longamente gestado, assim como foram longos e simultâneos os caminhos de escritura dos textos ora reunidos. Trajetória de pesquisa que cruza interesses e estabelece diálogos – sempre profícuos – entre historiadores, sociólogos, filósofos, arquitetos e urbanistas, em perspectiva transdisciplinar. Textos escolhidos que, ao compor um volume, sem a preocupação da ordem cronológica, possibilitam ao leitor acompanhar as muitas veredas percorridas pela autora ao longo do tempo. Publicados entre 1985 e 2012, descortinam planos, projetos, intervenções, intuições, buscados por entre veredas e labirintos, tomando desvios que, longe de significar dispersão, constituem formas de pensar que alargam o conhecimento e a busca de entendimento de temas de grande complexidade, expõem e interpelam a riqueza dos espaços e das relações neles construídas pelos e entre os homens.

O entusiasmo de Stella Bresciani é fundamental e contagiante. Expresso nos escritos aqui recolhidos, desde o emblemático "Metrópoles: as faces do monstro urbano" (1985), em que nos apresenta reflexões sobre a modernidade materializada nas reformas urbanas europeias, que rasgaram antigas cidades com novos traçados e largas avenidas. Compartilha a leitura dessa projeção idealizada com Benjamin – *Paris, capital do século XIX* – como correspondendo "à tendência corrente no século XIX de enobrecer as necessidades técnicas através de fins pseudo-artísticos". Trata-se aí dos embates travados entre arte e técnica e entre o projetar e o viver a(s) cidade(s), em novos tempos, novas temporalidades, novas relações entre os homens, novas relações dos homens com a natureza e com seus espaços construídos, citadinos – paisagens em mutação constante, gerando fascínio e medo – que a configuram, a cidade, como "lugar por excelência da transformação, ou seja, do progresso e da história", lugar que "materializa o domínio da natureza pelo homem e as condições artificiais, porque fabricadas, de vida".

Dentre os demais, até pelo compartilhamento de interesses, volto a atenção para os que têm a cidade de São Paulo por foco. São Paulo que, como a antológica Paris e muitas outras cidades, passou, ao longo do último século e meio, por profundas alterações em seu traçado e desenho, provocadas por projetos que visavam sua modernização, ou seja, sua entrada efetiva na modernidade. Entre os textos que a abordam, encontra-se o que se dedica a reflexões voltadas para o cerne do pensamento urbanístico – "Les représentations d'une ville dans la formation de la pensée urbanistique" (2008), seguido por outros quatro, de que destaco "Planos e projetos para intervenções na cidade de São Paulo: 1890-1930 – a polêmica entre arte e ciência" (2010), pela demarcação de dois momentos cruciais quanto à conformação da cidade, em que projetos fundamentais foram debatidos, seguidos por escolhas determinantes com relação ao futuro da cidade e aos que nela vivemos hoje. Arte e ciência (técnica) que, de forma ambivalente, estiveram na base das intervenções programadas e dos planos e projetos propostos. Intervenções que planejavam imagens possíveis e imaginadas, sopesadas tanto em termos da estética desejada e possível e das possibilidades de cidadania sonhadas. "São Paulo – Cidade de (agudos) contrastes", como assinalado no subtítulo do texto "Sanitarismo e configuração do espaço urbano" (2010), qual um "palimpsesto" (...) "reconstruída duas vezes sobre si mesma, no último século", por referência a Benedito Lima de Toledo em *São Paulo: três cidades em um século*. Praticamente um lugar-comum, como afirma Stella Bresciani, a ser, no entanto, examinado, tanto pela escala que a cidade alcançou ao longo do tempo, como pela diversidade de impressões a seu respeito produzidas. Ao acompanhar problemas e questões que se colocaram à cidade ao longo da segunda metade do século XIX e primeira do XX, no texto "Melhoramentos entre intervenções e projetos estéticos: São Paulo (1850-1950)", verifica a forte ênfase, em termos de soluções ou realizações propostas, pela designação "melhoramentos", como verdadeiro *"lugar-comum"*, a definir caminhos. Referência central a reter – Anhaia Mello – pela afirmação de que o "verdadeiro objetivo da civilização é construir bellas cidades e viver nellas em belleza", de modo a articular, em suas palavras, "um projeto estético a uma experiência afetiva", capaz de dizer da cidade, do cidadão e da vida de que pode ser cenário e personagem.

Ernani Silva Bruno, a que se recorre sempre quando se trata de conhecer a história da cidade de São Paulo, em *Almanaque de memórias: reminiscências, depoimentos, reflexões*, narra sua experiência com a cidade, em "sua espessa realidade de *cidade grande*", como primeira impressão ao nela chegar ainda criança, em 1925, a "pauliceia desvairada" de Mário de Andrade, "vibrante metrópole cosmopolita" que ele revisita em texto publicado postumamente (1986), em escrita que constitui exercício de memória voluntária, que busca reminiscências da cidade em que viveu, no entrecruzar de presente e passado. Metrópole que se constitui cosmopolita pela polifonia, vibração, contraste, abertura, como termos que lhe são definidores ao longo do século XX.

Cidade que impacta mesmo aqueles que nela nasceram lá pela metade do século XX e nela viveram. Quando tomados pelo exercício da rememoração podem vislumbrar, como numa aceleração do tempo, a dimensão das profundas alterações e as marcas de um tempo destruidor e transformador. Essa a dimensão ou a captura buscada pelo olhar que perscruta os vestígios, materiais e sensíveis, do passado. Conjunto de estudos que têm por significado maior a colocação do humano, suas historicidades e sensibilidades, no centro de preocupações da história e do historiador.

Tive o privilégio e o prazer de acompanhar boa parte dessa trajetória. Num primeiro momento quando da realização do doutorado, sob sua orientação e, na sequência, como membro do Grupo de Pesquisa formado na Unicamp (1991) – sob sua coordenação juntamente com Izabel Marson –, a partir de um núcleo de estudiosos que, hoje, atuam em diferentes universidades, além da presença inspiradora e norteadora de Pierre Ansart (recentemente falecido) e da colaboração constante de Claudine Haroche e Yves Déloye. Seu título denuncia os amplos e ambiciosos propósitos: *História e Linguagens Políticas: razão, sentimentos e sensibilidades,*[3] com que se procurou abarcar os diferenciados interesses que tiveram seus resultados debatidos em vários colóquios e respectivas publicações. Lugar, como lembrado por Stella Bresciani e Jacy Seixas, onde têm convivido nos já muitos últimos anos, em simultâneo, "generosas e acaloradas" discussões acadêmicas e profundas amizades.

2017 | maio
Márcia Regina Capelari Naxara

---

3 Busco lembrar aqueles que se reuniram desde os primeiros momentos, incluindo pessoas que tomaram caminhos outros ao longo do tempo, bem como a saudade daqueles que se foram: Italo Tronca e Edgar de Decca. Pelo alfabeto, Ana Edite Montóia, Beatriz Kushnir, Christina Lopreato, Cynthia Machado Campos, Daniel Faria, Elizabeth Cancelli, Flávia Biroli, Iara Lis Schiavinatto, Jacy Seixas, Jefferson Queler, José Alves de Freitas Neto, Josianne Cerasoli, Karla Bessa, Márcia Naxara, Marion Brepohl, Marisa Carpintéro, Myriam Bahia Lopes, Ricardo Santos, Vavy Pacheco Borges, Virgínia Camilotti.

Da cidade e do urbano:
um percurso entre o sabor do estranhamento e a necessária interdisciplinaridade

Meu primeiro contato com os trabalhos de Stella Bresciani ocorreu na graduação em Arquitetura e Urbanismo, quando fiz a leitura de "As sete portas da cidade".[1] Essa primeira aproximação ocorreu pelas mãos do saudoso professor Francisco Gimenes (*in memorian*), responsável pela inclusão do texto entre as referências bibliográficas em sua disciplina na Faculdade de Arquitetura e Urbanismo de Ribeirão Preto. Como primeira incursão pela obra de Stella Bresciani, as "portas" tiveram um papel importante na minha decisão por trilhar o caminho profissional da pesquisa em história urbana. As "portas" apontavam para caminhos diversos, complexos e estimulantes e que me seduziram profundamente.

Esse caminho tinha como horizonte inicial a realização do Mestrado em História no Departamento de História do IFCH-Unicamp, na linha de pesquisa Cultura e Cidades. Ao mesmo tempo o desejo de aproximação com o Centro Interdisciplinar de Estudos sobre a Cidade (CIEC), que Stella coordenava havia muito tempo e tinha uma relação estrutural com as pesquisas que eram desenvolvidas na linha de pesquisa mencionada.

---

[1] BRESCIANI, Stella. As sete portas da cidade. *Espaço e debates*, São Paulo: NERU, n. 34 de 1991, p. 10-15.

O que durante a graduação era um sonho relativamente distante tornou-se uma experiência profissional quando recebi a confirmação da aprovação na seleção para o Mestrado. Isso ocorreu no segundo semestre de 1999, era uma tarde de um dia qualquer e eu estava ministrando uma aula no curso de Arquitetura e Urbanismo – como professor substituto – da Universidade Federal de Uberlândia.

A notícia da aprovação na seleção provocou um sentimento de alegria ainda muito explícito em minha memória, pois era "a porta" que abriria o caminho de pesquisa em História. E uma vez aberta essa "primeira porta" iniciava-se o desafio de estabelecer uma interlocução profunda com o campo disciplinar historiográfico, ou seja, trilhar o percurso da pesquisa em História "por dentro do campo" e não apenas como algo que se aproxima em função de uma particularidade ou um projeto de investigação específico.

Iniciadas as atividades no Mestrado em março de 2000, mas especialmente as reuniões de linha de pesquisa quinzenalmente realizadas durante o ano todo, o primeiro sentimento foi de estranhamento, acompanhado da percepção de que se está em algum lugar desconhecido. A linguagem das diversas disciplinas daquele Programa de Pós-Graduação em "História Social do Trabalho" era outra, a literatura radicalmente diferente, os procedimentos algo incompreensível e os documentos um mundo fascinante que eu começaria a compreender e aprenderia a saborear em cada descoberta em algum Arquivo, esse lugar mágico que a pesquisa em História me ensinou a admirar e respeitar.

Aos poucos o estranhamento foi substituído pelo reconhecimento de que era necessário ampliar o olhar e abrir espaço para o diálogo interdisciplinar, por exemplo, no sentido enunciado por Lepetit no belíssimo texto "Proposições para uma prática restrita da interdisciplinaridade" em que defende as diferenças. As nossas diferenças disciplinares deveriam permanecer como parte da construção, jamais com a anulação ou o apagamento de um campo pelo outro, ou como afirmou Lepetit, "uma disciplina que morre é uma língua que desaparece. Imaginar seu desaparecimento por anulação das diferenças é acreditar que a compreensão das sociedades progride com a redução do número e da complexidade dos comentários explicativos feitos sobre ela"

Para Stella, as diferenças disciplinares nunca foram um problema, pois seu percurso investigativo sempre partiu da premissa de que a multiplicidade de olhares enriquece e valoriza as análises. Esse enunciado foi feito na primeira ocasião em que arrisquei conversar com ela pessoalmente.[2] A conversa repercutiu em todo o meu percurso como pós-graduando no Departamento de História do IFCH-Unicamp entre 2000 e 2007 (no Mestrado e no Doutorado)[3] e aos poucos o estranhamento inicial foi compreendido como um vasto campo de possibilidades (que se abriram nos anos seguintes).

Em relação à percepção de que eu estava em algum lugar totalmente desconhecido devo dizer que foi a parte mais importante do aprendizado. O desconhecimento impõe ao interlocutor uma postura atenta e aberta, ao mesmo tempo, livre dos pré-conceitos rígidos que se carrega de outra forma ou campo. Desde "As sete portas da Cidade" o desconhecimento fez parte do percurso, pois cada porta abria e abrirá sempre um novo caminho, que não é rígido nem determinado e deve permanecer em constante construção. Com o desconhecimento, eu percebi que precisava compreender as características, linguagens e procedimentos daquele novo "ambiente disciplinar" e que "as portas" que então se abriam ofereciam entradas as mais diversas para a compreensão das cidades e do urbanismo.

Ao compreender "como se escreve a história", fizeram-se iluminados os caminhos que as portas indicavam. Portas que se abriam para diversas interpretações que Stella fez sobre o urbanismo, sobre as experiências urbanas das multidões e suas sensibilidades. Portas que se abriram para os caminhos analíticos da técnica, mas interpretados em articulação estreita com a política. Portas que se abriram para as cidades, todas elas, e que no "inventário das diferenças" entre suas ruas, edifícios, praças, mercados, pessoas, instituições, profissionais e saberes fez-se a escrita histórica das faces do "monstro urbano" em todas as suas idiossincrasias e possibilidades.

Londres, Paris, Barcelona, Viena, São Paulo, Rio de Janeiro, Buenos Aires, Ribeirão Preto ou qualquer cidade, todas elas, são um espetáculo cujas significações, sejam as da pobreza, da multidão, da literatura, da cidadania, das ideias, dos urbanistas e tan-

---

2   Essa conversa ocorreu muito informalmente nos primeiros meses do ano de 2000 numa dessas pequenas prestadoras de serviços de reprodução de cópias que ficava no IEAL-Unicamp. Lembro que eu estava muito apreensivo, pois não tinha tido até então nenhum contato com Stella e me aproximar naquela situação – para perguntar algo sobre Walter Benjamin – talvez não fosse o ideal. O fato é que eu me apresentei e num determinado momento ela falou algo que considero importante até hoje. Não lembro exatamente os termos, mas algo como, "Rodrigo, o que nos interessa é seu olhar como arquiteto-urbanista, você não deve se preocupar em querer se transformar em (ou formar como) historiador".

3   Até hoje muitas pessoas me perguntam se Stella foi minha orientadora no Mestrado ou Doutorado e se espantam quando digo que não. Minha orientadora foi Cristina Meneguello, por quem eu tenho um carinho e uma gratidão que até hoje não encontro palavras para expressar. Cristina também teve um papel estrutural no percurso delineado "por dentro" do campo disciplinar da História e que me parece bem representado na primeira frase do capítulo 2 da dissertação: "nem café, nem ferrovia, nem imigrante".

tas outras possíveis, estão à espera da trama possível conforme a historicidade construída pelo historiador. Stella Bresciani construiu múltiplas historicidades e tramas, seu percurso intelectual pelas "permanências e rupturas" contém a longa duração dos séculos XIX e XX, que são o tempo histórico da sua escrita e da sua crítica.

Com Stella aprendemos a saborear o desconhecido e percorrer novos caminhos, aprendemos quão prazeroso e necessário é o diálogo com outros campos disciplinares, movimento que ela se colocou como uma necessidade intelectual. Essa necessidade foi parte fundamental do combustível que utilizei para percorrer o caminho da escrita histórica nos anos de pós-graduação. E se o sonho do recém graduado já se completava com a possibilidade de participar do contexto intelectual do Departamento de História do IFCH-Unicamp, o que veio com os anos é muito mais do que eu poderia imaginar.

Com a pesquisa doutoral surgiu a possibilidade de ministrar com Stella uma disciplina no curso de Arquitetura e Urbanismo da FEC-Unicamp, oportunidade para aprender, muito mais que ensinar. Foram dois semestres saborosamente aproveitados muito mais como "aluno", admirando o percurso que fazia pelas cidades de Londres, Paris, Barcelona e Viena. Esse cotidiano se estendeu em conversas no CIEC sobre a pesquisa, sobre os documentos, sobre as cidades, os urbanistas e sobre tantas outras coisas.

Sua postura estimulante e desafiadora também foi o grande incentivo para que, junto com Josianne Cerasoli, Amilcar Torrão, Viviane Ceballos – à época colegas doutorandos – e Cristina Meneguello, criássemos a Revista URBANA, que no fundo é parte do seu percurso profissional. Um percurso que não se forjou na hierarquia intelectual, e por isso sempre foi a nossa maior segurança pelos diversos caminhos que percorríamos e continuamos percorrendo a cada nova "porta" aberta.

Esta coletânea que agora publicamos é outra entre tantas "portas" abertas pela sua generosidade intelectual. *Da cidade e do urbano: experiências, sensibilidades, projetos* não é apenas compilação de textos já publicados, mas uma narrativa apaixonada pelos temas que nele estão delineados. Foram muitos anos entre as propostas de organização desse volume, no meu caso, aproximadamente desde 2003, e desde então, muitas leituras dos originais e o trabalho coletivo de preparação dos textos, da organização do conjunto e o processo exaustivo, mas prazeroso de revisão de cada texto.

Muito maior ainda é o tempo intelectual que o livro percorre, mas sobretudo pelo tempo que marca a aproximação de Stella Bresciani com o campo da Arquitetura e Urbanismo em dois fundamentais momentos – quiçá os dois mais importantes – da área de pesquisa em história urbana no Brasil: a publicação da edição n. 34 da

Revista com o tema "Cidade e História" e os dois primeiros Seminários de História da Cidade e do Urbanismo, mas sobretudo o que foi realizado em 1990, quando Stella apresentou o texto "Permanência e Ruptura no estudo das cidades".

Outras explicações podem ser desnecessárias, pois cada leitor ou leitora seguramente encontrará seu ponto de conexão e diálogo com o trabalho que Stella desenvolveu (e continua desenvolvendo), aliás, um ou vários pontos para a construção de outras interlocuções e de novos caminhos, pois as "portas" foram feitas para serem abertas. Da minha parte mais pessoal, o registro de uma alegria incomensurável pelos anos até aqui de convívio, trabalho e paixão pelas cidades. Stella, muito obrigado pelo "desvio" que fiz em minha trajetória, foi a "porta" mais importante que eu abri intelectualmente. *Da cidade e do urbano: experiências, sensibilidades, projetos* é parte desse "desvio" saborosamente percorrido entre o desafio do estranhamento inicial e a riqueza decorrente da necessidade de se abrir para a interdisciplinaridade.

2017 | maio
Rodrigo de Faria

Cidade no plural, escolhas

Embora o nome de uma cidade possa permanecer para sempre o mesmo, sua estrutura física muda constantemente, deformada ou esquecida, adaptada a outros propósitos ou erradicada por diferentes necessidades. (...) Suas formas coletivas e espaços privados nos falam das mudanças que ocorrem; também nos lembram tradições que distinguem essa cidade de outras. É nesses artefatos físicos e traços que se assentam nossas memórias da cidade, pois através desses lugares o passado é retomado no presente. Dirigidos ao olho da visão e à alma da memória, ruas, monumentos e formas arquitetônicas de uma cidade muitas vezes contêm expressivos discursos sobre a história.[1]

Aliás, se nesses diversos lugares a cidade resiste e existe, é por apreciarmos não somente o que corresponde a nossas necessidades (comércios, serviços, distrações, transportes), mas também aquilo que por acréscimo nos traz felicidade de nela viver, de trabalhar, de interagir, de caminhar, de ver nossos amigos, de sentir outras presenças, de cruzar rostos desconhecidos, porque às vezes podemos ver realizada aqui, na qualidade da arquitetura, a ideia mesma da cidade que sobreviveu a suas metamorfoses: ou seja, a ideia de um

---

1   BOYER, M. Christine. *The City of Collective Memory*: its historical imagery and architectural entertainments. Cambridge, Mass.: London: MIT, 1996, p. 31. (minha tradução)

> bem comum que apreciamos de maneira totalmente desinteressada, um espaço construído para todos, para nossos sentidos, para nossos olhos, para essa exigência e esse prazer sentidos de que ser citadino nesse espaço é ser também cidadão.[2]

Os entrelaçamentos entre representações históricas, formas arquitetônicas e projeções da cidade – por meio da memória, dos usos e dos sentidos atribuídos ao urbano – estão no centro de reflexões desses dois autores, tomadas aqui como uma aproximação capaz de situar as escolhas feitas ao longo do trabalho artesanal de composição desta coletânea. Nos três autores, a dimensão histórica das investigações guarda estreita relação com percepções e desconfortos vividos também no presente ao considerarmos a vida urbana, de modo a abrir campos de investigação instigantes sobre o urbano, ao colocar em diálogo temporalidades, passado e futuro.

Enquanto a historiadora M. Christine Boyer preocupa-se com a "cidade da memória coletiva", o filósofo e antropólogo Marcel Hénaff indaga-se sobre "a cidade que vem", futura. Boyer desvela minuciosas relações entre os procedimentos e representações de paisagens urbanas desde o século XIX e a experiência de viver na contemporaneidade em meio à transformação do mundo material também expressa em forma digital; Hénaff sublinha o papel decisivo dos mecanismos de uma racionalidade moderna desdobrados na cidade, em contraste com certa percepção de crise da esfera pública, capaz de colocar em xeque a continuidade do conceito mesmo de cidade.

Nos vários gestos que sugerem aproximações entre essas duas abordagens e os textos de Stella em torno do urbano destaca-se de início, a meu ver, essa apreensão da dimensão histórica e da temporalidade, atenta também às questões do presente, ao lado da preocupação em tomar as dimensões sensíveis da questão urbana sempre em sua densidade e pluralidade. Soma-se a essas aproximações a constante atenção aos pressupostos conceituais envolvidos tanto nas formas de percepção como de intervenção na cidade – atenção que leva os autores a buscarem fundamentação não apenas na historiografia, mas em diálogos com os campos da filosofia, literatura, política, memória, etc.

Longe de indicar escolhas deliberadas, o procedimento sinaliza um lugar, um ponto de encontro em estudos sobre o urbano determinados a ultrapassar preocupações com a materialidade ou a espacialidade, embora sem relegá-las, para

---

[2] HÉNAFF, Marcel. *La Ciudad que viene*. (La Ville qui vient, 2014) Trad. Paola J. Aponte et al. LOM, 2014. p.91-92. (minha tradução)

acolher as relações complexas advindas da atenção à sensibilidade, às percepções múltiplas e historicamente ressignificadas. Os dois autores não estarão entre os rodapés da coletânea: Boyer, incorporada por Stella mais recentemente entre suas leituras, e Hénaff, provavelmente por uma questão de oportunidade ou contingência. Mas considerando-se o numeroso elenco de autores mobilizados pela autora nos estudos sobre o urbano, apenas alinhados nesta apresentação, busco sinalizar aproximações com ambos, a fim de ajudar a entender as escolhas aqui presentes.

Penso em dois sentidos ao mencionar as escolhas: os diálogos disciplinares tecidos a partir de distintos autores e leituras; a difícil seleção e organização dos textos, propriamente dita. Sobre os autores e leituras, parece-me importante registrar algumas descobertas possíveis a partir da reunião de todos os textos de Stella sobre cidades, colocados lado a lado, explorados em detalhes em cada nota de rodapé. Não é surpreendente que sejam numerosas as referências, considerando-se as temáticas e o tempo relativamente extenso de produção, mas me parece notável a persistência de certas *fidelidades*, sempre ao lado de algumas *ousadias*. H. Arendt, F. Béguin, W. Benjamin, A. Cauquelin, F. Choay, M. Foucault, K. Marx, G. Simmel, R. Williams, são autores que frequentam não apenas notas mas de fato referenciam e instigam investigações e reflexões da autora presentes no desfiar de toda a coletânea.

Estão alinhados aqui em ordem alfabética, por certo, mas não seria muito diferente algum ordenamento que os colocasse em outra perspectiva ou buscasse alguma posição talvez hierárquica nesta interpretação. Embora Arendt não possa ser considerada a *mais frequente*, em uma estranha contabilidade no meu entender pouco profícua, nota-se ao longo da coletânea a presença da pensadora em lugar central nas reflexões de fundo político, indicando por certo a forte filiação das investigações de Stella sobre cidades com as reflexões sobre o pensamento político, de onde afinal partiram seus estudos urbanos. Nesse ponto, aproxima-se mais uma vez de Hénaff. A mesma filiação parece conduzir frequentemente a reflexões de algum modo assentadas na filosofia, como ocorre com Cauquelin, Choay, Foucault, cuja presença nas reflexões da autora merece, de fato, relevo pela constância e pelo modo como são interpelados, em favor das reflexões e hipóteses retomadas em vários estudos.[3]

---

3   Poderia ainda citar outros diálogos também frequentes no campo da filosofia e afins, como B. Baczko, H. Bergson, M. de Certeau, J. Habermas, J. Ranciére, P. Ricoeur, T. Todorov, além de autores como J. Locke, E. Kant, J. Bentham, além de outros também reiterados no campo da história, como P. Gay, M. Perrot, E.P. Thompson, W. Lepenies, A. Corbin, etc., bem como do diálogo específico sobre temas urbanos propriamente ditos, como G.C. Argan, D. Calabi, H. J. Dyos, L. Mumford, J. Rykwert, R. Sennett, C. Schorske, A. Vidler.

Entre os diálogos lidos aqui como *ousadias*, parece-me importante destacar alguns cuja presença apontou aberturas importantes nas investigações, ao lado de literatos e poetas – H. Balzac, C. Baudelaire, C. Dickens, E. A. Poe, G. Staël, F. Tristan, E. Zola, entre outros, muitas vezes trazidos aos textos como introdutores singulares ao ambiente da cidade ou formas expressivas de exploração das sensibilidades relativas ao urbano. Parece-me significativa a presença de autores que têm permitido avançar nas perspectivas transdisciplinares, tomados ora como uma *fonte* qualificada pelas reflexões em seus respectivos contextos, ora como introdutores de novas perspectivas para as questões em pauta. Entre eles, além de C. Booth, W. Lethaby, H. Tayne, A. Tocqueville, C. Sitte, A. Smith, destacaria dois autores numerosas vezes trazidos aos textos em diálogo a um só tempo com as questões contemporâneas a eles e com as indagações estéticas e políticas enunciadas por Stella. Diria que a Edmund Burke (1729-1797), filósofo e político escocês, e a Thomas Carlyle (1795-1881), historiador e ensaísta escocês, foram atribuídas funções precisas nas investigações sobre o urbano, preservando-se e ultrapassando-se seus lugares de fala tradicionalmente aceitos.[4] Talvez lidas agora em conjunto nos estudos aqui publicados seja possível avaliar melhor as contribuições dessas escolhas da autora para o campo dos estudos urbanos. Confesso ser um dos desejos implícitos na organização desta coletânea.

Sobre a escolha dos textos e os modos de organizá-los, passados mais de quinze anos desde o início dos esforços conjuntos para sua composição, uma pergunta ainda ronda minha escrita, incontornável: por que, afinal, teria sido tão difícil decidir? O dinamismo da autora certamente não facilitou o trabalho, pois no mesmo momento em que parecíamos decididos pelo conjunto de textos, já nos aparecia um novo, em claro e importante diálogo com os demais. Nesse tempo prolongado de preparação do conjunto de textos, recorrentemente apresentava-se uma nova decisão aos organizadores a cada nova reflexão publicada por Stella, a maior parta delas motivada por interlocuções constantes em eventos e afins. Foi fácil decidir sobre as publicações online, por estarem facilmente disponíveis.[5] Mas foi preciso

---

[4] Seu pioneiro ensaio em torno de noções estéticas foi traduzido e publicado por iniciativa de Stella pela editora Papirus, em 1993: *Uma investigação filosófica sobre a origem de nossas ideias do sublime e do belo*.

[5] Um deles na *Revista de Estudos Urbanos e Regionais*: A cidade: objeto de estudo e experiência vivenciada (disponível em: http://rbeur.anpur.org.br/rbeur/article/view/113); outro na *Politéia: Cidades e urbanismos. Uma possível análise historiográfica* (v. 9, p. 21-50, 2009, disponível em: http://periodicos.uesb.br/index.php/politeia/issue/view/49); dois deles publicados na revista do

apelar à objetividade de um critério editorial temporal para ser possível, estabelecido o ano de 2012 como um limite, aprofundar a compreensão dos encadeamentos visíveis no interior do conjunto que já ultrapassava as duas dezenas de textos. Apesar da artificialidade do critério, sem ele teria sido, como Stella sempre nos lembra, um "nunca acabar".[6]

CIEC, *Urbana – Revista Eletrônica do Centro Interdisciplinar de Estudos da Cidade*: A cidade e o urbano: experiências, sensibilidades, projetos (v. 6, p. 64-95, 2014) e Interdisciplinaridade? transdisciplinaridade nos estudos urbanos (v. 7, n. 1, p. 10-62, 2015, disponíveis em: https://periodicos.sbu.unicamp.br/ojs/index.php/urbana; outro publicado na *Redobra*: Percursos topográficos e afetivos pela cidade de São Paulo. Memorialistas, viajantes, moradores antigos e atuais, literatos e poetas (v. 13, p. 173-200, 2014, disponível em: http://www.redobra.ufba.br/?page_id=193, mesmo volume que publicou uma interessante entrevista com Stella Bresciani. Por fim, dois capítulos de livro: um recente: Civilidade e cidadania. In: PECHMAN, Robert M. (Org.). *A pretexto de Simmel: cultura e subjetividade na metrópole contemporânea*. Rio de Janeiro: Letra Capital, 2014 (disponível em: https://issuu.com/letracapital/docs/a_pr__-texto_de_simmel), e outro há muito tempo disponível em versão digital online: Cidade e História. In: OLIVEIRA, Lúcia Lippi (org). *Cidade: história e desafios*. Rio de Janeiro: Editora FGV, 2002, disponível em: cpdoc.fgv.br/producao_intelectual/arq/1264.pdf.

6   Mais tarde, ficou clara uma decorrência desse limite, quando o conjunto dos textos deixados de lado já parecem constituir, em si, nova motivação para outra coletânea, como se pode perceber pela mera listagem das publicações, excluídas aquelas disponíveis online: As múltiplas linguagens do urbanismo em Luiz e Anhaia Mello: técnica, estética e política. In: SEIXAS, Jacy; CERASOLI, Josianne; NAXARA, Márcia. (Org.). *Tramas do Político*. Linguagens, formas, jogos. Uberlândia: EDUFU, 2012, p. 147-176; Interdisciplinaridade – transdisciplinaridade nos estudos urbanos. In: ENGEL, Magali Gouveia; CORRÊA, Maria Letícia; SANTOS, Ricardo Augusto. (Org.). *Os intelectuais e a cidade*. Séculos XIX e XX. Rio de Janeiro: Contra Capa, 2012, p. 11-51; Villes et urbanisme: une (possible) analyse historiographique. In: ROLLAND, Denis; SANTOS, Maire-José dos; RODRIGUES, Simele. (Org.). *Le Brésil territoire d'histoire. Historiographie du Brésil contemporain*. Paris: L'Harmanttan, 2013, p. 143-167; Percursos topográficos e afetivos pela cidade de São Paulo. Memorialistas, viajantes, moradores, literatos e poetas. In: FRIDMAN, Fania. (Org.). *Cidades do Novo Mundo*. Ensaios de urbanização e história. RIO DE JANEIRO: Garamond, 2013, p. 107-137; A dimensão jurídica da conformação do território e da tipologia arquitetônica nas narrativas utópicas: Thomas Mores e Jeremy Bentham. In: FLORES, Maria Bernardete Ramos; PETERLE, Patrícia. (Org.). *História e Arte*. Utopia, utopias. Campinas: Mercado de Letras, 2013, p. 169-191; As complexas relações entre história, filosofia e urbanismo: como lidar com uma área transdisciplinar?. In: NAXARA, Márcia; CAMILOTTI, Virgínia. (Org.). *Conceitos e linguagens*. Construções identitárias. São Paulo: Intermeios/CAPES/UNESP, 2014, p. 167-197; Memória, cidade e educação das sensibilidades. In: BERNARDES, Maria Elena; GALZERANI, Maria Carolina Bovério. (Org.). *Memória, cidade e educação das sensibilidades*. Campinas: CMU Publicações, 2014, p. 15-42. Além desses artigos publicados a partir de 2012, ficaram fora da coletânea o livro: *Londres e Paris no século XIX*. O espetáculo da pobreza. São Paulo: Brasiliense, 1982; as coletâneas organizadas com participação de Stella: *Imagens da Cidade*: séculos XIX e XX. São Paulo: ANPUH: Marco Zero, 1994; *A aventura das palavras da cidade, através dos tempos, das línguas e das sociedades/La aventura de las palabras de la ciudad, a ravés de los tiempos, de los idiomas y de las sociedades*. São Paulo: Romano-Guerra, 2014; e um artigo sobre o profissional que tem sido objeto de suas investigações recentes: Estudo da trajetória profissional do engenheiro-arquiteto Luiz de Anhaia Mello. In: SALGADO, Ivone; BERTONI, Angelo. (org.). *Da construção do território ao planejamento das cidades*: competências técnicas e saberes profissionais na Europa e nas Américas. São Carlos: RiMa, 2010, p. 149-170.

Por fim, tentamos organizar a partir de temáticas comuns, aproximando textos como "Metrópoles...", "Lógica e dissonância...", "Cidade e território..." em torno do tema que denominamos "Cidade e técnica"; "Um poeta no mercado", " La rue...", "Literatura e cidade" e "Cidade das multidões..." em torno do tema das "Sensibilidades urbanas" e assim por diante, mas logo percebemos a redução gerada por esses agrupamentos, insuficientes diante das leituras plurais possíveis em cada um dos textos. "Metropoles...", por exemplo, poderia figurar também no tema da "Questão social", ou mesmo no tópico sobre "Sensibilidades". Abandonamos esse caminho, apesar de ter sido decisivo para compreendermos melhor a abrangência, as inter-relações e as fronteiras da coletânea.

A partir disso, permaneceram liberados de qualquer tentativa artificial de classificação, alinhados de modo mais ou menos cronológico. Priorizamos os textos entendidos como propositivos, capazes de pautar discussões que se tornaram recorrentes e significativas para o campo dos estudos urbanos – textos como o "Permanência e Ruptura" ou o "Sete portas...", por exemplo –, ou ainda aqueles claramente encadeados a tais proposições, desdobrando-as – como o "Cultura e história" ou o "Les représentations d'une ville...", entre outros. A esses textos foram aproximados aqueles em que os pressupostos conceituais discutidos dialogam direto com investigações históricas, todas relacionadas à cidade de São Paulo, e desse modo as escolhas quase se complementam, com estudos como "Melhoramentos...", "Sanitarismo e configuração do espaço urbano" e "Imagens de São Paulo...". Completa-se a seleção com novo texto propositivo sobre "o lugar das ideias", elaborado em diálogo com o percurso de duas décadas de interlocução com os Seminários de História da Cidade e Urbanismo, em 2010: segundo a própria autora, "excelente oportunidade para se enfrentar a questão teórica crucial para os trabalhos de avaliação historiográfica do urbanismo e da prática de intervenções nas áreas urbanizadas."[7]

Em uma das edições do Seminário de História da Cidade e do Urbanismo em Salvador, aliás, creio ter sido a primeira vez que me chamaram atenção as repercussões dos estudos de Stella voltados às questões urbanas. Dessa vez, ela não estava presente, mas suas indagações apareciam nas discussões de modo sempre instigante, e sinalizavam para mim, então doutoranda, aspectos muito importantes desse profícuo diálogo. Lembrou-me das primeiras vezes que acompanhei, nos anos 1990, algumas discussões na pioneira linha de Cultura e

---

[7] "A construção da cidade e do urbanismo: ideias tem lugar?".

Cidade, sempre às voltas com arquitetos e urbanistas. Para quem ingressava nos debates como eu, sem instruções prévias, era notável acompanhar a respeitosa maneira como Stella buscava modos de entendimento mútuo, qualificando o diálogo entre arquitetos e historiadores ao encontrar meios de dar inteligibilidade recíproca aos campos conceituais próprios a cada um. Nenhuma hierarquia; nenhuma imposição; mas nem por isso qualquer sombra de concessão ou condescendência. O que se via era a procura sem pausa pelo entendimento dos campos conceituais que viabilizassem o diálogo. Postura constante, opção de trabalho, modo de compreender a interlocução acadêmica, por certo visível nos textos que compõem esta publicação.

2017 | julho
Josianne Cerasoli

Prefácio
FIGURAÇÕES DA GRANDE CIDADE

*José Tavares Correia de Lira**
FAU-USP

Há mais de três décadas os escritos de Stella Bresciani vêm referenciando uma quantidade impressionante de pesquisas interdisciplinares em história urbana, das cidades e do urbanismo Brasil afora. Seria impossível aqui traçar um fio de ligação entre todos eles. Não só por sua heterogeneidade e complexidade, mas porque a cidade que aflora de seus textos é sempre algo difuso, híbrido, disputado, um espaço no qual múltiplas histórias e linguagens urbanas se cruzam no processo de constituição dela mesma no horizonte do conhecimento. Se, de modo algum caberia a mim tentar reconectar essas várias entradas para a cidade em seu trabalho, tampouco ousarei falar aqui em nome de quaisquer de seus leitores e interlocutores do lado da arquitetura e do urbanismo. Em vez disso tentarei rememorar alguns de seus primei-

---

[*] Em novembro de 2009, os integrantes do Núcleo História e Linguagens Políticas: razão, sentimentos e sensibilidades realizaram uma homenagem a Stella Bresciani, uma das figuras centrais na fundação dos cursos de graduação e pós-graduação em História na Unicamp. Na ocasião fui convidado a falar sobre as ressonâncias de seu trabalho no estudo das cidades, uma das frentes fundamentais de sua atuação naquela instituição ao longo dos anos. Senti-me profundamente honrado com o convite, apesar de um tanto quanto assustado com a tarefa: a erudição, o talento e a imensa vitalidade da homenageada dão à sua obra uma duração e um devir difíceis de serem apanhados, tantos e tão fecundos são os diálogos que ela soube, generosamente, semear entre a história e a arquitetura, o urbanismo, a literatura, a linguística, o pensamento social, a filosofia política, a ética e a estética.

ros textos e questões tal como eles parecem ter afetado o nascimento de um campo de estudos novo, tal como me é possível evocá-los em primeira pessoa.

A primeira vez que a vi falar foi em 1990, em sua conferência de abertura ao primeiro Seminário de História Urbana em Salvador. Ouvi-la naquela ocasião foi para mim uma experiência sensível, ou antes, uma revelação intelectual porque estética, a um tempo visual e sonora. Sua fala parecia por em movimento algo além de um tema relevante ou uma força especulativa admirável. De fato, instituía uma ação que em sua elocução produzia um artefato simbólico, um campo novo de significados. Recém-formado arquiteto e urbanista, eu viajara a Salvador para apresentar no evento uma pesquisa desenvolvida com um grupo de colegas de graduação na UFPE, com a supervisão da professora Vera Milet, sobre as representações e apropriações de um território popular do Recife ao longo do século XX. Em Salvador, não cheguei a conhecê-la pessoalmente. Mas jamais esqueci o impacto de ver a historiadora expondo aquele texto seminal que é o seu Permanência e ruptura no estudo das cidades: sua fisionomia iluminada e o tom de voz inquieto, o olhar severo, o corpo agitado pelo movimento da cabeça, dos braços, das mãos.

À época não podíamos avaliar, mas aquela apresentação seria decisiva para a fundação de um novo campo de estudos, que logo se mostraria dos mais revolvidos e atraentes, desenhando-se como possibilidade para toda uma área historiográfica até então pouco trilhada no Brasil: modos de pensar as cidades, o urbanismo e a urbanidade por prismas peculiares, que interpelavam as fronteiras de uma historiografia especializada ainda em gestação, apostando em uma história da cidade como história social e cultural das técnicas, dos territórios, das subjetividades, das sensibilidades e das representações urbanas. Lembro-me que na apresentação oral do texto – efetivamente longa – o tempo voou e, para lamento da plateia, das "sete portas da cidade", ali propostas, foram abertas apenas as duas primeiras: a que a desvendava enquanto questão técnica e a que se abria para a questão social nos enunciados de legitimação e questionamento das políticas de observação e transformação do espaço urbano. O técnico e o social, mutuamente implicados, sugeriam vislumbrar a materialidade urbana no entrecruzamento entre dados sensíveis e conceituais, políticas espaciais e sentimentos coletivos, engrenagens de conforto e imaginários estéticos, codificações e disputas sobre a experiência citadina.

De regresso a Pernambuco comprei o seu pequeno *Londres e Paris no século XIX*, publicado em 1982 na coleção Tudo é História da editora Brasiliense, que já seguia em sua 5ª edição. Em seu parágrafo de abertura, a autora colocava em cena o protagonista por excelência da nova sociedade urbana em gestação, figura ao mesmo tempo onipresente e obscura, ostensiva e fugidia:

> Sua presença nas ruas de Londres e Paris do século XIX, foi considerada pelos contemporâneos como um acontecimento inquietante. Milhares de pessoas deslocando-se para o desempenho do ato cotidiano da vida nas grandes cidades compõem um espetáculo que, na época, incitou ao fascínio e ao terror. Gestos automáticos e reações instintivas em obediência a um poder invisível modelam o fervilhante desfile de homens e mulheres e conferem à paisagem urbana uma imagem frequentemente associada às ideias de caos, de turbilhão, de ondas, metáforas inspiradas nas forças incontroláveis da natureza. Figuras fugidias, indecifráveis para além de sua forma exterior, só se deixam surpreender por um momento no cruzar de olhares que dificilmente voltarão a se encontrar. Permanecer incógnito, dissolvido no movimento ondulante desse viver coletivo; ter suspensa a identidade individual, substituída pela condição de habitante de um grande aglomerado urbano; ser parte de uma potência indiscernível e temida; perder, enfim, parcela dos atributos humanos e assemelhar-se a espectros: tais foram as marcas assinaladas aos componentes da multidão por literatos e analistas sociais do século passado.[1]

A multidão era parte constitutiva da problemática global da cidade moderna, marcada pela perda de laços sociais primários, pelo anonimato e o automatismo, assim como pela intensificação das atividades produtivas e nervosas, da pobreza, do perigo, da promiscuidade e das explosões revolucionárias. Nesse pequeno livro didático, Stella recuperava um rico imaginário das duas grandes metrópoles europeias do século XIX em sua capacidade de representar a própria sociedade moderna. E a experiência da grande cidade, como ela bem o sabia, passava por sua apreensão estética. Não por acaso, apropriando-se com Walter Benjamin das lentes da literatura, da observação social e de seus personagens[2], a autora divisava os horizontes de formalização do novo corpo social, com seus modos de ver, imagens e percepções característicos: olhares em atividade, múltiplos pontos de vista e múltiplos sinais, olhares que se entreolhavam, fisionomias,

---

1 BRESCIANI, Stella. *Londres e Paris no século XIX*: o espetáculo da pobreza. 5ª edição. São Paulo: Brasiliense, 1989, p.10-11. O tema da multidão seria recorrente em seus escritos sobre cidades. Entre outros, ver: A cidade das multidões, a cidade aterrorizada. In: PECHMAN, Robert. (Org.). *Olhares sobre a Cidade*. Rio de Janeiro: Ed.UFRJ, 1994; Da perplexidade política à certeza científica: uma história em quatro atos. *Revista Brasileira de História*, vol. 12, n. 23-24, p.31-53, set. 1991/ ago. 1992.
2 BENJAMIN, Walter. *Textos Escolhidos*. Walter Benjamin, Max Horkheimer, Theodor W. Adorno, Jürgen Habermas. São Paulo: Abril Cultural, 1975 (Coleção Os Pensadores, vol. 48).

figurações do fugidio, do estranho, do sublime, do terrível, do ameaçador, que produziam saberes e visões sobre a cidade.

Permanência e ruptura foi parcialmente publicado em 1991, transcrito de uma exposição oral em mesa redonda organizada pela revista *Espaço e Debates*, composta, além dela, por Edgar de Decca, Nestor Goulart Reis Filho e Nicolau Sevcenko. Ali, a historiadora confessava:

> Resolvi, a partir de minha própria experiência de trabalho com o tema, fazer uma brincadeira estabelecendo uma homologia entre as entradas de estudo e as entradas das antigas cidades muradas. Todas as cidades teriam, como Tebas, sete portas de entrada. Da mesma forma que as portas das cidades "reais", todas eram construções: umas de pedra, outras, as das pesquisas, construções intelectuais que buscam dar conta das várias facetas da vida urbana no momento em que elas se problematizaram num bloco denominado pelos contemporâneos de questão urbana.[3]

Em sua forma integral, a conferência foi publicada alguns meses depois no livro organizado por Ana Fernandes e Marco Aurélio Filgueira Gomes, que reuniu todos os textos apresentados no encontro da Bahia. No artigo, a matriz evolucionista, influente na história da urbanização tradicional, era posta em xeque por uma outra orientação historiográfica, que anunciava ao menos cinco olhares renovadores para a cidade moderna na era mecânica:

> Esta forma de se orientar e estudar as cidades nos oferece, no momento mesmo de sua definição no século XIX, não sete, mas cinco portas de entrada conceituais. Estas portas de entrada para o estudo das cidades estruturam-se enquanto problemas a serem solucionados pontualmente, e só a política de intervenção no meio urbano, mais evidente no decorrer da segunda metade do século passado, é que configura a possibilidade de se pensarem as cidades existentes na sua totalidade abrindo espaço para a formação do urbanismo como disciplina acadêmica e prática política.[4]

Ela chamara a atenção, portanto, para cinco entradas: a questão técnica; a questão social; a formação das identidades sociais; a formação da sensibilidade; o lugar e o sujeito da história. O próprio tema das múltiplas portas da cidade explicitava uma

---

[3] BRESCIANI, Stella. As sete portas da cidade. *Espaço e Debates*, n.34, São Paulo, 1991, p.11-44, citação p.10.

[4] BRESCIANI, Stella. Permanência e ruptura no estudo das cidades. In: FERNANDES, Ana & GOMES, Marco Aurélio F. (orgs). *Cidade & História*: modernização das cidades brasileiras nos séculos XIX e XX. Salvador: UFBA, 1992, p.11-26. Citação p.12.

virtude metafórica. No momento mesmo em que as muralhas materiais da cidade eram postas abaixo descortinavam-se entradas intelectuais ao historiador interessado em percorrer o novo emaranhado urbano, ainda não – se é que jamais – completamente alisado pelas lentes do urbanista.

No primeiro semestre de 1991, já aluno do mestrado na FAU-USP, matriculei-me no seminário que Stella conduzia na Unicamp em *Historiografia, Cultura e Cidades*. Lá pude aproximar-me de uma série de textos de sua autoria, que pareciam ter pavimentado o percurso entre *Londres e Paris* e *Permanência e Ruptura*, ponto preciso no qual o interesse anterior pelos mundos do trabalho e da política parecia converter-se em um programa para a história urbana. Refiro-me especialmente aos artigos Metrópoles: as faces do monstro urbano; Lógica e Dissonância; e Século XIX: a elaboração de um mito literário, publicados entre 1985 e 1986, cada um à sua maneira desenvolvendo algumas de suas ideias, abordagens e hipóteses básicas.

Em "Metrópoles", Stella aproximava-se das figurações do monstro urbano que emergiam precisamente da percepção de homens cultos do século XIX de estarem vivendo uma nova era, marcada por promessas e perdas que a colonização de todas as dimensões da vida citadina pela máquina infundia. Para ela, as novas potências industriais, vistas como possibilidade de liberação dos homens do reino das necessidades, e as imposições da técnica, que amputavam a condição humana de seus atributos mais elementares, estavam na gênese de uma nova sensibilidade burguesa. O artigo centrava-se na experiência sublime da grande cidade. Sede de impactos emocionais violentos, produzidos pelas paisagens extraordinárias e terríveis de fábricas, mercados, armazéns, túneis, pontes, pavilhões, subúrbios espraiando-se por todo lado, a cidade moderna não seria compreensível, nem muito menos suportável sem o recurso a padrões de percepção específicos, aptos a formalizarem as fortes impressões de terror, perplexidade, desorientação, obscuridade, vastidão, vacuidade e profusão que ela suscitava. Dotados de um aparato sensível novo, os contemporâneos poderiam finalmente observar, avaliar e controlar o que começavam a reconhecer a seu redor como sendo uma nova realidade social.[5]

Em "Lógica e Dissonância: Sociedade de trabalho: lei, ciência, disciplina e resistência operária", a porta de entrada privilegiada pela autora para a cidade era a fábrica, o mundo liberal do contrato encontrando no trabalho mecanizado sua grande lógica legitimadora. Seguindo a crítica de Hannah Arendt à afirmação da esfera social burguesa como declínio da vida pública em prol do econômico, ou de temas como a

---

5 BRESCIANI, Stella. Metrópoles: as faces do monstro urbano (as cidades no século XIX). *Revista Brasileira de História*. Vol. 5, n. 8/9, p.35-68, set. 1984/ abr. 1985.

propriedade, a produção, o intercâmbio e a reprodução[6], Stella lançava-se ao exame do processo brutal de implantação da sociedade de trabalho sobre multidões de homens, mulheres e crianças pobres das cidades do século XIX. Mais do que isso, descortinava a gênese das multidões de trabalhadores, vagabundos, indigentes e criminosos como alvo de um novo tipo de saber, uma ciência do social como ciência do mundo urbano:

> Antes do meio do século, a cidade se problematizara em questão urbana, objeto de estudo e espaço a ser equacionado. Tudo nela é identificado e analisado: os homens, suas famílias são recenseadas e seus costumes observados e catalogados; suas casas são esquadrinhadas; tudo e todos são considerados produto do meio ambiente.[7]

Finalmente, em "Século XIX: a elaboração de um mito literário", a autora centrava-se em um tema peculiar a essa nova era de reprodutibilidade técnica que se expandia: o impacto da produção e circulação cultural sobre a constituição de novas identidades sociais e afirmação da grande cidade como símbolo da modernidade. Para ela, com a expansão dos meios de comunicação de massa, a crescente cumplicidade entre escritores e leitores teria resultado no fortalecimento do papel da literatura como formadora da opinião pública, e, consequentemente, na fundação de uma relação inusitada entre seus personagens e os novos sujeitos políticos. O mito literário da grande cidade surgiria precisamente como um antídoto ao choque permanente dos citadinos diante das novas potências produtivas liberadas pela indústria, das marcas de opulência e miséria em toda parte, do tumulto das multidões, da exploração ilimitada do espaço e do tempo, dos medos, tensões e conflitos dela derivados[8].

Fantasmagorias maquínicas, multidões espectrais, monstros urbanos – "trinômio do progresso, do fascínio e do medo"[9], por meio do testemunho de literatos, médicos, filósofos, advogados, filantropos, empresários, administradores públicos, jornalistas, artistas e trabalhadores, os temas e imagens fundamentais das metrópoles do século XIX eram talvez pela primeira vez revisados no Brasil, multiplicando as fontes e perspectivas disponíveis de acesso aos paradoxos da experiência urbana moderna. Vale dizer que nesse conjunto de textos introduzia-se em primeira mão

---

6 ARENDT, Hannah. (1958) *A condição humana.* Trad. Roberto Raposo. Rio de Janeiro: Forense, 1981.
7 BRESCIANI, Stella. Lógica e Dissonância: sociedade de trabalho: lei, ciência, disciplina e resistência operária. In: *Revista Brasileira de História*, vol. 6, n.11, p.7-44, set.1985/fev. 1986, citação p.28.
8 BRESCIANI, Stella. Século XIX: a elaboração de um mito literário. *História: Questões & Debates*, vol. 7, n. 13, dez. 1986, p.209-244.
9 BRESCIANI, Stella. Metrópoles: as faces do monstro urbano. *Op. cit.*, p.37.

entre nós toda uma nova historiografia urbana, até então – e em parte ainda – inédita em português, como os livros e artigos de Dyos e Wolff, Asa Briggs, Carl Schorske, François Béguin, Marcel Roncayolo, Alain Corbin, Michelle Perrot, Richard Sennet, Gareth Stedman-Jones, entre outros. Com eles, Stella ajudaria a redimensionar o campo das fontes documentais, os modos de trabalhá-las em história urbana realçando as dimensões históricas e sensíveis que as constituíam, nelas se cristalizavam ou ressoavam. Mais do que isso, ao lado e através deles, Stella trazia para os estudos urbanos autores por aqui ainda pouco usuais nesse campo, como Adam Smith, Edmund Burke, Alexis de Tocqueville, Thomas Carlyle, Hippolyte Taine, Jules Michelet, Charles Dickens, Victor Hugo, Edgar Poe, Frédéric Le Play, Gustave Le Bon, Sigmund Freud, Hannah Arendt, Michel Foucault e muitos outros. Lembro-me que no curso dessas leituras, insistentemente retomadas em seus artigos, assim como na bibliografia de seus cursos e seminários, seriam incluídas também pesquisas recentes desenvolvidas na própria Unicamp e em outras universidades.

Stella insistia, especialmente, na relevância da pesquisa estética de Burke sobre a origem da ideia de sublime para se pensar as grandes cidades do século XIX[10]. Seguindo as pistas lançadas por Nicholas Taylor[11] acerca de um terrível sublime da cidade vitoriana, a concomitância entre processo industrial, programas extensos de construção e reconstrução, profusão de ornamentos e estilos e novos programas arquitetônicos, como fábricas, chaminés, armazéns, asilos, prisões, usinas de gás, estações ferroviárias, túneis, viadutos, etc., seria pensada como campo fecundo para uma certa linguagem do sublime, capaz de perturbar as proporções do belo e a graça do pitoresco e promover o terrível e o excitante como substituto legítimo ao feio. Tema recorrente no trabalho de Stella sobre as cidades, ele emergira para nomear uma experiência estética característica de homens expostos às imagens portentosas da indústria, da revolução e da metrópole no século XIX.

Essa experiência urbana do sublime tinha de fato muito a dever às novas paisagens arquitetônicas que, de algum modo, se associavam ao terrível ou operavam de modo análogo para produzirem terror: infinitas, poderosas, seriadas, multiformes, ecléticas, fantasmagóricas, sombrias, faiscantes. Mas esse *uncanny* arquitetônico[12],

---

10 BURKE, Edmund. A philosophical inquiry into the origin of our ideas of the sublime and the beautiful. In: *The Works of Edmund Burke*. Londres: G. Bell & sons, 1913.
11 TAYLOR, Nicholas. The awful sublimity of the victorian city. In: DYOS, H.J. & WOLFF, Michael. The Victorian City: images and realities. Vol. 2. Londres: Routledge e Kegan Paul, 1973, p.431-447.
12 VIDLER, Anthony. *The Architectural Uncanny*: essays in the modern unhomely. Cambridge, Mass: The MIT Press, 1992.

estranho e familiar, não era para Stella o *topos* fundamental do sublime metropolitano. Ele habitaria as próprias massas urbanas. Com efeito, Stella recorrera diretamente à caracterização da categoria proposta por Burke para pensar a multidão, como algo "que, por reunir uma série de qualidades particulares, desencadeava uma reação de impacto emocional violenta." E que produzia determinadas paixões: "Perplexidade – este estado da alma no qual todos os movimentos encontram-se suspensos devido a certo grau de horror; terror – tudo o que parece terrível ao olhar; obscuridade – esse véu que tolhe o conhecimento da verdadeira extensão do perigo impedindo o desaparecimento das apreensões; poder – esse congraçamento das ideias de força, violência, dor e terror que atinge nossa mente e dá o caráter sublime ao poder; privação – essa sensação de vacuidade, escuridão, solidão e silêncio; vastidão – a grandeza na dimensão, seja em altura, comprimento ou profundidade, causa poderosa do sublime; infinitude – o olhar impedido de distinguir os limites das coisas dá a elas a dimensão infinita; seriação e uniformidade".[13] Pois era ela, a multidão, que produzia as impressões mais duradouras de dor e perigo na sensibilidade da época.

De fato, desde o livro de 1982, a autora vinha experimentando um projeto de história urbana que valorizava a polissemia da palavra "cidade". Reabrir suas imagens, mitos e fantasmagorias era mais uma forma de desviar da tradição evolucionista, vigente no planejamento e na história da urbanização. Apoiando-se na crítica à utopia do plano formulada por Françoise Choay[14] a perspectiva da historiadora era, agora, reafirmada pela rejeição da representação da cidade como *telos* civilizatório e pela ativação simultânea de suas múltiplas figurações: como universo de acumulação, realizações e projeções utópicas, mas também como lugar de enfrentamentos concretos, medos e fantasias, excitações sociais, cinéticas e emocionais, consciência e desorientação, disciplina e violência.

Traduzido então para um público em grande parte formado por arquitetos e urbanistas, professores e pesquisadores em história da arquitetura e do urbanismo, o projeto parecia alertar para responsabilidades diversas do historiador. Não lhe caberia mais corroborar com reconciliações no espaço histórico em nome de modelos e soluções ideais, mas religar os processos que condicionavam a invenção da cidade e os esforços de controle das práticas urbanas com as percepções, imagens, representações e saberes a seu respeito. Na contramão do discurso científico, cada vez

---

13 BRESCIANI, Stella. *Metrópoles. Op. cit.*, p.42.
14 CHOAY, Françoise. *O Urbanismo: utopias e realidades:* uma antologia. São Paulo: Perspectiva, 1979; A história e o método em urbanismo. In: BRESCIANI, M.S. (Org.). *Imagens da cidade:* séculos XIX e XX. São Paulo: Marco Zero, 1993, p.13-27.

mais comprometido com as linguagens normativas (da medicina social, do direito civil, da economia política, da engenharia sanitária, do urbanismo, da psicologia das massas, da estatística social, da sociologia entre outras), a autora reabilitava aparências sensíveis e múltiplos pontos de vista. Donde a persistência em sua obra do tema visual: o "espetáculo" da pobreza, as "faces" do monstro urbano, as "imagens" da cidade, os "olhares" sobre ela. Para além de seu significado retórico-poético ou metafórico, o olhar interpelava a própria subjetividade burguesa como fato de civilização e a grande cidade, ainda que um conceito congenial à visualidade moderna, como artefato sensível, histórico, concreto.

A perspectiva da historiadora distanciava-se, portanto, de uma cisão típica do século XIX entre observação e interpretação, que ancorava tanto a redução positivista da realidade ao conhecimento dos fatos urbanos, como a aposta relativista no conhecimento sensível da cidade. Era precisamente nessa brecha, entre observação e interpretação, que a literatura, por exemplo, poderia vir ao auxílio da história urbana. Afinal, envolta na teia de compromissos que se forjava entre mercado editorial e público letrado, ela participava através do verossímil da educação sensível dos urbanitas, restituindo-lhes matéria subjetiva na dissecação do tecido social a que pertencem e oferecendo-lhes a possibilidade de encontrar sua autoimagem nas histórias que consumiam. Repondo, pois, imaginariamente uma comunidade de emoções, o romance assim jogava papel tão importante para o conhecimento das metrópoles quanto os discursos políticos, as estatísticas sociais e econômicas ou os registros das condições de vida.

Salvo engano, a gênese desse deslocamento na postura analítica de Stella rumo à ficção, assim como às memórias, falas comuns e linguagens especializadas, enraíza-se em um empreendimento anterior, ainda nos tempos de seu doutorado, no qual as indagações acerca da constituição no Brasil de um universo de trabalho livre a levara ao estudo dos discursos sobre os trabalhadores pobres na sociedade burguesa europeia. Ou antes, ao momento no qual a identificação de um ideário de *laissez-faire* republicano entre certa elite paulista de cafeicultores abrira-lhe a oportunidade de repensar por dentro o pensamento e a prática liberais, questionando as armadilhas históricas colocadas pelo viés universalista a partir do final do século XVIII na Inglaterra e na França.[15] Um deslocamento analítico crucial que a levaria a considerar não apenas a pluralidade do discurso liberal, mas a enfrentar a documentação histórica em sua

---

15 BRESCIANI, Stella. Liberalismo: ideologia e controle social (um estudo sobre São Paulo de 1850 a 1910). São Paulo, FFLCH-USP, 1976 (Tese de doutorado).

diversidade, das falas do poder às controvérsias de opinião, os discursos funcionando não exatamente como uma ideologia em abstrato, mas como narrativas dos sujeitos de discurso em cena, de suas práticas e projetos políticos concretos, de suas visões de mundo e modos de conhecimento. Foi nesta trilha de questões que, ao invés de reinvestir na particularidade brasileira, *vis-à-vis* o desenvolvimento capitalista, a autora empreenderia este longo percurso de estudo acerca dos polos propulsores da modernidade, as grandes metrópoles europeias do século XIX.

Talvez por aí possamos compreender a resistência contumaz de Stella à teoria das "ideias fora do lugar" no Brasil, objeto de acirradas controvérsias desde a sua primeira formulação por Roberto Schwarz no início dos anos 1970.[16] Desde então ela se alinharia às reservas de Maria Sylvia de Carvalho Franco à recaída do autor no dualismo que tanto buscara combater em sua crítica da ideologia liberal dos escravocratas.[17] Stella retomou o assunto em texto recente, produzido para o XI Seminário de História da Cidade e do Urbanismo, realizado em Vitória em 2010, cujo tema geral foi precisamente "A construção da cidade e do urbanismo: ideias têm lugar?":

> A afirmação de existir um descompasso entre ideias (liberais) avançadas e sociedades atrasadas, já nos processos de independência dos países latino-americanos no século XIX, foi transposta do campo das lutas políticas pela independência para o da produção cultural e configurou a base da teoria das "ideias fora do lugar" formulada por Roberto Schwarz no campo da teoria literária, em texto publicado em 1973. Essa teoria de ampla difusão e adesão em todas as disciplinas das ciências humanas marcou toda uma geração e as que a sucederam e passou a ser a fórmula interpretativa para as várias dimensões dessa sociedade: política, cultural, econômica, arquitetônica e urbanística.[18]

Questionando os pressupostos básicos desta teoria, isto é, as noções de modelo, cópia e desvio, bem como a polarização hierárquica entre centro e periferia, como noções demasiado genéricas para dar conta das dinâmicas e assimetrias intelectuais, a autora punha em xeque a interpretação comum da circulação de ideias, tradições e estilos arquitetônicos e urbanísticos no Brasil como marcados pela importação ou

---

16 SCHWARZ, Roberto. As ideias fora do lugar. *Estudos Cebrap* 3, 1973, p.150-161.
17 FRANCO, Maria Sylvia de Carvalho. As ideias estão no lugar. *Caderno Debates*, n.1, São Paulo: Brasiliense, 1976. p. 61 - 64.
18 BRESCIANI. Stella. A construção da cidade e do urbanismo: ideias têm lugar? In: FREITAS, José Francisco B. & MENDONÇA, Eneida M. Souza (orgs.). *A construção da cidade e do urbanismo: ideias tem lugar?* Vitória-ES: Edufes, 2012, p.141-159. Citação p.152.

transposição de modelos europeus. Afinal, não se poderia determinar a procedência nacional de tal ou qual ideia, nem muito menos a sua pertinência ou não a este ou aquele contexto dito periférico. Era preciso escapar a interpretações globais *a priori*.

> Aceitar não terem as noções e conceitos do urbanismo um lugar fisicamente definível – país, cidades, escritos de um único profissional, mas se disporem em livros, revistas e demais suportes –, e comporem um amplo e complexo campo de conhecimento estruturado no evidente intercâmbio entre profissionais da área, campo não estável e cristalizado, e sujeito à transitoriedade das ideias, à contingência de suas aplicações, à polissemia de seu vocabulário, aos embates de interesses de ordem variada.[19]

De certo modo era a própria matriz intelectual de compreensão da modernidade que era posta em xeque enquanto referência universal exclusiva. Por isso, talvez, a necessidade de retornar às imagens reluzentes das metrópoles europeias para provincianizá--las – para usar uma expressão iluminadora de Chakrabarty[20] – e assim remetê-las a seus próprios paradoxos constitutivos, a seus lugares de emergência, a suas contradições e campos de proveniência. Ao enfrentar a concepção liberal na raiz do pensamento europeu da modernidade política, eram suas derivações progressistas e historicistas que interessava examinar: de um lado, o pressuposto de que algumas ideias seriam universais porque puramente conceituais, sem qualquer relação com a linguagem ou seus lugares de enunciação; de outro, a crença de que determinados lugares, cidades ou nações serviriam de modelo aos demais não apenas porque teriam influenciado projetos de modernidade e modernização em toda parte, mas porque não se definiam exatamente como lugares, jamais subsumindo-se a parte alguma porque co-extensivos a todos os lugares. Ao usurparem da história as intimações do próprio passado moderno europeu, assim como as historicidades locais e a multiplicidade temporal do presente, tais crenças pareciam sonegar uma condição fundamental da história: a combinação inescapável entre a lógica histórica global da modernidade capitalista e o horizonte heterotemporal das inumeráveis histórias simultâneas. Talvez por aí seja possível compreender sua insistência no papel das palavras, das imagens, das memórias e sentimentos, como via de acesso para pensar o particular no estudo das cidades.

---

19 BRESCIANI. Stella. A construção da cidade e do urbanismo. *Op. cit.*, p.158.
20 CHAKRABARTY, Dipesh. *Provincializing Europe:* postcolonial thought and historical difference. Princeton: Princeton University Press, 2008.

À GUISA DE JUSTIFICATIVA

Quando em 2000 Márcia Naxara propôs reunir meus artigos voltados para questões urbanas e mostrou formarem um volume significativo, hesitei em levar o projeto adiante. Entre surpresa e receosa pensei serem necessárias a revisão e a atualização de textos escritos, os primeiros, na década de 1980. Entretanto, a tarefa iniciada não avançou, nem quando, a partir do CIEC (Centro Interdisciplinar de Estudos sobre a Cidade), Cristina Meneguello, Josianne Cerasoli e Rodrigo Faria propuseram a retomada do projeto, convidando Márcia Naxara a participar. Porém, o tempo passou entre a pretensão de tudo revisar e o envolvimento com compromissos acadêmicos sempre tão exigentes.

Cerca de dez anos depois voltamos à empreitada, acrescida então por alguns textos subsequentes. A dispersão dos artigos em coletâneas e revistas de diferentes áreas justificava a reunião, não como montagem rememorativa, mas como exposição de uma trajetória de estudos, pesquisa e exercício de escrita. Os argumentos dos três colegas, com os quais sempre mantive contínuo diálogo, romperam a barreira da hesitação e a tarefa foi enfrentada, com a colaboração de Clecia Gomes, Carlos de Oliveira e Fayga de Oliveira, alunos de pós-graduação que se dedicaram a trazer para os suportes atuais textos escritos em épocas diferentes, quase inalcançáveis, pois rigidamente impressos em páginas de livros e revistas. Não só transcreveram como buscaram resolver comigo dúvidas e falhas em referências documentais e bibliográficas, em trabalho retomado numa segunda etapa por Márcia, Josianne e Rodrigo, e a ajuda adicional de Jacy Seixas na revisão cuidadosa do texto em francês. Não há palavras suficientemente adequadas para expressar meus agradecimentos a todos.

Ao iniciar a tarefa final de revisão com toda a equipe, me dei conta do caráter exploratório dos escritos; avançavam hipóteses, sugestões, caminhos a serem trilhados e tinham muito da minha trajetória algo errática em busca de questionamentos surgidos no exercício da redação ou dos temas propostos para seminários, congressos, palestras, atividades didáticas. Esse fio errante movido pela curiosidade manteve o caráter exploratório que até hoje move minhas pesquisas e escrita. A tarefa se mostrou prazerosa, porém nada fácil. Muito foi reformulado, com a retomada de revisões anteriores, elaboradas quando do projeto inicial. Trabalho que provocou releituras e o rememorar os momentos da escrita, seus suportes teóricos, a busca de documentos, as aulas e conversas com orientandos e colegas, os seminários de pesquisa da pós-graduação. Lembranças dos debates provocados pela equipe do Projeto Temático "Saberes eruditos e técnicos na configuração e reconfiguração do espaço urbano. Estado de São Paulo, séculos XIX e XX" (FAPESP), dos diálogos e incentivo sempre entusiastas do grupo História e Linguagens Políticas (CNPq), do desafio apresentado pelo projeto internacional "Les Mots de la Ville", das descobertas e dedicação dos colegas que compartilharam a aventura de recuperar os sentidos "das palavras da cidade" em língua portuguesa para compor, sob a coordenação de Christian Topalov, as versões francesa e brasileira.

Certamente a redação dos artigos seguem uma trajetória nada linear, trajetória permeada de desvios, contornos, indagações. De início o suporte teórico se ateve a filósofos, literatos e poetas como introdutores ao ambiente urbano; com eles eu me sentia à vontade nesse exercício que unia atividade acadêmica e memórias afetivas de vivências juvenis na cidade de São Paulo: a mesma curiosidade temerária estava presente – medo e fascínio pelas multidões, pela diversidade e pelo anonimato dos caminhantes das ruas, a atração das vitrines, a sensação de estar entre tantos estranhos e me sentir ao mesmo tempo livre. O desafio ganhou contornos maiores ao "descobrir", com Françoise Choay, a possibilidade de leitura das narrativas, projetos e intervenções nas cidades por meio das mesmas noções filosóficas que orientavam minhas leituras de textos políticos e literários. Essa "descoberta" permitiu abrir diálogo com arquitetos interessados em historiar as cidades, entendê-las no tempo, em suas permanências e rupturas como expressões de ações efetivas e transformadoras.

Ana Fernandes e Marco Aurélio Filgueiras Gomes me colocaram perante o primeiro desafio de falar para arquitetos no início da década de 1990. A sensação de ser um estranho no ninho logo se desfez e o respeito mútuo pelos diferentes e, por vezes, divergentes olhares aos temas urbanos se manteve ao longo do tempo e, até hoje, confirmam o quanto de enriquecedor há na prática da interdisciplinaridade. Manter o diálogo com os muitos colegas arquitetos, sociólogos e historiadores implicou em importantes desafios que se desdobraram em várias reuniões, trocas de ideias, e especialmente em participações nos Seminários de História da Cidade e do Urbanismo. Sintoma exemplar dessa imersão por várias disciplinas é expressa pelas palavras de José Lira em "Figurações da grande cidade".

Rever é uma tarefa interessante. Intrigam, por exemplo, aparentes desvios e a retomada de alguns temas ao longo dos anos; circunstâncias que levam a enfrentar novamente questões já visitadas, mas, por vezes, relegadas a um espaço para o qual depois se deu menos atenção. Também novas indagações convidam, aliás, exigem a releitura de autores que acompanharam, de modo contínuo ou intermitente, a trajetória. Afinal, cada leitura de um autor desvenda dimensões que escapam numa primeira aproximação, pois sempre interessadas e bastante dirigidas ao tema e à questão do momento. Deixo ao leitor a tarefa de descobrir temas, indagações, autores.

Hoje reconheço o quão importante foi ousar ler e manter diálogo com Walter Benjamin, Hannah Arendt, Françoise Choay, Anne Cauquelin, Carlo Argan, Michel Foucault, François Béguin, entre outros apoios teóricos e companheiros de jornada em um terreno ainda pouco explorado por nós historiadores nos anos 1980. Gratificante foi, pois, presenciar, no decorrer desses anos, o deslocamento das pesquisas historiográficas de uma concepção da cidade como "palco" para encenação das ações sociais e acolher também a concepção mais complexa de constructo social, tão fundamental quanto os movimentos sociais, as lutas políticas. Sem dúvida foi um ganho para historiadores e arquitetos em diálogo recíproco altamente estimulante. Como desafio, o diálogo sempre se expressou e se mantém com colegas e alunos nos seminários das Linhas de Pesquisa Cultura e Cidade e Política, Cultura e Memória e na expressiva participação de ex-orientandos e atuais orientandos cujas pesquisas colocam em pauta ampliar o espectro de temas, bibliografia e documentação.

Indagaria também, e com insistência, sobre a laboriosa construção de conceitos a que o pensamento culto se dedicou durante o século XIX na intenção de dispor dos instrumentos necessários para controlar o que lhe parecia caótico, monstruoso: o ambiente urbano como a própria negação do entendimento da ideia de cidade.

Muralhas derrubadas por sua inoperância frente às modernas armas de guerra e o desafio de controlar o "novo" inimigo agora interno, entre os próprios moradores da cidade. Sociedade e cidade cindidas, demandando formas de controle indireto, substitutivas do controle direto tornado tarefa impossível dada a imensidão da área urbanizada e a diversidade de atividades nela desenvolvidas.

Penso que o fio condutor desses escritos foi acompanhar um desafio – o quanto e como observadores e pesquisadores dos temas urbanos buscaram colocar em escaninhos bem estruturados o que lhes parecia fugir ao entendimento se apoiado nos antigos conceitos e projeções da cidade abrigo. Uma história do urbano se formou inscrita entre a história da cidade e a história do urbanismo, uma retrocedendo às mais antigas formas de agrupamentos humanos, a outra acompanhando as idas e vindas, hesitações, certezas, desvios da formação do campo do urbanismo, configurado como disciplina acadêmica no início do século XX. História do urbano como campo transdisciplinar apoiado no pensamento filosófico, nos projetos urbanos, nos observadores sociais responsáveis pela formação da sociologia e da antropologia, em diálogo com o pensamento político, pontuando a corrente das temporalidades da história.

Muito se escreveu sobre a urgência em se repensar o urbanismo e o seu correlato, o planejamento urbano; a pertinência de planos e sua exequibilidade frente a interesses diversos, de proprietários, de agentes imobiliários, de projetos políticos. Em 1971, Giulio Carlo Argan afirmava que "como disciplina que visa interpretar, estabelecer, reorganizar e finalmente programar para o futuro a conformação da cidade, o urbanismo está se separando cada vez mais de seu objeto, dir-se-ia até que aspira a destruí-lo".[1] As projeções da cidade dispersa, desarticulada, disposta em pequenos aglomerados desfazia a configuração formal e aceita de cidade; projeções aliadas ao progresso técnico aplicado aos meios de transporte permitiam idealizar cidades expandidas destinadas a abrigar "trinta, cinquenta milhões de habitantes". Suas observações críticas soaram a meus ouvidos como reminiscência de uma idealização de cidade aproximada em parentesco com a antiga noção de cidade com limites definidos, não mais por muralhas, porém pelo traçado regular dos mapas. Tangível.

Hoje essa afirmação se apresenta fixada em "seu tempo" e desde os anos 1980 profissionais da filosofia e da arquitetura e urbanismo se lançaram, nas palavras de Luis Arenas, na "suspeita de utopismo e fundamentalismo racionalista", e lhes pareceu imprescindível deixar de lado "tudo o que poderia levar (a)o estigma da planificação". O

---

1 ARGAN, Giulio Carlo. O espaço visual da cidade. In *História da Arte como História da Cidade*. Trad. Pier Luigi Cabra. São Paulo: Martins Fontes, 1993, p.225-241.

encontro da arquitetura – urbanismo com a filosofia de Derrida e outros desconstrutivistas colocou em questão a noção de centro como algo que contém e confere sentido.

Luis Arenas percorre esse diálogo de encontros e desencontros nos quais no urbano "o sentido flui, escapa, se dissemina em uma rede de relações paratáticas sem hierarquia, nem ordem, sem princípio nem fim, inapreensível".[2] Estaríamos enfim, perante a desconstrução, a negação de um princípio constitutivo da vida urbana, a cidade recortada por noções e conceitos que permitiriam, pensava-se, o controle do eterno fluir de pessoas, mercadorias, ideias, de todo movimento? Desfazia-se, em suma, sua concretude, ruas, edifícios, parques e jardins, aquilo que em tese guardaria caráter de permanência. A desmontagem ou desconstrução de conceitos-chave do discurso da modernidade e da lógica da identidade que a constitui, apresenta-se como um novo desafio a enfrentar. Contudo, cabe um alerta: entender a desconstrução pressupõe conhecer o constructo e os passos e momentos de sua edificação. Este o convite à leitura.

março 2017
Stella Bresciani

---

2 ARENAS, Luis. De como el mundo devenino líquido. In *Fantasmas de la vida moderna*. Ampliaciones del sujeto en la ciudad contemporânea. Madrid: Editorial Trotta, 2011, p.19-93.

Permanência e ruptura no estudo das cidades*

A difícil definição de um objeto

Nada aparentemente mais definido e mais ambíguo em termos conceituais do que a palavra cidade. A permanência material no tempo faz com que os aglomerados humanos possam remontar a seus resíduos arqueológicos até, por que não?, às primeiras aglomerações de moradias. As noções de abrigo e de defesa conjugam-se na imagem da arte/astúcia do homem que vence obstáculos para assegurar sua existência frágil num ambiente decididamente hostil. Seria possível uma definição mais precisa ou seria a cidade do século XX o momento de completude ou um ponto avançado no longo processo da vida humana? Ou de forma mais restrita: estaria a cidade de hoje presente *em germe* na *polis* grega ou na cidade romana de modo a configurar uma linhagem que se constituiria a partir da específica *experiência* da cultura ocidental?

A opção pela ideia de uma vida urbana diferenciada da vida do campo coloca em destaque a noção de *artifício*, da arte do homem que o distinguiria definitiva-

---

* Texto apresentado em palestra ao I Seminário de História Urbana, FAU-UFBA – Salvador, novembro de 1990. Foi revisado, completadas as referências e, quando possível, busquei atualizar com referências posteriores à escrita do texto, mas mantive o tom informal de palestra. Publicado em *Cidade & História*. Modernização das Cidades Brasileiras nos séculos XIX e XX. FERNANDES, Ana; GOMES, Marco Aurélio A. de Filgueiras (Org.), FAU-UFBA, 1992, p. 11-26.

mente dos outros seres do mundo animal, e remete para a concepção de *arte* considerada a transposição de uma *ideia* em uma *obra*, como algo intrínseco ao campo da racionalidade e da industriosidade. Esta opção orienta várias vertentes de estudos historiográficos e urbanísticos que acompanham a *permanência* e a *transformação* das cidades através dos tempos.

Esses estudos podem focalizar a vida política, a corte, as instituições públicas e seus edifícios, o mercado e a vida comercial, na busca por definir aquilo que chamamos de espaço de uso público e lugar de sociabilidade; podem também privilegiar as atividades econômicas e suas configurações geograficamente sediadas nas cidades, e desse modo refazer a rede urbana e a regionalização em torno dos centros econômicos em suas trocas com o mundo agrícola e as transações comerciais de longa distância. Há, ainda, uma vertente adotada, sobretudo, por urbanistas: recortar as *formas* urbanas desde as aglomerações mais primitivas, orientando-se pelas coordenadas do espaço e da técnica. Todos eles trazem contribuições valiosas para o estudo das cidades e mostram variações e deslocamentos através do tempo, tais como a diferença entre o *décor* teatral da cidade barroca e a configuração funcional das modernas cidades industriais, Em todos os trabalhos, a noção de crescimento evolutivo ou de desenvolvimento constitui o pressuposto teórico que faz com que a(s) cidade(s) seja(m) considerada(s) um fato histórico, sempre o mesmo, um fenômeno cujas transformações (materialidade e função) constituem o objeto de pesquisa dos estudiosos.[1]

Existe, contudo, outra posição teórica que rompe com a concepção de continuidade no tempo como pressuposto de conhecimento das cidades contemporâneas. Esta opção, à qual filio minhas investigações, volta-se para as cidades associadas à ideia de modernidade, para o momento em que, na primeira metade do século XIX, elas são problematizadas em *questão urbana*, concebidas como um espaço de tensões empíricas e conceituais, concepção que perdura na formulação do paradigma que orienta *o conhecimento* e *a vivência* nas cidades contemporâneas.

Esta forma de *se orientar* e estudar as cidades nos oferece, no momento mesmo de sua definição no século XIX, não sete, mas cinco portas de entrada conceituais. Estas

---

1 MUMFORD, Lewis. (1938) *The Culture of Cities*. New York: Harcourt Brace & Co.Inc., 1938; tradução brasileira *A cultura das cidades*. Trad. Neil R. da Silva. Belo Horizonte: Itatiaia, 1961; MUMFORD, Lewis. (1961) *A cidade na história. Suas origens, transformações e perspectivas*. Trad. Neil R. da Silva, São Paulo: Martins Fontes, 1998; BENEVOLO. Leonardo. (1963) *Le origini dell'urbanistica moderna*, Bari/Roma: Laterza, 2000; BENEVOLO. Leonardo. (1975) *História da Cidade*. Trad. Silvia Mazza. São Paulo: Perspectiva, 3ª ed. 1999; BENEVOLO. Leonardo. (1960) *História da arquitetura moderna*. Trad. Ana M. Goldberger. São Paulo: Perspectiva, 1989. Indico também DI BIAGI, Paola (Org.). *I classici dell'Urbanistica Moderna*. Roma: Donzelli editore, 2002.

portas de entrada para o estudo das cidades estruturam-se enquanto problemas a serem solucionados pontualmente, e foi a política de intervenção no meio urbano, mais evidente no decorrer da segunda metade do século XIX, que configurou a possibilidade de se pensar as cidades existentes em sua totalidade ao abrir espaço para a formação no início do século XX do urbanismo como disciplina acadêmica e prática política.[2]

Uma primeira porta desvenda a cidade enquanto *questão técnica*, ao conjugar o olhar do médico com o saber do engenheiro na observação/transformação do meio ambiente. É o momento em que o triunfo da técnica e do maquinismo dá aos contemporâneos a certeza de viverem a *Era Mecânica*.[3] Diz respeito ao difícil questionamento da sociedade liberal com seu Estado guarda-noturno e seu respeito religioso pela propriedade e pela cidadania dos proprietários, no processo de formação da política de intervenção no espaço urbano que colocaria a antecedência do bem público sobre a propriedade particular.

Uma segunda porta conceitual da cidade se abre para a questão social, formulada a partir da problematização econômico-política da pobreza, tal como colocada pela Revolução Francesa de 1789 e pelos movimentos de resistência dos trabalhadores na Inglaterra desde o século XVIII. As concentrações de homens nas cidades revelam-se um paradoxo: por um lado, possibilitam a divisão do trabalho e a maior produtividade industrial, por outro, representam uma ameaça potencial e persistente à sociedade civilizada.[4] Também aqui, o individualismo liberal mostra-se incapaz de encontrar respostas satisfatórias para os problemas sociais.

A terceira porta abre a cidade pensada como espaço de formação de *novas identidades sociais*. Aqui, a palavra burguesia redefine-se numa noção classificatória que recobre uma ampla gama de atividades urbanas e ao mesmo tempo designa

---

[2] BÉGUIN, François. Les machineries anglaises du confort. L'haleine des faubourgs, Ville, Habitat et Santé au XIXe siécle Murard e Zilberman, (Org.) *Recherchess* n. 29, 1977, versão brasileira As maquinarias inglesas do conforto. Trad. Jaime Hajime Ozeki, revisão Suzana Pasternak. *Espaço & Debates* n.34 – Cidade e História. São Paulo: NERU, 1991, p. 39-54 e CHOAY, Françoise. *L'Urbanisme. Utopies et Realités*, Seuil, 1965, versão brasileira *O Urbanismo. Utopias e realidade. Uma antologia*. Trad. Dafne Nascimento Rodrigues. São Paulo: Perspectiva, 4ª ed. 1997; SECCHI, Bernardo. *Prima lezione di urbanistica*. Roma: Gius. Laterza & Filgli, 2000.

[3] A denominação "Era mecânica ou Idade da Máquina" foi usada por CARLYLE, Thomas em Signs of the Times (1829). In *Thomas Carlyle*. Selected Writings. Harmondsworth: Penguin Books, 1980, p. 64.

[4] Cf. CARLYLE, Thomas. (1839) Chartism. In *Thomas Carlyle*. Selected Writings. Harmondsworth: Penguin Books, 1980, p.151-132. No ensaio Carlyle denomina o conflito entre capital e trabalho pela expressão "Condition-of-England Question"; MARX, Karl. (1867) *O Capital*. Trad. Regis Barbosa, Flávio Kothe. São Paulo: Abril Cultural, 1983; SMITH, Adam. (1776) A riqueza das Nações. Trad. Luiz João Baraúna. São Paulo: Abril Cultural, 1983. Remeto para ARENDT, Hannah. (1963) *Sobre la revolución*. Trad. Pedro Bravo. Madri: Revista de Occidente, 1967. Cap. 2 La question social, p.67-124.

seu outro com a noção de proletariado, envolvendo assim numa camisa de força toda a variada gama de atividades do trabalho. Por esta porta se chega ao lugar onde se constitui a ética burguesa.[5]

A porta número quatro diz respeito à educação dos sentidos na sociedade moderna; aponta-se a cidade como o lugar de formação de uma *nova sensibilidade* para a qual o olhar armado e orientado pelo conceito classifica em quadros compreensivos o que vê. Registra-se a perda da *experiência* em favor da *vivência* e faz do homem um ser, cujo comportamento condicionado é considerado a expressão humana do autômato. É ainda por esta porta conceitual que a produção cultural sobre a cidade constitui uma cultura urbana, na qual a elaboração intelectual da vida nas cidades se faz por contraste e oposição a uma suposta vida rural idílica.[6]

A quinta porta dá acesso à *cidade conceitual*, sinônimo de *progresso*, o *lugar da história*, e designa seus habitantes como agentes/sujeitos históricos. Para Karl Marx, o burguês como sujeito do tempo presente, o proletário para o projeto da futura sociedade. Lugar de alienação, mas também de liberação pela consciência. A noção de *determinação* se afirma no campo intelectual de modo amplo, antes e para além do marxismo, e instaura um diálogo polêmico onde se digladiam a vontade e a deliberação livre do homem senhor de seus atos e as leis sociais que o aprisionam em suas malhas de ferro. Livre opção ou opção limitada pelas imposições de um sistema?[7]

Permitam-me introduzir, ainda, uma porta, neste texto mais estreita, que poderia ser entreaberta deixando vislumbrar a "cultura popular", uma forma à parte da cultura urbana. Abafada sob o pesado manto dos valores burgueses, destinada ao silêncio e a desaparecer pela ação disciplinar da fábrica, da filantropia e da polícia.[8] Dela temos um

---

5 GAY, Peter. (1984). *A educação dos sentidos*. A experiência burguesa. Da Rainha Vitória à Freud. Trad. Per Salter. São Paulo: Companhia das Letras, 1988.
6 WILLIAMS, Raymond. (1973). *The country and the city*. Londres: The Hogarth Press, 1985, edição brasileira *O campo e a cidade na história e na literatura*. Trad. Paulo Henriques Brito. São Paulo: Companhia das Letras, 1989.
7 A noção de determinação cobre campos conceituais da filosofia política liberal desde SMITH, Adam. *Op. cit.* e MILL, John Stuart. (1859) *Sobre a Liberdade*, Trad. Alberto da Rocha Barros, Petrópolis: Vozes, 1991; encontra sua versão conservadora romântica, entre outros, em CARLYLE, Thomas. Signs of the times. *Op. cit.*; reencontra-se em Karl Marx e seus seguidores, MARX, Karl (1859) *Contribuição à crítica da economia política*. Os Pensadores. Vol.XXXV. São Paulo: Abril Cultural, 1974; MARX, Karl. *O Capital, Op. cit.*, e nos positivistas, COMTE, Auguste (1844) *Discours sur l'Esprit Positif*. Paris: Vrin, 1987; e entre outros, em TAINE, Hyppolite (1872) *Notes sur l'Angleterre*. Paris: Hachette, 5ª Ed. 1876; TAINE, Hyppolite (1875-1893) *Les origines de la France Contemporaine*, 2 vols. Paris: Robert Laffont, 1986; para ficarmos só com alguns autores relacionados a essas filiações.
8 HIMMELFARB, Gertrude. *The Idea of Poverty*. England in the early Industrial Age. New York/Canada: Random House, 1983.

conhecimento direto por escritos de trabalhadores letrados, porém na maioria das vezes o conhecimento se dá de forma indireta por relatos de pesquisadores sociais, literatos e, até mesmo, depoimentos colhidos entre trabalhadores no intuito dar a conhecer para a sociedade culta seus costumes. São vozes que expressam muitas vezes a vontade de liberdade, de uma vida liberta da opressão cotidiana do trabalho disciplinado.[9]

Por último, mais recentemente, a imagem da cidade dividida em áreas estanques com conteúdos próprios se esgarça mostrando que seus *territórios* são menos espaciais e mais subjetivos, onde as múltiplas redes de sociabilidade repetem *o mesmo* em vários lugares, onde o princípio da identidade pode se expressar pela esquizofrenia. Muitas vezes os territórios operam no modo do espelho invertido. Baudelaire, *flanêur* inserido entre o mecenato e o mercado, rejeita os dois, mas os tem como referência.[10] Esta entrada conceitual nos temas urbanos surge como ruptura possível com o quadro teórico definido com a problematização das cidades nos começos do século XIX na medida em que rompe com a noção de identidade, de objetividade, de subjetividade racionalmente constituída e outros, assim denominados, mitos "vitorianos".

Parece que as cinco portas escancaradas pelos homens do século XIX já não bastam, e talvez o número sete seja mesmo a chave do enigma. Na exposição daquilo que cada uma dessas portas desvenda, me deterei mais longamente nas duas primeiras portas por pensar que, para o arquiteto e para o urbanista, são as que mais subsídios oferecem para a compreensão de seu próprio campo de trabalho. Meu método de estudo tem nas categorias marxistas seu campo conceitual básico, não rejeito, contudo, a inspiração em Foucaul relativa à sociedade disciplinar e à busca arqueológica das instituições modernas, no sentido de mostrar que seus começos, ao contrário das fábulas que dão dignidade a intenções inventadas, são muitas vezes mesquinhos e pouco confessáveis. Na reconstituição dos começos, desconstrói-se a representação cristalizada e linear, imobilizada no tempo, paralisada; busca-se também refazer os caminhos de outra ordem do conhecimento, em que a análise não se contenta com a forma visível das coisas e mergulha na profundidade interior delas com a intenção de apreender os princípios de sua organização.[11]

---

9 Remeto como exemplos: RANCIÈRE, Jacques (1981). *A noite dos proletários*. Arquivos do sonho operário, trad. Marilda Pedreira, São Paulo: Companhia das Letras, 1988; MAYHEW, Henry. (1861-62) *London Labour and the London Poor* 4 volumes, New York: Dover Publications, Inc., 1968;

10 BENJAMIN. Walter. Sobre alguns temas em Baudelaire. In *Walter Benjamin*. Obras Escolhidas III. Charles Baudelaire. Um lírico no auge do capitalismo. Trad. José Carlos Martins Barbosa; Hemerson Alves Baptista. São Paulo: Editora Brasiliense, 1989, p. 103-149.

11 FOUCAULT Michel. (1961) *A História da Loucura na idade clássica*. Trad. José Teixeira Coelho Neto. São Paulo: Perspectiva, 1972; FOUCAULT, Michel (1975) *Vigiar e Punir*, O nascimento da prisão. trad. Ligia M. Ponde Vassalo. Petrópolis – Rio de Janeiro: Vozes, 1977; FOUCAULT,

Primeira porta: a cidade moderna, a questão técnica

Esta porta mostra a cidade problematizada pela primeira vez enquanto questão técnica. Ela impõe a necessidade de avaliar a materialidade da teia urbana, projetando soluções para uma cidade ideal no espaço utópico (não contaminado) do papel em branco. Trata-se de uma forma de apreender a cidade a partir de *dados sensíveis, quantificáveis,* que *analisados proporcionam* base para a descrição literária, a escrita científica e a representação iconográfica; fixam o crescimento em extensão, o aumento demográfico, as atividades produtivas, a circulação das mercadorias e sua troca no mercado, as questões de salubridade e de controle do movimento.

A problematização da cidade enquanto questão técnica acontece na primeira metade do século XIX e se encarrega de substituir a materialidade dos limites definidos por muros pela finitude gráfica dos mapas, uma forma conceitual de abarcar limites para além do sentido da visão. É característico da problematização da cidade esse deslizamento dos dados sensíveis para categorias conceituais cifradas gráfica e numericamente, constituem a forma moderna de *ver* a cidade; define-se também a especialização técnica voltada para os problemas urbanos, dá lugar a formação do urbanismo como uma das divisões do trabalho intelectual e disciplina acadêmica que perdura em sua estrutura básica até nossos dias.[12]

Essa especialidade tem seus *começos* nos primeiros cinquenta anos do século passado, tempo histórico em que a cidade passa a ser vista em sua singularidade como um microcosmo representativo da sociedade, ao mesmo tempo objeto de observação e laboratório para o exercício de políticas que interferem e modificam sua estrutura enquanto *meio ambiente*. A intervenção técnica na cidade participa de um movimento do conhecimento que se estrutura a partir da circunscrição da doença e da observação dos corpos doentes para a modificação do meio físico em que a doença se manifesta e prolifera. É por isso que a *questão urbana* nasce junto com a *Ideia Sanitária* – preocupações simultâneas com o meio ambiente formador do corpo físico e da moral do pobre, já que pela proximidade física poderia contaminar a população rica e reverter as expectativas dos benefícios do trabalho. Mentes sadias em corpos sãos.[13]

Michel, (1966) *As Palavras e as Coisas:* uma arqueologia das ciências humanas. Trad. Antonio Ramos Rosa. São Paulo: Martins Fontes, s.d. (por acordo com Portugália Editora Ltda).
12 BÉGUIN, François. *Op. cit.*, p. 39-54.
13 CHADWICK, Edwin. *Report to her Majesty's principal Secretary of State for the home department from the Poor Law Commissioners on an Inquiry into the Sanitary Condition of the Labouring Population of Great Britain*, London. 1842; CHADWICK, Edwin. *First Report of the Commissioners for the Inquiring into the State of Large Towns and populations Districts*, London, 1844 e *Second Report....* London, 1845, documentos utilizados por BÉGUIN, François. *Op. cit.*

As propostas de intervenção no meio ambiente em que vivia a pobreza implicaram modificações na rede de poderes das cidades ao estender as regras de civilidade para a população pobre. A civilidade para o pobre, considerado pelo pensamento culto um ser semi-racional, implicou a noção de disciplina, algo que do exterior constrange as pessoas a um comportamento previsível e formador de uma segunda natureza do homem sem o recurso à inteligibilidade dos pressupostos ou à consciência de sua importância. Algo que deveria tornar-se uma segunda natureza desses seres destituídos de profundidade; uma mera ação reflexa em resposta a estímulos preestabelecidos.[14]

Sem dúvida a noção de *poor men* designa na Inglaterra, desde a proposta de contrato social de Jonh Locke em finais do século XVII,[15] os homens incapazes de acumular qualquer riqueza, aqueles que vivem no *reino da necessidade*, provendo sua subsistência com o trabalho braçal cotidiano. Considera-se esta imensa parcela da humanidade destituída de pensamento projetivo, presa aos instintos, em suma, muito próxima da barbárie. Daí a importância dos constrangimentos físicos e do estímulo da fome para nela desenvolver comportamentos semelhantes ao da parte civilizada da sociedade. Algo parecido ocorre na França pós-1789.

As imagens da pobreza emergindo das entranhas da terra e exigindo ser vista e ouvida vai além das descrições românticas da Grande Revolução ou do medo pânico dos liberais franceses adeptos da teoria da representação política restrita. A tênue linha a separar as *classes laborieuses* das *classes dangereuses* foi cuidadosamente estabelecida pela camada ilustrada da população francesa, que, como a inglesa sua contemporânea, acreditou na necessidade de reforçar o poder das leis através de mecanismos menos abstratos e mais condizentes com a condição mental dessa população pobre[16].

A melhor problematização dessa forma de estudo das cidades encontra-se, do meu ponto de vista, no artigo pioneiro de François Béguin, já citado, *Les machineries anglaises du confort*[17], na revista *Recherches,* na qual Murard e Zilberman reuniram trabalhos de pesquisadores inspirados em propostas de Foucault.

---

14 FOUCAULT, Michel. *Vigiar e Punir. Op. cit.*; BENTHAM, Jeremy. (1787,1790-1791) *The Panopticom Writings.* Miran Bozovic (Org. e Introd.) Londres/New York: Verso, 1995; BÉGUIN, François, p. 39-54.
15 LOCKE, John (1790). *Two Treatises of Government.* Book II, An Essay Concerning the True Original Extent and End of Civil Government. Londres: J.M.Dent & Sons ltd., 1990.
16 Cf. CHEVALIER. Louis. *Classes laborieuses et Classes dangereuses.* Paris: Librarie Générale Française, 1978; BRESCIANI, M.S., *Londres e Paris no século XIX. O espetáculo da pobreza.* Brasiliense, 1982 e BRESCIANI, Stella. Carlyle. A Revolução Francesa e o engendramento dos tempos modernos, *Revista Brasileira de História* n. 20. Reforma e Revolução. V. 10, n. 20, São Paulo: ANPUH/CNPq, mar.91/ago.91, p. 101-112.
17 BÉGUIN. François. *Op. cit.*, p. 39-54.

Em seu artigo, Béguin mostra que na Inglaterra, entre 1840 e 1845, foram realizadas duas grandes pesquisas sobre o que denominamos de questão do habitat, pesquisas estas muito decepcionantes para o pesquisador de hoje em busca de visões arquitetônicas grandiosas de projetos de habitações individuais e coletivas. Os levantamentos efetuados nessa década têm na doença seu foco de observação privilegiado, sobretudo as de caráter epidêmico, para promover as formas físicas de canalização da água, do ar, da luz e dos esgotos, dos fluidos em geral. Surpreendentemente, contudo, nelas também se expressa uma preocupação *contábil* com o custo de cuidar, dar assistência ou reprimir coisas que poderiam ser evitadas se houvesse uma intervenção na série de componentes físicos que constituem o meio ambiente do pobre. Estava menos em questão o desenho arquitetônico das casas e a projeção de uma nova rede de vias públicas, o que em parte se justifica pela pouca preocupação com as moradias comuns por parte dos arquitetos egressos das escolas de belas-artes.[18]

Nos relatos dos resultados dessas pesquisas pode ser avaliada a primeira empresa gigantesca de redução do meio ambiente a dados técnicos, cuja incidência sobre a doença e o comportamento ficasse estatisticamente estabelecida, demonstrada em seus efeitos e comparada com outras situações em que a intervenção da técnica havia modificado a distribuição de poderes no meio urbano. Constituem, então, mais uma detalhada anotação daquilo que chamaríamos infra-estrutura da cidade, ou, ainda, equipamentos urbanos coletivos. São mais sequências de normas técnicas do que projetos de cidades e de moradias; são novos saberes, novos aparelhos e novos atores que definem, com base na anotação de seus componentes materiais, um novo regime para o meio em que vivem os pobres.

Como indicamos acima, essas normas representam soluções propostas com base nos resultados de pesquisas realizadas em países europeus, entre eles Inglaterra e França, para determinar *as causas das epidemias*, como a de cólera que atravessou avassaladoramente a Europa no início da década de 1830. O milenar medo da peste, que se pensava afastada das cidades modernas, soma-se à proxi-

---

18 Em pesquisa posterior verifiquei haver preocupação com modelos e padrões construtivos de moradias operárias já em meados do séc. XIX. Por ocasião da Exposição Universal de 1851, realizada em Londres, há projetos e edificações padrão expostos pelo arquiteto Henry ROBERTS que os apresenta e justifica no texto *The Dwellings of the Labouring Classes, Their arrangement and Construction*, publicado em 1850. No mesmo ano foi publicado na França, por ordem de Luis Napoleão, e saiu uma edição abreviada em alemão. Originalmente foi conferência apresentada no Institute of British Architects em 21 de janeiro de 1850. Versão francesa *Des habitations des classes ouvrières*. Trad. Michael Browne. Paris: L'Harmatan, 1998. Ver BRESCIANI, Stella. A cidade e o urbano: experiências, sensibilidades, projetos. *Urbana*, Campinas-SP: v.6, n.8, p.64-95, jun-2014. ISSN 1982-0569. Disponível em: http://www.ifch.unicamp.br/ojs/index.php/urbana/article/view/1680/pdf.

midade física da população pobre, a mais atingida pela doença, em áreas também habitadas pelos ricos de Londres e Paris.

Na Inglaterra, o levantamento mais importante foi o da Comissão Real chefiada por Edwin Cbadwick, discípulo de Bentham e *utilitarista* radical que afirmou a correlação entre insalubridade e más condições do ambiente e moradia com o alto índice de mortalidade, a doença, a promiscuidade e a imoralidade das pessoas. Chadwick, em parte, mantinha-se fiel aos pressupostos das anotações de médicos e filantropos do século XVIII inspirados na teoria mesológica, entretanto apontava para um novo elemento importante: o custo econômico e social do desconforto. Reduziu, assim, os problemas da cidade e a questão da moradia a uma equação entre custo e benefício proporcionado pela técnica e, mais, reduziu o meio ambiente aos seus componentes técnicos: esgotos, drenagem, distribuição de água, limpeza das ruas, coleta de lixo, coordenadas para a edificação. As longas descrições dos bairros e das moradias dos trabalhadores transformam-se, nos vários relatórios, em questões técnicas de redefinição dos aparelhos coletivos urbanos e em questão política de redefinição da responsabilidade individual para os poderes públicos.

No *Report* de 1842, Chadwick, afirma:

> ...os fatos demonstram a importância política e moral... dos meios físicos malsãos que deterioram a saúde e o estado físico da população, que agem como obstáculos à educação e ao desenvolvimento moral; que diminuindo a esperança de vida da população operária adulta interrompem o crescimento das capacidades produtivas e diminuem o capital social e moral da comunidade.[19]

Nesse *Report,* Chadwick demonstra o custo econômico da doença computado sobre a base da perda das jornadas de trabalho, assim como o custo social da desagregação das famílias, com o consequente desenvolvimento de hábitos e tendências anti-sociais. (Não esqueçamos que se vive em uma época em que o preço da mão-de-obra equivale à sua oferta, e os solteiros, principalmente do sexo masculino, são considerados seres anti-sociais.)

Chadwick, profundo conhecedor das condições de vida dos trabalhadores ingleses e da jurisprudência relativa à pobreza conhecida pela denominação de *Poor*

---

19 CHADWICK. *Report to her Majesty's principal Secretary of State for the Home Department from the Poor law Commissioners on an Inquiry into the Sanitary Condition of the Labouring Population of Great Britain*, London, 1942; *First Report of the commissioners for the inquiring into the state of Large towns and populations districts*, London, 1944 e *Second Report...*, London, 1945, Apud BÉGUIN, François. *Op. cit.*, p. 40.

Laws, utiliza as pesquisas relatadas em sucessivos relatórios, e que iniciadas em Londres estenderam-se depois a várias cidades industriais inglesas, para propor uma nova lógica da salubridade: não mais contar com as pessoas e seus atos, mas investir em grandes obras inspiradas na Roma antiga, nas descobertas de Harvey sobre a dupla circulação sanguínea e nas possibilidades oferecidas pelos progressos da tecnologia, a fim de proporcionar às cidades equipamentos capazes de transformá-las em meio ambiente formador de homens sãos e moralizados.

Se tomarmos o caso da circulação/distribuição de água, a intervenção se dá sobre a relação entre a limpeza, de um lado e, de outro, a dimensão e o potencial dos condutos de água. Trata-se da gestão dos fluidos, e em suas propostas o habitável não mais se vê prisioneiro dos limites naturais; passa a só reconhecer limites técnicos, econômicos e políticos. Dados geográficos e geológicos tornam-se matéria de *surveys* a partir dos quais se estabelecem curvas de nível e linhas de drenagem. Os *dados sensíveis recuam a favor dos dados técnicos*. A *espessura histórica* da cidade é rompida, e a *questão urbana* nasce na rede de dados cifrados numericamente e nos mapas. Essa dissolução da cidade numa concepção do urbano como meio onde se entrecruzam os órgãos técnicos dos equipamentos coletivos e dos componentes do solo forma a base do urbanismo como disciplina.[20]

Na França do início da década de 1840, o médico Parent Duchatelet chefia uma equipe governamental que percorre caminhos semelhantes e levam à descoberta do caráter itinerante da doença transportada pelo corpo do pobre e de sua estreita relação com os costumes degradados dessa população. A atenção que dedicou ao que considerou os depósitos dos resíduos humanos – esgotos, bairros e moradias pobres, prostitutas – indica sua adesão à teoria do meio ambiente com seu poder deformador/formador das características físicas e mentais das pessoas.[21]

Os longos anos dedicados ao levantamento detalhado dos esgotos das cidades de Paris, ao ambiente do pobre e da prostituição resultaram numa proposta intervencionista de fixar lugares, regulamentar práticas nocivas, embora necessárias, assegurar a captação de águas usadas de maneira a evitar o acúmulo de águas estagnadas e os córregos poluídos pelos detritos industriais e humanos, destruir o costume de amontoar homens e animais num mesmo cômodo, bem como o hábito promíscuo de pais e filhas, irmãos e irmãs dormindo num mesmo quarto ou cama, e, enfim, evitar tudo o que pudesse exalar miasmas contamina-

---

20 Remeto as informações e análise a BÉGUIN, François. *Op. cit.*, p.39-54.
21 BÉGUIN, François. *Op. cit.*, p. 41-42.

dores da saúde e degradar pela má moral o comportamento das pessoas. Como na Inglaterra, o outro lado do intervencionismo, construído sobre a certeza de que na sociedade moderna tudo deve circular – pessoas, animais e mercadorias –, também cuidou de estabelecer na França uma fina rede de controle pontual de tudo o que se movimentava.[22]

Na segunda metade do século, a intervenção sobre o meio ambiente transforma o espaço urbano em um grande laboratório. Se nas ruas da Paris do 2º Império as reformas do prefeito Haussmann fazem política de terra arrasada em vários bairros com o duplo objetivo de desfazer amontoamentos de edificações e de pessoas, nos bairros operários a ação saneadora atinge as moradias na intenção de substituir a rede de promiscuidades por uma série de comportamentos adequados. A Ideia Sanitária, eixo do que se poderia considerar um começo de política habitacional, procura atingir o íntimo das pessoas por meio da redefinição do espaço da casa, organizado de maneira a que seus ocupantes desenvolvessem hábitos civilizados. No espaço externo, um belo traçado de ruas e avenidas sem pontos de estrangulamento e sem ... barricadas; em casa famílias edificadas pelos preceitos burgueses da moralidade e do trabalho. Sem dúvida um ambicioso projeto disciplinador e utópico.[23]

O traçado das novas ruas, avenidas e bulevares sobre o mapa da cidade enfrentou a contrapartida da resistência dos proprietários atingidos, mas proporcionou enriquecimento rápido dos especuladores caricatamente retratados em *La curée* de Emile Zola. A dimensão disciplinar expressou-se na intenção de limpar as ruas da cidade dessa massa de trabalhadores e vagabundos, uma eterna ameaça as instituições políticas, conduzindo-os para dentro das casas padronizadas, construídas nos subúrbios.[24]

Numa avaliação que persiste ainda hoje, a figura *monstruosa* do pobre doente, sujo, semi-moralizado e racionalmente incompleto foi amplamente divulgada para justificar uma estratégia que desejava levá-lo do conforto selvagem ao conforto domesticado. Médicos, administradores, filantropos, jornalistas, cientistas sociais, engenheiros e arquitetos contribuíram para definir, em termos sociais e espaciais, a linha da *marginalidade* a partir do longo repertório de informações colhidas da relação direta com a pobreza. A anotação paciente de comportamentos individuais e familiares ajudou a elaborar a imagem coletiva

---

22 PARENT-DUCHATELET, Alexandre-Jean-Baptiste (1836). *La prostitution à Paris au XIXe siècle*. Texto apresentado e anotado por Alain Corbin. Paris: Seuil, 1981; CORBIN, Alain. Les filles de noce: Misère sexuelle et prostitution (19ᵉ siècle). Paris: Flammarion, 1982.
23 CARS, Jean & PINON, Pierre. *Paris-Haussmann*. Paris: Édition Du Pavillon de L'Arsenal. Picard Éditeur, 1991.
24 PERROT. Os operários, a moradia e a cidade no século XIX. *Os Excluídos da História*, organização e apresentação M.S. Bresciani. Trad. Denise Bottmann. Rio de Janeiro: Paz e Terra, 1988, 7ª Ed. 2017.

monstruosa da população das cidades, com seu caráter indiscernível e imerso no lodaçal da incivilidade.

A estratégia do conforto policiado veio sobretudo ao encontro da imagem criada pela parte culta da população, procurando resolver um problema por ela mesma "inventado" a partir do modelo do conforto civilizado. Essa estratégia, pelo menos no plano do projeto, transforma pessoas em unidades individuais – unidades individualizadas, padronizadas e impessoais, intercambiáveis em suma –, pessoas reconhecidas em suas particularidades pela aparência das roupas, da casa e dos bairros.[25]

Nas políticas urbanas, a figura do sujeito de direito universal racional, consciente – um ser civilizado –, recobre ainda que projetivamente, como um vir a ser, a variada gama de habitantes da cidade, ao partir do pressuposto de que todas as pessoas têm as mesmas necessidades e desejam coisas idênticas, e podem, então, ser submetidas a um mesmo modelo de vida. Essa figura, que no século XIX ainda suscitava controvérsias opondo culturalistas e racionalistas no plano das políticas urbanas, praticamente desaparece no século XX, quando o marco simbólico das técnicas de intervenção nas cidades passa a ser a racionalidade monumental do urbanismo contemporâneo.

Do meu ponto de vista, o urbanismo que se forma como disciplina nas décadas iniciais do século XX carrega consigo toda sua herança fundadora. Um único elemento marca a ruptura em relação ao paradigma do século XIX: as mais notórias autoridades em urbanismo/arquitetura moderna – entre elas, Le Corbusier – incorporam à sua concepção do homem como medida de todas as coisas – a máquina como extensão maquínica de um ser que não mais se reconhece sem ela. Com a máquina a noção de *velocidade* acopla-se à ideia básica de deslocamento/circulação, e adere como uma segunda pele à noção de eficácia e funcionalidade das atividades profissionais e domésticas. A imagem das ferramentas enquanto extensões inorgânicas do corpo orgânico do homem contrastada com a das máquinas, pura exterioridade, desafio e sujeição a seu ritmo, tão bem construída por Marx nas *Formen*, parece diluída (ou reforçada?) na atual concretização da fantasmagoria de Carlyle sobre a Era Mecânica.[26]

---

25 FOUCAULT. *Vigiar e punir. Op. cit.*
26 CARLYLE. Thomas. Signs of the Times. *Op. cit.*, p. 59-85.

Segunda porta: a era mecânica e a questão social

A segunda porta abre uma outra perspectiva de aproximação da *questão urbana* também sugerida pelos autores da época: Karl Marx e Thomas Carlyle formulam a *questão social*, para ficarmos com duas posições distintas no que diz respeito a seus projetos políticos.

O tema da questão social ou de *The condition of lhe English Question* foi elaborado por Carlyle[27] sobre dois eixos: de um lado, o registro assustador do aparecimento do pobre na cena pública reivindicando direito natural (à sobrevivência) e políticos (representação e participação nas decisões políticas). Ou, mais ameaçador ainda, ao fazer do direito à sobrevivência uma questão política. São os pobres *(sans coulottes)* da Revolução Francesa que, no entender dos contemporâneos, ao saírem de suas *cavernas milenares* e ocupam o espaço público, as praças e os edifícios, com a exigência de serem olhados não mais como objetos de caridade, mas como parceiros de um mesmo jogo.

Nas avaliações da época, repetidas à exaustão em todas as análises dos anos revolucionários, as metáforas da luz e da sombra recobrem a ação de seres humanos incompletos que se deixaram facilmente levar pelas ideias simples e emotivas dos jacobinos, ou que, na avaliação mais benevolente de Marx, foram traídos em suas aspirações igualitárias pelos parceiros burgueses. São figuras heróicas, mas também terríveis que, mesmo sem terem consciência disso, levam a revolução até suas últimas consequências e mudam o próprio sentido dela: de busca da liberdade por meio de novas instituições políticas para a perseguição da felicidade atingível pela abundância.[28]

O tema das *multidões revolucionárias,* construído no decorrer dos anos que se seguiram a 1789, traz para o historiador a imagem dupla de um movimento poderoso em sua destruição do Antigo Regime e de ato inaugural de uma nova sociedade. A imagem da multidão é atravessada por tensões contraditórias: necessária para executar a obra de destruição das instituições que haviam perdido sua razão de ser, porém assustadora em sua inconsciência ou semi-consciência, no melhor dos casos.

Uma torrente, uma lava vulcânica destruidora, segundo as metáforas usadas na época ou no século XIX. Nos textos, as multidões são consideradas uma massa indistinta, balbuciante, fazendo de seus problemas do dia-a-dia – o preço do pão, do açúcar e do sabão – questões políticas. Uma massa indistinta, recolhida para o

---

27 CARLYLE. Thomas. *Chartism. Op. cit.*, p. 151-232.
28 A questão social para Robespierre, ver CARLYLE. Thomas (1837) The French Revolution: a history. In *Thomas Carlyle.* Selected Writings. Harmondsworth: Penguin Books, 1980. p.113-148; ARENDT, Hannah. *Sobre la revolución. Op. cit.*

campo da política pela compaixão pelos oprimidos inaugurada pelos "evangelhos de J.-J. Rousseau" e pelo oportunismo dos líderes jacobinos. Tratava-se de um outro contrato social que dava voz política a pessoas nunca antes pensadas dignas dela.[29] Nas interpretações da Revolução Francesa, as multidões amotinadas inauguram uma *nova ordem* para o século, e a questão social não mais poderia sair do centro da política, por definir o campo onde os embates se darão pelos séculos XIX e XX a dentro. A potência da multidão permanente reverte o sentido da *polis* e do Contrato Social fazendo com que o conflito entre diferentes ideias políticas fosse substituído pelo campo pressupostamente neutro da administração pública.[30]

A *questão social* não se esgota, entretanto, na leitura política das multidões; o outro eixo remete para um cenário que não é mais o da cidade enquanto espaço politizado, mas sim a cidade enquanto lugar da produção, a cidade industrial onde a fábrica se põe no centro da cena. Agora se trata das *multidões permanentes* e necessárias; parte delas se compõe de antigos artesãos reduzidos à força de trabalho, mas outra parte é formada por pessoas que saíram de suas "cavernas milenares", muitas provenientes das áreas rurais em direção às fábricas. Apesar da valoração positiva atribuída à reunião de pessoas no trabalho, dado seu poder de potencializar a capacidade produtiva do homem[31], estes aglomerados humanos são considerados como portadores de potencial destruidor que pode atingir, não só as instituições políticas, mas também ser utilizado contra máquinas, patrões e fábricas.

Também no domínio da fábrica a disciplina se impôs na forma de *regulamentos internos* definidores da jornada e das condições do trabalho. São regulamentos autocraticamente impostos pelo patrão já que se trata da propriedade privada, esse recorte do mundo que permanece escondido atrás dos muros que o isolam do resto da sociedade, descrito por românticas literatos ou apologistas do sistemas de fábrica como *nossos modernos castelos onde as luzes nunca se apagam*. Para o trabalhador, foi necessário primeiro internalizar a disciplina fabril para depois usá-la na luta por contratos de trabalho em melhores condições.

É do equacionamento dessas multidões permanentes que se reelaboram, no século XIX as noções de público e de privado. A intervenção governamental nos domínios

---

29 BRESCIANI, Stella. Em Carlyle. A Revolução Francesa e o engendramento dos Tempos Modernos. *Revista Brasileira de História. Op. cit.*, procuro mostrar o caráter "moderno" dessa leitura "romântica" dos acontecimentos franceses do final do século XVIII e a sua importância para um pensador revolucionário como Marx.
30 Entre outros, ver ARENDT, Hannah. *Sobre la revolución. Op. cit.*
31 SMITH, Adam. *Op. cit.*

da propriedade particular dos industriais deu-se paradoxalmente a partir da denúncia das condições do trabalho operário feita pelos representantes no Parlamento inglês dos proprietários de escravos das áreas coloniais. Na comparação entre a condição operária e a condição escrava, esses homens defenderam-se das aspirações parlamentares abolicionistas ao mostrarem que o escravo ainda levava vantagem.[32]

Foi tensa sem dúvida a relação entre condições de trabalho desumanas e a posição liberal de não-intervencionismo que, no limite, aceitava cuidar legalmente do pobre quando fora do trabalho. A revisão das *Poor Laws* foi feita significativamente pelo mesmo Edwin Chadwick que chefiara as equipes de busca das causas da peste, as vagas epidêmicas de cólera e tifo que acometeram as cidades no século XIX. O liberalismo inglês, recém-saído da *Lei de Residência (Settlement Act* 1661-1798) que impedia a livre locomoção de pessoas sem posses, entrava nos domínios da propriedada privada pela via das leis fabris com o intuito de proteger o trabalho do menor e da mulher, num primeiro momento, e, depois, do operário como categoria social. Os próprios liberais tiveram de reconhecer com John Stuart Mill que a violência pode ser a única arma de luta para os que não têm voz política e, aos poucos, abriram as portas da participação política para os assalariados por meio da ampliação das franquias eleitorais.[33]

Assim, a fábrica e a Revolução Francesa se sobrepõem na explicação dada pelos homens cultos do século XIX sobre a origem do tempo histórico das multidões permanentes nas cidades, necessárias, mas ameaçadoras: a Era da Máquina. Sobre a base dessa equação estruturaram-se projetos utópicos, reformistas e utilitaristas, cujo objetivo foi o de pensar *formas* de conciliar o capital e o trabalho na cidade ideal. Aos pesadelos utópicos racionalistas se opuseram os projetos políticos da *Revolução Social*, em que os pobres, finalmente politizados pela consciência proletária, ganham voz. É também uma das vias possíveis de se estudar a construção da identidade de classe que se apresentou como a esfinge dos tempos modernos a ser desvendada para que a sociedade não voltasse ao caos primitivo. O monstro deveria assumir uma face.[34]

---

32 DAVIS, David Brian. *The Problem of Slavery in the Age of Revolution*. 1770-1823. Ithaca-Londres: Cornell University Press, 1975, p. 39-83.
33 MILL, John Stuart (1861). *Considerações sobre o Governo Representativo*. Trad.Manoel Innocêncio de Lacerda Santos Jr., Brasília: UnB, 1981.
34 BRESCIANI. Metrópoles: as faces do monstro urbano. As cidades no século XIX, *Revista Brasileira de História* n. 8/9, set.1984/abr.1985, p.35-68.

Terceira porta: a formação das identidades sociais

Entreabrimos, assim, uma terceira possibilidade conceitual de se entrar nas cidades a partir do fim do século XVIII e início do XIX: o espaço da formação das novas *identidades sociais*, pensadas agora do ponto de vista da identidade de classe burguesa. Um largo espectro de ocupações de nítido viés urbano, ou cuja finalização se dá na cidade (no mercado), vê-se recoberto pela noção classificatória/conceito de burguesia, num movimento que impõe aos que escapam ao denominador comum de serem proprietários de bens a condição de *outra* classe, não só enquanto cidadãos de segunda categoria, mas, também, como inimigos potenciais da própria civilização, ameaça à forma de organização do mundo sobre os pressupostos burgueses. Na representação classista, a cidade cindida é o espelho da sociedade dividida. O inimigo está dentro da cidade.

Essa elaboração da identidade burguesa se dá num processo longo e não muito fácil. No século XVIII, o burguês é alguém no entrecruzamento de duas posições, alguém sem face, um monstro sem identidade própria – nem aristocrata, nem pobre. Para dificultar mais as coisas, é ainda alguém enriquecido pelo *próprio trabalho*, num mundo onde o preconceito degradante de *ganhar a vida* recobre as pessoas do comerciante, dos donos de oficina, de fábrica e de armazém. Mesmo na protestante Inglaterra, pressupostamente regida pela ética do trabalho, quando a atividade de conduzir capitalisticamente negócios *(affairs)* não encontra suas bases no campo, a figura do patrão não se descola do homem rude, sans politesse. Em estudo da formação da cultura e da ética burguesas, Peter Gay diz:

> O que os burgueses do século XIX tinham em comum era a qualidade negativa de não serem nem aristocratas nem operários, e de se sentirem mal em suas próprias peles. O que os dividia, entretanto, era quase igualmente importante, e constituía uma fonte de tensões reais. Aqueles que se propuseram no século XIX a caracterizar o burguês – e quase todo mundo o tentou – sabiam menos do que acreditavam saber.[35]

Peter Gay e outros autores, entre eles, Richard Sennett, Hannah Arendt e Michelle Perrot mostram em seus trabalhos como a noção de privado foi elaborada pela constituição de um domínio da intimidade (privacy) que redefiniu também os limites e a compreensão da esfera pública na vida do homem burguês.

---

35 GAY, Peter. A *educação dos sentidos*. Op. cit., p. 33.

As inúmeras publicações destinadas aos públicos masculino e feminino ensinavam-lhes a ser classe: ofereciam-lhes o conhecimento básico dos princípios da economia política e do funcionamento dos mecanismos automatizados, em vários níveis de dificuldade; ensinavam-lhes também as regras da civilidade, do bem vestir, do bem comer, do bem morar e bem receber e da economia doméstica, do ser esposa, administradora e mãe. O quadro classificatório das representações planas, no qual tudo encontrava um lugar na ordem natural das coisas, mostra-se insuficiente, *"uma cintilação superficial por cima de uma profundidade.* A noção de profundidade entranhada na de tempo faz com que as coisas venham para a representação *"do fundo dessa espessura das grandes forças ocultas,... da origem, da causalidade, da história".*³⁶ Formação de uma ética burguesa que procurava dar conta do isolamento do indivíduo, individualizado pela condição de proprietário privado, ao mesmo tempo que lhe oferecia um arremedo da comunidade perdida, fazendo-o partícipe de uma *comunidade* imaginária de interesses universais.

Esse ser cindido, o burguês, constitui sua identidade aprisionando a antiga noção grega de *polis* como espaço público em oposição ao *oicos,* domínio privado, numa reelaboração que define a *esfera pública* como lugar da ação política de proprietários acionistas da sociedade política em oposição à vida privada, agora recolhida para a noção de *intimidade.*³⁷

Quarta porta: a formação da sensibilidade burguesa

Pela porta da identidade de classe chegamos à porta contígua da formação de uma *nova sensibilidade* que pressupõe o *olhar armado* pela distância entre sujeito e objeto, pelo conceito capaz de classificar, pela referência das diferenças observáveis, aquilo que as coisas e as pessoas são em sua essência. Todo um modo de conhecimento se modifica. O princípio da ordem cósmica – a transcendência e a fixidez –, ao qual aludimos acima, que preside o conhecimento do mundo ainda durante quase todo o século XVIII, cede lugar para um mundo naturalizado em que as coisas têm um valor imanente, um valor em si. As coisas dobram-se sobre si mesmas no processo analítico que desfaz o todo em suas partes constituintes para lhe atingir o âmago ou a estrutura. O conhecimento físico do homem faz uso da dissecação para melhor apreender a composição e a estrutura do

---

36 FOUCAULT. Trabalho, vida, linguagem In *As palavras e as coisas,* cap. VIII, *Op. cit.,* p. 327-394.
37 MACPHERSON, C.B. (1962) *La Teoria Política del Individualismo Posesivo.* De Hobbes a Locke. Trad. J.-R. Capella. Barcelona: Editorial Fontanella, 1970; ARENDT, Hannah (1958). *A Condição Humana.* Trad. Roberto Raposo, Rio de Janeiro: Forense Universitária-Salamandra Consultoria Editorial-EDUSP, 1981.

corpo; o homem explica-se a si mesmo também em termos psicológicos, o seu antes e o seu agora é dissecado pela psicologia, e toda a sociedade é psicologizada.

É um movimento que acaba por elaborar mais um paradoxo: o homem voltado para si mesmo coloca a finalidade da vida em algo que o transcende embora seja criatura sua: a *produção*, sob o nome de abundância, é erigida em fim social, em objetivo primordial da vida em sociedade. Na incapacidade de justificar para além da miséria a acumulação de riquezas, as ciências do social nascem para facilitar o caminho da otimização dos fatores da produção.

Constitui-se um saber denominado por Peter Gay de simplificações tentadoras:

> A necessidade de viver segundo classificações nitidamente delineadas está profundamente arraigada na mente humana e constitui uma de suas primeiras exigências; a simplicidade alivia ansiedades por meio da eliminação das discriminações. (...) É por isso que o temperamento liberal, que ensinou as pessoas a conviverem com incertezas e ambiguidades, a conquista mais triunfante da cultura do século XIX, era tão vulnerável aos ataques de visões mais cruas do mundo, ao fanatismo, ao xenofobismo, às classificações grosseiras e simplistas.[38]

Neste campo buscamos entender a montagem dessas tentadoras simplificações enquanto elementos constitutivos da sensibilidade burguesa. O recurso ao romance tem apresentado uma nova possibilidade de estudo, e não por acaso ou simplesmente como uma fonte de documentos extra e sedutora. Na verdade, autores como Raymond Williams[39], Walter Benjamin[40] e o já citado Peter Gay[41] mostram a teia de compromissos recíprocos construída entre os literatos e seus leitores, de tal maneira que fizeram do século XIX um mito literário[42]. Nesse caso, trata-se de desvendar como se constitui a rede de solidariedade que forma o público leitor e o literato mediados pelo mercado editorial.

---

38 GAY, Peter. *A educação dos sentidos. Op. cit.*, p. 33.
39 WILLIAMS, Raymond. (958) *Culture and Society. 1750-1950*. New York: Hoper & Row Publishers, 1966; WILLIAMS, Raymond. (1973) *O campo e a cidade na história e na literatura*. Trad. Paulo Henrique Britto. São Paulo: Companhia das Letras, 1989.
40 BENJAMIN, Walter. Paris, capital do século XIX. Trad. Flávio R. Kothe. In: *Walter Benjamin. Sociologia*, São Paulo: Ática, 1985, p. 30-43; Paris do Segundo Império e Alguns temas em Baudelaire. Trad. José Carlos Martins Barbosa; Hermerson Alves Baptista in *Walter Benjamin. Obras Escolhidas III*. São Paulo: Brasiliense, 1989, p. 9-101; 103-149, respectivamente.
41 Ver também GAY, Peter. (1986) *A Paixão Terna. A Experiência Burguesa da Rainha Vitória a Freud* vol. II Trad. Per Salter. São Paulo: Companhia das Letras, 1990.
42 BRESCIANI, Stella. Século XIX, a elaboração de um mito literário. *História: Questões e Debates*, Curitiba: APAH 7(13), dez/1986.

Podemos aceitar a afirmação de Walter Benjamin de que, num momento em que o hábito da leitura se espalhava por todas as classes sociais, o público – a multidão anónima das cidades – exigia encontrar sua imagem nos romances que lia. Podemos também prestar atenção a Peter Gay quando afirma:

> Os romancistas do século XIX exploraram todos os temas importantes: o dinheiro, a classe, a política. Estudaram as manobras dos arrivistas sociais e as aventuras de viajantes nos trópicos, as seduções do poder e o consolo da religião. De caderno na mão (e aqui eles se encontram com os observadores sociais), percorreram o novo mundo dos esportes, da ferrovia, da miséria industrial. Dissecaram a textura social em que estavam imersos, e discriminaram as nuances mais sutis das posições sociais e dos costumes a serviço de seu ofício, tornaram-se especialistas em procedimentos parlamentares, nas implicações da economia política, nos sofrimentos dos grevistas, nos rituais dos jantares festivos, na etiqueta das visitas matinais e dos duelos. Transformaram seu tempo na era do romance da sociedade.[43]

Podemos pensar ainda com Peter Gay que a ficção séria do século XIX, à diferença de sua contra partida suntuosa ou trivial do folhetim, empreendeu investigações criticas aguçadas sobre a sociedade. *"A virtude suprema do romance é seu ar de realidade (a solidez de especificações)"*, diz ele citando Henry James.[44]

A trama intrincada entre o autor e seu público repõe no plano imaginário uma comunidade de emoções que dá, no domínio subjetivo da intimidade, a sensação de fuga do individualismo solitário, no aconchego da família, no estojo do lar. Em meio ao mundo ameaçador das cidades, conturbado em suas múltiplas perdas de sinais de orientação, saturado de signos que estimulam os cérebros num grau assustador, a simplificação mitologizante apazigua. Ela se encarrega de apresentar uma imagem domesticada da pluralidade de tensões não resolvíveis. A psique humana recolhe na forma de culpas, complexos e medos esse campo de tensões paradoxais; o romance, ao usar suas personagens modelares, procura mostrar e explicar as contradições que estraçalham o indivíduo frente a multiplicidade de opções abertas pela sociedade contemporânea. Os modelos se desdobram exibindo seus possíveis, sua fragmentação e a certeza de que atrás de cada opção se escondem inúmeras perdas necessárias para que a inteireza da personalidade (sua integridade) mantenha as pessoas "normais" a salvo da loucura. O campo de cumplicidade autor – leitor é tecido por

---

43 GAY, Peter. *A Paixão Terna. Op. cit.*, p. 120.
44 GAY, Peter. *A Paixão Terna. Op. cit.*, p. 121.

significações simbólicas que *formam* ao mesmo tempo identidades/ subjetividades, permitindo a evasão na *vivência* das alternativas perdidas, das opções feitas, do campo da subjetividade no que tem de mais íntimo.[45]

Walter Benjamin nos dá também uma pista para entender essa nova sensibilidade quando afirma que, na sociedade moderna, a perda da experiência cede lugar à vivência. A distância entre sujeito e objeto se repõe na impessoalidade do conhecimento intelectual do mundo feito por meio de livros, substituindo a figura do narrador como memória coletiva e a *mimesis* como forma de aprender fazer. O conhecimento do mundo se estende prodigiosamente na possibilidade aberta pelo campo dos conceitos universais, que têm a pretensão de tudo apreender porque crêem que a tudo dão nome.[46]

Pouco importa que conceitos forjados a partir da representação estética de situações europeias possam tomar inviável chegar-se ao âmago de coisas, pessoas e costumes denominados exóticos, o olhar armado dará sempre a impressão desse sobrevôo que a tudo abarca mesmo em sua singularidade. Poucos como Baudelaire, rebeldes a qualquer acomodamento, permaneceram a cavaleiro de duas épocas, atormentados, porém, sem se renderem à nostalgia do tempo passado ou à tirania do mercado submetido a essa noção racionalista e *soit-disant* universalista da arte moderna[47]. Outras resistências pertencem ao problemático campo daquilo que poderíamos designar com muita cautela de "cultura popular," do mundo da loucura e da marginalidade, ou seja, o outro lado do espelho.

Quinta porta: o lugar e o sujeito da história

Na quinta entrada, a questão social é retirada do domínio do controle administrativo do governo das fábricas, das escolas e da Igreja e de novo recolocada em seu terreno inaugural, a política. A *questão social politizada* busca de novo unir a sociedade à política, não mais no gesto do povo, como para os homens da Revolução Francesa, mas como ação consciente do proletariado conduzido por seu partido. A ideia de *determinação* é colocada no centro da história como processo em direção a uma sociedade da igualdade enfim realizada. Constrói-se toda uma crítica militante ao engodo burguês que define a nação a partir do povo, dos cidadãos, da igualdade

---

45 Remeto para GAY, Peter. *A Paixão Terna. Op. cit.*, cap. III – A obra de ficção, p. 120-173.
46 BENJAMIN, Walter. Sobre alguns temas em Baudelaire. In: *Walter Benjamin*. Obras Escolhidas III, *Op. cit.*, p. 103-149.
47 BENJAMIN, Walter. Sobre alguns temas em Baudelaire. *Op. cit.*, p. 103-149; BRESCIANI, Stella. Um poeta no mercado. *Trilhas*, IEL-Unicamp, 1990.

e da representação política. A ânsia da transparência da ação perante o saber e a moral exige a coerência destruidora da linha tênue, mas subjetivamente poderosa, que separa a vida privada da vida pública.

Tudo é politizado, e a defesa das ideias assume a lógica formidável que, como diz François Furet, reconstitui, sob uma forma laicizada, o investimento psicológico das crenças religiosas[48]. A dimensão política das *necessidades humanas* retoma o leito de 1789 na forma de projetos libertadores encarregados de recolocar a *verdadeira democracia*, vivida no lampejo das aspirações enfim realizadas nos anos 1792-94.

> A analogia com os procedimentos intelectuais do conhecimento é enganosa, na medida em que existe uma espécie de equivalência espontânea, anterior a qualquer julgamento, entre os valores da consciência revolucionária, a liberdade, a igualdade, a nação que os encarna e os indivíduos encarregados de realizar ou defender esses valores. E essa equivalência que transforma *ipso facto* esses indivíduos isolados em um ser coletivo, o proletariado, o antigo povo de 1789, erigido ao mesmo tempo em legitimidade suprema e em ato imaginário único da Revolução. Nos projetos revolucionários dos séculos XIX e XX, a necessidade do militante no interior da ação assegura a vigilância para que os inimigos não se apossem deles destruindo-os.[49]

Neste ponto Furet se aproxima muito de uma crítica/reconhecimento da força expressiva da teoria da regressão das massas, base da psicologia coletiva ou social.[50] O controle "administrativo" aproxima-se da "ação política" na tentativa de aprisionar as subjetividades descontroladas na *alma coletiva* da multidão ou na *consciência do proletariado*.[51]

***

As duas últimas portas ficarão aqui apenas assinaladas. O amplo e pouco definido espaço da(s) "cultura(s) popular(es)" apresenta dificuldades que merecem por si só todo um artigo. A difícil delimitação desse espaço delineia-se desde seus começos: como

---

48 FURET, François. *Pensando a Revolução Francesa*, Trad. Luiz Marques, Martha Gambini. 1ª parte – A Revolução acabou, Rio de Janeiro: Paz e Terra, 1989.
49 FURET, François. *Op. cit.*; ARENDT, Hannah. *Sobre la revolución. Op. cit.*, cap. 2 La question sociale, p.67-124.
50 Ver COCHART, Dominique. As multidões e a comuna. Análise dos primeiros escritos sobre a psicologia das multidões. Trad. Stella Bresciani. *Revista Brasileira de História* v. 10, n. 20, mar 91/ago 91. São Paulo: ANPUH, p. 113-128.
51 Remeto a Karl Marx e a teoria marxiana do partido politico. Ver as reflexões de HAROCHE, Claudine *Faire Dire, Vouloir Dire*. Lille: Presses Universitaires de Lille, 1984. Nele a autora expõe a formação do sujeito jurídico moderno diferenciado do sujeito religioso dos textos medievais.

separar a fala "autêntica" e "espontânea" da população trabalhadora daquelas falas que foram incitadas a falar por pessoas interessadas na "verdade" de um ato criminoso ou no "conhecimento" de seu modo de vida?

A própria definição de uma *cultura popular* foi estabelecida no século XIX revertendo a concepção da *singularidade estética* em nome da popularidade dos costumes. Esta definição, nascida no interior do processo de formação das identidades de classe pela burguesia, implicou "certa divisão, definidora do que é próprio a cada classe ou a cada grupo social: cultura erudita e cultura popular, cultura dos estetas e folclore das aldeias rurais".[52]

Assim, o movimento de imposição da unificação dos padrões culturais para a sociedade, projetado e executado através de múltiplas estratégias, entre elas a disciplina de fábrica, a instrução pública e a eliminação dos dialetos regionais em nome da língua única e correta, trouxe em si a preocupação de *salvar* costumes e canções em vias de desaparecimento. Ao ideal de uma sociedade de plena transparência, portanto imediatamente visível, ideal de controle social acionado por mãos invisíveis, se adiciona, completando-o, o cuidado detalhista com as coleções de tudo o que é exótico, não modelar, diferente em suma.

Um estudo mais sério desta porta de entrada na cidade exige o mapeamento dos importantes trabalhos de Baktine, Natalie Davis, Guttman, Guinsburg e outros estudiosos da cultura anterior ao mundo capitalista. Para ficarmos só com o século XIX, momento em que já escapamos das difíceis definições do "caráter da sociedade", precisaríamos ao menos ler cuidadosamente Gareth Stedman-Jones de *Languages of class,* Louis Chevalier em *Classes laborieuses, classes dangereuses,* textos do coletivo *Revoltes Logiques,* Edward P. Thompson em vários de seus estudos, Michelle Perrot, entre outros, na coletânea que organizei para a coleção Oficinas da História, *Os Excluídos da História.* e Jacques Rancière de *A noite dos proletários.*

Isto, deixando de lado os autores do século XIX que procuraram "dar voz àqueles sem direito a ela" como o jornalista boêmio inglês Henry Meyhew, o economista social francês Frédéric Le Play, toda uma gama de literatos, jornalistas e observadores sociais, antecessores diretos dos sociólogos, antropólogos e psicólogos do século XX. Seria preciso desfazer o emaranhado de suas falas, em que vozes díspares podem assemelhar-se na linguagem "adequada" dos registros cultos, ou na transcrição proposital da fala "autêntica" desses trabalhadores manuais, sem instrução suficiente para deixarem

---

52 Esthétiques du Peuple. "*Révoltes Logiques*", Cahiers libres 396/Editions La Découverte-PUV/Presses Universitaires de Vincennes Saint-Denis, 1985, 1985. Em especial Parte I Les Missions de l'artiste, p. 17-109.

seus próprios registros. Ou, ainda, como nos alerta Rancière, correríamos o risco de aplainar diferenças ao atribuir aos proletários instruídos a condição de consciência avançada da classe, quando, na verdade, em seus escritos eles podem estar em busca de uma fuga imaginária, ainda que breve, da própria condição proletária.

Quanto à última porta, por precaução evidente, em vista de um campo conceitual novo, no qual me sinto pouco à vontade ainda, deixo só assinalada como uma possibilidade intrigante de se romper com o ideal de identidade, de coerência, de transparência (mesmo que expressa na duplicidade da moral vitoriana). Antes de ser um instrumento útil de trabalho para os cientistas sociais, a noção de territorialidade, quando liberta dos constrangimentos espaciais e remetida à noção de subjetividade, pode nos ajudar a nos reconciliar com nossa esquizofrenia contemporânea.

Referências

ARENDT, Hannah. (1962) *De la revolución*. Trad. Pedro Bravo. Madri: Revista de Occidente, 1967.

ARENDT, Hannah (1958). *A Condição Humana*. Trad. Roberto Raposo, Rio de Janeiro: Forense Universitária-Salamandra Consultoria Editorial-EDUSP, 1981.

BÉGUIN, François. Les machineries anglaises du confort. L'haleine des fauxbourgs, Ville, Habitat et Santé au XIXe siécle Murard e Zilberman (Org.) *Recherches* n. 29, 1977, versão brasileira As maquinarias inglesas do conforto. Trad. Jaime Hajime Ozeki, revisão Suzana Pasternak. *Espaço & Debates* n.34 – Cidade e História. São Paulo: NERU, 1991, p. 39-54.

BENJAMIN. Walter. Sobre alguns temas em Baudelaire. In *Walter Benjamin. Obras Escolhidas III. Charles Baudelaire. Um lírico no auge do capitalismo.* Trad. José Carlos Martins Barbosa; Hemerson Alves Baptista. São Paulo: Editora Brasiliense, 1989, p. 103-149.

BENJAMIN, Walter. Paris, capital do século XIX. Trad. Flávio R. Kothe. In *Walter Benjamin*. Sociologia, São Paulo: Ática, 1985, p. 30-43.

BENJAMIN, Walter. Paris do Segundo Império Trad. José Carlos Martins Barbosa; Hermerson Alves Baptist. *Walter Benjamin*. Obras Escolhidas III. São Paulo: Brasiliense, 1989, p. 9-101.

BENEVOLO. Leonardo. (1963) *Le origini dell'urbanistica moderna*, Bari/Roma: Laterza, 2000.

BENEVOLO. Leonardo. (1975) *História da Cidade*. Trad. Silvia Mazza. São Paulo: Perspectiva, 3ª ed. 1999.

BENEVOLO. Leonardo. (1960) *História da arquitetura moderna*. Trad. Ana M. Goldberger. São Paulo: Perspectiva, 1989.

BENTHAM, Jeremy. (1787, 1790-1791) *The Panopticom Writings*. Org. e Introd. Miran Bozovic. Londres/New York: Verso, 1995

BRESCIANI, Stella. (1982) *Londres e Paris no século XIX. O espetáculo da pobreza*. Brasiliense, 1990, 6ª ed.

BRESCIANI, Stella. Metrópoles: as faces do monstro urbano. As cidades no século XIX, *Revista Brasileira de História* n. 8/9,1985, p.35-68.

BRESCIANI, Stella. Século XIX, a elaboração de um mito literário. *História: Questões e Debates*, Curitiba: APAH 7(13), dez/1986.

BRESCIANI. Stella. Carlyle. A Revolução Francesa e o engendramento dos tempos modernos. *Revista Brasileira de História* – Reforma e Revolução. V. 10, n. 20, São Paulo: ANPUH/CNPq, mar.91/ago.91, p. 101-112.

BRESCIANI, Stella. Um poeta no mercado. *Trilhas*, IEL-Unicamp, 1990.

BRESCIANI, Stella. A cidade e o urbano: experiências, sensibilidades, projetos. *Urbana*, Campinas-SP: v.6, n.8, p.64-95, jun-2014. ISSN 1982-0569. Disponível em: http://www.ifch.unicamp.br/ojs/index.php/urbana/article/view/1680/pdf.

DI BIAGI, Paola (Org.). *I classici dell'Urbanistica Moderna*. Roma: Donzelli editore, 2002.

CARLYLE, Thomas. Signs of the Times (1829). In *Thomas Carlyle*. Selected Writings. Harmondsworth: Penguin Books, 1980. p.59-85

CARLYLE, Thomas. Chartism (1839). In *Thomas Carlyle*. Selected Writings. Harmondsworth: Penguin Books, 1980, p.151-132.

CARLYLE. Thomas (1837). The French Revolution: a history. In *Thomas Carlyle*. Selected Writings. Harmondsworth: Penguin Books, 1980. p.113-148.

CARS, Jean & PINON, Pierre. *Paris-Haussmann*. Paris: Édition du Pavillon de L'Arsenal. Picard Éditeur, 1991.

CHADWICK, Edwin. Report to her Majesty's principal Secretary of State for the home department from the Poor Law Commissioners on an Inquiry into the Sanitary Condition of the Labouring Population of Great Britain. London: W. Clowes and Sons, 1842. Apud BÉGUIN, François. Les machineries anglaises du confort. L'haleine des fauxbourgs, Ville, Habitat et Santé au XIXe siécle (Murard e Zilberman, Org.) *Recherches* n. 29, 1977.

CHADWICK, Edwin. First Report of the Commissioners for the Inquiring into the State of Large Towns and populations Districts. London, 1844. Apud

BÉGUIN, François. Les machineries anglaises du confort. L'haleine des fauxbourgs, Ville, Habitat et Santé au XIXe siécle (Murard e Zilberman, Org.) *Recherches* n. 29, 1977.

CHADWICK, Edwin. Second Report of the Commissioners for the Inquiring into the State of Large Towns and populations Districts. London, 1845. Apud BÉGUIN, François. Les machineries anglaises du confort. L'haleine des fauxbourgs, Ville, Habitat et Santé au XIXe siécle (Murard e Zilberman, Org.) *Recherches* n. 29, 1977.

CHEVALIER. Louis. *Classes laborieuses et Classes dangereuses*. Paris: Librarie Générale Française, 1978.

CHOAY, Françoise. (1965) *O Urbanismo*. Utopias e realidade. Uma antologia. Trad. Dafne Nascimento Rodrigues. São Paulo: Perspectiva, 4ª ed. 1997.

COMTE, Auguste. (1844) *Discours sur l'Esprit Positif.* Paris: Vrin, 1987.

COCHART, Dominique. As multidões e a comuna. Análise dos primeiros escritos sobre a psicologia das multidões. Trad. Stella Bresciani. *Revista Brasileira de História* v. 10, n. 20, mar 91/ago 91. São Paulo: ANPUH, p. 113-128.

CORBIN, Alain. *Les filles de noce: misère sexuelle et prostitution (19ᵉ siècle)*. Paris: Flammarion, 1982.

DAVIS, David Brian. *The Problem of Slavery in the Age of Revolution*. 1770-1823. Ithaca-Londres: Cornell University Press, 1975.

FOUCAULT Michel. (1961) *A História da Loucura na idade clássica*. Trad. José Teixeira Coelho Neto. São Paulo: Perspectiva, 1972.

FOUCAULT, Michel (1975) *Vigiar e Punir,* O nascimento da prisão. trad. Ligia M. Ponde Vassalo. Petrópolis – Rio de Janeiro: Vozes, 1977.

FOUCAULT, Michel, (1966) *As Palavras e as Coisas:* uma arqueologia das ciências humanas. Trad. Antonio Ramos Rosa. São Paulo: Martins Fontes, s.d. (por acordo com Portugália Editora Ltda, ed. francesa 1966).

FURET, François. *Pensando a Revolução Francesa*, Trad. Luiz Marques, Martha Gambini. Rio de Janeiro: Paz e Terra, 1989.

GAY, Peter. (1984). *A educação dos sentidos*. A experiência burguesa. Da Rainha Vitória à Freud. Trad. Per Salter. São Paulo: Companhia das Letras, 1988.

GAY, Peter. (1986) *A Paixão Terna*. A Experiência Burguesa da Rainha Vitória a Freud vol. II Trad. Per Salter. São Paulo: Companhia das Letras, 1990.

HAROCHE, Claudine *Faire Dire, Vouloir Dire*. Lille: Presses Universitaires de Lille, 1984.

HIMMELFARB, Gertrude. *The Idea of Poverty*. England in the early Industrial Age. New York/Canada: Random House, 1983.

LOCKE, John (1790). *Two Treatises of Government*. Book II An Essay Concerning the True Original Extent and End of Civil Government. Londres: J.M.Dent & Sons ltd., 1990.

MACPHERSON, C.B. (1962) *La Teoria Política del Individualismo Posesivo*. De Hobbes a Locke. Trad. J.-R. Capella. Barcelona: Editorial Fontanella, 1970.

MARX, Karl. (1867) *O Capital*. Trad. Regis Barbosa, Flávio Kothe. São Paulo: Abril Cultural, 1983.

MARX, Karl (1859) *Contribuição à crítica da economia política*. Os Pensadores. Vol.XXXV. São Paulo: Abril Cultural, 1974

MAYHEW, Henry. (1861-62) *London Labour and the London Poor*, 4 volumes, New York: Dover Publications, Inc., 1968.

MILL, John Stuart. (1859) *Sobre a Liberdade*, Trad. Alberto da Rocha Barros, Petrópolis: Vozes, 1991.

MILL, John Stuart. (1861) *Considerações sobre o Governo Representativo*. Trad. Manoel Innocêncio de Lacerda Santos Jr., Brasília: UnB, 1981.

MUMFORD, Lewis. (1938) *A cultura das cidades*. Trad. Neil R. da Silva. Belo Horizonte: Itatiaia, 1961.

MUMFORD, Lewis. (1961) *A cidade na história*. Suas origens, transformações e perspectivas. Trad. Neil R. da Silva, São Paulo: Martins Fontes, 1998 (1ª ed. 1961).

PARENT-DUCHATELET, Alexandre-Jean-Baptiste. (1836) *La prostitution à Paris au XIXe siècle*. Texto apresentado e anotado por Alain Corbin. Paris: Seuil, 1981.

PERROT, Michele. Os operários, a moradia e a cidade no século XIX. In: *Os Excluídos da História*, Org. e apresentação M.S. Bresciani. Trad. Denise Bottmann. Rio de Janeiro: Paz e Terra, 1988.

RANCIÈRE, Jacques. (1981) *A noite dos proletários*. Arquivos do sonho operário, trad. Marilda Pedreira, São Paulo: Companhia das Letras, 1988.

"*Révoltes Logiques*", Cahiers libres 396/Editions La Découverte-PUV/Presses Universitaires de Vincennes Saint-Denis, 1985, 1985.

ROBERTS, Henry. (1859) *The Dwellings of the Labouring Classes, Their arrangement and Construction*. Versão francesa *Des habitations des classes ouvrières*. Trad. Michael Browne. Paris: L'Harmatan, 1998.

SECCHI, Bernardo. *Prima lezione di urbanistica*. Roma: Gius. Laterza & Filgli, 2000.

SMITH, Adam. (1776) *A riqueza das nações*. trad. Luiz João Baraúna. São Paulo: Abril Cultural, 1983.

WILLIAMS, Raymond. (1958) *Culture and Society*. 1750-1950. New York: Hoper & Row Publishers, 1966.

WILLIAMS, Raymond (1973). *The country and the city*. Londres: The Hogarth Press, 1985.

TAINE, Hyppolite (1872). *Notes sur l'Angleterre*. Paris: Hachette, 5ª Ed. 1876

TAINE, Hyppolite (1875-1893) *Les origines de la France Contemporaine*, 2 vols. Paris: Robert Laffont, 1986.

As sete portas da cidade[*]

Meu depoimento será de caráter mais geral; não me deterei em cada uma das questões formuladas para o debate, até porque parte delas mereceram a atenção do prof. de Decca e com ele concordo quanto às colocações feitas sobre o estatuto da disciplina história[1]. Do meu ponto de vista, a história, ou ainda, o texto historiográfico se compõe na forma de uma construção narrativa que pode ser feita a partir de diversos pontos de vista vinculados a escolha da vertente teórica, e com certeza o tipo de material disponível, os documentos que oferecem possibilidades alternativas altamente estimulantes. Assim, não faria sentido redizer, talvez até com menos propriedade, o que já foi anteriormente dito.

Vou direto ao assunto história urbana. Em dezembro de 1990, no Seminário de História Urbana realizado em Salvador pelos associados da ANPUR, sugeriram-me

---

[*] Este texto resultou de depoimento proposto pelo coletivo editorial da revista *Espaço & Debates* e realizou-se na FAU-USP; consta em Espaço & Debates. São Paulo: NERU, n. 34 de 1991, p. 10-15. Foi revisado para esta coletânea. Nele retomo as questões tratadas em Permanência e ruptura no estudo das cidades, conferência apresentada no I Seminário de História Urbana, ocorrido na FAU-UFBA, em Salvador, no mês de novembro de 1990. Assim, os dois textos são necessariamente complementares, já que as cinco primeiras "portas conceituais" foram nele tratadas mais extensamente.

[1] O depoimento de Edgar de Decca – O estatuto da História – consta do mesmo número 34 da *Espaço & Debates*, p. 7-10.

que falasse sobre as noções de permanência e ruptura na história das cidades, de modo a expor como esse tema era tratado pelos historiadores Resolvi, a partir de minha própria experiência de trabalho com o tema, ensaiar uma espécie de jogo de imagens ao estabelecer uma homologia entre as entradas conceituais de estudo de temas urbanos e as entradas físicas das antigas cidades muradas. Todas as cidades teriam, como Tebas, sete portas de entrada. Da mesma forma que as portas das cidades "reais", elas se apresentavam como construções: umas de pedra, outras, as das pesquisas, construções intelectuais que buscam dar conta das várias facetas da vida urbana no momento em que elas se problematizaram num bloco denominado pelos contemporâneos de *questão urbana*. Essa problematização das cidades acontece nas primeiras décadas do século XIX, com o reaparecimento da peste (o cólera), varrendo a "civilizada" Europa e causando pânico nas cidades com grande concentração populacional.

As seis primeiras portas de estudos da cidade são construídas nesse momento de intensa preocupação com o presente e o futuro das cidades que se industrializavam e necessitavam de cada vez maior contingente de mão-de-obra. São entradas que procuram enquadrar em pressupostos racionais aquilo que à primeira vista parecia caótico: acúmulo de pessoas, sujeira, doença, a pobreza abjeta, mercadorias circulando por todos os lados e em todas as direções, o dinheiro como propulsor da vida e de seu sentido; enfim, toda uma coorte de elementos considerados novos e assustadores pela sua novidade. A última porta foi construída teoricamente em tempos mais recentes na tentativa de aprisionar em uma teia racional algo que agora não precisamos mais denominar caótico, já que se tornou corrente o uso da palavra subjetividade: a relação afetiva das pessoas com a cidade e com tudo o que ela contém – coisas, pessoas, memórias...

Embora considere importante os estudos historiográficos sobre as cidades que definem como ponto de partida as cidades antigas e as percorrem por séculos para mostrar as modificações de seus espaços no tempo (como por exemplo as histórias de Paris, nas quais se delineiam a primeira muralha – *enceinte* – depois a segunda, até chegar à Paris de Haussmann no século XIX e à atual), a opção de estudo que adoto é outra. Meu interesse como pesquisadora se volta para as cidades no momento em que elas se problematizavam, como já mencionei antes, porque considero estratégico, para entender as cidades em que vivemos, saber como se construiu essa rede de questões denominadas *questão urbana*, que até hoje permanece em seus delineamentos básicos e, com base neles, orienta os estudos e as práticas de intervenção nas cidades. Interessa-me particularmente o momento

(momento esse composto por décadas) em que a cidade se problematiza atravessada pela questão da técnica e pela questão social, quando se pretendeu resolver os problemas da concentração humana para o trabalho fabril, da sujeira, da peste, das sublevações possíveis, imaginárias ou efetivas.

Existe um texto elucidativo sobre esse momento da formulação da questão urbana escrito por um dos pesquisadores do grupo do CERFI na França (Centre d'Etudes, de Recherche et de Formation Institutionnelles) ligados na década de 1970 ao filósofo Michel Foucault. Esse grupo, responsável pela publicação da revista *Recherches,* dedicou cada número a um tema relacionado com uma questão do mundo contemporâneo, particularmente com a vida urbana. O número 29 da *Recherches* é dedicado ao tema *L'haleine des faubourgs. Ville, habitat et santé au XIXé siecle.*[2] Nele, o artigo de François Béguin, "Les machineries anglaises du confort", propõe possibilidades para se pensar o momento da problematização das cidades por médicos, advogados, engenheiros, filantropos, enfim, por parcela dos homens instruídos do século XIX. A problematização se dá a partir dos pressupostos da teoria médica do meio ambiente. Embora fosse uma teoria do século anterior, o potencial da técnica, nesses inícios do século XIX, reverte a acepção negativa de uma teoria onde a cidade se via prioritariamente pensada como meio corruptor e deformador do homem e a conduz para a possibilidade altamente positiva aberta pela técnica de se alterar o meio em que vive o homem. A cidade passaria a ser pensada como espaço que transformado pela técnica se tornaria um meio ideal para se formar homens saudáveis, moralizados e trabalhadores, os bons cidadãos. Não se pode esquecer que as lembranças da Revolução Francesa estavam ainda bastante vívidas nas mentes "ilustradas" e nelas sobressaía a imagem de um "povo", ou seja, do *menu peuple* – uma camada da população até então sem expressão política e que surge e exige os direitos de cidadania prometidos pela *Declaração dos direitos do homem e do cidadão.*

A cidade se problematiza assim a partir da potencialidade da técnica frente a devastação da cólera que entra por Marselha e percorre a Europa continental e atravessa o Canal da Mancha, atinge os que vivem em péssimas condições e não poupa as camadas médias e altas da população. Provavelmente, foram várias as cidades cujas autoridades se preocuparam com o assumo a ponto de formarem comissões de especialistas

---

2   BÉGUIN, François. Les machineries anglaises du confort. L'haleine des fauxbourgs, Ville, Habitat et Santé au XIXe siécle (Murard e Zilberman, Org.) *Recherches* n. 29, 1977, versão brasileira As maquinarias inglesas do conforto. Trad. Jaime Hajime Ozeki, revisão Suzana Pasternak. *Espaço & Debates* n.34 – Cidade e História. São Paulo: NERU, 1991, p. 39-54.

para darem a conhecer suas condições sanitárias. Dois desses relatórios são bastante conhecidos, até pela importância das cidades (e mesmo dos países) a que se referem: Londres e Paris. Os relatórios de Edwin Chadwick para Londres e as cidades industriais inglesas e o de Parent Duchatelet para Paris são bastante parecidos na forma pela qual são conduzidos, embora divirjam em alguns pontos de suas conclusões sobre o patamar de intervenção nas cidades. A diferença maior, do meu ponto de vista, reside na recusa dos ingleses em se deixarem invadir em sua intimidade. Foi impossível na Inglaterra, por exemplo, estabelecer o controle da prostituição, proposto e executado na França por Duchatelet, por se tratar de assunto da estrita vida privada das pessoas. Mas, talvez, a diferença maior esteja na forma contábil do relatório do inglês Chadwick que realiza uma verdadeira equação financeira dos custos da doença (meios e pessoas empregados para combater a epidemia, dias de trabalho e vidas perdidas) para concluir que seria muito bem menos custoso prevenir do que cuidar das doenças infecto--contagiosas quando elas se apresentassem.

Retomo a proposta das entradas conceituais das cidades e essa é a primeira porta: a técnica como instrumento de modificação do meio e, decorrentemente das pessoas. A *ideia sanitária* nasce, pois, com dupla concepção física e moral, ou melhor, com a sugestão de que se atingiria a mente e a formação moral das pessoas por meio da modificação do ambiente e, em decorrência das mudanças de seus hábitos e do seu corpo. Estrutura-se o *sanitarismo* sobre os saberes médicos e da engenharia, sem deixar de lado a preocupação filantrópica com a moralidade dos pobres, ou seja, entre os objetivos de melhorar as condições de vida urbana esteve sempre o de civilizar seres semi-bárbaros.

A segunda porta é contígua à primeira. A *questão social,* também filha da Revolução na França, somada à presença maciça de trabalhadores nas cidades capitais e fabris, e nem sempre se comportando como instrumentos dóceis, permite elaborar uma outra trama da rede de saberes que compuseram a questão urbana. São outros os personagens que falam: os relatos da filantropia e dos observadores sociais, pessoas preocupadas com o crescimento da parte pobre da população, com o aumento da insegurança, e que buscam na imagem das multidões da Revolução Francesa, independentemente delas terem ou não assumindo a dimensão dos relatos, a potencial destruidora da pobreza amotinada. Forma-se uma imagem contraditória das multidões: por um lado, Adam Smith valorizara muito positivamente a concentração de pessoas na produção de bens ao mostrar como a divisão do trabalho, aliada ao uso da máquina, potencializava ao infinito o poder produtivo humano; por outro as multidões de pobres, às quais atribuíram terem posto por terra toda uma sociedade, o Antigo Regime francês. A partir desta imagem construída sobre as representações contraditórias da grande maioria da população se forma a *questão social* e sobre ela multiplicam-se os discursos da filantropia dos observadores sociais, esses antecessores dos sociólogos e dos antropólogos, e que deixaram extensos relatos ricos em informações detalhadas para se tecer uma outra trama narrativa sobre as cidades.[3]

A formação das *identidades sociais* apresenta no equacionamento da doença, da pobreza, das atividades produtivas no meio urbano uma nova porta conceitual. Aqui se percebe a lenta e continuada elaboração da identidade burguesa e seu contraponto, o proletário. Sem dúvida, trata-se de um processo difícil e complicado, o de formar, a partir de pessoas diferentes e com ocupações várias, uma representação da cidade dividida em duas classes: de um lado, recobrir com a denominação burguês pessoas diversamente proprietárias e ocupadas com a fabricação de tecidos, de carros, de máquinas, de navios, e pessoas dedicadas às variadas atividades comerciais, outras ainda dedicadas a fazer dinheiro sobre o dinheiro (tratava-se de "enobrecer" a antiga e maldita profissão do usurário); do outro lado, recobrir com a denominação proletários uma miríade de pessoas sem propriedade, cuja vida só era assegurada pelo próprio trabalho, trabalho esse, entretanto, diferentemente valorizado em relação às habilidades necessárias e ao valor do bem produzido. A documentação que abre esta porta é extremamente variada: pode-se dizer que vai desde relatos médicos, jornalísticos e da nascente ciência econômica e social, passa pelos depoimentos colhidos entre os trabalhadores e a população pobre em geral e vai até os escritos dos próprios operários. Talvez um dos mais ricos conjuntos de depoimentos seja o obtido por Henry Mayhew[4] nos anos de 1860 junto à população pobre de Londres; também uma amostragem estimulante dos escritos operários foi reunida por Jacques Rancière em jornais de meados do século XIX em *A noite dos proletários*.[5]

A quarta porta permite entrar na formação de uma *nova sensibilidade*, a reeducação dos sentidos do habitante da cidade. Como já foi lembrado pelo prof. de Decca, o filósofo Walter Benjamin[6], mas também Edward P. Thompson[7], aos quais acrescento

---

3   JONES, Gareth Stedman (1971). *Oucast London. A study in the relatioship between classes in Victorian Society*, Penguin Books, 1976; KEATING, P. J. *The working classes in Victorian fiction*. Londres-Boston: Routledge & Kegan Paul, 1971; PIKE, E. Royston. (1966) *Human documents of the Industrial Revolution in Britain*. Grã-Bretanha: George Allen & Unwin Lrd., 1973.
4   MAYHEW, Henry (1861-1862). *London Labour and the London Poor*. 4 vols. New York: Dover Publications, Inc., 1968.
5   RANCIÈRE, Jacques (1981). *A noite dos proletários*: arquivos do sonho operário. Trad. Marilda Pedreira. São Paulo: Companhia das Letras 1988.
6   BENJAMIN, Walter. A Paris do Segundo Império em Baudelaire e Paris, capital do séc. XIX. In *Walter Benjamin*. Sociologia. Trad. Flávio Kothe. São Paulo: Ática, 1985.
7   THOMPSON, Edward P. (1967) Tempo, disciplina de trabalho e sociedade industrial. In *Costu-*

Michelle Perrot[8], foram importantes fontes de inspiração para se pensar teoricamente o problema de como o *ser urbano*, ou o moderno *ser da sociedade industrial* lidou com perdas nas suas formas de orientação. As palavras *novo* e *nova* foram exaustivamente utilizadas para dar forma ao que chamaram, no século XIX, *homem moderno e sociedade moderna*. E nessa nova sociedade, fazia-se necessário um olhar armado, ou seja, ensinado a decifrar, na variedade díspar do ambiente urbano, os perigos e ameaças que rondavam constantemente as pessoas. A educação dos sentidos – o nojo provocado pelo mau cheiro, o desconforto causado pelos gritos, a visão de cenas indecorosas, etc., correlata a noção de civilidade, até então reservada aos nobres e aos burgueses enobrecidos, deveria sensibilizar toda a população, como mostra Alain Corbin.[9] Peter Gay,[10] também fornece pistas para se trabalhar com a literatura, os diários íntimos, as cartas e as entrevistas médicas. Outros autores, entre eles, Raymond Willians,[11] e Louis Chevalier,[12] nos introduziram ao fascinante mundo da literatura de ficção, dos grandes autores e dos folhetinistas para mostrar a estreita relação entre esses escritos e a formação dessas novas sensibilidades.

A definição da cidade como *lugar da história* e do habitante da cidade como *sujeito da história* configura uma quinta porta. Do ponto de vista do burguês, seria a burguesia a alavanca que move a história, que modifica o meio e as condições de vida sempre no sentido do melhor. A noção de progresso, primeiro finito, depois infinito, apoia a atuação dessas pessoas que, seja por determinação de leis sociais, seja pela sua vontade consciente, se dispõem a construir o presente e o futuro. Para a teoria marxista, os dois grandes personagens. a burguesia e o proletariado, responsáveis pela moderna estrutura da sociedade, cumprem seus papéis: uns ao moldarem o presente, mas com os olhos no passado, os outros com a missão de fabricar um futuro livre das

---

mes em comum. Estudos sobre a cultura popular tradicional. (1991) Trad. Rosaura Eichemberg. São Paulo: Companhia das Letras, 1998, p. 267-304. A edição usada para este texto foi a publicada em *Past and Present* nº 38, dezembro de 1967.

8   PERROT, Michelle. *Os excluídos da História*. Operários, mulheres, prisioneiros (Org. e apresentação Stella Bresciani), Trad. Denise Bottmann. Rio de Janeiro: Paz e Terra, 1988, 7ª Ed.2017.

9   CORBIN, Alain (1982). *Saberes e odores*. O olfato e o imaginário social nos séculos Dezoito e Dezenove. Trad. Ligia Watanabe. São Paulo: Companhia das Letras, 1987.

10 GAY, Peter (1984). *A educação dos sentidos*. A experiência burguesa da rainha Vitória a Freud. Trad. Per Salter. São Paulo: Companhia das Letras, 1988 e GAY, Peter. *A paixão terna*. A experiência burguesa da rainha Vitória a Freud. Trad. Sérgio Flaksman. São Paulo: Companhia das Letras, 1990.

11 WILLIAMS, Raymond. (1958) *Culture & Society*. 1780-1959. New York: Harper & Row, Publishers, 1966. WILLIAMS, Raymond. (1973). *The country and the city*. Londres: The Hogarth Press, 1985, editado também em português como *O campo e a cidade na história e na literatura*. Trad. Paulo Henriques Brito. São Paulo: Companhia das Letras, 1989.

12 CHEVALIER, Louis. *Classes leborieuses et classes dangereuses*. Librairie Générale Française, 1978.

peias da necessidade, livre das diferenças sociais. Nessa leitura se forma também a proposta da possibilidade de uma análise objetiva da sociedade, ou seja, a constituição de um sujeito do conhecimento e de seu objeto de estudo, separados por um campo conceitual. Essa constituição do par sujeito-objeto, presente já na ideia de intervenção sistemática e modificadora do meio físico urbano e da questão social, amplamente utilizada também pelas vertentes utilitarista e positivista do pensamento político filosófico, abre a possibilidade de se conhecer o processo de constituição das modernas ciências do social e dos seus respectivos objetos de trabalho e campos conceituais.

A sexta porta abre o amplo e contraditório campo de estudo da, assim denominada pelos seus estudiosos, *cultura popular*. Sobre ela, neste depoimento, pouco posso falar. Para mim, é algo que se entrevê, uma outra forma de comportamento que escapa aos moldes prevalecentes da cultura burguesa, um outro referencial de relacionamento, que cabe mal nos moldes racionalizadores do padrão "civilizado". Pode-se perceber nos relatos, e às vezes nas entrelinhas irônicas dos escritos dos ilustrados burgueses, a difícil convivência e a não-aceitação de um outro comportamento, que seja de *outra cultura*. Embora tenhamos depoimentos colhidos por vasta gama de pesquisadores, desde o já mencionado jornalista boêmio Mayhew e o sistemático pesquisador francês Frédéric Le Play, filantropos e jornalistas que se disfarçavam para permanecer incógnitos em meio à população pobre, até a observação participante dos membros do *settlement movement* inglês do final do século XIX, uma antecipação da observação participante da moderna antropologia, considero delicadíssimo trabalhar com o material produzido por eles. É sempre um relato filtrado, reelaborado de forma a conferir-lhes a inteligibilidade necessária à nossa compreensão.[13]

É importante deixar bem claro que essas seis portas conceituais, esses seis campos de conhecimento e de intervenção se formam simultaneamente à problematização das cidades na primeira metade do século XIX, o que mostra, pela forma como ainda permanecem norteando nossas pesquisas, o quanto estamos atados a essas portas do conhecimento das cidades com pretensão à objetividade. Não só historiadores, arquitetos e engenheiros urbanistas, sociólogos, antropólogos, psicólogos, enfim, as entradas intelectuais-disciplinares das cidades, buscam também a leitura a partir de uma posição de sobrevôo, considerada a distância necessária para

---

13 Em relação aos argumentos sobre essa montagem de informações denominadas "cultura popular" remeto para HIMMELFARB, Gertrude. *The Idea of Poverty*. England in the Early Industrial Age. New York-Canada: Random House, 1983 e novamente a THOMPSON, Edward P. e à coletânea *Costumes em comum. Op. cit.*, da qual fazem parte vários estudos reunidos pelo próprio autor em *Customs in Common* (1991) antes publicados em vários periódicos especializados.

o equacionamento objetivo e a intervenção racionalizadora. Nesse sentido somos ainda herdeiros do século XIX, sempre surpreendidos pelos resultados incompletos, quando não pelo fracasso total de nossas iniciativas.

É por isso que penso ser importante abrir uma outra porta, a da cidade dividida em áreas subordinadas a lógicas diversas. Mesmo considerando só o ponto de vista do espaço cultural, já se pode vislumbrar brechas que mostram não ser a cidade essa construção globalizante, fruto do trabalho de intelectuais e de seus instrumentos de trabalho, os conceitos. As imagens plenas e as representações racionais se esgarçam e deixam entrever territórios, que podem ser espaços, meios geográficos, mas podem também levantar o véu racional que recobrem as fugidias subjetividades. Podem ser espaços onde as múltiplas redes de sociabilidades se repetem, diferenciam-se, modificam-se em filamentos imponderáveis.

O princípio da identidade (ou seja, toda a construção das outras seis portas e o refinamento de seus campos conceituais no decorrer de dois séculos) pode se expressar pela esquizofrenia. Muitas vezes os territórios operam na forma do espelho invertido ou deformante. A entrada conceitual nos temas urbanos pelas lógicas diversas surge como ruptura possível com o quadro teórico definido no momento da problematização das cidades no começo do século XIX; rompe com as rígidas noções de identidade, de objetividade, de subjetividade racionalmente apreensível ou construída, e outros "mitos vitorianos". Nesta entrada procuramos seguir os *traços* daquilo que se diz da vida da cidade, dos significados que se lhe atribui, dos mitos de origem. Privilegiam-se as trocas simbólicas. Para este tema lancei mão de trabalhos da Anne Coquelin.[14]

Em Essai de Philosophie Urbaine, Cauquelin indica a insuficiência da descrição de recortes e camadas de características da cidade, tais como: tamanho, população, tipo de atividade, dominação e hegemonia, identidade cultural, grandes acontecimentos, potencialidade do desenvolvimento, origens históricas comprovadas. Indica também a importância das memórias constituintes referentes a extratos díspares que se reenviam mútua e incessantemente, o que leva a considerar a cidade sob o aspecto da conservação e/ou transmissão de um estoque de dados, o que, para ela, constitui a própria matéria urbana. A matéria urbana toma corpo pelo fio condutor da *opinião*, como transmissor de memórias, na forma de uma "doxa" urbana vagabunda, mutável, transportadora de pedaços de recordações, tanto históricas, como

---

14 CAUQUELIN, Anne. *Essai de philosophie urbaine*. Paris: Presses Universitaires de France, 1982 e *L' invention du paysage*. Paris: Quadrige/Presses Universitaires de France, 1989.

pessoais, intimamente misturadas à escrita, à escuta, ao momento e aos costumes. Trata-se da matéria, esta forma móvel de que se compõe a cidade, noção que não encontra lugar na epistemologia da qual representa, no entendimento de Cauquelin, o contrário odioso, o elemento deformante do discurso transparente do conceito. Nesse sentido, as memórias compõem anamorficamente (formas sempre em mudança) o que denominamos a "realidade da cidade" e a opinião e se torna o elemento necessário dessa operação de mescla pela qual chegam até nós as condensações dos tempos, de suas dobras, em deslocamentos de nomes que provocam modificações sensíveis na percepção da cidade. Mesmo a convivência de duas noções diferentes de tempo, a noção de cronos, esse tempo que passa inexoravelmente e se alia à figura do deus Kronos da mitologia grega, um deus devorador por excelência, e a noção de Kairos, o bom tempo, a captura daquele momento certo para se fazer algo e que apreendemos quase intuitivamente, parece hoje esquecida, tal o predomínio da noção linear do tempo cronológico entre nós. Na opinião, porém, essa matéria fugaz da doxa urbana, ele, o tempo bom, tem seu lugar assegurado.

Mas se reconhecemos à opinião sua importância como veículo de um pensamento ativo o verosimilhante assume o estatuto da "verdade". Seria nos romances, e talvez atualmente nas novelas de televisão, que se captura esse trabalho do verosimilhante. Todo romance social do século XIX procura, a partir de evidências, construir algo verosimilhante que pode, aliás deve, parecer uma verdade a ser aceita como plausível pelo leitor. Com esses dados da evidência se constrói uma trama que pela condição de verosimelhança se transmite e se relaciona com quem lê, ou vê, e configura uma verdade. Chega-se por esse caminho às chaves da civilização urbana que permitem ir além da fábula e aproximar cidades mitológicas, como Atlântida, Jerusalém, Babel, pela mera sedução da imagem, sem localização ou datações possíveis. A conclusão de Cauquelin sobre o assunto é a seguinte: "o liame que forma a identidade urbana e pelo qual os homens reconhecem sua natureza 'política' escapa a toda análise 'racional' e se faz pelo modo de uma *comunicação simbólica,* onde prevalece, sobre um fundo de memórias fragmentadas, a lógica da opinião e do verossimilhante".[15]

Não por acaso, a produção literária, em especial o romance e o *feuilleton*, fez na minha opinião, do século XIX um mito literário. É impossível estudar esse século sem esbarrar a todo instante nos mitos construídos pela literatura. Significativamente em um capitulo II intitulado "As dobras do tempo", Cauquelin explora a

---

15 CAUQUELIN, Anne. *Essai de philosophie urbaine. Op. cit.*, caps. 1 e 2, p. 5-62.

formação dessas memórias que compõem o tecido de nossas relações com o espaço. Elas podem ser imaginadas como extratos sobrepostos e visíveis simultaneamente. A autora recorre a Freud em o *Mal-estar na civilização*16 (1929/1930) para trazer a existência simultânea das camadas arqueológicas na Roma do século XX, e com ele afirmar que alguém com conhecimento arqueológico adequado poderia se lembrar de cada uma dessas camadas e de sua localização no espaço e no tempo. Seria necessário, diz Freud, ser um viajante munido de conhecimentos históricos para perceber, apenas em fragmentos esparsos, em ruínas, os verdadeiros restos da Roma antiga, uma cidade que não parou de crescer desde a Renascença. Ao comparar Roma a um ser psíquico, com um passado rico e longínquo, onde nada, uma vez produzido, se perde, onde todas as fases recentes de seu desenvolvimento subsistem ainda ao lado das antigas, Freud o aproxima do universo interior que denominou inconsciente. Poderíamos afirmar que aí reside a diferença entre a(s) representação(ões) globais, porque baseadas em estatísticas, em dados quantificáveis, ou representações racionais da cidade, e as pequenas memórias, a maneira como vivemos nossos espaços e ocupamos nossa história de modo fragmentário, com esquecimentos e lacunas, sob a pressão de um estoque de opiniões das quais ignoramos a origem e recolhemos o resultado; uma fina película que serve de pele e suporte da vida social.

Afinal, diz Cauquelin "há uma revolução constante que agita o par compreender-ver. Eu compreendo porque vejo, e dado que vejo, porém só vejo pela ajuda do que compreendo que devo ver naquilo que vejo".[17] Esse filtro conceitual que orienta nossos sentidos na relação com o mundo, nos conduz, nos ensina, mas em contra partida define e aprisiona nosso campo de percepção.

Sobre este ponto poderia citar dois artigos de historiadores que mostram essa vivência fragmentada, a experiência dispersa dos modernos habitantes das cidades do século XIX. Eric Hobsbawn, em "O mercado de trabalho em Londres no século XIX" mostra a fragmentação das atividades e a especialização por bairros, fazendo com que as pessoas circulem sempre pelos mesmos lugares; Michelle Perrot,[18] expõe pessoas que nascem, vivem e morrem no mesmo bairro sem terem conhecido a

---

16 FREUD, Sigmund (1930). *El malestar en la cultura*, Trad. Luis Lopez-Ballesteros Y de Torres. tomo III. Madri: Editorial Biblioteca Nueva, 1973, p. 3017-3067.
17 CAUQUELIN, Anne. *L'invention du paysage. Op. cit.*, p.74.
18 HOBSBAWM, Eric. *Mundos do trabalho*. Trad. Waldéa Barcellos Rio de Janeiro: Paz e Terra, PERROT, Michelle. *Os excluídos da história. Op. cit.* e HOBSBAWM, Eric. *Labouring Men. Studies in the History of Labour*. New York: Basic Books, Inc., Publishers, 1964, cap. 17 Custom, Wages and work-load in Nineteenth-century Industry, p. 344-370.

dimensão do território da cidade. Esses artigos são importantes para percebemos a forma fragmentária pela qual a cidade é vivida: pessoas que nunca saíram de um bairro e para as quais pouco importava a noção globalizante da cidade. É importante também aguçar nossa sensibilidade para a simultaneidade das diferentes redes simbólicas, atadas a discursos díspares que fazem das cidades lugares onde se pode viver. Os bairros existem para além de seus limites geográficos e divisões administrativas, bairros impenetráveis, superficialmente *conhecidos* pelo viajante de passagem que se orienta pelo guia turístico. Ela, a cidade, é também a construção textual dos romancistas, suas ruas, casas, avenidas, lugares de trabalho e de lazer configuram uma "materialidade" que ultrapassa as construções de tijolos. O espaço urbano pode ser suporte de memórias diferentes, cenários contrastados, múltiplos. E a esta constante transformação, a esta capacidade de engendrar formas múltiplas, o elemento de distorção que aí se introduz com o tempo, provoca mudanças de ponto de vista, é a essas modificações que Anne Cauquelin dá o nome de *anamorfose*.

Esta longa digressão sobre a última porta – a dos territórios da subjetividade – se fez necessária para que eu possa enfim fazer minha colocação acerca do trabalho do historiador e do urbanista, uns com suas construções lógicas textuais, o outro com seus projetos racionalizadores. Detenho-me na difícil tarefa dos urbanistas, porque penso ser necessariamente conceitual o espaço com que trabalha o planejador e reformador urbano. Deve ser visível em seus elementos componentes e nas conexões com o que está fora: as estradas, as estações rodoviárias, os aeroportos, ou seja, as nossas modernas portas da cidade. As estruturas de um regime político se inscrevem no espaço que produz a institucionalização deste espaço e regula as relações entre os membros da comunidade: a um bom poder deveria corresponder um bom espaço. Um espaço regulado pela teoria das comunicações, bem conectado e submetido a uma política sã. A continuidade das redes, a conexão entre os espaços que torna todo espaço intersticial. Todo lapso, inaceitável, solidariza-se ao inaceitável de uma outra cultura. Tudo deve se subordinar a uma mesma lógica, a uma mesma racionalidade. O espaço vazio entre duas construções transforma-se em parque, beira de estrada; todo lapso entre duas (ousemos dizer?) culturas deve ser preenchido pela escola, pela televisão. Ora, para que diferentes espaços possam se unir, faz-se necessário que todos os espaços sejam da mesma natureza, que o espaço seja racional. Este é o espaço do urbanista, o espaço laboratório do planejamento e das reformas aberto pela porta da técnica e sua potencialidade transformadora do meio ambiente, sem qualidades diversas, universal, manipulável. Tudo se resume na maior racionalidade, na plena objetividade, no exorcismo das profundezas dos espaços arcaicos, onde se nutrem ainda as origens, aquelas camadas a que me referi anteriormente.

A simultaneidade de *mitos*, que podem se expressar pela arcaica noção de *philia* (aproximadamente amizade para os gregos) intimamente ligada à ideia de que o homem só alcança sua plena condição humana em sociedade e da *razão utilitária* que informa e subjuga o conhecimento cientifico, atua como um desconforto. Desconforto difícil de ser capturado, já que se compõe de coisas de ordens diferentes. Mitos instalados sob a razão geométrica: esta disparidade pesa sobre o equilíbrio das cidades e a crise se instala, já que a despeito da concepção globalizante, as formas de intervenção, as seis portas sobre as quais falamos, são várias, todas pontuais e com pretensão à universal eliminação de tudo que a elas não se submeta.

Talvez valha a pena lembrar uma *saída* que através da porta conceitual das sensibilidades, a de número 4, abriu caminho para que as pessoas lograssem organizar seus sentidos, sua percepção, frente ao mundo mecanizado, racional em seus pressupostos, incompreensível em seus resultados. A noção de *sublime* é reelaborada para dar conta de tudo que subverte nossa razão linear, a noção de previsibilidade, de distanciamento racional entre o sujeito e o mundo. A noção de sublime traz à tona as emoções produzidas pelo dia a dia, pela sensação do medo, de impotência frente a tudo que nossa razão não pode domar. Não resta dúvida que, tal como revisitada por Edrnund Burke, em 1757[19], e não é ele o único pensador romântico, foi uma tentativa de forjar uma arma racionalizadora de nossas reações irracionais. Reconhecia-se esse campo do inexplicável que se justifica por sua sublimidade. Teríamos hoje sensibilidade para negar a mera relação racional com o mundo, ou a própria ideia da sociedade como produto de convenção entre homens irremediavelmente solitários em sua individualidade (como reconhece Freud), ou ainda, para negar a afirmação científica de que somos determinados a viver em sociedade por leis eternas e imutáveis, e aceitar o modelo urbano em sua ancestralidade, e tal como os gregos pressupor que ser sociável é da natureza humana?

Referências:

BÉGUIN, François. Les machineries anglaises du confort. L'haleine des fauxbourgs, Ville, Habitat et Santé au XIXe siécle (Org. Murard e Zilberman) *Recher-*

---

19 BURKE, Edmund. A philosophical enquiry into the origin of our ideas of the sublime and beatiful In: *The Works of Edmund Burke*. Vol.I, Londres: G. Bell & Sons, ltd., 1913, p. 49-181.

ches n. 29, 1977, versão brasileira As maquinarias inglesas do conforto. Trad. Jaime Hajime Ozeki, revisão Suzana Pasternak. *Espaço & Debates* n.34 – Cidade e História. São Paulo: NERU, 1991, p. 39-54.

BENJAMIN, Walter. A Paris do Segundo Império em Baudelaire e Paris, capital do séc. XIX. In *Walter Benjamin. Sociologia*. Trad. Flávio Kothe. São Paulo: Ática, 1985.

BURKE, Edmund. A philosophical enquiry into the origin of our ideas of the sublime and beautiful. In *The Works of Edmund Burke*. Vol.I, Londres: G. Bell & Sons, ltd., 1913.

CAUQUELIN, Anne. *Essai de philosophie urbaine*. Paris: Presses Universitaires de France, 1982.

CAUQUELIN, Anne. *L'invention du paysage*. Paris: Quadrige/Presses Universitaires de France, 1989.

CHEVALIER, Louis. *Classes leborieuses et classes dangereuses*. Librairie Générale Française, 1978.

CORBIN, Alain. (1982) *Saberes e odores*. O olfato e o imaginário social nos séculos Dezoito e Dezenove. Trad. Ligia Watanabe. São Paulo: Companhia das Letras, 1987.

FREUD, Sigmund. (1930) *El malestar en la cultura*, Trad. Luis Lopez-Ballesteros Y de Torres. In *Sigmund Freud. Obras completas*. 3 vol., tomo III. Madri: Editorial Biblioteca Nueva, 1973.

GAY, Peter. (1984) A *educação dos sentidos*. A experiência burguesa da rainha Vitória a Freud. Trad. Per Salter. São Paulo: Companhia das Letras, 1988.

GAY, Peter. (1986) A *paixão terna*. A experiência burguesa da rainha Vitória a Freud. Trad. Sérgio Flaksman. São Paulo: Companhia das Letras, 1990.

HIMMELFARB, Gertrude. *The Idea of Poverty*. England in the Early Industrial Age. New York-Canada: Random House, 1983

HOBSBAWM, Eric. (1984) *Mundos do trabalho*. Trad. Waldéa Barcellos. Rio de Janeiro: Paz e Terra, 1987.

HOBSBAWM, Eric. *Labouring Men*. Studies in the History of Labour. New York: Basi Books, Inc., Publishers, 1964,

JONES, Gareth Stedman. (1971) *Oucast London*. A study in the relatioship between classes in Victorian Society, Penguin Books, 1976.

KEATING, P. J. *The working classes in Victorian fiction*. Londres-Boston: Routledge & Kegan Paul, 1971.

MAYHEW, Henry. (1861-1862) *London Labour and the London Poor*. 4 vols. New York: Dover Publications, Inc., 1968.

PERROT, Michelle. *Os excluídos da História*. Operários, mulheres, prisioneiros (Org. Stella Bresciani), Trad. Denise Bottmann. Rio de Janeiro: Paz e Terra, 1988, 7ªEd.2017.

PIKE, E. Royston (Org.) (1966) *Human documents of the Industrial Revolution in Britain*. Grã-Bretanha: George Allen & Unwin Lrd., 1973.

RANCIÈRE, Jacques. (1981) *A noite dos proletários*: arquivos do sonho operário. Trad. Marilda Pedreira. São Paulo: Companhia das Letras 1988.

THOMPSON, Edward P. (1967). Tiempo, disciplina de trabajo y capitalismo industrial. In *Tradición, Revuleta y Consciencia de Clase*. Trad. Angel Abad, Barcelona: Critica, 1979.

THOMPSON, Edward P. (1991) *Costumes em comum*. Estudos sobre a cultura popular tradicional. Trad. Rosaura Eichemberg, São Paulo: Companhia das Letras, 1998

WILLIAMS, Raymond (1958). *Culture & Society*. 1780-1959. New York: Harper & Row, Publishers, 1966.

WILLIAMS, Raymond. (1973) *The country and the city*. Londres: The Hogarth Press, 1985.

Metrópoles:*
as faces do monstro urbano

> Rise up, thou monstrous ant-hill on the plain
> of a too busy world! Before me flow,
> Thou endless stream of men and moving things!
> Thy every-day appearance, as it strikes —
> With wonder heightened, or sublimed by awe —
> On strangers of all ages, the quick dance
> Of colours lights and forms; the deafening din;
> The comers and the goers face to face,
> Face after face; the string of dazzling wares,
> Shop after shop, with symbols, blazoned names,
> And all the tradesman's honours overhead.
>
> Wordsworth, *Prelude*, 1799-1805[1]

---

* Este artigo foi publicado na *Revista Brasileira de História* (5) n°8/9, São Paulo: ANPUH/Ed.Marco Zero, set.1984/abr.1985, p.35-68; foi revisto e significativamente ampliado pela autora para a coletânea. Traduções do inglês e francês pela autora.

1 Levanta-te, tu formigueiro monstruoso na planície
De um mundo muito atarefado! Perante mim, flui,
Tu! Corrente sem fim de homens e coisas em movimento!
Tua aparência diária deslumbra —
Pelo seu fascínio magnífico ou pelo seu sublime terror —
Os estranhos de todas as idades; a dança rápida
De cores, luzes e formas; o barulho ensurdecedor;
Os que vêm e os que vão, face a face,
Face após face; o cordão de mercadorias cintilantes,

Para além do impacto da força emocional, presente na retórica poética e literária dos textos dos homens cultos do século XIX, pode-se perceber os delineamentos de uma nova sensibilidade. Convencidos de viverem no limiar de uma "nova era", prenhe de um potencial transformador ainda não avaliado, esses homens se lançaram na empresa de anotar em seus escritos os sinais visíveis dessa novidade de dimensões desconhecidas e assustadoras. A sensação de desenraizamento vem acompanhada da perda da identidade social e de formas de orientação multisseculares, e reiteradamente desenha a imagem de uma crise de proporção e conteúdo inéditos. Sem dúvida, os termos desarraigado e desenraizado falam do homem arrancado de sua relação íntima com a natureza ou com costumes em aparência tão imutáveis quanto ela; paradoxalmente contudo apontam para a nova condição humana que subjuga a rude natureza. Atribuía-se aos engenhos astuciosos fabricados pelos homens — as máquinas com seus mecanismos regulares e incansáveis — a vitória na guerra contra forças antes consideradas incontroláveis. A máquina expressou, simbólica e materialmente, essa vitória que lograra emancipar o ser humano do limitado destino que o prendia aos constrangimentos do mundo físico. À máquina o século XIX conferiu-se o poder transformador e produtor da abundância e nela apostou como possibilidade não muito remota de superação do reino da necessidade; superação da previsão pessimista de Malthus, na qual a sociedade estaria sempre às voltas com a escassez de recursos para manter o crescimento ilimitado do gênero humano. Contudo, à máquina também foi conferido o poder transformador da *estrutura social* (ou na expressão inglesa *the fabric of society*), o que implicou em colocar em algo exterior ao próprio homem a potência movimentadora do novo *sistema social (social system).*[2]

Máquinas, multidões, cidades: o persistente trinômio do progresso, do fascínio e do medo. O estranhamento do ser humano em meio ao mundo em que vive, a sensação de submeter sua vida a imperativos exteriores e transcendentes, embora por ele mesmo estabelecidos. Do céu à terra, dos desígnios divinos às determinações do meio físico e social, o homem abandona os dogmas para abraçar as leis inscritas na natureza. Registros de perdas e de imposições violentas encontram-se nos escritos de homens que se auto-representaram contemporâneos de um ato inaugural. É a

---

Loja após loja, com símbolos, nomes brasonados,
E todas as honras do comerciante enaltecidas.
Wordsworth, William. (1801) *The Prelude*. Book seventh. Residence in London In *The Complete Poetical Works*. Londres: Macmillan and Co., 1888. 1999, p. 150. www.bartleby.com/145/. p. 150; O trecho consta em G. Robert STANGE. The Frightened Poets In DYOS, James e WOLFF, Michael. *Victorian City. Images and Realities*, Londres: Routledge Kegan Paul, 1973, p. 477.

2   CARLYLE, Thomas (1829). Signs of the Times In *Thomas Carlyle - Selected Writings*. Harmondsworth: Penguin, 1980, p. 64-66.

constituição de uma nova sensibilidade mais condizente com esse novo mundo que procuro acompanhar nessa entrada exploratória das representações de uma parcela do mundo do século XIX, na certeza de que se considera a máquina já emancipada do seu criador, e mais, que essa emancipação se expressa na aceitação de uma lógica interna ao próprio progresso técnico. Raciocínio que repõe sem dúvida a insólita experiência vivida pelo homem quando considerou a si mesmo, por sua astúcia, vitorioso sobre a natureza.

Para adentrar os meandros dessa nova sensibilidade em formação decidi percorrer alguns textos, onde literatos, médicos, advogados, filósofos, filantropos, estadistas, em suma, o homem letrado em geral, expuseram sentimentos de perdas diversas e de viverem situações paradoxais. Registros semelhantes também encontrei em depoimentos de trabalhadores rurais e fabris, de vendedores ambulantes, artistas de rua, enfim, de toda a grande parcela da população que subsiste por meio do trabalho de suas mãos.

Registros de mudanças profundas e do impacto da colisão dos elementos novos com as velhas e gastas estruturas da sociedade como disse Carlyle:

> As cabeças pensantes de todas as nações pedem mudanças. Há um conflito profundo no tecido da sociedade; uma colisão trituradora e infinita do Novo com o Antigo
> Th. Carlyle, *Signs of the times*,1929. [Tradução da autora][3]

Registro de perdas. Entre elas, e talvez a mais desnorteadora fica por conta da mudança da representação do tempo regido pela natureza e relacionado com as tarefas cíclicas e rotineiras do trabalho. Com ela se desfaz o ajuste entre o ritmo do mundo físico e as atividades humanas; se desfaz a relação imediata, natural e inteligível de compulsão da natureza sobre o homem.

Essa perda implica a imposição de uma nova concepção do tempo: abstrato, linear, uniformemente dividido por uma convenção sugerida pela medida do valor relacionado à atividade do comerciante e às longas distâncias. Tempo a ser produtivamente aplicado, que se define como tempo do patrão — tempo

---

[3] "The thinking minds of all nations call for change. There is a deep-lying struggle in the whole fabric of society; a boundless grinding collision of the New with the Old.". CARLYLE, Thomas. Signs of the times. *Op. cit.*, p. 84

do trabalho, cuja representação, embora obra do intelecto humano, parece ter sua lógica própria, exterior ao homem que subjuga. Delineia-se uma primeira exterioridade substantivada no relógio, ao mesmo tempo artefato e mercadoria.[4]

Noção de tempo aparentada à antiga noção grega de *chronos*, esse tempo que nos separa da morte, devorador da vida e, portanto, tão monstruoso como seu homônimo, o cruel deus *Kronos*.

Nas atividades do trabalho o registro de outras perdas. A íntima relação do homem com suas condições de produção e com sua finalidade, definida pelas limitadas necessidades humanas, cinde-se numa dupla exterioridade: de extensões inorgânicas de seu corpo orgânico, as ferramentas ganham autonomia materializando-se na máquina, vale dizer, torna dispensável a arte de suas mãos; de finalidade da produção, o homem passa a ser uma das engrenagens de um processo que objetiva agora repor a própria produção. O trabalhador despojado das condições objetivas do trabalho — instrumentos, matéria prima e domínio da arte — é reduzido à mera subjetividade, à força de trabalho, uma mercadoria a ser vendida no mercado.[5]

Os sistemas de trabalho baseados em relações pessoais de aprendizado e de dependência se desfazem substituídos pela impessoalidade das relações do mercado. O vínculo entre o mestre-artesão e seu aprendiz, certeza de trabalho, aquisição de destreza específica e de identidade profissional rompe-se; a relação patrão-operário se estabelece sobre um vínculo mercantil coroada pela representação que coloca em uma instância exterior ao homem — a lei da oferta e da procura inscrita na natureza das relações humanas — que de produto da atividade intelectual passa a ser aceita como princípio férreo de ordenação do social.[6]

---

4 Sobre as modificações na percepção do tempo consultar THOMPSON, E.P. (1967) Tiempo, Disciplina de Trabajo y Capitalismo Industrial. In *Tradición, Revuelta y Consciencia de Clase*. Barcelona, Crítica, 1979; Jacques LE GOFF, Le temps du travail dans la "crise" du XIVe. Siècle: du temps médiéval au temps modern; e Au Moyen Age: Temps de l'Église et temps du marchand. *Pour un autre Moyen Age*. Paris: Gallimard, 1977.

5 Sobre os vários pressupostos para que o capital encontre o trabalhador livre no mercado, ver MARX, Karl (1859). Formaciones Economicas Precapitalistas. Córdoba, *Cuadernos Pasado y Presente*, nº 20, 1974.

6 Para a dissolução de antigas formas de produção, ver MARX, Karl. Formaciones Economicas Precapitalistas. *Op. cit.* e MARX, Karl (1867) *O Capital*. Livro I: O processo de produção do capital caps. XIII "A cooperação", XIV "A divisão do trabalho e a manufatura" e XV "O maquinismo e a grande indústria"; também THOMPSON, E. P. (1963,1968) La Formación Histórica de la Clase Obrera. Trad. Angel Abad. Barcelona: Laia, 1977, vol. 2, cap. 8, edição brasileira *A Formação da Classe Operária Inglesa*. Tradução Renato Busatto Neto e Cláudia Rocha de Almeida, Rio de Janeiro: Paz e Terra, 1987, vol. 2, cap. 7; sobre a tendência das relações humanas atingirem a harmonia, pois livres de injunções das corporações de ofício em, SMITH, Adam (1876). *A riqueza das nações*. Trad. Luiz João Baraúna. Coleção Os Economistas. São Paulo: Abril Cultural, 1983.

Ainda uma perda: o homem, em especial o trabalhador fabril e urbano, é arrancado dos vilarejos e impelido a levar uma vida outra nas cidades. Perda do habitat tradicional, onde se conjuga o trabalho artesanal com o labor dos campos, onde o trabalho era empresa da família e a vida não se via dividida entre o tempo do patrão e lugar do trabalho e tempo de descanso e lugar de morar.[7]

O registro de cada uma dessas perdas se fez presente no decorrer de três séculos pelo menos e culmina nos inícios do século XIX na percepção de que o homem ao sobrepujar a natureza havia caído na armadilha de sua própria astúcia, via-se aprisionado pelos seus próprios dogmas racionais. A cidade moderna representa o momento culminante dessa trajetória e define-se como o lugar onde se acumulam homens despojados de parte de sua humanidade; em suma, lugar onde a subordinação da vida a imperativos exteriores ao homem se encontra levada às últimas consequências. Fascínio e medo: a cidade configura o lugar por excelência da transformação, ou seja, do progresso e da história; ela materializa o domínio da natureza pelo homem e as condições artificiais, porque fabricadas, de vida.

Importa também sublinhar o vínculo entre o conjunto dessas perdas e a elaboração intelectual da distância entre o homem e seus semelhantes; forma-se a noção de sujeito de conhecimento capaz de estabelecer um distanciamento considerado necessário para a observação objetiva e a avaliação sistemática do que passa a ser designado por sociedade. A relação de exterioridade, corrente na avaliação da natureza, estende-se, no século XIX, como experiência de conhecimento, para as relações entre os homens. O olhar analítico e classificador procura imobilizar em momentos sucessivos de avaliação tudo o que vê e que deve estar em constante movimento. O fluxo ininterrupto dos homens no trabalho, deslocando-se pelas ruas ou ocasionalmente fora do trabalho, a presença incômoda daqueles que tiram seu sustento trabalhando nas ruas, ou que vagam recusando-se a trabalhar, muitas vezes mantendo-se por meio de expedientes pouco confessáveis: tudo é submetido a esse olhar avaliador.

A cidade se constitui em observatório privilegiado da diversidade; lugar estratégico para se apreender o sentido das transformações, num primeiro passo, e logo em seguida, à semelhança de um laboratório, para que se definam e se apliquem estratégias de controle e de intervenção. Espaço finito e administrável. Não por acaso, afirma Storch, à frase de Victor Hugo: "A França observa Paris e Paris observa

---

7 Cf. THOMPSON, Edward. P. *La formación histórica de la classe obrera*. Op. cit. p. 239-293.

o faubourg Saint Antoine", corresponde o axioma da polícia londrina: "Guarda-se Saint James vigiando-se Saint Giles".[8]

Nos dois casos, os objetos de constante vigilância são os bairros operários cujo potencial de revolta é considerado mais ameaçador, onde os sinais da revolução podem ser detectados. Nesses anos cinquenta do século XX, tinha-se já formulado um quadro conceitual que, recolhendo inúmeras experiências de investigação da nova sociedade, permitia distinguir na diversidade aparente duas entidades distintas e antagônicas. É parte dessa nova sensibilidade a expressão "Duas Nações", cunhada por Disraeli para falar do abismo existente entre ricos/"civilizados" e pobres/"selvagens".[9] Descontado o apelo emocional, a expressão possui uma força explicativa plástica, pois remete imediatamente para a imagem da sociedade cindida em duas partes irreconciliáveis, com identidades próprias e diferenciadas.

Urbe et orbis

> The thinking minds of all nations call for change. There is a deep-lying struggle in the whole fabric of society; a boundless grinding collision of the New with the Old. [...] We were wise indeed, could we discern truly the signs of our own time; and by knowledge of its wants and advantages, wisely adjust our own position on it. Let us, instead of gazing idly into the obscure distance, look calmly around us, for a little, on the perplexed scene where we stand.
>
> Th. Carlyle, *Signs of the Times*, 1829.[10]

---

8   Cf. STORCH, Robert. The plague of the Blue Locusts, *International Review of Social History*, vol. XX. 1975, Van Gorcum, p. 61.

9   Disraeli retomou o tema "Condition of England Question" proposto por Carlyle em *Chartism* (1839) e retomou-o em *Sybil, or the Two Nations* (1845) para expor a profunda divisão do país e os contrastes entre o luxo aristocrático e a extrema pobreza do trabalhador. Oxford: Oxford University Press, 1998 – Diniejko, Andrzej. *The Victorian Web*. Literature, history, & culture in the age of Victoria. Disponível em: www.victorianweb.org. Acesso em: 12 dez. 2016.

10 As cabeças pensantes de todas as nações pedem mudanças. Há um conflito profundo no tecido da sociedade; uma colisão trituradora e infinita do Novo com o Antigo. [...] Seríamos sábios, certamente, se pudéssemos discernir com exatidão os sinais de nosso próprio tempo e por meio do conhecimento de suas necessidades e vantagens, sabiamente, ajustarmo-nos a eles. Ao invés de fixar nosso olhar distraído na distância obscura, devemos, por um momento, olhar tranquilamente em torno de nós, para o espetáculo desconcertante do qual participamos. CARLYLE, Thomas. Signs of the Times. *Op. cit.*, p. 63, 84.

Embora Carlyle procure definir com um conceito amplo — uma crise — o momento em que vive, não deixa de registrar de maneira clara a assustadora dimensão e o ineditismo do conflito. Uma crise a mais na longa história da velha Inglaterra, uma situação de pânico semelhante a um sonho assustador, uma repetição do Estado em perigo vivido pelos ingleses uma centena de vezes: essas denominações atenuantes aumentam a ênfase dada à perplexidade indescritível de seus contemporâneos perante reformulações legais, tais como o *Test and Corporation Acts* de 1828 e o *Roman Catholic Relief Act* de 1829. Eram verdadeiros acontecimentos inéditos na história nem tão recente da Inglaterra, decretos que levantavam antigos impedimentos e reconheciam a liberdade de consciência de protestantes dissidentes e de católicos, facultando-lhes a participação na vida pública do país. Em outras palavras, removiam-se dessa maneira "coisas que pareciam fixas e imutáveis, tão profundas como as fundações do mundo".[11]

Carlyle segue sua própria determinação e busca identificar o princípio explicativo da época em que vive o localiza na máquina, ou mais precisamente, no significado explícito e implícito da palavra maquinismo. Sua argumentação trabalha sobre paradoxos. Assim, o aumento do poder físico da humanidade acrescera em muito as possibilidades de produzir bens, mas destruíra de forma irrecuperável o antigo edifício social. O quadro resultante da introdução dos princípios da mecânica na vida dos homens, assustador pelo ineditismo e profundidade do conflito causado, mostrava pessoas incapazes de darem conta do que ocorria à sua volta por estarem com as mãos e mentes atadas ao caráter mecânico da época.[12]

Avaliação compartilhada por muitos contemporâneos seus que, como ele, estabeleceram um elo significativo entre duas forças transformadoras formidáveis: a máquina e a Revolução Francesa de 1789. A imagem de grandiosidade do movimento revolucionário na França é elaborada com a figura das multidões das ruas e de seu poder de destruição no momento mais radical do processo revolucionário; a simples referência ao Terror, aos anos sanguinários, projetava a possibilidade futura de uma repetição do acontecimento em outros países e em proporções ainda mais incontroláveis. A imagem da máquina desfazendo o antigo edifício social é solidária à da revolução; as duas contribuirão no decorrer do século XIX para conferir apelo emocional à representação paradigmática da modernidade. No centro dessa representação, as noções de fragmentação, efêmero e caos se unem à experiência de tempo, espaço e causalidade transitórios, fortuitos e arbitrários, em meio à qual se forma a sensibilidade do homem moderno.

---

11 CARLYLE, Thomas. Signs of the Times. *Op. cit.*, p.62.
12 CARLYLE, Thomas. Signs of the Times. *Op. cit.*, p. 61-65.

Bastante significativa é a seguinte passagem de Carlyle em sua análise do Cartismo, onde sugere enfaticamente o deslocamento dos temas que sensibilizam a criação poética:

> Manchester, com seus fiapos de algodão, sua fumaça e poeira, seu tumulto e pobreza conflituosa, parece-lhe medonha? Não pense assim; uma substância preciosa, bela como sonhos mágicos e, contudo, não sonho mas realidade, permanece escondida em meio a esse embrulho barulhento (...) O grande Goethe, me contaram, vendo os cotonifícios da Suíça, declarou ser de todas as coisas que havia visto no mundo, a mais poética.[13]

Anos mais tarde, um intelectual francês registra impacto semelhante ao falar de Londres, cidade sem horizonte, onde o *fog* impede durante boa parte do ano a visão nítida de coisas bastante próximas, que o impressiona pelo eterno cinza de seu céu, a chuva fina constante, a lama que cobre as vias públicas, a desolação das ruas vazias aos domingos. Hippolyte Taine anota, no decorrer de cinquenta páginas, suas impressões da cidade e de sua população antes de organizar de maneira sistemática os tipos humanos, as instituições, a economia, o espírito, os usos e costumes dos ingleses.[14] Como Engels, alguns anos antes, cujas primeiras anotações falam do tumulto impressionante do percurso do estuário do rio Tâmisa até a Babel do porto de Londres. "Eis lá certamente," diz Taine "um dos grandes espetáculos do nosso planeta"; e recorre a uma figura do imaginário europeu sobre o exotismo oriental para estabelecer um termo de comparação com "o amontoado semelhante de construções, de homens de navios e de negócios. Seria necessário ir à China". A descrição do movimento do rio assume os contornos da estética do Sublime:

> Entretanto, no rio, pelo lado do ocidente, ergue-se uma floresta inextricável de vergas, mastros e cordames: são navios que chegam, partem ou estacionam, de início em grupos, em seguida em longas filas, depois num amontoado contínuo, presos, misturados às chaminés das casas e às polias dos armazéns, com todo o equipamento do trabalho incessante, regular, gigantesco. Uma fumaça brumosa, cortada pela luz, os envolve; (...) Aqui, nada é natural; tudo é transformado, violentado, a começar pelo solo e pelo homem, chegando à luz e ao ar. Contudo, a enormidade do amontoado e da criação humana impede que se pense sobre esta deformação e este artifício, na falta da beleza nobre e sã, resta a vida formigante e grandiosa; o brilho das ondas, a dispersão da luz aprisionada pelo vapor, as suaves cores esbranquiça-

---

13 CARLYLE, Thomas. Signs of the Times. *Op. cit.*, 1980, p.63
14 TAINE, Hippolyte (1871). *Notes sur l'Angleterre*. Paris: Hachette, 5ª Ed. 1876 revista e corrigida.

das ou róseas que se depositam sobre todos esses colossos, despejam uma espécie de graça sobre a cidade monstruosa; algo assemelhado a um sorriso sobre a face de ciclope eriçado e escurecido.[15]

Taine conclui que "findo o assombro resta o desânimo". Ou pior ainda, após, uma hora de caminhada pelas ruas desoladas do domingo londrino o *spleen* toma conta do transeunte que chega a pensar em suicídio. É bem verdade que nosso viandante sente-se acabrunhado pelas constantes comparações feitas com os alegres e barulhentos domingos parisienses. Na sóbria e puritana Inglaterra as imagens inesperadas e contrastantes têm mais impacto sobre os sentidos e a imaginação. Para o viajante, os olhos se afligem com o véu de bruma densa, com a confusão da mistura de estilos arquitetônicos — "colunatas, peristilos, ornamentos gregos, molduras e guirlandas das casas, tudo com as marcas leprosas da umidade". O clima londrino deposita manchas lúgubres e destrói as pedras dos edifícios, apaga os contornos e desfaz as fisionomias dos monumentos e estátuas. "Pobre arquitetura antiga, que faz ela aqui neste clima? (...) estas estátuas nuas lembrando a Grécia! Este Wellington como guerreiro em combate, nu sob as árvores gotejantes do parque! (...) Toda forma, toda ideia clássica é aqui um contrassenso".[16]

Em sua avaliação crítica do gosto pouco refinado dos ingleses e inglesas Taine abre ao leitor não só o terreno das comparações e dos contrastes entre diferentes países mas também a teoria da influência do clima sobre o físico e o espírito das pessoas. Ele anota a sensibilidade diversa dos habitantes dessa ilha brumosa, onde "a alma se retira do exterior e volta-se sobre si mesma; aí faz um mundo". Compreende-se assim, que o homem de posses faça da sua casa um estojo que o proteja dos constrangimentos constantes das atividades profissionais numa sociedade baseada na concorrência:

> Aqui é necessário ter um "*home*" bem cuidado, bem organizado, clubes, associações, muitos afazeres, grande quantidade de preocupações religiosas e morais; se faz necessário sobretudo não se deixar levar pelas impressões do exterior, fechar a porta às tristes sugestões da natureza hostil, preencher o grande vazio onde se alojaria a melancolia e o tédio.[17]

---

15 TAINE, Hippolyte. *Op. cit.*, p. 8.
16 TAINE, Hippolyte. *Op. cit.*, p. 11-12.
17 TAINE, Hippolyte. *Op. cit.*, p.12.

A relação entre o clima e a subjetividade específica da população é retomada em vários momentos de seu livro na comparação pedagógica da diversidade das culturas enquanto expressão material do perfil psicológico particular à cada povo. A imaginação marcada pelo impacto das impressões fortes forma um fundo comum que determina um elenco de possibilidades das quais não se escapa. O que fazer do dia de repouso, o domingo, num clima como o da Inglaterra, senão escolher entre a igreja e o cabaré, o sermão e a embriaguês, o aturdimento ou a reflexão? Taine anota em suas peregrinações dominicais que a burguesia rica optava pelo alimento moral dos sermões, enquanto as pessoas do povo acorriam aos bares. A mesma polarização se repõe nos bairros onde a extensão da miséria é proporcional à enormidade da riqueza: nos seus bairros, os burgueses se excedem na construção de moradias de todos os estilos — gótico, grego, renascença, com todas as misturas e gradações do estilo — sempre cercadas de gramados e árvores; nos bairros pobres o impacto vem da visão de casas pequenas e baixas que se entrecruzam em todos os sentidos nas ruas irregulares, impacto acrescido pela presença da multidão de pessoas de faces marcadas pelos maus tratos e bebida, pelas crianças cobertas de farrapos, pelas prostitutas, "tal como um esgoto humano".[18]

Acredito que a noção estético-filosófica do "sublime" possa traduzir em termos racionais a experiência emocional e estética de homens que conviveram com as imagens portentosas da mecanização e da revolução. Esta noção foi utilizada em meados do século XVIII por Edmund Burke para traduzir o valor estético da emoção causada pelo impacto de tudo o que ultrapassa a capacidade racional do cérebro humano. Em sua *A Philosophical Enquire into the origin of our ideas of the Sublime and Beautiful,* Burke coloca a possibilidade de apreensão pela razão desta "paixão-terror" produzida por sensações múltiplas que ultrapassam toda experiência individual anterior[19]. Nesse sentido, acolhemos a proposta de Nicolas Taylor em seu estudo sobre as cidades vitorianas, estendendo-a para além da expressão estética e arquitetônica das majestosas e desconcertantes edificações burguesas.[20]

A noção do Sublime intervém como filtro redutor dos violentos efeitos ocasionados por um forte impacto emocional. Com este sentido poderia se contrapor à

---

18 TAINE, Hippolyte. *Op. cit.*, p.12-16.
19 BURKE, Edmund. (1756) A Philosophical Enquire into the origin of our ideas of the Sublime and Beautiful in *The works of Edmund Burke.* Vol. I, Londres: G. Bell & Sons, Ltd., 1913, p. 49-181. Edição brasileira: *Uma investigação filosófica sobre a origem de nossas ideias do sublime e do belo.* Trad. Enid Abreu Dobránszky. Campinas: Ed. Unicamp/Papirus, 1993.
20 TAYLOR, Nicolas. The Awful Sublimity of the Victorian City. DYOS, J. e WOLFF, M. *Op. cit.*, vol. 2, p. 431-447.

racionalidade simétrica do belo, apoiada na tradução arquitetônica ou artística das medidas antropométricas de um ser humano idealizado, mas também na concepção crítica desse padrão de simetria, adotada por Burke quando contradiz o pressuposto das proporções com exemplos da sensação do belo produzida por vegetais e animais, e cita a rosa e seu fino cabo e as flores da laranjeira, tão pequenas florindo em uma árvore grande.[21] Também ao sublime se poderia contrapor o tranquilizador pitoresco emocional das paisagens campestres e dos bairros suburbanos onde homens e natureza se combinam em harmonia.[22] A nova sensibilidade estética buscava dar conta exatamente do impacto emocional do inesperado, porque inédito, daquilo que, nas palavras de Burke, fosse capaz de produzir a mais forte emoção que o cérebro humano pudesse suportar. Ou seja, frente ao sublime a mente se vê tão tomada pelo objeto de sua emoção que nada mais aí tem lugar, nem consequentemente pode raciocinar sobre o objeto de tal emoção. Daí, explica Burke, decorre o "grande poder do sublime, que longe de ser o resultado de nosso raciocínio, o antecipa e nos assalta com sua força irresistível"[23].

A noção do sublime refere-se, pois, ao trato com "tudo o que de alguma maneira fosse terrível (...) ou operasse de forma análoga ao terror, essa fonte do sublime", e proporciona dessa maneira uma base emocional para as experiências estéticas de teor fortemente emocional. Sublime é tudo o que, por reunir uma série de qualidades particulares atuava sobre a parte mais sensível do cérebro, a imaginação. A particularidade dessa experiência consistia em provocar uma série de sensações extremamente fortes: *perplexidade* — este estado da alma no qual todos os movimentos encontram-se suspensos devido a certo grau de horror; *terror* — causado por cenas que parecem terríveis ao olhar; *obscuridade* — esse véu que tolhe o conhecimento da verdadeira extensão do perigo e impede que se eliminem as apreensões; *poder* — esse congraçamento das ideias de força, violência, dor e terror que assaltam nossa mente dando o caráter sublime ao poder; *privação* — essa sensação de vacuidade, escuridão, solidão e silêncio; *inesperado* — algo que causa tremor por irromper ou cessar sem aviso; *imensidão* — a grandeza da dimensão na arquitetura, seja em altura, comprimento ou profundidade, causa poderosa do sublime; *infinitude* — o olhar impedido de distinguir os limites das coisas atribui a elas uma dimensão infinita; *seriação* e *uniformidade* — essa progressão ininterrupta que permite a objetos finitos darem a falsa impressão de infinitude; *magnificência* e *dificuldade* — a dimensão

---

21 BURKE, Edmund. A Philosophical Enquire. *Op. cit.*, p. 114-116.
22 TAYLOR, Nicolas. *Op. cit.*, vol. 2, p. 433.
23 BURKE, Edmund. A Philosophical Enquire. *Op. cit.*, p. 88.

desencontrada com suas finalidades, a profusão de coisas esplêndidas e valiosas e/ou a aparente desordem em que se encontram, os imensos trabalhos requeridos para a realização de uma obra; o *jogo de luzes* — não a iluminação comum, mas algo que transite rapidamente da intensa claridade para a escuridão.[24]

Sem dúvida, a experiência estética do sublime foi proporcionada, no campo dos artefatos, pelas máquinas, fábricas, lojas, armazéns, viadutos, usinas geradoras de gás, asilos de loucos, prisões, estações ferroviárias, túneis e pela monótona uniformidade das extensas séries de casas construídas para os trabalhadores. Por outro lado, a experiência estética do sublime esteve igualmente vinculada ao imenso poder transformador do homem, à potência destrutiva das multidões em movimento, ao tráfego contínuo de veículos, aos bairros operários e aos canteiros de construção das grandes obras públicas.

Em suma, pode-se dizer que essa experiência estética faz parte, nas grandes cidades, da vida cotidiana do homem moderno sem com isso perder seu impacto assustador. Submetido a fortes emoções ou pressentindo sua ocorrência, o homem não encontra meios de preparar-se para apará-la por meio de mecanismos racionais; a racionalidade da experiência estética vivida se dá *a posteriori*.

Os arquitetos que projetaram em cidades inglesas edifícios como o do Banco da Inglaterra, do *City of London Coal Exchange*, da sala de leitura do Museu Britânico, da enfermaria do Hospital de Chelsea, entre outros, não tiveram a intenção de provocar em quem os via a evocação bucólica dos campos ingleses ou a harmonia de proporções entre o homem e suas obras. O aspecto majestoso dessas construções, bastante diversas em suas formas e materiais, reunindo com frequência estilos de épocas e lugares diferentes, sugeria primordialmente o poder da burguesia, algo que deveria parecer inesperado, grandioso, infinito e esmagador.

A longa sequência de arcos da estação londrina de St. Pancras ou a muralha de uma das fábricas de carruagens da cidade de Bristol, ou ainda, as numerosas janelas e colunatas de hotéis de luxo e apartamentos caros de certos bairros londrinos, proporcionavam uma sensação de infinitude semelhante à produzida pelas imensas arcadas envidraçadas do Palácio de Cristal, construído em 1851, para a *Grande Exposição de Produtos Industriais de Todas as Nações*. O mesmo impacto atingia o olhar das pessoas que se deparassem com as grandes avenidas em perspectiva, os "*percements*" do prefeito de Paris Haussmann.[25] Afinal, a visão de uma cidade aberta,

---

24 BURKE, Edmund. A Philosophical Enquire. *Op. cit.*, p. 88-112; TAYLOR, Nicholas. *Op. cit.* p. 435-436.
25 *Percements* – as reformas executadas por Haussmann, prefeito de Paris entre 1853 e 1870, sob Luís

expondo suas entranhas (*éventrée*, na designação francesa) oferecia-se como experiência estética até então desconhecida. Contudo, construções menores, às vezes mínimas, poderiam causar o mesmo impacto: o sentimento de infinitude era induzido também pelo impacto das escuras e monótonas repetições de fachadas idênticas de casas iguais destinadas à anônima população dos trabalhadores urbanos. Nelas, a tonalidade escura do material de construção e o severo despojamento de suas paredes pesadas causavam um sentimento aproximado ao produzido pelos maciços muros de prisões; aqui, a infinitude material simbolizava a impossível libertação das cadeias do trabalho cotidiano, o jugo das leis do mercado e as determinações da nova sociedade.

Apesar do aspecto grotesco, quase sempre presente na maioria das construções sublimes, não se pode negar, afirma Taylor, que o ecletismo no estilo, a profusão de objetos díspares — colunas, arcadas, rotundas, recortes, nichos, divisões internas e externas sem função aparente, gradeados de ferro retorcendo-se sempre no mesmo desenho e luzes em quantidade suficiente para ocasionar um forte contraste entre o claro e o sombrio — produziram sobre as pessoas uma sensação de perplexidade devota. Essas construções feitas para abrigar multidões constituíram o cenário perfeito para o espetáculo das compras e dos cultos religiosos[26]. Fascínio, espanto, temor e devoção: sentimentos solidários expressando o reconhecimento do poder assustador das máquinas, do dinheiro e da tecnologia; de Deus e do Homem.[27]

Presentes em muitas capitais e grandes cidades europeias, essas construções majestosas fincaram-se na paisagem urbana como marcos do poderio burguês. Hobsbawm, ao fazer uma avaliação do mundo capitalista do século XIX, afirmou ter sido a arquitetura burguesa "uma linguagem de símbolos sociais", a expressão da sua autoconfiança manifesta em edificações cuja dimensão extraordinária nada tinha a ver com a finalidade a que se destinavam. As milhares de libras esterlinas gastas em prédios que acolheriam um grande número de pessoas proclamavam a riqueza e o poderio das cidades.[28] O sublime poder do dinheiro aliado ao da tecnologia introduzia, pela primeira vez na arquitetura, materiais artificiais e produzidos em fábricas: o ferro e o vidro. "Fomos salvos de uma medonha e dispendiosa quantidade de tijolos

---

Napoleão Bonaparte, levaram a aberturas de ruas e avenidas que obrigaram a demolir ou demolir parte (perfurar) quadras. Daí o uso da palavra francesa perfurações.
26 As descrições constam do artigo de TAYLOR, Nicholas. *Op. cit.*, vol. 2, p. 431-447.
27 CARLYLE, Thomas. Signs of the Times. *Op. cit.*, p.64-65.
28 HOBSBAWM. Eric. (1975) *A Era do Capital*. Trad. Luciano Costa Neto. Rio de Janeiro: Paz e Terra, 1977. Caps. 13, 14 e 15.

e argamassa; em seu lugar temos uma obra graciosa e bonita", observou um cronista referindo-se ao Palácio de Cristal.[29] A confiança no caráter duradouro da indústria e do comércio orientou a edificação desses templos da produção e da mercadoria.

Em Paris, diz Walter Benjamin, a conjuntura favorável do comércio de tecidos proporcionou a multiplicação das galerias e passagens durante quinze anos, a partir de 1822. "Essas passagens", informava um *Guia Ilustrado de Paris*, "nova invenção do luxo industrial, são galerias envidraçadas, revestidas de mármore, que percorrem quadras inteiras de casas cujos proprietários se uniram para essas especulações. Dos dois lados dessas galerias, iluminadas pelo alto, sucedem-se as mais elegantes lojas, assemelhando-se a uma cidade, talvez a um mundo em miniatura".[30] As espetaculares arcadas de ferro e vidro das galerias do centro comercial de Manchester e de Birmingham, na Inglaterra, reproduziam-se em Paris e Milão provocando o mesmo impacto devocional do culto à mercadoria.[31]

Nesse sentido, parece-me que a frequente crítica à má utilização dos novos materiais e da nova tecnologia aplicados na reprodução imitativa de estilos antigos e na maioria das vezes austeros baseia-se num critério um tanto anacrônico de avaliação que busca uma "lógica funcional" onde ela não se fazia presente. Afinal, era o momento em que o conceito de engenheiro saído das guerras revolucionárias começava a se impor, contrapondo os profissionais formados pela *École Polytechnique* aos da *École des Beaux Arts*, observa Walter Benjamim comentando a arquitetura do IIº Império.[32] Entretanto, uma avaliação alternativa poderia considerar que os responsáveis pela construção de armazéns-casas de comércio, acreditavam estar traduzindo as intenções dos faraós egípcios em relação às pirâmides, com o objetivo deliberado de erigir marcos concretos e permanentes. Quanto às intenções de permanência, as reflexões de Hannah Arendt sobre o desejo humano de deixar marcas mais duradouras do que a fugaz passagem individual do homem pela face da terra são bastante instigantes.[33] No mundo burguês, a aceitação da transitoriedade das formas

---

29 Apud BRIGS, Asa. *Victorian People*. Harmondsworth: Penguin, 1980, p. 45.
30 BENJAMIN, Walter. Paris, Capitale du XIXe siècle. In *Oeuvres II, Poésie et Révolution*. Essai. Trad. Maurice de Gadillac. Paris: Denoël, 1971. p. 123-125; versão brasileira: Paris, Capital do século XIX In *Walter Benjamin*. Sociologia. Trad. Flávio R. Kothe. São Paulo: Ática, 1985, p. 30-43.
31 TAYLOR, Nicholas. *Op. cit.* vol. 2, p. 124.
32 BENJAMIN, Walter. Paris, Capitale du XIXe siècle. *Op. cit.* p. 124.
33 Para Arendt, a intenção de perenidade foi, primeiro, concretizada pelos gregos em instituições capazes de assegurar a específica qualidade humana de realizar sua segunda natureza. Para tanto, o homem deveria transpor o domínio do privado, vale dizer, das atividades vinculadas à mera reprodução biológica e aparecer em outra dimensão, o espaço público. Para preservar esse espaço

institucionais parece contrapor-se aos sólidos edifícios construídos para abrigá-las eternamente. Acima de tudo, é um determinado recorte da cidade que elimina sua feição medieval e é a preservação de fragmentos do passado, transformados em relíquia de museu, o que expressa a marca da presença impositiva da burguesia. E suas necessidades impõem um desenho ao traçado urbano: manter tudo em movimento constante e previsível, transformar tudo em mercadoria; a feira sazonal transformada em mercado permanente e internacional.

Expressa bem essa modernidade traçada pela burguesia sobre antigas cidades europeias o corte em perspectiva das longas e largas avenidas abertas em Paris durante o II° Império. Por um lado, asseguram o fluxo de homens, mercadorias, transportes e, não esqueçamos, dos batalhões do exército. Por outro, contudo, a sublime concepção estética da infinitude expressava o "ideal de urbanista de Haussmann (...) as perspectivas sobre as quais se abrem longas sequências de ruas".[34] Benjamin vai além e indica a forma como arte e técnica se embaralhavam nessas obras: "Este ideal corresponde à tendência corrente no século XIX de enobrecer as necessidades técnicas através de fins pseudo-artísticos".[35] E indicando que as cerimônias religiosas não podem prescindir dos edifícios adequados, afirma: "Os templos do poder espiritual e secular da burguesia deviam encontrar sua apoteose no quadro das fileiras de ruas. Antes da inauguração, essas perspectivas eram dissimuladas por um tecido que era levantado como se fosse um monumento e a vista alcançava agora seja uma igreja, seja uma estação ferroviária, uma estátua equestre, ou qualquer outro símbolo de civilização". E conclui: "Durante a haussmannização de Paris a fantasmagoria se transformou em pedra".[36]

Em Viena também a burguesia austríaca decidiu dar à cidade um recorte moderno eliminando a inútil muralha que demarcava o antigo núcleo urbano e o campo de exercícios militares. Derrubadas as fortificações, uma larga avenida, formada por uma sequência anular de ruas, passou a circundar a área nobre da cidade. Substituindo os muros, o *Ringstrasse* materializava a intenção de eliminar qualquer obstáculo ao fluxo; realizava também o intuito de estabelecer em seu percurso os marcos

---

onde o homem, indiscernível dos outros de sua espécie enquanto ser biológico, surgia em sua singularidade, os gregos consideraram imprescindível elaborar e manter o lugar onde a palavra e a ação tinham efetividade. As instituições da polis, no mundo antigo, obedeceram a esse desígnio. In ARENDT. Hannah. (1958) *A Condição Humana*. Rio de Janeiro: Forense/Universitária, 1981. Cap. 2. "As esferas pública e privada".

34 BENJAMIN, Walter. Paris, Capitale du XIXe siècle. *Op. cit.*, p. 135-137.
35 BENJAMIN, Walter. Paris, Capitale du XIXe siècle. *Op. cit.*, p. 123-124.
36 BENJAMIN, Walter. Paris, Capitale du XIXe siècle. In *Oeuvres II, Op. cit.*, p.136.

simbólicos do domínio burguês. O Parlamento, a Prefeitura, a Universidade, o Teatro Municipal e os Museus, símbolos de uma cultura laica e burguesa, assumiram para além de suas atribuições institucionais a dimensão de cenário para o corso das famílias ricas. O conjunto arquitetônico composto pela larga avenida circular e pelos edifícios grandiosos, aos quais se seguiram outros também projetados com igual desatenção para a harmonia dos estilos, isolava a antiga cidade da parte exterior mais nova. Isolar dispensando muros, esta a estratégia escolhida: as ruas da área central e mesmo as grandes avenidas dos bairros mais recentes não se comunicavam, as ruas da parte nova terminavam sempre no *Ringstrasse*. Como afirmou Schorske, a particular disposição das ruas protegia o centro, impedindo o fácil acesso da população suburbana: "a antiga defesa militar transmuta-se em marco da divisão social".[37]

Até certo ponto, as construções majestosas solidárias ao processo de "embelezamento" das antigas cidades europeias, efetuado no decorrer da segunda metade do século XIX, indicam que algumas soluções haviam sido encontradas para superar aquilo que, no final da década de 1820, Carlyle chamara de crise, do estado em perigo. Muitos de seus contemporâneos pensaram projetivamente e trataram de realizar seus sonhos utópicos. Convencidos de estarem vivendo uma nova era se preocuparam em decifrar os sinais ameaçadores desses tempos inaugurais em tudo o que consideraram inédito. A experiência no trato com a potência das máquinas, a abundância de mercadorias e as multidões fora traduzida pela burguesia em marcos concretos que preconizavam superar a mera resolução dos problemas postos pela concentração de homens e de coisas num mesmo espaço; espalhados pela paisagem urbana, esses marcos alardeavam o triunfo de um ato inaugural e a imposição de uma nova estética. Novo traçado das ruas, nova concepção de cidade, novo estilo de vida, uma nova ética da ascensão social pelo enriquecimento, pela exploração do trabalhador, por meios nem sempre confessáveis. A intuição burguesa de estar iniciando um tempo novo traduzira-se em avenidas cortando as cidades de formas variadas e em prédios monumentais onde se demonstrava enfaticamente a capacidade da tecnologia para realizar com os modernos materiais a síntese da cultura universal. A arquitetura e o embelezamento urbano atingiam seu mais alto impacto para os sentidos pelas dimensões inusitadas. Cumpre lembrar que não só a superfície das

---

37 SCHORSKE, Carl E. (1961) *Fin-de-siècle – Vienna*. Politics and Culture. New York: Random House, 1981, cap. II: "The Ringstrasse, its critics, and the Birth of Urban Modernism". p. 24-33, versão brasileira *Viena fin-de-siècle*. Política e Cultura. Trad. Denise Bottmann. São Paulo: Ed. Unicamp/ Companhia das Letras, 1988; Cf. também HOBSBAWM, Eric. *A Era do Capital. Op. cit.* p. 251-252.

cidades fora reformada: as redes subterrâneas de distribuição de água e gás e a de coleta de esgotos, somadas às normas disciplinadoras da construção em geral, configuravam marcos menos visíveis, mas igualmente importantes para o sucesso dessa nova estética. O médico francês Parent Duchatelet sublinhou a importância desses monumentos úteis ao avaliar, em 1824, os novos esgotos construídos em Paris:

> Como são poucos os que refletem sobre as consequências de tal empreendimento! Porque essas instalações se escondem de nossos olhos, ignoramos quais os meios que permitem conservar nossa saúde, como o ar que nos circunda é respirável, o milagre que transformou um bairro inteiro, de pântano infecto, numa área coberta por palácios e magníficos teatros. A causa de todas essas benfeitorias está escondida sob a terra.[38]

Deus ex-machina

> Arts is man's nature
> Edmund Burke. *A Philosophical Enquire*.[39]

> Were we required to characterize this age of ours by any single epithet, we should be tempted to call it (...) the Mechanical Age. Our old modes of exertion are all discredit, and thrown aside. On every hand, the living artisan is driven from his workshop, to make room for a speedier, inarticulate one. (...) Men are grown mechanical in head and in heart, as well as in hand. (...) We may trace this tendency in all the great manifestations of our time, in its intellectual aspects (...) in its practical aspects. (...) We figure Society as a Machine."
> Th.Carlyle, *Signs of the Times*.1829.[40]

---

38 Citado por BÉGUIN, François. Les machineries anglaises du confort. L'haleine des fauxbourgs, Ville, Habitat et Santé au XIXe siécle (Org. Murard e Zilberman) *Recherches* n. 29, 1977, versão brasileira As maquinarias inglesas do conforto. Trad. Jaime Hajime Ozeki, revisão Suzana Pasternak. *Espaço & Debates* n.34 – Cidade e História. São Paulo: NERU, 1991, p. 39-54.
39 BURKE, Edmund. A Philosophical Enquire *Op. cit.*, p. 58.
40 "Se nos pedissem para caracterizarmos essa nossa era com um único epíteto, seríamos tentados a chamá-la (...) a Era Mecânica. Toda as formas antigas de ação foram desacreditadas e postas de lado. O artesão é expulso de sua oficina para dar lugar a algo mais rápido e inanimado. (...) Os homens se tornaram mecânicos no cérebro e no coração, tanto quanto na mão. (...) Podemos traçar esta tendência em todas as grandes manifestações de nosso tempo, em seus aspectos intelectuais e em seus aspectos práticos. (...) Figuraríamos a sociedade como uma máquina", in: CARLYLE,

O poder da técnica, ao acrescentar potencialidades infinitas às capacidades humanas, impõe-se soberano no centro da nova sensibilidade. Carlyle chega ao extremo de estabelecer uma correlação entre o aumento do "poder físico da humanidade" e o "gênio mecânico" infiltrando-se por toda a parte, de maneira a nada deixar acontecer e fluir espontaneamente:

> Nada fica por conta dos antigos métodos naturais. Tudo possui implementos artificialmente produzidos, seu aparato preestabelecido, não feito à mão, mas sim à máquina. Assim, temos máquinas para a Educação (...) máquinas Religiosas (...) O mesmo acontecendo em todos os outros departamentos. (...) Filosofia, Ciências, Arte, Literatura, tudo depende do maquinismo.[41]

A maior expressão da imposição dos princípios mecânicos, a máquina e seus derivados, preenchiam o vazio deixado pela desagregação final das formas multisseculares de orientação. Quanto ao ser humano, o que se encontrava eram seres desnaturados, esvaziados de qualquer essência vital, reduzidos a autômatos e a súditos do maquinismo. A máquina e o autômato constituem imagens solidárias de um mundo de homens aprisionados nas armadilhas de suas próprias artes.

A avaliação otimista desse quadro, ao invés de atenuá-lo, acentua ainda mais seu caráter constrangedor. Saint-Simon talvez pertença a uma escola de pensamento do século XVIII, e sua aposta desmesurada nos princípios da mecânica de Newton transpostos para a sociedade indique uma vivência não atingida frontalmente pela presença da fábrica mecanizada. Em sua fantasmagórica sociedade mundial dividida em quatro partes, indisfarçável em sua pretensão totalizante, Saint-Simon confere a Newton muito mais do que a condição de patrono; dá-lhe a dimensão de um ser privilegiado a quem Deus "confiara a direção das luzes e a liderança dos habitantes de todos os planetas". E ia adiante ao afirmar que Deus designara como representante seu na Terra um conselho de sábios, composto de matemáticos, físicos, químicos, fisiologistas, literatos, pintores e músicos, dotado de todos os poderes, inclusive o de efetuar a partilha do mundo e o controle de seus habitantes.[42] Em sua utopia, tal como em outras projeções totalizantes com bases científicas, Saint-Simon não se contentava em implantar a "ciência positiva" no âmago de uma nova religião; a ela

---

Thomas. Signs of the Times. *Op. cit.*, p.64.
41 CARLYLE, Thomas. Signs of the Times. *Op. cit.*, p.64-82
42 SAINT-SIMON. (1803) Lettres d'un habitant de Genève à ses contemporaines. In BRAVO, Gian Mario *Les socialistes avant Marx*. Paris: Maspero, vol. 1, p. 84 e seguintes.

atribuía o poder de instituir uma nova "organização social".⁴³

Até certo ponto, sua previsão se realiza na importância do sainsimonismo para o desenvolvimento do espírito empreendedor da grande indústria e na execução dos grandes trabalhos de empresários como os irmãos Pereira que se lançaram, durante a monarquia de Julho e o IIº Império, na construção de empresas ferroviárias, bancárias e imobiliárias, além de terem se responsabilizado por parte da abertura de grandes avenidas em Paris. Atribui-se mesmo à sua inspiração aos empreendimentos da alta burguesia, cujas características de produção e de ação se oporiam à empresa pequeno-burguesa do falanstério fourierista de consumo e prazer.

Fourier desenvolve uma teoria filosófico-psicológica na qual relaciona as ações humanas a doze paixões e define a sociedade em estágios progressivos – barbárie, civilização, garantismo e harmonia – os dois últimos a serem ainda alcançados. Criticava as cidades por estarem privadas de forma e propunha para seu projeto do falanstério um esquema concêntrico detalhadamente regulado em termos de espaço e volumetria – no centro, a cidade comercial e administrativa, em seguida a cidade industrial e depois dela a agrícola.⁴⁴ Na grande edificação arquitetônica viver-se-ia coletivamente e permitiria "metamorfosear subitamente o mundo social". Pode-se aproximar a disposição espacial do "palácio social" do dispositivo arquitetônico pan-ótico de Jeremy Bentham.⁴⁵ A fixação de Fourier pelas ruas-galerias passava pelas premissas da sociabilidade e da mercadoria exercitadas com a comodidade proporcionada pela climatização dos edifícios e das passagens. Na "Falange não haveria rua exterior ou descoberta e exposta às injúrias do ar"; ou seja, todas as partes do edifício poderiam ser percorridas por uma ampla galeria que seria "uma comunicação abrigada, elegante e temperada em todas as estações pelo emprego de estufas e ventiladores".⁴⁶

---

43 BÉNICHOU, Paul. *Les Temps des Prophètes*. Paris: Gallimard, 1977, p. 248 e seguintes. Para o pensamento conservador do século XIX, ver ROMANO, Roberto, *O conservadorismo Romântico*. São Paulo: Brasiliense, 1981.

44 BENEVOLO, Leonardo. (1960) *História da Arquitetura Moderna*. Trad. Ana M. Goldberger. São Paulo: Perspectiva, 1989, p. 177-178.

45 CHOAY, Françoise. (1980) *A regra de o modelo. Sobre a teoria da arquitetura e do urbanismo*. Trad. Geraldo Gerson de Souza, São Paulo: Perspectiva, 1985, p. 261.

46 FOURIER, Charles. (1822) Traité de l'association domestique agricole. In *Oeuvres Complètes*. 12 volumes (Org. Simone Debout) Paris: Anthropos, 1967-1968 Apud *Villes & Civilisation Urbaine* XVIIIº – XXº siècle (Org. Marcel Roncayolo et Thierry Paquot), Paris: Larousse, 1992, p. 68-69.

Se a suave organização dos falanstérios foi celebrada em *O Trabalho*[47] por Émile Zola como forma de compatibilizar patrão e operário, a produção com o prazer proporcionado pelo consumo, a rigidez da utopia sansimoniana encontra seu equivalente irônico na crítica ao utilitarismo inglês da Coketown de *Tempos Difíceis* de Dickens[48]. Coketown, a cidade industrial criada literariamente pelo autor inglês, não tolerava pessoas que se negassem à sujeição do trabalho e do raciocínio lógico baseado em "fatos bem comprovados": expulsava-as. Nela não havia lugar para aqueles que se perdessem, ainda que ocasionalmente, pelos caminhos do devaneio e da meditação, ou que se deixassem levar pelos instintos, pelas emoções ou pela imaginação. De qualquer maneira, dado que a cidade não tinha dimensões planetárias, os proscritos poderiam, em tese, buscar refúgio em outro lugar. Contrariamente, inexiste espaço para a discordância na idealização social sainsimoniana; todo aquele que se recusasse, por exemplo, a comparecer ao mausoléu de Newton para o culto coletivo seria discriminado pelos fiéis como inimigo. Nas palavras de Saint-Simon: "Todo homem, de qualquer parte do globo, estará ligado a uma dessas (quatro) divisões..."[49] Uma concepção estética sublime em todas as suas dimensões.

A projeção da sociedade organizada segundo os preceitos das ciências é paradigmática para se avaliar a extensão da armadilha. As imagens prazerosas da flânerie pelas ruas-galerias do Falanstério expressavam o resultado final do projeto de organização societária cujo princípio se assemelhava ao maquinismo. "As engrenagens de paixões, a cooperação complexa das paixões mecânicas com a paixão cabalística são obtidas por analogia com a estrutura da máquina utilizando materiais psicológicos. Este maquinismo humano produz o país de Cocagne", observa criticamente Walter Benjamin.[50] Levar ao limite as consequências do bloqueio produzido nos cérebros humanos pela fé nos pressupostos do pensamento científico foi o recurso usado por Carlyle para chocar e amedrontar seus leitores. Dos princípios da mecânica, passando pela técnica e pela ciência se assenhoreando de todas as atividades humanas, até atingir o caos ou a destruição da própria sociedade, a progressão por ele imaginada é direta.

Em sua certeza de que os maquinismos se infiltravam insidiosamente até nos pontos mais recônditos da sociedade, Carlyle busca localizar a perda essencial dos

---

47 ZOLA, Émile. *Travail*. Les quatre évangiles. 2 vols. Paris: Eugène Fasquelle, Éditeur, 1921;1923.
48 DICKENS, Charles. (1854) *Hard Times*. Harmondsworth: Penguin Books Ltd.,1982.
49 SAINT SIMON. (1803) Lettres d'un habitant de Genève à ses contemporaines. *Op. cit.*, v. 1, p. 86-87.
50 BENJAMIN, Walter. Paris, Capitale du XIXe siècle. *Op. cit.* p. 126-127.

homens e a identifica como perda da dimensão interna do conhecimento, a "ciência da dinâmica". Perda fatal, já que ligada intimamente "às forças e energias humanas inalteráveis, às fontes misteriosas do amor, do medo, da reflexão, do entusiasmo, da poesia e da religião, todas elas de caráter verdadeiramente vital e infinito". Atado à ciência da mecânica, o homem tinha seu horizonte reduzido à dimensão finita e à reprodução do que aí já existia; sua motivação ficava por conta da expectativa da recompensa imediata ou do medo da punição. Amputados da metade de suas capacidades sensoriais e intelectivas, Carlyle denunciava (previa) homens desprovidos de potência criadora. Em sua avaliação, o homem mecanizado contentava-se com reproduzir mimeticamente os movimentos da máquina; da condição de criador passava à de mero transformador de materiais já existentes e em condições de inferioridade absolutamente acachapantes em relação ao mecanismo automatizado[51].

Carlyle leva às últimas consequências seu raciocínio: se existem "dois grandes departamentos do conhecimento — o externo, cultivado exclusivamente pelos princípios mecânicos", isto é "tudo o que pode ser investigado e compreendido pelos princípios da mecânica", e "o interno", o que lida com "os grandes segredos da Necessidade do Livre-arbítrio, da dependência vital ou não da Mente à Matéria, da nossa relação misteriosa com o Tempo e o Espaço, com Deus, com o Universo" —, como poderia essa dimensão interna permanecer intocada e sem a mínima conexão com a externa? O Autor vai mais longe ao apontar a insuficiência da teoria mecânica *checks and balances* (freios e contrapesos), do lucro e da perda, para se entender a história, os movimentos mais profundos entre os homens; movimentos que não obedecem à esforços tendo em vista objetivos palpáveis e finitos, mas almejam alcançar algum fim não visível e infinito. Para ilustrar sua posição, ele toma como exemplos movimentos da magnitude das Cruzadas e indica que a finalidade comercial a elas atribuídas pouco significam frente à imaginação tomada pela ideia de um mundo invisível e sem fronteiras. Recorre ainda à Reforma protestante, à Revolução Inglesa e, como não poderia deixar de ser, à Revolução Francesa à qual atribui finalidade mais elevada do que "pão barato e o Habeas corpus": "uma ideia; uma força Dinâmica e não Mecânica". E completa com a interpretação que desenvolverá alguns anos depois em uma história da Revolução na França: "Foi uma luta, embora cega e mesmo insana, pela infinita e divina natureza do Direito, da Liberdade, do País".[52]

---

51 CARLYLE, Thomas. Signs of the Times. *Op. cit.*, p.72.
52 CARLYLE, Thomas. Signs of the Times. *Op. cit.*, p. 82-84.

Em posição teórica que coloca em instância exterior e além dos homens — a Natureza — as determinações que os impulsionam em suas lutas, Carlyle afirma lançando mão da força persuasiva das imagens:

> Assim, em cada época, o homem reivindica, consciente ou inconscientemente, seu direito de nascimento celeste. Assim, a Natureza domina seu curso maravilhoso e inquestionável; e todos nossos sistemas e teorias nada mais são do que espuma passageira ou bancos de areia que, de tempos em tempos ela forma e depois desmancha.[53]

Contudo, esquecidos de sua origem divina e de sua impotência frente aos desígnios de Deus, os homens acreditaram poder tudo atingir e resolver através dessa dimensão mecânica do intelecto, reduzindo dessa maneira sua capacidade de conhecimento ao domínio da lógica, ou seja, à mera organização e comunicação, que prescinde da meditação como instrumento intelectivo e se contenta com o argumento. Na sua avaliação, o homem, de criador das ciências e das artes, regredia para a condição de simples pesquisador de causas e efeitos, seus cérebros reduzidos a moinhos-lógicos, que à semelhança dos moinhos mecânicos trituravam tudo o que viam pela frente. Satisfaziam-se com a elaboração de sistemas e teorias explicativas acerca de todos os fenômenos, sistema cujo caráter transitório permanecia mascarado pela implacável determinação de seus postuladores que os apresentavam como verdades eternas.[54] Esta imagem dos moinhos-lógicos reduzindo ao pó formador o que encontrava criado, tanto no âmbito material como no intelectual, é forte o bastante para representar plasticamente a pretensão imensa e a igual degradação da curiosidade mental por ele atribuída à humanidade.

Enfim, acho que podemos formular a questão por Carlyle: o que esperar de uma época em que os homens, esquecidos de sua condição de criadores e produtores das artes e dos mecanismos, se comportam e se veem como criaturas e produtos da máquina? Amputado de metade de sua condição humana, perdido o equilíbrio entre a dimensão interna e a externa, convertido em pura exterioridade, sua atividade intelectual crítica limitava-se a sombrios vaticínios contrapostos a uma idealização evocativa do passado. O presente assustador permanecia encoberto, dada a incapacidade de ir além da mera relação de causa e efeito visíveis de algo cujo cerne não se deixava apreender pelo pobre raciocínio lógico. Consequência imediata: impossibilidade de qualquer intervenção

---

53 CARLYLE, Thomas. Signs of the Times. *Op. cit.*, p. 77.
54 CARLYLE, Thomas. Signs of the Times. *Op. cit.*, p. 77-78.

modificadora e saneadora dos "males sociais". E esses encontravam-se por toda a parte. A miséria indigente entulhando as principais cidades inglesas, o desemprego causado pela mecanização da indústria, a insanidade do movimento cartista, a tirania absoluta da opinião pública sobre as decisões políticas, todas, segundo Carlyle, "anomalias sociais" resultantes da crença ilimitada na concepção mecanicista da época. Concebida como uma máquina, a sociedade deveria, por meio de sua própria estrutura manter em movimento harmonioso as engrenagens, eliminando as que não se ajustassem com perfeição. Ora, o "erro" de tal concepção tornava-se mais evidente quando os problemas criados pela movimentação do mecanismo social não podiam ser resolvidos pela mecânica da eliminação natural.[55]

O ponto crucial da crítica de Carlyle assume uma dimensão política explícita ao combater a ideia puramente administrativa de governo e de política. Se "na linguagem comum o governo Civil é nomeado Máquina da Sociedade", este recurso metafórico demonstra ser concebido como "a grande roda em movimento da qual todas as máquinas particulares derivam ou a ela devem adaptar seus movimentos"; contudo, é outra coisa quando toda essa representação passa a não ser percebida meramente como uma "metáfora", mas como a verdadeira estrutura da sociedade. O resultado dessa confusão induzia a se proclamar alto e bom som que "os homens são guiados somente por seus próprios interesses e que o bom governo constitui um equilíbrio desses interesses". Carlyle remete essa assertiva às premissas do pensamento de uma linhagem de pensadores — Locke, Smith e Bentham — que havia logrado se infiltrar até nas entranhas da maioria dos homens cultos da época. Numa sociedade em que cada um é responsável só por si mesmo, inexiste o dever social. A causa básica dos desacertos em que se encontrava a sociedade inglesa, afirma enfaticamente, é a ausência do "infinito valor da bondade moral".[56]

Uma vez exposto o domínio da mecânica sobre os corpos e mentes, Carlyle avança até o limite previsível para tal estado de coisas: o avanço progressivo do caos, a autodestruição da sociedade. Esse movimento progressivo, advertia, ao contrário do que se pensa, não é o fruto da Revolução Francesa; esta sim, fez e faz parte dele e constitui seu momento explosivo mais feroz. Sua avaliação dos acontecimentos na França insere-os num movimento que inclui todas as "nações civilizadas da Europa num único grito de descontentamento: dê-nos uma reforma do Governo!". A ilusão

---

55 CARLYLE, Thomas. Chartism. *Op. cit.*, p. 151-232
56 CARLYLE, Thomas. Signs of the Times. *Op. cit.*, p. 70-71 e Chartism. *Op. cit.*, p. 169-170.

de que "uma boa estrutura legislativa, um executivo correto, um sábio arranjo do judiciário sintetizavam todas as necessidades para a felicidade humana", tomara conta do Velho Continente. Manifestações pontuais do grande movimento de descontentamento reaparecem nas rebeliões dos carbonários, em tumultos políticos na Espanha, em Portugal, na Itália e na Grécia e, mais sintomático ainda, nos livros. Aliás, Carlyle, aponta a importância da palavra escrita na formação da opinião (significativamente designada *"the moving power"*), dizendo que todos os grupos e correntes de opinião se apressavam em editar publicações mensais ou quinzenais afim de obter a aprovação e, mais importante, a adesão popular (*popularis aura*). Alcançar as camadas baixas da população de forma a contornar as modificações introduzidas pela força mecânica no edifício social que, ao aumentarem em muito a riqueza, haviam destruído as antigas relações entre rico e pobre, e criado entre eles uma distância abissal, esta a intenção de todos esses editores e de seus jornais. Desenhava-se com nitidez os contornos da limitada sensibilidade de homens impulsionados pela ambição, a "Honra sustentada pelo dinheiro".[57]

Dez anos depois, sob o impacto do movimento operário na Inglaterra, Carlyle se torna mais veemente, criticando a cegueira, a falta de sensibilidade dos membros do Parlamento frente à "condição e disposição mental" da grande maioria do povo inglês, as Classes Trabalhadoras expressando seu descontentamento por meio dos "rumos insanos do Cartismo". A imagem portentosa da Revolução Francesa é retomada e sua dimensão europeia sublinhada com ênfase. Ultrapassa as considerações sobre a grandeza geográfica desse "enorme fenômeno", e sublinha a longa duração — meio século — e o significado fundamental do "amargo descontentamento das Classes Trabalhadoras": um descontentamento das "classes baixas oprimidas contra as classes altas opressoras e negligentes". Afim de não deixar dúvidas, assinala os sinais explosivos de sua presença na própria Inglaterra: "esses cartismos, radicalismos e outras infinitas discrepâncias são 'nossa revolução francesa'".[58] Seu argumento vai ao que ele considera o âmago da situação atual do país:

> Dizer que ele (o Cartismo) é louco, incendiário, nefasto, é nada dizer. (...) Por que o Parlamento não lança alguma luz sobre a questão das Classes Trabalhadoras, as condições e disposições em que se encontram? Mesmo para um observador afastado dos procedimentos parlamentares parece surpreendente, especialmente nestes tempos de

---

57 CARLYLE, Th. Signs of the Times, In: *Op. cit.*, p.77-84.
58 CARLYLE, Thomas. Chartism. *Op. cit.*, p. 153-154.

> Reformas, ver qual o espaço que esta questão ocupa nos Debates da Nação. Existirá assunto mais urgente para os legisladores? Um Parlamento Reformado, pensaríamos, deveria se indagar sobre o descontentamento popular, 'antes' que se chegasse às lanças e às tochas.[59]

O potencial destruidor dos trabalhadores unidos em seu descontentamento sustenta o argumento central do ensaio e assume a dimensão de estratégia de convencimento do leitor ao atingir o paroxismo no último capítulo, onde o autor pinta com cores escuras um "futuro sombrio de cinzas e escombros para o mundo" caso os assuntos relativos aos 24 milhões de trabalhadores permanecessem desregulados. O clima de tensão emocional cuidadosamente construído e mantido no decorrer de nove capítulos é subitamente suspenso pela apresentação de uma solução salvadora que permitirá à humanidade transitar da escuridão para a claridade: o poder do "intelecto esclarecido", bem formado; os valores humanos levados em conta e devolvendo aos homens sua integridade. A potente luminosidade do intelecto transformando o "caos em mundo: fiat lux".[60]

O trânsito rápido das sombras para a claridade alivia a tensão na mesma proporção em que confere maior densidade à escuridão. São centenas de homens sem emprego encerrados atrás dos altos muros das casas do trabalho, são milhares de irlandeses miseráveis e famintos manchando de negro todas as cidades inglesas, é a insanidade coletiva dos trabalhadores injustiçados, é a cegueira dos parlamentares e dos homens cultos, é, enfim, o movimento de 1789 com seus horrores e crimes, com a execução de mais de um milhão de pessoas, todas imagens chocantes, que se sobrepõem dando conteúdo à imagem da escuridão e à noção de crise. Ao fazer da Grande Revolução um paradigma — "a Revolução Francesa é vista, ou começa a ser vista em todos os lugares, como o fenômeno culminante de nosso Tempo Moderno" — Carlyle acrescenta elementos à referência sempre retomada entre o potencial destrutivo inerente à má disposição da classe trabalhadora inglesa e o movimento revolucionário francês do final do século anterior.[61]

Potencialidades análogas, vale dizer, pessoas incapazes de se expressarem racionalmente, conduzidas por suas necessidades a se comportarem tal como Encefalus da mitologia grega, o gigante enterrado por Atena sob a ilha da Sicília e responsável pelas erupções vulcânicas e terremotos que ali ocorriam. A alusão mítica, recorrente nos textos de Carlyle, ultrapassa o recurso retórico erudito ao recorrer à "Revolução Fran-

---

59 CARLYLE, Thomas. Chartism. *Op. cit.*, p.152-153.
60 CARLYLE, Thomas. Chartism. *Op. cit.*, p. 223.
61 CARLYLE, Thomas. Chartism. *Op. cit.*, p. 181-182.

cesa golpeando o Relógio do Tempo" para trazer a imagem de uma "nova Era" e sua novidade, a força natural — "Forças primevas" — pessoas reduzidas à animalidade. O "silêncio passado ganhou uma voz" – "Trabalhadores-Livres exigindo, por assim dizer, terem o mesmo nível do Trabalhador-Escravo: comida, abrigo e a devida liderança em retribuição de seu trabalho". Em suas palavras se anuncia um claro aviso para que as classes dirigentes — Aristocracia e Clero — assumissem seu dever de liderança; e mais, um alerta quanto à impossível regulação dos assuntos humanos pelos ditames do liberalismo embutido na denúncia explícita à irresponsabilidade do "Laissez-faire das Classes Governantes". Carlyle chega mesmo a listar assuntos a serem vistos "sob a mesma luz": Leis de Reforma Eleitoral, Revoluções Francesas, Luis-Filipes, Cartismos, Revoluções dos Três Dias, todos temas a demonstrarem, em linguagem própria, a extensão do descontentamento das classes trabalhadoras[62]. Na alternância de imagens sombrias e de luzes no fundo do túnel, visíveis por aqueles com sensibilidade para vê-las com o recurso a representações apoiadas na evidência dos acontecimentos, o impacto sugestivo e apocalíptico de seus textos colorem-se com as gradações do Sublime.

A mesma imagem, deslocada agora para a condição de momento inaugural de um processo portentoso se impõe no relatório de um desconhecido filósofo escocês dirigido ao Conselho de Agricultura de sua região em 1816: "A moralidade e os costumes das ordens inferiores da comunidade têm degenerado desde os primeiros tempos da Revolução Francesa". Degeneração, no caso, significava a adesão dos trabalhadores do campo à "doutrina da igualdade e dos direitos do homem".[63] Até Cobbet, combativo propagandista das ideias radicais e jornalista fundador da imprensa popular inglesa, deu sua contribuição para a formação dessa imagem assustadora: "...uma tal quantidade de terríveis barbaridades, que os olhos nunca haviam presenciado, a língua nunca expressara ou a imaginação concebido, até o começo da Revolução Francesa".[64] A despeito da ambiguidade de seus argumentos, Cobbet reconhece o impacto das transformações no campo, em especial no sistema de propriedade, que levara a um estado de coisas tal que no país só existiam duas classes: "senhores" e seus "abjetos dependentes".[65] Oferece também nos anos iniciais do século XIX, em seu periódico *Political Register*, uma imagem muito nítida das condições de vida dos trabalhadores:

---

62 CARLYLE, Thomas. Chartism. *Op. cit.* Observações que constam de vários capítulos entre p. 154-211.
63 Apud THOMPSON, E.P. *La formacion historica de la clase obrera. Op. cit.*, vol. 2, p. 58.
64 COBBET, William. The Bloody Bouy (1796); VOL. III, Porcupine's Works, 1801, Apud WILLIAMS. Raymond. *Culture and Society*. New York: Harper & Row, 1966, p. 13.
65 COBBET, William. *Political Register*, 28.02.1807. Apud WILLIAMS, Raymond. *Culture & Society. Op. cit.*, p. 14.

> Na Inglaterra, um trabalhador com mulher e somente três filhos, supondo-se nunca perca um dia de trabalho, supondo-se ser ele e sua família frugal e trabalhadora no pleno sentido dessas palavras, não é capaz de proporcionar a si uma única refeição de carne durante o ano. É correto que esta seja a situação na qual os trabalhadores se encontram?[66]

A percepção de coisas, ideias, eventos, fenômenos em suma que parecem inéditos, assustadores, poderosos em sua força, infinitos ou com os limites velados, portentosos em seu impacto sobre a imaginação, compõe a sensibilidade romântica do século XIX. A força de atos inaugurais, com seu caráter revelador de tudo o que antes estivesse submerso e contivesse um grande potencial transformador, ficou para os pósteros impresso na imagem elaborada pelos homens que presenciaram a imposição da máquina e se chocaram com a revelação pública das necessidades e expectativas dos trabalhadores.

Flora Tristan, francesa-peruana, aventureira, culta e sensível aos problemas sociais lançou-se como muitos de seus contemporâneos — Tocqueville e Engels[67] entre eles — numa viagem pela Inglaterra no final da década de 1830[68]. Suas observações, feitas sob o impacto do movimento cartista, coincidem com as deles, com as do historiador Michelet e do "pesquisador social" Eugène Buret, bem como com as de Carlyle.[69] Sem exceção, estavam todos convencidos de que as máquinas e a extrema divisão do trabalho cindira a sociedade inglesa em dois grupos antagônicos numa dimensão sem precedentes, mesmo se considerada a revolução de 1789. Neles, escuta-se igual advertência sobre a necessidade de se prestar atenção aos sinais assustadores a emergirem de "sob a aparência" do poderio, do fausto e da riqueza da Inglaterra. Faziam desse país um paradigma dos "tempos modernos", como já sublinhei. Iam além do percurso do simples viajante que se limitava a conhecer os belos bairros londrinos e os lugares públicos frequentados pelos homens de dinheiro; inscreviam-se, como Flora destaca, na ordem dos observadores, aqueles que não se recusavam à árdua e desconcertante tarefa de penetrar a bela aparência e enfrentar a visão da "imoralidade sem limites a que conduz a sede de ouro e as misérias

---

66 COBBETT. *Political Register*. 6.12.1806. Apud WILLIAMS, Raymond. *Culture & Society. Op. cit.*, p. 14.
67 TOCQUEVILLE, Alexis de. (1851) *Voyages en Angleterre et en Irlande*. Paris. Gallimard, 1967; ENGELS, Fredrich. (1845) *La situation de la Classe Laborieuse en Angleterre*. Trad. Gilbert Badia e Jean Frederic. Paris: Éditions Sociales, 1960.
68 TRISTAN, Flora. (1840) *Promenades dans Londres ou L' Aristocratie et les prolétaires anglais*. Paris: Maspero, 1978, p. 57.
69 MICHELET, Jules. (1846) *Le Peuple*. Paris: Flammarion, 1974; BURET, Eugène. *La misère des classes laborieuses en Angleterre et en France*. 2 vols., Paris: Chez Paulin, Libraire, 1840 (edição fac símile).

horríveis de um povo reduzido à fome e à cruel opressão".[70] Tocqueville, analista menos dado à utilização de metáforas em seus escritos, não resiste em usá-la nesta observação na qual indica a distância social e a diferença de interesses entre as três partes da sociedade na Inglaterra:

> A sociedade inglesa me parece dividida em três categorias desiguais: a primeira (...) quase a totalidade da aristocracia e uma grande parte da classe média alta (...); a segunda (...) as classes médias mais baixas e uma pequena parte da aristocracia; a terceira (...) as classes baixas, o povo propriamente dito.
> (...)
> O estado dos pobres é a chaga mais profunda da Inglaterra. (...) A causa do mal reside (...) na extrema indivisibilidade da propriedade fundiária.
> Igualdade aparente, privilégios reais da riqueza. (...)
> As leis sobre os contratos tão obscuras e tão mal feitas. (...) Assim o pobre é excluído da propriedade da terra.[71]

Importa indicar que os trabalhadores assalariados também partilharam a constituição desse paradigma. Num longo depoimento, um operário da indústria têxtil de Manchester expõe, em 1818, as condições de vida de patrões e operários após a introdução da máquina na fiação do algodão. A substituição das mãos habilidosas dos homens por instrumentos velozes criara desemprego e num curto lapso de tempo destruíra todo um sistema de produção baseado em pequenas oficinas montadas nas próprias moradias dos mestres-patrões. A redução do homem ao domínio mecânico também aparece assinalada em cores vivas, de modo a deixar claro que a ganância de lucros dos patrões proporcionada pela mecanização da indústria correspondia à degradação do trabalhador e de sua família arrancados de casa antes do amanhecer, trancafiados por treze ou quatorze horas num ambiente asfixiante e alimentados precariamente. Ainda à máquina ele atribuía o distanciamento entre patrão e trabalhador; distância constitutiva da diferença entre eles, diferença que desfizera antigos laços de trabalho e os tornara inimigos.[72] Essas do operário observações situam-se no âmbito da denúncia e do depoimento num momento em que o lugar privilegiado do atento observador culto se constitui pela significativa distância que o separa do simples viajante e do transeunte distraído.

---

70 TRISTAN, Flora. *Promenades dans Londres*, Op. cit., p. 57.
71 TOCQUEVILLE, Alexis de. Op. cit., p. 138-139, 116, 151.
72 THOMPSON. *La formacion histórica de la clase obrera*. vol. 2, Op. cit., p. 23 e seguintes.

Ir além das aparências exigia formação intelectual e disponibilidade; o olhar do observador atento é um olhar armado para analisar o que vê, e compor e refazer a ordenação das partes constitutivas daquilo que, para o olhar desarmado, permanece em sua unidade acabada ou inexplicável em suas razões profundas; um olhar incapaz de penetrar a superfície das evidências. Avaliadas a partir de planos diversos e pontos de vista diferentes, as relações entre os homens se vê transformada em objeto de estudo.[73] Sujeito e objeto se formam e assumem identidades, contornos e estrutura num movimento que, ao constituir seu tema em campo de conhecimento, o pesquisador dá forma à sua própria subjetividade.

Já nos títulos dos trabalhos a distância analítica se faz explícita: A população trabalhadora das manufaturas inglesas (objeto) e as mudanças ocorridas com a introdução da máquina a vapor (causa). Com este longo título, eliminados os colchetes, Peter Galkell definia em 1833 uma intenção de conhecimento orientada, não casualmente, por pesquisas nas quais a análise constituía o eixo central.[74]

O olhar preparado para uma análise com método de um determinado objeto difere bastante do olhar divagante de Louis Sébastian Mercier em suas andanças pela capital francesa na década de 1780. Para redigir *Le Tableau de Paris* ele transitara infindavelmente pela cidade; observara o desenho de suas ruas e casa, mas também anotara a aparência e os hábitos de seus variados habitantes. Com a memória saturada dessas observações múltiplas, ela buscara refúgio em um vilarejo dos Alpes, no intuito de suspender os estímulos visuais e com isso elaborar um inventário de pessoas e coisas. Seu esforço resultou em um quadro plano: personagens dividias em oito categorias maiores, hierarquizadas e, por sua vez, desdobradas em várias subdivisões, que contudo, não teriam dado conta de todos os tipos de pessoas. Mercier recorrera ao recurso da distância física efetiva para se recolher e ordenar os inúmeros estímulos visuais obtidos em suas andanças.[75]

O literato norte-americano Edgar Alan Poe também elaborou uma distância física literária entre o observador e o espetáculo da rua em *O homem da multidão*. Uma

---

73 Henry Mayhew desenvolve na década de 1850 um longo e minucioso trabalho sobre a população pobre de Londres, recolhendo milhares de depoimentos que depois transcreveu mantendo a forma popular de expressão. Seu intuito era fazer uma enciclopédia onde pela primeira vez o povo aparecia com sua própria voz. MAYHEW. Henry. (1861,1862) *London Labour and the London Poor*. New York: Dover Publications, 1968, 4 v.
74 Trechos do Relatório de Gaskell se encontram em PIKE, E. R. *Humans Documents of the Industrial Revolution in Britain*, Londres: George Allen & Unwin Ltd., 1973, p. 46-52.
75 MERCIER, Louis Sébastian. (1782;1783) *Le Tableau de Paris*, Paris: Maspero, 1979.

janela separa o narrador da cena que observa: um observador imóvel que deve dar conta da multiplicidade em movimento de levas de homens que andam pela rua. Seu olhar armado permite a seu cérebro receber e organizar imediatamente os estímulos visuais que recebe; pela exterioridade das pessoas, seus movimentos e tiques nervosos, ele sente-se capaz de definir suas ocupações e seus anseios. Passa para seu leitor o impacto da novidade dessa imagem portentosa das multidões das ruas londrinas na década de 1840. Poe elabora um distanciamento emocional e psicológico ao recorrer à doença que mantivera o observador recluso por longo tempo. Poe não se posiciona na condição de analista social, pois o olhar atento do personagem observador perde sua capacidade analítica quando levado pela curiosidade deixa seu posto de observador e se lança na rua no encalço da figura fugidia do homem da multidão.[76]

O método de Gaskell é outro: ele parte deliberadamente de um quadro conceitual – o paradigma do ser moral, do ser social e do ser físico do homem – que lhe permite usar suas anotações e as de outros observadores para avaliar o modo de vida de seu objeto, que por sua vez passa pelo crivo do quadro classificatório prévio – classes trabalhadoras. A voz de "seus trabalhadores de Manchester", os fiadores, e os patrões por eles descritos têm densidade, uma história tecida pelo antes e o depois da presença da máquina; eles coletivamente se tornam objetivo de estudo e categoria analítica.[77]

Ir além das aparências exigia formação intelectual e disponibilidade; o olhar do observador atento é um olhar armado para analisar o que vê, e compor e refazer a ordenação das partes constitutivas daquilo que, para o olhar desarmado, permanece em sua unidade acabada ou inexplicável em suas razões profundas; um olhar incapaz de penetrar a superfície das evidências. Avaliadas a partir de planos diversos e pontos de vista diferentes, as relações entre os homens se vê transformada em objeto de estudo.[78] Sujeito e objeto se formam e assumem identidades, contornos e estrutura num movimento que, ao constituir seu tema em campo de conhecimento, o pesquisador dá forma à sua própria subjetividade.

Essa forma de conhecimento é o objeto da crítica de Carlyle que o denomina de mecanicista. Por um lado, um sujeito reduzido a mera exterioridade e amarado por um quadro conceitual, de outro, o objeto, seres sem individualidade, espéci-

---

76 POE, Edgar Alan. (1840) O homem da multidão. In *Poesia e Prosa*, vol. 2. Porto Alegre: Globo, 1944.
77 GASKELL, Peter. England's Manufacturing population. PIKE, E. Royston. *Op. cit.*, p. 46-52.
78 Henry Mayhew desenvolve na década de 1850 um longo e minucioso trabalho sobre a população pobre de Londres, recolhendo milhares de depoimentos que depois transcreveu mantendo a forma popular de expressão. Seu intuito era fazer uma enciclopédia onde pela primeira vez o povo comparecia com sua própria voz. MAYHEW, Henry. *Op. cit.*

mes de uma classe, reconhecíveis por suas características extrínsecas e classificação social. O olhar armado implica a mediação do conceito e permite desmembrar, a exemplo da dissecação anatômica, a figura humana. Mera operação intelectual que para ele, começa e acaba no mesmo lugar. Dos dois lados, são homens reduzidos a autômatos, atados, mentes, corações e mãos, à concepção mecânica do mundo. Autômatos seriam as personagens literárias e os trabalhadores ingleses que, esvaziados de conteúdo essencial (identidade individual adquirida pela especialidade artesanal, assumiram a condição de classe, de massa; autômatos também os observadores-analistas sociais despojados do conhecimento introspectivo. Sua crítica ao pensamento mecanicista, o faz duvidar da instrução destituída das "Ciências Morais". Carlyle faz da instrução das "classes baixas e oprimidas" tarefa primordial, sem descurar da necessidade de livrar os homens de seus grilhões mecânicos. Afinal, a "questão social" interessava aos homens cultos:

> Vinte e quatro milhões de trabalhadores, se seus assuntos permanecerem desregulados, caóticos, acenderão fogueiras e incendiarão fábricas; reduzirão nós, eles e o mundo a cinzas e ruínas. (...)

Ou seja, havia uma pergunta a ser respondida,

> Qual intelecto seria capaz de regula-los? (...) Intelecto, interno, é discernimento da ordem e da desordem; é a descoberta da vontade da Natureza, da vontade de Deus; o começo da capacidade de caminhar de acordo com elas. (...) Intelecto é como luz; o Caos torna-se um Mundo: *Fiat lux*.[79]

Midas e Argus

> The city delights the understanding. It is made up of finites,
> short, sharp, mathematical lines, all calculable. It is full of varieties, of successions, of contrivances. (...) It is the School
> of the Reason.

---

79 CARLYLE, Thomas. Chartism. (1839) Chartism. In: *Thomas Carlyle* – Selected Writings. Harmondsworth-UK: Penguin, 1980. p. 223.

Ralph Waldo Emerson, *The Journals and Miscellaneous Notebooks, 1819-1882*[80]

Slow the city grew
Like coral reef on which the builders die
Until it stands complete in pain and death.
Alexander Smith, *A Boy's Poem*, 1857.[81]

Nas percepções da cidade no século XIX, a alegoria do monstro conjuga à imagem do mecanismo devorador de materiais e energia humana a imagem orgânica de uma criatura monstruosa. A cidade, negação da natureza, artificial, agressiva a tudo o que fosse natural, figura a dimensão mais ampla do maquinismo. A representação do processo de produção materializado na fábrica — o moinho satânico devorador de homens — desdobra-se até atingir a dimensão imaginária da cidade. A figura de Midas com sua ambição desmedida transformando em ouro tudo o que toca e a do Inferno de Dante foram utilizadas por Carlyle para expressar a condição dos trabalhadores ingleses morrendo de fome em meio à imensa riqueza do país.[82] Nos textos poéticos, literários e de pesquisa social, o grande mercado permanente instalado nas ruas e nas docas de Londres — os símbolos brasonados dos comerciantes expostos nas fachadas das casas de comércio conferindo identidades diferenciadas em um espaço de anonimato, de pouca permanência e contínua movimentação — cinde-se e em suas brechas se impõe a presença marcante da produção. Sobre a imagem da capital política, comercial e financeira do país e de um império mundial, somam-se imagens das cidades industriais do norte da Inglaterra; sobre a imagem de outra capital política e cultural, Paris, sobrepõe-se a de Lyon fabril.

Imagens contraditórias entretecem uma concepção de cidade: o crescimento lento, assemelhado a formação do coral, contrapõe-se ao crescimento rápido, violento e desmesurado; a finitude das linhas geométricas e as concentrações humanas

---

80 "A cidade seduz a compreensão. Ela é feita de finitude, linhas curtas, agudas, matemáticas, todas calculáveis. É repleta de variedades, de sucessões, de dispositivos. (...) É a Escola da Razão." EMERSON, Ralph Waldo. *Journals and Miscellaneous Notebooks*. 1819-1888. Ver A. CLAPP, Jams (Org.) *The City*: a Dictionary of Quotable Thoughts on Cities and Urban Life. New Brunswick (USA)-Londres(UK): Transaction Publishers. 2013, E 45, p. 79. Apud STANGE, G. Robert. The Frightened Poets In DYOS, James e WOLFF, Michael. *Op. cit.*, vol. II, p.478.

81 "Vagarosamente a cidade cresceu/Como uma formação de coral, onde os construtores morrem/ até que se complete em agonia e em morte."SMITH, Alexander. Apud STANGE, Robert G. The Frightened Poets. DYOS, James e WOLFF, Michael. *Op. cit.*, vol. II, p. 485;475-495.

82 Tanto em Signs of the Times como em Chartism, Carlyle recorre à figuras de linguagens para construir oposições com forte sentido de injustiça social. Em Past and Present (1843) o 1ª cap. leva o título "Midas". CARLYLE, Thomas. *Op. cit.*, p. 61-85; 151-132; 259-281, respectivamente.

mecanicamente disciplinadas, quando no trabalho, contrastam com as multidões despidas das características de humanidade, disformes, moldáveis ao assumirem a forma das ruas por onde se arrastam. Em todas essas imagens o recurso às metáforas é uma constante. A cidade dá abrigo a um deus brutal; o rito religioso da moderna deusa Civilização exige sacrifícios comparáveis à barbárie dos povos antigos. O horror produzido pela imagem de um Moloch atualizado, porém igualmente insaciável, encontra sua tradução caricata na representação da sociedade moderna à imagem de um grande moinho que tritura gente produzindo simultaneamente bens e capital.

Também o citadino dissolve-se em metáforas onde nem mais o recorte da individuação resiste, somente a potência do número, do movimento coletivo permanece nas imagens. Das ondas, às torrentes e às lavas vulcânicas, manifestações incontroláveis e pouco previsíveis do mundo físico, acrescentam-se o curso ordenado dos rios, o molusco, a criatura monstruosa, e também o coração, o cérebro e a circulação sanguínea. Imagens de cenários fabricados pelos homens — "palcos apagados onde a solidão caminha sozinha", ou como Baudelaire sentiu Paris, "Hospital, lupanar, purgatório, inferno, prisão; onde toda enormidade desabrocha tal qual uma flor".[83] Talvez uma das imagens mais portentosas e esteticamente sublimes das grandes cidades magnificadas à dimensão do mundo esteja num texto de De Quincey, escrito na década de 1880:

> Uma sucção tão poderosa, sentida por todo um vasto raio e simultaneamente a consciência de que em outros raios ainda maiores, tanto em terra como no mar, a mesma sucção acontece, noite e dia, verão e inverno, impelindo sempre para um único centro os infinitos meios necessários para seus propósitos infinitos, e os inesgotáveis tributos para a habilidade ou o luxo de sua população infindável abarrotam a imaginação com uma pompa sem similar correspondente neste planeta, mesmo entre coisas que já existiram ou que ainda existem.[84]

Londres percebida como uma nação inteira, senhora de um poder de sucção que abastece as infinitas necessidades de sua sempre crescente população: imagem que atinge a imaginação na forma de impacto de coisas surpreendentes e que a preenche de forma total exatamente por seu ineditismo. Considerado o número dos londrinos e que, como alertou Tocqueville em 1835, dois terços da população inglesa

---

83 BAUDELAIRE, Charles. De l'héroisme de la vie moderne, Salon 1846 In: BAUDELAIRE. *Oeuvres completes*. Paris: Robert Laffont, 1986, p.687.
84 DE QUINCEY. (1881) Autobiographical Sketches Apud STANGE, G. Robert. The Frightened Poets. DYOS, James e WOLFF, Michael. *Op. cit.*, vol. Cap. 20, p.476.

abandonara a terra e dedicava-se às profissões industriais, pode-se ter em mente a força persuasiva de uma observação como esta, de que "as classes baixas (...) ou melhor seus chefes, sabem precisamente o que querem fazer" e visam precisamente "destruir todo o antigo edifício da sociedade aristocrática de seu país".[85] A imagem do grande mecanismo de sucção deixa as paragens da imaginação e da fantasia para descer à terra e expressar em linguagem literária a certeza "objetiva" do poder de destruição criativa desse novo deus que habitava a cidade. Não mais o racional Apolo do século das Luzes, mas o arteiro e imprevisível Dionísio fizera dela seu moderno acampamento. Aliás, todas as avaliações, misturas de imagens e dados numéricos, confluem numa representação da cidade onde os princípios da mecânica universal, o lento processo imutável da natureza e as figuras orgânicas de corpos e de criaturas monstruosas, embora produzidas pelo homem, se confundem.

É difícil delinear uma divisão nítida entre representações mecânicas e orgânicas de maneira a estabelecer duas linhagens de sensibilidade diferentes.

Até onde se pode afirmar, por exemplo, a não contaminação da concepção mecânica da dupla circulação sanguínea, pela imagem do corpo orgânico que a contém? A própria concepção de cidade, desde sempre relacionada a um lugar construído e fechado, contraposto ao espaço aberto e sem limites do campo, persiste nos registros atônitos da expansão sem precedentes e imprevisível em sua projeção futura dos núcleos urbanos. As muralhas medievais, renascentistas e outras mais tardias, são derrubadas, o traçado das ruas refeito, suas sinuosidades e escuridão vencidas pela linha reta e a grande dimensão das avenidas. O caráter defensivo das cidades desloca-se dos muros para a vigilância policial constante, para a certeza intelectiva da cidade cindida em "duas Nações", o estrangeiro substituído por um inimigo potencial presente no dia a dia.

Há também um vínculo nítido entre a representação da cidade envolta pelos muros e a formulação da imagem conceitual de um meio ambiente que degenera as forças físicas e morais dos homens; como também é nítida a solidariedade entre essa imagem e a figuração de multidões de pobres afluindo para os centros urbanos e se amontoando em casas, pardieiros, becos e ruas.[86] Em cidades como Londres, para a qual as classes governantes haviam buscado o controle do seu crescimento desde os finais do século XVI, movidas pelo receio de distúrbios provocados por homens ar-

---

85 TOCQUEVILLE, Alexis de. *Op. cit.*, p. 139.
86 Gerando Apud Louis CHEVALIER, *Classes laborieuses et classes dangereuses*. Paris: Librarie Générale Française, 1978, p. 250.

rancados da terra pelos cercamentos das propriedades comuns, a presença de milhares de pobres fazia-se assustadora e deu ensejo à avaliação pessimista de que ocorria um "crescimento doentio".[87]

Raymond Williams afirma que, já no século XVIII, as imagens de Londres (e das cidades em geral) apresentam-se contraditórias. Reconhecidamente a maior cidade do "mundo civilizado", Londres inspirou a Voltaire a comparação com Atenas, progresso e cultura reunidos num aprendizado de civilização e liberdade. Voltaire afirmava ter o crescimento de Londres se dado pelo comércio, e que por isso a cidade se tornara mais importante que Paris, seja por sua extensão ou pelo número dos cidadãos. Vai além em suas considerações ao dizer que "os membros do Parlamento da Inglaterra gostam de se comparar aos antigos Romanos" e mais, que "o comércio, que enriqueceu os cidadãos na Inglaterra, contribuiu para torná-los livres". Nessas circunstâncias, prosseguia o filósofo, "um negociante inglês (…) se compara, não sem alguma razão, a um cidadão romano". Da mesma maneira "o filho caçula de um par do reino não despreza os negócios".[88] Também Adam Smith definiu a cidade como lugar seguro para a indústria oriunda do campo, dado ser um centro de liberdade e de ordem em estreita dependência dos assuntos mercantis. William Blake, londrino e comerciante, falou da cidade na linguagem do comércio, mas também a considerou um estado mental organizado. Já Tucker, alinhava-se a posição oposta e antecipou para Londres, em 1783, a imagem do "grande tumor", que seria retomada por Cobbett no século XIX: "Londres, a metrópole da Grã-Bretanha é, há muito tempo, lamentada como uma espécie de monstro, com uma cabeça imensa, em total desproporção com seu corpo". O mesmo ocorria na literatura; os autores Pope e Swift, otimistas, transferiram para a cidade os valores convencionais de uma sociedade aristocrática rural, enquanto outros, tais como Hogarth e Defoe, visualizavam a negação de uma ordem civilizada nas imagens da multidão insolente e dos trabalhadores debochados.[89]

A partir das décadas finais do século XVIII, estas representações contraditórias da cidade não podem ser desvinculadas do debate político inglês frente ao movimento revolucionário na França e da apreensão causada pelo encontro de uma tradição política radical inglesa com o jacobinismo francês. No debate se digladiam duas concepções de sociedade civil e de Estado, cujos argumentos apoiavam-se em

---

87 WILLIAMS, Raymond. (1973) *O campo e a cidade na história e na literatura*. Trad. Paulo Henriques Britto. São Paulo: Companhia das Letras, 1989, Cap. 14 Transformações na cidade, p. 203-205.
88 WILLIAMS, Raymond. *O Campo e a Cidade. Op. cit.*, Cap. 14 Transformações na cidade, p. 202.
89 WILLIAMS, Raymond *O Campo e a Cidade. Op. cit.* Cap. 14 Transformações na cidade, p. 202-204.

duas interpretações conflitantes do contrato constitutivo da própria sociedade saída do estado de natureza. Burke, nas tumultuadas décadas finais dos setecentos, assume posição crítica aos princípios liberais vigentes e que, na verdade, iriam prevalecer no século seguinte. Seu argumento partia do pressuposto de que o contrato social não poderia ser encarado como um mero contrato comercial unindo interesses ocasionais. Numa linguagem que se serve deliberadamente de termos comerciais, afirma que o contrato constitutivo da sociedade "deve ser fechado com outra reverência, por que não se trata de uma sociedade comercial envolvendo coisas que servem somente à existência animal de caráter temporário e perecível. "Trata-se", continua, "da associação de cada virtude e de toda a perfeição. Como as finalidades de tal associação só podem ser obtidas em muitas gerações se torna uma associação não só entre os que estão vivos, mas entre os vivos, entre os mortos e entre os que irão nascer".[90] Sua nítida concepção conservadora das instituições sociais baseia-a no "princípio da herança" que, em suas palavras, dava à constituição política inglesa "a imagem de um parentesco pelo sangue"; atada "aos nossos mais caros vínculos domésticos". Com isso, assegura, as "leis fundamentais tem lugar no seio de nossas afeições de família", e conclui: "unimos em nossos corações, para querê-los com o calor de todos os nossos sentimentos combinados, nosso Estado, lares, túmulo e altares".[91]

Sua crítica à proposição smithiana da possível harmonia universal, se deixadas as necessidades e desejos humanos livres de qualquer injunção, é nítida, pois considera muito exíguo o "estoque de razão de cada indivíduo". Em linguagem que lembra Hobbes, Burke define a preeminência do governo sobre os homens aos quais deve sujeitar em suas paixões. Considera impossível a coexistência dos direitos irrestritos e da "sociedade civil, criada para o benefício do homem", para atendê-lo em suas necessidades; não vê alternativa a não ser a de um governo exterior à sociedade civil, um poder independente dos homens e não o mero exercício de uma função sujeita aos mesmos desejos e paixões que tem por dever refrear e subjugar.[92] Também não deixa lugar a nenhuma dúvida quanto ao objeto central de seu argumento: "Tenho em mente o homem da sociedade civil e nenhum outro. Autoridade (...) é algo a ser estabelecido por convenção". Reconhecida a condição

---

90 BURKE, Edmund. *Reflections on the Revolution in France*, Apud WILLIAMS, Raymond. *Culture & Society Op. cit.*, p. 10.
91 BURKE, Edmund. *Reflections on the Revolution in France*, Apud WILLIAMS, Raymond. *Culture & Society. Op. cit.*, p. 10-12.
92 BURKE, Edmund. *Reflections on the Revolution* in France, Apud WILLIAMS, Raymond, *Culture & Society. Op. cit.*, p. 9 e 8-9.

artificial da ideia de povo como corporação, "uma ficção legal" entre outras, Burke a distingue por seu caráter de "acordo coletivo" a partir do qual a sociedade, ou a existência propriamente humana, assumiu uma forma.[93]

A ideia de nação constituída por circunstâncias, momentos definidos, índoles, disposições peculiares e hábitos morais, civis e sociais do povo, não nos permite indicá-lo como um dos que primeiro conceberam a sociedade moderna e regida por códigos legais à imagem de um organismo vivo, ainda que seja entre aspas, como o faz Williams. Sua plena adesão à ideia do caráter totalmente artificial da organização civilizada o impede de enraizá-la na natureza física. Para ele, a sociedade estaria vinculada a uma convenção, cuja base fincava-se na particular natureza humana que, segundo ele, diferencia-se de qualquer outro ser biológico por sua busca da perfeição. Burke, aliás, nega a mera transposição dos direitos naturais para os direitos civis: estes são produto do "pacto social", uma convenção, "uma limitação artificial e positiva destes direitos". Dessa maneira, Burke declara que "se a sociedade civil foi criada para o benefício do homem, todas as vantagens para a qual ela foi criada tornam-se direitos", direitos que não podem ser entendidos como "direitos às mesmas coisas"[94]. Nesse ponto, o modelo de sociedade comercial adquire seus contornos mais nítidos e de plena aceitação dos pressupostos de Locke com a noção da proporcionalidade entre o investimento e o acesso aos bens: "Aquele que subscrever cinco *shillings* em uma sociedade tem direito à renda dos cinco *shillings*, da mesma forma que aquele que empregar quinhentas libras esterlinas tem direito proporcional à quantia aplicada". Esta a fórmula acabada da nova sociedade onde, como denunciou sua contemporânea Mary Wollstonecraft, a tirania do direito de família fora substituída pela tirania da riqueza.[95]

A moderna concepção orgânica de sociedade, tal como ganhou representações sistêmicas no século XIX, pode ser creditada em boa parte à resistência dos trabalhadores

---

93 BURKE, Edmund. Appeal from the New to the Old Wigs Apud WILLIAMS, Raymond. *Culture & Society. Op. cit.* p. 9.
94 WILLIAMS, Raymond. *Culture & Society. Op. cit.*, p. 11.
95 WOLLSTONECRAFT, Mary. (1790) *A Vindication of the Rights of Men,* A letter to the Right Honourable Edmund Burke; occasioned by his Reflections on the Revolution in France In *A Vindication of the Rights of Men and A Vindication of the Rights of Woman.* TOMASELLI, Silvana (Org.) Cambridge: Cambridge University Press, 1995, Wollstonecraft debate com Edmund Burke a partir da carta deste ao Reverendo Price, no texto onde teceu suas Reflexions on the Revolution in France, e dentre outros temas diz discordar dos termos em que Burke considera a propriedade (dos ricos) um pressuposto da liberdade Inglesa e não considerar que a classe trabalhadora gasta todo seu tempo no próprio sustento, sem ter tempo para cultivar suas mentes, e por saudar a independência americana e nela considerar ser a escravidão algo eterno, p. 13-15.

a se sujeitarem ao tempo e ao ritmo do trabalho fabril, dando ensejo a debates e teorizações que reduzem o homem, em especial o pobre que vive do trabalho de suas mãos, à condição biológica igualando-o à espécie animal. Foi Towshend que, lançando mão da fábula dos cães e das cabras deixados numa ilha, livres de qualquer "governo" que os impedissem de dar livre curso às suas necessidades primárias, demonstrou a inutilidade dos dispositivos legais perante aquilo que consistia no mais eficiente e silencioso estímulo ao trabalho, o aguilhão da fome. Como sublinhou, a fome substituía com êxito o chicote do trabalho compulsório para assegurar ritmo, assiduidade e disciplina.[96]

Quatro décadas depois, Carlyle retoma pressupostos semelhantes aos de Burke em suas críticas a Jeremy Bentham e a John Stuart Mill. Considera-os descendentes diretos de Locke e de sua concepção mecanicista de sociedade, e lhes atribui parcela substancial de responsabilidade pela infiltração dos princípios da mecânica no mais recôndito do ser humano. "Para os olhos de um Smith, de um Hume ou de um Benjamin Constant tudo está bem quando funciona silenciosamente", sentencia ele. A referência ao silêncio tinha explícita conotação política de crítica aos que como Towshend acreditavam nos imperativos da existência material enquanto elementos suficientes para a vida humana. Para Carlyle, a ética do contrato social de inspiração mecanicista pouco se referenciava em "valores morais", essas ideias dos homens em busca da perfeição, que para ele consistiam a "alma política do corpo político" e não podiam ser desconsideradas, sob pena de renascerem em movimentos conflituosos e ameaçadores à sociedade. Neste ponto, as afinidades entre Carlyle e Burke explodem na crítica irônica à primazia do vínculo monetário na organização da sociedade. A concepção de direitos do homem em Carlyle refere-se antes a profundos ideais, ao mesmo tempo intangíveis e possíveis, de que "neste mundo, nada de injusto deve permanecer".[97] Entretanto, para Carlyle, a despeito da noção de justiça ser eterna, não se refere sempre às mesmas práticas consideradas direitos adquiridos: sendo histórica, aquilo que, numa determinada época seria justo deixa de sê-lo em outro momento, devendo portanto ser banido do elenco dos direitos de alguém.

Críticas semelhantes encontram em Charles Dickens uma forma literária de amarga ironia. Em seu observatório, o personagem Sr. Gradgrind reduz todos os dados sensíveis e fatos bem documentados a cifras; nada escapa ao moinho lógico de sua crença na verdade indiscutível dos números; a estatística é para ele a melhor

---

96 POLANYI, Karl. (1944) *A Grande Transformação*. Trad. Fanny Wrobel. Rio de Janeiro: Campus, 1980, cap. 10 – A Economia Política e a Descoberta da Sociedade (p.137-157), p. 139.
97 CARLYLE, Thomas. *Works*. Vol. 4, Apud WILLIAMS, Raymond *Culture & Society. Op. cit.*, p. 80.

forma de conhecimento, objetiva. Do sistema de organização social de *Coketown* ninguém escapa; lá a vida significa uma perpétua movimentação que à semelhança de um mecanismo deve dispor de engrenagens perfeitas e rejeitar as defeituosas e gastas. Eram tempos difíceis, para pessoas que como Carlyle e Dickens possuíssem fé inquebrantável no poder do intelecto bem formado e na força de liderança dos homens cultos com sua luz esclarecedora dos intelectos mais brutos da parcela ignorante da humanidade. Partilhavam com John Stuart Mill a opinião, que de resto coincidia com a da maioria dos vitorianos cultos, sobre a incompleta moralidade e racionalidade imperfeita do trabalhador manual.

A discordância entre Carlyle e Mill dizia respeito a forma democrática de governo, em especial, quanto à adoção do sufrágio universal masculino como alternativa para evitar um futuro e previsto confronto violento entre assalariados e patrões. Negando ao homem pobre a capacidade de orientação própria, Carlyle via nas comoções populares a expressão da insanidade a tomar conta de pessoas rebaixadas pela "lei da oferta e da procura", que as privava do trabalho e das condições de subsistência, ao nível da animalidade. Se como acreditava, "Trabalhar é a missão do homem nesta terra", aliás, preceito bíblico e também primeiro pressuposto do contrato em Locke, a sociedade de seu país se mantinha sobre uma grande "injustiça", já que a "Lei da Inglaterra ia contra a Lei da Natureza". Aos pobres que se tornavam miseráveis, fora da morte por inanição ou a revolta cega, nenhuma esperança restava. Sem luzes, expressavam seu descontentamento com "urros, gritos indistintos de uma criatura emudecida pelo ódio e pela dor".[98]

Para Carlyle, os gritos da multidão podiam ser traduzidos também em preces, em pedidos não claramente formulados de socorro: "Guiem-me, governem-me! Sou louca e miserável, não posso guiar a mim mesma!" E daí sua conclusão de que "de todos os direitos do homem, o direito do ignorante a ser guiado pelo mais sábio, de ser mantido no caminho verdadeiro pelo bem ou pela força, constituir o direito mais nobre". Proclamava "o dever do ignorante ser guiado pelo mais sábio". Estava inscrito na própria natureza da sociedade essa ânsia pela perfeição e ela conferia à palavra liberdade seu sentido mais profundo.[99] Daí ter visto na Nova Lei dos Pobres de 1836 a vitória do *self-help* (autoajuda) e da pura repressão ao homem pobre desempregado e ao miserável, e no desinteresse da burguesia inglesa pela condição operária no

---

98 CARLYLE, Thomas. *Works*. Vol. 4, Apud WILLIAMS, Raymond *Culture & Society. Op. cit.*, p. 80.
99 CARLYLE, Thomas. *Works*. Vol. 4, Apud WILLIAMS, Raymond *Culture & Society. Op. cit.*, p. 80.

país, um desvio do olhar, uma forma de cegueira mais sofisticada, para não ter que enfrentar a imagem da criatura monstruosa que ela mesma fabricara. Aplicava-se uma alternativa do Laissez-faire que tanto servia para os ratos como para os pobres: eliminá-los pela morte ou, no caso dos pobres, havia ainda outra possibilidade, subtraí-los da vista encarcerando-os nas Casas do Trabalho, "as bastilhas dos pobres". A burguesia optara pela solução a que estava acostumada: pagar para que outros cuidassem dos trânsfugas sociais e os mantivessem afastados dos seus negócios, dos seus lares. A certeza da insuficiência desta estratégia só chega à burguesia no decurso da segunda metade do século, momento em que fica estabelecida em cifras a relação direta entre a produção da riqueza na sociedade industrial e a presença de um resíduo humano, subproduto ele também das condições de trabalho nas fábricas, minas e armazéns. E será Londres, ainda uma vez, que apresentará a figura mais acabada do homem degradado em sua moral e degenerado biologicamente, sem lugar no mundo burguês. A pobreza atingia, finalmente, para a sensibilidade do século XIX, sua plena dimensão econômica.[100]

Referências

ARENDT, Hannah. (1958) *A Condição Humana*. Trad. Roberto Raposo. Rio de Janeiro: Forense/Universitária, 1981.

BÉGUIN, François. Les machineries anglaises du confort. L'haleine des fauxbourgs, Ville, Habitat et Santé au XIXe siécle (Murard e Zilberman, Org.) *Recherches* n. 29, 1977; versão brasileira As maquinarias inglesas do conforto. Trad. Jaime Hajime Ozeki, revisão Suzana Pasternak. *Espaço & Debates* n.34 – Cidade e História. São Paulo: NERU, 1991, p. 39-54.

BENÉVOLO, Leonardo. (1961) *História da Arquitetura Moderna*. Trad. Silvia Mazza. 3ª ed. São Paulo: Perspectiva, 1999.

BÉNICHOU, Paul. *Les Temps des Prophètes*. Paris: Gallimard, 1977.

BENJAMIN, Walter. Paris, Capitale du XIXe siècle. In Oeuvres II. Poésie et Révolution. Paris: Denoël, 1971; tradução brasileira: Paris, capital do século XIX. *Walter Benjamin* (Flávio Kothe, organização e tradução), São Paulo: Ática, 1985.

BRAVO, Gian Mario. Lettres d'un habitant de Genève à ses contemporaines, 1803. In *Les socialistes avant Marx*. Vol.1. Paris: Maspero, 1970.

BRIGS, Asa. *Victorian People*. Harmondsworth-UK: Penguin, 1980.

---

[100] JONES, Gareth Stedman. *Outcast London. Op. cit.*, cap. 16 From 'Demoralization' to 'Degeneration': the Threat of Outcast London, p. 281-314.

BURET, Eugène. *La misère des classes laborieuses en Angleterre et en France*. 2 vols., Paris: Chez Paulin, Libraire, 1840 (edição fac símile).

BURKE, Edmund. A Philosophical Inquiry into the Origins of our Ideas of The Sublime and Beautiful. In *The Works of Edmund Burke*. Vol.I, Londres : G . Bell & Sons, Ltd., 1913, p49-181.

BURKE, Edmund. "Reflections on the Revolution in France". Apud WILLIAMS, Raymond. *Culture and Society*. New York: Harper & Row, 1966.

BURKE, Edmund. (1790) *Reflections on the Revolution in France*. Penguin Classics Harmondsworth, 1986.

CARLYLE, Thomas. (1829) Signs of the Times In *Thomas Carlyle – Selected Writings*. Harmondsworth-UK: Penguin, 1980.

CARLYLE, Thomas. (1839) Chartism. In *Thomas Carlyle – Selected Writings*. Harmondsworth-UK: Penguin, 1980.

CARLYLE, Thomas. (1843) Past and Present. In *Thomas Carlyle – Selected Writings*. Harmondsworth-UK: Penguin, 1980.

CARLYLE, Thomas. *Works*. Vol. 4. Apud WILLIAMS, Raymond *Culture& Society*.

CHEVALIER, Louis. *Classes laborieuses et classes dangereuses à Paris pendant la première moitié du XIXe siècle*. Paris: Pluriel, 1978.

CHOAY, Françoise. *L'Urbanisme*. Utopies et Réalités. Paris: Seuil, 1965; edição brasileira *O Urbanismo*. Utopias e Realidades. Uma antologia. Trad. Dafne Nascimento Rodrigues. 4ª ed. São Paulo: Perspectiva, 1997.

CHOAY, Françoise. (1980) *A regra e o modelo*. Sobre a teoria da arquitetura e do urbanismo. Trad. Geraldo Gerson de Souza, São Paulo: Perspectiva, 1985.

COBBETT, William. Political Register, 15.03.1806; 28.02.1807. In WILLIAMS, Raymond. *Culture and Society*. New York: Harper & Row, 1966.

DICKENS, Charles. (1854) *Hard Times*. Harmondsworth: Penguin Books Ltd.,1982.

EMERSON, Ralph Waldo. *Journals and Miscellaneous Notebooks*. 1819-1888. The City: a Dictionary of Quotable Thoughts on Cities and Urban Life. James A. CLAPP (Org.). New Brunswick(USA)-Londres(UK): Transaction Publishers. 2013.

FOURIER, Charles. (1822) Traité de l'association domestique agricole (1822). In *Oeuvres Complètes*. 12 volumes (org. Simone Debout) Paris: Anthropos, 1967-1968, Apud *Villes & Civilisation Urbaine* XVIIIe – XXe siècle. RONCAYOLO, Marcel, PAQUOT, Thierry (Org.), Paris: Larousse, 1992, p. 68-69.

HOBSBAWM, Eric. (1975) *A Era do Capital* (1848-1875). Trad. Luciano Costa Neto. Rio de Janeiro: Paz e Terra, 1977.

JONES, Gareth Stedman. *Outcast London*. Harmondswoth: Penguin, 1976.

JONES, Gareth Stedman. *Outcast London*. Harmondswoth: Penguin, 1976.

LE GOFF, Jacques. *Pour un autre Moyen Age*: temps, travail et culture en Occident. Paris: Gallimard, 1977.

MARX, Karl. (1859) Formaciones Economicas Precapitalistas. Córdoba: *Cuadernos Pasado y Presente*, nº 20, 1974.

MARX, Karl. (1867) *Le Capital*. Critique de l'economie politique. Trad. Joseph Roy, Paris : Editions Sociales, 1976.

MAYHEW, Henry. (1851;1861) *London labour and the London poor*. New York: Dover, 1968, 4 v.

MERCIER, Louis Sébastian. (1782-1783) *Le Tableau de Paris*, Paris: Maspero, 1979.

MICHELET, Jules. (1846) *Le Peuple*. Paris: Flammarion, 1974 (1846)

POE, Edgar Alan. (1840) O homem da multidão. In *Poesia e Prosa*, vol. 2. Trad. Oscar Mendes e Milton Amado. Porto Alegre: Globo, 1944.

POLANYI, Karl. (1944) *A grande transformação*. As origens de nossa época. Trad. Fanny Wrobel, revisão técnica Ricardo Benzaquen de Araújo. Rio de Janeiro: Ed. Campus Ltda., 1980.

ROMANO, Roberto. *O conservadorismo Romântico*. São Paulo: Brasiliense, 1981.

SAINT SIMON. (1803) Lettres d'un habitant de Genève à ses contemporaines, 1803. Apud BRAVO, Gian Mario. *Les socialistes avant Marx*. Paris: Maspero, vol. 1.

SCHORSKE, Carl E. (1981) *Viena fin-de-siéle*. Política e Cultura (tradução Denise Bottmann). São Paulo: Ed. Unicamp/Companhia das Letras, 1988.

SMITH, Adam. (1776) *A riqueza das nações*. Trad. Luiz João Baraúna. Coleção Os Economistas. São Paulo: Abril Cultural, 1983.

STORCH, Robert. The Plague of the Blue Locusts: Police Reform and Popular Resistance in Northem England, 1840-1857. *International Review of Social History*, Vol.XX, 1975.

TAINE, Hippolyte. (1871). *Notes sur l'Angleterre*. 5ª edição revista e corrigida. Paris: Hachette, 1876.

TAYLOR, Nicolas. The Awful Sublimity of the Victorian City. In: DYOS, H.J.; WOLFF, Michael. *The Victorian City*. Images and Realities. Vol.2. London; Boston: Routledge and Kegan Paul, 1973, p. 431-447.

THOMPSON, Edward P. (1963) *La formación histórica de la clase obrera*. Trad. Angel Abad. Barcelona: Laia, 1977.

THOMPSON, Edward P. (1967) Tiempo, Disciplina de Trabajo y Capitalismo Industrial. In: *Tradición, Revuelta y Consciencia de Clase*. Trad. Angel Abad. Barcelona, Crítica, 1979.

TRISTAN, Flora (1840); BÉDARIDA, François. *Promenades dans Londres ou l'aristocratie et les proletaires anglais*. Paris: F. Maspero, 1978.

WILLIAMS, Raymond. *Culture and Society*. New York: Harper & Row, 1966.

WILLIAMS, Raymond. (1973) *O campo e a cidade na história e na literatura*. Trad. Paulo Henriques Brito. São Paulo: Companhia das Letras, 1989.

WORDSWORTH, Lethaby. (1801) *The Prelude*. Book seventh. Residence in London in *The Complete Poetical Works*. Londres: Macmillan and Co., 1888. 1999, p. 150. www.bartleby.com/145/.

ZOLA, Émile. *Travail*. Les quatre évangiles. 2 vols. Paris: Eugène Fasquelle, Éditeur, 1921;1923.

LÓGICA E DISSONÂNCIA – SOCIEDADE DE TRABALHO:*
lei, ciência, disciplina e resistência operária

Este texto tem por objetivo perseguir algumas pistas da formação do imaginário das sociedades modernas que se auto-representam estruturadas sobre o pressuposto de que o trabalho constitui a base da vida humana, e que os homens decidiram através de um pacto comum fundar a sociedade de sua instância reguladora — o estado — para assegurarem o pleno exercício de sua atividade e a propriedade dos frutos dela decorrentes. Assim procedendo, procuro abrir brechas numa representação fechada sobre si mesma, onde o princípio instituinte se apresenta também como finalidade a ser atingida, e que nos induz a aceitar uma única lógica férrea comandando a existência do homem sempre atado ao trabalho, dado que prisioneiro desse princípio que o transcende. Procuro mostrar como a noção de trabalho se impôs soberana no mundo moderno a partir da afirmação dos valores ligados à atividade de comerciantes, proprietários fundiários e fabricantes, com o ônus da destruição de valores culturais anteriores que não coincidissem com a intenção burguesa de elaborar a narrativa da epopeia humana fundada na noção da conquista progressiva da natureza pelo homem por meio de um também progressivo processo de aperfeiçoamento tecnológico.

---

* Publicado na *Revista Brasileira de História*, Sociedade e trabalho na história, v. 6, n.11, set 1985/fev 1986, ANPUH/Marco Zero, p. 7-44. Revisado pela autora para esta edição. As traduções são da autora.

Ora, a força dessa representação é tão grande que nos impede de pensar a história fora dos marcos desse processo de apropriação da natureza que finca no âmago da sociedade, como seu princípio explicativo, a atividade produtiva. Daí o processo de produção se apresentar como uma sequência lógica de etapas, fases ou estágios, subordinados à determinação básica de busca de maior produtividade ou de utilização ótima dos fatores de produção. Daí ainda, a narrativa histórica nas diferentes versões das diversas ciências humanas ser elaborada em torno de um confronto — do homem com a natureza agressiva e avara — e de uma luta — a sujeição de todos ao imperativo do trabalho. Daí finalmente ser o resultado dessa sequência imperativamente ordenada uma situação paradoxal: a eliminação do homem desse processo. Da cooperação simples ao fluxo contínuo fordista ou à sua versão mais aperfeiçoada da automação eletrônica, assistimos o inexorável expurgo do subjetivo e instável fator humano (o trabalho). Essa sequência lógica permite outra leitura paralela: a progressiva perda da autodeterminação do produzir pelo trabalhador na razão direta da apropriação do saber produzir pelo supervisor, pelo patrão, pelos técnicos; ao final do percurso, o artesão que o capital reunira com seus pares na fase de cooperação simples, surge transformado no operário fabril cuja qualificação é medida pelo seu condicionamento para acionar máquinas. Dessa maneira, aparece consumada a dolorosa separação entre arte e técnica, ou ainda, como diz Mumford,[1] entre a subjetividade e a objetividade do homem. A férrea lógica desse processo faz com que na cooperação simples pareça estar já em germe, a grande indústria mecanizada.

A concepção difusionista-evolucionista ou de vasos comunicantes tão bem expressa por Engels na parte introdutória de seu livro *A situação da classe trabalhadora na Inglaterra*[2], parece frequentemente chegar até nós intocada. Também a grande descoberta de Marx[3] — de que a mais valia relativa ou o aumento da produtividade acontece quando uma mesma quantidade de trabalho cria uma quantidade maior de produtos, — concentra nossa atenção nos maquinismos e isso porque, por mais

---

1. MUMFORD, Lewis. (1951) *Art and Technics*. New York: Columbia Press, 1952 ; *Arte e técnica*. São Paulo: Martins Fontes, 1980, p. 11.
2. ENGELS, Friedrich. (1945) *La situation de la classe laborieuse en Angleterre*. Trad. Gilbert Badia, Jean Frederic. Paris: Editions Sociales, 1960.
3. MARX, Karl. (1867) *Le Capital*. Critique de l'économie politique. Trad. Joseph Roy. Paris : Editions Sociales,1976, vol. 1 ; *O Capital*. Crítica da Economia Política. Trad. Regis Barbosa; Flávio R. Kothe, São Paulo: Abril Cultural, Os Economistas, v.1, 3ª seção: A produção da mais valia absoluta e 4ª seção: A produção da mais valia relativa. (Caps. V a IX e Caps. X a XV respectivamente), São Paulo: Abril Cultural, 1983.

que se organize e reorganize o processo de trabalho, esse procedimento tem um limite, enquanto o progresso técnico tem mostrado ser portador de um gênio criativo incansável. Aliás, a força simbólica da máquina é tão grande que a partir de sua existência empírica datamos o momento da sujeição real do trabalho ao capital, vale dizer, do início do modo de produção capitalista. A visão portentosa da máquina define toda nossa época *Age of Machinery*[4] e hoje em dia nossa inteligência e nossas habilidades são medidas em função da nossa capacidade de condicionamento a elas. Elas nos deslumbram no cotidiano não pela quantidade de roupa que lavam, mas por efetuarem operações matemáticas que levaríamos dias para realizar. Saber utilizar essas máquinas, desde o simples relógio de pulso, tornou-se nosso desafio maior. As máquinas também se tornaram imprescindíveis para a construção de nossas fantasias e ninguém permanece indiferente aos filmes que através de efeitos especiais simulam nossa projeção futura de viver nas estrelas. Creio que acabei caindo no lugar comum...

Como romper essa representação acabada? Proponho percorrer alguns caminhos que permitam, mesmo à custa de uma fragmentada trajetória final, o aparecimento de vozes dissonantes enveredando no mecanismo dessa engrenagem lógica. Façamos uma incursão às origens pouco edificantes da instituição basilar do mundo contemporâneo, a fábrica. Detenhamo-nos por um momento nos marcos iniciais do pensamento científico sobre a produção, assinalando sua íntima solidariedade ao discurso repressivo da lei. Tentemos vislumbrar a instrumentalização da palavra e do pensamento a partir da definição de um objetivo único para as atividades do homem: a criação de bens e o acúmulo de riquezas de forma a num futuro indeterminado atingir o reino da abundância superando definitivamente o constrangedor reino da necessidade. Deixemos que a voz do trabalhador, ou seus ecos, fale da dolorosa sujeição ao infindável tempo do patrão e da perda da autodeterminação na atividade de produzir; que fale de sua resistência, de suas lutas e de como foi insuportável para o "mundo civilizado" conviver com fragmentos de uma cultura sobre a qual não tinha alcance. Mas talvez seja melhor começar nos indagando sobre a nossa condição humana atual nesse mundo fabricado por nós.

---

4   CARLYLE, Thomas. (1829) Signs of the Times. In *Thomas Carlyle – Selected Writings*. Harmondsworth-UK: Penguin, 1980, p. 61-85.

O mundo mecanizado

> Assim, as máquinas do tempo (o relógio) abrem caminho para a sociedade das máquinas.
> Jacques Attali – *Histoire du temps*. 1982[5]

> Se nos pedissem para caracterizar essa nossa época com um único epíteto, seríamos tentados a chamá-la... A Era Mecânica.
> Carlyle – *Signs of the times*. 1829[6]

> L' avènement de l'ère machiniste a provoqué d'immenses perturbations dans le comportement des hommes (...) Le chaos est entré dans les villes.
> Le Corbusier – *La Charte d' Athènes*. 1941[7]

> We live in an interesting age!
> Lewis Mumford – *Art and Technics*. 1952[8]

A sociedade contemporânea vive um grande paradoxo: o crescente desconforto do homem em meio a um mundo de artefatos criados por ele mesmo. Até parece que assistimos à vingança dos deuses à ousadia prometeica de pretender dar aos homens — através do uso do fogo — a possibilidade de ascender à condição divina de criador de coisas, libertando-o da modesta e subserviente situação de mero reprodutor dos frutos da natureza, ou seja, daquilo que já encontrou disposto sobre a terra. E com certeza essa rebeldia constitui algo profundo e especificamente humano: a negação de passar pela terra sem deixar marcas, sem criar um mundo comum entre os homens que permaneça para além da transitória e limitada vida humana. Para Hannah Arendt,[9] uma pensadora que dedicou a maior parte de seu trabalho à reflexão sobre a condição humana, a intenção de perenidade foi primeiro concretizada pelos homens em instituições capazes de assegurar a única qualidade propriamente humana. A condição de transpor a esfera do privado onde têm

---

5   ATTALI, Jacques. *Histoire du Temps*. Paris: Fayard, 1982.
6   CARLYLE, Thomas. Signs of the Times, *Op. cit.*, p. 59-85.
7   "O advento da era maquinista provocou grandes perturbações no comportamento dos homens (...) O caos entrou nas cidades." LE CORBUSIER. (1942) *La Charte d' Athènes*, Paris: Éditions de Minuit, 1957, p. 28.
8   "Vivemos numa época interessante!". MUMFORD, Lewis. *Art and Technics. Op. cit.*, p.3.
9   ARENDT, Hannah (1958) *A condição humana*. Trad. Roberto Raposo. São Paulo: Forense-Universitária, 1981. Cap. II.

lugar as atividades ligadas à sobrevivência biológica e aparecer numa outra dimensão, o espaço público. Aqui as atividades, ou seja, o discurso, expressam a condição humana da pluralidade indiscernível no domínio da mera sobrevivência. Aqui o homem biológico desdobra-se e tem lugar a condição de se viver num mundo de homens no plural.

O espaço público é o meio onde se realiza essa segunda natureza humana, a vida em comum, a existência política. É importante enfatizar um argumento que será estratégico para se pensar o processo de trabalho: para Hannah Arendt as atividades relacionadas à sobrevivência do homem põem homens labutando lado a lado e compelidos pela necessidade, mesmo quando essas atividades ultrapassam o labor dos campos e constroem por meio do trabalho artesanal artefatos que criam coisas diferenciadas da natureza. Assim, para os antigos, preservar o espaço que assegura a existência política — a vida em comum — consiste em elaborar e manter o lugar onde a palavra e a ação têm efetividade.

Não causa espanto dessa maneira a preocupação de Hannah ao ver que hoje os homens consideram o discurso da ciência como a forma mais elevada da palavra. Ora, se a palavra constitui aquilo que permite aos homens manterem relações entre si e constituir um mundo em comum, ainda que fique claro ser uma minoria a participar desse mundo, como entender essa primazia dada ao discurso da ciência, a um discurso que mesmo dentro do círculo restrito dos iniciados não tem correspondência na linguagem das palavras? Para ela, a impossibilidade de traduzir em fala cursiva o discurso matemático-conceitual da ciência indica a incapacidade humana de compreender o que faz, de falar sobre aquilo que somos capazes de fazer.[10]

Acredito ser semelhante o desconcerto de Lewis Mumford ao afirmar que "a organização mecânica e o automatismo têm vindo a deslocar o homem do centro do palco e a reduzi-lo a uma mera sombra da máquina criada por ele".[11]

Esse total divórcio entre o homem e seus artefatos provem da aposta humana na perenidade das coisas criadas por ele, naquilo que por ser exterior ao homem tem condições de permanecer para além de sua instável subjetividade e transitória existência física.

A supervalorização do mundo das coisas — a intenção humana de atingir perenidade através da objetivação de suas ideias em artefatos — levou Mumford a expor a condição esquizofrênica do homem pós Segundo Guerra, ainda atônito com a utilização mortífera e irracional da mais sofisticada descoberta científica (a mais alta expressão do conhecimento), o fracionamento do átomo:

---

10 ARENDT, Hannah. *Op. cit.*, p.11.
11 MUMFORD, Lewis. *Op. cit.*, p. 11.

> Ordem externa: caos interno. Progresso externo: regressão interna. Racionalismo externo: irracionalidade interna. Nesta civilização mecânica, impessoal, superdisciplinada, tão orgulhosa de sua objetividade, a espontaneidade surge quase sempre sob a forma de atos criminosos e a criatividade encontra como principal saída a destruição. Se isto parece um exagero, é devido unicamente à ilusão de segurança. Abram bem os olhos e observem à nossa volta![12]

Não por acaso Mumford lança mão de um argumento que beira o senso comum. Para o cidadão médio, a visão espetacular e apocalíptica da explosão atômica expressa de maneira irrefutável a distância que se estabeleceu entre o homem e as suas ideias; a separação entre arte e técnica: entre meios e fins, ou seja, o fato da técnica não mais se estruturar em vista de uma finalidade almejada pelo idealizador de um objeto, mas tendo escapado das mãos do homem ganha autonomia e desenvolve uma lógica própria, para além dos fins almejados.

Volto ao nosso argumento: privilegiar o discurso da ciência em detrimento da primeira forma de discurso — a fala política — diz de maneira irrefutável a primazia que a construção de coisas ganhou frente à edificação de instituições. Subjugar a palavra livre obrigando-a a trilhar o estreito sendeiro da palavra (e do pensamento) útil parece ser o ponto de partida para que o discurso científico tenha atingido a dimensão atual de verdade objetiva, porque completamente descomprometido com a instável subjetividade humana. Assim, a primitiva intenção de criar um mundo menos transitório do que a curta existência física do homem, portanto um mundo objetivo exterior a ele, consuma-se agora na situação limite de um mundo objetivo que ao invés de acolher o homem, o expulsa como ser inútil, como único fator instável, daí complicador, dentre os fatores ponderáveis e totalmente previsíveis desse artefato que se tornou o mundo dos homens. Um mundo cuja precisão técnica não tolera a frágil "criatura divina", o homem, em nome do qual ele originalmente se estrutura. Paradoxalmente, um mundo onde o avanço da técnica produziu um novo tipo de ambiente de vida altamente organizada que deveria vir ao encontro do intuito humano de buscar a perfeição e de organizar um espaço ordenado e previsível. Se para Saint-Simon, no início do século XIX, a construção de uma nova sociedade sob a inspiração dos princípios newtonianos e de um Conselho composto por físicos, químicos, fisiologistas, literatos, pintores e músicos era um sonho, para Mumford, vive-se já a concretização desse sonho, ou melhor dizendo, dessa fantasmagoria mecânica.

É por isso que hoje ao nos defrontarmos com o processo de apropriação e

---

12 MUMFORD, Lewis. *Arte e Técnica*. Op. cit., p. 15.

transformação da natureza pelo homem, vale dizer, as atividades produtoras em princípios destinadas a cobrir as necessidades humanas para a sobrevivência, somos prisioneiros dessa lógica férrea que, a partir do primeiro impulso de domínio do homem sobre a natureza, deslocou progressivamente a ele e as suas habilidades verdadeiramente astuciosas, e em seu lugar colocou coisas mais estáveis e duradouras, os seus artefatos.

Ora, nesse momento o desconforto do homem em meio a um mundo de coisas criadas por ele ganha uma nova dimensão: o desprezo moderno por tudo o que não é útil, por tudo aquilo que não sirva às necessidades humanas, supostamente desembocou na situação paradoxal de tornar o homem mesmo na inutilidade maior. Senão vejamos. A era moderna, ou a imposição do capitalismo, ou ainda, os homens que pensaram a estruturação da sociedade burguesa em seus momentos iniciais, atribuíram ao trabalho — a atividade produtiva — a peculiar característica de princípio constitutivo da existência social. Pela primeira vez o trabalho saía da restrita esfera do domínio privado, onde sua potencialidade se via limitada pelas também limitadas necessidades humanas e surgia como potência extremamente positiva, criadora de riquezas, ou seja, de bens que excedem a mera reprodução da vida humana. Essa representação do trabalho fez dele, nos argumentos de John Locke[13], em 1690, a razão dos homens se constituírem em sociedade, a fim de preservarem seus frutos, para num segundo momento, com Adam Smith[14] em 1776, defini-lo como potência ilimitada criadora de riquezas ao introduzir a divisão do trabalho. Num terceiro momento, com Marx em especial, o mesmo trabalho já potencializado pela sua condição coletiva e pela introdução da máquina se torna o símbolo da aposta humana numa possível superação do reino da necessidade, o que liberaria o homem para outras atividades que não as da mera reprodução da espécie. Nesse momento, o mundo dos homens já passara a significar sociedade de trabalho e nela lugar algum havia para aqueles que se mantivessem fora do trabalho.

Assim, a esfera pública, que no mundo antigo acolhera a palavra e as instituições políticas, ressurge de seu eclipse medieval transmutada em mercado de bens e de trabalho. Não que a palavra política permaneça emudecida; porém como diz

---

13 LOCKE, John. (1690) *Two Treatises of Government*. Book II, An Essay concerning the True Original Extent and End of Civil Government. Londres: J.M.Dent & sons Ltd., 1990.

14 SMITH, Adam. (1776) *A Riqueza das Nações*. Investigação Sobre sua Natureza e suas Causas. 2 vol.,Trad. Luiz João Barúna, São Paulo: Abril Cultural, 1983. Edição portuguesa: *A Riqueza das Nações*. V. I, Trad. e Notas Teodora Cardoso e Luís Cristovão de Aguiar. Lisboa: Fundação Galouste Gulbenkian, 1981.

Hannah Arendt, desde que a preocupação individual com a propriedade privada se viu alçada à preocupação pública, a sociedade assumiu o disfarce de uma organização de proprietários que ao invés de se arrogarem acesso à esfera pública em virtude de sua riqueza, exigiram dela proteção para o acúmulo de mais riquezas.[15] A redescoberta da política se dá a partir da intenção de estabelecer um lugar fixo para a definição de normas e regras mínimas de convivência entre homens proprietários e trabalhadores num mundo em constante movimento. Contudo a riqueza tem a peculiar característica de não ter a estabilidade requerida para assegurar a permanência do mundo comum entre os homens. Nas palavras de Arendt: "Só quando se transformou em capital, com a função única de gerar mais capital é que a propriedade privada igualou ou emulou a permanência inerente ao mundo compartilhado por todos". É preciso deixar bem claro, contudo, que essa permanência é a de um processo e não aquela de uma estrutura estável e que também o mundo comum é de outra natureza, já que a propriedade do capital se mantém estritamente privada. Comum é o governo que deve proteger os proprietários uns contra os outros. Dessa maneira, a esfera pública torna-se função da esfera privada e a esfera privada torna-se a única preocupação comum entre os homens. A distinção entre as esferas privada e pública se extingue e ambas submergem no social.[16]

A instrumentalização da palavra

> (...) with a countenance of solemn sorrow, adjusting the cap of judgment on his head (...) His Lordship then deeply affected by the melancholy part of his office, which he is now about to ful-fill, embraces this golden opportunity to do most exemplary good — He addresses, in the most pathetic terms, the consciences of the trembling criminals (...) shows them how just and necessary it is, that there should be laws to remove out of society those, who instead of contributing their honest industry to the public good and welfare, have exerted every art, that the blackest villainy can suggest, to destroy both (...).
> Martin Madan. *Thoughts on Executive Justice*, 1785[17]

---

15 ARENDT, Hannah. *Op. cit.*, p. 78.
16 ARENDT, Hannah. *Op. cit.*, Cap. II
17 Tradução literal: (...) com um semblante de tristeza solene, ajustando na cabeça o barrete do julgamento (...) Sua Excelência, profundamente afetada pela parte melancólica de seu ofício que está prestes a desempenhar, abraça esta oportunidade de ouro de fazer o bem mais exemplar – ele aborda, em termos mais patéticos, as consciências dos criminosos trêmulos (...) mostra-lhes o

> Um homem sempre tem que viver do seu trabalho, e o salário que recebe tem, ao menos, de ser suficiente para o manter. Deve mesmo, na maior parte dos casos, de ir um pouco além disso, de outro modo ser-lhe-ia impossível manter uma família e a raça de tais trabalhadores não perduraria para além da primeira geração
>
> Adam Smith. *Riqueza das Nações*, 1776[18]

As reflexões de Martin Madan sobre a atividade da autoridade judiciária no Século XVIII expressam a instrumentalização da palavra pelo discurso da lei e de sua aplicação. Seu relato descreve o julgamento, a condenação e a execução de criminosos como atos públicos encenados de forma a assumirem a dimensão de um espetáculo exemplar. Já, Adam Smith ao definir os princípios da economia política, buscava entre outras coisas convencer seus contemporâneos da necessidade de libertar todas as atividades ligadas à produção das amarras das leis do Estado e dos estatutos das corporações, para que as diversas utilizações do capital e do trabalho, seguissem seu curso natural e, assim, lograssem atingir uma igualdade perfeita.

O discurso político, já normativo, se desdobra em um discurso específico sobre a produção da riqueza com a função muito definida de nortear e complementar as "utilizações do trabalho e do capital". Deveria mesmo expressá-las de forma coerente e definir um único discurso capaz de apreendê-las em sua multiplicidade. A linguagem da economia política precisou encontrar um denominador comum para atividades tão diversas como as que atendem às diferentes necessidades do homem. Dessa maneira, as múltiplas atividades profissionais ou os diferentes ofícios foram primeiro compartimentados na noção de trabalho em geral, somatória de diferentes trabalhos concretos, para depois se tornarem meramente trabalho, uma forma abstrata que sintetiza a total desqualificação da diversidade, e institui como fonte do valor essa potência genérica, a força de trabalho. A instrumentalização da palavra expressa em dois discursos normativos — o da lei para os que resistissem a entrar na sociedade do trabalho ou transgredissem suas regras, e o da economia política para estruturar num único eixo os mutáveis e diversificados procedimentos de tra-

---

quão justo e necessário é haver leis para remover da sociedade aqueles que, ao invés de contribuir com sua habilidade honesta para o bem público e o bem estar, têm exercido todas as artes que a vilania mais negra pode sugerir para destruir ambos (...). A citação das reflexões de M. MADAN encontra-se no artigo de HAY, Douglas. Property, Authority and the Criminal Law. In HAY, Douglas; LINEBAUGH, Peter et al. *Albion's Fatal Tree*: Crime and Society in Eighteenth Century England. London: Penguin, 1977.

18 SMITH, Adam. (1776) *A Riqueza das Nações*. V. I: Fundação Galouste Gulbenkian, 1981, Cap. X, p.231-304.

balho — adquiriu a condição de arma eficaz no combate às lutas dos trabalhadores ingleses, de finais do Século XVIII e início do XIX, submetidos à rígida disciplina do trabalho assalariado. Retirava a atividade produtiva do domínio privado jogando-a no movimento do mercado para que lá atingisse a pretendida harmonia natural da oferta e da procura; procurava otimizar essa atividade subdividindo em etapas os vários momentos do processo de fabricação, já que seu pressuposto afirmava uma finalidade única para todos os tipos de trabalho: o bem comum. Contudo a íntima relação existente entre técnica e ciência, tão aceita hoje em dia como lugar comum, não aconteceu espontaneamente.

Maxine Berg[19], em estudo sobre a relação da maquinaria e a economia política, mostrou como a união entre ciência e técnica se deu em meio ao conflituoso processo de imposição da máquina no sistema de fábrica na primeira metade do Século XIX. Dentre as várias estratégias de formação do trabalhador fabril, o chamado movimento científico buscou unir a economia política em sua versão facilitada e o extenso submundo da ciência popular. Os Institutos de Mecânica concretizaram a intenção de minimizar os efeitos funestos da introdução da máquina e dos movimentos rotineiros inerentes ao processo de trabalho fragmentado, que já no entender de Adam Smith poderia anular o poder criativo do trabalhador.

A opinião de que "em nossas oficinas e manufaturas acharemos homens que pouco melhor são do que partes das máquinas circundantes"[20] parece traduzir uma visão mítica do artesão, visão essa aliás que chegou até nós. Mumford chega a atribuir à separação entre arte e técnica, entre o saber e o fazer, o esmagamento progressivo da subjetividade frente ao avanço implacável do domínio da razão objetivada em máquinas agressivas ao próprio homem. Essa separação seria responsável por aniquilar o especificamente humano, ou seja, pelo caos reinante no mundo onde as máquinas se tornaram automáticas e os homens servis e mecanizados, condicionados pelos objetivos, formalizados, desumanizados — desligados dos seus valores e propósitos históricos.[21] O ponto de partida dessa concepção do homem, parte subjetividade (emoções, sentimentos, expressados livremente na arte) e parte objetividade (domínio da natureza expresso na técnica que aumenta o poder e a eficiência mecânica dos órgãos naturais do homem) parece se esboçar com clareza no momen-

---

19 BERG, Maxine. *The Machinery—question* and the making of political economy: 1815-1848. Cambridge: Cambridge University Press, 1982.
20 SMITH, Adam (1776). *A Riqueza das Nações*. Abril Cultural, vol.2, p. 213-215.
21 MUMFORD, Lewis. *Op. cit.*, p. 13-14.

to em que a técnica surgiu materializada na máquina.

É nítida a filiação de Mumford a uma tradição de crítica à supervalorização da máquina e da tecnologia que remonta ao final do Século XVIII e início do XIX, momento em que inúmeros autores manifestaram-se temerosos perante malefícios seus, considerando antinatural a perda de controle pelo homem do processo de fabricação. As ferramentas, que nas palavras de Marx representavam as extensões inorgânicas de nosso corpo orgânico, assumem uma dimensão diabólica quando arrancadas das mãos humanas e ligadas a mecanismos que lhes imprimem movimento autônomo.[22] Mesmo os mais otimistas em relação ao sistema de fábrica, compartilhavam com os pessimistas o receio quanto aos efeitos nocivos da introdução da máquina. É significativo que a imagem da máquina tenha sintetizado todos os temores e expectativas inerentes à produção fabril. Sobre ela recaiu uma avaliação contraditória que bem expressava o desconcerto dos homens em meio a um mundo onde tudo e todos se movimentavam constantemente, onde os pontos de referência desmoronavam com rapidez.

Símbolo do progresso, mas também do medo e da impotência, a máquina foi responsabilizada pela desqualificação do trabalho, pelo embrutecimento do homem, pela instabilidade do mercado de trabalho, pelo rebaixamento da remuneração do trabalho, pela concentração promíscua e perigosa de grandes aglomerados humanos nas cidades. Mas também a ela foi atribuída a potencialização sem limites da força produtiva do homem, a produção em grande escala e consequente barateamento dos produtos manufaturados, a força disciplinadora para a multidão de pobres ainda incompletamente moralizados, e enfim, a condição de alavanca mágica do progresso científico. Sobre ela recaíram tantas expectativas e maldições que no início do Século XIX ela se tornara na Inglaterra uma questão polêmica de âmbito nacional. Questão complicada não resta dúvida, porque *The Age of Machinery*, como a chamou Carlyle, trazia em suas entranhas *The Condition of The English Question* ou a questão social, como ficou mais conhecida, em meio a qual iria surgir delineada com bastante nitidez a figura do proletário — essa figura derivada do homem trabalhador (*working man ou working poor*) que no decorrer do século se forma como um dos grupos fundamentais da sociedade.

Os Institutos de Mecânica pensaram compatibilizar o homem trabalhador com o novo modo de fabricação evitando que ele perdesse de vista "o conhecimento do

---

22 A imagem da dimensão monstruosa da máquina introduzindo-se insidiosamente em toda a sociedade a ponto de transformá-la num imenso maquinismo foi muito corrente no Século XIX. Ver CARLYLE, Thomas. Signs of the Times *Op. cit.*; Chartism. *Op. cit.*; BRESCIANI, Stella. Metrópoles: as faces do monstro urbano. As cidades no século XIX. *Revista Brasileira de História* n. 8/9, p.35-68, 1985. Cap. 3 desta coletânea.

processo produtivo". Tanto na sua versão de iniciativa dos próprios artesãos, como na versão dos patrões, os Institutos acabaram por fazer surgir uma figura intermediária de trabalhador qualificado: "Um engenheiro é um mediador entre o filósofo (pensador) e o trabalhador mecânico, é como o intérprete entre dois estrangeiros, ele deve compreender a linguagem de ambos... Daí a necessidade absoluta de possuir tanto o conhecimento prático como o teórico".[23]

Contudo, não esteve ausente dos objetivos desse "movimento científico" a intenção de moralizar o pobre trabalhador por meio da instrução, entendida como difusão de conhecimentos úteis. Compatibilizar homem e máquina significou também e principalmente encontrar uma estratégia não repressiva para evitar a sistemática quebra das máquinas. Um homem da época (Benjamin Heywood) expressou sua preocupação com essa "população densa e fervilhante" quando disse estar "persuadido de que o melhor método para obviar os riscos inerentes ao estado em que estava a sociedade era difundir conhecimento sólido e útil, o que garantiria a divulgação daqueles princípios que sempre foram os mais seguros guias da conduta pessoal e a mais segura garantia da ordem pública".[24]

É interessante notar que nem o pensamento crítico de Marx e de Engels conseguiu escapar completamente da armadilha da relação entre ciência e técnica. Embora tenham denunciado veementemente as expressões empíricas do conhecimento burguês, a divisão do trabalho e a máquina, como instrumentos de opressão social pela burguesia para seu próprio proveito, ambos partilharam com os homens instruídos da época a aposta na potência produtiva humana liberada pela particular ordenação burguesa do processo de fabricação. Tal como vários pensadores utópicos, eles pensaram ser possível reorientar essa potência de forma a se tornar um benefício para a maioria dos homens. Acho importante enfatizar que a íntima relação entre ciência e técnica se estabeleceu em meio à penosa redução do homem pobre a trabalhador fabril e forçou a definição do espaço da fábrica como domínio da técnica, neutro porque despolitizado.[25]

---

23 ARMYTAGE, W. H. G. (1961) *Social History of Engineering* Apud BERG, Maxine. *Op. cit.*, 1982, p. 154.
24 HEYWOOD, Benjamin. *Address* (1834) Apud BERG, Maxine. *Op. cit.*, p. 160.
25 Edgar De Decca no artigo "A ciência da produção: fábrica despolitizada" mostra como a imposição do sistema de fábricas ensejou formas diversificadas de resistência do trabalhador na Inglaterra do início do Século XIX, nos Estados Unidos do final do século e no Brasil da década de 1930. DECCA, Edgar de. A ciência da produção: fábrica despolitizada. *Revista Brasileira de História*, n° 6, 1984.

> Os Institutos de Mecânica ensinarão aos homens tanto as ciências físicas como as morais. Eles desenvolverão uma disposição para questionar tudo até as últimas consequências (...). Os trabalhadores podem não se interessar pelas curiosas pesquisas do geólogo ou pelas elaboradas classificações do botânico, mas certamente irão averiguar por que de todas as classes da sociedade foram eles levados à pobreza e à doença.[26]

Esse trecho é parte de um texto publicado em 1825, sem o nome do autor, Thomas Hodgskin, que participava ativamente como conferencista em sessões para um público de trabalhadores, e foi um dos que deu corpo a uma "economia política popular". Críticos radicais da forma como a riqueza era extraída do trabalho do operário e ao saber fazer transferido das mãos hábeis do artesão para as engrenagens da máquina, esses economistas políticos populares afirmavam ser a ciência e a invenção parte da herança do trabalhador. Professando a opinião de que deveria existir uma distribuição mais equitativa do conhecimento científico, aconselhavam ao trabalhador conhecer os princípios científicos a fim de estarem preparados para o dia em que teriam o controle da produção.

Colocava-se no ponto de vista dos trabalhadores e suas opiniões coincidiam com as contidas em algumas circulares cartistas que reclamavam para o operário os benefícios do conhecimento científico. Essas sociedades radicais de orientação owenista, cartista ou religiosa chegaram a constituir um sério desafio ao movimento burguês dos Institutos de Mecânica, levando os patrões a modificarem suas próprias instituições científicas. Uma mistura de filantropia e de economia política foi a base da criação dos liceus que deveriam oferecer educação elementar e recreação baratas aos trabalhadores. A experiência dos Institutos de Mecânica desenvolveu-se de início no âmbito restrito das localidades, chegando, porém, a adquirir dimensão nacional por meio da Associação Britânica para o Progresso da Ciência.[27]

Os Institutos de Mecânica consistiram em armas poderosas para que se estabelecesse a vinculação entre ciência e tecnologia, para que se impusesse a concepção de processo e de disciplina de trabalho dos patrões sobre os trabalhadores e, mais ainda, para aprisionar a ciência ao projeto burguês de desenvolvimento econômico e tecnológico. A economia política ganhava uma aliada importante na "economia doméstica da fábrica".[28]

---

26 HODGSKIN, Thomas. (1825) Labour defended against the claims of capital. Apud BERG, Maxine. *Op. cit.*, p. 171.
27 BERG, Maxine. *Op. cit.*, p. 145-178.
28 BERG, Maxine. *Op. cit.*, p. 173-178. De acordo com essa Autora, os patrões buscaram trazer para suas associações científicas regionais, cientistas, intelectuais, políticos e homens de negócio de

Dessa maneira não causa estranheza que tenha prevalecido a representação do lugar em que se desenvolvem as atividades do trabalho como domínio da ciência e da técnica, espaço despolitizado onde tudo converge na busca da otimização dos instrumentos da produção.[29] Tudo o que fosse estranho a essa intenção básica foi estigmatizado como obstáculo, como interferência indevida. Aliás, as colocações de Frederick Taylor nos *Fundamentos de Administração Científica*,[30] publicado em 1911, são bem a expressão dessa luta contínua para transformar o espaço da fábrica em puro domínio da técnica, compatibilizando o capital e o trabalho. Postulava colocar-se em um ponto de vista que pretendia equidistante de patrões e empregados para apontar o erro em que essas duas categorias incorriam ao considerarem seus interesses específicos antagônicos, e demonstrar que seus objetivos eram comuns: o máximo de prosperidade para cada parte envolvida. Seu postulado principal faria sorrir ironicamente certos autores críticos do Século XIX:

> provar que a melhor administração é uma verdadeira ciência, regida por normas e leis claramente definidas (...) aplicáveis a todas as espécies de atividades humanas: na direção de nossos lares, na gerência de nossas fazendas, na administração de nossas casas comerciais, grandes e pequenas, na administração de igrejas, de institutos filantrópicos, de universidades e de serviços públicos.[31]

Dickens e Carlyle[32] anteciparam em seus escritos a fantasmagoria presumível de um mundo inteiramente previsível dado ser plena sua redução a números e estatísticas. Embora fosse a fábrica o "fato mais concreto" produzido pelo "*Inventive Genius of England*", idêntica concepção tomara conta de toda a sociedade; tudo se tornara quantificável, mecanizável, calculável; os homens haviam aprendido a avaliar o mundo por meio dos dados estatísticos perdendo a sensibilidade do conhecimento visual. Não mais os homens deviam ser levados em consideração, mas tão somente os produtos

---

Londres com o intuito de promover a ciência aplicada com base no princípio de que o desenvolvimento econômico anda de mãos dadas com o progresso científico. Essa relação encontrou adesão entre cientistas em busca de mercados mais amplos para suas pesquisas e industriais desejosos de estabelecer certa racionalidade em suas escolhas tecnológicas.

29 Amnéris Maroni aponta a repolitização da fábrica pelas práticas operárias no final da década de 70, que tiveram como ponto de partida o controle do processo de produção. In MARONI, Amnéris A. *A estratégia da recusa*. São Paulo: Brasiliense, 1982.

30 TAYLOR, Frederick. (1911) *Fundamentos de Administração Científica*. São Paulo: Atlas, 1978.

31 TAYLOR, Frederick. *Op. cit.*, p. 26.

32 Ver em especial DICKENS, Charles. (1854) *Hard times – For These Times*. Middlesex: Penguin, 1969; e CARLYLE, Thomas. Signs of the Times. *Op. cit.*

de seu trabalho. Não causa espanto, portanto, que tudo o que escapasse a essa previsibilidade fosse identificado como ameaça, e todos os que resistissem a essa convivência caíssem sob o peso da lei e da punição às suas atividades antissociais.

Eliminar, extrair da sociedade todo aquele que traísse as regras firmadas com o pacto social. A eliminação física, comum nos Séculos XVII, XVIII e início do XIX, só começa a ser questionada na década de 1770, por filantropos, como o Quaker John Howard, ao propor inverter o sentido da punição: não mais eliminar o criminoso, mas recuperá-lo para a sociedade.[33] Como não poderia deixar de ser, o trabalho aliado ao confinamento solitário e ao silêncio total foi considerado estratégico para educar o corpo enquanto a severa disciplina carcerária e as preleções religiosas se encarregariam de iluminar a mente do prisioneiro. O sistema penitenciário se instala em vários países europeus e nos Estados Unidos na primeira metade do Século XIX recolhendo lições várias vezes seculares das casas do trabalho, casas de correção e "hospitais".[34]

A prática de recolher os homens pobres encontrados fora do trabalho data na Europa do Século XVII. O grande fechamento relatado por Michel Foucault nos capítulo iniciais da *História da loucura*[35] mostra quão insuportável foi para a sociedade burguesa em formação a presença de homens que, por só terem a propriedade do próprio corpo e não trabalharem, se viam impossibilitados de sobreviver sem lançar mão do produto do trabalho dos outros, fosse por meio do roubo, da mendicância ou na melhor das hipóteses da caridade. Velhos, loucos, doentes, vagabundos, camponeses expulsos da terra, criminosos e até jovens bem nascidos, mas com comportamento condenável eram retirados da sociedade e recolhidos para essas instituições que, alvo das atenções de filantropos, políticos e empreendedores industriais, mereceram inúmeros projetos para transformá-las em oficinas que provessem com o produto do trabalho dos internos sua própria manutenção. Aliviar a carga paroquial na manutenção dos pobres representou uma das facetas da constituição dessas casas correcionais; a outra parece ter sido a crença do poder inerente à atividade do trabalho para internalizar nos homens as regras do convívio civilizado ou, nas palavras

---

33 IGNATIEFF, Michael. *A just measure of pain*: the penitentiary in the industrial revolution, 1750-1850. New York: Pantheon Books, 1978, Caps. 3 e 4; também a coletânea organizada por Michelle PERROT, Michelle (Org.). *L'Impossible prison*: recherches sur le systeme penitentiaire au XIXe siecle. Paris: Seuil, 1980.

34 IGNATIEFF, Michael. *Op. cit.*, 1978; PERROT, Michelle (Org.). *Op. cit.* MELOSSI, Dario; PAVARINI, Glynis Cousin. *The Prison and the Factory* – Origins of the Penitentiary System. London: The MacMillan Press, 1981.

35 Em particular os caps.: II "A grande internação" e III "O mundo correcional". FOUCAULT, Michel. (1961) *História da Loucura*. Trad. José Teixeira Coelho Netto. São Paulo: Perspectiva, 1972.

dos homens letrados dos Séculos XVII e XVIII, para tornar o homem pobre um ser plenamente moralizado.

Esses projetos tornavam efetiva a aposta burguesa na projeção futura de um mundo inteiramente regulado pela atividade do trabalho. Sob o acobertamento dessa crença, na Inglaterra da segunda metade do Século XVIII, determinadas categorias de prisioneiros mantidos em casas de correção eram constrangidas ao trabalho a fim de aprenderem *"the lessons of industry"*.[36] Foi também comum os proprietários de certos tipos de indústria distribuírem serviços a prisioneiros com a explícita intenção de obter mão de obra barata.

Os fabricantes de tecidos, de corda, de tijolos e de velas fizeram largo uso desse trabalhador, e em alguns casos, como na fabricação de tecidos de lã, chegaram a depender bastante deles para o preparo de matéria-prima. A contratação de serviços externos à fábrica serviu, segundo Sidney Pollard,[37] para ensinar os patrões a administrar um sistema de produção com base numa extensa divisão do trabalho. Porém a curta duração das penas tornou difícil a utilização sistemática dos encarcerados e elevou os patrões a voltarem sua atenção para o uso mais extensivo do trabalho livre.

Não existe exagero algum na afirmação de que as casas de correção ou casas do trabalho foram o protótipo das fábricas em muitas regiões da Europa. Os *Colledges of Industry* do Quaker John Beller, a Bristol *"Mint"* dos comerciantes dessa cidade e as *workhouses* propostas por John Locke foram algumas das experiências que no Século XVII procuraram transformar vagabundos em trabalhadores, buscando ao mesmo tempo reduzir a carga paroquial com a caridade. As *Rasp Houses* de Rotterdan e de Amsterdã, instituídas nos Países Baixos nos anos de 1550, tiveram o mesmo intuito de confinar a horda de vagabundos das cidades e dos campos, homens que haviam sido expulsos de suas terras durante a guerra com a Espanha. Também em Flandres, a *Maison de Force* iniciou suas atividades na década de 1770 recolhendo vagabundos e pequenos ladrões de estrada que perturbavam os proprietários de terras logo após a Guerra dos Sete Anos. É bastante significativo, portanto, que entre os anos 1753 e 1771, nove imensas casas de trabalho tenham sido construídas por iniciativa de grandes proprietários fundiários e fabricantes de tecidos ingleses e tenham recebido a denominação de *House of Industry*. Num momento de descontentamen-

---

36 Para os significados atribuídos à palavra *industry* remeto a WILLIAMS, Raymond. (1958) *Culture & Societey*. 1780-1950. New York: Harper & Row, Publishers, 1966, p.XI-XII.
37 POLLARD, Sidney. *The Genesis of Modern Management*: A Study of the Industrial Revolution in Great Britain. Cambridge: Harvard University Press, 1965.

to pela alta taxa de manutenção dos pobres da região de Suffolk, essas instituições representaram a mais bem-sucedida tentativa para explorar o trabalho dos pobres recolhidos a cada uma delas, cujo número chegou a exceder a casa dos 500.[38] Elas foram mesmo as instituições modelares que inspiraram a estruturação do sistema penitenciário e a moderna fábrica industrial. Contudo, a Europa foi apenas parte de uma preocupação ampla que incluiu também o campo das práticas de confinamento das pessoas incapazes para o trabalho, desocupados ocasionais e dos que se recusavam a trabalhar; estendeu-se às experiências norte-americanas. Ainda nesse sentido importa sublinhar a simultaneidade dessas duas instituições de sequestro do homem pobre — a prisão e a fábrica — moldadas ambas pelas práticas disciplinares das casas do trabalho e, não é demais lembrar, pelas empresas coloniais, que utilizando mão de obra escrava exercitaram-se na "concentração de trabalhadores destituídos de meios de produção e expropriados de qualquer saber técnico", na extensa divisão do trabalho e na disciplina da produção em larga escala.[39] Uma verdadeira experiência planetária alicerçada no pressuposto do trabalho e da acumulação dos frutos do trabalho serem a base da vida em sociedade. Esse elenco de experiências apoiam a tese de Foucault quanto à origem muitas vezes mesquinhas e até pouco confessáveis das instituições basilares do nosso mundo contemporâneo. Esse percurso pelas instituições de segregação do homem pobre fora e dentro do trabalho mostra a estreita solidariedade e mesmo a superposição de instituições que chegaram até nós como duas coisas distintas, indica também a íntima relação do discurso da economia política e o da lei-ciência da moral, forjando a sociedade de trabalho.

A fábrica, os trabalhadores, a cidade e as ciências sociais

> Eis Paris! Todas essas janelas, todas essas portas, todas essas aberturas, são bocas que precisam respirar (...). Paris é uma imensa fábrica de putrefação, onde a miséria, a peste e as doenças trabalham em conjunto, onde nem o ar, nem o sol penetram. Paris é um mau lugar onde as plantas definham e morrem, onde de sete crianças, morrem quatro por ano. Os médicos que en-

---

38 POLANYI, Karl. (1944). *A grande Transformação*: as origens de nossa época. Trad. Fanny Wrobel. Rio de Janeiro, Campus, 1980, p. 113-120.
39 Edgar de Decca em *O nascimento das fábricas* desmonta a afirmação corrente de ter o sistema de fábrica sido primeiro uma experiência europeia exportada depois para as área coloniais e mostra a anterioridade desse sistema nos engenhos de açúcar no Brasil do Século XVIII. DE DECCA, Edgar. *O nascimento das fábricas*. São Paulo: Brasiliense, 1982.

traram nos pardieiros das classes pobres fizeram relatos assustadores; porém os ricos já se esqueceram.

Victor Considerant. *La Destinée sociale*, 1848⁴⁰

A miséria *é a pobreza sentida moralmente*. Não basta que a sensibilidade física seja ferida pelo sofrimento para reconhecermos a presença do flagelo: o que interessa é alguma coisa mais nobre do homem, ainda mais sensível do que a pele e a carne; seus golpes dolorosos penetram até o homem moral. (...) A miséria é um fenômeno de civilização; supõe o despertar do homem e mesmo um estágio avançado de desenvolvimento da consciência.

Sublinhado no original: Eugène Buret. *La Misère des classes laborieuses en France et en Angleterre*. 1840⁴¹

Os fatos demonstram a importância política e moral dessas considerações, a saber, que os meios físicos malsãos deterioram a saúde e a condição física da população, que atuam mesmo como obstáculos para a educação e para o desenvolvimento moral; que diminuindo a expectativa de vida da população trabalhadora adulta, interrompem o crescimento das capacidades produtivas e diminuem o capital social e moral da comunidade...

Edwin Chadwick. *Report to her Majesty*. 1842⁴²

Sem casa, não há família; sem família, não há moral; sem moral, não há homens, sem homens não há pátria.

Jules Simon *La Famille* 1869⁴³

A arquitetura preside os destinos da cidade. Ela ordena a estrutura da habitação, esta célula básica do tecido urbano, cuja salubridade, alegria e harmonia estão submetidas às suas decisões. Ela agrupa as casas em unidades de mo-

---

40 CONSIDERANT, Victor. (1848) *La Destinée sociale*. Apud CHEVALIER, Louis. *Classes laborieuses et Classes dangereuses pendant la première moitié du XIXe siècle*. Paris: Librarie Générale Française, 1978, p. 233-235.

41 BURET, Eugène. *La misère des classes laborieuses en Angleterre et en France*. Paris: Paulin, Librairie, 1840 – Ed fac-simile Paris: Editions d'Histoire Sociale, 1979. Cf. cap. 1 e 2, citação: p.113.

42 CHAWICK,Edwin. *Report to her Majesty*. 1842 Apud BÉGUIN, François. Les machineries anglaises du confort. MURARD, Lion; ZYLBERMAN, Patrick (Org.) L'haleine des faubourgs. Paris: *Recherches*, n° 29, dez.1977/1978, p. p. 155-186; As maquinarias inglesas do conforto. trad. Jorge Hajime Oseki . *Espaço & Debates* n. 34 – Cidade e História, São Paulo : NERU, ano XI, 1991, p.39-54, p.40.

43 Jules Simon foi autor de numerosos livros, vários deles dedicados a questões cruciais para a França da segunda metade do século XIX, dentre eles, destaco: *Le Devoir* (1854), *L' Ouvrière* (1861), *L' École* (1864), *La politique radicale* (1868), *La famille* (1869), *La Liberté politique* (1871), *Dieu, Patrie, Liberté* (1883).

> radia cujo sucesso depende de seus cálculos. Ela reserva antecipadamente espaços livres no meio dos quais se elevarão volumes construídos em proporções harmoniosas. Ela dispõe os prolongamentos das casas, os lugares de trabalho, os espaços destinados ao descanso. Ela estabelece a rede de circulação que põe em contato as diversas zonas. A arquitetura é responsável pelo bem-estar e pela beleza da cidade. (...) A arquitetura é a chave de tudo.
> Le Corbusier, *La Charte d'Athènes*. 1933[44]

Quero enveredar no emaranhado de discursos e práticas, desdobramentos dos discursos da lei (ciência da moral), da economia política e de seu filamento, a economia doméstica da fábrica, por terem participado da elaboração do campo de instituição da sociedade do trabalho. Esses desdobramentos se detiveram minuciosamente no processo de produção fabril avaliando a produtividade da variada forma de composição dos "fatores da produção"; transpuseram os muros da fábrica e emergiram das profundas escavações mineradoras para se lançarem sobre a vida do trabalhador. Com esse procedimento quero negar terem esses campos normativos — o trabalho fabril e o lazer operário — passado antes por uma existência empírica, para depois se constituírem em objeto de estudo. Fossem estes estudos objeto da avaliação otimista dos defensores do sistema de fábrica e da automatização dos processos produtivos, ou da postura pessimista que imputava a essa moderna forma de produzir a degradação do trabalho e das condições de vida do operário das minas e das fábricas, ou ainda, da atitude crítica dos socialistas e de Marx que apostaram no potencial coletivo do trabalhador, como condição básica para a liberação do proletariado.

Com isso, porém, não estou afirmando a anterioridade da fábrica face à preocupação com a figura do homem pobre. Já mencionamos a legislação sobre a vagabundagem que desde a época elisabetana foi dando corpo às leis dos Pobres na Inglaterra; já lembramos também o "grande internamento" do Século XVII, quando mendigos, vagabundos, criminosos, doentes ou simples desocupados ocasionais foram enclausurados nos antigos leprosários; falamos que data ainda do Século XVII a iniciativa dos ingleses, holandeses, alemães, franceses e italianos, pelo menos, internarem em casas de correção os pobres encontrados nas ruas e nas estradas vagando sem trabalho. O poder moralizador do trabalho para aqueles que por terem somente a propriedade do próprio corpo deveriam trabalhar sem interrupção para

---
44 LE CORBUSIER. *Op. cit.*, p. 114.

sobreviver tornou-se uma máxima que as igrejas protestantes e católicas assumiram cabalmente.

Na França, nas décadas finais do Século XVII, grupos religiosos se especializaram na educação da criança pobre usando-a como ponta de lança para a moralização de seus familiares. Preocupados com a ociosidade das crianças pobres das grandes cidades, fossem elas órfãs ou não, as autoridades religiosas fundaram escolas de caridade, partindo do pressuposto de que não se deveria deixar à criança nenhum tempo livre de forma a não dar lugar para a formação de ideias e costumes pervertidos. Também as autoridades leigas das cidades se preocuparam em ocupar o tempo das crianças pobres ociosas cujos pais, "não tendo meios para educá-las, as deixam na ignorância das suas obrigações". A imagem de uma vida errante e desregrada sustentou a proposta de educação da criança pobre que, deixada à sua própria conta, poderia se tornar um adulto depravado, "um verdadeiro veneno capaz de infectar o mundo".[45]

A escola dos pobres vinha em resposta à necessidade de evitar os males da falta de educação e de formar "serviçais fiéis e bons trabalhadores". Nas palavras de Charles Démia, um dos propugnadores da ideia e responsável pela fundação de 16 escolas entre 1667 e 1689, essas instituições "seriam academias de aperfeiçoamento das crianças pobres" e por meio delas "as manufaturas e as fábricas seriam preenchidas com bons aprendizes que poderiam vir a se tornar excelentes mestres". Contudo, o alcance das escolas para crianças pobres é muito mais amplo, "já que delas dependem a felicidade e a tranquilidade públicas". Segundo Démia, nada deveria ser objeto de maior cuidado de autoridades e homens de posses das cidades. A força moralizadora do trabalho e o insuportável espetáculo da vagabundagem e da mendicância infantil reforçaram-se reciprocamente nas propostas de enclausuramento das crianças pobres. Torná-las aptas ao trabalho, mas também fazer delas as aliadas inconscientes das autoridades junto às suas famílias.[46] Recolhendo as crianças que vagavam pelas ruas, inspecionando as

---

[45] ISAAC, Joseph. Tactiques et figures disciplinaires. ISAAC, Joseph; FRITSCH, Philippe; BATTEGAY, Alain. *Disciplines à domicile: L'édification de la famille.* Fontenay-Sous-Bois: *Recherches*, n° 28, 1977, p. 30 e segs.

[46] ISAAC, Joseph. *Op. cit.*, p. 37-38. O autor afirma : A relação entre pobreza e periculosidade delineia-se já nessa "Representação" aos habitantes bem nascidos de Lyon feitos pelo padre Démia, onde demonstra que cuidar das crianças pobres é uma obra não só de caridade mas de "polícia" (moral) pois os jovens mal educados descambam frequentemente na ociosidade; daí eles dedicarem-se a andar pelas ruas encontrando-se nas esquinas entretidos em conversas dissolutas, tornando-se indóceis, libertinos, blasfemadores, briguentos, dados à embriaguês, à impureza, ao latrocínio e ao banditismo. Tornar-se-iam os mais depravados e facciosos membros corrompidos do Estado, deterioraiam o resto do corpo, caso o chicote dos carrascos, as prisões dos príncipes e a forca não arrancassem da terra essas serpentes venenosas que infectam o mundo pelo veneno e

casas de suas famílias, o visitador do pobre, seja na versão leiga ou na religiosa, chegou até o Século XIX como uma personagem estratégica para manter sob vigilância aqueles que dependiam do auxílio da caridade.

Na Inglaterra, a formação disciplinada de homens para o trabalho tem um estudo já clássico.[47] Nele Thompson mostra como a internalização das regras de boa conduta se fez por meio de várias estratégias que visaram tanto o comerciante-patrão como os seus trabalhadores. Arrancar o homem do tempo regulado pela natureza e pela lógica da necessidade implicou reorganizar a vida a partir de princípios radicalmente novos. Na tentativa de suprimir a irregularidade no trabalho, já que o artesão não pautava sua vida pela intenção de acumular riquezas e dessa maneira o interrompia logo que tivesse produzido o suficiente para vender e obter em troca os meios de subsistência, o comerciante patrão recolheu o trabalhador passando a controlar sua presença. O assalariamento e a monetarização da retribuição do trabalho representaram nas palavras de um homem do Século XIX o chicote moral do trabalhador livre. As escolas dominicais configuraram a estratégia para educar a criança pobre dentro dos "padrões morais da sociedade civilizada", tendo, contudo, a tarefa complementar de assegurar a ela uma vida disciplinada nos seus dias de folga. As Leis dos Pobres e as Casas do Trabalho cuidaram de convencer o homem pobre de que ainda a melhor condição a qual podia aspirar era a proporcionada por um emprego regular.[48]

---

por seu comportamento dissoluto.

47 THOMPSON, Edward P. (1967) Tiempo, disciplina de trabajo y capitalismo industrial. In *Tradición, revuelta y consciencia de clase*. Barcelona: Crítica, 1979. Versão brasileira Tempo, disciplina de trabalho e o capitalismo industrial In THOMPSON, E.P. (1991) *Costumes em comum*.Estudos sobre a cultura popular tradicional. Trad. Rosaura Eichemberg. São Paulo: Companhia das Letras, 1998, p. 267-304.

48 A reformulação do conjunto de leis conhecido como *Poor Laws* deu-se em meio ao debate sobre o custo da manutenção da pobreza e a pressão para se estabelecer um mercado de trabalho destituído de qualquer tipo de proteção. Ao defenderem a idéia de um mercado auto-regulável, ingleses de posição política bastante diversa, como Towsend, Malthus, Ricardo, Bentham e Burke deslocaram a colocação Smithiana de harmonia natural entre os homens para o do equilíbrio enraizado em leis da natureza. Edwin Chadwick, admirador de Bentham, relator das condições de vida do pobre inglês, foi o responsável pelo conteúdo dado à *New Poor Law* de 1834, que suprimiu todo e qualquer subsídio aos salários e à caridade particular e pública para os pobres desempregados, a menos que aceitassem ser recolhidos a uma *workhouse* onde deveriam ser submetidos a um severo regime de trabalho e disciplina. Cf. entre outros Karl POLANYI. *Op. Cit.* Cap.10 : A economia política e a descoberta da sociedade, p. 121 e segs.; MARX, Karl discorre longamente sobre o exército de reserva industrial e a discussão em torno das *Poor Laws*. E cita a posição radical de Towsend: "Parece ser uma lei da natureza que os pobres sejam imprevidentes a tal ponto que sempre existam homens dispostos a desempenhar as funções mais servis, as mais sujas e as mais abjetas da comunidade. (...) As leis de auxílio aos pobres tendem a destruir a harmonia e a beleza,

A vigilância sistemática da vida do pobre permaneceu até o final do Século XVIII restrita aos patrões e educadores. Foram as aglomerações urbanas ao concentrarem grande quantidade de homens no trabalho que chamaram a atenção de pessoas não diretamente ligadas ao processo de produção. A epidemia de cólera toma conta dos bairros operários de Londres e de Manchester no ano de 1832 e foi um dos primeiros sinais alarmantes e fizeram com que os médicos passassem a se preocupar de forma sistemática com as condições de vida e de trabalho das populações pobres. Num momento em que se discute na Inglaterra a violência do trabalho escravo propugnando sua extinção, as péssimas condições em que viviam os trabalhadores tornou-se uma questão controversa. Objeto de infindáveis pesquisas, as fábricas, os bairros e as casas dos trabalhadores foram submetidos aos olhares de múltiplos observadores, em especial dos médicos a partir dessa experiência formularam a Ideia Sanitária.[49] A maior parte dos relatórios dessas pesquisas constituem o resultado do trabalho de comitês ou comissões governamentais ou parlamentares e compõem os chamados *Blue Books*. As denúncias das condições sub-humanas a que estavam sujeitos os homens no trabalho abriram também outra brecha para que se desvendasse o que ocorria por trás dos muros das fábricas e dentro dos poços das minas.

Além das por demais conhecidas incursões de Engels pelas cidades da Grã--Bretanha, é surpreendente a severidade do julgamento feito pelos próprios ingleses. Em 1824, William Cobbet[50] relata que "alguns proprietários de tecelagem têm empregadas milhares de criaturas miseráveis, mantidas 14 horas por dia trancadas, tanto no inverno como no verão, em recintos fechados, onde o calor atinge 80 a 84º F, sujeitas a regras que nem os negros escravos jamais a elas foram submetidos". Seus argumentos são semelhantes ao dos escravistas dos Estados Unidos: "Os negros, quando transportados para as Índias Ocidentais, são colocados no paraíso (sic) se comparados com a situação das pobres criaturas brancas do Lancashire e outras regiões fabris do Norte..." Ele anota o ar irrespirável pela poluição do gás e dos resíduos em suspensão do algodão e outros constrangimentos que levam à doença, à deformação, ao envelhecimento precoce, à morte prematura e à degeneração das crianças. As cenas infernais nos recintos mostram também as imoralidades que aí se

---

a ordem e a simetria desse sistema que Deus e a natureza estabeleceram no mundo." MARX, Karl. (1867) *Le Capital. Op. cit.*, p. 467; *O Capital*, vol.2, cap. XIII., p.211.
49 A esse respeito ver BÉGUIN, François. *Op. cit.*, p. 155-186; e BÉGUIN, Franços. As maquinarias inglesas do conforto, *Op. cit.* p.39-54.
50 William Cobbett foi político radical inglês, pioneiro da imprensa popular.

engendram e levam o autor a uma única conclusão. "Todas as experiências provam que a concentração de pessoas em grandes massas com certeza produz a impureza do pensamento e dos costumes".[51] A brutal exploração do trabalhador espantou mais quando suas vítimas preferenciais foram as mulheres, pois, ainda de acordo com os relatos da época, substituíam os homens, não porque trabalhassem mais ou melhor, mas por serem mais dóceis e aceitarem as injustiças que diariamente se praticavam contra elas. Um observador de fábricas têxteis diz que com muita frequência

> mulheres em avançado estado de gravidez mourejavam desde a manhã até a noite ao lado dessas infatigáveis máquinas e quando sua natureza oprimida tornava-se tão exausta que se viam obrigadas a se sentar para um momento de repouso, eram multadas em 6 pences por esse crime, se surpreendidas pelos supervisores".[52]

Na verdade, os regulamentos internos das fábricas falam por si:

> 1º A porta do pavilhão será fechada toda manhã 10 minutos após as máquinas entrarem em funcionamento e nenhum tecelão poderá entrar até a hora da refeição. Cada tecelão ausente nesse período será multado em 3 *pences* por tear. 2º Os tecelões que se ausentarem durante o período de funcionamento das máquinas serão multados em 3 *pences* por hora e por tear; e os tecelões que saírem da sala sem o consentimento do supervisor serão multados em 3 *pences*... 9º Toda espula, escova, roda, janela, etc. quebrada deverá ser paga pelo tecelão. 11º Se alguma mão (sic) na fábrica for vista falando com outra, assobiando ou cantando, será multada em 6 *pences*. 12º Para cada barra quebrada, um *penny* será cobrado. 16º Para cada roda quebrada, de um *shilling* a dois ou seis *pences*, de acordo com o tamanho.[53]

Esses pesquisadores se lançam nas ruas dos bairros operários e denunciam a sujeira, a umidade, o amontoamento das casas onde nem o ar nem a luz do sol tinham acesso. A alimentação do trabalhador, seus costumes, sua linguagem e seus divertimentos são cuidadosamente observados e anotados. Filantropos, médicos e jornalistas foram os precursores dos cientistas sociais e forneceram com os relatos

---

51 COBBETT, William. Such Slavery, Such Cruelty – *Political Register*, vol.LII, 20.11.1824. Apud PIKE, E. Royston. *Human Documents of the Industrial Revolution*. Londres: George Allen & Unwin LTD,1973, p. 60-62.
52 RASHLEIGH, James. Stubborn Facts from the Factories by a Manchester Operative (James Leach), published and dedicated to the working classe. London: J. Ollivier, 1844. Apud PIKE, E. Royston. *Op. Cit.*, p. 62-63.
53 RASHLEIGH, James. *Op. Cit.*, p. 62-63.

minuciosos de suas observações os dados a partir dos quais certas conclusões se tornaram verdades absolutas. Adotaram diversas estratégias: passar a noite em uma casa do trabalho, fazer longas incursões pelos bairros operários atacados pela peste e, até, anos de andanças pelas ruas de Manchester e Londres, fazer entrevistas com trabalhadores e intrometer-se em suas casas para avaliar suas condições de vida, alimento, moradia, seu comportamento e padrões morais. Analisaram o exaustivo sistema doméstico de produção (*sweating system*) e seus relatos proporcionaram material abundante para dar a conhecer a outra parte da população inglesa, essa "população bárbara" e perigosa, para a civilizada Albion. O recurso a dados numéricos pode ter representado de início um argumento irrefutável para essas denúncias, mas certamente foram eles que forneceram a base considerada objetiva sobre a qual os resultados dos cálculos estatísticos definiram médias, leis, e um procedimento de análise que iria prevalecer soberano nas décadas finais do século XIX. Com Charles Booth, as longas descrições complementam salários, preços de alimentos, etc., os metros quadrados disponíveis para cada habitante, e ao invés da longa enumeração dos pobres trabalhadores e não trabalhadores feita por Henry Mayhew em meados do século, a população trabalhadora e pobre passa a ser classificada de A a F.[54]

Os relatos dos observadores permitem indagar sobre o impacto da peste e das denúncias das condições de trabalho do pobre sobre o civilizado inglês da primeira metade do Século XIX.[55] Impacto que também sofria com a resistência

---

54 A esse respeito ver entre outros: KEATING, Peter (1976). *Into Unknown England*, 1866-1913: Selections from the Social Explorers. London: Fontana Collins, 1981; MAYHEW, Henry. (1851;1861) *London labour and the London poor*. New York: Dover, 1968; YEO, Eillen; THOMPSON, Edward P. *The Unknown Mayhew*. New York: Schocken Books, 1972; BOOTH, Charles. (1902-1903) On the city: physical pattern and social structure. PFAUTZ, Harold W. (Org.). *Selected writings*. Chicago; Londres: Phoenix Books/The University of Chicago Press, 1967; MELCHERS, Véase R. Le rat des villes et le rat des champs: Frédéric Le Play, un penseur de la société industrielle au XXe siécle. *Milieux*, n. 14, jun.-set., 1983.

55 A esse respeito ver entre inúmeros outros: CARLYLE, Signs of the times, e Chartism, *Op. cit.*; e MARX, Karl. *Le Capital*. *Op. cit*. Foi comum comparar as condições de vida do trabalhador "inglês nascido livre" com a do escravo das colônias principalmente na primeira metade do Século XIX, quando o tráfico e a supressão do trabalho escravo nas colônias eram uma questão polêmica na imprensa e no parlamento inglês. Com o título "Yorkshire Slavery", Richard Oastler, religioso e ativista do movimento crítico das condições de trabalho nas fábricas e da Nova Lei dos Pobres, de 1834, publica em 1840, sob o pseudônimo Briton, um artigo em que polemiza com os moralistas defensores da abolição do trabalho escravo nas colônias e contrapõe seus argumentos com as condições do próprio trabalhador industrial na Inglaterra: "O inglês se orgulha de ser proibido existir em seu solo um único escravo (...) do ar livre que respira...", contudo prossegue ele, "esses mesmos ingleses são incapazes de ver a miséria na vizinhança de suas casas, na soleira de suas portas." COLE, George D. H.; FILSON, Alexander W. *British Working Class Movements*: select documents 1789-1875. London: Macmillan; New York: St Martin's Press, 1967, p. 314-317.

operária ao sistema de fábrica e à introdução das máquinas. Tal como o direito à vida havia sempre convivido tensamente com a obrigação ao trabalho, e essa tensão está presente nas Leis dos Pobres, o medo à multidão vai se chocar com a base da sociedade do trabalho, o sistema de produção que requer concentrações humanas permanentes no trabalho e fora dele. As denúncias desses pesquisadores e alguns de seus resultados, as Leis de Fábrica, definiram certas regras para as condições de trabalho, cruzaram com os movimentos de quebra de máquinas e greves operárias sugerindo aos patrões a ideia de organizarem suas empresas de forma a se tornarem menos vulneráveis, o que, no mínimo, nos faz duvidar da afirmação corrente na ciência econômica de ter sido prioritariamente a busca de maior produtividade a razão fundamental das decisões empresariais no sentido de substituir homens por máquinas.

Fora dos locais de trabalho, verdadeiras equipes de "supervisores" dos pobres se lançaram na empresa de restabelecer o contato que a separação profissional e física entre patrão e operário havia interrompido. O efeito de demonstração dos bons hábitos burgueses de alguma maneira deveria atingir a classe destituída de meios de por si mesma adquirir "costumes civilizados". Os patrões deixavam os bairros centrais de Londres para estabelecerem suas residências nos subúrbios mais tranquilos, mas através dos impostos e da caridade encarregaram especialistas dessa supervisão do comportamento do pobre.[56] Relatos como os do jornalista James Greenwood denunciando *As sete pragas de Londres* (1869), a odiosa exploração dos operários das construções de linhas férreas (1871) e o horror das casas do trabalho (1865), se por um lado estimularam a formação da *Amalgamated Society of Railway Servants* (1871), por outro, inspiraram a organização da caridade institucionalizada e centralizada na *Society for Organizing Charitable Relief and Repression of Mendicity*.[57]

---

56 Sobre essa questão ver o clássico estudo de JONES, Gareth Stedman. *Outcast London*: a study in the relationship between classes in victorian society. London: Penguin Books, 1971.

57 GREENWOOD inicia seu texto *As sete pragas de Londres* com as seguintes frases: Constitui fato assustador (chocante, alarmante) elevar-se a 350.000 o número atual de crianças de menos de 16 anos dependentes em algum grau das autoridades paroquiais para sobreviverem, só na Inglaterra e em Gales. É pouco menos assustador saber que anualmente mais de 100.000 criminosos saem das prisões, que durante um período, curto ou longo, foram suas casas, com o único conselho de 'cuidarem-se para não voltarem a aparecer por lá', e sejam lançados para enfrentar o mundo tão mal preparados como quando foram dele excluídos. Isso não inclui nosso imenso exército de vagabundos jovens. (...) é um fato corrente que todo dia, inverno e verão, nos limites de nossa vasta e rica cidade de Londres, vagam, destituídos de tutela apropriada, comida, roupa ou emprego, cem mil rapazes e moças em perfeito treino para a *treadmil* (máquinas movidas por pessoas ou animais que acionam pás continuamente e muito usada para trabalho forçado nas prisões) e para preparação da matéria-prima para cordas (também um trabalho comum das casas-do-

Também na França os relatórios sobre as condições de vida da população das regiões industriais datam das décadas inicias do século XIX. Menos numerosos do que os ingleses, pelo menos até 1850, os observadores franceses concluem que os velhos amontoados do Antigo Regime, localizados nos hospitais e prisões, haviam se reproduzido nas fábricas, nos bairros e nos pardieiros que serviam de moradia para os trabalhadores.[58] Esses relatos, à semelhança dos ingleses, notam obsessivamente os efeitos adversos da aglomeração indiscriminada de homens, mulheres e crianças. A questão da promiscuidade acompanha a vida do trabalhador na fábrica onde está sujeito a contatos suspeitos, à poeira infecta e às altas temperaturas, em casa onde a exiguidade do espaço torna ainda mais perigosa a sujeira e o amontoamento, e enfim, nas suas horas de folga, quando o bar, o bordel e o cabaré reúnem os espécimes mais degradados da humanidade.[59]

As cidades no século XIX foram uma descoberta desconcertante revelada pela concentração de homens e pela peste. Em busca da causa dos frequentes surtos de epidemias mortais e da degeneração dos trabalhadores, os médicos descobrem na pobreza concentrada a causa dos males que atingiam a sociedade. No empenho de fazer um diagnóstico correto e minucioso capaz de definir estratégias para erradicá-los, eles constituíram a cidade enquanto recorte significativo do social, um objeto de estudo e alvo de técnicas disciplinadoras diversificadas.[60] São as explosivas multidões urbanas o objeto e o alvo de um campo de conhecimento que se foi constituindo e hoje é denominado genericamente Ciências do Social. Profundamente

---

-trabalho e nas penitenciárias), e finalmente para Portland (degredo) é a marca do prisioneiro. GREENWOOD, James. (1869) *The Seven Curses of London*. Oxford: Basil Blackwell, 1982, p. 3.

58 Michelle PERROT realizou um levantamento exaustivo das pesquisas francesas que se acham também disponíveis em microfichas. PERROT, Michelle (Org). *Enquetes sur la condition ouvrière en France au XIXe Siécle*. Paris: Hachette, 1972.

59 Em extenso trabalho, Georges Duveau faz um minucioso levantamento desses relatos e discorre longamente sobre seu conteúdo: DUVEAU, Georges. *La vie ouvrière en France sous le Second Empire*. Paris: Gallimard, 1946. Alain CORBAIN também acompanha as pesquisas do médico sanitarista francês Parent Duchatelet pelos esgotos e regiões de prostituição na cidade de Paris, fazendo um balanço muito importante da atividade desses cientistas do Séc. XIX preocupados em tornar a cidade um meio adequado para formar homens disciplinados e bons cidadãos. CORBIN, Alain. *Les filles de noce*: Misère sexuelle et prostitution au XIXe siècle. Paris: Aubier Montaigne, 1978; e CORBIN, Alain. *La prostitution à Paris au XIXe siècle* (par A.J.-B. Parent Duchatelet, 1836). Paris: Seuil, 1981.

60 A esse respeito, remeto a ISAAC, Joseph. *Tactiques et figures disciplinares*. Op. cit.; MURARD, Lion; ZYLBERMAN, Patrick (Org). L'haleine des faubourgs. Ville, habitat et santé au XIXe siècle; e MURARD, Lion; ZYLBERMAN, Patrick (Org). Le petit travailleur infatigable – Villes-usines, habitat et intimités au XIXe siècle. *Recherches*, n°25, nov/1976; nelas os organizadores reúnem textos importantes resultantes de pesquisas pioneiras. Cito em especial BÉGUIN, François. *Op. cit.*, p. 155-186; *Espaço & Debates* n. 34. Op. cit., p.39-54.

arraigada na medicina e na moral burguesa a Ideia Sanitária se constitui fundada na higiene e na medicina social, nas questões urbanas, na estatística, na sociologia da família e na psicologia social.

Do ponto de vista desses analistas sociais, as massas urbanas visíveis — os trabalhadores, os indigentes e os criminosos — convivem lado a lado com as massas invisíveis — o ar poluído, a promiscuidade, as conspirações criminosas. O espaço urbano apareceu para os homens do Século XIX como meio ideal para o crescimento e a transmissão dessas massas malignas. Por contágio toda a sociedade poderia ser atingida. A afirmação, "O vício e a miséria buscam as ruas sujas e sombrias; eles se comprazem nesse terreno que lhes é propício e aí se desenvolvem como cogumelos no estrume", tornou-se praticamente consenso entre homens de posse e/ou instruídos nas décadas finais do Século XIX.

O custo financeiro das multidões de homens indiscriminadamente amontoados, quando avaliado em situações de epidemia, fazia os ingleses concluírem, já na década de 1830, pelo preço menor de uma política preventiva.[61] As horas de trabalho perdidas, os recursos despendidos no cerceamento dos surtos epidêmicos e o custo da manutenção dos pobres fora do trabalho são contabilizados e estratégias saneadoras propostas. Os franceses estabelecem uma relação direta com a ameaça às instituições políticas e é nesse campo que avaliam o perigo da multidão de pobres.[62] O duplo sentido da Ideia Sanitária — físico e moral — define uma sociedade sã: sem doenças, sem crimes, sem revoltas ou revoluções. O reequacionamento da cidade com base na teoria dos fluidos — propiciar a circulação do ar, da água, da luz, das mercadorias e das pessoas – exigiu um investimento razoável para ampliar a rede de esgotos e distribuição de água, exigiu também a regulamentação das construções e o recorte ordenado de ruas e avenidas. Paris do Segundo Império teve seu "arquiteto diabólico" no conde Haussmann, o idealizador das grandes avenidas em estrela, pressionado ele também pela visão das sucessivas vagas da multidão revolucionária nas ruas da capital francesa em 1789, 1830, 1832 e 1848. Londres precisou esperar os investimentos das grandes companhias nos transportes coletivos e nas construções

---

61 Conforme BÉGUIN, François. *Op. cit.*
62 O francês Gustave le Bon fez vários compêndios sobre o comportamento dos homens em situação de multidão, entre eles: LE BON, Gustave. (1895). Psychologie des foules. Paris: PUF, 1963, 1921. Seu trabalho foi ponto de partida para Freud em Psicologia de las masas y analisis del yo. FREUD. Sigmund. (1921) Psicologia de las masas y analisis del yo. In *Sigmund Freud. Obras Completas.* Tomo III (1916-1938) (1945). Trad. Luis Lopez-Ballesteros y de Torres. Madri : Editorial Biblioteca Nueva, 1973, p.2563-2610, ver p.2564 e segs.

de moradias operárias para que as ruas centrais das áreas mais populosas dessem lugar para amplas avenidas.[63]

Contudo, antes do meio do século, a cidade se problematizara em questão urbana, objeto de estudo e espaço a ser equacionado. Tudo nela é identificado e analisado: os homens, suas famílias são recenseadas e seus costumes observados e catalogados; suas casas são esquadrinhadas; tudo e todos são considerados produto do meio ambiente. Essa teoria herdada na medicina do Século XVIII e reavaliada em 1829 pelos *Annales d'Hygiène publique et de Médicine légale* permaneceu orientando as investigações sobre a cidade até inclusive a Carta de Atenas redigida por Le Corbusier em 1933.[64] Assim, aquilo que era tido como enclaves contagiosos — os mendigos, os hospitais, as prisões, os cemitérios — desdobra-se no meio urbano enraizado agora num veículo novo e itinerante, a miséria. No século XIX, a cidade se apresenta como a sequência dos contágios epidêmicos, viciosos, criminosos e sediciosos, sequência confirmada por uma rede de mapas, cifras, gráficos e instituições higiênicas que modelam a ciência da higiene e sua estratégia, a política sanitária; sua grande aliada, as técnicas arquitetônicas. Já em 1846, em seu Tratado de salubridade nas grandes cidades, Monfalcon sentenciava:

> Em matéria de saúde, é preciso obrigar os homens a fazerem aquilo que lhes é útil e evitarem o que pode prejudicá-los. Deste ponto de vista, os habitantes de uma grande cidade devem ser considerados menores de idade; compete à administração ordenar. Se não se houvesse legislado sobre a salubridade, ela jamais teria existido. O policiamento da limpeza tem grandes atribuições: supervisiona a regularidade das construções, impõe um alinhamento simétrico, fixa limite para a altura das casas, a tranquilidade e a liberdade da vida pública, determina a largura das ruas, proíbe aos cidadãos invadir as ruas e as praças e mantém em boas condições de conservação e de limpeza o calçamento e os esgotos. Proporcionar a cada cidadão ar abundante e puro e água potável, tais seus principais deveres.[65]

A cidade deixa de ser observada através de passeios e torna-se o laboratório experimental de estratégias disciplinares que passam também pelos equipamentos coletivos de conforto. É preciso lembrar que a cidade toda é objeto de preocupação; são os

---

63 Cf. JONES, Gareth Stedman. *Outcast London. Op. cit.*, Caps. 8 e 10; e NAVAILLES, Jean-Pierre. Le profit philanthropique, une réponse victorienne à la crise du logement ouvrier. *Milieux*, n° 11-12, oct.1982/jan.1983.
64 Cf. MURARD, Lion; ZYLBERMAN, Patrick (Org.). Le petit travailleur infatigable. *Op. cit.*, p. 55-93.
65 Cf. MURARD, Lion; ZYLBERMAN, Patrick (Org.). Le petit travailleur infatigable. *Op. cit.*, p. 71.

pardieiros, as fábricas, as oficinas, os bares e os cabarés os alvos da higiene e da política de desaglomeração organizada. Os higienistas preconizam formas de transformar a cidade de meio corruptor em meio formador: desfazer os amontoados de pessoas, regular as suas relações, extirpar a promiscuidade. Todo um jogo de regras bem definidas funda a intimidade da vida do trabalhador pobre. A intenção de constituir a família moralizada desloca aos poucos a observação dos corpos para os comportamentos, surge um saber psicológico separado do saber fisiológico: a visibilidade das intimidades domésticas, a transparência do interior da casa do pobre é, primeiro, um ato de "violação" concreto — a inspeção do visitador dos pobres —, depois uma "violação" mais sutil e insidiosa — a técnica do detalhe cifrado estatisticamente.

A premissa do meio formador do homem legitima essa intromissão do saber científico no espaço doméstico e institui a família como objeto de estudo específico. Daí a justificativa de conhecer o que transcorre dentro dos muros das casas: corrigir os erros das condutas. Esse texto publicado em 1873, pelo jornal da Sociedade de Estatística de Paris, repete uma observação constante também entre os ingleses:

> A família, o fundamento de toda a sociedade está sendo atacada em sua base pela libertinagem. Ela afrouxa os laços, quando não os rompe, substituindo os casamentos pelas relações passageiras e os filhos legítimos por crianças que desconhecem seus pais e são abandonadas. A intemperança embrutece os homens; ela exalta até ao furor e à loucura; ela lhe rouba todas as faculdades físicas e intelectuais; ela o torna inútil e com frequência perigoso. A libertinagem e a intemperança são as fontes mais frequentes da miséria e do crime; são os dois grandes abastecedores das prisões e dos hospitais, da vagabundagem e da mendicância.[66]

A higienização dos bairros operários, a vigilância das suas casas e de seus hábitos, a edificação da família nuclear enclausurada no lar, protegida da presença de pessoas estranhas; o trabalhador constante e dedicado na fábrica, na mina, nas docas, etc., um percurso da casa ao trabalho, e vice-versa, sem interrupções no bar, no cabaré; o tempo de folga bem utilizado nos afazeres domésticos, nos esportes saudáveis, na igreja, na escola dominical. Tal é a projeção do fantástico trabalhador infatigável requerido pelo sistema produtivo ininterrupto na sociedade do trabalho. Com certeza o projeto de formar homens totalmente previsíveis chocou-se com a

---

66 BERTRAND, Ernest. Essai sur la moralité des classes ouvrières dans leur vie privée. *Journal de la société française de statistique*, Vol. 14, 1873, Apud MURARD, Lion; ZYLBERMAN, Patrick (Org.). Le petit travailleur infatigable. *Op. cit.*, p. 85-86.

experiência e a concepção de vida operária. As antigas mascaradas com o intuito de reafirmar a solidariedade local em certas comunidades, os rituais corporativos dos artesãos, as feiras sazonais e o costume de alongar o descanso semanal até a "santa segunda-feira" apresentavam graves inconvenientes do ponto de vista dos patrões e das autoridades da cidade: dificultavam a regularidade no trabalho, realizavam-se em espaços públicos provocando aglomerações, barulho, bebedeiras e violência.

Em muitas localidades, se afirmava que a ausência da polícia e de prisões adequadas impedia que cenas desagradáveis e perigosas fossem interrompidas; que os burgueses e suas famílias cortar fossem incomodados por palavras de baixo calão e atitudes violentas, que se conseguisse fechar as casas de bebidas abertas durante dias e noites seguidas.[67]

> ... os lugares, os únicos lugares onde os operários podem espairecer, descansar o corpo ou o espírito: (...) o cabaré e o jornal, o cabaré, que se tornou café-concerto, sala iluminada com mil velas e vinte bilhares, constitui atrativo poderoso para o homem que vai encontrar, no fim da jornada de trabalho, crianças que gritam e uma mulher que se lamenta entre os muros de sua mansarda; o jornal, lido por alguns, escutado por outros, esse descanso dos espíritos, abre uma janela sobre os dois mundos, o mundo habitado e o mundo imaginário, para um homem que durante doze horas dirigiu seus olhos e suas mãos para uma máquina ou um pedaço de couro.[68]

Esta observação feita em 1864 constitui uma avaliação otimista da importância do lugar mais frequentado pelos operários franceses. Afirmação polêmica, entretanto, pois nem os patrões, nem as autoridades leigas ou religiosas, nem parcela significativa dos operários politizados a endossavam. Razões de cunho moral e político apoiavam diversos decretos, como o de dezembro de 1851 na França que determinava o fechamento imediato de qualquer estabelecimento considerado perigoso para a segurança pública, que, em parte, procuram transformar os proprietários dos estabelecimentos frequentados por operários em zelosos auxiliares da polícia. Mesmo com essas restrições, o número de licenças para estabelecimentos de bares e

---

67 Usei para formar o quadro da cultura popular das cidades inglesas e francesas em especial, os seguintes textos: STORCH, Robert (Org.). *Popular Culture and Custom in Nineteenth Century England*. London: Croom Helm; New York: St. Martin's Press, 1982; JONES, Gareth Stedman. Working-class culture and working-class politics in London, 1870-1900: notes on the remaking of a working-class. *Journal of Social History*, Vol.7, jun. 1974; CHEVALIER, Louis. *Op. cit.*; DUVEAU, Georges. *Op. cit.*, Cap. IV, p. 419-537.
68 Remeto para DUVEAU, Georges. *Op. cit.*, Cap. IV, item III – Les loisirs – Le Cabaret, p. 498 e segs.

cafés-concerto cresce muito nos dez anos seguintes (500.000), em parte devido ao abandono pelos operários de suas festas tradicionais.

O recolhimento das pessoas para lugares fechados e especializados em um tipo de diversão foi talvez a iniciativa de maior sucesso dos grupos dirigentes. Limpar as ruas, as praças e os parques, lugares que os homens pobres da cidade dominavam melhor do que a burguesia segregada em suas casas nos subúrbios, significou tanto assegurar o livre movimento de homens e mercadorias, como desenvolver um policiamento preventivo das cidades. Localizar as diversões do trabalhador, moralizá-las e submetê-las a regras consistiu em amplo esforço conjunto de patrões, autoridades civis e religiosas, que viam com crescente apreensão o crescimento demográfico das cidades se fazer à custa da migração massiva de trabalhadores rurais. Ora, nessas décadas da primeira metade do século XIX, na vida cotidiana, a ruptura entre patrão e operário se fazia cada vez mais nítida (Disraeli chega a chamar as Duas Nações), fosse pela distância física (o supervisor substituíra o patrão na fábrica) e psicológica (o patrão se tornava cada vez mais uma abstração ou um conceito), fosse pela luta operária contra a imposição de um sistema de trabalho que, além de substituir sua qualificação pela máquina, dilapidava sua força física. A apreensão burguesa alimentou projetos que buscaram estruturar a sociedade sobre valores morais assumidos por todos. Não resta dúvida de que o fantasma dos anos agitados da Revolução Francesa e do radicalismo político dos artesãos ingleses estimulou o temor e o zelo burguês. Das festas, feiras, dos bares, pubs e cabarés aos cafés-concertos e music-halls a intenção restritiva e despolitizadora até certo ponto se impõe. Contudo os, assim denominados, hábitos inveterados de bebida e dos prazeres debochados permanecem para desagrado das pessoas polidas.

O trabalhador e seu trabalho

> Esse trabalhador, abandonado às atividades antinaturais de nossa civilização, levanta-se às cinco horas da manhã para estar na oficina às seis horas em ponto. Ao atender a tal compromisso, já põe a funcionar suas faculdades de artesão. A marcenaria, profissão cansativa e complicada, força o corpo, inquieta o pensamento com constantes preocupações, de modo que esse operário fica impaciente e se aborrece diante das dez horas de trabalho que se apressam em devorar sua alma, alimentando-o com um ganho parcimonioso.
>
> *Le travail à la journée*, 1848[69]

---

69 Le travail à la journée – 16 juin 1848 – La nouvelle Babylone In RANCIÈRE, Jacques. *La nuit des*

> Pelo que sei do ofício, acredito que hoje um homem trabalha quatro vezes mais do que antes. (...) A oficina onde trabalho se assemelha em tudo a uma prisão — o sistema silencioso é aqui aplicado tal qual numa prisão modelo.
>
> Um marceneiro inglês, 1849[70]

Gostaria de me deter um pouco na questão da perda da autodeterminação do trabalhador que se consuma na moderna empresa capitalista. Determinar o tempo de duração de seu trabalho, essa uma das primeiras perdas do pobre industrioso. O primeiro *Statute of Labourers* inglês data de 1349, momento em que a peste negra dizimara um quarto da população da Europa. Nele ficavam estipulados o salário e a jornada de trabalho. Em 1496, outro *Statute* regulava o trabalho dos artesãos e dos jornaleiros agrícolas, definindo uma jornada de trabalho de 14 ou 15 horas com 2 horas de intervalo para as refeições. Ainda nas três primeiras décadas do Século XIX, o longo dia do trabalhador começava antes do amanhecer para só terminar muito após o por do sol. Marx diz mesmo que "a partir do início da grande indústria no último terço do Século XVIII (...) foi destruída toda barreira interposta pela moral e pela natureza, pela idade ou pelo sexo, pelo dia e pela noite". Prossegue e conclui:

> Os próprios conceitos de dia e noite, rusticamente simples nos velhos estatutos, confundiram-se tanto que um juiz inglês, ainda em 1860, teve de empregar argúcia verdadeiramente talmúdica, para esclarecer 'juridicamente' o que seja dia e o que seja noite. O capital celebrava suas orgias.[71]

Essa voracidade da grande indústria por carne humana encontrava uma justificativa técnica no custo econômico do tempo ocioso da máquina. Atingir a plena utilização desse valioso fator de produção foi o ponto ideal almejado pelos proprietários de fábricas mesmo quando a paralisação das máquinas não implicava interrupções custosas que ocorriam com o resfriamento dos altos-fornos na indústria siderúrgica. A desvalorização do fator trabalho devia-se à introdução da própria máquina que tornava possível o aproveitamento de mão de obra feminina e infantil; daí, o crescimento da

---

prolétaires. Archives du rêve ouvrier. Paris: Fayard, 1981, p. 69; edição brasileira *A noite dos proletários*. Arquivos do sonho operário. Trad. Marilda Pedreira. São Paulo: Companhia das Letras, 1988, p. 66.

70 Extraordinary account of the "strapping system" In YEO, Eileen; THOMPSON, E.P. *The Unknown Mayhew*. New York: Schoken Books, 1972. P. 347.

71 MARX, Karl. *Le Capital. Op. Cit.*, cap. X, p. 205, *O Capital*. São Paulo: Abril Cultural, 1983, V.1, cap. VIII, p.220.

oferta dessa mercadoria no mercado de trabalho. Contudo, o próprio Marx indica que o pragmatismo utilitarista inglês ao atingir seu clímax no início do século XIX vinha já de uma trajetória bastante longa onde a intenção de obter vantagens financeiras com o trabalho dos *poor men* cruzava-se de forma indissolúvel com a intenção de manter os 7/8 da população, com pouca ou nenhuma propriedade e presos ao trabalho, a fim de evitar fosse a ordem pública perturbada.

Nesse sentido, Marx demonstra como os desvarios do autor anônimo do *Essay on Trade and Commerce*, que em 1770 propusera uma *workhouse* ideal onde o pobre deveria trabalhar 14 horas por dia, sendo reservado o tempo necessário para as refeições, de tal modo que 12 horas ficassem livres para o trabalhador, haviam se concretizado muito mais radicalmente no sistema de fábrica. Ou seja, o remédio previsto para curar os males da ociosidade do pobre sem trabalho que recorria à caridade pública tornara-se uma realidade fatual. Na casa do trabalho ideal projetada para ser uma *House of Terror* e não um asilo de pobres, diz Marx, eles obtinham alimentação farta, agasalhos e boas roupas e, em comparação com o operário, eles trabalhavam pouco. Nas palavras de Marx, "a casa do terror para os pobres, com a qual ainda sonhava a alma do capital em 1770, ergueu-se poucos anos depois como uma gigantesca casa de trabalho para os próprios trabalhadores da manufatura. Chamou-se fábrica. E dessa vez o ideal empalideceu em face da realidade".[72]

O descaso com que homens, mulheres e crianças foram tratados pelos patrões parece ir além de uma busca exclusiva do lucro fundada na exploração do trabalho e traz à tona um (pré)conceito profundamente arraigado desde os começos da era moderna: a certeza de que o homem pobre, aquele que só participa da associação dos homens com seu trabalho (da sociedade saída do contrato na versão de Locke) deve trabalhar ininterruptamente para preservar o único bem que possui — a vida no seu corpo.[73] Não deixa de ser interessante notar que entre homens letrados que concebem a vida como dádiva divina e pressuposto da própria existência da sociedade, a tensão entre o direito à vida e à obrigação ao trabalho que torna a subsistência possível tenha pendido para o segundo termo. É mais interessante ainda notar a equivalência entre o tempo no trabalho e os meios de subsistência, tema polêmico desde o Século XVIII (pelo menos) até nossos dias.

---

72 MARX, Karl. *Le Capital. Op. cit.*, cap. X, p. 203-204 ; *O Capital. Op. cit.*, cap. VIII, p.220.
73 LOCKE, John. (1690) *Op. cit.*, Livro II – An Essay concerning the True Original Extent and End of Civil Government. cap. V On Property, p. 129 e segs.

Os argumentos também parecem não terem se alterado significativamente. Por um lado, o autor do *Essay on Trade and Commerce*, citado por Marx, partia da premissa lapidar — "se for em virtude de uma ordem divina que o sétimo dia da semana é festejado, disso resulta evidentemente que os demais dias pertencem ao trabalho", "quer dizer ao capital...", e comenta em seguida, logo, "não pode ser considerado cruel obrigar-se o cumprimento desse mandamento de Deus". O autor do *Essay*, vai mais longe e afirma:

> O homem em geral tende, por natureza, à ociosidade e à indolência; conforme a experiência fatal da conduta da nossa plebe manufatureira que não trabalha em média mas que 4 dias por semana, salvo no caso do encarecimento dos meios de subsistência... [74]

Ora, para o autor essa tendência natural para a indolência encontrava apoio num valor moral em vigência na própria sociedade inglesa — a liberdade:

> Os franceses, embora tenham grande número de dias feriados, trabalham toda a semana. Mas nossa plebe manufatureira meteu na cabeça a ideia fixa de que, na qualidade de ingleses, (...) tem, por direito de nascença, o privilégio de serem mais livres e independentes do que o trabalhador de qualquer outro país da Europa. Esta ideia pode ter sua utilidade para os soldados pois lhes estimula a bravura, entretanto, quanto menos os trabalhadores das manufaturas a adotem, tanto melhor para eles próprios e para o Estado. Trabalhadores nunca deveriam considerar-se independentes de seus superiores. É extraordinariamente perigoso encorajar a populaça num Estado comercial como o nosso, onde talvez 7/8 da população têm pouca ou nenhuma propriedade... A cura não será completa (da indolência) até que nossos pobres que trabalham se resignem a trabalhar 6 dias pela mesma soma que agora ganham em 4 dias.[75]

O argumento contrário, também transcrito por Marx, se baseia no pressuposto de que "*all work and no play*" (apenas trabalho e nenhuma distração) embrutece os homens, imbeciliza-os, extirpando-lhes a capacidade de pensar e traz as observações feitas por Postlethwayt em 1774:

> Não se vangloriam os ingleses da genialidade e da habilidade de seus artífices e trabalhadores em manufaturas, que até agora pro-

---

74 MARX, Karl. *Le Capital*, Op. cit., cap. X, p. 203; *O Capital*, Op. cit., cap. VIII, p.218.
75 MARX, Karl. *Le Capital*, Op. cit., cap. X, p. 204 ; *O Capital*, Op. cit., cap. VIII, p.218-219.

porcionaram crédito e fama geral às mercadorias britânicas? A que circunstâncias se deveu isso? Provavelmente a nenhuma outra, a não ser o modo peculiar como nosso povo trabalhador, com seus próprios meios, sabe se divertir. Se eles fossem obrigados a trabalhar o ano inteiro todos os 6 dias da semana, em constante repetição da mesma atividade, isso não sufocaria sua genialidade, não se tornariam estúpidos e lerdos ao invés de alertas e hábeis; não perderiam nossos trabalhadores, em consequência dessa eterna escravidão, seu renome, em vez de conservá-lo? Que espécie de habilidade artística se poderia esperar de animais estafados? [76]

O autor imputa a superioridade do trabalhador (*industrious poor*) nativo em relação ao francês aos "*roast beefs e puddings*", mas também ao espírito constitucional de liberdade dos ingleses. Daí conclui sua oposição àqueles que propõem encarecer artificialmente os meios de subsistência dos trabalhadores de forma a mantê-los no trabalho durante 6 dos 7 dias da semana.[77]

O medo do embrutecimento e da imbecilização do pobre industrioso encontra-se também assinalado em Adam Smith sem, contudo, desviá-lo da apologia da divisão do trabalho. Mas com ele já a própria concepção de trabalho qualificado mudou. A concentração de artífices num mesmo local e o processo de produção parcelado desembocam em uma concepção de trabalho qualificado radicalmente diferenciada entre *art* e *industry*. À perfeição da obra se contrapõe a rapidez do produzir. Não é mais o produto do trabalho — a obra — a finalidade do processo de trabalho, mas a produtividade, a quantidade de mercadorias produzidas. Podemos parafrasear Mumford e dizer que a obra do artesão traz em si, além da finalidade a que serve, a marca da arte do seu particular produtor, é também uma peça para ser admirada por sua beleza; já o produto da fábrica se reduz à sua mera utilidade, e sua forma final é determinada pelas possibilidades do maquinismo que a produz.[78]

Embora a diferença entre obra e mercadoria seja fundamental, ficaríamos ainda num plano de discussão onde prevalece os argumentos técnicos e econômicos. Afinal uma sociedade de mercado se funda em valores de troca, e parece lógica a progressiva expulsão do artífice pelo operário. Não causa estranheza, portanto, que nas décadas iniciais do Século XIX seja senso comum a distinção entre trabalho intelectual e trabalho manual e também considerada uma situação contraditória:

---

76 MARX, Karl. *Le Capital, Op. cit.*, cap. X, p. 203; *O Capital, Op. cit.*, cap. VIII, p.218.
77 MARX, Karl. *Le Capital. Op. cit.*, cap. X, p. 203 ; *O Capital, Op. cit.*, cap. VIII, p.218.
78 MUMFORD, Lewis. *Arte e técnica, Op. Cit.*

> O homem do saber e o trabalhador produtivo estão amplamente separados um do outro, e a ciência, em vez de nas mãos do trabalhador aumentar as próprias forças produtivas para ele mesmo, colocou-se contra ele em quase toda parte (...) O conhecimento torna-se um instrumento capaz de ser separado do trabalho e oposto a ele.[79]

Não causa estranheza também ter o comentador francês de Smith levado até as últimas consequências o pensamento do autor da *Riqueza das Nações* ao achar contraditória a preocupação dele com a imbecilização do trabalhador que executa no cotidiano a mesma operação parcelar e simples. Ao argumento de Smith de que "um homem que despende toda a sua vida na execução de algumas operações simples (...) não tem nenhuma oportunidade de exercitar sua inteligência (...) torna-se geralmente tão estúpido e ignorante quanto é possível a uma criatura humana", daí ser dever do Estado despender determinada quantia para a instrução elementar do pobre trabalhador, seu tradutor e comentador francês, G. Garnier, contrapõe:

> como todas as divisões do trabalho, a do trabalho manual e trabalho intelectual se torna mais acentuada e mais resoluta à medida que a sociedade torna-se mais rica. Como qualquer outra divisão do trabalho é a consequência de progressos passados e causa de progressos futuros.

E vai além:

> ...pode o governo contrariar essa divisão do trabalho e retardar sua marcha natural? Pode ele empregar parte da receita pública para tentar confundir e misturar duas classes de trabalho que almejam sua divisão e separação?[80]

No início do século XIX a popularidade dos manuais técnicos entre os proprietários de fábricas demonstrava a efetividade da separação entre conceber-organizar e produzir. Até textos bastante técnicos sobre o funcionamento de máquinas a vapor encontraram leitores ávidos, o mesmo acontecendo com os manuais que expunham os princípios

---

79 THOMPSON, William. *An inquiry into the principles of the distribution of wealth most conducive to human happiness* – Applied to the newly proposed system of voluntary equality of wealth. London: Longman, 1824. Apud MARX, Karl. *Le Capital. Op. Cit.*, cap. XIV, nota 46, p. 625 ; *O Capital, Op. cit.*, cap.XII, nota 67,p.284.

80 SMITH, Adam. *Op. cit.* vol. II, Parte Terceira – Os gastos com as obras e instituições públicas, Artigo II, p. 213-217. MARX, Karl. *Le Capital. Op. Cit.*, cap. XIV, p. 262-266; cap. XV, p. 285; *O Capital, Op. cit.*, cap.XII, p.284-285.

científicos de organização de oficinas ou fábricas. Os trabalhos de James Montgomery sobre fiação do algodão, o de Robert Owen sobre administração de pessoal, o de Charles Babbage sobre os princípios mecânicos das artes e manufaturas e o de Andrew Ure, uma apologia do sistema de fábrica, destacaram-se dentre uma grande quantidade de escritos, ensaios e anotações feitas pelos próprios empresários no intuito de sistematizar suas atividades. Os periódicos e enciclopédias tornaram o tema da tecnologia tão popular que relatos de visitas a fábricas concorriam com as descrições de viagens a terras longínquas. Babbage chegou a prever com a especialização do trabalho intelectual a formação de uma nova raça de homens da ciência na Inglaterra composta por filhos de industriais.[81]

Não resta dúvida de que grande parte desse empenho em formar bons administradores de empresas visava definir um procedimento unificado para quebrar a resistência do trabalhador frente à divisão do trabalho e à introdução das máquinas. O sistema de assalariamento por peça, proposto pelo próprio Babbage, completa sua avaliação sobre os efeitos dos maquinismos para reduzir a demanda de trabalho. É bastante significativo que essa avalanche de escritos coincida com a fase mais violenta de agitação operária a favor de um salário mínimo legalmente estabelecido e da supressão, ou da pesada taxação, das máquinas introduzidas nas fábricas de tecido. Os movimentos de quebra de máquinas, analisados por Edward P. Thompson, mostra um movimento organizado com base em objetivos bem definidos. A discordância dos tecelões quanto à desqualificação do seu trabalho expressava-se de forma mais radical em indústrias antigas como a tecelagem de lã. A declaração de um operário desse setor ainda nos anos iniciais do século muito longe está de parecer a fala de um ser imbecilizado pelo trabalho rude e rotineiro:

> Talvez nenhum homem vivo trabalhe hoje em dia tão duro e retire tão pouca recompensa como o tecelão. Entretanto eles não conhecem outro ofício, nem têm capital para mudarem para outro; daí terem que se esfalfar.[82]

Mesmo a aceitação da máquina como algo danoso que viera para ficar não implicou o emudecimento do trabalhador. Tanto em petições para as autoridades governamentais, como em declarações feitas pelas associações de tecelões, os operários denun-

---

81 BERG, Maxine. *Op. Cit.*, p. 188.
82 THOMPSON, E.P. (1963,1968) *A formação da classe operária inglesa*. II – A maldição de Adão. Trad. Renato Bisatto Neto; Cládia Rocha de Almeida. Paz e Terra. Coleção Oficinas da História, 1987, cap. 4 Os tecelões, p. 117-177.

ciam a relação direta entre as "novas descobertas" e a redução do trabalho manual: este enriquecia somente o patrão e em proporção igual ao empobrecimento das classes trabalhadoras; mostram como a recusa dos patrões a aumentar o salário do trabalhador reduzia os tecelões à condição de vagabundo. Este foi um argumento poderoso para propor a união e a organização entre os operários têxteis — ocupar um lugar na sociedade respeitável.[83] O depoimento de um grupo de cartistas feito a Henry Mayhew é muito significativo da apreensão operária relativa a exploração — "Nós consideramos que o trabalho não está representado na Câmara dos Comuns, e não sendo representado, o capitalismo e o proprietário fundiário fazem tudo o bem entendem".[84]

Que o "movimento científico" com seus Institutos de Mecânica tenha contribuído para popularizar a máquina mesmo entre os trabalhadores, dela retirando parte da dimensão diabólica, de forma alguma implicou a aceitação passiva das condições miseráveis de trabalho. A prática de realizar exposições de máquinas, muito antes de adquirir a proporção das exposições universais da metade do século com vistas a promover o conhecimento e a venda das inovações mecânicas, foi uma estratégia de busca da adesão do operário à fábrica mecanizada. As exposições montadas nas cidades industriais nas décadas de 1820, 30 e 40 destinavam-se precipuamente ao trabalhador: seu objetivo era dar a "inteligência" (conhecimento) da totalidade do processo de produção ao operário parcelar, fazendo largo uso do argumento que definia a máquina como a grande auxiliar do homem e expressão concreta do progresso. Com certeza, a imprensa, o movimento científico e as exposições desempenharam um papel importante na definição da nova imagem do trabalho qualificado — a destreza em manejar os novos mecanismos.[85]

O processo de trabalho que até então havia transcorrido fora das vistas das pessoas não diretamente ligadas a ele, e mantinha em torno das fábricas uma auréola de mistério — esses castelos que têm suas luzes constantemente acesas — é desvendado de várias maneiras. A questão da máquina e a condição da questão inglesa (ou questão social) trazem para a publicidade — para espanto e surpresa dos homens e mulheres bem nascidos — a que preço se fazia da Inglaterra a oficina do mundo. A fábrica torna-se um observatório das condições de trabalho e um laboratório de experiências com a capacidade e resistência do trabalhador, bem como sua adaptabilidade à máquina. Fica patente que a proclamada relação entre dois homens igualmente proprietários que se dá no mercado de compra e venda do trabalho, muda totalmente de figura quando o

---

83 BERG, Maxine. *Op. Cit.*, p. 229.
84 BERG, Maxine. *Op. Cit.*, p. 231; e MAYHEW, Henry. *Op. Cit.*, p.111.
85 BERG, Maxine. *Op. cit.*, p. 161-164.

comprador da força de trabalho entra com sua mercadoria na fábrica.[86] Aí ele usa de todo seu poder para descobrir os meios de melhor consumir a mercadoria adquirida.

A dificuldade com que se estabeleceram as leis fabris e o corpo de funcionários públicos necessários para fiscalizar sua implantação deixa bem claro a flexibilidade da lei em relação ao patrão. Quanto à noção de moral pública, esta demonstrou ser mais elástica ainda. Na verdade, a certeza de que após ter comprado o tempo de trabalho do operário, o patrão torna-se vontade única que penetra o trabalhador para que se efetive o consumo da mercadoria trabalho, parece ter orientado a organização do processo de trabalho em todas as suas modalidades: sua única barreira intransponível — a exaustão física e mental do trabalhador. Fica patente a incompreensão do patrão revoltado frente a resistência operária a explicitar sem disfarces sua discordância de que no espaço da produção reina soberana uma única vontade orientada para o pretenso objetivo comum de produzir sempre mais.[87]

Amparava a pretensão patronal o direito de propriedade sobre todas as condições do processo de produção; seu objetivo maior: assegurar o rendimento ótimo dessas condições. Daí as multas penalizando a irregularidade do trabalhador; controle da entrada e da saída; multas pela má execução do trabalho; penalização pela utilização incorreta de máquinas e ferramentas.

Acompanhou o desvendamento do lugar do trabalho o relato minucioso da voracidade com que o processo de produção consumia carne humana. As longas jornadas e a correspondente exaustão do trabalhador; o ritmo incansável da máquina e a necessidade do operário desenvolver movimentos mecânicos pautados por ela; as altas temperaturas inerentes a múltiplas situações de trabalho, a poluição ambiental produzida por gases venenosos e matérias em suspensão no ar e os acidentes no trabalho, amplamente facilitados pela concentração exagerada de homens em pequenos espaços e pela total ausência de proteção em relação às máquinas, fornos, etc., juntos corroem a saúde, deformam, aleijam e matam o trabalhador. Desvendar o lugar do trabalho também implicou anotar o comportamento operário: embriaguês, ausência, descuido, roubo, promiscuidade e atitudes irresponsáveis.

As fábricas e as minas tornam-se temas de relatos que oscilam entre a ficção terrífica e a realidade espantosa. Em 1867, Simonin descreve a cidade do carvão.

---

86 MARX, Karl. *Le Capital, Op. Cit.*, cap. VI, p. 129-135; *O Capital, Op. cit.*, v. 1, cap.IV, p.138-145.
87 Sobre a relação entre o operário e o sistema de fábrica cf. MARX, Karl. *Le Capital, Op. cit.* cap. XV, p. 291—304; *O Capital, Op. cit.*, v. 2, cap.XIII, p.33-47.

> Esta cidade subterrânea é habitada dia e noite; ela é iluminada, mas por lâmpadas fumarentas. Ela tem trilhos e caminhos de ferro percorridos por cavalos, as locomotivas. Ela tem riachos, canais e fontes. Ela tem até certas plantas, certos seres que só lá existem, e a vida, diz-se, parece adquirir aí formas especiais. É a cidade negra e profunda, a cidade do carvão, centro animado do trabalho.[88]

Nas explorações mineiras se concretiza pioneiramente o domínio total da vida do trabalhador. É nelas que a ideia da instituição disciplinadora se efetiva. Sua expressão: a cidade caserna que depois se torna modelo para outros setores industriais. Em 1848 o Conselho administrativo se felicita pelo bom comportamento dos trabalhadores da Grand-Combe e revela sua intenção: "O que nos falta ainda é uma vigilância mais extensa, mais completa de suas condutas, de suas situações, de suas famílias..." A resposta surge na edificação de cidades fechadas:

> As cidades operárias da Companhia de Betume tem uma particularidade que merece ser assinalada: os "*corons*" ou grupos de moradia são completamente rodeados de muros. Na entrada dos muros e das avenidas existem correntes que são fechadas somente em "tempo de greve" para impedir a entrada de operários das outras Companhias. A igreja, a sala de socorro, tudo se encontra dentro dos muros isolando completamente a cidade do resto da população.[89]

Aliás, esse controle disciplinar dos mineiros e de suas famílias parecia indispensável dado que algumas dessas explorações mineradoras concentravam 16.000 pessoas, ou mais. A fantasia da usina fortaleza aparentada com o convento, com a prisão ou com a casa do trabalho deveria produzir o trabalhador: um homem modelado para as necessidades da produção, atado à máquina, pura força de trabalho que age como autômato. A usina Krupp em Essen realiza essa fantasmagoria, pelo menos no relato de Reybaud. São 8.000 operários submetidos à tradição militar:

> A fábrica tem uma caserna que aloja 1.500 operários, que são naturalmente aqueles cujo trabalho exige que estejam sempre de prontidão. O alojamento na caserna dá direito ao refeitório o que completa sua assimilação. Aqui não se vê excesso: tudo é modesto, a casa, os hábitos, as distrações. Quando de manhã, aos primeiros raios da aurora, esses 8.000 operários deixam a cidadezinha ou as casas próximas para

---

88 SIMONIN, Louis. *La vie souterraine*: ou, Les mines et les mineurs. Paris: Hachette, 1867, p.138.
89 SIMONIN, Louis. *Op. Cit.*, cap. Les pays noirs, p.44-63. Simonin descreve áreas de mineração em países europeus, da Ásia, África, América do Sul e do Norte, Oceania, Índias.

> retomar seu lugar nas oficinas, só se escuta o barulho do calçamento que ressoa sob seus pés. Nenhum grito, nenhuma diversão ou brincadeira. Cada um vai por sua conta como pessoas que nada tem a se dizer, e que sonham somente com chegar ao lugar indicado para seu trabalho. Seu passo é cadenciado como o de uma tropa marchando; na volta, quando o dia acaba os homens da corveia regressam, e o movimento é o mesmo. Lugar excepcional este onde o trabalhador não dá outras emoções aos empresários que o empregam![90]

O tom irônico no final do relato expressa o desconcerto do observador ao constatar de maneira insofismável que o tempo de trabalho se tornou o infinito. A atividade de produzir não se completa na obra pronta; a atividade de produzir tornou-se infindável, só é interrompida para o repouso necessário, a reposição das energias gastas no processo de consumo dessa particular mercadoria, a força de trabalho. Nisso, o trabalho do artesão e o do operador da máquina se igualam, tornando quase insensível a diferença entre o saber e produzir reunidos e o saber e produzir separados. Quando se ganha por peça produzida a arte da mão busca a celeridade mecânica da máquina e o trabalhador ganha em proveito de seu patrão o que perde de sua força e assim,

> ...o passar das horas deixa entrever o déficit radical dessa transferência de energia efetuada apenas sob a dupla figura do esquecimento e da luta. O furor não se transforma em energia produtiva a não ser na medida em que o pensamento abandona o corpo produtivo para reproduzir a distância do repúdio. Trabalho de embriaguez, trabalho de esquecimento, não a bela harmonia de uma inteligência atenta servida por uma mão hábil;...[91]

Ou ainda nas palavras intraduzíveis da canção dos tecelões:

> Poverty, poverty knock!
> Me loom is a-sayin'all day
> Poverty, poverty knock!
> Gaffer's too skinny to pay.
> Poverty, poverty knock!
> Keepin'one eye on the clock
> Ah know ah can guttle (eat)
> When ah hear me shuttle
> Go: Poverty, poverty knock!

---

90 Todas as citações e informações foram retiradas de MURARD, Lion; ZYLBERMAN, Patrick (Org.). Le petit travailleur infatigable. *Op. Cit.*, p.55-93.
91 RANCIÈRE, Jacques. *La Nuit de prolétaires. Op. Cit.*, p. 71; *A noite dos proletários, Op. cit.*, p. 67.

> Up every mornin' at five.
> Ah wonder that we keep alive.
> Tired an'yawing' on the cold mornin',
> It's back to the dreary old drive.
>
> Oh dear, we're goin'to be late
> Gaffer is stood at the gate.
> We're out o'pocket, our wages they're docket;
> We'll 'a' to buy grub on the slate ...[92]

Referências

ARENDT, Hannah. (1958) *A Condição Humana*. Trad. Roberto Raposo. São Paulo: Forense/Universitária, 1981.

ARMYTAGE, W. H. G. (1961) *Social History of Engineering* Apud BERG, Maxine. *The Machinery* — question and the making of political economy: 1815-1848. Cambridge: Cambridge University Press, 1982.

BÉGUIN, François. Les machineries anglaises du confort. In MURARD, Lion; ZYLBERMAN, Patrick (Org). L'haleine des faubourgs. Ville, habitat et santé au XIXe siècle. Paris: *Recherches*, n° 29, dez.1977/1978 ; As maquinarias inglesas do conforto. Trad. Jorge Hajime Oseki, *Espaço & Debates* n.34, NERU, 1991.

BERG, Maxine. *The Machinery* — *question and the making of political economy*: 1815-1848. Cambridge: Cambridge University Press, 1982.

---

[92] "Pobreza, pobreza bate!
Meu tear repete todo dia
Pobreza, pobreza bate!
O velho é muito mesquinho para pagar.
Pobreza, pobreza bate!
Mantendo um olho no relógio
Sei que posso comer vorazmente
Quando ouço a minha lançadeira
Vá: Pobreza, pobreza bate!
Em pé toda manhã às cinco.
Me espanta nos mantermos vivos.
Cansado e bocejando na manhã fria,
De volta ao velho e triste caminho.
Oh querida, vamos nos atrasar
O velho aguarda no portão.
Estamos sem tostão, nossos salários estão registrados;
Vamos "comprar" boia na laje..."
LLOYD, Albert L. *Folk Song in England*. Londres: Paladin, 1967

BERTRAND, Ernest. Essai sur la moralité des classes ouvrières dans leur vie privée. In *Journal de la société française de statistique*, Vol. 14, 1873, Apud MURARD, Lion; ZYLBERMAN, Patrick (Org.). Le petit travailleur infatigable – Villes--usines, habitat et intimités au XIXe siècle. Paris: *Recherches*, n°25, nov/1976.

BOOTH, Charles. (1889) *Descriptive Map of London Poverty*, Londres : London Topographical Society, 1989. PFAUTZ, Harold W. (Org.). *Selected writings*. Chicago; Londres: Phoenix Books/The University of Chicago Press, 1967.

BRESCIANI, Stella. Metrópoles: as faces do monstro urbano. As cidades no século XIX. *Revista Brasileira de História* n. 8/9, 1985.

CARLYLE, Thomas. (1829) Signs of the Times. In *Thomas Carlyle – Selected Writings*. Harmondsworth-UK: Penguin, 1980.

CARLYLE, Thomas. *Thomas Carlyle – Selected Writings*. Harmondsworth-UK: Penguin, 1980.

CHEVALIER, Louis. *Classes laborieuses et classes dangereuses à Paris pendant la première moitié du XIXe siècle*. Paris: Pluriel, 1978.

COLE, George D. H.; FILSON, Alexander W. *British Working Class Movements*: select documents 1789-1875. London: Macmillan; New York: St Martin's press, 1967.

CORBIN, Alain. *La prostitution à Paris au XIXe siècle* (par A.J.-B. Parent Duchatelet, 1836). Paris: Seuil, 1981.

CORBIN, Alain. *Les filles de noce*: Misère sexuelle et prostitution au XIXe siècle. Paris: Aubier Montaigne, 1978.

DECCA, Edgar De. *A ciência da produção*: fábrica despolitizada. *Revista Brasileira de História*, São Paulo: ANPUH/Marco Zero, n° 6, 1984.

DECCA, Edgar De. *O nascimento das fábricas*. São Paulo: Brasiliense, 1982.

DICKENS, Charles. (1854) *Hard times* – For These Times. Middlesex: Penguin, 1969.

DUVEAU, Georges. *La vie ouvrière en France sous le Second Empire*. Paris: Gallimard, 1946.

ENGELS, Friedrich. (1845) *La situation de la classe laborieuse en Angleterre*. Trad. Gilbert Badia, Jean Frederic. Paris: Editions Sociales, 1960.

FOUCAULT, Michel. (1961) *História da Loucura*. Trad. José Teixeira Coelho Netto. São Paulo: Perspectiva, 1972.

FREUD. Sigmund. (1921) Psicologia de las masas y analisis del yo. In *Sigmund Freud. Obras Completas*. Tomo III (1916-1938) (1945). Trad. Luis Lopez-Ballesteros y de Torres. Trad. Luis Lopez-Ballesteros y de Torres. Madri : Editorial Biblioteca Nueva, 1973.

GREENWOOD, James. (1869) *The Seven Curses of London*. Oxford: Basil Blackwell, 1982.

HAY, Douglas. Property, Authority and the Criminal Law. In HAY, Douglas; LINEBAUGH, Peter et al. *Albion's Fatal Tree*: Crime and Society in Eighteenth Century England. London: Penguin, 1977.

HEYWOOD, Benjamin. Address (1834) Apud BERG, Maxine. *The Machinery — question and the making of political economy*: 1815-1848. Cambridge: Cambridge University Press, 1982.

HODGSKIN, Thomas. (1825) Labour defended against the claims of capital. In BERG, Maxine. *The Machinery — question and the making of political economy*: 1815-1848. Cambridge: Cambridge University Press, 1982.

IGNATIEFF, Michael. *A just measure of pain*: the penitentiary in the industrial revolution, 1750-1850. New York: Pantheon Books, 1978.

ISAAC, Joseph. Tactiques et figures disciplinares. ISAAC, Joseph; FRITSCH, Philippe; BATTEGAY, Alain. (Org.) Disciplines à domicile: L'édfication de la famille. Fontenay-Sous-Bois: *Recherches*, n° 28, 1977.

JONES, Gareth Stedman. *Outcast London*: a study in the relationship between classes in victorian society. London: Penguin Books, 1971.

JONES, Gareth Stedman. Working-class culture and working-class politics in London, 1870-1900: notes on the remaking of a working-class. *Journal of Social History*, Vol.7, jun./1974.

KEATING, Peter. (1976) *Into Unknown England*, 1866-1913: Selections from the Social Explorers. London: Fontana Collins, 1981.

LE BON, Gustave. (1895) Psychologie des foules. Paris: PUF, 1963

LEACH, James. *Stubborn facts from the factories, by a Manchester Operative*, published and dedicated to the working classe. London: J. Ollivier, 1844.

LLOYD, Albert L. *Folk Song in England*. London: Paladin, 1967.

LOCKE, John. (1690) *Two Treatises of Government*. Book II, An Essay concerning the True Original Extent and End of Civil Government. Londres: J.M.Dent & sons Ltd., 1990.

MARONI, Amnéris A. *A estratégia da recusa*. São Paulo: Brasiliense, 1982.

MARX, Karl. (1867) *Le Capital*. v.1, Trad. Joseph Roy. Paris: Ed. Sociales, 1976.

MARX, Karl. (1867) *O Capital*. Trad. Regis Barbosa; Flávio R. Kothe. 2 vol., Os Economistas, São Paulo: Abril Cultural, 1983.

MAYHEW, Henry. (1851-1861) *London labour and the London poor*. New York: Dover, 1968.

MELCHERS, Véase R. Le rat des villes et le rat des champs: Frédéric Le Play, un penseur de la société industrielle au XIXe siécle. *Milieux*, n. 14, jun.-set., 1983.

MELOSSI, Dario; PAVARINI, Glynis Cousin. *The Prison and the Factory* – Origins of the Penitentiary System. London: The MacMillan Press, 1981.

MUMFORD, Lewis. (1951) *Arte e técnica*. São Paulo: Martins Fontes, 1980.

MURARD, Lion; ZYLBERMAN, Patrick (Org). L'haleine des faubourgs. Ville, habitat et santé au XIXe siècle. Paris: *Recherches*, n° 29, dez.1977/1978.

MURARD, Lion; ZYLBERMAN, Patrick (Org.). Le petit travailleur infatigable – Villes-usines, habitat et intimités au XIXe siècle. Paris: *Recherches*, n°25, nov/1976.

NAVAILLES, Jean-Pierre. Le profit philanthropique, une réponse victorienne à la crise du logement ouvrier. *Milieux*, n° 11-12, out.1982/jan.1983.

PERROT, Michelle (Org.). *L'Impossible prison*: recherches sur le systeme penitentiaire au XIXe siecle. Paris: Seuil, 1980.

PERROT, Michelle. (Org.) *Enquetes sur la condition ouvrière en France au XIXe Siécle*. Paris: Hachette, 1972.

PIKE, E. Royston. (1966) *Human Documents of the Industrial Revolution in Britain*. New York: Allen & Unwin, 1973.

POLANYI, Karl. (1944) *A grande Transformação*: as origens de nossa época. Trad. Fanny Wrobel. Rio de Janeiro, Campus, 1980.

POLLARD, Sidney. *The Genesis of Modern Management*: A Study of the Industrial Revolution in Great Britain. Cambridge: Harvard University Press, 1965.

RANCIÈRE, Jacques. *La Nuit de prolétaires*. Achives du rêve ouvrier. Paris: Fayard, 1981; *A noite dos proletários*. Arquivos do sonho operário. Trad. Marilda Pedreira, São Paulo : Companhia das Letras, 1988.

SIMONIN, Louis. *La vie souterraine*: ou Les mines et les mineurs. Paris: Hachette, 1867.

SMITH, Adam. (1776) *A Riqueza das Nações*. Investigação Sobre sua Natureza e suas Causas. 2 vol.,Trad. Luiz João Barúna, São Paulo: Abril Cultural, 1983. Edição portuguesa: *A Riqueza das Nações*. V. I, Trad. e Notas Teodora Cardoso e Luís Cristovão de Aguiar. Lisboa: Fundação Galouste Gulbenkian, 1981.

STORCH, Robert (Org.). *Popular Culture and Custom in Nineteenth Century England*. London: Croom Helm; New York: St. Martin's Press, 1982.

TAYLOR, Frederick. (1911) *Fundamentos de Administração Científica*. São Paulo: Atlas, 1978.

THOMPSON, Edward P. (dez. 1967 *Past and Present* n. 38) Tiempo, disciplina de trabajo y capitalismo industrial. In *Tradición, revuelta y consciencia de clase*. Barcelona: Crítica, 1979. Versão brasileira Tempo, disciplina de trabalho e o capitalismo industrial. In THOMPSON, E.P. (1991) *Costumes em comum*. Estudos sobre a cultura popular tradicional. Trad. Rosaura Eichemberg. São Paulo : Companhia das Letras, 1998, p. 267-304.

THOMPSON, William. *An inquiry into the principles of the distribution of wealth most conducive to human happiness* – Applied to the newly proposed system of voluntary equality of wealth. London: Longman, 1824

YEO, Eillen; THOMPSON, Edward P. *The Unknown Mayhew*. New York: Schocken Books, 1972.

A CIDADE DAS MULTIDÕES, A CIDADE ATERRORIZADA*

Para o historiador o fascínio do tema multidões se inscreve em vários registros: o da contemporaneidade, o das mil facetas de um objeto que se constitui pelo acúmulo de descrições e o das teorias sobre as multidões. Trataremos aqui dos dois primeiros registros, ainda que de modo indicativo e incompleto.

A contemporaneidade do tema multidões

Vive-se ainda hoje o temor/fascínio pelas multidões aliado principalmente às imagens da revolta/resistência, da pobreza/miséria, da *alteridade* enfim. Esses sentimentos contraditórios, profundamente arraigados em preconceitos tão antigos como o relativo ao *demos* na Atenas clássica ou à *plebe* na Roma antiga, foram agravados hoje em dia pelo crescimento físico e populacional desmesurado das grandes cidades: o convívio com a diversidade (étnica, linguística, cultural) de populações que se acrescentam, configura a projeção da perda de identidade pelos antigos citadinos que, em princípio, se auto-representavam pelo modo de falar, por formas de comportamento, pela aceitação tácita de uma determinada hierarquia reconhecível até em sua disposição geográfica, enfim, por uma *ima-*

---

* Publicado em *Olhares sobres a cidade*, PECHMAN, Robert M. (Org.), Rio de Janeiro: Ed. UFRJ, 1994, p.9-42 e revisado para esta edição. As traduções do francês e do inglês foram feitas pela autora.

gem de *sua cidade*. Pode-se falar talvez no conforto proporcionado pela sensação, falsa certamente, de se viver em uma *comunidade expandida*.

Se fisicamente São Paulo foi três cidades em um século, no entendimento de Benedito Lima de Toledo[1], em termos culturais as camadas diferentes acumulam-se, justapõem-se sem se fundirem em uma cultura urbana única. A diversidade é a marca registrada dessa cidade e a simultaneidade de formas de expressão cultural díspares, de diversas cidades em um mesmo espaço físico denominado cidade de São Paulo por vezes provoca um mal-estar inequívoco. O isolamento de cada camada se busca evitar a *contaminação* entre grupos diferentes, não chega a impedir a aproximação que se faz de maneira violenta, pelo roubo, sequestro, mendicância etc.

Mais desconcertante talvez seja a certeza de fazermos parte dessa multidão composta por pessoas e grupos diversos; de não mais operarmos na cômoda posição intelectual, que ainda no século XIX definia uma nítida distância entre nós, os esclarecidos observadores do mundo, no caso da sociedade, e a plebe ignara sempre pronta a se transformar em turba. A Primeira Grande Guerra parece ter sido, na opinião de vários autores, o momento do reconhecimento de que qualquer homem, por mais instruído que fosse, poderia em determinadas condições vir a fazer parte de uma multidão turbulenta e, como ela e com ela, cometer atos irracionais e negadores do seu "estágio de civilização". A desconcertante revelação de quão fina e frágil era a camada de civilidade a recobrir a bestialidade residual no homem, já entrevista em 1871 na explosão revolucionária da Comuna de Paris, instala-se no pensamento político como ponto de partida para a definição de qualquer estratégia que deveria levar em consideração a falência da aposta iluminista no *esclarecimento universal*. Junto com ela, desfaz-se a ideia de uma *civilização europeia atada pelos laços da amizade* e a crença no poder da *opinião pública* como elemento de equilíbrio na expansão das franquias políticas em direção à *democracia*. Velhos espectros – a turba, a tirania embrionária na democracia de massas, a irracionalidade persistente e o possível retorno ao caos primitivo – voltam a rondar a vida nas sociedades modernas. O pessimismo perante a presença da multidão nas sociedades democráticas, antes restrito a um pequeno número de intelectuais, que como Nietzsche, prenunciaram a derrota de um pretenso progresso humano imutável, generaliza-se e ganha teóricos preocupados com algo que apontava para uma normalização da violência[2].

---

1 TOLEDO, Benedito Lima de. *São Paulo*: três cidades em um século. 2ª ed. aumentada. São Paulo: Duas cidades, 1983.

2 Esta avaliação pessimista, já bastante nítida em autores como Hippolyte TAINE, que no prefácio

Tomava-se mais difícil continuar mantendo uma separação entre o "nós", os intelectuais esclarecidos, e a "massa ignorante", presa fácil do poder carismático dos líderes demagógicos. Se nas décadas finais do século XIX partia-se da pressuposta, presente ou futura, educação política das massas, tendo-se como certo que só ocasionalmente a turba emergia da multidão, o século XX conviveu com a certeza de que todos pertencem à multidão. Resta-nos apostar com Elias Canneti no poder potencial presente na multidão de negar-se à liderança, em particular a dos demagogos.[3]

As mil facetas de um objeto que se constitui por múltiplas descrições

As multidões das cidades parecem surgir do *nada* no último quartel do século XVIII para ocuparem as fábricas e o espaço público como *operários e povo*. Suas antecessoras, as multidões comandadas por demagogos em Atenas e pelos tribunos do povo em Roma, com frequência ressurgem na assim denominada "cultura ocidental", provavelmente e sobretudo como construção e argumento poderoso do pensamento político que sempre lhe atribuiu a potencialidade da destruição da ordem estabelecida. Mesmo nas modernas teorias políticas que a partir da Renascença buscavam desfazer a imagem negativa da multidão, a certeza da manipulação da plebe, presente nas "multidões do rei", ainda no século XVII, remetia para a antiga imagem da multidão, com sua ignorância, reações instintivas e, principalmente, com seu potencial destrutivo.[4] Ecos distantes se misturam com manifestações sucessivas

---

de *Les Origines de la France contemporaine*, publicado em 1875, afirmava ser grande a ignorância política da maioria do povo francês (incluindo as pessoas instruídas), reaparece em outros que fazem-na de forma mais sistemática, como Albert Sorel, em *Les Reflexions sur la violence* e *Les Illusions du progrés* de 1908, que merece para a 4ª edição de 1921 uma revisão que acrescenta uma avaliação cética dos acontecimentos e dos acordos que puseram fim à Primeira Guerra. Também no Brasil foram fortes os prenúncios da falência de uma pretendida divisão internacional do trabalho harmoniosa e equilibrada. Em 1901 e 1903, Alberto Salles, um dos grandes propagandistas republicanos, apresentava no Jornal *Estado de São Paulo*, balanços críticos da política econômica da gestão Campos Salles em clara, indicação da presença de teorias críticas às noções de progresso, razão e universalismo, que encontraria versões mais acabadas em Alberto Torres e Oliveira Vianna nas décadas seguintes. TAINE, Hippolyte. (1875) *Les Origines de la France contemporaine* Paris: Robert Laffont,1986. 2 vol. SOREL, Georges. *Les Reflexions sur la violence*. Paris: Librarie de Pages libres, 1908. SOREL, Georges. (1908) *Les Illusions du progrés*. Paris: Marcel Rivière, 3ª ed. 1921.

3   Cf. McCLELLAND, J. S.The sanity of crowds and the madness of power: Elías Canetti's Crowds and power (1960). In: *The-crowd and the mob from Plato to Canetti*. London: Unwin Hymon, 1989. Cap. 10 e p. 90-91.

4   Este argumento encontra-se mais desenvolvido em J. S. MAcCLELLAND. *The-crowd and the mob from Plato to Canetti*. Op. cit., caps. 1, 2 e 3. O tema da multidão conta com o trabalho pioneiro de RUDÉ, George. *The crowd in history*. New York; London; Sydney: J. Wiley & Sons, 1964. Nele, o autor estabelece uma diferença entre as multidões excepcionais do mundo pré-industrial e as modernas multidões permanentes. Também Eric Hobsbawm marca uma nítida distinção entre

e formam imagens e representações da multidão que, sempre unidas à pobreza, insidiosamente se infiltram na imagem positiva da reunião pacífica de elevado número de pessoas no trabalho e na representação justificadora do potencial produtivo proporcionado por essa concentração humana disciplinada.[5] Duas configurações coletivas, embora conceitualmente mantidas distantes da polida e civilizada imagem do *cidadão*.

A *ausência de um campo conceitual* que permitisse localizar teoricamente a presença de multidões permanentes nas cidades para além da teoria da divisão do trabalho em Smith, ou seja, que visse na multidão algo a mais do que mero potencial produtivo, deu lugar *a alternativa de se descrever exaustivamente* as formas de sua presença e de suas manifestações. Assim, a partir das últimas décadas do século XVIII e século XIX adentro, as atividades da multidão, fora dos lugares destinados ao trabalho e ofícios religiosos, mereceram as mais variadas exposições descritivas e convergiram na *avaliação temerosa do seu potencial destrutivo*. Em boa medida, o temor emanava da *imagem ancestral* das incompletas racionalidade e moralidade da multidão de pobres, por serem estes incapazes de compreender a noção abstrata de autoridade, quando não submetidos diretamente a uma delas.

O recurso às metáforas nessas descrições indica precária base teórica para o equacionamento de algo considerado *novo* pelos contemporâneos, e se por um lado nos introduz à formas de *conhecimento do mundo* na época, por outro elaboram uma representação estética desse acontecimento. Talvez por isso, mesmo as modernas abordagens, mais conceituais das multidões, não dispensam o recurso a uma *imagem* elaborada no século XIX, a da sociedade de massas.

Envolto pelo fascínio, o pesquisador pode ainda se deixar seduzir de tal maneira pelo tema *multidão* e se sentir incapaz de elaborar a *necessária distância* entre ele, enquanto sujeito de conhecimento, e a multidão, enquanto objeto de

---

as multidões pré-políticas e as multidões politizadas das manifestações operárias em *Rebeldes primitivos*. HOBSBAWM, Eric. (1959) *Rebeldes primitivos*: estudos sobre formas arcaicas de movimentos sociais nos séculos XIX e XX. Trad. Nice Rissone. Rio de Janeiro: Zahar, 1970.

5   A difícil convivência dos homens "bem-nascidos" com essa imagem/representação das concentrações humanas encontra-se presente em texto de autores clássicos como SMITH, Adam (1776) *A Riqueza das nações*. Trad. Luiz João Barúma. São Paulo: Abril Cultural, 1984) e Marx (1867) *Le Capital*. Paris: Éditions Sociales. 1976; Edição brasileira *O Capital*, Trad. Regis Barbosa e Flavio R. Kothe. São Paulo, Abril Cultural, 1983, e Marx. A Guerra civil na França (1871) e O Dezoito Brumário de Luis Napoleão Bonaparte (1852) In MARX, K./ ENGELS, F. *Marx & Engels*. Obras Escolhidas.vols. 1 e 2, Rio de Janeiro: Vitória, 1961, vol.2 p.41-105; vol.1 199-285. Cf. BRESCIANI, Stella. Lógica e Dissonância – Lei, disciplina e resistência operária. *Revista Brasileira de História*, n. 11, 1986. (Capítulo 4 desta coletânea)

estudo. Ainda nos dias atuais medo e fascínio fazem parte do nosso cotidiano; a multidão permanece aliada àa imagens contraditórias de produtividade e de violência. Como falar sem paixão de um tema que se confunde com nossos medos, nossa insegurança, nossa fragilidade enquanto seres humanos? E, no entanto, contamos atualmente com todo um acervo de conhecimentos expresso em descrições, análises, avaliações e propostas de controle das multidões. Desenvolvemos uma nova sensibilidade para delas participar e com elas conviver e, ainda assim, o conhecimento não evita o medo.

Escolhi percorrer dois caminhos para apresentar parte de uma experiência intelectual (a minha) do estudo das multidões. Num primeiro percurso busco mostrar como do emaranhado das metáforas elaboradas no decorrer do século XIX, em especial na sua primeira metade, surgem na França e na Inglaterra diferentes *núcleos explicativos* do medo/fascínio das multidões permanentes.[6] Este primeiro caminho desdobra-se e avança ao decifrar a formação de uma *nova sensibilidade* que reeduca os sentidos dos habitantes das cidades: transforma os inúmeros estímulos recebidos diariamente em códigos de conduta, muitos dos quais se tornam atos reflexos.[7]

O percurso das metáforas

Pode-se iniciar esta viagem concordando com Walter Benjamin quando afirma que nenhuma questão se apresenta mais carregada de compromissos para os literatos do século XIX do que a da multidão.[8] O mercado de consumo de livros expande-

---

6 A ameaça da pobreza, uma das maiores preocupações dos homens letrados no século XIX e seu equacionamento diferenciado nos dois países considerados então padrão para o mundo civilizado, foi tema de BRESCIANI, Stella *Londres e Paris no século XIX*: o espetáculo da pobreza. São Paulo: Brasiliense, 1982. (Col. Tudo é História).

7 No artigo *Metrópoles: as faces do monstro urbano*, apresento o resultado de uma primeira incursão no tema da formação de algo que, na senda de outros autores, chamei de uma nova sensibilidade, uma forma diferente de apreensão do mundo pelos sentidos e que exigiu a elaboração de um campo de noções que permitiria transformar as percepções em avaliações, análises, equacionamento, vale dizer, formas de tratar racionalmente o tema da vida nas grandes cidades modernas. BRESCIANI, Stella. Metrópoles: as faces do monstro urbano. As cidades no século XIX. *Revista Brasileira de História* n. 8/9, 1985. Em outro artigo busquei compreender a importância da elaboração de mitos para que esses mesmos homens letrados lidassem com assuntos que aparentemente fugiam a uma avaliação racional. BRESCIANI, Stella. Século XIX: a elaboração de um mito literário, In *História*: Questões e Debates. Curitiba: APAH, 7(13), dez/1986. (Capítulos 3 e 6 desta coletânea)

8 BENJAMIN, Walter. Sobre alguns temas em Baudelaire. *Os Pensadores* (vol. XLVIII). Trad. Edson Araújo Cabral; José Benedito Damião. São Paulo: Abril Cultural, 1975. O autor mostra a importância da imprensa, sobretudo no que diz respeito às novelas publicadas em capítulos nos jornais, revistas e aos romances, na formação da opinião pública e a ansiedade com que eram consumidos pelo público leitor.

-se, jornais e revistas com instruções pedagógicas e romances de costumes, já em número significativo desde o final do século XVII[9], passam a ser lidos por um público cada vez maior. Ver-se nas páginas dos romances apresentava-se como exigência dos leitores que buscavam e se habituaram a nelas se encontrar. Na modelagem das *identidades* dessa sociedade que se tornava progressivamente urbana, a transcrição das experiências do *olhar* que descreve, analisa, divide e agrupa tudo o que vê pelos sinais aparentes, forma um campo de noções que proporciona instrumentos uteis para uma atividade dos sentidos, a serem adotados para seconviver cotidianamente com o que os contemporâneos denominaram *modernidade*.

A rua e seus personagens oferecem o espetáculo da multidão no seu dia a dia, essa multidão permanente empurrada para fora das oficinas das corporações e da produção doméstica, e impelida pelo incentivo ou pela necessidade, em direção às grandes manufaturas, fábricas e armazéns. Os observadores dessa forma de viver por eles denominada *nova* lançam-se pelas ruas anotando os gestos *automáticos e as reações instintivas* provocadas por *um poder invisível* que a tudo regulava. O *tempo* da produção, circulação e consumo das mercadorias tornara-se o Deus irascível e onipotente dessa sociedade que, imbuída da importância da produção da riqueza, não mais tinha no homem seu objetivo último. As imagens de caos, turbilhão, ondas do mar e lavas vulcânicas, metáforas inspiradas nas forças incontroláveis da natureza, são utilizadas como recurso de linguagem na ausência de noções apropriadas.[10]

Um *objeto de estudo* se forma a partir das descrições analíticas enraizadas na intenção de domínio de uma *novidade* ainda não equacionada. A construção literária do tempo útil do trabalho/capital ocupa o centro das narrativas onde personagens se assemelham a autômatos movidos por cordéis invisíveis. Instalado na janela de uma imaginária rua do centro de Londres, o Sr. Pickwick observa o movimento das pessoas que iniciam um novo dia de trabalho. Todos têm seus olhos voltados para o relógio da torre que parece comandar essa *coreografia sui generis*. Na sala em que se encontra, o

---

9   Para a constituição de um público leitor interessado em formar opinião sobre os assuntos de interesse geral (público) ver a obra clássica de J. Habermas, HABERMAS, Jürgen. (1962) *Mudança estrutural da esfera pública* – Investigações quanto a uma categoria da sociedade burguesa. Trad. Flávio R. Kothe. Rio de Janeiro: Tempo Brasileiro, 1984, p.34. Para um estudo mais detalhado da relação escritor – público na França, ver LOUGH, John. *L'écrivain et son public* – Commerce du livre et commerce des idées en France du Moyen Age à nos jours. Paris: Chemin vert, 1978.

10 A utilização das mesmas metáforas em relatórios de pesquisas e de comissões governamentais, em textos analíticos das ciências do social em formação e nos romances encontra-se apresentada em detalhes no já citado *Londres e Paris no século XIX*.

escrevente retardatário se apressa em retomar o trabalho antes da chegada do patrão.[11]

A construção literária da figura do observador urbano encontra-se num texto sempre citado de Alan Poe, onde quem observa coloca-se de novo fisicamente separado, e acompanha através de uma janela de bar a contínua movimentação de pessoas na rua em frente. Também a potência invisível do tempo útil se expressa nas levas de diferentes grupos em direção às suas casas no final de um dia de trabalho.[12]

Por considerarem a Inglaterra o ponto inicial de uma forma de vida que se tornaria generalizada nos países denominados civilizados, os resultados desconcertantes do crescimento da riqueza naquele país mereceram inúmeros e minuciosos relatos. Surpreende nesses relatos a perplexidade manifesta frente à evidência da pobreza, pior ainda, da miséria e de todo seu cortejo de fome, doença, vício e crime. A exteriorização da pobreza foi considerada pelos contemporâneos um acontecimento do mundo moderno. Em viagem pela Inglaterra em 1871, Hypollite Taine refaz grande parte das observações de Engels e de Flora Tristan nos anos 1840, e de seu conterrâneo Alexis de Tocqueville nos anos 1830.[13] A perplexidade presente nas anotações sobre a população da cidade de Londres – 1.873.676 habitantes em 1840, três milhões e duzentos e cinquenta mil em 1870 – é sempre seguida pela descrição chocante dos lugares ocupados pela multidão e pelos bairros pobres. O bairro Shadwell, diz Taine, pela enormidade de suas misérias e por sua extensão, é proporcional ao tamanho desmesurado e à riqueza de Londres. "Vi lugares ruins em Marselha, Anvers, Paris; mas nem de longe a eles se assemelham".[14]

Confirma, nessas e nas páginas seguintes, o contraste entre a riqueza e a pobreza na capital inglesa, já anunciada antes na anotação de que "em parte alguma, a distância das condições estava tão visivelmente inscrita na aparência dos homens".[15] A mesma constatação constrangida aparece capítulos depois quando relata sua visita

---

11 A construção literária do observador urbano encontra-se, entre outros, em DICKENS, Charles. (1836) *As Aventuras do Sr. Pickwick*. São Paulo: Abril Cultural, 1979 e POE, Edgar Allan. (1840) O Homem da multidão. In *Poesia e prosa*. Trad. Oscar Mendes (prosa); Milton Amado (poesia) Porto Alegre: Globo, 1944.
12 POE, Edgar Allan. O Homem da multidão. Op. cit.
13 TAINE, Hippolyte.(1871) *Notes sur l'Angleterre*. 5. ed. Paris: Hachette, 1876; ENGELS, Friedrich. (1845) *La situation de la classe laborieuse en Angleterre*. Trad. Badia Gilbert; Frederic Jean. Paris: Éditions sociales, 1960; TRISTAN, Flora (1840) (Edição comentada por BÉDARIDA, François. *Promenades dans Londres ou l'aristocratie et les proletaires anglais*. Paris: F. Maspero, 1978; TOCQUEVILLE, Alexis de. (1833-1835) *Voyages en Angleterre et Irlande*. Collection Idées (n° 462). Paris: Gallimard, 1982.
14 TAINE, Hippolyte. *Notes sur l'Angleterre*. Op. cit., p.35-36.
15 TAINE, Hippolyte. *Notes sur l'Angleterre*. Op. cit., p.24.

à cidade industrial de Manchester. É também, na hora da saída do trabalho, lá pelas seis horas da tarde, que o espetáculo da multidão operária se apresenta para ele:

> (...) as fábricas vomitam nas ruas uma multidão agitada e barulhenta; homens, mulheres e crianças, pode-se vê-los pulular no ar turvo. Suas roupas estão sujas: muitas crianças têm os pés nus, os rostos são cansados e tristes; vários deles param nos bares; os outros se espalham e voltam para os seus casebres. Nós os seguimos: que ruas tristes![16]

O quadro fica mais sombrio quando Taine se desloca para os agrupamentos humanos da região mineradora das cercanias de Manchester. Aí, se *as cidades crescem como cogumelos gigantescos,* demonstrando o poderio da riqueza industrial, a presença da multidão se faz mais constrangedora, já que não são mais as ruas estreitas e irregulares da antiga Londres, mas ruas novas ou recentemente refeitas que acolhem uma mesma população degradada: "A fila uniforme das casas e das calçadas se estende dos dois lados, enquadrando em suas linhas matemáticas esse amontoado formigante de feiúras e misérias humanas".[17] Nas observações de Taine repete-se trinta e cinco anos depois a análise pessimista de Tocqueville em suas anotações de viagem:

> (Em Manchester) encabeçam as manufaturas, a ciência, a indústria, o amor ao ganho, o capital inglês. Entre os operários, homens que chegam de um país onde as necessidades humanas se reduzem quase às do selvagem e que trabalham por um preço vil; e podendo, forçam os operários ingleses a (...) imitarem-nos.[18]

Expõe seu mal-estar perante os contrastes entre a grande riqueza e a pobreza extrema. Tocqueville se refere ao "labirinto infecto" da area industrial da cidade e, em especial, a área próxima do rio, coberta por "sujeira, moradias pobres e seres desafortunados". Um verdadeiro "asilo da miséria", num momento em que a cidade não obedecia ainda à lúgubre regularidade anotada por Taine. Na década de 1830, Manchester mantinha a aparência desordenada das *landes de l'industrie*:

> As ruas, que ligam uns aos outros os membros ainda desconjuntados da grande cidade, exibem, como todo o resto, a imagem de uma

---

16 TAINE, Hippolyte. *Notes sur l'Angleterre. Op. cit.,* p.293.
17 TAINE, Hippolyte. *Notes sur l'Angleterre. Op. cit.,* p.303.
18 TOCQUEVILLE, Alexis de. *Op. cit.,* p. 185.

obra apressada e incompleta; esforço passageiro de uma população ansiosa de ganho, que busca acumular ouro...[19]

Imagem não muito diferente de outro centro industrial também visitado por Tocqueville. Ao descrever Birmingham, embora diga não ter encontrado semelhança entre ela e qualquer outra cidade inglesa, e isso por considerá-la uma réplica ampliada do *Faubourg Saint-Antoine*, o bairro operário mais característico de Paris, a imagem não difere da anterior:

> É uma imensa oficina, uma grande forja, uma vasta loja. Só se vê gente atarefada, rostos escurecidos pela fumaça. Escuta-se somente o barulho dos martelos e o apito do vapor que escapa da caldeira. Dir-se-ia ser o interior de uma mina do Novo Mundo. Tudo é negro, sujo e escuro...[20]

Por isso, o registro da diferença fica por conta dos operários de Birmingham e até de seus patrões, todos ferrenhos radicais em assuntos de política. Uma população operária de 150 mil almas aglomeradas a pequena distância da capital, que já havia demonstrado sua disposição para a luta durante a agitação pela lei da reforma eleitoral promulgada em 1832, representava uma ameaça constante.

> A grande união política de Birmingham (...) congregou quase toda a população da cidade. Estava-se determinado a marchar sobre Londres se a lei de reforma não tivesse sido promulgada.[21]

Pode-se afirmar que a anotação dos contrastes se impõe aos observadores/exploradores das grandes cidades inglesas no século XIX. Algo como uma descida aos *infernos*, ao *abismo* ou desvendamento da *terra incógnita* aparece no registro das péssimas condições de vida da população trabalhadora. Os relatos do ambiente de trabalho nas fábricas e nas minas forneceram em parte o material para as conhecidas análises de Marx em *O Capital*[22], e se repetem infatigavelmente nos anos subsequentes. Excetuando os apologistas do sistema de fábrica também criticados por Marx, homens e mulheres de variadas convicções políticas referem-se ao caráter desumano

---

19 TOCQUEVILLE, Alexis de. *Op. cit.*, p. 189.
20 TOCQUEVILLE, Alexis de. *Op. cit.*, p. 167.
21 TOCQUEVILLE, Alexis de. *Op. cit.*, p. 168-169.
22 MARX, Karl. *Le Capital. Op. cit.*

da civilização industrial. Autores tão diferentes como a romancista radical George Elliot em *Felix Holt*[23] (1866) e o conservador Thornas Carlyle de *Signs of the times*[24] (1829) não poupam esforços para denunciar o que acreditam ser o caráter degradado de uma sociedade vista e vivida com um grande mecanismo automático. Na trilha deste último, seguiram não só John Ruskin em *Unto this last*[25] (1862) e Matthew Arnold com *Culture and anarchy*[26] (1869), bem como o próprio Marx.

Os leitores do final do século já não podiam dizer que a pobreza e suas condições de vida nas fábricas e nos cortiços constituíam algo semelhante a uma *terra incógnita*. Um articulista da década de 1880 justifica-se por acrescentar informações sobre o assunto: "atualmente parece supérfluo dizer mais (...) ou entrar em detalhes embaraçosos tão amplamente conhecidos e tão profundamente deplorados".[27] Afinal, desde Mayhew[28] – o jornalista boêmio que no início da década de 1860 descrevera minuciosamente todas as categorias de trabalhadores que "retiravam seu sustento das ruas", e completara o relato com a transcrição de longas entrevistas – não faltaram *exploradores*, como eles mesmos se denominavam, decididos a se aventurar nesse outro lado da sociedade, nessa *terra incógnita*, nesse *abismo* e nesse *inferno*. O pragmatismo inglês fazia da constatação *in loco* um procedimento indispensável para se chegar a uma resposta para a questão reiteradamente colocada: *Qual é a real condição da sociedade?*

O emaranhado das imagens da pobreza inglesa e da população selvagem de regiões longínquas não deixava lugar para dúvidas acerca da difícil empresa, como adverte Mayhew no prefácio de sua obra:

> O presente volume é o primeiro de uma série (...) Pode ser considerado curioso por ser a primeira tentativa de publicar a história de um povo por meio de suas próprias palavras (...) É curioso, além disso, por fornecer informações adicionais a respeito de um grande grupo de pessoas, sobre as quais o público tem menos conhecimento do que da

---

23 ELIOT, George. *Felix Holt*, the Radical. Edinburgh; London: W. Blackwood and Sons, 1866.
24 CARLYLE, Thomas. *Signs of the times*. Edinburgh: The Edinburgh Review, n° XCVIII, 1829. Também em *Thomas Carlyle Selected Writings*. Harmondsworth, Penguin, 1980.
25 RUSKIN, John. *Unto this last*. London: Collins' Cleartype Press, 1862.
26 ARNOLD, Matthew. *Culture and anarchy*: an essay in political and social criticism. London; Dublin: Thomas Nelson & Sons, London, 1869.
27 Esta informação encontra-se na introdução de A. S. Wohl ao livro de Andrew Mearns, *The bitter cry of outcast London*. Mearns é mais um de uma longa lista de autores que escreveram sobre a condição da pobreza na sociedade inglesa e, em especial, na cidade de Londres. MEARNS, Andrew. (*Pall Mall Gazette* 1883) *The bitter cry of outcast London*. New York: Humanities Press, 1970, p.11.
28 MAYHEW, Henry. *London labour and London poor*. 4 volumes. New York: Dover, 1968 (1ªed. 1851).

> maioria das distantes tribos da terra (...); e adiciona fatos tão extraordinários, que o viajante do desconhecido país do pobre deve (...) até suas histórias serem corroboradas por pesquisadores, se contentar serem aceitas como os contos que, se presume, agradam aos viajantes.²⁹

Determinado a conhecer e a dar a conhecer a seus leitores esse outro lado da cidade de Londres, Mayhew dá contornos vivos à expressão de Disraeli – as Duas Nações – convivendo lado a lado³⁰. No intuito de oferecer um princípio de classificação dos habitantes da cidade, recorre ao pressuposto de que a população de todo o globo encontra-se dividida: "em suas características sociais, morais, e talvez físicas, em duas raças distintas – os nômades e os sendentários, o vagabundo e o cidadão, as tribos nômades e as civilizadas". Recorre à autoridade de um médico para afirmar que cada modo de vida imprime sua marca na definição física e moral dos homens: dos coletores e caçadores prognatas aos civilizados seres de cabeças ovais, dedicados às artes da vida cultivada.

Desce a detalhes anatômicos que o levam à conclusão óbvia sobre o "maior desenvolvimento da natureza animal do que da intelectual e moral nas classes nômades inglesas, já que os músculos se nutrem às expensas do cérebro, e conclui que toda tribo civilizada ou sedentária tem geralmente alguma horda nômade a ela misturada". Assim, a próspera e civilizada Inglaterra alimenta em suas entranhas seres que vagueiam pelos campos e pelas cidades, pessoas com ocupações instáveis e ocasionais, sempre de tocaia para cair sobre os ganhos da parcela trabalhadora da população. A partir dessa noção de *raça*, muito próxima à concepção de estágios diferenciados de cultura, Mayhew elabora um imenso painel de mais de duas mil páginas sobre as pessoas "que obtêm sua sobrevivência nas ruas da grande metrópole", dividida preliminarmente em "aqueles que trabalharão, aqueles que não podem trabalhar e aqueles que não trabalharão", para em seguida subdividir os trabalhadores em seis categorias menores: "vendedores ambulantes, compradores ambulantes, coletores ambulantes, atores ambulantes, artesãos ambulantes e trabalhadores de rua"; subdivisão esta que se desdobra em muitas outras de forma a cobrir a variada gama de atividades desenvolvidas nas ruas de Londres no meio do século XIX."³¹

---
29 MAYHEW, Henry. *Op. cit.*, p.XV.
30 BRESCIANI, Stella. Metrópoles: as faces do monstro urbano. As cidades no século XIX. In: *Revista Brasileira de História* n. 8/9, 1985.
31 À classificação da população "nômade" da cidade segue-se a descrição de suas formas de vida e de lazer, de maneira a mostrar toda uma subcultura iletrada, portanto, sem forma de comunicação com a "raça" civilizada, MAYHEW, Henry. *London labour and London poor. Op. cit.*, Vol. 1, p.1 e seguintes.

O custo econômico da pobreza, avaliado por Edwin Chadwick[32], quando dos estragos produzidos nas maiores cidades inglesas pela epidemia de cólera na década de 1830, demonstrara que as casas e os bairros habitados pelos pobres constituíam um meio ambiente altamente favorável para a proliferação de doenças contagiosas. Em sucessivos relatórios da comissão por ele chefiada e encarregada pelo governo de examinar diversos aspectos das condições de vida nas cidades mais populosas, define os parâmetros da *Ideia Sanitária* intimamente vinculada à *questão social*, ou, na expressão de Carlyle, seu contemporâneo e crítico das condições de vida inglesa, *the condition-of-England-question*.[33] Se por um lado a instabilidade no mercado de trabalho e o desemprego são indicados como causas imediatas da situação, a teoria da degradação moral do pobre atingido pela miséria se vê suplantada por uma explicação considerada mais científica, porque baseada em pressupostos da biologia, a teoria da degenerescência.[34] A concepção meramente utilitária da vida e dos homens em sociedade, as consequências da "ideia mecânica" atravessa a sociedade, provoca o isolamento das pessoas e o egoísmo tacanho decorrente do individualismo liberal e merecem considerações críticas em escritos políticos e na literatura em geral. Os pressupostos básicos do liberalismo presidiam contudo, na sua versão utilitária, as teorias sobre a pobreza, a miséria e o resíduo e estabeleciam a correlação de igualdade entre a escória da produção fabril e a escória humana também resultado do mesmo processo produtivo.

Na Inglaterra, diferentemente da França, onde a pobreza é vista como ameaça política às instituições vigentes, a pobreza miserável representava um perigo ao bom

---

32 CHADWICK, Edwin. (1842) *Report on the Sanitary Condition of the Labouring Population of Great Britain*. Ed. & Intro. M.W. Flinn. Edinburgh: University Press, 1965.

33 A expressão *the condition-of-England-question* dá título ao primeiro capítulo do seu livro *Chartism*, de 1830. Nele, Carlyle alerta os ingleses sobre os perigos de não se encontrar uma solução para os "amargos descontentamentos das classes trabalhadoras inglesas"; polemiza também com aqueles que consideram absurdo que "trabalhadores racionais" possam se manifestar de forma aparentemente tresloucada. E adverte os que se esquecem que a questão deve primeiro ser esclarecida, conhecida em suas causas e extensão: "Quando os pensamentos de um povo, na sua grande maioria, tornaram-se loucos, os esforços conjugados das deliberações desse povo será uma loucura, uma incoerência e uma ruína! Deve-se restituir a sanidade dessa massa; de outra maneira, a coerção deixará de ser coerção". CARLYLE, Thomas. *Chartism*. London: James Fraser, 1840 e em *Thomas Carlyle Selected Writings*, Op. cit. Sobre os relatórios de E. Chadwick ver o interessante artigo de BÉGUIN, François. Les machineries anglaises du confort. In: MURARD, Lion; ZYLBERMAN, Patrick (éds). L'haleine des faubourgs. Ville, habitat et santé au XIXe siècle. Paris: *Recherches*, n° 29, dez.1977/1978, p. 395-422.

34 Cf. JONES, Gareth Stedman. *Outcast London*: a study in the relationship between classes in victorian society. London: Penguin Books, 1971. O número 29 da revista *Recherches* já citada inclui o capítulo sobre as teorias sobre a pobreza do livro de Stedman Jones. Le Londres des réprouvés: de la "démoralisation" à la "dégénérescence", Op. cit., p. 37-88.

desempenho econômico e à moralidade da população. Esse perigo cresceu e tomou proporções difíceis de serem avaliadas quando o desconforto da evidência da miséria individual se tornou o medo perante a multidão de miseráveis amotinados destruindo bens e propriedades em sua caminhada. Entretanto, as soluções apontadas e aceitas até o final do século se restringiram ao tratamento individual por meio da caridade organizada, das ligas de temperança, das escolas dominicais, da pregação em praça pública, das medidas relativas à construção de habitação barata e ao transporte coletivo, à atividade filantrópica e ao recolhimento às casas do trabalho.

A pobreza urbana era analisada na França do século XIX de forma projetiva tendo por referência a Inglaterra. Eram comuns as descrições comparativas dos problemas enfrentados nos dois países, como nesse relato de Buret:

> Na Inglaterra e na França, encontra-se, como na Irlanda, ao lado da extrema opulência a extrema privação de populações inteiras reduzidas à agonia da fome; às piores agonias da miséria física e moral; e bem nos centros mais ativos da indústria e do comércio, vê-se milhares de seres humanos levados pelo vício e pela miséria ao estado de barbárie. A humanidade aflige-se com um mal que apenas começa a entrever, pois estamos longe de conhecê-lo em toda sua extensão.[35]

As numerosas análises da pobreza têm, até os anos de 1840 um viés indagativo sobre suas causas e formas de erradicação, elaboradas mais sobre conjecturas e menos sobre evidências colhidas ou dados estatísticos.[36] Na distinção entre pobreza e miséria, a noção de *barbárie* atua como elemento explicativo da condição primitiva da turba urbana. A miséria atinge o físico do homem, porém sua alma também se predispõe para a revolta. A linha divisória entre a pobreza trabalhadora e moralizada, e a miséria dos não trabalhadores, tão nítida do outro lado do canal da Mancha, é menos precisa na França, onde a necessidade de trabalho, a miséria, o crime e a ameaça política se complementam. Enquanto níveis de uma mesma condição hu-

---

35 BURET, Eugène. *De la misère des classes laborieuses en Angleterre et en France*: de la nature de la misère, de son existence, de ses effets, de ses causes, et de l'insuffisance des remèdes qu'on lui a opposés jusqu'ici, avec les moyens propres à en affranchir les sociétés. Paris: Paulin, 1840, p. 251-252, Ed. fac símile: Paris: Editions d'Histoire Sociale, 1979.
36 Cf. ensaio introdutório de Michelle Perrot à listagem de microfichas das pesquisas sobre a classe operária francesa: PERROT, Michelle. *Enquetes sur la condition ouvrière en France au XIXe Siécle*. Paris: Hachette, 1972. Também Louis Chevalier, em livro clássico sobre a pobreza na França na primeira metade do século XIX, analisa a literatura social sobre o tema. CHEVALIER, Louis. *Classes laborieuses et classes dangereuses à Paris pendant la première moitié du XIXe siècle*. Paris: Pluriel, 1978, Livro I, capítulo V, p.226-259.

mana, o deslizamento entre elas se faz de forma rápida, e a azáfama organizada da "colmeia popular" pode rapidamente transformar-se na revolta da turba. O povo contém a "canalha".

Esse medo, transcrito em textos literários, como o relato da revolta de 1832 por Victor Hugo em Les Misérables[37], confirma-se naquilo que os contemporâneos consideram a instabilidade das instituições políticas francesas. Ainda aqui, persiste a comparação com a Inglaterra. Em suas anotações de viagem, Taine observa a solidez da hierarquia social inglesa, e refaz um percurso semelhante ao de Edmund Burke ao demonstrar a diferença favorável à Inglaterra das firmes raízes das instituições políticas naquele país, comparando-as à fragilidade da França, nos anos iniciais da Grande Revolução de 1789.[38] Taine celebra sobretudo a Igreja, dona de seu próprio destino porque dispõe de propriedades e suas rendas, é independente dos favores do governo. À bem estabelecida divisão social do trabalho – uns governam (a nobreza fundiária), outros gerenciam a vida econômica (os burgueses), outros trabalham disciplinadamente (os operários) – atribui o perfeito funcionamento do imenso maquinismo dessa sociedade. Na comparação, não falta a recorrência às causas da precariedade das bases políticas na França: a imagem da Revolução de 1789, com suas turbas manipuladas pelos líderes jacobinos demagógicos, explica a derrubada de um regime envelhecido e incapaz de se manter na direção da França e a difícil e inacabada construção de um novo regime estável. Até as características das *raças* diferentes são convocadas na explicação que mostra a preocupação dos ingleses com os negócios privados e públicos, o interesse demonstrado por eles em relação aos mais diversos assuntos de interesse coletivo, em franco contraste com o francês, descuidado com os assuntos políticos, presa fácil de um mau administrador, incapaz de impedir os distúrbios violentos a cada vez que um governo fracassa e precisa ser substituído.

> Eles (os ingleses) têm representantes naturais – as famílias que em cada condado reúnem em torno de si as outras famílias, homens importantes, *gentlemen* e nobres, que tomam a direção e a iniciativa, em quem se confia e se segue, designados de antemão por sua posição, fortuna, serviços, educação e influência. *Situação* inversa à da França, onde o burguês e o operário, o nobre e o camponês desconfiam um do outro, não entram em acordo (...) onde os úni-

---

37 HUGO, Victor.(1862) *Les misérables*, 3 volumes, Paris: Librarie Générale Frnaçaise, 1972.
38 BURKE, Edmund. (1790) *Reflections on the revolution in France*. London: Penguin Books, 1979. Editado em meio aos acontecimentos revolucionários na França.

cos chefes são funcionários estranhos, removíveis, provisórios, aos quais se deve uma obediência de fachada...[39]

A cupidez das pessoas e suas relações de interesse, características atribuídas aos franceses – imagens reproduzidas à exaustão nos romances, onde deixam pouco lugar para pessoas de caráter reto – merecem comentários de Taine que vão da crítica moral à aceitação irônica de um viés da personalidade francesa que a torna mais rica e variada, menos rotineira, mais sujeita às circunstâncias de momento. Essas características indicativas de inconstância e irresponsabilidade no plano pessoal adquirem uma dimensão assustadora no plano coletivo ainda mais quando referidas à parte da população não vinculada por propriedades ou interesses econômicos às formas institucionais destinadas a protegê-las. O inimigo está dentro da cidade: se faz necessário reconhecer sua presença, selecionar seus traços distintivos contar seu efetivo. Para tanto, é proposto o estudo da pobreza das nações – a ciência social – como contraponto à bíblia da economia política inglesa. Esses autores procuram dar conta das mudanças evidentes na cidade de Paris, onde, nas palavras de Louis Chevalier, tudo se altera nos primeiros cinquenta anos do século XIX. Diz ele:

> No quadro intocado das ruas, dos palácios, das casas, das passagens, outra cidade cresceu, se acoplou: amontoou os ofícios e os homens; utilizou cantos e recantos, transformou em oficinas ou em quartos mobiliados antigas residências burguesas ou nobres; lotou fábricas e jardins e pátios onde antes dormiam as carroças; lotou ruas repentinamente estreitadas, mas também os velhos cemitérios góticos povoados em demasia; despertou e sobrecarregou os esgotos esquecidos; espalhou as sujeiras e o fedor até os campos circunvizinhos e turvou o belo céu da Ile-de-France com esta imensa respiração que todas as topografias médicas e relatórios administrativos observam.[40]

A imagem da sociedade nutrindo o monstro que a corrói – um verdadeiro tumor – dá lugar a uma sequência de metáforas orgânicas mescladas à imagem dos mecanismos diabólicos devoradores de homens presentes nas metáforas mecânicas. Repete-se na França a visão apocalíptica que projetivamente aponta o caos como

---

39 Em suas observações sobre a Inglaterra, a convicção de Taine acerca do caráter combativo, curioso e responsável da classe dominante inglesa perpassa todo seu livro, mesmo quando vê o lado negativo – religiosidade estrita e estreita, ideias curtas, falta de criatividade – de toda a disciplina. *Notes sur l'Angleterre. Op. cit.*, cap. V, p. 218.
40 CHEVALIER, Louis. *Op. cit.*, p.95.

possibilidade inscrita num futuro próximo. A difícil elaboração de uma identidade coletiva para o trabalhador, e o uso ambivalente da palavra povo, faz com que a imagem do Terror seja utilizada como ameaça política, numa reatualização do passado, e a do socialismo/comunismo na projeção de uma nova sociedade.

Na França, a frágil distinção entre classe trabalhadora e classe perigosa, presente nos texto dos observadores sociais, aponta sempre para a criminalidade latente em meio à população pobre. Confirmando outras pesquisas feitas a partir de concursos abertos pela Academia de Ciências Morais, em 1840, Eugène Buret define a miséria como "a pobreza sentida moralmente", aquela que fere tanto o corpo como a alma do homem, como "um fenômeno de civilização", que no seu estado extremo implica uma volta à selvageria. Estabelece também uma íntima conexão entre miséria e crime, alertando que a estatística criminal de um país é um dos melhores meios de conhecer o "estado moral das condições inferiores, por que os crimes são cometidos, em sua grande maioria, por esta população degradada que é o resíduo e a lama das sociedades". Morogues, em livro de 1834, chama a atenção para o fato de que poucos estavam a par de que em Paris, havia cerca de 300 mil indivíduos vivendo da caridade individual de filantropos, políticos ou religiosos, da caridade de grupos de particulares ou da beneméria pública.[41]

Esses autores podiam divergir acerca das causas da pobreza miserável, mas todos localizavam-na de forma permanente nas cidades. O crescimento demográfico – as migrações dos camponeses em busca de empregos nas fábricas, oficinas, docas e na construção civil – configurava um indicador incontestável de que a presença das multidões de pessoas sem propriedade no espaço urbano se tornava definitiva. Nesse contexto, a miséria aliada ao seu reconhecimento consciente causava uma preocupação constante, como se pode perceber nessa afirmação de Buret:

> À medida que atinge as porções mais esclarecidas das classes trabalhadoras, a miséria torna-se mais inquieta e menos resignada: ela raciocina e busca suas causas numa investigação apaixonada. As classes pobres têm já seus teóricos que pretendem ter encontrado nas instituições políticas a causa dos sofrimentos do pobre: que os governos se ponham em guarda![42]

---

41 Cf. CHEVALIER,L. *Op. cit.* p. 247-254.
42 BURET, Eugène. *De la Misère des classes laborieuses en Angleterre et en France*: de la nature de la misère, de son existence, de ses effets, de ses causes, et de l'insuffisance des remèdes qu'on lui a opposés jusqu'ici, avec les moyens propres à en affranchir les sociétés. Paris: Paulin, 1840, p.128-129. Ed. Fac simile Paris : Éditions Sociales, 1979. Ver também CHEVALIER, Louis. *Op.*

Na relação entre crime e revolta, persiste o liame entre a pobreza no singular e a pobreza coletiva. A imagem das multidões famintas contraposta à da civilização elabora-se a partir da representação da multidão revolucionária que faz valer suas exigências nas praças públicas e nos espaços institucionais durante os anos seguintes a 1789. O acolhimento da pobreza pelos chefes políticos encontrava suporte teórico na *politização da compaixão*[43], um sentimento que abriu caminho para a identificação do líder com os infortúnios da multidão de pobres. Saída das "entranhas da terra", a multidão expôs suas necessidades vitais e alterou o sentido da revolução. As metáforas se encarregam de dizer o que falta aos conceitos, elas desencadeiam também os sentimentos de emoção, horror, compaixão: esses seres do mundo da escuridão, de fala inarticulada, rastejam para sair das suas cavernas milenares e gesticulam para expressar seu desacordo. Falta de instrução política, mantido desde sempre afastado do conhecimento das regras da civilidade, o povo se expressa pela violência.[44] Essa imagem de forte apelo emocional, recorrente nas justificativas da repressão das revoltas populares na França, apresenta-se como forte argumento quando, em 1851, John Stuart Mill defende no parlamento a participação política dos trabalhadores: eliminar a ação violenta implicava em dar a eles voz, o direito a se expressarem. A imagem da violência muda e arrasadora sela e define os registros da multidão nos textos do século XIX, e aponta uma única alternativa salvadora na descoberta e utilização de mecanismos de controle estruturados a partir de novas maneiras de pensá-la.

No ar uma nova sensibilidade

A formação de uma *nova sensibilidade*, a completa reeducação dos sentidos do citadino, acompanha o equacionamento da sociedade. De novo a inspiração vem de

---

cit., p. 251-259. Os trabalhos mais conhecidos nesse período dos concursos da Academia de Ciências Morais são os de Morogues, de Gerando, de Fregier e de Buret. Encontram-se edições atuais em fac-símiles das originais, feitas para a Éditions d'Histoire Sociale. MOROGUES, Pierre Marie Sébastien Bigot de. *Du pauperisme, de la mendicité et des moyens d'en prévenir les funestes effets*. Paris: Dondey-Dupré, 1834 ; GÉRANDO, Joseph-Marie. *De la bienfaisance publique*. Paris: J. Renouard, 1839; FRÉGIER, Honoré Antoine. *Des classes dangereuses de la population dans les grandes villes*. Paris: Chez J.-B. Baillière, 1840. BURET, Eugène. *Op. cit.*

43 Sobre a politização do sentimento de compaixão ver: HAROCHE, Claudine. La compassion comme amour social et politique de l'autre au XVIIIème siècle In CHEVALIER, Jacques; Cochart, Dominique; HAROCHE, Claudine (orgs). *La solidarieté. Um sentiment républicain?*

44 A avaliação política da presença da multidão de pobres na cena política dos anos revolucionários na França, mencionada já nos relatos dos contemporâneos e recorrentemente retomada nos séculos XIX e XX, encontra-se no livro ARENDT, Hannah. (1963) *Sobre la revolución*. Trad. Pedro Bravo. Madri, 1988. É retomada por HABERMAS, Jürgen. *Mudança estrutural da esfera pública. Op. cit.*, cap. 4.

Walter Benjamin em seu artigo sobre Baudelaire. Uma extensa gama de estímulos variados atinge o cérebro e parte deles deve ser trabalhada pela consciência de forma a servir de proteção contra os *chocs* produzidos pela própria vida urbana. Essa função protetora da consciência se faz imprescindível já que o organismo humano é dotado de um *quantum* próprio de energia, que sem esse influxo nivelador e destrutivo das energias demasiado grandes que operam no exterior, poderia ocasionar um efeito traumático. Ainda acompanhando Freud, em seu ensaio "Além do princípio do prazer", Benjamin diz que o fato de o *choc* ser amparado pela consciência daria ao acontecimento que o provoca o caráter de "vivência": aquilo que foi vivido, sobre o qual se refletiu e se encontra armazenado em um exato lugar temporal da consciência. Esses autores reconhecem que a elaboração consciente de um estimulo externo destrói a experiência poética, mas, são unânimes quanto ao seu caráter imprescindível numa sociedade em que a experiência do *choc*, ocasionada pelo transeunte na multidão, corresponde a do operário frente às máquinas. No entanto, esse mecanismo de defesa pode falhar, e, no caso do funcionamento falho da reflexão, ocorreria o *espanto*, agradável ou no mais das vezes, desagradável.[45]

Nessa área imponderável entre a reação racional e o espanto, poderíamos inserir uma noção que consideramos chave de acesso para se adentrar os mecanismos que transformam em aceitáveis, os fortes estímulos sensoriais, à primeira vista insuportáveis. Trata-se da noção de *sublime*, uma teoria retórica/estética revisitada por Edmund Burke[46] nos anos que mediam o século XVIII.[47] Com ela, procura entrever como os homens conviveram com duas imagens portentosas, a da máquina e a da

---

45 BENJAMIN, W. Sobre alguns temas em Baudelaire. *Os Pensadores. Op. cit.*
46 BURKE, Edmund. (1757) A Philosophical Inquiry into the Origin of Our Ideas of the Sublime and Beautiful in *The Works of Edmund Burke*, Londres : G. Bell & Sons, 1913, vol. I, p.181. Versão brasileira, tradução de Enid Abreu Dobránsky, Campinas : Papirus/Ed Unicamp, 1993. Recorri à versão francesa, uma reedição fac-simile do original de 1803 *Recherches philosophique sur l'origine de nos idées du sublime et du beau.* trad. E. Lagentie de Lavaïsse, Paris: Ed. J.Vrin, 1973.
47 Em importante artigo, Nicolas Taylor mostra ser possível se aventurar pelo deciframento da arquitetura inglesa do século XIX, conhecido como período vitoriano. TAYLOR, Nicolas. The Awful Sublimity of the Victorian City. Its aesthetic and architectural origins. In: DYOS, J. Harold James; WOLFF, Michael (eds.). *The Victorian City*. Images and Realities. Vol. 2. London; Boston: Routledge & Kegan Paul, 1973. Usei-o pela primeira vez no artigo "Metrópoles: as faces do monstro urbano" ; ver também nesse mesmo número da *Revista Brasileira de História* o artigo de Roberto Romano, "O sublime e o prosaico", no qual o autor analisa a noção do sublime do ponto de vista da relação do seu significado, a partir das noções científicas do século passado. BRESCIANI, Stella. Metrópoles: as faces do monstro urbano. As cidades no século XIX. *Revista Brasileira de História* n. 8/9, 1985; ROMANO, Roberto. O sublime e o prosaico. Revolução contra Reforma. *Revista Brasileira de História,* nº 20, Reforma e Revolução. São Paulo: ANPUH/Marco Zero, mar./ago. 1990.

revolução, ambas desfazendo o antigo edifício social; duas imagens que formam no decorrer do século XIX a representação paradigmática da modernidade. A noção do sublime busca dar apoio a uma nova sensibilidade estética que torna possível suportar estímulos provocados por tudo o que é inédito, pelo que, nas palavras de Burke, produz a mais forte emoção passível de ser suportada por nosso cérebro. O sublime enquanto concepção estética deveria atuar como filtro, capaz de oferecer uma base emocional para absorver o que de alguma maneira parecesse terrível, que causasse as sensações de perplexidade, de infinitude, de privação, de extremo poder, de magnificência, de tudo enfim que desencadeasse uma reação de impacto emocional violento. Essa noção se oferece como alternativa para a noção estética do *belo*, que segundo Burke, relacionava-se a tudo que se apresentasse espontaneamente harmonioso aos nossos sentidos.[48]

Se nos textos de Baudelaire, a imagem do *choc* se estabelece no contato com as grandes massas citadinas – essa "multidão amorfa dos transeuntes da rua" que não constitui "nenhuma classe, nenhum coletivo articulado e estruturado" – nas anotações de Taine, o *choc* também atinge a mente no contato com a própria dimensão da sociedade industrial. O impacto emocional dessa imagem se apresenta em dois fragmentos desses autores. Baudelaire em "Un jour de pluie":

> Chacun, nous coudoyant sur le trottoir glissant,
> Egoïste et brutal, passe et nous éclabusse,
> Ou pour courir plus vite, en s'éloigant nous pousse.[49]

expressa em linguagem poética o que Taine, entre outros, diz em prosa:

> Il est énorme, ainsi que Londres, et tant de choses à Londres; mais comment exprimer l'énorme? Toutes les sensations ordinaires de grandeur montent ici de plusieurs degrés.[50]

---

48 Usei para este artigo a versão francesa do livro de Burke, *Recherches philosophique sur l'origine de nos idées du sublime et du beau, Op. cit.* A apresentação de Baldine Saint Girons segue a tragetória do autor que aos 28 anos escreve o ensaio numa atitude de contestação intelectual ao iluminismo francês – a "frieza da filosofia que fere a imaginação" – e à nostalgia do estado de natureza celebrado por Rousseau – "A arte é da natureza do homem ... a liberdade não poderia ser real fora da Cidade". Acompanha também o debate em torno dessa noção e dos diferentes significados a ela atribuídos por outros autores, entre eles Kant, p. 7-28.

49 Optei por manter em francês a citação, pois perderia muito de sua força expressiva. BAUDELAIRE, Un jour de pluie (5.7.1841) In: *Vers retrouvés*, 05.07.2015. A Pas de Livres 2015. Entrada 29.08.2015. "Cada pessoa nos acotovela, na calçada escorregadia, egoísta e brutal, passa e nos molha, ou para correr mais rápido, se afasta nos empurrando". Tradução da autora.

50 Também optei por deixar em francês e traduzo: É tão enorme como Londres e tantas outras coi-

O viajante francês se referia a algo para o qual inventa um nome, *une sorte de musée-museum,* uma coleção de edifícios colossais, um amontoamento monstruoso, que procura reunir, ainda que muitas vezes em cópias grotescas, todo o acervo cultural, zoológico e geológico da humanidade. Era, a seu ver, um testemunho do poderio inglês.

Com a mesma admiração ele se refere a um hospital que conta com 40 mil libras de renda própria, além dos donativos de pessoas, e contrasta a limpeza do ambiente e o zelo dos médicos e enfermeiras com o aspecto lamentável dos doentes atingidos por males comuns aos pobres na Inglaterra, "sangue viciado e alcoolismo". A mesma atitude aprobatória acompanha a exposição de uma visita a uma *workhouse,* que explica ele, "é um asilo que se parece um pouco com uma prisão". Informa seus leitores de que essas casas do trabalho somadas ao imposto obrigatório por lei (*poor Laws*), pago pelos homens de propriedades e/ou de rendas, para a manutenção dos pobres, formam um dos traços característicos da constituição inglesa. "É um princípio inglês", diz ele, "que os indigentes, ao alienar sua liberdade, têm direito à alimentação". No momento, havia nessa casa do trabalho de quinhentos a seiscentos internos (velhos, crianças abandonadas ou sem recursos, homens e mulheres desempregados). Além desse atendimento interno, havia o socorro a domicílio e aquele externo prestado a pessoas necessitadas. Descreve depois em minúcias as numerosas dependências – a boa disposição das coisas, a limpeza, aeração e iluminação –, onde, além de abrigo, os pobres recolhidos encontravam o trabalho obrigatório nas várias oficinas.[51]

Em outro trecho, mantém ainda o tom admirativo ao falar de uma das fábricas que visitara em Manchester:

> Quand on entre dans ces ateliers on demeure stupêfaít: c'est une pêle-mêle gigantesque et ordonné, un labyrinthe de roues, d'engrenages, de rubans de cuir roulants, un êdifice vívant et agissant, qui, du sol au plafond et d'étage en étage, travaille avec une vitesse vertigineuse, comme un automate infatigable et acharné. (...) l'homme, ici est un insecte; l'armée des machines prend toute l'attention.[52]

---

sas em Londres; porém como expressar a enormidade? Todas as sensações comuns de grandeza sobem vários graus. TAINE, Hippolyte. *Notes sur l'Angleterre. Op. cit.,* p.251.

51 TAINE, Hippolyte. *Notes sur l'Angleterre. Op. cit.,* p. 231- 236.

52 Também mantive a citação em francês pelo tom eloquente: "Quando se entra nessas oficinas fica-se estupefato; é uma confusão gigantesca e ordenada, um labirinto de rodas, engrenagens, de esteiras rolantes de couro, um edifício vivo e ativo que, do chão ao teto e de andar em andar, trabalha numa rapidez vertiginosa, como um autômato infatigável e obstinado; (...) o homem, aqui, é um inseto; o exército das máquinas prende toda a atenção". TAINE, Hippolyte. *Notes sur l'Angleterre. Op. cit.,* p. 296-297.

Podemos acompanhar Taine em detalhes de seus registros feitos na Inglaterra: a descrição da aparência da população fabril e mineradora, "seus rostos magros e baços, sem expressão, seus olhares sem brilho, seus sorrisos abobados, sem transcrição possível em palavras". Ou, ainda, sua experiência de avançar pela multidão, entre grupos de crianças, grupos que mais pareciam "manadas de animais"; ou a tentativa de classificar os operários ingleses em duas categorias, a "atlética" e bem nutrida, semelhante ao padrão médio do inglês bem nascido, e a "flegmática", encontrável em todos os lugares, principalmente nas fábricas de algodão, homens de cor pálida, olhos tristes, olhar frio e fixo, movimentos exatos, regulares, controlados, despendendo um mínimo de esforço. E escutá-lo em sua conclusão terrível: "É por isso que são trabalhadores excelentes; nada como uma máquina para manejar máquinas".[53]

Às imagens da grandeza indizível e da organização perfeitamente engrenada dessas instituições basilares da sociedade inglesa – que a mera descrição atônita provoca um *choc* mental só aparável por seus leitores disporem consciente ou inconscientemente da noção estética do sublime – Taine acrescenta informações sobre a evidência quantitativa dessa grandeza. Ao lado dos números da produção das fábricas, das mercadorias comercializadas e embarcadas nos portos ingleses, ele anota com cuidado que a *workhouse* visitada ficava fora de Londres, embora existisse uma na cidade; que a da cidade abrigava 1.200 pessoas e a outra tinha capacidade para 1.900, a despeito de no momento só abrigar 550. Quanto ao custo de construção da maior, ele fornece a cifra de 70 mil libras, e informa que a manutenção das duas estava estimada em 55 mil libras por ano obtidas com os impostos das *Poor Laws*. Desce a detalhes quando diz que era pago ao administrador o salário de 200 libras por ano, 170 para o médico, e 20 a cada supervisor da alimentação, do alojamento e da lavanderia, o que no conjunto representava um custo adicional, e uma libra por semana ao sapateiro que ensinava aos internos seu ofício. Os administradores, diz ele, "cumprem suas funções gratuitamente"; o que do seu ponto de vista confirmava a ativa participação dos homens ricos na supervisão das instituições de interesse público. A descrição do prédio traz outros detalhes:

> O edifício é vasto, perfeitamente limpo, bem cuidado; pátios amplos, jardins circundantes, vista para os campos e grandes árvores, capela, salas com sete pés de altura. Parece que os fundadores e administradores colocaram seu amor-próprio na execução de uma obra bela e útil.

---

53 TAINE, Hippolyte. *Notes sur l'Angleterre*. Op. cit., p. 303-305.

> Nenhum cheiro em parte alguma; os leitos são quase brancos, cobertos com tecidos estampados; as mulheres mais velhas e mais fracas usam um chapéu branco e roupas novas. Tudo foi previsto e calculado para proporcionar um ar agradável. Uma sala especial congrega as loucas, outra, as idiotas; elas costuram durante algumas horas, na recreação, elas dançam entre si ao som de um violino. Caretas estranhas; elas, porém, têm boa aparência e não têm ar triste. Em outra sala está instalada a aula das crianças; um dos maiores serve de monitor.
>
> A cozinha é monumental. Um maciço de alvenaria contém de oito a dez fogões onde se cozinha o grão de aveia; o alimento principal. Cada pessoa recebe por dia duas libras deste grão, uma libra e meia de batatas, uma meia libra de pão e, quatro vezes por semana, quatro onças de patê ou de carne sem osso. Excetuados os casos de doença, a bebida é a água.
>
> Ficamos surpresos; comparados aos canis onde os pobres vivem isto é um palácio.[54]

O relato de nosso viajante se estende, transcreve suas impressões sobre as relativamente boas condições de vida dos internos de uma casa do trabalho, quando comparadas às dos operários e suas famílias, pessoas que, além de trabalharem muito mais do que as seis horas diárias do regime dos internos, só podiam se proporcionar carne uma única vez por semana.

---

54 Em outro capítulo, Taine expõe a forma como o imposto incide sobre os proprietários ingleses, relacionando-o à parcela destinada a subvencionar as determinações das Leis dos Pobres. Citando um artigo da *Quarterly Review* ele diz: "voluntariamente ou obrigados pela lei, as classes proprietárias emprestam corajosamente o braço para carregar o pesado fardo da miséria pública". E continua em uma longa nota: "Há vinte anos, as classes médias e superiores pagam 124 milhões de esterlinas sob a forma de impostos sobre a propriedade e a renda, sem contar os impostos sobre heranças, sobre as casas cujo aluguel é de 20 ou mais libras, sobre o selo etc., encargos novos que pesam quase exclusivamente sobre a classe dos proprietários, dos negociantes e dos homens das profissões liberais. (...) Durante o mesmo período, por outro lado, reduziu-se os impostos sobre o açúcar, o cacau, o melaço, o café, a uva passa, a manteiga, o queijo, os ovos, o sabão, o couro; suprimiu-se os impostos sobre o vidro, a madeira de construção, os tijolos e outros materiais para o mesmo fim; deixou-se entrar livremente e sem impostos os cereais, o gado, as provisões estrangeiras de todos os países do globo". TAINE, Hippolyte. *Notes sur l'Angleterre. Op. cit.*, p.318-319. Recorre em seguida ao *Statistical Abstract from 1860 to 1870* para mostrar o rendimento do imposto para os pobres:
1860, 8.033.000 lib. st. das quais 5.454.000 empregadas em socorros diretos
1861, 8.252.000 lib. st. das quais 5.778.000 empregadas em socorros diretos
1867, 10.692.000 lib. st. das quais 6.959.000 empregadas em socorros diretos
1870, 12.044.000 lib. st. das quais 7.644.000 empregadas em socorros diretos, p. 191.

Uma interrogação se forma no decorrer de seu texto: aqui, além das condições descritas, todos dispõem de jornais, da Bíblia e de alguns bons livros e revistas e, no entanto, nesse momento não se encontra aí uma única pessoa válida. Mesmo informado de que no inverno a situação se altera, ele fica surpreso por constatar a repugnância causada aos ingleses pobres quando por necessidade se recorrem a um asilo. A proibição das bebidas alcoólicas poderia ser uma explicação, já que como ele mesmo observa em vários pontos do livro, a embriaguez contumaz grassa entre a população pobre; porém outra justificativa mais nobre se forma e novamente indica o viés individualista do inglês, que prefere a qualquer preço sua casa *(home)* e sua liberdade. "A *workhouse* é considerada como uma prisão, diz ele, concluindo que *they prefer to be free and to starve* (preferem ser livres e morrer de fome)". E logo acrescenta que "poderia estar implícito nessa recusa, algo não confessado, ou seja, o horror aos maus tratos, tão bem descritos por Dickens em *Our mutual friend*".[55]

Esse *recurso à literatura* para obtenção de dados e informações é bastante comum, não só em Taine, mas em todos os observadores sociais que tive a oportunidade de ler. Os textos literários, em tese menos comprometidos com a veracidade das situações narradas, fornecem, entretanto, informações convincentes, evidências e sinais recolhidos nas observações de seus autores. Está presente nessa literatura "social" do século XIX a preocupação pedagógica e moralizante de fornecer o "retrato da sociedade". Eles não pretendem contar uma estória verdadeira. Longe disso. Do meu ponto de vista, empenham-se em construir relatos fidedignos, porém modelares, capazes de servir como espelho e modelo para os próprios leitores. Para tanto, sinais de semelhanças devem conduzir o leitor pelos caminhos de uma identificação com as personagens; ou seja, para quem lê, encontra nos livros o registro de tipos modelares de determinadas condições sociais e com as situações e expectativas delas decorrentes. Uma relação de verossimilhança une o leitor ao modelo na projeção da imagem idealizada. Esta constitui a eficácia moralizante da literatura ficcional.

Nas páginas dos romances, pode-se travar conhecimento com uma cidade e seus habitantes, de tal modo que, ao visitar Paris em 1878, o italiano Edmundo de Amicis afirma que "para ele, a população não é nova":

> Todas as personagens são nossas conhecidas, todas nos fazem sorrir. É Gervaise que aparece na porta de sua loja, empunhando seu ferro; é o senhor Joueuse que segue na direção do seu escritório sonhando

---

55 TAINE, Hippolyte. *Notes sur l'Angleterre. Op. cit.*, p. 319-320.

com uma gratificação; é Pipelet que lê seu jornal; é Frederico que passa sob a janela de Bernadette; é a costureira de Murger, a merceeira de Paul Kock, o gamin (menino de rua) de Vitor Hugo, é o Prudhornme de Henri Monnier, o homem de negócios de Balzac, o operário de Zola. Ei-los todos! Percebe-se que mesmo à distância vivia-se na imensa cidade de Paris![56]

Até por isso, pode Balzac, na sua extensa *Comédia humana*[57], misturar personagens reais e personagens fictícios num roteiro plausível, verosimilhante. É exatamente a dimensão da *verosimilhança* que torna o romance tão *real* e ao mesmo tempo pedagógico.

Em 1796, Mme. de Staël já havia chamado a atenção para a utilidade das ficções, denominadas por ela de "naturais, onde tudo é ao mesmo tempo inventado e imitado, onde nada é verdade, mas onde tudo é verosimilhante". Afirmava:

> o dom de emocionar é a grande força das ficções; pode-se tornar sensíveis quase todas as verdades morais, colocando-as em ação. (...) Pode-se extrair dos bons romances uma moral mais pura, mais elevada, do que de qualquer obra didática sobre a virtude.[58]

Uma sutil diferença separa as personagens romanescas das pessoas descritas pelos observadores sociais: Amicis, em Paris, se considerou "em casa", tão bem conhecia ele as personagens dos romances franceses; em Londres, sem nada conhecer do idioma inglês, recorreu novamente a um autor francês para dizer que embora lá estivesse pela primeira vez, o país não lhe era desconhecido graças a um volume das obras de Voltaire. Se o livro de Voltaire lhe viera à memória à vista de uma cidade desconhecida, as inúmeras imagens disparatadas de pessoas e coisas chegavam-lhe ao *espírito* pelo costume que tinha de representar a cidade como um quadro, onde personagens de Dickens cruzavam nas ruas com famílias inglesas que havia visto em Florença, com atores a ele apresentados por um jornal ilustrado.

Mesmo assim, a força das imagens de Londres nas páginas dos livros não evitou o forte impacto. Amicis descreve sua chegada a Londres em termos de espanto verdadeiro:

---

56 AMICIS, Edmondo de. *Souvennirs de Paris et de Londres*. Paris: Hachette, 1880.
57 BALZAC, Honoré de. *A comédia humana*. XVII vols., vários tradutores. São Paulo: Globo, 1989.
58 STAËL, Germaine de. (1795) *Essai sur les fictions*: suivi de De l'influence des passions sur le bonheur des individus et des nations. Paris: Editions Ramsey, 1979, p. 39-51.

> Londres – eu sentia um indizível prazer em repetir, como se já não soubesse que se tratava de uma cidade desproporcional, um oceano imenso, uma Babilônia, um caos, uma coisa fabulosa – é a maior cidade da terra! Pensava, existe aqui qualquer coisa de absoluto que não se encontra em nenhuma outra cidade; (...) Existe um prazer todo novo quando se vê alguma coisa que, em certo sentido, ocupa incontestavelmente o primeiro lugar no mundo, algo que o pensamento não pode ultrapassar sem entrar no reino dos sonhos...[59]

Se, por um lado, os romances oferecem a possibilidade de *apresentar/representar* a sociedade para leitores de outros países e para a população local, por outro lado, Taine demonstra a importância da literatura ficcional para a formação da *opinião pública*, por oferecer, ao lado dos relatos de equipes do governo e de observadores sociais adestrados, uma *outra* avaliação das condições de vida da população pobre das cidades. Ao descrever a rigidez de instituições públicas, esse autor evidencia a importância da função *vigilante* do literato sobre os homens que as dirigem. Reconhece estar de passagem, o que o impedia de conhecer a fundo o funcionamento da sociedade inglesa, e demonstra preocupação perante a aparente e talvez exagerada perfeição de instituições como a casa do trabalho e a moderna penitenciária de Pentonville. Ele nota,

> contudo, sentir como esta sociedade se preocupa com seus pobres: a respeito das *workhouses* e das instituições úteis, o espírito público está sempre vigilante, por meio das associações colaterais, dos jornais e revistas, e mesmo dos romances que se tornaram verdadeiros resumos das pesquisas e meios de divulgá-las. Li nessa literatura sobre as prisões e os detentos, e isto me foi útil.[60]

Uma certa promiscuidade une diversas formas de textos de imprensa e seus autores que modificam o conteúdo de seus escritos de acordo com as mudanças políticas. Walter Benjamin fala da boa fortuna do romance de costumes durante o II Império na França, momento em que a censura impedia escritos de nítido viés polêmico em política. Menos complacente, Balzac fala que os *desastres de 1830* dissolveram a sociedade (a boa sociedade, entenda-se) durante dois anos; que, nesse tempo, as pessoas ricas foram para as suas propriedades ou viajaram pela Europa, e os salões só se reabriram em 1833. Escarnece ainda das duas facções – a sociedade legitimista

---

59 AMICIS, Edmondo de. *Op. cit.*, p. 253-254.
60 TAINE, Hippolyte. *Notes sur l'Angleterre. Op. cit.*, p. 236.

e a nova sociedade – que no momento de mudança escolheram a neutralidade proporcionada pela casa do embaixador da Áustria. Nesse entretempo em que todos, nessa sociedade, procuravam um meio de se entender, os literatos também buscaram formas alternativas de não perder seu público. Coloca suas personagens de *Uma filha de Eva* em meio às dificuldades daqueles tempos e diz um pouco adiante, ainda na mesma direção:

> Todos sabem que a literatura naquele momento se defendia contra a indiferença geral engendrada pelo drama político, produzindo obras mais ou menos byronianas, onde só se tratava de delitos conjugais. Nesse tempo, as infrações ao contrato matrimonial enchiam as revistas, os livros, o teatro.[61]

Para ficarmos só com alguns exemplos – a fábrica, a penitenciária, as multidões nas ruas –, os registros da época forneciam *dados* de evidentes mudanças na sociedade. A *novidade* fascinava, mas causava desconforto pelo desconhecimento que a acompanhava. Autores mais incautos chegaram a comparar a iluminação noturna das instalações industriais sediadas no campo a bailes em castelos de fadas. O desconforto era provocado na maioria das vezes pela incerteza quanto aos códigos a serem adotados. Sofria-se a sensação de perda de referenciais, de desenraizamento, de desmoronamento das identidades sociais e de formas de orientação, alguma delas multisseculares.[62]

A sensação de ser comandado por uma potência exterior ao homem, seja ela o tempo útil do trabalho, ou o ritmo da máquina e da produção industrial, remete para uma característica do pensamento burguês: a de colocar nas mãos dos homens a edificação da sociedade, para ir buscar em seguida o sentido da história em *leis férreas,* inscritas na própria natureza social. Tudo se passa como se a definição dos princípios organizadores das atividades humanas, depois de estipulada, escapasse ao controle de seu próprio idealizador. Um sentimento sublime, com certeza!

---

61 BALZAC, Honoré de. Uma filha de Eva. *A comédia humana.* Vol.II. Trad. Vidal de Oliveira. *Op. cit.*, p. 529-629, citação das páginas 551-552.

62 A perda de referências encontra-se registrada em vários autores contemporâneos, tais como Carlyle e Marx, por exemplo, e em autores atuais, como E. P. Thompson, em seu excelente artigo "Tiempo, disciplina de trabajo y capitalismo industrial"; Peter Gay retomou o tema em A Experiência burguesa da Rainha Vitoria a Freud. Em meu artigo Metrópoles as faces do monstro Urbano, já citado, procuro organizar essas perdas enquanto sensações de falta de referências vividas com doloroso desconforto. THOMPSON, Edward P. (1971) Tiempo, Disciplina de Trabajo y Capitalismo Industrial. In *Tradición, Revuelta y Consciencia de Clase.* Barcelona, Crítica, 1979. GAY, Peter. *A educação dos sentidos* – A experiência burguesa: da rainha Vitória a Freud. Trad. Pat Salter. São Paulo: Cia. das Letras, (1984). BRESCIANI, Stella. Metrópoles: as faces do monstro urbano. *Op. cit.*

Em meio a um ambiente que, segundo a percepção dos contemporâneos, se apresenta como completa novidade, o caráter da experiência burguesa no século XIX define-se pela *ansiedade* com que procurou definir a si própria".[63] Destacar-se em todos os sentidos da generalidade do Terceiro Estado, ganhar respeitabilidade para ocupações consideradas necessárias mas degradantes, por implicarem trabalho, sobretudo manual. Desfazer-se dos preconceitos da sociedade de corte de maneira a impor para a nobreza os valores da nova aristocracia do dinheiro. Tarefa nada fácil.

Com que dificuldade, nos romances, os burgueses procuram desenvolver hábitos da nobreza e a ela se assemelharem, serem por ela recebidos, frequentar seus salões; com que respeito se fala da nobreza e de sua irresponsabilidade elegante na França, contrastando-a com a responsabilidade demonstrada pela inglesa, não só em relação a seus pares e sua cultura, mas também no que concerne à coisa pública. Com que ansiedade buscam se informar dos assuntos que lhes dizem respeito. E, ao mesmo tempo, quanta diferença entre os grupos sociais que se autodenominam burguesia, e isso considerado apenas dois países, a França e a Inglaterra. A despeito de uma mesma base econômica e uma mesma extração social – possuíam dinheiro, propriedades, eram filhos e eles mesmos fabricantes, comerciantes, banqueiros, e nutriam um mesmo fascínio pela aristocracia nobre – os códigos de conduta semelhantes não asseguravam uma mesma imagem.

Chegam até nós pelos livros, as figuras severas da burguesia inglesa: pessoas obsessivamente dedicadas à tarefa de fazer dinheiro, defensoras infatigáveis da individualidade e da privacidade, crentes e cumpridoras dos princípios religiosos, acomodadas na sua situação de *middle-classes*, reconhecem à nobreza uma função útil na sociedade, e criam, à imagem da vida da *gentry* no campo, sua própria vida na cidade. Dedicados aos seus negócios, eles não se preocupam em ocupar o lugar da nobreza. Pelo menos é o que enfatiza Taine, usando o testemunho direto de um homem radical e defensor da expansão das franquias eleitorais, embora fosse *um dos maiores industriais da Inglaterra*:

---

63 Vários autores tratam dessa difícil formação da identidade burguesa, uma identidade que deve recobrir todos os homens de propriedade e bens, que contudo, diferentemente da nobreza que pode e deve viver da renda da produção de suas terras, precisa conduzir ativamente seus negócios. Remeto aqui novamente para o importante trabalho de GAY, Peter. *A educação dos sentidos*. Op. cit.; o livro de Taine, citado acima várias vezes, trata magistralmente do assunto. TAINE, Hippolyte. *Notes sur l'Angleterre*. Op. cit., 1876.

> Nós não queremos derrubar a aristocracia; nós consentimos que ela mantenha o governo e as altas funções. Nós, burgueses, acreditamos que são necessários homens especiais para conduzir esses assuntos, educados de pai a filho para esse objetivo, desfrutando de uma situação de independência e de comando. De resto, seus títulos e genealogias são um penacho dourado, e uma tropa se deixa melhor conduzir quando seu oficial leva um penacho de ouro. Mas queremos que eles reservem todos os cargos para pessoas capazes. Nada para as mediocridades, nada de nepotismo. Que eles governem, mas que tenham talento.[64]

Taine é um observador incansável em todas as circunstâncias. Registra no texto todos os detalhes que seus anfitriões ingleses e seus amigos franceses residentes na Inglaterra lhe ofereciam, e com eles constrói um amplo painel da sociedade desse país que o encanta. Já havia dedicado cinco volumes à *História da literatura inglesa*[65], além de ter escrito livros sobre o positivismo inglês, o idealismo inglês e os escritores ingleses contemporâneos. Embora seus comentários críticos atinjam com frequência o resultado de confinar as *características* dos ingleses ao *determinismo geográfico* (um clima hostil que, se de um lado forja físicos sadios em homens e mulheres acostumados à vida ao ar livre, mesmo nas piores condições atmosféricas, de outro joga-os para o individualismo e a introspecção nos espaços fechados do lar, dos clubes, das igrejas, das suas propriedades rurais) e ao *determinismo biológico* (a estrutura física e mental voltada de preferência para a ação e não para a reflexão, homens ativos e disciplinados, porém parcos de ideias). O balanço final, na comparação entre os dois países, pende positivamente para os ingleses. São eles os homens do momento, suas qualidades e defeitos (por que não?) constituem os requisitos necessários para o mundo moderno. Nesse balanço, Taine chega a dizer que está convencido das vantagens do *"self-government,* pois entre outras cousas, põe em jogo a todo o instante todas as faculdades pensantes da nação". Assim, continua ele,

> Quanto mais me informo e reflito, mais me parece que este governo (o inglês) tem por mola propulsora não tais ou quais instituições, mas certos sentimentos muito enérgicos e muito disseminados. Se ele é sólido e se mantém, é que o respeito por muitas coisas é universal e profundo.[66]

---

64 TAINE, Hyppolite. *Notes sur l'Angleterre. Op. cit.*, p.208-209.
65 TAINE, Hippolyte. *Histoire de la littérature anglaise*. 3ªed. Paris: Hachette, 1873-1874 (1ªed. 1863-1864).
66 TAINE, Hippolyte. *Notes sur l'Angleterre. Op. cit.*, p.238.

Mais adiante, ele volta ao assunto ao falar de uma outra característica dos ingleses, o *self-help*, na sua opinião, tão pouco entendido em todas suas implicações na França, e prossegue:

> (É) dessa mesma fonte interior (que) saem as associações, as instituições que pululam aqui, entre outras, as instituições municipais; Manchester administra-se a si mesma, paga e escolhe sua polícia, governa-se quase sem nenhuma intervenção do governo. Consequentemente, o edifício social repousa sobre milhares de colunas independentes, e não em uma única, como o nosso; acidentes, e quedas súbitas, como nossas revoluções de 1830, de 1848, de 1852 são aqui impossíveis.[67]

Sobre esta questão, Taine explicita uma preocupação comum aos franceses. Logo após sua viagem, o autor pode acrescentar uma nova revolução à lista citada anteriormente, a Comuna de Paris, acontecimento que o leva a realizar uma longa pesquisa no intuito de desvendar e mostrar aos franceses as frágeis "origens da França contemporânea". Ao contrário dos ingleses, afirma o autor, os franceses não dispunham ainda de uma sólida elite política e, além disso, incorriam no erro de pensar ser um povo capacitado para o exercício da política.

Ao se propor acompanhar o surgimento da França contemporânea, numa posição de *neutralidade científica* semelhante a do naturalista, e firmemente convencido da transparência e da veracidade dos registros dos acontecimentos dos anos revolucionários, ele elabora uma base teórica que será amplamente utilizada por uma série subsequente de observadores sociais firmemente decididos a estabelecer um princípio explicativo para o comportamento das multidões. Criminalistas como Scipio Sighele, médicos como Henri Fournial e Gustave Le Bon, cientistas sociais como Gabriel Tarde e Émile Durkheim, todos se abasteceram na extensa obra de Taine, em especial nos capítulos dedicados ao comportamento coletivo da turba urbana durante os anos do Terror. Foram em parte os episódios da Comuna, mas sem dúvida também a derrota na guerra franco-prussiana e o fim do II Império, que levaram Taine a buscar na Revolução de 1789 as causas que haviam levado os franceses a destruir por treze vezes em oitenta anos a estrutura política de seu país. Taine expressa a respeito das turbas algo que considera evidente: a multidão de pobres, sem nenhuma educação política, carecendo na maioria das vezes das condições mínimas

---

67 TAINE, Hippolyte. *Notes sur l'Angleterre*. Op. cit., p.318.

de sobrevivência, havia demonstrado ser presa fácil dos demagogos, no caso os líderes jacobinos. Embora seu ponto de partida seja diferente daquele onde Thomas Carlyle buscara inspiração para escrever nos anos de 1840 sua versão da história da Revolução Francesa, o autor francês chega a uma conclusão bastante semelhante no que diz respeito a algo que se pode denominar uma psico-história e uma teoria do comportamento regressivo do homem em multidão.[68]

Chega-se dessa maneira ao início do século XX com um amplo e variado repertório de escritos que procuraram estabelecer um campo conceitual capaz de diminuir o impacto da presença ameaçante das multidões urbanas. A educação dos sentidos torna aceitável o espetáculo assustador/sublime das multidões de pobres e sua coorte de flagelos. O reverso da moeda da turba em revolta se apresenta como o isolamento das pessoas em meio à "disciplinada" multidão cotidiana. Ainda assim, o recurso às metáforas constitui um forte apelo emocional ao leitor que se encontra já habituado a formar imagens a partir de dados estatísticos e outras formas abstratas de representar a pobreza e suas condições de vida nas cidades. Se o acúmulo de dados permite explicar a extrema novidade da grande região operária de Londres, o East End, a imagem de regiões abissais também comparece para transcrever com evidências a ficção de H. G. Wells na *Máquina do tempo*.[69] Quando se fala do East End, não se precisa recorrer à história, pois se trata de um pedaço de Londres sem passado, diz Walter Besant em 1902:

---

[68] O tema das multidões tem merecido artigos e livros como já foi citado nas notas 3 e 4; no que diz respeito à multidão e à Comuna de Paris, enquanto acontecimento que provoca os estudos que levam à teoria do comportamento regressivo das massas, indico o excelente artigo de COCHART, Dominique. As multidões e a Comuna. Análise dos primeiros escritos de psicologia das multidões. *Revista Brasileira de História* n. 20 (Reforma e revolução), Anpuh/Marco Zero, 1991; há também um outro estudo de mais difícil acesso por se tratar de edição pequena feita pelo próprio autor, GINNEKEN, Jaap Van, *Crowds, psychology and politics 1871-1899*, Universidade de Amsterdã. Este último, embora não acrescente nenhum elemento em termos teóricos ao tema das turbas, tem o mérito de apresentar pedagogicamente os autores, suas filiações intelectuais e suas obras. A interpretação de Thomas Carlyle foi por mim analisada em artigo preparado para o Congresso do Bicentenário da Revolução Francesa, Universidade de Paris, julho de 1989; publicado em português no acima citado n. 20 da *Revista Brasileira de História*. BRESCIANI, Stella. Carlyle: A Revolução Francesa e o engendramento dos tempos modernos. *Revista Brasileira de História*, nº 20, Reforma e Revolução. São Paulo: ANPUH/Marco Zero, mar./ago. 1990; BRESCIANI, Stella. Da perplexidade política à certeza científica: uma história em quatro atos. *Revista Brasileira de História*, nº23/24, vol.12. São Paulo: ANPUH/Marco Zero, set.1991/ago.1992.

[69] WELLS, H. G. *The Time Machine*. London: William Heinemann, 1895. Edição em português WELLS, H. G. *Máquina do tempo*. Trad. Daniel Piza. São Paulo: Nova Alexandria, 1994.

> Esta cidade moderna, formada num único século, ou melhor, em meio século, não tem relação alguma e nenhum interesse no passado; (...) não existem monumentos para relembrar o passado; sua história é uma página em branco semelhante à história das florestas e dos campos (...) sobre os quais os anos passam sem marca alguma além daquelas que os ventos de ontem provocam nas ondas e águas do oceano.

O enorme distrito operário apresentava o panorama da "Cidade da Espantosa Monotonia", um agregado de perto de dois milhões de pessoas, onde a ausência completa de hotéis e de restaurantes razoáveis constituía um testemunho mudo das características do bairro: magnitude sem paralelo de sua insignificância e uniformidade. Uma cidade do trabalho e dos trabalhadores, onde a distribuição dos ofícios se fazia ainda nos moldes medievais, onde o aspecto das ruas e das casas expunha com nitidez a hierarquia do mundo do trabalho.[70]

Cidade que no dizer de outro autor da época, G. F. G. Masterman, vomitava todos os dias uma torrente negra em direção ao trabalho.[71] A ficção dos *elóis e dos morloques* de *Máquina do tempo* encontra aqui sua transcrição evidente no espetáculo das ruas congestionadas por uma estranha população desaguada dos trens e dos metrôs. Um espetáculo espantoso repetido duas vezes a cada dia, como marés humanas. Para penetrar no segredo dessas vidas subterrâneas, Masterman, assim como outros "exploradores" interessados em obter uma visão interna da pobreza, vai viver por um período de tempo em meio a ela. Nessa virada de século, os valores basilares da sociedade vitoriana – a igreja, a filantropia e o *self-help* – haviam se mostrado incapazes de resolver a *questão social*.

A ineficiência das instituições vigentes patenteava-se na incapacidade de dar melhores condições de vida à classe operária, mantinha-se a ameaça latente da revolução, agora expressa na militância política abertamente exposta nas praças públicas e nos sindicatos. Afinal, as estatísticas mostravam que 35,2% da população do East End vivia na pobreza, porcentagem não muito diferente daquela que englobava toda a cidade de Londres, 30,7%.[72]

---

70 BESANT, Walter. *East London* (1901) Londres: Chatto & Windus, p.3-38. (Ed. fac-simile New York: Garland Publishing, 1980, p. 3.)

71 MASTERMAN, C.F.G. (1902) *From the Abyss*, Of Its Inhabitants by One of Them. (Ed. fac-simile New York/London: Garland Publishing, Inc., 1980, p. 19).

72 Cf. KEATING, Peter. (1976) *Into Unknown England*, 1866-1913: Selections from the Social Explorers. London: Fontana Collins, 1981, p.25. Esta seleção de textos oferece uma boa amostragem das opiniões dos pesquisadores sociais ingleses na segunda metade do século XIX.

As soluções técnicas propostas pelo sanitarismo e pela política de construção de casas populares, aliadas aos movimentos de resistência e de temperança, normalmente dirigidos por missionários religiosos, não chegam a atingir de maneira permanente a classe operária, de forma a eliminar essa "subcultura" avessa ao código ético burguês. Se a burguesia, ansiosa por assumir uma identidade própria que a distanciasse o mais possível de suas origens às vezes pouco confessáveis, havia se distanciado física e psiquicamente dos trabalhadores, essa distância tornara-se uma armadilha. Nesse mundo modelado pelos valores do individualismo, pela noção de progresso e pelos imperativos da acumulação, ela não mais conhecia seus antigos companheiros de ofícios. Em suas construções textuais acrescidas agora pela evidência da crescente força da organização operária, as Duas Nações estavam a ponto de travar uma batalha mortal.

Referências

AMICIS, Edmondo de. *Souvennirs de Paris et de Londres*. Paris: Hachette, 1880.

ARENDT, Hannah. (1963) *Sobre la revolución*. Trad. Pedro Bravo. Madri: Revista de Occidente, 1988.

ARNOLD, Matthew. *Culture and anarchy*: an essay in political and social criticism. London; Dublin: Thomas Nelson & Sons, London, 1869.

BALZAC, Honoré de. *A comédia humana*. XVII vols., vários tradutores. São Paulo: Globo, 1989.

BALZAC, Honoré de. Uma filha de Eva. *A comédia humana*. Vol.II. Trad. Vidal de Oliveira. São Paulo: Globo, 1989.

BÉGUIN, François. Les machineries anglaises du confort. MURARD, Lion; ZYLBERMAN, Patrick (Org.). L'haleine des faubourgs. Ville, habitat et santé au XIXe siècle. Paris: *Recherches*, n° 29, dez.1977/1978. Edição brasileira: As maquinarias inglesas do conforto. Trad. Jorge Hajime Oseki. *Espaço & Debates*, n.34, São Paulo: NERU, 1991.

BENJAMIN, Walter. (1939) Sobre alguns temas em Baudelaire. *Os Pensadores* (vol. XLVIII). Trad. Edson Araújo Cabral; José Benedito Damião. São Paulo: Abril Cultural, 1975.

BESANT, Walter. (1901) *East London*. (fac-simile) New York: Garland Publishing, 1980.

BRESCIANI, Stella. A elaboração de um mito literário. *História*: Questões e Debates. Curitiba: APAH, 7(13), dez/1986.

BRESCIANI, Stella. Carlyle: A Revolução Francesa e o engendramento dos tempos modernos. *Revista Brasileira de História*, nº 20, Reforma e Revolução. São Paulo: ANPUH/Marco Zero, mar./ago. 1990.

BRESCIANI, Stella. Da perplexidade política à certeza científica: uma história em quatro atos. *Revista Brasileira de História*, nº23/24, vol.12. São Paulo: ANPUH/Marco Zero, set.1991/ago.1992.

BRESCIANI, Stella. Lógica e Dissonância – Lei, disciplina e resistência operária. *Revista Brasileira de História*, n. 11, 1986.

BRESCIANI, Stella (1982). *Londres e Paris no século XIX*: o espetáculo da pobreza. São Paulo: Brasiliense, 1990.

BRESCIANI, Stella. Metrópoles: as faces do monstro urbano. As cidades no século XIX. *Revista Brasileira de História* n. 8/9, 1985.

BURET, Eugène. *De la misère des classes laborieuses en Angleterre et en France*: de la nature de la misère, de son existence, de ses effets, de ses causes, et de l'insuffisance des remèdes qu'on lui a opposés jusqu'ici, avec les moyens propres à en affranchir les sociétés. Paris: Paulin, 1840; ed. Fac-simile Editions d'Histoire Sociale, 1979.

BURKE, Edmund. (1757) *Recherche philosophique sur l'origine de nos idées du sublime et du beau*. Trad. E. Lagente de Lavaïsse, Paris: Ed. J.Vrin, 1973.

BURKE, Edmund. (1790) *Reflections on the revolution in France*. London: Penguin Books, 1979.

CARLYLE, Thomas. *Chartism*. London: James Fraser, 1840.

CARLYLE, Thomas. *Signs of the times*. Edinburgh: The Edinburgh Review, nº XCVIII, 1829.

CARLYLE, Thomas. *Thomas Carlyle*. Selected Writings. Harmondsworth, 1980.

CHADWICK, Edwin. (1842) *Report on the Sanitary Condition of the Labouring Population of Great Britain*. Ed. & Intro. M.W. Flinn. Edinburgh: University Press, 1965.

CHEVALIER, Louis. *Classes laborieuses et classes dangereuses à Paris pendant la première moitié du XIXe siècle*. Paris: Pluriel, 1978.

COCHART, Dominique. As multidões e a Comuna. Análise dos primeiros escritores sobre psicologia das multidões. trad. Stella Bresciani. *Revista Brasileira de História*, nº 20, Reforma e Revolução. São Paulo: ANPUH/Marco Zero, mar./ago. 1990.

DICKENS, Charles. (1836) *As Aventuras do Sr. Pickwick*. trad. Otavio Mendes Cajado. São Paulo: Abril Cultural, 1979.

ELIOT, George. *Felix Holt*, the Radical. Edinburgh; London: W. Blackwood and Sons, 1866.

ENGELS, Friedrich. (1845) *La situation de la classe laborieuse en Angleterre*. Trad. Badia Gilbert; Frederic Jean. Paris: Éditions sociales, 1960.

FRÉGIER, Honoré Antoine. *Des classes dangereuses de la population dans les grandes villes*. Paris: Chez J.-B. Baillière, 1840.

GAY, Peter. (1984) *A educação dos sentidos* – A experiência burguesa: da rainha Vitória a Freud. Trad. Pat Salter. São Paulo: Cia. das Letras, 1989.

GÉRANDO, Joseph-Marie. *De la bienfaisance publique*. Paris: J. Renouard, 1839.

HABERMAS, Jürgen. (1962) *Mudança estrutural da esfera pública* – Investigações quanto a uma categoria da sociedade burguesa. Trad. Flávio R. Kothe. Rio de Janeiro: Tempo Brasileiro, 1984.

HOBSBAWM, Eric. (1959) *Rebeldes primitivos*: estudos sobre formas arcaicas de movimentos sociais nos séculos XIX e XX. Trad. Nice Rissone. Rio de Janeiro: Zahar, 1970.

HUGO, Victor. (1862) *Les misérables*. Librarie Générale Française,1972, 3 vols.

JONES, G. Stedman. Le Londres des réprouvés: de la "démoralisation" à la "dégénérescence". MURARD, Lion; ZYLBERMAN, Patrick (Org.). L'haleine des faubourgs. Ville, habitat et santé au XIXe siècle. Paris: *Recherches*, n° 29, dez.1977/1978.

KEATING, Peter. (1976) *Into Unknown England*, 1866-1913: Selections from the Social Explorers. London: Fontana Collins, 1981.

MARX, Karl. (1867) *O Capital*. Trad. Regis Barbosa; Flávio Kothe. São Paulo: Abril Cultural, 1983, 2 vols.

MAYHEW, Henry. (1851,1861) *London labour and London poor*. 4 volumes. New York: Dover, 1968.

McCLELLAND, J. S. *The-crowd and the mob from Plato to Canetti*. London: Unwin Hymon, 1989.

McCLELLAND, J. S. (1960) The sanity of crowds and the madness of power: Elías Canetti's Crowds and power (1960). In *The-crowd and the mob from Plato to Canetti*. London: Unwin Hymon, 1989.

MEARNS, Andrew. (1883) *The bitter cry of outcast London*. New York: Humanities Press, 1970.

MOROGUES, Pierre Marie Sébastien Bigot de. *Du pauperisme, de la mendicité et des moyens d'en prévenir les funestes effets*. Paris: Dondey-Dupré, 1834.

PERROT, Michelle. *Enquetes sur la condition ouvrière en France au XIXe Siécle*. Paris: Hachette, 1972.

POE, Edgar Allan. (1840) O Homem da multidão. In *Poesia e prosa*. Trad. Oscar Mendes (prosa); Milton Amado (poesia) Porto Alegre: Globo, 1944, 3 vols.

ROMANO, Roberto. O sublime e o prosaico. Revolução contra Reforma. *Revista Brasileira de História*, n° 20, Reforma e Revolução. São Paulo: ANPUH/Marco Zero, mar./ago. 1990.

RUDÉ, George. *The crowd in history*. New York; London; Sydney: J. Wiley & Sons, 1964.

RUSKIN, John. *Unto this last*. London: Collins' Cleartype Press, 1862.

SOREL, Georges. *Les Reflexions sur la violence*. Paris: Librarie de Pages libres, 1908.

SOREL, Georges. (1908) *Les Illusions du progrés*. 3° ed. Paris: Marcel Rivière, 1921.

STAËL, Germaine de. (1795) *Essai sur les fictions*: suivi de De l'influence des passions sur le bonheur des individus et des nations. Paris: Editions Ramsey, 1979.

TAINE, Hippolyte. (1875) *Les Origines de la France contemporaine*. Paris: Hachette, 1986.

TAINE, Hippolyte. (1871) *Notes sur l'Angleterre*. 5ª ed. Paris: Hachette, 1876.

TAINE, Hippolyte. (1863-1864) *Histoire de la littérature anglaise*. 3ªed. Paris: Hachette, 1873-1874.

TAYLOR, Nicolas. The Awful Sublimity of the Victorian City. Its aesthetic and architectural origins. In DYOS, J. Harold James; WOLFF, Michael (Org.). *The Victorian City Images and Realities*. Vol. 2. London; Boston: Routledge & Kegan Paul, 1973.

THOMPSON, Edward P. (1967) Tiempo, Disciplina de Trabajo y Capitalismo Industrial. In *Tradición, Revuelta y Consciencia de Clase*. Barcelona, Crítica, 1979. Também em *Costumes em comum*. Estudos sobre a cultura popular tradicional. Trad. Rosaura Eichemberg. São Paulo : Companhia das Letras, 1998.

TOCQUEVILLE, Alexis de. (1833-35) *Voyages en Angleterre et Irlande*. Collection Idées (n° 462). Paris: Gallimard, 1982.

TOLEDO, Benedito Lima de. *São Paulo*: três cidades em um século. 2ª ed. aumentada São Paulo: Duas cidades, 1983.

TRISTAN, Flora (1840); BÉDARIDA, François. *Promenades dans Londres ou l'aristocratie et les proletaires anglais*. Paris: F. Maspero, 1978.

WELLS, H. G. *The Time Machine*. London: William Heinemann, 1895.

SÉCULO XIX:*
a elaboração de um mito literário

La rue est plus intime à cause de la brume. Autour des becs de gaz l'air tout entier s'allume. Chaque chose a sa part de rayons; et je vois toute la longue rue exister à sa fois.

Jules Romains 1913[1]

O século XIX chegou até nós pelas páginas da literatura. A importância da imprensa como veículo de comunicação de massa vincula-se solidariamente aos literatos e à procura da identidade de classes, das representações e das imagens das condições de vida nas cidades. Constitui, portanto, um desafio para o historiador entender esse poder de convencimento e de sedução do texto literário e de seu produtor que, como intelectual, torna-se figura imprescindível para a elaboração de imagens e conceitos que tornaram possível para os contemporâneos lidar com a extrema diversidade da experiência de vida urbana.

---

* Este texto foi apresentada no Seminário "História e Literatura", da APAH, em Curitiba em 12-09-85. A autora agradece a FAPESP pelo apoio financeiro para a viagem de pesquisa à França (nov.86-fev. 87) que contribuiu para colher mais documentação e redigir a versão que agora é publicada. Publicado originalmente em *História. Questões & Debates*. Curitiba: APAH 7(13), dez/ 1986. SCHWARZ, Roberto. As ideias fora do lugar. *Estudos CEBRAP*, n. 3, jan. 1973.

1 ROMAINS, Jules. La vie unanime. *Mercure de France*.1913, p.94.

Este artigo procura analisar, do ponto de vista histórico, a relação entre os meios de comunicação de massa ou a cultura produzida em larga escala e a constituição da identidade das personagens urbanas nos séculos XIX e XX. Esta reflexão inspira-se na proposta de Walter Benjamin sobre a obra de arte na época de sua reprodutividade técnica, momento em que a produção do artista perde sua singularidade irredutível desdobrando-se em cópias infinitas destinadas a um público consumidor amplo e ávido por adquirir mercadorias.[2] Acessível pelo preço e pela circulação comercial, a obra de arte ou a produção cultural se populariza num movimento que referido aos mitos fundadores das sociedades civilizadas constitui o universo simbólico das representações e do imaginário da cultura nos últimos dois séculos.[3] Sem dúvida, a formação de uma cultura urbana no século XIX, a fragmentação dessa representação geral em individualidades singulares referidas a especificidades nacionais e a reaglutinação desse universo simbólico no início do século XX, a partir de avaliações críticas da civilização tecnológica que tenderam a minimizar as singularidades em busca de sua própria característica na produção da aldeia global, não podem ser reduzidas a um mesmo "acontecimento histórico".

Afirmo, entretanto, um ponto de vista teórico para o estudo da produção e da circulação cultural de massa: ele é diverso da postura de ampla aceitação entre críticos literários, historiadores e sociólogos da arte e da literatura que erigem o *autor* e sua *produção* em objetos de estudo, buscando compreendê-los e explicá-los partindo de sua inserção social. Não nego o vínculo entre o autor e a sociedade, nem a importância da sua condição de nascimento, sua formação intelectual e sua experiência de vida. Por outro lado, gostaria de mostrar, como já indiquei no início, que, para além da faceta reflexiva e expressiva da obra de arte no mundo contemporâneo, pode-se considerá-la em sua diversidade como linguagens que participam ativamente da constituição das identidades sociais e das concepções sobre as cidades modernas.

Esta afirmação é facilmente inteligível em nossos dias, quando os grandes veículos de comunicação de massa apresentam-nos a imagem do que somos, não através de um movimento mimético que retrata ou representa a "realidade" aparente, mas como movimento instituinte de nossa condição social. Criando ima-

---

2 BENJAMIN, Walter. A obra de arte na época de suas técnicas de reprodução. *Os Pensadores* (vol. XLVIII). Trad. Edson Araújo Cabral; José Benedito Damião. São Paulo: Abril Cultural, 1975, p. 9-34.

3 A relação entre os mitos de fundação e a identidade coletiva no século XIX é indicada para a França e a Inglaterra em BRESCIANI, Stella. (1982) *Londres e Paris no século XIX*: o espetáculo da pobreza. São Paulo: Brasiliense, 10ª reimpressão, 2004.

gens com as quais nos identificamos e que procuramos compor na vida cotidiana, esses meios de comunicação são estreitamente solidários com o estabelecimento de hábitos e comportamentos adequados a cada personagem, com quadros de valores e sistemas de representação; enfim com o nosso ser social.

A mesma solidariedade, se bem que menos explícita e menos espetacular, pois materializada em imagens textuais e gráficas, eu persigo no século XIX, fazendo uma incursão pela produção literária, que se difundiu em grande parte através da imprensa periódica na forma do folhetim. Acompanho um pouco as pegadas de W. Benjamin em seus ensaios "Sobre alguns temas em Baudelaire", "Paris, capital do século XIX" e "A Paris do Segundo Império em Baudelaire"[4]. Nesses ensaios, a capital da França reúne *os signos da modernidade* e assume a dimensão de *mito histórico*: o espaço físico e social da cidade traz em si as marcas dos conflitos entre os valores secularmente estabelecidos, arrasados de forma radical (ao menos no plano das representações) pela revolução de 1789 e um mundo a ser construído sobre novas bases. Para Benjamin, as revoluções de 1830, 1848 e 1871 confirmam a França, sobretudo Paris, como o lugar histórico da política moderna e o lugar onde as inovações técnicas, por sua vez, confirmam a excelência da racionalidade mecânica traduzindo-a em projetos utópicos e reformistas. Com certeza, a proposta e a efetiva realização dos falanstérios de Fourier e a remodelação da cidade de Paris pelo seu prefeito durante os anos do segundo império, o Barão Haussmann, materializam a relação entre arte e técnica, entre teoria e prática em suas tentativas de conciliar o conflito entre o homem e a máquina, entre o capital e o trabalho.[5]

Elegendo Paris como o lugar da história no século XIX, Benjamin foi certamente solidário a Marx. Viu na França e no proletariado francês a promessa, já no século XX fracassada, da revolução socialista. Um operariado politizado na tradição da revolução social, ativo e contrastante com o operariado inglês, que na metade do século abandonara a tradição radical de cultura política e aceitara as regras do jogo burguês ao reivindicar um canal de representação política e a legitimidade de suas reivindicações. Contudo, a Inglaterra foi também erigida em paradigma da sociedade moderna pela produção literária do século XIX. Se na França Lyon é construída

---

4   BENJAMIN, Walter. Sobre alguns temas em Baudelaire. *Os Pensadores* (vol. XLVIII). Trad. Edson Araújo Cabral; José Benedito Damião. São Paulo: Abril Cultural, 1975, p.35-62. BENJAMIM, Walter. Paris, capital do século XIX; A Paris do segundo império em Baudelaire. In KOTHE, F.R. (Org.). *Walter Benjamin*: Sociologia. São Paulo: Ática, 1985, p. 30-122.
5   BRAVO, Gian Mario. *Les socialistes avant Marx*: anthologie avec introductions, notes et bibliographies des socialistes du XIXe siècle. Paris: Maspero, 1970.

literariamente como a capital do trabalho e Paris como a capital das lutas políticas do trabalhador, a Inglaterra teve seus equivalentes modelares em Manchester e Londres. Provavelmente, não por acaso, W. Benjamin tenha recorrido ao conto *O homem da multidão* de Edgar Allan Poe, para ilustrar sua tese sobre os movimentos mecânicos da multidão das ruas das grandes cidades repondo mimeticamente os movimentos condicionados pelo trabalho submetido ao tempo do relógio. A cena se passa em Londres.[6] Sobre a Inglaterra, com certeza, concentraram-se os olhares ansiosos por decifrar os sinais da moderna produção industrial e da economia política, transformada em dogma e lei de Deus, impressos como marcas visíveis nos corpos das pessoas. Sobre a França, recaíram os olhares apreensivos da triunfante sociedade burguesa em busca dos sinais da revolução proletária impressos nos rostos dos trabalhadores. Em 1871, a Comuna faz o mito coincidir com a história. Paris torna-se um paradigma: a capital do século XIX.[7]

A lanterna de Diógenes e o fogo de Vulcano

> So far from the smoke of London being offensive to me, it has
> always been to my imagination the sublime canopy that shrouds
> the City of the World.
>
> Benjamin Haydon, 1841[8]

> London and our other great commercial cities are masses of
> sordidness, filth and squalor, embroidered with patches of pompous and vulgar hideousness.
>
> William Morris, 1883.[9]

---

6   POE, Edgar Allan. (1840) O Homem da multidão. In: *Poesia e prosa*. Trad. Trad. Oscar Mendes e Milton Amado. Rio de Janeiro: Globo, 1944.

7   BRESCIANI, Stella. Metrópoles: as faces do monstro urbano; as cidades no século XIX. In *Revista Brasileira de História*, nº8/9, 1985. KEATING, P.J. *Working classes in Victorian fiction London*. London: Routledge & K. Paul, 1971. cap. 4.

8   Citado por BRIGGS (1963), Asa. *Victorian cities*. Harmondsworth-UK ; Penguin Books/ Pelican Books, 1977, p.311. "Longe de ser ofensiva para mim, a fumaça de Londres sempre foi para a minha imaginação a sublime abóboda que cobre a Cidade do Mundo." Tradução da autora.

9   Citado em SHEPPARD, Francis Henry W. *London 1808-1870*: the infernal wen. Londres: Secker and Warburg, 1971, p. XVI. "Londres e nossas outras grandes cidades comerciais são amontoados de sordidez, imundícies e depauperação, ornadas com remendos de hediondez pompous e medonha." Tradução da autora.

A elaboração literária da imagem da grande cidade percorreu avaliações diferenciadas das condições e experiência de vida urbana. O conjunto dessas representações, fortemente marcado pelo uso das metáforas da natureza e dos movimentos mecânicos, sugere a dificuldade para nomear o que nelas ocorria. Teceram também as imagens monstruosas das grandes cidades intimamente vinculadas a condição de lugar e símbolo da modernidade.[10]

Concebidas como o estágio supremo da engenhosidade humana, as imagens dispares da racionalidade desproporcional e autorreferida e a do tumor crescendo e se apoderando do corpo social conviveram de forma recorrente nas representações da cidade nos textos do século XIX. Imponderável e imprevisível era considerado o movimento das suas populações, mas também seu crescimento físico desmesurado fugia aos padrões estabelecidos. A imagem da cidade sofre uma reversão radical: ao invés do espaço fechado, restrito e defendido dos inimigos externos da cidade medieval, tem lugar a ocupação extensiva, a aglomeração populacional, os muros derrubados pela sua inutilidade e a convivência diária e ameaçadora do inimigo dentro dos próprios limites da cidade moderna. Todo um vocabulário se forma para dar conta do fenômeno urbano; uma representação estruturada da cidade como o lugar do progresso opondo-a ao campo, o lugar da tradição conservadora; uma linguagem de classes recobre a extensa variedade de seus habitantes, configurando na luta política e no dia a dia do trabalho os parceiros/inimigos da sociedade industrial.

Se o recurso às metáforas expressa a dificuldade de nomear o que se vê, sugerindo ainda o mecanismo monstruoso ou o corpo inarticulado da sociedade, a clara delineação das condições de vida, a classificação de seus habitantes e de suas atividades, não deixa de formar um eloquente contraste. O indizível tem nome. A massa se compõe de variadas personagens modelares. Do caos atribuído a Londres surge, em Dickens, a cidade do dinheiro e da política, receptáculo das populações residuais das cidades fabris, cujo tecido urbano expulsa os inúteis, os sem função e lugar designado. Da imagem de caos surge também a Londres dividida entre um Oeste rico e um Leste pobre, imagem que se desdobra em outra, da parte Oeste iluminada e ordeira contrastando com o lado Leste escuro, misterioso e selvagem. Com Disraeli a distância entre o lado rico e o pobre ganha a imagem de "Duas Nações" — a dos civilizados, composta pelos homens de propriedade, e a dos bárbaros, formada por aqueles que eram proprietários somente do próprio corpo. Ainda da imagem de caos, sob a metáfora dos marginais, surgem

---

10 BRESCIANI, Stella. Metrópoles: as faces do monstro urbano; as cidades no século XIX, Op. cit., p. 35-68.

os pobres abjetos inutilizados pela degradação e pelo desgaste físico. A despeito da área sul da cidade também abrigar parcela da população pobre, o Leste de Londres se torna na década de 1880 o símbolo da pobreza urbana.[11]

Sem configurar uma representação simétrica, a designação simbólica do lugar da vida operária em Paris recobre também um bairro, o faubourg Saint-Antoine. Por entre o turbilhão dessa "colmeia humana" vislumbrava-se a operosidade cotidiana e a revolta episódica. As metáforas da natureza sublinham o misterioso e o desconhecido. Nesse sentido, as lavas vulcânicas expressam ao mesmo tempo a força destruidora e imprevisível dos movimentos revolucionários e suas figuras humanas, os herdeiros de Vulcano. Contudo, Paris também pode ser o labirinto, lugar de perdição energética e infernal. A metáfora mecânica recobre a representação da área central da cidade; as ruelas em torno da catedral de Notre Dame e do Palácio da Justiça escondem as prostitutas, os ladrões, os escroques, ou seja, todo um contingente de pessoas degradadas. À semelhança de Londres, em Paris todos cabem: burgueses, trabalhadores e ladrões. Do caos surge em Balzac uma multidão classificada em círculos. Em Eugene Sue, o caos parisiense pode ser organizado em pobres bons e pobres maus, em ricos bons e ricos maus, e numa classe média mesquinha e medíocre.[12]

Da representação de caos emerge sobretudo a imagem da força geradora das transformações sociais. A mecanização da vida e dos corpos submetidos ambos aos dogmas da economia política inglesa; a materialização dessa força na concretude das máquinas automotrizes: eis aí uma representação construída com tantos detalhes, tão recorrentemente utilizada como princípio explicativo dos fenômenos sociais que veio a se confundir com a própria escrita da história. A revolução de 1789 na França preenche também a representação de mito de origem da sociedade moderna. A força propulsora é, entretanto, de outra natureza: não são ideias concretizadas em máquinas, mas e o ímpeto da parte pobre da população revertendo as expectativas dos revolucionários burgueses que se torna o princípio sobre o qual se assenta, se bem que precariamente, a nova sociedade.

No título de um dos capítulos de *Os Miseráveis*, Vitor Hugo explicita a íntima vinculação entre a nova personagem e a história: "O futuro latente no povo". Para além do tom dramático, o escritor anuncia de maneira enfática a importância de seu ofício.

---

11 LEES, Andrew. *Cities perceveid; urban society in European and American thought, 1820-1840.* Manchester: Manchester University Press, 1985, p. 106 e seg.
12 BELLET, Roger (Org.). *Paris au XIXè siècle; aspects d'un mythe litteraire.* Lyon: Presses Universitaires de Lyon. 1984, p 47-69.

"*Fex urbis*, grita Cicero; *mob*, completa Burke indignado; turba, multidão, população. São palavras ditas apressadamente" afirma Hugo.[13] É com certeza um alerta do autor para aqueles que, por ignorância, desprezo, omissão ou mesmo despreparo, não se preocupam com o âmago da sociedade. Hugo diz mais adiante: "Olhem através do povo e encontrarão a verdade". No livro, esta frase fecha um estudo de Paris a partir de seu átomo: o *gamin*, a criança crescida nas ruas que mantém sua inocência em meio ao lodaçal da cidade. Essa criança e o povo de Paris vivendo nos bairros onde trabalha e sofre. Esses "pés-nus", analfabetos são os "puros-sangues", a "raça parisiense", completa o autor.

Nas sendas do alerta de Carlyle para a burguesia inglesa, Hugo adverte sobre a necessidade de fazer "as luzes penetrarem nessas massas". E prossegue:

> retomemos o grito: Luzes! E sejamos obstinados! Luzes! Luzes! — Quem sabe essas opacidades não se tornarão transparentes? As revoluções, não são elas transfigurações? Ide filósofos, ensinai, esclarecei, iluminai, pensai alto, falai alto, correi alegres em plena luz do dia, confraternizai nas praças públicas, anunciai os direitos, cantai a Marselhesa, semeais entusiasmo, arrancai os galhos verdes dos carvalhos. Fazei da ideia um turbilhão. Esta multidão pode ser sublime.[14]

E se Carlyle advertia para o perigo representado pelas massas ignorantes respondendo mecânica e mimeticamente à violência da exploração dos ricos, Hugo prenuncia simetricamente a ameaça presente na multidão inarticulada e sem ideais. Para o pensador inglês, a multidão dos pobres perdera sua alma na luta diária pela sobrevivência numa sociedade toda ela baseada nos princípios da mecânica. Meras carcaças, eram autômatos respondendo automaticamente aos seus senhores, também eles automatizados. Na Inglaterra, o Fiat Lux deveria atravessar toda a sociedade para que fosse preservado o princípio fundante da vida civilizada. A alternativa às luzes era o caos. Na França de tantos filósofos, também estava em jogo o futuro da *humanidade*. Vitor Hugo não deixa por menos: "O *gamin* exprime Paris, e Paris exprime o mundo. Pois Paris é o total. Paris é o teto do gênero humano (...) Tal é Paris. As fumaças de seus telhados são as ideias, do universo"[15]. Retirar os seres ignorantes e abjetos das trevas para empregá-los na conquista do ideal: este o gesto ousado, a atitude corajosa da qual o "progresso depende". E Hugo completa enfático:

---

13 HUGO. Victor (1862). *Les misérables*. Paris: Libr. Génerale Française, 1972, 3 vol. livro 1, p. 134-5.
14 HUGO. Victor. *Les misérables. Op. cit.*, livro 1, p. 135.
15 HUGO. Victor. *Les misérables. Op. cit.* livro 1, p. 130-4.

> Ousar, esse é o preço do progresso. Todas as conquistas sublimes são mais ou menos os prêmios da audácia. Para que a revolução aconteça, não basta que Montesquieu a apresente, que Diderot a preconize, que Beaumarchais a anuncie, que Arouet a prepare, que Condorcet a calcule, que Rousseau a prediga, é necessário que Danton ouse fazê-la.[16]

O tom premonitório desses dois autores não ia buscar suas certezas em verdades reveladas como dom divino; eles teciam suas avaliações da sociedade com o que alardeavam ser observação crítica dos fatos da vida. Suas certezas tinham a chancela dos métodos científicos. Eles comungavam com a grande aposta do século nas ciências, sem serem paradoxalmente seus apologistas. Como outros homens ilustrados do seu tempo, Hugo e Carlyle definiam e legitimavam o lugar do intelectual na sociedade pela importância que atribuíam a necessidade de estabelecer uma ponte entre as duas partes da sociedade: a civilizada e a selvagem.

É interessante acompanhar o movimento de constituição da identidade burguesa elaborando simultaneamente o seu outro na figura do proletário. Esse movimento retirava sua força de alguns sinais da vida cotidiana: a família do patrão se afasta física e psiquicamente das oficinas e das fábricas; o patrão deixa de ser o chefe que na saída do trabalho partilha a bebida no bar com seus operários; os homens de propriedade passam a conhecer o seu parceiro e inimigo por procuração. O texto literário é solidário aos da pesquisa social não só por fixar essa distância, mas por ampliá-la e dar-lhe a dimensão de um abismo. A sociedade se fende e a burguesia é incitada a se conhecer e a conhecer esse seu *outro* selvagem, ignorante, tão diferente e tão próximo.

Escritores, jornalistas, filantropos, médicos, etc. não se cansaram de alimentar e manter acesa a curiosidade. A figura do operariado, as imagens de suas lutas insistentemente trabalhadas e projetadas como perigo iminente e conflito a ser resolvido, abriram no tecido social um espaço para o intelectual que se tornou para as pessoas de propriedade uma figura chave. Com seus instrumentos teóricos, se propunha a desvendar a inteligibilidade do caos aparente e, em particular, indicava os caminhos a serem percorridos para evitar que a sociedade retornasse ao caos primitivo.

---

16 HUGO. Victor. *Les misérables*. Op. cit., livro 1, p. 134.

Uma nova forma de percepção, uma nova sensibilidade

> L'horloge ! dieu sinistre, effrayant, impassible.
> Dont le doigt nous menace et nous dit : "Souviens-toi !"
> Baudelaire[17]

No ensaio *Sobre alguns temas em Baudelaire*, Walter Benjamin desenvolve uma reflexão em torno de memória voluntária e memória involuntária; sobre o caráter intransferível da memória involuntária pertencente ao inventario de cada pessoa nos múltiplos aspectos do seu isolamento; sobre o domínio da experiência, onde se dá a conjunção, na memória, do passado individual e do passado coletivo; sobre a importância da consciência para proteger nossas sensações dos infinitos estímulos da vida cotidiana; sobre a correlação entre o choque e o contato com as massas humanas das grandes cidades. Alerta-nos também para a condição amorfa dos transeuntes, do público das ruas — simplesmente multidão — que embora fortuito na poesia de Baudelaire deixou com a presença constante uma "marca secreta em toda a sua criação".[18]

Benjamin abandona o plano da escrita da experiência pessoal de Baudelaire que se negou a racionaliza-la em vivência para se proteger e, assim, apresentar a seus leitores uma relação apaziguada com a movimentação das ruas. Indica, na direção oposta, a ampla cumplicidade entre os literatos do século XIX e a multidão. Em íntima relação com a produção literária, o público confunde-se com as personagens das novelas de folhetim. Ele espera que o autor o retrate, mas o próprio autor inspira-se em fatos da vida cotidiana, por ele mesmo anotados ou apresentados em relatórios governamentais, de entidades filantrópicas ou ainda de homens de dinheiro dedicados a tarefas científicas ou sociais, de forma a oferecer a seu público uma imagem modelar das personagens da cidade.

Essa relação entre o autor e o leitor vai além da produção da autoimagem das populações urbanas, o novelista torna-se mesmo responsável pela formação de opinião. Benjamin lembra que Eugene Sue, popular folhetinista francês, foi eleito em 1850 representante no parlamento "desse povo miúdo das ruas de Paris".[19] A produ-

---

17 BAUDELAIRE, Charles. L'horloge. In: BAUDELAIRE. *Oeuvres complètes*. Paris: Robert Laffont, 1986, p. 59. "O relógio! Deus sinistro, assustador, impassível. Cujo dedo nos ameaça e diz: "Lembre-se!" Tradução da autora.
18 BENJAMIN, Walter. Sobre alguns temas em Baudelaire. *Op. cit.*, p. 35-62.
19 BENJAMIN, Walter. Sobre alguns temas em Baudelaire. *Op. cit.*; ainda sobre a cumplicidade entre os autores de novelas e seu público leitor, ver CHEVALIER, Louis. *Classes laborieuses et classes dan-*

ção da obra literária, em alguns momentos faz coincidir no mercado a mercadoria livro e a política. Zola, outro autor popular, fez uso do texto literário para construir a figura modelar do militante político do Segundo Império na França, deslizando anonimamente em meio à multidão de pessoas que vivem ao redor do grande mercado de víveres do centro de Paris.[20] E foi exatamente a partir da intenção de polemizar com a obra maior de Eugene Sue, *Os mistérios de Paris*, que Marx escreveu a *Santa Família* e assumiu a tarefa de fazer surgir da massa amorfa das cidades a figura fundamental para a revolução socialista.

É bem verdade que a cumplicidade em Marx é de outra natureza; trata-se não de estabelecer uma empatia com um público consumidor, mas de forjar o sujeito político revolucionário – o proletariado. Afinal, para ele, a cidade configurava o tempo e o lugar da história na sociedade burguesa: nela a burguesia surge, se afirma enquanto classe e exerce seu domínio; nela o proletariado se forma e sua luta contra o domínio burguês e a expressão da própria história que, no limite, aponta para a superação e a transformação da sociedade de classes. Engels, aliás, numa obra da juventude, fez da multidão das ruas um tema marxista. Seu espanto perante a concentração humana numa cidade como Londres de dimensão excepcional para a época, traduz o mal-estar de homem acostumado a cidades menores, onde a multidão não chega a constituir presença constante e agressiva. As imagens das cidades industriais inglesas, por ele elaboradas, fixaram em sínteses paradigmáticas as condições infernais de vida do proletariado fabril.[21] Benjamin traça até um paralelo entre o desconcerto de Engels e o à vontade de tantos autores menores, desses folhetinistas que ensinavam a arte de se deixar levar pela multidão, de se identificar com ela. Contudo, a reação moral e estética de Engels resulta num quadro de anotação crítica da atividade do olhar que compõe com outros autores contemporâneos seus a representação que o século XX, manteve do século XIX.

Um meticuloso recenseamento de ruas, bairros, pessoas, casas, cidades; uma avaliação da potência degradante do meio urbano sobre as pessoas; uma avaliação dos custos sociais da riqueza e do poderio econômico de um país voltado para a produção industrial. Uma avaliação feita a partir de um ponto de observação conceitual que elabora a exterioridade do analista em relação a população da cidade. Exterioridade

---

gereuses à Paris pendant la première moitié du XlXè siècle. Paris: Libr. Générale Française, 1978.
20 ZOLA, Emile. (1873) *Le ventre de Paris*. Paris: Gallimard, 1979.
21 ENGELS, Friedrich (1845). *La situation de la classe laborieuse en Angleterre*. Trad. Badia Gilbert; Frederic Jean. Paris: Éditions sociales, 1960.

impossível em Baudelaire, um citadino por excelência, que se negou a destacar-se da multidão e fazer dela objeto de observação. Exterioridade que Poe elabora deliberadamente em *O homem da multidão*, recortando a figura do narrador em sua posição fixa perante o fluxo de pessoas que passam frente à janela onde está postado.[22]

Embora as experiências de Engels, Poe, Baudelaire e Hugo sejam diferentes entre si, em todas se encontra o registro de uma novidade assustadora, porém fascinante, e de uma perda irrecuperável assumida em nome do progresso: a multidão das ruas em seu contínuo deslocamento e a qualidade do tempo. Na novidade e na perda, o registro da experiência histórica da transformação: homens anônimos, sem individualidade, agitando-se em obediência a um poder invisível que faz de seus dias um ininterrupto vai e vem de atividades cujo objetivo é a obtenção de um salário ou a reprodução ampliada do capital investido; um tempo reificado, destituído de qualidade, mensurável e portanto dividido com partes iguais, exterior à história por ser sempre o mesmo até o infinito. O choque transformado em experiência, portanto mediatizado pelo campo de representações e de imagens formado pelo texto, em especial o literário.

"Le Printemps adorable a perdu son odeur!", exclama Baudelaire.[23] Um mundo onde as pessoas e objetos perderam toda particularidade intrínseca, perderam sua aura. Um mundo sem mais lugar para a experiência do odor, que nas palavras de Benjamin é "o refúgio inacessível da memória involuntária". Um mundo onde à semelhança da fotografia, a experiência alarga o campo da memória voluntária, onde os acontecimentos são conservados por meio de imagens visuais e sonoras. É a própria percepção que muda. Uma nova sensibilidade se instaura a partir do que deve agora se orientar através de sequências de instantâneos; imagens fragmentadas que só compõem um todo mediatizadas pela reflexão intelectual.

Os homens dos começos do século XIX viveram a experiência radicalmente nova de um mundo esvaziado de formas de orientação multisseculares e saturado de referenciais cujo significado ocultava-se atrás de coisas aparentemente sem sentido. Dickens, que fez das ruas das grandes cidades inglesas o cenário de suas novelas, coloca o Sr. Pickwick numa janela de onde observa o movimento de pessoas submetidas ao poder do relógio da torre que marca o tempo do trabalho. O ritmo dos

---

22 Esboço mais detido da elaboração da distância constitutiva entre o sujeito e seu objeto do conhecimento mediatizado pelo conceito. BRESCIANI, Stella. Metrópoles: as faces do monstro urbano. *Op. cit.* Ver também PIKE, Burton. *The image of the city in modern literature*. Princeton: Princeton University Press, 1981, cap. 2.

23 A adorável Primavera perdeu seu odor! In BAUDELAIRE. C. Le goût du néant – LXXX poema de Spleen et ideal In BAUDELAIRE. *Oeuvres, Op. cit.*, p. 55-56

transeuntes varia de acordo com o horário de entrada no trabalho. A artificialidade desse tempo convencionado e exterior ao homem ganha uma dimensão caricata quando Dickens faz o escrevente de um escritório chegar esbaforido e fingir estar trabalhando há tempo no momento da chegada do patrão.[24] O texto é certamente mordaz, mas é mais do que isso: ele tem uma dimensão didática, faz o leitor refletir sobre a corrida atrás do tempo, sobre o aparente *non sense* da vida moderna.

Ainda a mesma potência visível faz das ruas o cenário do espetáculo cotidiano de levas de homens e mulheres em constante circulação. À imagem de artifício se sobrepõe a imagem de caos, de um espetáculo que é sempre o mesmo embora em constante mutação. O mercado limitado e previsível da aldeia se assenhora de toda a cidade: mercadorias-produto; e mercadorias-pessoas estão em toda parte. A imagem de monstro figura a cidade moderna; a imagem de monstro mecânico devorador de homens figura o lugar do trabalho e a cidade do trabalho. Nos textos dos literatos a anotação do que ocorre nas ruas configura uma representação estética da cidade e a formulação da noção de modernidade. Engels, como outros, demonstrou que uma cidade podia ser lida, que na verdade ela deveria ser lida. Que "por trás" da *diversidade extrema* residia a possibilidade de classificação e de definição de conceitos. Tal como a sequência de lojas, casas de comércio, bares, armazéns e fábricas suportavam uma dupla leitura, a das suas respectivas funções e a de compromisso e tensão entre forças antagônicas, o espaço da cidade dava ensejo a duas anotações, a da especialização das áreas e da exclusão das classes trabalhadoras das melhores ruas.[25] O romance de Elizabeth Gaskell — *Norte e Sul* — diz literariamente a mesma ideia trabalhada em um ensaio por John Stuart Mill — *Civilização*:

---

24 DICKENS, Charles. (1837) *As aventuras do Sr. Pickwick*. Trad. Otávio Mendes Cajado. São Paulo: Abril, 1979. Para a noção de tempo, consultar o clássico artigo de THOMPSON, Edward P. Tiempo, disciplina de trabajo y capitalismo industrial. In: *Tradicion, revuelta y consciência de clase*. Barcelona: Grijalbo, 1979.

25 Autores clássicos assinalaram essa especialização do espaço urbano no século XIX e a segregação da população pobre nos bairros operários, entre eles ENGELS. Friedrich. *La situation de la classe laborieuse en Angleterre. Op. cit.*; HOBSBAWM, Eric (1975). *A Era do Capital* (1848-1875). Trad. Luciano Costa Neto, Rio de Janeiro: Paz e Terra, 1977. Richard Sennett trata da questão a partir da partilha público/privado em SENNETT, Richard. *The fall of Public man*. New York: A. Knopf. 1976, cap. 7. Para a relação e a representação da cidade, ver: BRIGGS, Asa. *Victorian cities Op. cit., cap 2;* WILLIAMS, Raymond. *Culture and society* – 1780/1950. New York: Harper & Row; 1958; vários artigos da coletânea organizada por DYOS, H.J. & WOLFF. *The Victorian City. Images and Realities*. London: Routledge & K. Paul, 1973, 2 v.; EAGLETON. M. & PIERCE, D. *Attitudes to classes in the English novel*. London: Thames and Hudson, 1979, cap.3 e 5 principalmente; MESSINGER, G. S. *Manchester in the Victorian age: the half-known city*. Manchester: Manchester University Press, 1986, cap. 4 e 6.

> A parte da cidade (Manchester) na qual fica Crampton era usada especialmente pelos trabalhadores fabris. Nas ruas em torno dessa área havia muitas fábricas das quais jorravam duas ou três vezes por dia torrentes de homens e mulheres. Até chegar a conhecer os horários da entrada e da saída deles, Margaret sentia-se muito infeliz por encontrar-se com eles.

E John Stuart-Mill:

> Uma das consequências da civilização é a de fazer com que o espetáculo, e mesmo a própria ideia da dor, seja mantido cada vez mais longe das vistas das classes que usufruem de maneira plena os benefícios da civilização (...) Tudo o que na sociedade obriga as pessoas a se tornarem os agentes imediatos ou as testemunhas oculares da dor propositalmente infligida foram delegadas, por consentimento geral, a parcelas pequenas e específicas de pessoas: ao juiz, ao soldado, ao cirurgião, ao assassino e ao carrasco. (...) Isto é enfaticamente mais verdadeiro para as classes refinadas e na exata proporção em que o refinamento aumenta: pois e por manter o mais longe possível da vista, não só a dor verdadeira, mas tudo o que possa ser ofensivo ou desagradável para as pessoas mais sensíveis, que o refilamento existe.[26]

A *dimensão inusitada* da cidade provocava evocações nostálgicas da Londres cercada por muralhas, em contraste com a cidade aberta, pela qual se caminhava sem divisar as fronteiras do campo. O *movimento ininterrupto* nas ruas da cidade inspirou metáforas que as igualavam a centros magnéticos exercendo forte atração sobre homens e mercadorias. A imagem de uma sucção poderosa com um raio de ação bastante amplo que não se esgotava em sua superfície visível, mas que atuava através de um raio ainda mais vasto, desconhecendo fronteiras terrestres e dificuldades marítimas, dia e noite, verão e inverno ininterruptamente, foi construída por De Quincey, nos anos quarenta, para falar de Londres.[27] Esse intenso movimento inspirou também analogias com a circulação do sangue nos organismos vivos: homens e mercadorias fluem pelas artérias das cidades. A imagem de um ser monstruoso de apetite ilimitado, alimentando-se de homens que a ele eram sacrificados, marcou profundamente a concepção dos grandes núcleos urbanos. A metáfora do monstro

---

26 MARCUS, Steven. *Engels, Manchester and the working class*. New York: Vintage Books, 1974, p.174.
27 DE QUINCEY, Thomas. *The nation of London* (1881) Apud STANGE, G.R *The frightened Poets*. In: DYOS & WOLFF. DYOS, H. J. & WOLFF, M. *Op. cit.*, Vol. 2, p.476.

reuniu assim, na imaginação, a força dos mecanismos ininterruptamente ativos e a forma viva de um ser monstruoso.[28]

A sublime experiência em viver em cidades

> Ô fins d'automne, hivers, printemps trempés de boue
> Endormeuses saisons ! je vous aime et vous loue
> D'envelopper ainsi mon coeur et mon cerveau
> D'un linceul vaporeux et d'un vague tombeau.
>
> Baudelaire 1861[29]

Ester, a jovem heroína de um romance de Dickens, descreve suas impressões no momento em que chegava pela primeira vez a Londres:

> Acreditei que já estávamos ali quando nos achávamos ainda a uma distância de dez milhas, e quando realmente lá chegamos, pensei que nunca haveríamos de chegar. Contudo, quando começamos a dar solavancos por cima de uma calçada de pedras e, particularmente, quando todos os outros veículos pareciam estar correndo em nossa direção e nós parecíamos estar correndo ao encontro de todos os outros veículos, comecei a acreditar que realmente havíamos chegado ao fim de nossa jornada. (...) Fomos devagar através das ruas mais sujas e mais escuras que eu já vira no mundo (pensava) em tal estado de perturbadora confusão que fiquei a imaginar como podiam todas aquelas pessoas conservar o sentido da direção...[30]

O relato da experiência inaugural de se defrontar com a materialidade de Londres elabora nesse texto a representação de como se recebia, através dos sentidos da visão e da audição, o choque de entrar em contato com a dimensão inusitada, o movimento febril e a desconcertante aparência das ruas sujas da pobreza. Contudo, o dia a dia das grandes cidades, tornado espetáculo pela produção artística, se expressou enquanto choque ininterrupto, na poesia de Baudelaire. A diversidade de Paris se expressa nesse fragmento:

---

28 A sobreposição das imagens de mecanismo monstruoso e de um ser monstruoso na alegoria do monstro é apresentada em BRESCIANI, Stella Metrópoles. As faces do monstro urbano. *Op. cit.*, p. 35-68.

29 BAUDELAIRE, C, Brûmes et pluies – Poema CI de Spleen et Idéal. Les fleurs du mal In *Baudelaire*. *Op. cit.*, p. 74-75. "Oh! finais de outono, invernos, privameras encharcados de lama/Estações adormecidas! eu vos amo e vos louvo/Por assim envolver meu coração e meu cérebro/Com uma mortalha vaporosa e um túmulo vazio." Tradução da autora.

30 DICKENS, Charles (1853). *A casa soturna*. Trad. Oscar Mendes. Rio de Janeiro: Nova Fronteira, 1986, p.334.

Da cidade e do urbano

> Paris muda ! mas nada em minha melancolia
> mudou ! palácios novos, tapumes, quadras,
> antigos bairros, tudo para mim se torna alegoria
> e minhas caras lembranças são mais pesadas que rochas.[31]

Em todos os lugares, o meio propício para formar seres monstruosos. A cidade monstro gera em suas próprias entranhas seus filhos e herdeiros. Nem sempre a experiência do choque frente às personagens urbanas foi em Baudelaire pessimista. Em seus *Tableux Parisiens*, o encontro do poeta com a mendiga é permeado de erotismo:

> Branca jovem de cabelos ruivos
> cuja roupa, através de seus buracos
> Deixa ver a pobreza
> E a beleza
>
> Para mim, pobre poeta
> Teu jovem corpo doentio
> Coberto de manchas de sardas
> Tem sua doçura.
> (...)
> Que os nós mal atados
> Desvendam para nossos pecados
> Teus dois belos seios, radiosos
> Como olhos.
> (...)[32]

Esse erotismo está também presente no poema em que fala das prostitutas que ganham as ruas ao anoitecer:

> Através dos clarões que atormentam o vento.
> A prostituição se acende nas ruas;
> Tal como um formigueiro ela desvenda suas entranhas
> Em todo lugar ela abre para si um caminho escondido
> Tão logo o inimigo tenta dar-lhe um golpe
> Ela se movimenta no meio da cidadela de lama
> Tal como um verme que rouba ao homem o que ele come.[33]

---

31 BAUDELAIRE, Charles. Le cygne poema LXXXIX de Spleen et Idéal *Les fleurs du mal*. Baudelaire. In *Op. cit.*, p. 63. "Paris change! mais rien dans ma melancolie/N'a bougé! Palais neufs, échafaudages, blocs, Vieux faubourgs, tout pour moi deviant allégorie,/Et mes chers souvenirs sont plus lourds que des rocs." Tradução da autora.

32 BAUDELAIRE, Charles. (1857) À une mendiante rousse. Tableaux parisiens In: *Baudelaire. Op. cit.*, p.61. "Blanche fille aux cheveaux roux/Dont la robe par ses trous/Laisse voir la pauvreté/Et la beauté./Pour moi, poète chétif/Ton jeune corps maladif,/Plein de taches de rousseur,/A sa douceur.(...)Que des noeuds mal attachés/Dévoilent pour nos péchés/Tes beaux seins, radieux/Comme des yeux.(...)". Tradução da autora.

33 BAUDELAIRE, Charles (1857). Le crépuscule du soir. Tableaux Parisiens. *Les fleurs du mal*. In:

A imagem da rua se constitui a partir das sensações que estimulam o olhar, a audição, o olfato, o tato; a relação com as ruas se dá como um choque para os sentidos; o desconcerto vem impresso na poesia de Baudelaire:

> Cada um nos acotovela na calçada escorregadia,
> Egoísta e brutal, passa e nos salpica de lama,
> Ou, para correr mais rápido, afastando-se nos empurra.
> Em todo lugar lama, dilúvio, obscuridade do céu.
> Quadro sombrio que teve em sonhos o sombrio Ezequiel.[34]

Esta relação subjetiva entre sensações de ordens diversas formam em Baudelaire as "correspondances" que, nas palavras de Benjamin, "fixam um conceito de experiência que conserva em si elementos culturais". Para este autor, "somente fazendo seus esses elementos, Baudelaire podia avaliar plenamente o significado da catástrofe da qual ele, como moderno, era testemunha".[35] A perda de uma forma de sensibilidade que elimina a percepção dos símbolos, que torna o homem surdo e cego para a experiência, Baudelaire quis gravar na poesia:

> A natureza é um templo, onde pilares vivos
> Soltam às vezes palavras confusas
> O homem passa através de florestas de símbolos
> Que o observam com olhares familiares
> Como ecos que ao longe se confundem
> Em uma tenebrosa e profunda unidade
> Grande como a noite e como a claridade,
> Os perfumes, as cores e os sons se respondem.[36]

Homens autômatos, *treinados* para andarem nas ruas tomando a sua direita,

---

Baudelaire. Op. cit. Paris: Libr. Generale Française, 1980, p. 70. "A travers les lueurs que tourment le vent,/La prostitution s'allume dans les rues;/Comme une fourmillière elle ouvre ses issues;/Partout elle se fraye un occulte chemin,/Ainsi que l'ennemi qui tente un coup de main;/Elle remue au sein de la cité de fange/Comme un ver qui derobe à l'homme ce qu'il mange". Tradução da autora.

34 BAUDELAIRE, Charles. Un jour de pluie. Vers retrouvés *apud* GEORGE, Chantal. *XIXè siècle*: *Op. cit.*, p. 89. "Chacun nous coudoyant sur le trottoir glissant,/Egoiste et brutal, passe et nous éclabousse,/Ou, pour courir plus vite, en s'éloignant nous pousse./Partout fange, deluge, obscurité du ciel./Noir tableau qu'eut rêvé le noir Ezéchiel." Tradução da autora

35 BENJAMIN, Walter. Sobre alguns temas em Baudelaire. *Op. cit.*, p. 53-54.

36 BENJAMIN, Walter. Sobre alguns temas em Baudelaire. *Op. cit.* p. 53-54. "La nature est un temple ou de vivants piliers/Laissent parfois sortir de confuses paroles;/L'homme y passe à travers des forêts de symboles/Qui l'observent avec des regards familiers./Comme de longs echos qui de loin se confundent/Dans une tenebreuse et profonde unité/Vaste comme la nuit et comme la clarité,/Les parfums, les couleurs et les sons répondent." Tradução da autora.

desviando-se dos outros, atentos aos veículos, cujo ritmo excede em muito o das pernas e atentos também ao ataque dos batedores de carteiras; são pessoas insensíveis aos símbolos que requerem o recolhimento da experiência da relação com a obra de arte. E esta foi, ainda nas palavras de Benjamin, a intenção de Baudelaire: expressar nas *Correspondences*, "uma experiência que procura fixar-se a salvo de toda crise". E conclui: "Tal experiência somente é possível no âmbito cultural. Quando sai desse âmbito, assume o aspecto do belo. Neste aparece o valor cultual da arte".[37]

Em Carlyle, a perda dessa sensibilidade é readquirida na condição de vivência, a experiência intelectualizada e localizada como dado de consciência. Em seu artigo *Sartor Resartus*, ele ensina a nova arte de olhar compreensivamente:

> Todas as coisas visíveis são emblemas; aquilo que vocês veem não existe por si; estritamente falando, aquilo que vocês veem realmente não está lá; a Matéria existe só espiritualmente, para representar uma ideia e encarná-la. Daí que as roupas, por mais insignificantes que pareçam, sejam tão indizivelmente significativas.[38]

Apanhar o significado por trás das aparências: trata-se sem dúvida de uma relação com o mundo mediatizada pelo conceito e bastante diverso das *correspondances* de Baudelaire, seu contemporâneo. Contudo, sabemos que Carlyle foi um crítico veemente da mecanização da vida, do pensamento e das sensações. Por outro caminho procurou devolver à sociedade da "Era da Máquina" a inteligibilidade intrínseca e irredutível às particularidades.[39] O rótulo de romântico que lhe é atribuído pela crítica literária e pela sociologia do romance fixam-no negativamente, e a outros, na condição de retrógrados e conservadores. Com essa atitude descartam a possibilidade de escutar as palavras de resistência à indiferenciação, à automatização e à percepção incapaz de transpor as aparências, pois se recusam a se deter no momento de reflexão. A recusa ao mergulho no cotidiano, para além de sua superfície, é feita as expensas dos momentos significativos, a favor de um ideal de progresso orientado por sua própria razão.

---

37 BENJAMIN, Walter. Sobre alguns temas em Baudelaire. *Op. cit.*, p. 53-54.
38 CARLYLE, Thomas (1829). *Thomas Carlyle – Selected Writings*. Harmondsworth-UK-UK: Penguin, 1980; também em SENNETT, Richard. *The fall of Public man. Op. cit.*, p. 126.
39 As anotações sobre o Pensamento crítico de Carlyle em relação a mecanização da sociedade e das pessoas encontram-se em BRESCIANI, M.S. Metrópoles. As faces do monstro urbano, *Op. cit.*, p.35-68, onde analiso seus artigos "Signs of the Times" e "Chartism". In: *Thomas Carlyle. Op. cit.*, p. 59-85 e 149-231.

Por isso, talvez, o texto literário seja tão significativo para o historiador; por legar o registro da sensação contraditória no relato da experiência do progresso realizada em detrimento das referências da orientação.

A Paris moderna, desenhada com régua e compasso, esplêndida no que manteve e no que construiu durante o século XIX, implicou na elaboração de um novo conceito de cidade. A atuação do prefeito Haussmann foi, nesse sentido, tão incisiva que provocou a admiração e a inveja de outro inveterado reformador, o inglês Chadwick, frustrado em suas tentativas de modernizar Londres com belas avenidas e ruas retas. A capital inglesa precisou esperar que o interesse das empresas privadas se manifestasse prevendo o lucro proveniente dos investimentos nos transportes coletivos para se modernizar rasgando velhos bairros com grandes vias públicas.

A experiência dolorosa da transformação ininterrupta da paisagem da cidade percorre todo o século XIX como um indicador irrecusável de outras transformações. Em textos, desenhos, pinturas, fotografias foi gravado o desconcerto frente à experiência inédita de se viver num mundo que se alterava a cada dia em obediência a interesses exteriores a parte significativa de seus habitantes. Em 1871, Emile Zola expressou a sensação da perda da velha Paris gravando a imagem da morte da cidade:

> Olhem para lá, para os lados das Halles, cortaram Paris em quatro... e com sua mão estendida, aberta e cortante como um cutelo, ele (Haussmann) fez menção de separar Paris em quatro pedaços... Paris lenhado a golpes de sabre, as veias abertas, alimentando cem mil trabalhadores de aterros e pedreiros, atravessada por admiráveis vias estratégicas que colocaram os fortins no coração dos velhos bairros.[40]

Zola já relatara a impossível presença do militante político fugitivo de Caiena no coração dessa Paris cortada em quatro. O velho bairro comercial, reformado em seu núcleo pelas recentes edificações do novo mercado (*Halles*), magníficas em sua estrutura de ferro coberta por vidro, expulsa a política e acolhe somente os adeptos do "enriquecer sem questionar, a filosofia prática do Segundo Império na França".[41]

A intervenção cirúrgica realizada na superfície e nas entranhas dessa cidade — ruas, avenidas, praças, edifícios e monumentos, mas também sistemas de distribuição de água potável, de gás e de energia elétrica, depois — tem talvez seu êxito expresso nas palavras de Guillaume Apollinaire:

---

40 ZOLA, Emile. Le curée (1873), Apud GEORGE, Chantal. *XIXè siècle. Op. cit.*, p. 24.
41 ZOLA, Emile. (1873) *Le ventre de Paris*. Paris: Gallimard, 1979.

> Vi esta manhã uma rua encantadora. Esqueci seu nome.
> Nova e limpa, do sol ela era o clarão
> Os diretores, os operários e as belas esteno-datilógrafas
> Passam por aí quatro vezes ao dia de 2ª feira pela manhã à noite de sábado.
> Pela manhã por três vezes geme a sereia
> Um relógio raivoso late pelo meio dia
> As inscrições das tabuletas e das paredes
> As placas os avisos gritam como papagaios
> Amo a graça dessa rua industrial
> Situada em Paris entre a rua Aumont-Thieville e a avenida des Ternes...[42]

A elaboração textual das condições de vida urbana

A primeira elaboração estética das grandes cidades no início do século XIX foi a de caos, anti-natureza e monstruosidade; em suma, a de meio ambiente corruptor e degradante para o ser humano. A eclosão de um surto de peste atravessa a Europa a partir de Marselha, nos primeiros anos da década de 1830, e com ela se completa a avaliação negativa da grande cidade que chegou mesmo a gerar um dogmatismo antiurbano.[43] Inspirada muitas vezes nos relatórios governamentais, a produção literária colaborou intensamente para a criação da imagem negativa da cidade. Os bairros pobres, descritos em tons sombrios, mereceram a designação de imensas cloacas, onde tudo concorre para tornar uma vida saudável impossível e que atua como núcleo irradiador de ameaças que se estendem por todo espaço urbano. Ameaças graves, já que para além do contágio das doenças existe o contágio moral: é nos bairros operários que os vagabundos, os ladrões e toda a escória da sociedade conseguem encontrar abrigo seguro e anônimo. Contudo, essa avaliação negativa das condições de vida na cidade, esse esquadrinhar da vida das "classes baixas", a descrição das imundícies, do ar pestilento, da mesquinhez da vida do pobre põe ao alcance de homens e mulheres bem nascidos a "situação do mundo da pobreza". A elaboração intelectual e a representação estética tornaram, assim, inteligível o aparente caos. A noção do sublime tornou conceitualmente expressável essa experiência do terrífico em contraposição ao belo.[44]

---

42 APOLLINAIRE, Guillaume (1913). Zone. Alcools Apud GEORGE, Chantal. *XIXè siècle*. Op. cit. "J'ai vu ce matin une jolie rue dont j'ai oublié le nom/Neuve et propre du soleil elle était le clairon/Les directeurs, les ouvriers et les belles sténodactylographes/Du lundi matin au samedi soir quatre fois par jour y passent/Le matin par trois fois la sirene y gémit/Une cloche rageuse y aboie vers midi/Les inscriptions des enseignes et des murailles/Les plaques les avis à la façon des perroquets criaillent/J'aime la grâce de cette rue industrielle/Située à Paris entre la rue Aumont-Thiéville et l'avenue des Ternes..." Tradução da autora.
43 CHOAY, Françoise. (1965). *O urbanismo*. Utopias e realidades. Uma antologia. trad. Dafne Nascimento Rodrigues. São Paulo: Perspectiva, 4ª Ed. 1997.
44 Remeto a BURKE, Edmund. (1857) A Philosophical Inquiry into the Origin pf our Ideas of the Sublime

Ao longo do século, muitos se lançam pelos bairros, pelas ruas e pelas casas habitadas pelas pessoas pobres; médicos sanitaristas, filantropos, investigadores sociais e comissões governamentais fazem detalhados relatórios, cujo conteúdo serviu de fonte para a inspiração e para a coleta de dados de literatos e filósofos. Segundo o historiador Louis Chevalier, Victor Hugo em *Os Miseráveis* utilizou os relatórios sobre as condições sanitárias de Paris, redigidos com base nas observações anotadas pela equipe do médico Parent Duchatelet, para construir a fuga de Jean Valjean pelos esgotos de Paris, para descrever o famoso bairro operário — faubourg Saint-Antoine — e para elaborar a figura de Gravoche, o "gamin", menino vagabundo, protótipo das crianças pobres parisienses, conhecedor em detalhes da cidade e de seus possíveis esconderijos.[45]

É difícil afirmar se o interesse médico pelas cidades se mostrou anteriormente à avaliação negativa da superpopulação e das condições de vida urbana. Contudo, no final do século XVIII e início do XIX, o aumento expressivo do número de médicos formados na Inglaterra estabelece uma relação significativa com a expansão do campo de atuação da medicina. O pensamento médico revê seus pressupostos e altera a própria concepção de doença: não mais "um feixe de características disseminadas aqui e ali sobre a superfície do corpo", mas "um conjunto de formas e deformações, aparências e modificações, elementos deslocados, destruídos ou alterados e reunidos numa sequência semelhante a uma geografia que pode ser percorrida passo a passo".[46] Esse deslocamento da relação médica com a doença subsidiou a formulação de um paradigma explicativo, tanto da doença em si, como das cidades doentes. Da ideia de trocas entre os organismos vivos e seu meio físico passa-se diretamente a imagem da cidade oferecendo condições de vida prejudiciais para a saúde do corpo humano. A ideia, fácil de ser traduzida na imagem de um corpo vivo semelhante aos corpos orgânicos recobriu compreensivelmente a cidade e/ou a sociedade. Com a força dupla das noções biológica e moral, médicos e homens da igreja da Inglaterra criticaram a sanidade dos núcleos urbanos.[47]

---

and Beautiful in *The Works of Edmund Burke*, vol. 1, London : G. Bell & Sons, Ltd., 1913, p.49-181 e a TAYLOR, Nicolas. The awful sublimity of the Victorian city. In DYOS, H. J. & WOLFF, M., *Op. cit.*, v.2.

45 CHEVALIER, Louis. *Classes laborieuses et classes dangereuses a Paris*. *Op. cit.* HUGO. Victor. *Les miserables*. *Op. cit.*, para a figura do "gamin" ver 3ª parte, livro 1º: Paris étudié par son atome.

46 LEES, Andrew. *Cities perceived; urban society in European and American thought, 1820-1840*. Manchester: Manchester University press, 1985, p. 17-18.

47 LEES, Andrew. *Op. cit.*, p. 15 seg.

A articulação entre o pensamento médico e o filosófico, presente nas Academias francesas, já no período anterior a 1789, ganhou densidade na teoria do meio ambiente, ponto de partida para estratégias disciplinares visando formar o cidadão moralizado e fisicamente são. Existe mesmo, entre a teoria do meio ambiente e a concepção da cidade/sociedade como organismo vivo, nitidamente expressa a intenção de controle. Ela refaz conceitualmente a imagem esmaecida da cidade materialmente finita, com dimensões claras e definidas, passível de ser organizada pelo pensamento de forma sistemática. Abre espaço também para que se supere a imagem do monstro insaciável, apaziguando-a na ideia de que os elementos externos que absorve são necessários para assegurar sua preservação e seu crescimento. Na condição de entidade racional, faculta também a anotação cifrada em números dos componentes hierarquizados do organismo social. A própria imagem da cidade como máquina e de seus componentes figurando engrenagens, pode ser absorvida na ideia da mecânica funcional do corpo vivo. A linguagem numérica funda sua percepção mensurável dela: o texto literário explora a superfície do espaço urbano; o texto científico parte da observação das aparências só para depois penetrar o que há por trás, invadindo o inconsciente das pessoas e avaliando seus comportamentos.[48]

Assim, pouco importa a forma encontrada para tornar possível essa dupla constituição: o poema, a novela, os relatórios, apresentam uma distância analítica, classificatória e avaliadora. Seus autores, em sua maioria, postaram-se, ao contrário de Baudelaire, na posição isolada do sujeito de observação, esforçando-se por estabelecer paradigmas que recobriam a diversidade visível com conceitos gerais e compreensivos. Talvez a suspensão da experiência do belo, da obra de arte mimeticamente transladada da natureza em suas proporções harmoniosas, exigisse a elaboração intelectual de conceitos que minimizam o efeito de choque que o reiteradamente disforme, terrífico, repetitivo, o monstruoso enfim, produzem nos sentidos desses homens "sensíveis" do século XIX.

Na produção literária, contudo, a domesticação do terrífico e do desconhecido para nossa apreensão surge na forma mais acessível do mito. G.R. Stange, em ensaio bastante inspirador, afirma que ao se traçar a imagem da cidade moderna, tal como ela aparece na poética vitoriana, fica evidente que "(...) a literatura pode transformar em

---

48 Sobre a relação entre esses dois textos, remeto a MURARD, Lion; ZYLBERMAN, Patrick (Org.). Le petit travailleur infatigable – Villes-usines, habitat et intimités au XIXe siècle. Paris: *Recherches*, nº25, nov/1976; e PERROT, Michelle. *Enquetes sur la condition ouvrière en France au XIXe Siécle*. Paris: Hachette, 1972.

mito, e assim tornar manipulável por nossa consciência, a experiência que precisamos viver, mas que pode chocar ou desorganizar nossa compreensão imediata".[49]

Em linguagem médica, o doutor Kay demonstrou que os males da época advinham da urbanização e não da industrialização, como muitos pensavam (sic). As evidências qualitativas dele e de seus colegas indicavam a necessidade de se estabelecer estatísticas acuradas e amplas, de modo a detalhar de forma sistemática os assuntos de que tratavam. Em 1800, foi feito o primeiro censo para a Inglaterra e o País de Gales, a estatística criminal de âmbito nacional passou a ser registrada a partir de 1810 e iniciou-se o registro de nascimentos, mortes e casamentos pelo *General Register Office* em 1837.[50] Por uma trilha análoga, o anônimo polemista do filantropo Eugène Buret busca, em 1848, destruir os argumentos do autor do ensaio sobre as condições das classes trabalhadoras na França e na Inglaterra, fazendo larga utilização de dados numéricos. Com deles, acreditou demonstrar os benefícios da mecanização da indústria na Inglaterra: a mula-Jeny havia substituído 30.000 operários; a máquina para cabos economizara, para cada um deles, 15 dias de trabalho de cerca de 300 homens. Esses trabalhadores liberados (sic) o que farão? Pergunta-se o autor. Sua resposta: "eles se empregarão em alguma coisa útil para a sociedade e se consagrarão em grande parte aos trabalhos intelectuais".[51] Este argumento, que utiliza a estatística só em parte, tem como força de convencimento a teoria dos vasos comunicantes da hidráulica, tão cara à economia política.

O poder de convencimento dos números foi amplamente usado, mesmo quando as cifras permaneciam implícitas. Em 1844, o filantropo evangélico Robert Seeley afirmava que "Manchester e Glasgow, com seus vícios e suas doenças, não conseguem manter sua própria população" e continuava categórico: "cortem o suprimento de trabalhadores novos vindos de fora e, em sessenta anos, essas cidades ficarão desabitadas".[52] O mesmo argumento foi usado por Edwin Chadwick em *Conclusions and Recommendations* ao Parlamento em 1842:

> (...) Do fato que as mortes ocorridas durante um ano na Inglaterra e no País de Gales, causadas por doenças epidêmicas, endêmicas e contagiosas, incluindo febre, tifo e escarlatina, sobem a 56.461,

---

49 STANGE, G.R. The frightened Poets. In DYOS & WOLFF. *Op. cit.*, v. 2, p. 479.
50 LEES, Andrew. *Op. cit.*, p. 20-21.
51 SEELEY, Robert (1844). *APERÇU sur la condition des classes ouvrières et critique de M. Buret*. Paris: Hachette, 1971, cap. 1.
52 Citado por LEES, Andrew. *Op. cit.*, p. 25.

a maioria das quais são comprovadamente passíveis de prevenção, pode-se dizer que seu efeito é comparável ao inteiro despovoamento anual de Westmorland, com 56.469 almas, ou de toda a população de Huntingdonshire ou de distrito equivalente, ocupados novamente pelo crescimento de uma população nova e fraca, vivendo sob o medo de uma visita semelhante.

(...) A perda anual de vidas causada pela sujeira e má ventilação é maior do que as perdas causadas pelas mortes ou ferimentos de qualquer das guerras nas quais o país esteve envolvido nos tempos modernos.

Tal é a ausência de economia cívica (*civic economy*) em algumas de nossas cidades no que diz respeito a limpeza que quase se iguala a de acampamentos de hordas ou de soldadesca indisciplinada...[53]

Com base nesses argumentos, reforçados por relatórios de comissões encarregadas de analisar a "salubridade das cidades" forma-se um movimento para a reforma sanitária, que assume em 1844, a forma de grupo de pressão na Associação para a Salubridade das Cidades. Alguns títulos de trabalhos, produzidos na década de 1840 na Inglaterra[54], indicam o sentido da atuação desse grupo que se uniu na luta em defesa do saneamento dos núcleos urbanos solidarizados com o movimento contra o alcoolismo entre as classes trabalhadoras inglesas.[55] A relação imediata estabelecida por esses homens entre doença física e moral fica evidente neste trecho de Chadwick em sua campanha para a melhoria do meio ambiente urbano:

A familiaridade com a doença e a morte constantemente presente nos distritos superpovoados e insalubres, parece agir como causa ativa agravando a miséria e o vício nos quais estão mergulhados. Perante a aparente incerteza do amanhã, as pessoas não tomam cui-

---

53 CHADWICK, Edwin. *Report on the Sanitary Condition of the Labouring Population of Great Britain*, 1842. Ed. & Intro. M.W. Flinn. Edinburgh: University Press, 1965, vol. 26, p. 43, 342-348. In PIKE, E. Royston (Org.). *Human Documents of the Industrial Revolution in Britain, op. cit.*, p. 339. Chadwick, jurista e secretário da Comissão encarregada da revisão das Poor Laws e da New Poor Law, tornou-se importante reformador sanitarista e coordenou vastas pesquisas sobre as condições sanitárias de Londres e de cidades industriais da Grã-Bretanha nos anos de 1830 e 1840.

54 GUY, William A. (1845) *Unhealthiness of Towns: Its Cause and Remedies*; GAVIN, H. (1847) *Unhealthiness of London, and necessity for Remedial Measures*; e outros, tais como, (MORGAN, J. E. (1866) *The Danger of Deterioration of Race from the too rapid Increase of Great Towns* e FOSTER, B. (1875) *How We Die in Large Towns*: a lecture on the comparative mortality of Birmingham and other large towns. London: Statham & Co., 1875.

55 LEES, Andrew. *Op. cit.*, p. 25.

dado e abandonam-se, com a incansável avidez de soldados rasos na guerra, a todo divertimento baixo a que têm acesso.⁵⁶

Na década de 1850, Frederic Le Play organiza com outros adeptos dos estudos sociais a Sociedade Internacional dos estudos práticos de economia social com sede na França, com a finalidade de encontrar "medidas especiais de conservação e de reforma para a situação das populações operárias e para as relações entre elas e as outras classes".⁵⁷ Seu método de investigação vem indicado já de saída: "a Sociedade se devotara inicialmente a observar os fatos, com a convicção de que eles levarão mais tarde a conclusões que tem o caráter da evidência". Adotando os procedimentos da física, da química e da história natural para os estudos de economia social, buscava-se respaldá-la, no entendimento de Le Play, com parâmetros de análise válidos para a observação nas condições sociais as mais diversas. Dessa maneira, os estudos realizados pelos adeptos dos princípios da Sociedade apoiavam-se sempre no pressuposto de que as famílias, "estes grupos naturais de pessoas (deviam) ser encaradas como as verdadeiras unidades sociais".⁵⁸ Da observação da vida cotidiana dos operários e de suas relações com os patrões chegar-se-ia a *leis gerais* válidas para "todos os centros de civilização". A postura analítica de Le Play tem o mérito de vincular explicitamente os valores da sociedade burguesa e os dogmas da ciência.

> Em meio a influências diversas, que derivam do solo, do clima e da raça, todos os homens obedecem a certos sentimentos que resultam de sua própria natureza e que podemos chamar primordiais. A religião, o amor paternal, a devoção à comuna e à pátria são em todos os lugares os estímulos da ação social. Estes sentimentos e essas afeições, não obstante suas variações infinitas, no fundo permanecem invariáveis.⁵⁹

Animados pelo espírito da observação direta e da coleta de dados, os literatos, jornalistas e demais homens de letras não hesitaram em lançar mão de relatórios

---

56 LEES, Andrew. *Op. cit.*, p. 26. Alain Corbin, em seu livro *Le miasme et la jonquille*, mostra a estreita vinculação entre o pensamento médico, as mudanças de sensibilidade e a política de limpeza do espaço urbano na França do século XIX. CORBIN, Alain. *Le miasme et la jonquille. L' odorat et l'imaginaire social XVIII e XIX siècles*. Paris: Aubier-Montaigne, 1982. Edição brasileira *Saberes e odores: o olfato e o imaginário social nos séculos XVIII e XIX*. Trad. Ligia Watanabe. São Paulo: Companhia das Letras, 1987.
57 LE PLAY, Frédéric. *Les ouvriers des deux mondes*. Paris: Société Internationales, 1857, v. 1, p. 5-9.
58 Para a concepção romântica-organicista de sociedade em sua direta crítica ao "atomismo" individualista da concepção liberal recomendo SCHLANGER, Judith. *Les métaphores de l'organisme*. Paris: J. Vrin, 1971.
59 LE PLAY, Frédéric. *Op. cit.*, v. 1, p. 5-9.

científicos e de deslocarem-se para as cidades que serviriam de modelo para seus trabalhos. Apesar de essas atividades exploratórias permanecerem restritas a atividade daqueles que por decisão pessoal ou por dever de profissão se lançavam sistematicamente na observação e anotação literária ou científica da cidade, a atenção que as cidades mereceram foi obsessiva.

Henry Mayhew passou longos meses executando o levantamento minucioso dos homens, mulheres e crianças que retiravam seu sustento de atividades realizadas nas ruas da capital inglesa. Seu intuito, como ele mesmo declarou, era o de "fazer uma enciclopédia da industriosidade, das necessidades e dos vícios da grande metrópole. (...) a primeira tentativa de publicar a história do povo, a partir das palavras do próprio povo, de fornecer uma descrição literal do seu trabalho, dos seus ganhos, dos seus desafios e dos seus sofrimentos, na sua linguagem própria e rude; e de retratar a condição de suas casas e de suas famílias, através da observação pessoal dos lugares e pela comunicação direta com seus habitantes".[60]

É bastante extensa a gama de intelectuais que se sentiram motivados a explorar os bairros operários seguindo o exemplo dos que se aventuravam pelas terras da África e do selvagem oeste americano. Disfarçado de pobre desempregado, o jornalista James Greenwood passa uma noite do mês de janeiro de 1866 em uma *workhouse* (um misto de asilo, de prisão e de colônia correcional) para poder avaliar pessoalmente as condições de vida lá dentro. Entre as coisas que relatou de sua experiência, disse que "nenhuma linguagem conhecida por ele seria capaz de descrever adequadamente o espetáculo que lá encontrou". Há ainda literatos que se autonomeiam um habitante desses bairros operários para descrever suas condições de vida.[61] Charles Dickens também não se furtou a uma estadia em Manchester para coletar dados que lhe permitissem elaborar literalmente o paradigma da cidade industrial inglesa: *Coketown*.[62] Em contraponto em *Oliver Twist*, Dickens erige Londres em imagem paradigmática da grande cidade caótica, por não estar estruturada pela rígida disciplina do trabalho fabril. Com certeza, a imagem literária da cidade industrial com seu espaço nitidamente dividido e seu tempo cronometrado pela jornada de trabalho inspirou a ideia do controle possível de todo tecido urbano racionalmente estruturado.

A atividade exploratória dos literatos subsidiou a elaboração em linguagem fic-

---

60 MAYHEW, Henry. (1851-1862) *London labour and the London poor*. London: Dover, 1968, Prefácio, p. XV-XVI.
61 Citado por KEATING, Peter. *Op. cit.*; MASTERMAN, C.F.G. (1902) *From the Abyss*. Of Its Inhabitants by One of Them. *edição fac simile* New York/London : Garland Publishing, Inc., 1980.
62 MESSINGER, G. S. *Op. cit.*, p. 106-109.

cional e poética do medo perante uma sociedade dividida e sempre em luta também presente nos textos políticos. Se Disraeli usou a expressão *Duas Nações* de maneira a não deixar dúvidas quanto à diferença radical entre os bem nascidos e civilizados e os pobres e bárbaros, a polaridade e o caráter irreconciliável dessas duas partes da sociedade foram também afirmados pelo empresário "sociólogo" Charles Booth e pelo literato Jack London com a palavra *abismo*. Abismo que é levado até as ultimas consequências por H. G. Wells com a projeção fantasiosa de uma guerra de morte entre as duas classes sociais em *A máquina do tempo*. São inúmeras as advertências feitas por esses escritores quanto à imperiosa necessidade de encarar esse perigo iminente: a força numérica do inimigo e o desconhecimento de sua vida nos submundos da cidade. Em Vitor Hugo a metáfora das forças subterrâneas é reiteradamente utilizada para frisar o potencial revolucionário do povo, vale dizer, o homem pobre das ruas, o trabalhador. Ela faz às vezes de correspondência racional de forte apelo emotivo por remeter sempre ao tempo da história, o momento fundamental da moderna sociedade francesa, a grande revolução de 1789 com sua terrífica e desafiadora novidade — a questão social.[63]

Nas descrições literárias e nas avaliações sociológicas das condições de vida da população pobre da cidade, a dimensão aterradora, degradante e, mais para o final do século, degeneradora recobre praticamente toda a vida dessas pessoas que só contam com sua força física para sobreviver. Confirma-se a distância efetiva, tanto cultural como psicológica, entre os bem-nascidos e os homens pobres trabalhadores ou não. A identidade das classes sociais se forma na designação da diferença, da oposição e do conflito e no decorrer do século se materializa em instituições, representações e imagens. O poder de convencimento desses textos é tão grande que apaga para nós a sua própria condição de representações.

Peter Keating, após examinar exaustivamente a produção literária inglesa de boa parte do século XIX, afirma que a classe operária foi fixada em seis tipos-padrão: o tipo respeitável, usualmente um trabalhador qualificado, bom pai de família e bom vizinho, o tipo predileto dos filantropos desejosos de elevá-lo acima de sua própria origem; o tipo intelectual, figura chave nas novelas cujo desejo é demonstrar que o movimento operário pode almejar objetivos louváveis; o tipo pobre simplesmente, o mais comum nos escritos nos quais se busca mostrar que as "classes baixas" devem ser objeto da "piedade social" por serem passíveis de sofrer transformações se (...) bem encaminhadas por filantropos ou por bons patrões; o tipo desclassificado, o

---

63 HUGO. Victor. *Les misérables. Op. cit.*, p. 275.

segundo tipo mais comum nesses textos, bêbado, brutal e moralmente vicioso, mau e mau trabalhador, de impossível recuperação, mas ainda assim objeto privilegiado dos movimentos de temperança que, aliás, justifica; o tipo criminoso, comum nas novelas sobre as ruas das grandes cidades, um tipo sempre inscrito como possibilidade para toda a classe operária, em particular para o desclassificado; e por ultimo, o tipo excêntrico, pelas condições de vida faz parte da classe operária, mas dela se destaca pelas idiossincrasias pessoais, pelas ocupações inusitadas ou pela maneira de falar bizarra e humorística.[64]

Contudo, por paradoxal que pareça, o mundo do pobre permanece um mistério para a burguesia. Mesmo depois da remodelação de Paris por Haussmann, quando entre outras coisas, o bairro operário mais politizado da capital francesa é recortado por avenidas largas de fácil acesso para os ocupantes dos quartéis; mesmo depois da implementação de projetos de moradias populares em Londres, e dos meios de transporte coletivo que implicaram em alterações radicais no traçado urbano das grandes cidades, a suspeita de ameaça do ataque dos bárbaros à sociedade civilizada é mantida. É difícil definir se foi a literatura que elaborou a representação do impossível acesso ao mundo do trabalho, somente apreensível em sua exterioridade (aparência física e comportamento inseridos em seu meio ambiente) ou se uma outra "cultura" manteve-se, imune ao assédio violento, às vezes, insidioso sempre, como reserva de identidade própria.

O confronto da produção literária que examinamos neste artigo com a literatura e a poética operária, recolhidas em livro, mostra que o terrífico, por exemplo, assumiu, frequentemente, o tom de mofa, a ironia de uma cultura com seus próprios pressupostos, embora atravessada pelos valores burgueses básicos de tempo útil e de trabalho produtivo, e até de progresso. Uma produção cultural bastante desconcertante por nem sempre corresponder às expectativas dos movimentos políticos que procuraram reduzir a uma só voz a palavra do trabalhador.

A título de incursão exploratória muito incipiente lembro o literato inglês Charles Kingsley ao expressar seus preconceitos burgueses por meio da descrição de uma cena de sábado a noite em Londres num bairro operário; significativamente, se expressa por meio da personagem Alton Locke, personagem representante legítimo do intelectual na tipologia acima descrita. Ele faz esse operário idealista descrever com cores terríveis a cena de rua numa área de mercado, quando, como indica ainda Peter Keating, essa cena deveria ser normalmente bastante alegre por ser a noite de

---

64 KEATING, P.J. *Op. cit.*, p. 26-27.

descanso após o recebimento do salário da semana.⁶⁵ Desse outro lado do mundo civilizado fala a canção inglesa "*Saturday Night*":

> Of hammers and files no more heard the din is;
> Round the door of the warehouse the workmen arrange,
> While the master his bank bills and snug little guineas
> Is counting, or strutting about to get change.
> Having reckoned, they ne'er stop, but jog to the beer shop,
> Where fumes of tobaco and stingo invite,
> And the oven inhabits a store of Welsh rarebits
> To feast jolly fellows on Saturday night.⁶⁶

Esta canção, da qual só reproduzimos um pequeno trecho, refere-se à cidade de Sheffield, mas canções semelhantes cantaram os prazeres da noite de folga em Manchester, Birmingham e outras cidades industriais inglesas.⁶⁷

Uma outra incursão exploratória pode ser realizada entre duas versões operárias de uma mesma poesia "Travail plaît a Dieu":

> Crianças de Deus, criador da terra
> Cumpramos cada um nosso ofício
> O alegre trabalho e a prece santa
> O que a Deus agrada é o sublime operário.

Esta primeira versão é de Tisserand, um "operário educado e distinto" que fez da emulação ao trabalho uma prece e uma homenagem ao primeiro trabalhador, Deus. A segunda abre-nos a dimensão galhofeira da cultura operária ao inverter o sentido dos versos originais, a partir de modificações mínimas no texto:

> Filhos de Deus, criador da terra
> Cumpramos cada um nosso ofício
> O alegre trabalho e a prece santa
> O que a Deus agrada é o sublime operário.⁶⁸

---

65 KEATING, P.J. *Op. cit.*, p. 19-20.
66 PALMER, Roy (Org.). *A touch on the times; songs of social change, 1770 to 1914*. Harmondsworth-UK: Penguin, 1974, p. 92. Trad.: Não mais se escuta o barulho dos martelos e das limas / Os trabalhadores se espalham à frente da porta do armazém / Enquanto o patrão conta suas cédulas e pequenas moedas / Ou caminha cheio de si em busca de troco. Uma vez ajustados, os trabalhadores não param, mas se apressam em direção ao bar / Onde a fumaça do tabaco e a cerveja os convidam. E onde no forno os aguarda um bom estoque de queijo derretido sobre fatias de pão / Para o banquete dos alegres camaradas do sábado a noite.
67 PALMER, Roy (Org.). *Op. cit.*, p. 94.
68 POULOT, Denis. *Le sublime ou le travailleur comme il est en 1870 e cequ'll peut être*. Paris: Maspero, 1980, p. 282. "Enfants de Dieu, createur de la terre/Accomplissons chacun notre métier,/ Le gai travail est la sainte prière/Qui plait à Dieu, ce sublime ouvrier.//Fils de Dieu, createur

Sublime nesse caso é o operário folgazão que desdenha a ordenação burguesa do mundo.

Referências

APOLLINAIRE, Guillaume. Zone. Alcools (1913) Apud GEORGE, Chantal. *XIXè siècle*: la rue. Paris: Hazan, 1986.

BAUDELAIRE, Charles. Un jour de pluie. Vers retrouvés *apud* GEORGE, Chantal. *XIXè siècle*: la rue. Paris: Hazan, 1986.

BAUDELAIRE, Charles. (1857) A une mediante rousse. In: *Les fleurs du mal*. Paris: Libr. Generale Française, 1972.

BAUDELAIRE, Charles. (1857) Le crépuscule du soir. Tableaux Parisiens. In: *Les fleurs du mal*. Paris: Libr. Generale Française, 1972.

BAUDELAIRE, Charles. (1869) *Le spleen de Paris*. Paris: Libr. Generale Francaise, 1972.

BELLET, Roger (Org.). *Paris au XlXè siècle; aspects d'un mythe litteraire*. Lyon: Presses Universitaires de Lyon. 1984.

BENJAMIM, Walter. Paris, capital do século XIX; A Paris do segundo império em Baudelaire. Trad. Flavio Kothe. In KOTHE, F.R. (Org.). *Walter Benjamin*: Sociologia. São Paulo, Ática, 1985.

BENJAMIN, Walter. A obra de arte na época de suas técnicas de reprodução. *Os Pensadores* (vol. XLVIII). Trad. Edson Araújo Cabral; José Benedito Damião. São Paulo: Abril Cultural, 1975.

BENJAMIN, Walter. Sobre alguns temas em Baudelaire. *Os Pensadores* (vol. XLVIII). Trad. Edson Araújo Cabral; José Benedito Damião. São Paulo: Abril Cultural, 1975.

BRAVO, Gian Mario. Les socialistes avant Marx: anthologie avec introductions, notes et bibliographies des socialistes du XIXe siècle. Paris: Maspero, 1970.

BRESCIANI, Stella. (1982) *Londres e Paris no século XIX*: o espetáculo da pobreza. São Paulo: Brasiliense, 10ª reimpressão, 2004.

BRESCIANI, Stella. Metrópoles: as faces do monstro urbano; as cidades no século XIX. In: *Revista Brasileira de História*, n°8/9, 1985.

---

de la terre/Accomplissons chacun notre métier/Le gai travail est la sainte prière/Ce qui plait à Dieu, c'est le sublime ouvrier. Tradução da autora.

BRIGGS, Asa. (1963) *Victorian cities.* Harmondsworth-UK – UK: Penguin Books/ Pelican Books, 1977.

BURET, Eugéne. (1844) APERÇU sur la condition des classes ouvrières et critique de M. Buret. Paris: Hachette, 1971.

BURKE, Edmund. (1757) A Philosophical Inquiry into the Origin of our Ideas of The Sublime and beautiful In *The Works of Edmund Burke.* Londres : G.Bell & Sons, Ltd., 1913.

CARLYLE, Thomas. *Thomas Carlyle* – Selected Writings. Harmondsworth-UK- -UK: Penguin, 1980.

CHADWICK, Edwin. *Report on the Sanitary Condition of the Labouring Population of Great Britain.* 1842. Ed. & Intro. M.W. Flinn. Edinburgh: University Press, 1965.

CHEVALIER, Louis. *Classes laborieuses et classes dangereuses a Paris pendant la premiere moitie du XlXè siècle.* Paris: Libr. Generale Française, 1978.

CHOAY, Françoise. (1965) *O urbanismo.* Utopias e realidades. Uma antologia. São Paulo : Perspectiva, 4ª ed. 1997.

CORBIN, Alain. *Le miasme et la jonquille.* L'odorat et l'imaginaire social XVIII e XIX siècles. Paris: Aubier-Montaigne, 1982.

DE QUINCEY, Thomas. (1881) The nation of London. Apud STANGE, G.R The frightened Poets. In DYOS & WOLFF, M. (Org.) *The Victorian City.* Images and realities. London: Routledge & K. Paul, 1973.

DICKENS, Charles. (1853) *A casa soturna.* Trad. Oscar Mendes. Rio de Janeiro: Nova Fronteira, 1987.

DICKENS, Charles. (1837) *As aventuras do Sr. Pickwick.* São Paulo: Abril, 1979.

DYOS, H.J. & WOLFF. *The Victorian City.* Images and realities. London: Routledge & K. Paul, 1973.

EAGLETON. M. & PIERCE, D. *Attitudes to classes in the English novel.* London: Thames and Hudson, 1979.

ENGELS, Friedrich. (1845) *La situation de la classe laborieuse en Angleterre.* Trad. Badia Gilbert; Frederic Jean. Paris: Éditions sociales, 1960.

FOSTER, Balthazar W. *How we die in large towns*: a lecture on the comparative mortality of Birmingham and other large towns. London: Statham & Co., 1875.

GAVIN, Hector. *Unhealthiness of London, and the necessity of remedial measures;* being a lecture delivered at the Western and Eastern literary and scientific institutions, Leicester square, and Hackney road. London: J. Churchill, 1847.

GUY, William A. *Unhealthiness of towns, its causes and remedies*: being a lecture. London: C. Knight & Co., 1845.

HOBSBAWM, Eric. (1975) *A Era do Capital* (1848-1875). Trad. Luciano Costa Neto. Rio de Janeiro: Paz e Terra, 1977.

HUGO. Victor. (1862) *Les miserables*. Paris: Libr. Génerale Française, 1972.

KEATING, P.J. *Working classes in Victorian fiction London*. London: Routledge & K. Paul, 1971.

KEATING, Peter. (1976) *Into Unknown England*, 1866-1913: Selections from the Social Explorers. London: Fontana Collins, 1981.

LE PLAY, Frédéric. *Les ouvriers des deux mondes*. Paris: Société Internationales. 1857.

LEES, Andrew. *Cities perceived; urban society in European and American thought*, 1820-1840. Manchester: Manchester University press, 1985.

MARCUS, Steven. Engels, Manchester and the working class. New York: Vintage Books, 1974.

MAYHEW, Henry. (1861-1862) *London labour and the London poor*. London: Dover, 1968.

MESSINGER, G. S. *Manchester in the Victorian age*: the haf-known city. Manchester: Manchester University Press, 1986.

MORGAN, John Edward. The danger of deterioration of race from the too rapid increase of great cities. *The British Medical Journal*. London: BMJ Publishing Group, Vol. 1, n° 280 (May 12,1866).

MURARD, Lion; ZYLBERMAN, Patrick (Org.). Le petit travailleur infatigable – Villes-usines, habitat et intimités au XIXe siècle. Paris: *Recherches*, n°25, nov/1976.

PALMER, Roy (Org.). *A touch on the times; songs of social change*, 1770 to 1914. Harmondsworth-UK: Penguin, 1974.

PERROT, Michelle (Org.) *Enquetes sur la condition ouvrière en France au XIXe Siécle*. Paris: Hachette, 1972.

PIKE, Burton. *The image of the city in modern literature*. Princeton: Princeton University Press, 1981.

POE, Edgar Allan. (1840) O Homem da multidão. Trad. Trad. Oscar Mendes e Milton Amado. In *Poesia e prosa*. Porto Alegre: Globo, 1944.

POULOT, Denis. *Le sublime ou le travailleur comme il est en 1870 e cequ'il peut être*. Paris: Maspero, 1980.

ROMAINS, Jules. La vie unanime. *Mercure de France* 1913, p.94.

SENNETT, Richard. *The fall of Public man*. New York: A. Knopf. 1976.

SHEPPARD, Francis Henry W. *London 1808-1870*: the infernal wen. London: Secker and Warburg, 1971.

STANGE, G.R. The frightened Poets. In: DYOS & WOLFF. M. (Org.) *The Victorian City*. Images and Realities. London: Routledge & K. Paul, 1973.

TAYLOR, Nicolas. The awful sublimity of the Victorian city. In DYOS, H. J. & WOLFF, M. *The Victorian city; images and realities*. London: Routledge & K. Paul, 1973, v.2.

THOMPSON, Edward P. Tiempo, disciplina de trabajo y capitalismo industrial. In: *Tradicion, revuelta y consciência de clase*. Barcelona: Grijalbo, 1979.

THOMPSON, Edward P. Tempo, disciplina de trabalho e capitalismo industrial In *Costumes em comum*. Estudos sobrea a cultura popular tradicional. (1991) Trad. Rosaura Eichemberg, São Paulo: Companhia das Letras, 1998.

WILLIAMS, Raymond. Culture and society – 1780/1950. New York: Harper & Row, 1958.

ZOLA, Emile. (1873) *Le ventre de Paris*. Paris: Gallimard, 1979.

ZOLA, Emile. (1891) *Le curée*, Apud GEORGE, Chantal. *XIXè siècle*: la rue. Paris: Hazan, 1986.

Cultura e História:*
uma aproximação possível

Aceitar o desafio de falar sobre a noção de cultura do ponto de vista do trabalho historiográfico implica em enveredar por caminhos nada fáceis e aceitar as limitações de um esforço sem intenções exaustivas, apenas um percurso entre outros possíveis, uma trajetória sugerida e parte integrante de minha própria trajetória profissional. Neste percurso sugerido, primeiro indico a importância de se deter em palavras cujo significado as torna chaves de entrada para a compreensão de uma época, de uma sociedade, às vezes de um momento; não tomá-las pelo senso comum de nossa linguagem atual, mas apreendê-las em seu sentido histórico, portanto mutável. Busco depois outro percurso que podemos cruzar com o anterior mostrando que frequentemente os começos da formação de uma área de interesse – estudos e/ou atuação – se compõem de referências dispersas, saberes distantes, que em dado momento entretecem um campo de enunciados e uma questão.

---

*Apresentado como comunicação no Ciclo de palestras Cultura: Substantivo plural, realizado em 11.1995 no Centro Cultural Banco do Brasil e publicado em *Cultura. Substantivo Plural*. Ciência Política, História, Filosofia, Antropologia, Artes, Literatura, PAIVA, Márcia de; MOREIRA, Maria Ester, Org., Rio Janeiro: Editora 34, 1996.

Das palavras e seus significados

Cultura, termo plural: suas diferentes conotações passam por áreas próximas – teoria literária, antropologia, sociologia – cujos percursos se entrecruzam com frequência com os do historiador. Talvez por isso, me senti tentada a recorrer a um livro de Raymond Williams, um historiador e teórico da literatura dos séculos XIX e XX, *Culture and Society*, publicado em 1958. Já em seu prefácio, o autor alerta para a não-univocidade da noção de cultura dizendo que a moderna concepção da palavra, com a qual lidamos cotidianamente, só se formou na língua inglesa no período conhecido como Revolução Industrial.[1]

A escolha do livro de Williams não é fortuita: considero seu trabalho pioneiro pela preocupação com a precisão conceitual e pelo enquadramento histórico que faz das noções básicas de sua análise. Seguindo a trajetória por ele sugerida, vemos que cultura não é a única palavra a ter seu sentido modificado nas décadas finais do século XVIII; na verdade, é todo um conjunto de antigas noções que adquirem novo significado, e novas palavras que surgem e passam a compor o vocabulário comum: indústria, democracia, classe, arte e cultura. São, em sua opinião, palavras-chave, correspondendo a transformações nas maneiras de pensar a vida cotidiana, as instituições sociais, políticas e econômicas e as finalidades dessas instituições. Constituem, portanto, uma porta de entrada para a compreensão da nossa sociedade contemporânea.

A palavra *indústria* para começar. Termo anterior ao moderno sistema de fábrica; por muito tempo disse respeito a um particular atributo humano aliado a habilidade, perseverança, assiduidade e diligência, frequentemente referido a industriosidade. Torna-se, nos finais do séc. XVIII, em especial com Adam Smith (*A riqueza das nações*, 1776), noção com significado coletivo designando as instituições de manufatura e as atividades aí desenvolvidas; 'industriosidade', por sua vez, desliza, já no séc. XIX, para 'industrial', que designa também instituições produtivas até os anos 1830, quando 'industrialismo' vem recobrir o novo sistema de produção. Penso que nessa sequência de significados indicada por Williams ficam entrevistas modificações nas atividades de produção que transferem atributos pessoais (a industriosidade) para as máquinas, algo exterior ao homem. As ferramentas deixam de ser, na feliz expressão de Marx, as extensões inorgânicas do corpo orgânico do trabalhador para se objetivarem em máquinas; compõem com elas mecanismos que substituem

---

1   WILLIAMS, Raymond. (1958) *Culture & Society*. New York: Harper & Row, 1966.

com eficiência as ações repetitivas e simples do trabalho parcelado. Transformação fundamental, pois o conhecimento, algo inerente ao trabalhador, deserta-o para localizar-se nas máquinas.²

Volto a Williams, com quem aprendemos que, por volta de 1820, intelectuais franceses uniram as palavras indústria e revolução formando a expressão Revolução Industrial, termo que buscava abarcar a dimensão inusitada das mudanças ocorridas na produção de bens. A analogia entre os acontecimentos da França nos anos 1789 e seguintes e o impacto técnico e social das mudanças no processo produtivo na Inglaterra vai além, na tentativa de mostrar que, por caminhos diferentes, os dois países se encontravam na mesma encruzilhada onde as palavras democracia e metrópole, por exemplo, impunham-se de forma violenta. A noção de *democracia* abandonava o lugar literário das especulações filosóficas e dos textos políticos, não mais buscava o recolhimento dos debates cultos nos salões literários, e assumia o caráter de pregação e ação política. Vinculada primeiramente às lutas de independência das colônias inglesas da América do Norte, a palavra democracia assume com a radicalização do movimento revolucionário francês coloração sombria vinculada ao jacobinismo e à regra da multidão. Este significado ameaçador amplia-se no séc. XIX com as lutas de grandes parcelas da população em vários países por formas democráticas de representação política: o movimento operário e seus diversos matizes de socialismo; as diferentes propostas utópicas acionadas no decorrer do século. Todos esses acontecimentos têm as grandes cidades como cenário. *Metrópole* e democracia entrecruzam-se então como lugar e momento onde os sujeitos da história se enfrentam no mundo contemporâneo.

Democracia vem atada, portanto, a outra noção, *classe social*, quando classe perde seu significado primitivo. Se antes assinalava divisões internas aos grupos de alunos nos colégios, passou nos finais do séc. XVIII a expressar sentimentos e evidências de uma estrutura social em mudança. Palavra menos comprometida que outras com sentido mais definido, tais como *rank* ou *range*, assume aos poucos sentido político preciso ao ser usada em movimentos nos quais a palavra 'classe' e as expressões 'legislação de classe' e 'consciência de classe' foram cruciais para a formulação do pensamento e das lutas pela democracia, em particular pelo sufrágio universal masculino, no decorrer de todo o século XIX.

---

2   Remeto a Williams para o acompanhamento dos sentidos das palavras "industry", "democracy", "class", "art" e "culture" na Introdução de WILLIAMS, Raymond. *Culture & society. Op. cit.*, p. XI-XVIII.

A palavra *arte* passou por mudanças de significado semelhantes e intimamente imbricadas nas alterações sofridas pela palavra indústria: de habilidade humana para transformar uma ideia em obra deslocou-se para algo muito próximo a uma instituição de alcance mais reduzido englobando certas atividades, também elas, exigindo imaginação e criatividade. Contrariamente à habilidade das máquinas que produzem em grande escala, a obra de arte se singulariza por ser fruto da habilidade de um determinado artista e por ser única. Assim, a condição de artista restringe-se à produção da literatura, música, escultura, pintura e teatro, dela se apartando o artesão, visto este como mero reprodutor e de quem não se exige criatividade. Em meio a essas transformações, a palavra *cultura* tem seu significado alterado: de tendência inerente ao crescimento de tudo o que se refere à natureza e, por analogia, entendida também como processo de treinamento/aprendizado humano, torna-se algo em si. Passa então a designar, primeiro, um estado geral ou costumes mentais em estreita relação com os estágios do desenvolvimento intelectual de uma dada sociedade, para logo depois recobrir o conjunto das artes e, finalmente, vir a significar toda uma forma de vida material, intelectual e espiritual, onde se encontram propostas de mudança e resistência a essas propostas, e mais, as alterações efetivamente produzidas. Em outros termos, abarca uma ampla gama de conteúdos que compõem o registro da experiência humana moderna.

Deixei por último a palavra *metrópole*, o termo que passa no século XIX a designar as grandes cidades, pois quero enfatizar, embora Williams não o faça nesse seu estudo, a importância conferida às modificações ocorridas no espaço urbano. Cultura contemporânea e cidade formam duas entidades mutuamente implicadas. A cidade deixa de ser o que era, não só em termos quantitativos de crescimento demográfico e de suas decorrências; ela parece se tornar aos olhos das pessoas do início do séc. XIX algo inteiramente outro, negando mesmo seu significado primitivo de abrigo e proteção de seus habitantes.

Se existe unanimidade entre os que criticam a grande cidade moderna e os seus apologistas, esta reside na palavra crise, e toda a carga racional, emotiva e estética a ela agregada. Os pensadores românticos e os progressistas se encontram na avaliação partilhada do desequilíbrio: na visão romântica-organicista de Thomas Carlyle, Emile Dickens, John Ruskin e William Morris, a cidade moderna nega o ideal de humanidade, transferido por eles, para uma visão idílica da vida no campo. Na concepção progressista-mecanicista, partilhada por Engels e Marx, a cidade moderna torna-se o lugar da história e dos sujeitos da história, projeção do futuro onde a aposta comum na técnica só separa liberais e socialistas pela forma diferenciada como pensam a apropriação justa dos meios de produção. Daí, creio eu, a cidade, a grande cidade em particular, ou seja, a metrópole, ser considerada o *locus* privilegiado da cultura – civilidade e progresso –, contraposta ao campo, lugar do atraso, conservadorismo, dos modos rudes, do analfabetismo, da raridade da vida civilizada.

Esta representação da cidade contrasta ainda com outra imagem do campo, a representação bucólica, reduto da natureza pura, bosques verdes e fontes cristalinas, mansões senhoriais e boa vida rural. Imagem construída por poetas e literatos comprometidos, pelo nascimento ou pelo mecenato, com a aristocracia proprietária interessada, segundo Williams, em encobrir a dura realidade da vida do trabalhador rural assalariado.[3] Imagens idílicas de um campo imaginário se contrapõem na produção literária inglesa à sujeira e miséria das cidades: recantos sombrios, ruelas e becos malcheirosos, monturos nauseabundos, homens e mulheres degradados com suas crianças em farrapos compõem a feiura da cena urbana. Assim, cantada como lugar da civilização ou da dissolução dos valores tradicionais caros aos ingleses bem-nascidos, matriz das artes e da técnica aplicada a favor do homem, a cidade simboliza o conteúdo da noção de modernidade, esta palavra plurívoca e que, entretanto, designa a forma de vida contemporânea com suas facilidades e problemas. A cultura urbana pode ser assim entendida como modo(s) de vida na cidade e também mapeamento do que acontece na grande cidade, onde são presenças significativas a indústria, a multidão, os movimentos políticos, a individualidade, a impessoalidade, a solidão; a cultura moderna, mas também o crescimento desmesurado, desproporcional, o lugar de fundação de uma nova estética.[4]

Ainda outra noção se revela plenamente em seu sentido moderno na produção fabril: a de *tempo*. Aqui, é o texto pioneiro de E. P. Thompson que nos sensibiliza para as mudanças sofridas pela representação do tempo: de elemento imbricado na natureza, regido pelos fenômenos cósmicos e necessidades da terra e dos homens, mensurado pelas tarefas cíclicas e rotineiras do trabalho, passa a significar a representação convencional e precisa da duração dos dias e noites, mensurável pelo meca-

---

3 WILLIAMS, Raymond. (1973) *O campo e a cidade*. Na história e na literatura. Trad. Paulo Henriques Britto. São Paulo: Companhia das Letras, 1989, p. 56-68.
4 Remeto a dois textos, onde o leitor encontrará bibliografia de referência: BRESCIANI, Stella Martins. *Londres e Paris no século XIX*: o espetáculo da pobreza. São Paulo: Brasiliense, 1982; BRESCIANI, Stella. Metrópoles: as faces do monstro urbano. As cidades no século XIX. *Revista Brasileira de História* (5) n. 8/9, set.1984/abr.1985.

nismo do relógio[5]. Trata-se de um processo mais longo no qual se desfaz o ajuste entre o ritmo do mundo físico e as atividades humanas; implica uma nova concepção de tempo abstrato e linear, uniformemente dividido; tempo a ser produtivamente aplicado, tempo da cultura moderna, do ritmo urbano por excelência.

Dos começos e da formação dos saberes

Podemos, entretanto, seguir uma trajetória diferente e, em vez de ir em busca das *origens* das palavras e de suas transformações, tentamos captar *começos de saberes* que têm na cidade seu lugar privilegiado. Tomemos, em vez da palavra *classe*, um saber que se constituiu sobre a observação e a intervenção prática sobre um grupo extenso da população, *os pobres*. Desse ponto de vista, pode-se captar como a imagem "dos pobres de Deus" (*holy poor*) se desfaz e a antiga concepção de "fruto dos desígnios divinos", que recobria a condição dos pobres, assume a significação laica e coletiva de pobreza, e desdobra-se ainda em pobreza miserável e pauperismo nos escritos de homens preocupados com "esse moderno problema social", os políticos e filantropos (estes últimos, teóricos e práticos da caridade).[6] A pobreza moderna, "este estado de degradação causado pela persistente carência das condições básicas de sobrevivência", mereceu a atenção de homens que consideraram a pobreza como subproduto da sociedade industrial, das práticas implicadas com as teorias pregadas pela *economia política*. Mesmo Adam Smith, o iniciador da economia política, preocupou-se com a tendência imbecilizante do trabalho parcelar e propôs como dever das autoridades governamentais a instrução escolar de modo a contrabalançar esse efeito funesto entre os operários ingleses.[7] Do outro lado da trincheira, estão os filantropos e seus ensaios sobre a condição da pobreza. Dentre os mais importantes sobressai Eugène Buret com um estudo comparativo entre a pobreza na Inglaterra e na França. Foi ele quem colocou a importância de se montar o quadro da miséria das nações em contraposição ao da riqueza e também enfatizou a necessidade de se

---

5   THOMPSON, Edward P. (1967) Tiempo, disciplina de trabajo y capitalismo industrial. In: *Tradición, revuelta y consciencia de clase: estudios sobre la crisis de la sociedad preindustrial*. Barcelona: Crítica Imp., 1979; também em *Costumes em comum*. Estudos sobre a cultura popular tradicional. Trad. Rosaura Eichemberg. São Paulo: Companhia das Letras, 1998.

6   Para o tema da pobreza remeto para um trabalho que considero fundamental: HIMMELFARB, Gertrude. *The idea of poverty*: England in the early Industrial Age. New York: Randon House, 1985.

7   SMITH, Adam. (1776) A receita do Soberano ou do Estado. In *A riqueza das nações*. Coleção Os Economistas. Trad. Luiz João Baraúna. São Paulo: Abril Cultural, 1983. (Título original: An inquiry into the nature and causes of the wealth of nations). Parte Terceira, artigo 11, p. 199 ss.

considerar a pobreza um subproduto indesejável da produção da riqueza[8]. Este autor não se encontra certamente isolado nessa empreitada, dela participando outros filantropos e autoridades governamentais, "observadores e exploradores sociais", na França, preocupados com a ameaça política da pobreza e na Inglaterra, com os perigos escondidos na "terra incógnita" dos pobres.

Desses começos dispersos e servindo a intuitos diferenciados, observa-se o "nascimento" da *sociologia* nas pesquisas do engenheiro politécnico Frederic Le Play, fundador também da Sociedade de Economia Social, entidade responsável por extensas pesquisas produzidas entre 1860 e a década de 1910. Seu método monográfico exigiu, quando aplicado por outros pesquisadores em lugares distantes, um nível de padronização das questões que permitisse a comparação dos dados coletados.[9] É ainda na França, no momento em que se dá a derrota frente à Prússia e o confronto interno com a Comuna de Paris, que as preocupações com a questão da identidade nacional e o conflito social estimulam numerosas pesquisas cujos resultados repertoriam elementos da cultura urbana. Hippolyte Taine lança-se na busca das "origens da França contemporânea" após um longo trabalho de pesquisa sobre os ingleses e a literatura inglesa. Seu método – "sendo historiador, deixe-me trabalhar como naturalista" – previa a possibilidade da pesquisa objetiva, sem *parti pris*. Em seus trabalhos formam-se quadros minuciosos da vida e costumes dos dois países. A técnica narrativa de sua escrita oferece representações altamente estéticas de dois meios sociais, de duas culturas diferentes.[10] Em posição política diferenciada da adotada por Taine, cujos trabalhos foram usados pelos conservadores em seus ataques à Terceira República, Emile Durkheim conseguia pela primeira vez que uma disciplina dedicada ao estudo das sociedades, a sociologia, ingressasse na fechada e conservadora universidade

---

8   BURET, Eugène. *De la misère des classes laborieuses en Angleterre et en France...* avec l'indication des moyens propres à en affranchir les sociétés. Paris: Paulin, 1840. 2 v. ; ed.fac simile Paris : Éditions d' Histoire Sociale, 1979. Ler em especial a Introdução. No cap. 11 Buret afirma, traduzo: "A miséria não é uma coisa positiva, mas, ao contrário, é uma coisa negativa, pois simplesmente consiste na privação" (p. 109). Neste trabalho, o autor faz uma crítica enérgica aos postulados dos economistas pós-Smith e aos efeitos maléficos da industrialização; sua crítica é até certo ponto próxima à de Engels: ENGELS, Friedrich. (1845) *La situation de la classe laborieuse en Angleterre*: d'après les observations de l'auteur et des sources authentiques. Paris: Éditions Sociales, 1960.
9   Sobre Frédéric Le Play, ver LAZARSFELD, Paul Felix. *Philosophie des sciences sociales*. Paris: Gallimard, 1970.
10 Refiro-me aqui aos trabalhos de TAINE, Hippolyte. (1875) *Les Origines de la France contemporaine*. 2 v. Paris: R. Laffont, 1986. TAINE, Hippolyte. (1871) *Notes sur l'Angleterre*. Paris: Hachette, 5ª ed. 1876; TAINE, Hippolyte. (1863-1864) *Histoire de la littérature anglaise*. Paris: Hachette, 1905, 5 tomos.

francesa. A despeito de sua adesão à República, e por isso mesmo, Durkheim também se coloca do lado das ciências da natureza, mas para se opor à cultura clássica – humanista – francesa. Como colecionador paciente e sistemático dos comportamentos de populações diferenciadas – botocudos, iroqueses, franceses –, o sociólogo impôs a seus alunos da Nouvelle Sorbonne a disciplina do método e do trabalho em equipe. Com esses trabalhos compôs um conjunto de relatórios que não só repertoriou culturas diversas, como ainda introduziu mudanças definitivas no meio intelectual e acadêmico francês do início do século XX.[11] Sem dúvida a concepção de *cultura acadêmica* se modifica no debate prolongado e ácido entre os defensores do bem escrever, do estilo apurado e literário, e os adeptos da tradução dos métodos das ciências da natureza para os estudos da sociedade, para os quais a linguagem da "verdade" e da "realidade" prevalecia ao estilo, à estética.

A sociologia tem também na Inglaterra seus começos com um grupo de pesquisadores-filantropos, cujos procedimentos deram forma a um método de pesquisa onde a observação *in loco* completava-se com a documentação disponível no vasto acervo da biblioteca do Museu Britânico. Mais próxima dos procedimentos de uma antropologia urbana, a *observação participante* compõe um complexo de práticas de pesquisadores isolados e casais com formação intelectual consistente, preocupados em termos profissionais com a situação operária. Nesses anos finais do século XIX e nos começos do XX, a "observação participante", também denominada "participação simpatizante", suplanta o amadorismo de um Henry Mayhew, jornalista boêmio que em meados do século XIX andara pelas ruas de Londres com o objetivo de identificar e classificar a variada população que nelas ganhava sua subsistência pelo trabalho honesto ou recorrendo a atividades menos confessáveis.[12] Enquanto método de conhecimento de "um mundo diferente", a sociologia atrai adeptos e constitui um corpo de procedimentos a serem seguidos.

Os profissionais que o adotam provêm de campos diversos – jornalismo, filantropia, administração pública, observação social –, fundam o grupo político dos fabianos e militam no Partido Trabalhista (*Labour Party*).[13] Pode-se dizer que a ob-

---

11 Sobre o surgimento da sociologia entre as humanidades na França, Inglaterra e Alemanha, recomendo o interessante livro de Lepenies: LEPENIES, Wolf. (1985) *Les Trois Cultures*: Entre science et littérature l'avènement de la sociologie. Trad. Henri Plard ; Sabine Bollack. Paris: Ed. de la Maison des Sciences de l'homme, 1990. Sobre Durkheim, em particular, p. 45-52.
12 MAYHEW, Henry. (1851 – 1861) *London labour and the London poor*. New York: Dover, 1968, 4 vol.
13 Sobre a filiação e atividades políticas dos *Fabians*, ver HOBSBAWN, Eric. *Labouring Men*: Studies in the History of Labour. London: Wendenfeld and Nicholson, 1964, p. 250-271, e o acima citado :

servação participante convergia numa espécie de voyeurismo, tão bem concretizado por uma de suas adeptas mais entusiásticas, Beatrice Webb. Talvez por acreditar na possibilidade de uma sociologia assemelhada a uma ciência natural descritiva, banidas as teorias e concentrados os esforços na "percepção e descrição exata dos fatos sociais", Beatrice e Sidney Webb, seu marido e companheiro no trabalho, tenham chegado à certeza de que o único meio de compreender as pessoas de outra classe social seria adotar, por certo tempo, "suas concepções e ver as coisas do ponto de vista delas". Reconhecia-se, dessa maneira, a existência de uma barreira física e psíquica entre grupos diferentes, duas culturas diversas num mesmo país, numa mesma cidade. Nada em sua proposta os aproximava da simples transposição das leis das outras ciências à sociologia, como pretendia Herbert Spencer. Propunham algo muito próximo à pura empiria, pesquisas extensas, exaustivas; correlações obtidas no confronto de milhares de dados coletados, principalmente por Beatrice que se dedicou à prática da "espionagem" nas fábricas de tecidos do Lancashire e nas oficinas de costura de Londres.[14]

Deparamo-nos novamente com a noção de *cultura*, agora voltada para a pobreza. Constitui-se um corpo de conhecimentos sobre o pobre baseado na noção de *justiça social* e elaborado para fazer face à *guerra social* e à *luta de classes* dos movimentos anarquista, socialista e marxista; seus adeptos, embora existam casos de adesão ao comunismo soviético, como o dos Webbs, propõem em sua maioria uma solução reformista na direção do *Welfare State* na Inglaterra, do *État Providence* na França. Contudo o mapeamento de hábitos, costumes, formas de pensar e de se divertir das massas trabalhadoras constitui uma área de pesquisas com base no acúmulo de resultados obtidos a partir da classificação do que se observa e registra, área que recebe a denominação de *cultura popular*. Nela, os estudiosos veem reminiscências de um passado, resistência a mudanças e ao nivelamento imposto pela cultura burguesa; o exótico, o diferente, o autêntico e o selvagem.[15] Paradoxalmente, essa "cultura popular" convive nas cidades em meio às formas mais sofisticadas da cultura moderna, dela fazendo parte ainda que vista como resíduo arcaico a ser eliminado ou consumido no mercado literário e artístico.[16]

LEPENIES, Wolf. *Op. cit.*, p. 123-127.
14 Para uma exposição crítica do trabalho dos Webbs, remeto novamente para LEPENIES, Wolf. *Op. cit.*, p.128-131.
15 Michel DE CERTAU é autor de um texto instigante sobre este tema, "A beleza do morto", em CERTEAU, Michel de. *A cultura no plural*. Trad. Enid Abreu Dobránszky. Campinas, SP: Papirus, 1995.
16 Nos anos finais do séc. XIX e começos do XX encontra-se no mercado editorial inglês, por

Nesta mesma trilha dos começos, percebe-se outro domínio de saber se delineando a partir de pontos díspares que, entretanto, convergem, nos anos 1840, na "Ideia Sanitária". No final do séc. XIX o domínio do *sanitarismo* – corpo de conhecimentos e intervenções práticas – está plenamente constituído, e impõe parte das coordenadas a um novo domínio de conhecimentos, o urbanismo. Em seus começos, a ideia sanitária alia a teoria médica do meio ambiente às possibilidades da técnica para modificar áreas consideradas insalubres e assim evitar a eclosão dos surtos epidêmicos que voltaram a devastar a Europa nos anos 1830. É novamente a pobreza a variável enfatizada como veículo da doença contagiosa, e as pesquisas, inglesas e francesas pelo menos, fazem das áreas habitadas pelos trabalhadores nas cidades o centro privilegiado de suas observações. Se, na Inglaterra, os pobres já carregavam a carga negativa de serem um ônus para os proprietários que pagavam o imposto das Leis dos Pobres, além de arcarem com o preço da reposição de máquinas e fábricas destruídas por operários descontentes, passam eles a representar mais uma nova ameaça: são denunciados por, não contentes com os prejuízos causados à produção com faltas ao trabalho por motivo de doença e mortes prematuras, manterem em estado de latência os micro-organismos responsáveis pela peste. O mesmo Edwin Chadwick, advogado encarregado em comissão real de rever a extensa jurisprudência sobre a pobreza desempregada (as *Poor Laws*), é indicado para coordenar uma pesquisa sobre as condições sanitárias de Londres e das cidades industriais inglesas. O mapeamento dos problemas urbanos e das questões da pobreza estimula esse novo campo de conhecimentos, que passa a compor um saber especializado – a Ideia Sanitária.[17]

Detalhados registros resultam de repetidas viagens pelo "território da pobreza", registros nos quais o entrelaçamento de teorias médicas e técnicas da engenharia produzem um novo termo técnico, o *diagnóstico* das condições de vida e de trabalho de uma classe e do meio urbano e uma nova área de problemas designada como a *questão*

---

exemplo, inúmeros livros com relatos das condições de vida do trabalhador. Seus títulos são significativos: SIMS, George R. *Christmas day in the workhouse*. Bexhill, Sussex – UK: Silver Thimble Books, 1883; MEARNS, Andrew. *The bitter cry of outcast London*. London: James Clarke & Co., 1883; MASTERMAN, Charles G. *From the Abyss. Of its Inhabitants*. London: R. B. Johnson, 1902; BESANT, Walter. *East London*. London: Chatto & Windus, 1901; SMILES, Samuel. *Workmen's earnings, strikes, and savings*. London: John Murray, 1861; SOLLY, Henry. *Working men's social clubs and educational institutes*. London: Working Men's Club and Institute Union, 1867; ROWNTREE, B. Seebohm. *Poverty a study of town life*. London: Macmillan; New York: The Macmillan Company, 1901.

17 Sobre a formulação da Ideia Sanitária na Inglaterra ver BÉGUIN, François. As maquinarias inglesas do conforto. Trad. Jorge Hajime Oseki. *Revista Espaço & Debates* – Dossiê Cidade e História. São Paulo: NERU, ano XI, n. 34, 1991, p. 39-54.

urbana. Desse diagnóstico surgem as leis fabris de proteção ao trabalhador e a noção de reforma, ou seja, dar nova forma à cidade por meio de *intervenções* que propunham proporcionar maior incidência de sol e de luz, maior fluxo de ar e de água, desamontoar casas e pessoas dentro das casas. Registros que em seu detalhamento exigiram a transcrição conceitual da cidade-matéria em mapas e em cifras a população.

Nos mapas, a cidade imobilizada na representação do seu espaço construído recua num traçado que prioriza um sistema de serviços cujo potencial de expansão se propõe praticamente ilimitado. Neles, as linhas traçadas constituem a tradução conceitual do ato concreto de cortar a cidade a "golpes de sabre"; figura de linguagem utilizada na França durante as reformas do prefeito Haussmann, durante a monarquia de Luís Napoleão Bonaparte.[18] As ruas cedem lugar às "artérias" por onde o fluxo do trânsito deve passar sem obstáculos, e a *reforma* prioriza essa racionalização tanto dos serviços e como de um pretendido molde de viver, as casas racionais, racionalização que constitui um *modo de vida urbano*. Espaços especializados – o zoneamento – orientam os trajetos, a instalação dos equipamentos coletivos e a divisão da cidade em bairros residenciais ricos, bairros operários, bairros industriais, zona de comércio, portuária etc., desfazem antigas tramas de sociabilidade que devem agora ser refeitas em obediência ao imperativo do trabalho produtivo, da eficiência.

Pode-se afirmar que o *urbanismo* nasce no interior desta intenção de racionalizar a materialidade da cidade e se impõe como domínio de saber que possibilita articular a potencialidade de crescimento imprevisível (todos seus conflitos incluídos) com o horizonte finito da cidade em constante deslocamento. Na verdade, esse saber sobre a cidade se constitui "implodindo" a cidade limitada pelas antigas muralhas defensivas; o crescimento é inevitável e necessário, o inimigo – a classe operária e suas implicações – encontra-se *dentro* da cidade; desses fenômenos nasce a noção de crise que não mais abandonará as avaliações das cidades contemporâneas. A cidade dá lugar à não-cidade, à metrópole; a megalópole, às conurbações. Ou seja, a nova disciplina nasce com a certeza da possível intervenção reordenadora do "caos urbano", intenção de integrá-la em nova ordem e em nova concepção estética de distribuição e organização do espaço desdobrado, constitui uma *cultura urbanística*. Um dos mais importantes teóricos da arte e do urbanismo, Giulio Carlo Argan, estabelece uma conexão íntima entre a crise da cidade contemporânea e a crise da disciplina

---

18 Para um estudo instigante dessas primeiras pesquisas inglesas e francesas sobre as causas das epidemias remeto ao trabalho de F. BÉGUIN. BÉGUIN, François. *Op. cit.*, p. 39-54.

urbanismo, esse corpo de conhecimentos que orienta a prática sobre as cidades.[19] Indica a necessidade de se formular um novo campo conceitual para pensá-la, ao mesmo tempo em que sugere a encruzilhada em que os especialistas se encontram, quando menciona que uma das saídas disponíveis é dada pelo *ambientalismo*, teoria na qual não cabe nenhuma definição racional ou geométrica, proposta que se "concretiza" em um conjunto de relações e interações entre realidade psicológica e realidade física. Propõe assim uma nova perspectiva para se pensar a cidade, que leve em consideração exatamente o que poderíamos chamar de *cultura urbana*.

O que é o ambiente urbano? O que o diferencia do espaço urbano? "Antes de tudo", responde Argan, "o espaço é projetável (aliás, a rigor é sempre o produto de um projeto), enquanto o ambiente pode ser condicionado, mas não estruturado ou projetado"; remete em seguida a Kevin Lynch[20] a quem, atribui a descoberta e análise do "significado psicológico do ambiente urbano, e mais, das coisas que o compõem"[21]. Sem pretender acompanhar toda a instigante reflexão de Argan sobre as possibilidades abertas pelo ambientalismo, enquanto parte da concepção ecológica de Linch, quero reter que ele a contrapõe às vias abertas pelo estruturalismo urbanístico de Alexander, considerando-o a tradução contemporânea da crença no racionalismo arquitetônico, capaz de transformar a sociedade por meio da cidade racionalmente planejada. Desejo enfatizar, com essa referência a Argan, a importância da entrada que nomearemos *psicologizante* no modo de vida urbano.

Chego dessa maneira à última parte de minha exposição: a constituição de um saber que privilegia a relação entre o homem e a cidade e a faceta subjetiva da relação entre os habitantes de uma cidade; um saber que procura definir o *perfil psicológico do urbanita* e a partir dele pensar uma cultura especificamente urbana.

Recuemos para o momento em que os observadores das populações urbanas se encontram divididos em campos de saberes diferenciados, momento em que esses mesmos pesquisadores lutam pelo reconhecimento social e/ou acadêmico de seu trabalho e do que consideram ser sua disciplina: a sociologia, objetivista, com métodos que indicam caminhos para sua desejada racionalidade; a psicologia, também ela objetivista em sua busca de tradução racional para os impulsos e sentimentos avessos ao império da razão, uma leitura racional da subjetividade; a literatura social, textos em que Gabriel Tarde propõe

---

19 Ver ARGAN, Giulio Carlo.(1983) O espaço visual da cidade; Urbanismo, espaço e ambiente. In *História da Arte como História da Cidade*. Trad. Pier Luigi Cabra. São Paulo: Martins Fontes, 1992.
20 LYNCH, Kevin. *The image of the city*. Massachusetts: MIT Press, 1960.
21 ARGAN, Giulio Carlo. (1983) Urbanismo, espaço e ambiente. In *Op. cit.*, p. 215-218.

ser a sociedade algo cuja coesão é mantida não pelas trocas de serviços, como queriam os economistas, mas sim por um sistema de imitações e os de H.G. Wells, cujas utopias, projetam futuras sociedades alicerçadas em amplo conhecimento sociológico.[22] A virada do século XIX para o XX constitui sem dúvida um momento crucial para a formação dessa preocupação com as populações urbanas, seus hábitos, costumes, em suma, sua cultura.

É em meio a saberes concorrentes e frequentemente conflitantes que se localizam os trabalhos de Georg Simmel. Certo de viver em uma época em que a sociedade predomina sobre o indivíduo e este trava uma batalha inglória contra o nivelamento imposto pelo que denomina "mecanismo social e técnico", o autor, filósofo e sociólogo, alerta em conferência de 1903 para o ônus resultante das exigências psíquicas a que se submete o homem moderno. Segundo ele, "o fundamento psicológico sobre o qual se forma o tipo de individualidade das grandes cidades está na intensificação da excitação nervosa, decorrente da mudança rápida e ininterrupta dos estímulos externos e internos". É no movimento da consciência ou, melhor, no "acréscimo de consciência" exigido pela concentração em imagens diferentes apresentadas em rápida sucessão e pelo inesperado de impressões que se impõem à retina, que se forma uma película, como algo semelhante a uma "proteção da vida subjetiva contra a violência da grande cidade". Dessa maneira, prossegue o autor, o "caráter intelectualizado do psiquismo do citadino" contrasta com o psiquismo do habitante do campo e mesmo das pequenas cidades, onde se mostra menos intelectualizado, formado preponderantemente pela sensibilidade emotiva e relações afetivas.[23]

Simmel compõe as características do psiquismo intelectivo, daí racional, do urbanita a partir de um repertório de comportamentos: o cálculo monetário que transforma as relações afetivas em meras relações entre indivíduos e fixa o que denomina de relações racionais em quantidades objetivamente comparáveis; o rigoroso esquema temporal supra-subjetivo no qual a pontualidade constitui elemento indispensável para ordenar as diversas e variadas atividades, fazendo com que as distâncias espaciais que as separam pareçam uma perda de tempo insuportável, etc. Essas características listadas pelo autor indicam constrangimentos exteriores que em sua permanência moldam internamente o habitante da cidade. De seu psiquismo

---

22 LEPENIES, Wolf. *Les Trois Cultures*. Op. cit., p. 52-57; p. 141-150.
23 SIMMEL, Georg. (1903) Les grandes villes et la vie de l'esprit. Trad. Jean-Louis Viellard-Baron. In *Philosophie de la Modernité*. Paris: Payot, 1989. Versão brasileira: Metrópole e vida mental. In VELHO, Otavio Guilherme (Org.). *O fenômeno urbano*. Trad. Sérgio Marques dos Reis. Rio de Janeiro: Zahar, 1967.

procura-se excluir qualquer traço de irracionalidade, instintos e impulsos emotivos, dado seu caráter imponderável. É assim que a exatidão e a precisão minuciosas asseguram ao mesmo tempo a maior impessoalidade e a individualidade melhor definida. A atitude *blasée* constitui então o traço mais marcante das manifestações psíquicas do habitante das metrópoles. Nada o surpreende, porque já tudo conhece e seu cérebro não suportaria uma quota extra de estímulos. Descrições semelhantes e preocupações relativas à extrema intensidade e variedade de estímulos a que se veem submetidos os citadinos encontram-se em estudos de outros autores – Henri Bergson, Freud e Walter Benjamin no entre guerras – e alimentam um debate amplo cujos começos se localizam nas décadas finais do oitocentos.[24]

Numa trilha próxima, Anne Caucquelin propôs mais recentemente captar a "memória difusa", "memória sem lugar", "as memórias diversas da cidade", como possibilidade de *apreender* o espaço urbano em sua constante mutação. Trata-se da anamorfose, um acúmulo de significações múltiplas e poucas vezes adicionáveis, significações que se substituem sem se apagarem inteiramente, formando o fio condutor da opinião, opinião formada na transmissão de memórias, opiniões que tecem *a opinião* sobre a cidade[25]. Ao aceitarmos ainda outro pressuposto dessa autora, o de que os que creem saber e os que pensam nada saber sobre a cidade partilham os mesmos princípios de um estoque de opiniões constituído no espaço urbano, suspende-se a demarcação rígida entre duas supostas culturas convivendo na cidade, a hierarquia formada pelos profissionais da área de estudos e intervenções na cidade – arquitetos, engenheiros, urbanistas e políticos – e a população em geral. O "lugar comum" das histórias, fábulas, lendas, teorias, dados, cifras, representações e imagens comporiam, podemos sugerir, a cultura urbana, tão plural, e ao mesmo tempo una em seu caráter anamórfico.

Este ponto de partida deve reconhecer, penso eu, enquanto historiadora, que se trabalha num campo de tensões onde se entrecruzam o inevitável individualismo e

---

[24] Para elementos desse debate no campo dos estudos científicos e filosóficos remeto para o excelente trabalho de BOSI, Ecléa. *Memória e sociedade*: lembranças de velhos. São Paulo: T. A. Queiroz, 1979. BERGSON, Henri. (1896) Matéria e Memória. In *Henri Bergson*. Seleção de textos de Franklin Leopoldo e Silva; Trad. Franklin Leopoldo e Silva; Nathanael Caxeiro, *Coleção Os Pensadores* 46. São Paulo: Abril Cultural, 1974; FREUD, Sigumund (1921). Psicología de las masas y análisis del yo – Vol. XVIII; FREUD, Sigumund (1930) El malestar en la cultura, e FREUD, Sigumund (1927) El porvenir de una ilusión – Vol. XXI. Trad. José Luis Etcheverry. In *Obras completas – Sigmund Freud*. Buenos Aires: Amorrortu, 1976.
BENJAMIM, Walter. (1938) Charles Baudelaire, um lírico no auge do capitalismo. *Obras Escolhidas*, vol.3. Trad. José Martins Barbosa e Hermerson Alves Batista. São Paulo: Brasiliense, 1989.

[25] CAUQUELIN, Anne. *Essai de philosophie urbaine*. Paris: PUF, 1982.

solidão das grandes cidades, impessoalidade e objetividade, e o desejo/impulso das pessoas de se identificarem como membros de uma (alguma) comunidade. Pode-se assim compor um campo de enunciados sobre a cidade e sobre a experiência de nela se viver, campo marcado pela persistência e pela dispersão de seus temas e das pessoas que sobre eles falam. O intuito é o de talvez chegar a uma *sensibilidade outra*, diversa daquela formada "na tranquila harmonia dos hábitos sem interrupções", enraizada no psiquismo do habitante do vilarejo, da cidade pequena. Com ele, poderíamos arrolar "opiniões" sobre as ruas das cidades, por exemplo, e perceber que, para além da conotação atual de vias de fluxo de trânsito de veículos e pedestres, elas podem ser vistas/lembradas como cenário de festas, de comemorações oficiais e de pequenos dramas pessoais; cenário que também compõe a gama de possibilidades de se visualizar a rua transposta da memória para a representação imagética de espaço projetado para a encenação de peças, para, num segundo momento, deixar os compêndios de cenografia teatral e ir povoar os tratados urbanísticos e as projetadas cidades utópicas.[26]

Ruas que podem ser consideradas distâncias a serem percorridas, a pé ou em veículos, como algo que nos separa frequentemente de alguma obrigação, ou, às vezes, do lazer; distância a ser vencida no menor espaço de tempo, tempo perdido entre dois lugares, dois pontos fixos, a casa e o lugar de trabalho, dois bairros, duas cidades... Podem ainda as mesmas ruas serem reduzidas a uma imagem esmaecida na monótona repetição do dever cotidiano ou marcarem a memória com as cores vivas das lembranças de momentos singulares, o avesso do cotidiano, a aventura de rasgar no campo um novo bairro, de passear de barco em meio à enchente que cobre as várzeas das cidades em dias ou noites de tempestade.

Há, porém, ainda outra percepção das ruas que forma algo bastante pessoal, daí subjetivo, e ao mesmo tempo tecido num fio que permite algo que se aproxima da "comunidade" perdida: o percurso diário para as compras e demais tarefas domésticas, um mesmo açougue, a mesma quitanda, sapateiro, jornaleiro; palavras trocadas entre pessoas para as quais a civilidade aprendida e um laivo de interesse pessoal se mesclam no "bom-dia, como vai". Exatamente aquilo que faz um francês e uma francesa se referirem ao lugar onde moram como *mon quartier*, não inteiramente traduzível por bairro. Um recanto que às vezes pouco lembra o recorte administra-

---

26 Sobre esta questão recomendo o importante artigo de VIDLER, Anthony. Los escenarios de la calle: transformaciones del ideal y de la realidad. Trad. Eduard Mira, Cristina Holm, Gonçal Zaragoza. In: ANDERSON, Stanford (Org.). *Calles.* Problemas de estructura y diseño. Barcelona: Gustavo Gili, 1978, 1981, p. 37-124.

tivo do bairro, mas é composto pelas ruas percorridas, pelos locais visitados, pelas pessoas encontradas. Uma forma outra de pensar essa cultura urbana, que segundo Cauquelin dever-se-ia levar em conta quando se projeta qualquer intervenção numa cidade. Poderia se pensar em ter o urbanista e o urbanita reunidos? Um retorno às posições românticas com reminiscências das cidades antigas (considerado antigo tudo o que antecede as cidades reformadas ou formadas a partir do século XIX), presentes nos escritos do austríaco Camillo Sitte, crítico das reformas planejadas e executadas por Otto Wagner na Viena da segunda metade do século XIX?[27] Uma concepção de construção das cidades como obra coletiva, se bem que respeitadas as especializações profissionais em seus domínios, projeto e execução? Ou uma concepção de ambientalismo onde as relações, em grande parte, subjetivas, são privilegiadas em detrimento da eficiência, da racionalidade? Um novo/antigo saber sobre a cidade, uma nova/antiga cultura urbana?

Referências

ARGAN, Giulio Carlo. *História da Arte como História da Cidade*. São Paulo: Martins Fontes, 1992 (1ªed. 1983).

BÉGUIN, François. As maquinarias inglesas do conforto. Trad. Jaime Hajime Oseki. *Espaço & Debates* – Dossiê Cidade e História. São Paulo: NERU, ano XI, n. 34, 1991.

BENJAMIM, Walter. Charles Baudelaire, um lírico no auge do capitalismo. *Obras Escolhidas*, vol.3. Trad. José Martins Barbosa e Hermerson Alves Batista. São Paulo: Brasiliense, 1989 (1ª ed. 1938).

BERGSON, Henri. Matéria e Memória. In *Henri Bergson*. Seleção de textos de Franklin Leopoldo e Silva; Trad. Franklin Leopoldo e Silva; Nathanael Caxeiro. Coleção Os Pensadores 46. São Paulo: Abril Cultural, 1974.

BESANT, Walter. *East London*. London: Chatto & Windus, 1901.

BOSI, Ecléa. *Memória e sociedade*: lembranças de velhos. São Paulo: T. A. Queiroz, 1979.

---

[27] Para a polêmica entre os dois urbanistas, ver SCHORSKE, Karl. *Viena fin-de-siècle*. Política e cultura. Trad. Denise Bottmann. São Paulo: Ed. Unicamp/Cia. das Letras, 1988. O trabalho. de C. SITTE foi traduzido e editado no Brasil com o título *A construção das cidades segundo seus princípios artísticos*: SITTE, Camillo. *A construção das cidades segunda seus princípios artísticos*. Carlos Roberto Monteiro de Andrade (Org. e Apres.), trad. Ricardo Ferreira Henrique. São Paulo: Ática, 1992.

BRESCIANI, Stella. *Londres e Paris no século XIX*: o espetáculo da pobreza. São Paulo: Brasiliense, 1982.

BRESCIANI, Stella. Metrópoles: as faces do monstro urbano. As cidades no século XIX. *Revista Brasileira de História*, n. 8/9, 1985.

BURET, Eugène. *De la misère des classes laborieuses en Angleterre et en France...* avec l'indication des moyens propres à en affranchir les sociétés. Paris: Paulin, 1840, ed. Fac simile, Paris : Editions d'Histoire Sociale, 1979.

CAUQUELIN, Anne. *Essai de philosophie urbaine*. Paris: PUF, 1982.

CERTEAU, Michel de. *A cultura no plural*. Trad. Enid Abreu Dobránszky. Campinas, SP: Papirus, 1995.

ENGELS, Friedrich. (1845) *La situation de la classe laborieuse en Angleterre*: D'après les observations de l'auteur et des sources authentiques. Trad. Trad. Badia Gilbert; Frederic Jean. Paris: Éditions sociales, 1960.

FREUD, Sigmund. Psicología de las masas y análisis del yo (1921) – Vol. XVIII; El malestar en la cultura (1930), y El porvenir de una ilusión (1927) – Vol. XXI. Trad. José Luis Etcheverry. In *Obras completas – Sigmund Freud*. Buenos Aires: Amorrortu, 1976.

HIMMELFARB, Gertrude. *The idea of poverty*: England in the early Industrial Age. New York: Randon House, 1985.

LAZARSFELD, Paul Felix. *Philosophie des sciences sociales*. Paris: Gallimard, 1970.

LEPENIES, Wolf. (1985) *Les Trois Cultures*: Entre science et littérature l'avènement de la sociologie. Trad. Henri Plard ; Sabine Bollack. Paris: Ed. de la Maison des Sciences de l'homme, 1990.

LYNCH, Kevin. *The image of the city*. Massachusetts: MIT Press, 1960.

MASTERMAN, Charles G. *From the Abyss*. Of its Inhabitants. London: R. B. Johnson, 1902.

MAYHEW, Henry. (1851-1861) *London labour and the London poor*. New York: Dover, 1968, 4 vol.

MEARNS, Andrew. *The bitter cry of outcast London*. London: James Clarke & Co., 1883.

ROWNTREE, B. Seebohm. *Poverty a study of town life*. London: Macmillan; New York: The Macmillan Company, 1901.

SCHORSKE, Karl. *Viena fin-de-siècle*. Politica e cultura. São Paulo: Ed. Unicamp/ Companhia das Letras, 1988.

SIMMEL, Georg. Les grandes villes et la vie de l'esprit. Trad. Jean-Louis Vieillard-Barion. In *Philosophie de la Modernité*. Paris: Payot, 1989.

SIMMEL, Georg. *O fenômeno urbano*. Otavio Guilherme Velho (Org.) Trad. Sérgio Marques dos Reis. Rio de Janeiro: Zahar, 1967.

SIMS, George R. *Christmas day in the workhouse*. Bexhill, Sussex – UK: Silver Thimble Books, 1983.

SITTE, Camillo. *A construção das cidades segundo seus princípios artísticos*. Carlos Roberto Monteiro de Andrade (Org. e Apres.), trad. Ricardo Ferreira Henrique. São Paulo: Ática, 1992.

SMILES, Samuel. *Workmen's earnings, strikes, and savings*. London: John Murray, 1861.

SMITH, Adam. (1776) A receita do Soberano ou do Estado. In *A riqueza das nações*. Trad. Luiz João Baraúna. Coleção Os Economistas. São Paulo: Abril Cultural, 1983.

SOLLY, Henry. *Working men's social clubs and educational institutes*. London: Working Men's Club and Institute Union, 1867.

TAINE, Hippolyte. (1863-1864) *Histoire de la littérature anglaise*. Paris: Hachette, 1905, 5 tomos.

TAINE, Hippolyte. (1875) *Les Origines de la France contemporaine*. 2 v. Paris: R. Laffont, 1986.

TAINE, Hippolyte. (1871) *Notes sur l'Angleterre*. Paris: Hachette, 1876.

THOMPSON, Edward P. (1971) Tiempo, disciplina de trabajo y capitalismo industrial. *Tradición, revuelta y consciencia de clase: estudios sobre la crisis de la sociedad preindustrial*. Barcelona: Crítica Imp., 1979. Também em *Costumes em comum*. Estudos sobre a cultura popular nacional (1991) trad. Rosaura Eichemberg. São Paulo: Companhia das Letras, 1998.

VIDLER, Anthony. Los escenarios de la calle: transformaciones del ideal y de la realidad.Trad. Eduar Mira, Cristina Holm, Gonçal Zaragoza. In ANDERSON, Stanford (Org.). *Calles*. Problemas de estructura y diseño. Barcelona: Gustavo Gili, 1978, 1981. p. 37-124.

WILLIAMS, Raymond. *Culture and Society*. New York: Harper & Row, 1966.

WILLIAMS, Raymond. (1973) *O campo e a cidade*: na história e na literatura. Trad. Paulo Henriques Britto. São Paulo: Cia. das Letras, 1989.

LA RUE*
parcours d'histoire et de littérature

Histoire et littérature, deux écritures qui, de manière diverse, partagent le projet ambitieux d'appréhender les sociétés. Cette singulière complicité entre histoire et littérature ne s'accomplit que par des défis qui, pour l'historien, posent la question de la hiérarchie des documents divers avec lesquels il travaille. Comment peut-il se fier à une documentation comme romans et chroniques qui sont des produits de l'imagination romanesque, morceaux de mémoires, souvenirs personnels, des écrits qui ne revendiquent aucun accord précis avec le "véritable", qui appartienent surtout au domaine du vraisemblable?

Je voudrais, donnant ainsi suite à mes travaux d'historienne, lire des textes, disons, littéraires, comme sources et documents de recherche pour en dégager une hypothèse qui m'intéresse beaucoup: celle qui affirme l'entretien des échanges réciproques entre les textes administratifs divers – rapports des municipalités et des urbanistes, des documents législatifs -, des sources oficielles donc, et les discours, oraux et écrits, des récits, des articles de journaux, des chroniques, ces lieux ordinai-

---

* Publicado em *Littérature/Histoire*: regards croisés. MATTOSO, Katia de Queiros (Org.), Paris: Presses de l' Université de Paris-Sorbonne, 1996. Versão francesa por Alain François, revisão técnica de Jacy Seixas. Publicado em versão modificada com o título Nas ruas, os caminhos da cidade. *Cadernos de História de São Paulo* nº2, jan.-dez. 1993, p. 29-38.

res où se manifeste l'opinion publique, les sens commun, la "doxa" urbaine.[1] Je voudrais indiquer la façon par laquelle les documents officiels – des textes considérés "objectifs", des textes savants tout court – se sont servis de ces récits moins engagés avec une traduction "vraie de la societé", pour montrer comment ils dressent, à partir de ceux-ci, leurs propres présupposés.

En envisageant de faire travailler cette hypothèse, je me pencherai sur les mémoires des techniciens chargés des politiques d'intervention urbaine, des professionnels de l'urbanisme, pour les confronter à un autre type de savoir – disons le savoir des "non--savants" – apporté par l'expérience des habitants de la ville. Ils nous offrent les images d'une ville scandée, découpée en tant de détails, de gestes, d'espaces, soient-ils l'école, l'entreprise, les bureaux, la boutique, la rue ... Une ville autre que celle de l'espace bi--dimensionel dessiné par les plans d'arrondissements, mettant l'accent sur les "*zoning*" et les voies de circulation, cet espace abstrait des gestionnaires municipaux, auteurs des politiques urbaines. A l'inverse, la ville perçue par ses habitants est une ville où les quartiers ont des limites flous, comme nous le montre Anne Cauquelin, au-deçà ou au-delà de l'arrondissement, coupés par une avenue trop large, une place ou une esplanade, se moquant des divisions administratives, et pouvant s'entendre beaucoup plus loin que leur tracé ne l'indiquait, ou alors, se rétrécir inconsidérément.[2]

Pour mieux examiner cette hypothèse, nous nous arrêterons sur les rues de la ville, ces espaces de circulation, ces espaces de rencontres et de fugues.

Les rues sont, au début, chemins et decors

> Pour être comprise, la "rue" doit se détacher de la notion plus ancienne de "chemin".[3]

Notre parcours commence par quelques définitions étymologiques de ces voies de circulation – rues, chemins –, dont le sens multiples se sont perdus dans le temps. L'architecte Rykwert nous apprend que *"street"* vient de *"sternere"*, paver, comme tous les mots dérivés du latin contenant la racine *"str"* qui ont trait à l'édification et à la construction. La *"strada"* italienne et la *"strasse"* allemande suggèrent un espace réservé à l'usage public. Par ailleurs, *"road"* indique un mouvement vers quelque cho-

---

[1] CAUQUELIN, Anne. *Essai de philosophie urbaine*. Paris: PUF, 1982, p.19-22.
[2] CAUQUELIN, Anne. *Op. cit.*, p.30-31.
[3] BENJAMIN, Walter. *Paris, capitale du XIXe siècle*: le livre des passages. Rolf Tiedemann (Org.). Trad. Jean Lacoste. Paris: Les Éditions du Cerf, 1989, p. 536.

se, le transport des personnes et des biens. La racine anglosaxonne est *"ride"*, dont "rue" en français et *"rua"* en portugais. Chemins dont le sens étymologique dénote, toujours selon Rykwert, une surface limitée faisant partie d'une structure urbaine, caractérisée par une zone étendue avec des édifices latéraux. Toutefois, l'étymologie ne coïncide ni ne recrouve les coutumes plus archaïques, des jeux et des fêtes.[4]

Les rues peuvent, en outre, être aperçues sous un angle différent, en tant que représentations esthétiques, un décor. Sebastiano Serlio, l'architecte de la Renaissance Italienne, a traduit et interprété les trois décors dans "Les dix livres de l'architecture de Vitruve". Anthony Vidler décrit le décor tragique, qui s'organise d'abord en une rue avec des édifices publics de style classique, aboutissant, sur leur point de fuite, à un arc de triomphe, la porte de la ville; il montre comment, par la suite, le décor comique reproduisait une rue résidentielle, moins majestueuse et de style gothique, avec des galeries et des magasins au niveau de la rue, des habitations aux étages supérieurs et le clocher de l'église fermant le paysage; comment, enfin, le décor satirique, en pleine champagne, montre un sentier et des chaumières entourées d'arbres. L'ensemble formé par ces trois rues, continue l'architecte, résumait les domaines publics où se jouaient, selon la conception de la Renaissance, le drame de la vie urbaine et campagnarde: les rituels de l'État dans la rue tragique, la vie populaire et marchande dans la rue résidentielle et les mœurs bucoliques sur les sentiers des bois.[5]

L'interprétation des sens de la rue proposée par ces deux architectes est accepté, par nombre d'urbanistes contemporains, en tant que des insuffisances de la raison fonctionnelle et technique de la planification, une raison qui néglige l'interaction entre les habitants de la ville. Cette attitude critique actuelle contraste grandement avec la certitude technicienne des premiers théoriciens de l'intervention urbaine que furent les médecins hygiènistes et les ingénieurs-architectes du XIXe siècle. Les définitions mises à jour par ces professionnels de l'aménagement urbain soulignent *l'unité de la ville* d'après les différents réseaux (de communications, d'égouts, de transport collectifs) soutenant la notion *d'unité hygiénique*. Les médecins et les ingénieurs évaluent les rues des villes d'après un point de vue technique et généralisant:

---

4   RYKWERT, Joseph. La calle: el sentido de su historia. In: ANDERSON, Stanford (Org.). *Calles. Problemas de estructura y diseño.* Trad. Eduardo Mira; Cristina Holm; Gonçal Zaragoza. Barcelona: Gustavo Gili, 1978, 1981, p. 23-24.

5   VIDLER, Anthony. Los escenarios de la calle: transformaciones del ideal y de la realidad. In: ANDERSON, Stanford. *Op. cit.*, p.37-38. Cet article constitue une excellente contribution pour l'historien de la ville qui désire connaître les présupposés des théories d'urbanisme et leur traduction dans la pratique d'intervention dans les villes:

ils s'appuyent sur le présupposé que tous ceux qui habitent une ville partagent les mêmes aspirations, ou devraient les partager, car ils ont la même "nature essentiellement sociale de l'espèce humaine".[6]

Dans les années 1850 et 1860, une atitude identique renforce et anime les interventions du préfet Haussmann: il faudrait doter Paris et la France des voies de circulation efficaces. Les mots qui expriment le mieux le programme des "Transformations de Paris" nous viennent de l'un de ses plus grands admirateurs, et protecteur, Napoléon III: "aucune tête de chemin de fer à desservir, aucun monument à dégager, aucun foyer de force publique à faire rayonner, aucune forteresse de l'émeute à ouvrir, aucune grande promenade à rapprocher du centre, aucun quartier à relier au reste de la ville ne se trouvent délaissés".[7]

Une certitude indiscutable traverse et inspire cette conception: le milieu forme l'homme. Entendue comme milieu physique, l'idée disciplinaire de ces médecins et de ces ingénieurs rencontre l'idéalisation utopique de nombreux réformateurs sociaux. La formation éthique et morale du citoyen impose ici la *promenade civique quotidienne* dans les rues des villes.[8] On retrouve un souci identique dans la deuxième moitié du XIXème siècle, avec la solution apportée par ces spécialistes au problème crucial du logement populaire. Placer les ménages ouvriers dans des maisons modèles était alors envisagé comme la solution parfaite à la question sociale: "tout rentrera à sa place, d'abord les choses, puis les personnes, et à leur suite, les idées".[9]

Je propose maintenant de quitter les rues des traités et des encyclopédies pour parcourir, à travers certains récits, les rues de la ville de São Paulo. Mon but est de esquisser un petit répertoire des trente ou quarante premières années du XXème siècle, de montrer comment un sens est attribué aux lieux par un système de réseaux symboliques. Dans celui-ci, les mots, les noms, les fictions et les références culturelles composent une espèce de *philia* moderne, un désir de vivre ensemble.

---

6   Voir à ce propos, entre autres, ROCHARD, Jules (Org.). *Encylopédie d'Hygiène et de Médecine Publique*. Hygiène Urbaine – Tome III. Paris: Lecrosnier et Babé, 1891.
7   CARS, Jean des; PINON, Pierre. *Paris-Haussmann*. Paris: Picard, Pavillon de l'Arsenal, 1991, p. 74.
8   Voir, sur ce sujet, toujours VIDLER, Anthony. Los escenarios de la calle. Op. cit., p.37-38. Voir encore, pour le XVIIIe siècle, BACZKO, Bronislaw. *Les lumières de l'utopie*. Paris: Payot, 1982 ; et BENICHOU, Paul. *Le temps des prophètes*. Paris: Gallimard, 1977.
9   ROCHARD, Jules (dir.). *Encylopédie d'Hygiène et de Médecine Publique. Op. cit.*, p.401.

L'envers du quotidien: l'aventure

> Quand il pleuvait beaucoup, le quartier du Bom Retiro, dans la partie basse de la ville, se transformait en la Venice brésilienne. Les inondations prenaient possession de tout. Toutes les familles possédaient un bateau et, pendant la nuit, elles se promenaient dans les rues inondées, et avec leurs barques illuminées chantaient et faisaient la sérénade. Pour nous, les jeunes, c'était une grande joie quand le fleuve Tietê débordait.[10]

Alice, déjà agée, remonte le fil de cet agréable souvenir au beau milieu d'un récit qui raconte l'étroitesse de sa vie de jeune fille qui, à quinze ans, se voyait prisonnière de l'atelier de couture de Mme Vasques et dont les journées de travail ne finissaient qu'à des heures tardives. Pour la jeune ouvrière, née à Aparecida do Norte, aux frontières de l'État de São Paulo, la grande ville se résumait au trajet entre son quartier du Bom Retiro et la rue Marquês de Itu, toujours fait à pied faute d'argent. Elle n'avait jamais l'opportunité d'aller au-delà: pour ne pas manquer l'atelier le lundi matin, il lui fallait laver et repasser, le dimanche, la seule robe qu'elle possédait... Ni oisiveté, ni loisir, ni rêveries n'interrompaient le fil des jours réglés par le travail. Ceci explique pourquoi "plus tard, quand j'ai connu la ville", les souvenirs de ces randonnées lui soient restés comme "une merveille". La succession des rues centrales: "la Barão de Itapetininga, avec ses magasins chics, la rue Direita avec la Sloper; la Casa Alemã, (...) toute cette tranquillité!" De sa longue promenade dans les rues de la ville pour rendre visite à sa cousine, c'est le retour, avec le crachin lui tombant sur le visage, traversant à petits pas le "Viaduto do Chá" pour prolonger son plaisir, qu'elle se souvient d'une manière singulière. La rue était comme le décor de son plaisir, chaque étape est nommée par son aspect particulier, si différente de la rue-trajet-de-travail, en rien civique, entre le Bom Retiro et la Vila Buarque.[11]

Les inondations, en rappelant le temps fantastique, suspendu au-dessus du quotidien, surgissent aussi dans les souvenirs du vieux Amadeu, fils d'immigrants italiens, né dans le quartier du Brás:

> "Quand j'étais petit, habitant de la rue Carlos Garcia, il nous fallait fuir presque tous les mois, pendant un ou deux jours. La rivière Tamanduateí débordait facilement car elle était très étroite. Une fois,

---

10 BOSI, Ecléa. Lembranças de Dona Alice. *Memória e sociedade:* lembranças de velhos. São Paulo: T.A. Queiroz/EDUSP, 1987, p. 62.
11 BOSI, Ecléa. Lembranças de Dona Alice. *Op. cit.*, p. 51-76.

quand j'avais quinze ans, nous sommes restés chez des amis dans le Alto Cambuci. Il y avait déjà 1,20 mètres d'eau. Je me rappelle que mille fois nous sommes partis le matin pour ne revenir que le soir. Au quartier du Cambuci, les inondations étaient source de plaisanteries, on offrait du cognac et de la "caipirinha" aux pompiers, les familles étaient amies des pompiers".[12]

Le temps de la fête est suivi par celui du quotidien, et Amadeu se souvieut que "pour aller au centre ville il fallait traverser un bois, aujourd'hui le parc Dom Pedro (...), et traverser la rivière Tamanduateí, alors un endroit boueux, dangereux". Il se rappelle encore que les quartiers riches, du côté des avenues Paulista et Angelica, avaient des rues bien pavées, et "de notre côté, du côté du Brás, Cambuci, Belenzinho, Mooca, Pari", au contraire, "tout était pauvreté, des rues sans trottoir, vieilles maisons, quartiers pauvres, très pauvres". Il raconte les réunions clandestines des ouvriers de la ligue de résistance "Classes Laboriosas" à la rue du Carmo, la persécution contre les ouvriers du syndicat. Il évoque encore des parties de football entre amis, "à une époque où n'importe quel terrain plat se transformait en terrain de foot"![13]

Ces souvenirs, soigneusement recueillis par la psychologue Eclea Bosi, parlent de São Paulo des premières décennies du XXème siècle, et nous font voir avec les yeux de la mémoire comme dans un tunnel du temps, le Carnaval de la Praça da República et, dans les rues des quartiers, le "corso" de chars de l'Avenida Paulista le samedi soir, les spectacles du Théâtre Municipal, les chaises sur les trottoirs pour les après-midi des dimanches et la fête de São Vito Mártir "des bareses" qui réunissaient au Brás plus de vingt bandes de musique, et celles du Divino, "de la dévotion brésilienne", dans la rue Glicerio. Souvenirs dont les arêtes ont été adoucies par le temps qui, selon le mémorialiste Julio Dantas, fait que "les vieux, quand ils se retournent vers leur passé, voient tout avec leurs yeux de vingt ans".[14]

Des fables et des mythes colorent le cadre de l'exceptionnel, de ce qui fait la singularité d'une ville et des symboles de ceux qui y vivent. C'est donc en opposition au flux continu de la vie – processus unitaire, ordinaire et habituel – qui l'aventure se constitue, cette partie de l'existence liée au quotidien, même si elle se déroule comme une chose extérieure et détachée de l'accoutumance. Un petit rien qui donne aux

---

12 BOSI, Ecléa. Lembranças do Sr. Amadeu. *Op. cit.*, p. 79.
13 BOSI, Ecléa. Lembranças do Sr. Amadeu. *Op. cit.*, p. 83 e ss.
14 Feuille de garde de Miguel Milano: MILANO, Miguel. *Os Fantasmas da São Paulo Antigo* (estudo histórico e literário de São Paulo). São Paulo: Saraiva, 1949.

souvenirs des aventures les couleurs du rêve.

Le quotidien, l'usure du temps

> Seul l'enfant d'une grande ville peut comprendre ces jours de pluie...[15]

Ces jours gris sont ce qui, pour Walter Benjamin, incitent les enfants de la grande ville au repli sur soi, au retour, comme en un rêve, à leur prime enfance. Le souvenir des jours gris remet à l'uniformité, à ce qui contraint à faire, du matin au soir, la même chose; ils sont là, dans la succession des parties d'échecs, dans la lecture, dans les interminables petites discussions. On retrouve cet intérieur bourgeois dans les souvenirs d'Oswald de Andrade: sa mère malade, toujours couchée sur le sofa de la salle à manger, "cœur de la Maison"', d'où elle surveillait tout, contraste avec le souvenir de son père et de son effort pour transformer une ancienne ferme en un quartier urbain – la Vila Cerqueira Cesar, oú passait le tram de la Light.[16]

La succession de souvenirs presque simultanés, divers, constitue une condition essentielle pour appréhender l'espace de la ville. Les mots employés par les aménageurs urbains recouvrent ceux des récits des habitants des villes: le "temps mort" des jours de pluie s'égale ici au "temps gris" du trajet entre le foyer et l'usine, l'atelier, le bureau, bref ils sont définis, dans les deux récits, comme un temps inutile. Ce temps n'apporte aucune compensation monétaire, ni plaisir. Ainsi que l'aperçoit la logique de l'urbaniste, ce temps est décrit comme un obstacle à sumonter. D'ailleurs, un double obstacle: il faut d'une part, abréger le trajet et, d'autre part, éviter la dépense et le gaspillage des énergies vivantes.[17]

Nettoyer, débarrasser, désencombrer et libérer les voies de circulation, voilà les premières mesures d'"embellissement et d'améliorations " des villes entreprises par les autorités/administrateurs dès les années 1860 en Europe: une véritable "éventrement", la ville de Paris ouverte, par Haussmann, à "coups de sabre". La nomenclature militaire rejoint ici les métaphores médicales, nettoyer les entrailles de l'ancien centre médiéval, tortueux et encombrés, impropres à la santé physique et morale de la société.

---

15 BENJAMIN, Walter. *Paris, capitale du XIXe siècle*: le livre des passages. Paris: Les Éditions du Cerf, 1989, p. 128.
16 ANDRADE, Oswald de. *Um homem sem profissão*: sob as ordens de mamãe. Rio de Janeiro: Civilização Brasileira, 1976, p. 19 et 37 respectivement.
17 CAUQUELIN, Anne. *Essai de philosophie urbaine. Op. cit.*, p. 11. Voir aussi ROCHARD, Jules (Org.). *Encyclopédie d'Hygiène et de Médecine Publique. Op. cit.*, p.458.

Pour raccourcir les distances entre deux points, la ligne droite paraissait, pour de nombreux gestionnaires urbains, la meilleure solution; il fallait raccourcir la durée du voyage pour éviter aux marchandises, et aux hommes, tout gaspillage de temps utile. Dans la notion moderne de temps, Anne Cauquelin souligne l'oubli de l'ancienne figure de *Kairos,* le moment propice saisi par l'homme ingénieux, cédant le pas à la prépondérance de la notion de *Chronos,* terme qui désigne la course quotidienne du temps, jour et nuit, hiver et été, la durée d'une vie, cette notion homonyme de Kronos, le cruel père de Zeus, dieu dévorateur, le temps qui use et fait vieillir.[18]

Ce temps qui coule vers la mort de l'homme, un temps contraire à l'aventure, peut aussi, paradoxalement, constituer son propre contrepoint dans les transformations des villes. Ainsi Alfredo Moreira Pinto s'exclame-t-il en arrivant à São Paulo après trente ans d'absence: "São Paulo était une ville purement "paulista"; aujourd'hui, elle est italienne! Dans le temps tu portais des pantalons en toile, des vestes simples et des chapeaux de paille; aujourd'hui, tu enfiles queues-de-pie, col Louis XIV, cravates de satin blanc, bottines vernies et tu mets un ostensible castor sur la tête ou un haut-de-forrure aristocratique sous ton bras".[19]

Son souvenir transformait cette rencontre en un impact d'une nouveauté absolue. Aux changements de la population correspondait une complète transformation de la ville:

> "aux proportions gigantesques, avec de très beaux immeubles opulents, de vastes places avec des arbres, des rues pavées, parcourues par des milliers de personnes, par des tramways riches et luxueux, tirés par des attelages de chevaux de race, et coupés par plusieurs lignes de tramways; de belles avenues, comme la Paulista, des quartiers charmants comme les Campos Elysios, la Luz, Santa Cecília, Santa Iphigenia, Hygienopolis et Consolação, avec une population joyeuse et animée, un commerce extrêmement actif, des luxueux établissements bancaires, des centaines de maisons d'affaire et des locomotives avec leurs sifflets progressistes, diminuant les distances et rapprochant en une embrassade fraternelle les villages de province".[20]

Croissance disproportionnée, toujours relative au temps passé, la ville tentaculaire étend ses bras en direction aux régions voisines et engloutit les faubourgs dans

---

18 CAUQUELIN, Anne. *Op. cit.*, p. 40-41.
19 MOREIRA PINTO, Alfredo. *A cidade de São Paulo em 1900.* São Paulo: Governo do Estado de São Paulo, 1979, p. 9.
20 MOREIRA PINTO, Alfredo. *Op. cit.*, p. 10.

son ardeur de croissance, comme le faisait amèrement remarquer Antonio: "Avant la Première Guerre, la ville était différente. São Paulo grandit de plus en plus. (...) le quartier Mooca a avancé, le Brás s'est étendu pour former ces géants, géants comme Saturne qui devore ses enfants".[21]

C'est l'image analogue de la ville tentaculaire dépassant les limites politiques de ses districts administratifs et posant des problèmes aux autorités lors de l'exécution de leurs projets, que l'ingénieur-architecte Luis de Anhaia Mello reprendra dans une conférence à l'Instituto de Engenharia en 1928, lorsqu'il parle du problème de l'implantation de transports collectifs dans la ville de São Paulo. Pour fonder son argument, il cite l'expression utilisée par Verhaeren se référant aux métropoles: elles sont "comme une main, les doigts ouverts, se renfermant sur l'univers".[22]

C'était, toutefois, une croissance prévisible: "l'extension est une des caractéristiques de la ville industrielle moderne", le "processus de croissance normale de la ville". On voit là se dessiner une ville conceptuelle, un retour aux généralisations; abstraction est faite des différences avec la soumission aux règles de zonage, des quartiers spécialisés, des zones démarquées. Ville qui détruit l'ancien support physique et psychologique, qui enlève le quotidien de ses habitants. Une oeuvre de l'urbanisme, une "science" qui, dans l'acception d'Anhaia Mello, demandait, outre la participation de l'ingénieur, "la collaboration du sociologue, du législateur, du juriste, de l'homme public, de l'administrateur, de l'économiste et de tout citoyen. Une science qui devrait connaître l'opinion publique, pour la former et pour gagner son adhésion".[23]

La ville conceptuelle et la ville habitée

> Os dicionários dizem: rua, do latim ruga, sulco. Espaço entre as casas e as povoações por onde se anda e passeia.[24]

Par ces quelques mots, João do Rio montre la récurrence de définitions toujours insuffisantes, selon lui, pour saisir une chose si complexe qu'une rue. Il est

---

21 BOSI, Ecléa. Lembranças do Sr. Antonio. *Op. cit.*, p. 176.
22 MELLO, Luis de Anhaia. O governo das cidades. *Revista do Instituto de Engenharia*, São Paulo, janv.1929, p. 3 et ss.
23 MELLO, Luis de Anhaia. Problemas de Urbanismo (Bases para a resolução do problema technico). *Boletim do Instituto de Engenharia de São Paulo*. São Paulo, 1929.
24 "Les dictionnaires disent: "rue", du latin *ruga, sillon*. Espace entre les maisons et les lieux habités où l'on passe et où l'on se promène", João do Rio. RIO, João do. *A alma encantadora das ruas*. Rio de Janeiro: Organização Simões, 1951.

impossible de dire qu'il s'agit d ' "un alignement de façades, parmi lesquelles on passe entre des lieux habités", puisque, poursuit l'écrivain, la rue est "la vie des villes, la rue a une âme!". On trouve encore une fois la notion de rue comme un lieu de passage des éléments indispensables à la vie; des éléments, cependant, d'une nature autre que ceux des urbanistes.

La différence établie par l'historien Sérgio Buarque de Holanda entre le tracé quadrillé des villes de colonisation espagnole et l'irrégularité sinueuse du tracé des villes brésiliennes de colonisation portugaise, est bien connue parmi nous, brésiliens[25]. Cette différence a été reprise par nombre de nos auteurs comme *la* singularité de nos villes. Dès les premières études faites par les municipalités brésiliennes dans les années 1910 pour "désengorger la circulation", les difficultés à surmonter résidaient, selon certains urbanistes, dans cette irrégularité. Pour d'autres, comme l'ingénieur Victor da Silva Freire, ce tracé nous sauvait de "l'implantation géométrique sèche" des grilles rectangulaires des villes américaines. Après avoir posé les particularités historiques de plusieurs villes, il souligne l'importance de la "symétrie du temps (…), la symétrie artistique qui est le résultat de l'équilibre des masses et des proportions". En se penchant sur la ville de São Paulo, il s'interroge:

> Ne semblerait-il pas que nous sommes en train de voir São Paulo se former avec ses pâtés de maisons s'étendant autour de la chapelle du Collegio, la fondation postérieure de la Prison, toute cette histoire si bien connue de tous, qui continue et qui place la vie commune et officielle de nos jours en un triangle dont le sommet sont les couvents de São Bento, du Carmo et de São Francisco?

C'est que le centre-ville de São Paulo, répond l'engénieur,

> est une agrégation irrégulière et pittoresque – voilà le mot technique qui, dans ce cas, donne une impression exacte de la vérité – où, comme en Europe, ce sont les rues qui ont suivi la fantaisie du constructeur et non ce dernier qui s'est plié à l'implacable cordon d'alignement.[26]

Admirateur de l'architecte autrichien Camillo Sitte, théoricien de l'urbanisme culturaliste et, comme lui, doutant de la soi-disant beauté des longues perspectives

---

25 HOLLANDA, Sergio Buarque. *Raízes do Brasil*. Rio de Janeiro: José Olympio Editora, 1936, chap. IV.
26 FREIRE, Victor da S. Melhoramentos de São Paulo. *Revista Politécnica*, 6(31), fév./ mars 1911, p. 91-145.

dans le style Haussmann, Victor Freire propose d'étudier la logique de l'expansion de la ville et de projeter ainsi les modifications nécessaires pour l'avenir.[27] Sa proposition a été l'un des trois plans présentés presque simultanément, au début des années 1910, pour réaménager la ville de São Paulo.[28]

L'échiquier, inspiré par la rationalité de la Renaissance (modèle d'ailleurs d'implantation des villes coloniales, en Amérique espagnole en particulier), montre son irrationalité, selon Sitie, dans la succession des croisements à chaque pâté de maison, démonstration évidente de ce que la ligne droite n'est pas toujours le chemin le plus court entre deux points.[29] Au Brésil, Victor Freire a amplifié cette critique en soulignant l'irrationalité de la ligne droite pour une topographie si accidentée que celle de São Paulo. "Assurer le développement de la ville en conditions normales et rationnelles" pourrait conjuguer rationalité et esthétique, fonctionnalité et civisme: au plan d'embellissement du Vale do Anhangabaú au centre-ville, par exemple, correspondait l'ouverture d'une avenue pour désengorger la circulation; de même, à la construction d'édifices formant un Centre civique correspondait l'élaboration matérielle d'un ensemble de symboles de la citoyenneté.[30]

Cet agencement de la ville voulant bâtir un quotidien plus fluide fait partie d'un ample mouvement, inspiré par les idées universalistes libérales et scientifiques, d'aménagement des villes de l'Ancien et du Nouveau Continent. La réforme des villes n'est plus "embellissement", "modernisation"; elle gagne alors une dimension projective: en planifiant le présent, la réforme pense aussi l'avenir. "Construire des villes, c'est construire des hommes", dit Anhaia Mello. Il revient ici à l'idée que le milieu forme l'homme: "c'est le cadre urbain qui modèle le caractère humain, en fonction de ses propres traits, vers la laideur ou la beauté".[31] Si l'on se réfère aux rues, on s'aperçoit que

---

27 La théorie de C. Sitte a été mise à profit par l' engénieur Saturnino de Brito dans ses projets sanitaires pour plusieurs villes brésiliennes comme Santos et Campinas. Cf. ANDRADE, Carlos. *A peste e a ordem*. Dissertação (Mestrado em Arquitetura). São Paulo: FAU-USP, 1992.

28 Deux de ces plans furent commandés par l'administration de l'État ou du Municipe de São Paulo, soucieux de la circulation dans les rues étroites et tortueuses du centre-ville. Ces projets ont été étudiés par SEGAWA, Hugo. *Prelúdio da Metrópole*. Arquitetura e urbanismo em São Paulo na passagem do século XIX ao XX. São Paulo: Ateliê Editorial, 2000.

29 Ouvrir de nouvelles voies ou conserver celles qui existaient dans la configuration originelle du centre étaient les options qui, au début des années 1910, réactualisaient au Brésil les débats entre les idéalisateurs de la Vienne moderne avec la monumentale Ringstrasse, et leurs critiques.

30 Cf. le rapport présenté par Joseph-Antoine Bouvard (directeur honoraire des services d'architecture, promenades, voies publiques et plans de la ville de Paris) au Préfet de São Paulo, Raimundo da S. Dupral en 1911. DUPRAT, Raymundo. *Relatório de 1911 apresentado à Câmara Municipal de São Paulo pelo Prefeito Raymundo Duprat*. São Paulo: Vanorden, 1912, p.12-15.

31 MELLO, Luiz de Anhaia. O Problema Psychologico. Bases de uma campanha pratica e efficiente

d'autres significations s'ajoutent à la notion de décor de la pensée de la Renaissance et de la ville baroque. L'urbaniste du tournant du XIXème au XXème siècle, quand il pensait au centre civique de la ville, gardait à l'esprit le décor tragique de Serlio; par contre, il envisage les rues (et les espaces en friche) aussi du point de vue de l'hygiène et de la circulation. Il s'agit-là d'un sens ample d'hygiène, physique et morale, et de circulation; écoulement de véhicules, de personnes, de marchandises et d'idées.

Nombreux sont ceux qui, connaissant les préceptes de la science, se voient opposer des obstacles à leurs projets: certains, préoccupés par les coûts des travaux, considèrent l'hygiène des villes comme un luxe impossible à mettre à la disposition des couches les plus pauvres de la population. Ce sont les travailleurs, affirment-ils, qui opposent une résistance passive, du mépris et de l'indifférence, à la question de la propreté. Utilisant les termes typiques de sa spécialité, le médecin Jules Rochard affirme qu'il serait "utile de rectifier les jugements des uns (les riches) et d'éclairer l'esprit des autres (les travailleurs)".[32] Des observations de Rochard, soulignant dans cette différence d'opinions *l'absence d'opinion*, surgit avec netteté la représentation d'un principe non-critique, l'unité spatiale du concept: la ville conceptuelle des théories et de la représentation plate des cartes et plans, faisant abstraction de la matérialité multidimensionnelle de l'espace, de la ville fragmentée des habitants ordinaires. L'urbaniste méconnaît l'effet d'anamorphose du temps, il est donc incapable de comprendre, voire de dominer, de maîtriser, les résistances qui lui posent les habitants.[33]

Néanmoins, les plaintes des habitants des quartiers ouvriers de l'autre rive du Tamanduateí révèlent une conscience assez éclairée sur les effets des mauvaises conditions d'hygiène des maisons et des environnements où ils habitent. En août 1908, le journal ouvrier *A Folha do Povo* critique les mesures censées insuffisantes adoptées par les autorités de la ville face à l'épidémie de variole:

> Nous demandons au peuple de se vacciner, de se préparer contre le mal! Quand on vit au milieu de l'immondice, de la poussière, des marais, quand on a le corps exténué par le long et dur labeur, quand on habite des porcheries sans air ni lumière, humides, comme un tas de porcs … ! Ce qu'il nous faut est une vaccination puissante et radicale contre cet état social misérable.[34]

---

em prol de São Paulo maior e melhor In: *Problemas de Urbanismo. Op. cit.*, p.17
32 ROCHARD, Jules. *Traité d'hygiène sociale*. Paris: A. Delahaye el Lecrosnier, 1889, p.II.
33 CAUQUELIN, Anne. *Op. cit.*, p. 54.
34 *Folha do Povo*, 16/08/1908, "A varíola", p. 1, Apud BERTUCCI, Liane Maria. *Impressões sobre a Saúde*: A Questão da Saúde na Imprensa Operária – São Paulo – 1891-1925. Dissertação (Mestra-

Cette identification de l'habitant à la ville peut se faire par sa condition de citoyen actif, qui prend des décisions et intervient dans l'espace public. Elle rejoint alors la définition conceptuelle du "savoir-savant" de l'urbaniste. Mais cette identification peut aussi être aperçue dans des nombreux récits, d'une nature autre, représentant la ville de façon fragmentée, la ville de tous les jours, celle que racontent sans cesse ses habitants et les memorialistes.[35] Ces récits, à l'inverse des discours des experts, préoccupés de l'unité qu'ils convoitent accorder à la ville, dessinent les images du citadin, dispersé parmi des anonymes, isolé dans la foule. Des images faites de mémoires diffuses et diverses, des souvenirs du quotidien, cette mémoire qui, n'ayant pas de lieu précis, est la mémoire d'un temps révolu, et fonde, toutefois, son propre lieu d'existence, celui d'une ville.

Le parcours analytique ici proposé a voulu montrer, dans l'histoire d'une ville racontée par ses rues – São Paulo de la première moitié du XXème siècle -, le rapport étroit tissé entre les fils des récits des spécialistes et les images littéraires de la ville. Dans les textes, la ville est figée par un temps immobile, soit par les données matérielles et l'unité conceptuelle des ingénieurs-administrateurs, soit par la mémoire des récits littéraires et des souvenirs des habitants. J'ai tiens ainsi à proposer que parler de la ville – de ses rues sinueuses, droites, radiales, de ses fêtes, de ses types populaires, de ses réseaúx d'égout, de circulation, de ses habitants – ne peut signifier autre chose que l'incitation à l'aventure, cette suspension du fil quotidien dans la propre course des jours. Ce qui s'en détache nous éloigne et nous rapproche, fonde l'aventure dans l'écriture même de la ville.

Referências

ALMEIDA JUNIOR. A Faculdade de Direito e a Cidade. In: *Ensaios Paulistas*. São Paulo: Anhembi, 1958.

ANDRADE, Carlos. *A peste e a ordem*. 2 vol. Dissertação (Mestrado em Arquitetura). São Paulo: FAU-USP, 1992.

---

do em História). Campinas: IFCH-Unicamp, 1992, p.42.

35 Voir, entre autres, les récits de PINTO, Alfredo Moreira. *Op. cit.*; A. ALMEIDA JUNIOR. A Faculdade de Direito e a Cidade. In *Ensaios Paulistas*. São Paulo: Anhembi, 1958; SESSO Jr., Geraldo. *Retalhos da velha São Paulo*. São Paulo: OESP-Maltese, 1986, et ANDRADE, Oswald de. *Um homem sem profissão*: sob as ordens de mamãe. Rio de Janeiro: Civilização Brasileira, 1976; Consulter encore le recueil de BOSI, Ecléa. *Op. cit.*

ANDRADE, Oswald de. *Um homem sem profissão*: sob as ordens de mamãe. Rio de Janeiro: Civilização Brasileira, 1976.

BACZKO, Bronislaw. *Les lumiéres de l'utopie*. Paris: Payot, 1982.

BENICHOU, Paul. *Le temps des prophètes*. Paris: Gallimard, 1977.

BENJAMIN, Walter. *Paris, capitale du XIXe siècle*: le livre des passages. Trad. Jean Lacoste, Ralf Tiedemann (Org.) Paris: Les Éditions du Cerf, 1989.

BOSI, Ecléa. *Memória e sociedade*: lembranças de velhos. São Paulo: T.A. Queiroz/ EDUSP, 1987.

BUARQUE DE HOLLANDA, Sergio. *Raízes do Brasil*. Rio de Janeiro : José Olympio Editora, 1936.

CARS, Jean des; PINON, Pierr. *Paris-Haussmann*. Paris: Picard, Pavillon de l'Arsenal, 1991.

CAUQUELIN, Anne. *Essai de philosophie urbaine*. Paris: PUF, 1982.

DUPRAT, Raymundo. *Relatório de 1911 apresentado à Câmara Municipal de São Paulo pelo Prefeito Raymundo Duprat*. São Paulo: Vanorden, 1912.

Folha do Povo, 16/08/1908, "A varíola", p. 1, Apud BERTUCCI, Liane Maria. Impressões sobre a Saúde: *A Questão da Saúde na Imprensa Operária – São Paulo – 1891-1925*. Dissertação (Mestrado em História). Campinas: IFCH-Unicamp, 1992.

FREIRE, Victor da S. Melhoramentos de São Paulo. *Revista Politécnica*, 6(31), fév./ mars 1911.

MELLO, Luis de Anhaia. O governo das cidades. *Revista do Instituto de Engenharia*, São Paulo, janv.1929.

MELLO, Luis de Anhaia. *Problemas de Urbanismo* (Bases para a resolução do problema technico). Publicação do Boletim do Instituto de Engenharia de São Paulo. São Paulo, 1929.

MILANO, Miguel. *Os Fantasmas da São Paulo Antigo* (estudo histórico e literário de São Paulo). São Paulo: Saraiva, 1949.

PINTO, Alfredo Moreira. *A cidade de São Paulo em 1900*. São Paulo: Governo do Estado de São Paulo, 1979.

RIO, João do. *A alma encantadora das ruas*. Rio de Janeiro: Organização Simões, 1951.

ROCHARD, Jules (Org.). *Encylopédie d'Hygiène et de Médecine Publique*. Hygiène Urbaine – Tome III. Paris: Lecrosnier et Babé, 1891.

ROCHARD, Jules. *Traité d'hygiéne sociale*. Paris: A. Delahaye el Lecrosnier, 1889.

RYKWERT, Joseph. La calle: el sentido de su historia. In ANDERSON, Stanford (Org.). *Calles*. Problemas de estructura y diseño. Trad. Eduard Mira; Cristina Holm; Gonçal Zaragoza. Problemas de estructura y diseño. Barcelona: Gustavo Gili, 1978, 1981.

SEGAWA, Hugo. *Prelúdio da Metrópole*. Arquitetura e urbanismo em São Paulo na passagem do século XIX ao XX. São Paulo: Ateliê Editorial, 2000.

SESSO Jr., Geraldo. *Retalhos da velha São Paulo*. São Paulo: OESP-Maltese, 1986.

VIDLER, Anthony. Los escenarios de ta calle: transformaciones del ideal y de la realidad. In ANDERSON, Stanford (Org.). *Calles*. Problemas de estructura y diseño. Barcelona: Gustavo Gili, 1978, 1981.

Um poeta no mercado*

L'adorable printemps a perdu son odeur.
Baudelaire

O que leva um historiador a cometer a ousadia de ler Baudelaire para além do prazer estético proporcionado pelo texto poético? O que o impulsiona nesse assalto a uma área de pesquisa tradicionalmente reservada à crítica literária e às análises linguísticas? Ao abandonarem o terreno seguro dos documentos oficiais, dos dados estatísticos, dos escritos políticos, dos artigos de jornal, os historiadores, nos últimos tempos, se lançaram na aventura de embrenhar-se nos textos literários, na poesia, nas representações iconográficas e nos depoimentos escritos e orais. A estreita bitola da história política de caráter semi-oficial, há muito superada, e a própria busca da explicação para os "fatos históricos" com o recurso a sínteses sistêmicas abrangentes têm sido questionadas pelo caráter genérico de suas afirmações. Sem dúvida, as atuais incursões dos historiadores por temas pontuais constitui um reconhecimento

---

* Este artigo é uma versão revisada e ampliada do texto publicado pela revista *Trilhas*, Campinas, vol. 9, nº 1, jan./dez. 1989, de circulação restrita. Agradeço à Fundação de Amparo à Pesquisa de São Paulo (FAPESP) pelo apoio dado ao programa de pós-doutorado no exterior que me permitiu realizar entre novembro de 1986 e fevereiro de 1987 pesquisa na Biblioteca Nacional da França e na Blibliothèque historique de la ville de Paris.

dos limites das grandes sínteses generalizantes e dos modelos explicativos incapazes de recolher a diversidade dos personagens e dos acontecimentos.

Essas incursões pontuais apresentam, todavia, uma faceta temerária: a redução do trabalho historiográfico ao relato do episódico, ao desvendamento de situações circunscritas à pesquisa detalhada de casos interessantes descobertos por pura casualidade. Entre as certezas dos modelos explicativos e a singularidade do relato de casos insólitos, não se pode negar que o trabalho do historiador constitui hoje em dia um campo polêmico atravessado por debates cujos desdobramentos repercutem sobre as ciências humanas. Deixemos então que, por algum tempo bruxas, malandros, prostitutas, andarilhos, loucos, impotentes, literatos, mulheres lacrimosas e tantas outras personagens singulares, bizarras, desprezadas, invadam nossas preocupações historiográficas. Afinal, mesmo ao discordar da afirmação de que tudo é história, não podemos deixar de reconhecer o estimulo à reflexão sobre nosso ofício desencadeado por essa busca aparentemente dispersa de personagens pouco convencionais. Seria cômodo imputar essa produção a uma suposta crise da pesquisa histórica desencontrada com seus objetos de estudo. Prefiro formular a hipótese de haver certa sintonia entre nossas indagações atuais em meio a um mundo repleto de signos cuja duração não vai além de um átimo e certas figuras intrigantes que nos acenam através do tempo como incógnita e desafio, exatamente por sua singular presença na sociedade em que viveram.

Baudelaire é sem dúvida uma dessas figuras. A cavaleiro de duas épocas, defrontou-se com perdas irreparáveis e com evidências dispersas de um tempo que se anunciava destituído de significações permanentes. O lampejo de seu desconcerto perante a instabilidade das coisas é talvez o que, dos não tão longínquos anos de meados do século XIX, nos atinge profundamente neste final de milênio e nos faz seus cúmplices.

Hoje em dia tornou-se lugar-comum nos meios acadêmicos invocar Baudelaire sempre que se deseja definir o conteúdo de moderno e de modernidade. Os ensaios de Walter Benjamin sobre a cidade de Paris no século XIX também se mostram leitura obrigatória para os estudiosos da produção cultural na era de sua reprodução técnica.[1] O menos visitado Theodor Adorno também fez de Baudelaire uma figu-

---

1 BENJAMIN, Walter. (1939) Sobre alguns temas em Baudelaire. *Os Pensadores* (vol. XLVIII). Trad. Edson Araújo Cabral; José Benedito Damião. São Paulo: Abril Cultural, 1975 ; BENJAMIM, Walter. Paris, capital do século XIX; A Paris do Segundo Império em Baudelaire. In KOTHE, F.R., (Org.). Trad. Flavio Kothe. *Walter Benjamin*: Sociologia. São Paulo: Ática, 1985.

ra paradigmática para incursionar pelo tema do novo e do moderno.[2] Benjamin e Adorno, dois filósofos, nos permitiram pensar a relação entre o caráter abstrato da arte moderna, unido à inequívoca condição de mercadoria da arte desde meados do século XIX, e o tom de pessimismo aposto ao modernismo por Baudelaire. Não menos pessimista é a afirmação de Adorno: "O Novo é o sinal estético da reprodução ampliada, juntamente com a sua promessa de abundância ilimitada", e mais, prossegue "...o novo aparenta-se com a morte. O que em Baudelaire se comporta como satanismo é a identificação, que a si mesma se reflete negativamente, com a negatividade real da situação social".[3] Baudelaire não adere, mas também não reage violentamente, à reificação da arte na sociedade de mercadorias; ele lança mão da forma poética para registrar seu protesto.

Benjamin, o pensador alemão que nos atribulados anos 30 refletiu sobre a precariedade dos valores éticos na sociedade contemporânea regida pela ditadura do novo, abriu em meio ao debate marxista uma brecha para o estudo da obra artística e da produção cultural e, assim, permitiu deslocá-las da rígida concepção de meras expressões determinadas pela infraestrutura socioeconômica. E foi nas pegadas das reflexões pioneiras de Benjamin que historiadores, sociólogos e críticos literários indicaram as sendas para se penetrar nos textos de Baudelaire e polemizar em torno da definição de modernidade. O poeta francês tornou-se, significativamente, um paradigma por ter registrado em seus escritos os paradoxos que tecem o século XIX.[4]

Seus textos falam de um mundo onde tudo se transforma em mercadoria, onde os artistas não mais se subordinam a um mecenas, mas por se descobrirem em um novo lugar – o mercado – se veem obrigados a sair no encalço de um empresário. A figura contraditória do artista adentrando o mundo do capital com suas regras de circulação rápida e de lucros altos mereceu de Baudelaire comentários bem pouco complacentes. Ridículo por sua insegurança, livre do mecenas e escravizado ao mercado, o artista se vê compelido a produzir ininterruptamente e a obter sucesso

---

2   ADORNO, Theodor W. (1970) *Teoria estética*. Trad. Artur Morão. Lisboa/São Paulo: Martins Fontes, 1982, p. 31 ss.
3   ADORNO, Theodor W. *Teoria estética*. Op. cit., p. 31-33.
4   A coleção de trabalhos apresentados no colóquio internacional "Walter Benjamin et Paris" traz 1.033 páginas com textos bem representativos da importância das reflexões de Benjamin sobre a história. In WISMANN, Heinz (Org.). *Walter Benjamin et Paris*. Colloque international 27-29 juin 1983. Collection Passages. Paris: Cerf, jan.1986. Também o ensaio de Ségio Paulo Rouanet, "As passagens de Paris", em *As razões do Iluminismo*, oferece um itinerário interessante para a incursão ao Das Passagenwerk. ROUANET, Sérgio Paulo. As passagens de Paris. In: *As razões do Iluminismo*. São Paulo: Companhia das Letras, 1987.

junto ao público consumidor.⁵ Baudelaire estabelece um vínculo de solidariedade entre o artista e a prostituta, ambos obrigados a agradar um consumidor anônimo: a mesma degradação recobre a venda do corpo e da alma.⁶ O artista e a prostituta no limiar da sociedade civilizada devem encontrar um lugar para vender sua mercadoria *sui generis:* o prazer da libido, complemento indispensável à manutenção do amor conjugal (pelo menos nos escritos do século XIX), e a obra de arte, que em sua cumplicidade com o desejo de ostentação transforma-se em ornamento da casa ou verniz da educação burguesa.

À mercantilização das ideias corresponde a banalização da obra de arte assediada pela técnica e destituída de seu multimilenar valor de uso.⁷ A produção artística, cujo significado reelaborado designa-lhe a condição de ornamento, passa a compor a decoração da casa burguesa, e confere a seu proprietário o bom gosto presumidamente inerente" ao homem de negócios bem-sucedido. Perde sua aura, seu valor de obra singular, pois o refúgio que lhe é assegurado no interior burguês coloca-a lado a lado com suas congêneres na montagem das coleções. Ao burguês, como é também um colecionador, não interessa a relação estética com a obra única; sua intenção é outra: expor nos salões de sua casa a confirmação materializada do sucesso obtido no mundo dos negócios. Para tanto, o número, a moda e o valor de troca contam mais do que a aura.

Baudelaire registra este "acontecimento" e indica também sua contrapartida: a *democratização* do acesso à obra de arte nos museus abertos à visitação pública. O que até então constituía privilégio dos olhares nobres, a burguesia, fiel aos pressupostos de sua missão civilizadora, põe ao alcance do homem comum. Os museus, sem dúvida uma das invenções da república, permaneceriam em meio ao tumulto

---

5   Em *As ilusões perdidas*, Balzac faz uma crítica irônica e implacável sobre o "preço do sucesso" no meio literário francês nos anos da Restauração da dinastia dos Bourbons com Luis XIII e Carlos X. BALZAC, Honoré (1837). *Ilusões perdidas*. Trad. Ernesto Pelanda; Mario Quintana. Rio de Janeiro: Globo, 1951.

6   A relação entre o autor e seu público, tecendo como cúmplices a representação da assim denominada "realidade" a partir de evidências que tornam o texto literário verossímil, foi trabalhada em BRESCIANI, Stella. Século XIX: a elaboração de um mito literário. In: *História*: Questões e Debates. Curitiba: APAH, 7(13), dez/1986.

7   Das imagens e representações elaboradas por Baudelaire, trabalhei principalmente com a coleção de poemas *Les fleurs du mal*, com os *Petits poèmes en prose* e a seção *Critique d'art*, onde estão recolhidas observações sobre a arte moderna. Embora muitos de seus textos estejam já traduzidos em edições brasileiras, as referências de seus escritos neste artigo são da edição francesa das *Oeuvres complètes*. As ideias aqui debatidas estão presentes em vários de seus escritos, entre eles, em especial "Perte d'Auréole" e "Des écoles et des ouvriers", p. 685-686. Os textos se encontram em BAUDELAIRE, Charles. *Oeuvres Complètes*. Paris: Éditions Robert Laffont, 1980.

político do império e das sucessivas restaurações de todo o repertório de formas de governo da França no século XIX, para mostrar que a intenção pedagógica e as instituições que a acolheram configuravam a manutenção efetiva dos valores--sustentáculos da sociedade moderna. Por caminhar sobre a tênue linha que separa a banalização da arte, democratizado o acesso a ela, o poeta Baudelaire, enquanto crítico de arte, faz o elogio da versão pública das coleções particulares exibidas em museus, galerias e exposições de arte.[8]

A ambígua relação entre *banalização* e *democratização* da arte desdobra-se também na contraditória situação do artista, livre do mecenas, porém sujeito ao gosto do grande público anônimo, e exatamente por isso submetido às imposições da censura política e moral, a outra faceta da *missão pedagógica* da burguesia.

Quais são esses valores políticos, qual a moral a ser salvaguardada? Trata-se na verdade do chão movediço onde uma *nova ética* se impõe, onde o *belo* muda constantemente de roupagem para se apresentar *sempre novo* no mercado, onde a obra de arte única e durável se desfaz no confronto com a liquidez financeira do mercado manipulado pela avaliação crítica do especialista, mestre em fazer subir e descer o prestígio do artista, submetendo-o à bolsa de valores da produção artística.[9]

Na contramão de outros autores seus contemporâneos, Baudelaire não estabelece uma relação apaziguada com sua época. As ambiguidades e as contradições apresentam-se em sua forma bruta, não resolvidas. Sua obra apresenta o registro do choque psíquico vivido por homens em situações conflitantes. O desconcerto que nos surpreende – a nós, leitores de seus textos poéticos – traduz a difícil relação com conflitos, com imagens dispares e contraditórias, com os monstros de nós mesmos. Ao contrário de Balzac e Zola, ele não trabalha com o critério de *"realidade"*, nem mesmo com o de *verossimilhança*; foge de uma literatura sociológica; o recurso às metáforas mantém o mistério e os traços residuais da aura, assegura a tensão que exige a releitura de seus textos. Baudelaire registra o inusitado da vida nas grandes cidades, a impossibilidade de representações duradouras e seguras, o perigo à espreita do passante a cada esquina. Registra o espanto do citadino indefeso perante a multiplicidade da cena urbana; esse homem que não mais se orienta pelos odores

---

8   BAUDELAIRE, Charles. Salon de 1846. *Op. cit.*, p. 639-640.
9   Sobre a noção do "novo" como reprodução ampliada ver ADORNO, Theodor W. *Op. cit.*, p. 31-42; sobre a perda da "aura" pela reprodução técnica das obras de arte, ver BENJAMIN, Walter. A obra de arte na era da reprodutibilidade técnica in *Walter Benjamin. Obras Escolhidas I.* Trad. Sergio Paulo Rouanet. São Paulo: Brasiliense, 1985, p. 165-196.

e pelos contatos físicos; que se vê obrigado a recorrer ao registro das experiências armazenadas na memória consciente. Nos textos do poeta, o ser humano se perdera das *correspondências* do olfato e do exercício do tato, insensível em meio à floresta de símbolos da natureza[10]; restara-lhe o olhar armado pelo arquivo organizado de uma memória coletiva elaborada pelo pensamento culto e transcrita em livros.

É exatamente o papel pedagógico que Baudelaire recusa. Esquiva-se à tarefa de oferecer ao leitor o mundo resolvido. Nega-se à cumplicidade de uma relação apaziguada com base em identidades definidas e ao didatismo tranquilizador destinado às pessoas incapazes de reconhecer em suas diferenças a igual condição de habitantes da cidade. O uso de metáforas é em seus textos o registro de um grito de espanto, e suas alegorias fixam sempre a insólita certeza da opacidade dos seres humanos. Nas palavras de Adorno, "Baudelaire não reage violentamente contra a reificação, nem a imita; protesta contra ela na experiência dos seus arquétipos e o meio expressivo de tal experiência é a forma poética. Situa-se soberanamente para além de toda a sentimentalidade pós-romântica".[11] Dessa maneira, singulariza-se por contrastar com outros literatos que se dobram à missão de elaborar uma imagem organizada da cidade (fosse ela negativa ou positiva) e de classificar seus variados habitantes; não aceita construir um vínculo de solidariedade pedagógico-mercantil com seu público ansioso por encontrar uma ordem no caos aparente da cidade revertida de seu anterior significado de área defensiva para o de espaço aberto à circulação de pessoas e mercadorias.

Walter Benjamin apontou de forma muito sugestiva a cumplicidade estabelecida entre as multidões anônimas das cidades e os literatos do século XIX.[12] As populações urbanas alfabetizavam-se e adquiriam o hábito da leitura[13], constituíam um público consumidor potencial que exigia ver-se retratado nos livros que lia. Nessas circunstâncias, o passeio do *flâneur*, já dificultado pelo trânsito dos veículos, deixa de ser a busca ao acaso da inspiração: a *flânerie* cede lugar ao roteiro organizado e atento do *observador social*. Os estímulos sensoriais das correspondências são substituídos pelo olhar armado com os pressupostos analíticos que classificam os seres

---

10 O poema *Correspondences* fala dessas relações entre elementos da natureza para as quais os homens perderam a sensibilidade. BAUDELAIRE, Charles. Correspondences. *Op. cit.*, p.8.
11 ADORNO, Theodor W. *Teoria estética. Op. cit.*, p.33-34.
12 BENJAMIN, Walter. Sobre alguns temas em Baudelaire. *Op. cit.*
13 John Lough avalia a extensão do uso do francês no século XVIII como língua culta em substituição ao latim e o aumento da população alfabetizada com interesse na leitura no século XIX na França. LOUGH, John. *Writer and Public in France. From the Middle Ages to the Present Day*. Oxford/New York: Oxford University Press, 1978.

humanos e o meio ambiente em que vivem. A *livre associação* das poesias inspiradas nas correspondências, universais exatamente porque livres, é deslocada pelas certezas da *anotação científica* que institui "uma realidade" à qual se diz fiel, que se proclama universal dada a racionalidade de seus pressupostos capazes de recobrir analiticamente qualquer evidência.

Todorov diz que "tanto para os escritores dos séculos XVIII e XIX como para seus leitores, o realismo em literatura (mesmo quando o termo é omitido) é um ideal: o da representação fiel do real, o do discurso verídico, que não é um discurso como os outros, mas a perfeição para a qual todos os discursos devem encaminhar-se; assim, qualquer revolução literária acontece em nome de uma representação ainda fiel da 'vida'".[14] Esta intenção de assegurar através da forma romance o contato imediato com o mundo tal como ele é reconhecido, obedece, na avaliação de Auerbach, a três motivos: o "caráter universal e vitalmente enciclopédico da intenção; nenhuma parte da vida deve faltar"; o "caráter real-qualquer da mesma: *ce qui se passe partout*. Reside também na "palavra *histoire*. Nesta *histoire du coeur humaine* ou *histoire sociale*", diferente da história produto da "investigação científica dos acontecimentos ocorridos, mas de uma invenção relativamente livre", de uma *ficção*. Tudo o que há no cotidiano, mesmo feio e comum, é levado a sério e recebe tratamento trágico. Temas considerados 'baixos' são transpostos para as páginas dos livros e pela sua "novidade" exigem um estilo, que mesmo nomeado de "o grande movimento romântico de mistura de estilos" atinge "uma espécie totalmente nova de estilo sério ou, se quisermos, elevado".[15]

De Stendhal a Balzac acompanha-se a submersão dos personagens na *temporalidade*, desfazendo-se as referências do trágico. Em Balzac, diz Auerbach:

> Qualquer enredo, por mais trivial ou corriqueiro que for, é por ele tratado grandiloquentemente, como se fosse trágico; (...) Está sempre disposto a marcar qualquer infeliz como herói ou como santo; (...) Demoniza todo e qualquer malvado enérgico (...) Correspondia ao seu temperamento agitado, cálido e carente de crítica; correspondia também à moda de vida romântica, farejar por toda parte forças demoníacas secretas e exacerbar a expressão até o melodramático.[16]

---

14 TODOROV, Tzvetan. Apresentação a *Literatura e Realidade*. BARTHES, R.; BERSANI L.; HAMON, Ph; RIFFATERRE, M.; WATT, I. (Org.). Trad. Tereza Coelho. Lisboa: Dom Quixote, 1984, p. 9.

15 Auerbach comenta que "não seria possível transferir, para os novos objetos, sem mais nem menos, os níveis antigos, nem os cristãos, nem os shakespearianos, nem os níveis racinianos de percepção e de expressão". AUERBACH, Erich (1946). *Mimesis*. A representação da realidade na literatura ocidental. Trad. George Bernard Sperber. São Paulo: EDUSP/Perspectiva, 1971, p. 430-434.

16 AUERBACH, Erich. *Mimesis. Op. cit.*, p. 421.

No decorrer do século, nenhuma forma de desgraça poderia parecer demasiado baixa para não ser representada literariamente, para *avoir droit au Roman*. O romance se propunha a "ser a grande forma séria, apaixonada, viva do estudo literário e da pesquisa social", tornando-se a "história moral contemporânea"; fazia ver a seu público aquilo que os "felizardos" outrora iam conhecer nos hospitais e asilos; levava à "consciência" de seus leitores o "sofrimento humano, presente e vivo, que ensina a caridade".[17]

A identificação do público com as personagens do romance se torna um hábito que estabelece, ao mesmo tempo, a cumplicidade dele com o autor.[18] O *realismo* dos romances define identidades, constrói personalidades, constitui subjetividades; faz com que o público se confunda com as imagens-objetos dos literatos. O leitor preserva seu anonimato ao assegurar sua identidade secreta na teia afetiva que tece entre ele e o livro.[19] Nessa "novidade" se articula a junção do indivíduo com a sociedade. Perante os outros citadinos, o hábito da leitura denota bom gosto, sinal de educação burguesa e cosmopolita, de urbanidade. Universalista e imanente, de fácil entendimento, dados os tipos modelares e a padronização das situações que apresenta, essa produção responde exatamente às exigências do mercado. A rápida reposição do capital empregado é proporcionada pelos meios mecanizados de reprodução do texto e pela distribuição ampla; mas é também, e principalmente, assegurada pela própria produção artística à qual se exige que satisfaça um *gosto universal*, que exiba uma *inteligibilidade universal*.

O confronto com a *arte moderna* constitui a questão problemática em Baudelaire. Essa arte universalista, posto que imanente. O pleno apogeu de duas características com vínculos solidários apregoam a universalidade da razão ocidental e do sujeito abstrato, a supremacia inquestionável dos homens quanto aos assuntos terrenos. Os fundamen-

---

17 AUERBACH, Erich. *Mimesis. Op. cit.*, p. 431-433.
18 Louis Chevalier mostra essa cumplicidade entre os autores de romances e seu público em: *Classes laborieuses, classes dangereuses*, em especial no livro I, cap. 2 a 5, e no livro III, 2ª parte, cap. 3. CHEVALIER, Louis. *Classes laborieuses et classes dangereuses à Paris pendant la première moitié du XIXe siècle*. Paris: Librarie Générale Française, 1978.
19 Ian Watt, em *Realismo e forma romanesca* atribui à forma romance características que excluem os tipos de narração anteriores ; um método com pretensões científicas e objetivas de aquisição e descrição do repertório das experiências humanas; a ordem narrativa, em que a intriga desenvolve-se entre personagens situados em circunstâncias específicas em que a individualização faz o romancista atribuir nomes comuns, como na vida, em que a temporalide define uma existência num ponto específico do espaço e do tempo, de maneira a obter o efeito de verossimilhança; por fim, o estilo da prosa, que transmite um tom de autenticidade perfeita. WATT, Ian. Realismo e forma romanesca. In TODOROV, Tzvetan (Org.). Apresentação. *Op. cit.*

tos transcendentais viam-se definitivamente banidos como princípios ordenadores do universo. Esses princípios já desacreditados pelo iluminismo oitocentista baixam a terra no século XIX, fixando o sentido da vida na própria vida, do mundo no próprio mundo, do homem em si mesmo, e de tudo e de todos em uma paródia da transcendência nomeada progresso.[20] Confirmava-se assim o significado histórico das décadas finais do século XVIII, atadas à radical transformação do sistema de representações que orientava a organização da sociedade até a eclosão dos eventos de 1789. O mundo se dessacralizava e o pensamento culto não mais atribuía a Deus ou a algo exterior à humanidade a ordenação nas relações entre os homens. O princípio de transcendência, que no século XVIII fora deslocado de Deus para a Natureza, como solo da representação secularizada do mundo, sofre um recuo violento. O iluminismo negara toda transcendência divina e a transcendência secularizada identificava para as pessoas e para as coisas um lugar na ordem da Natureza.

No século XIX, a secularização assume um sentido diametralmente oposto e firma suas raízes na imanência. De acordo com a nova teoria explicadora do mundo, o instante, o fato tem realidade própria; as pessoas e as coisas não mais integram um sistema preexistente que lhes confere inteligibilidade, a própria lógica dos fatores torna-se em si um sistema.[21] A noção de progresso adentrara a arena da história: num primeiro momento apaga o desígnio divino e torna soberana a vontade dos homens; logo em seguida essa noção perde seu sentido de aperfeiçoamento individual, a perfectibilidade do homem de Condorcet e de Locke, para assumir a posição de determinante do processo histórico. A história ganha o significado de movimento projetado em direção a uma harmonia universal operada por leis e funções mecânico-matemáticas de um Deus ou deidade ou de uma máquina-mundo que promove, pelo exercício reformador do entendimento crítico e do juízo esclarecido, a história através da civilização.[22]

A luta "esclarecedora" das Luzes contra o "obscurantismo", a "ignorância", o "atraso", a "irracionalidade" estabelecera o império das ideias racionalistas. Relega-

---

20 BAUDELAIRE, Charles. Exposition Universelle 1855. Beaux arts. Méthode de critique de l'idée moderne du progrès appliquée aux beaux arts. Déplacement de la vitalité. *Oeuvres Complétes. Op. cit.*, p. 722-727.
21 SENNETT, Richard. (1974) *O declínio do homem público. As tiranias da intimidade*. Trad. Lygia A. Watanable, São Paulo: Companhia das Letras, 1988; ROUANET, Sério Paulo. Introdução. In *As razões do Iluminismo*. São Paulo: Companhia das Letras, 1987, p. 11-36.
22 ROSENFELD, Anatol; GUINSBURG, Jacó. Romantismo e Classicismo. In GUINSBURG, Jacó. (Org.). *O romantismo*. São Paulo: Perspectiva, 1978, p. 261-274.

va-se o antigo quadro de valores ao sótão dos guardados sem uso, ou então, de forma mais viva, se via dilacerado sob o impacto da versão utilitarista da ideia de progresso, tendo em seu cerne o mercado. Anônimo e instável, o mercado passa a ser o elemento constitutivo das relações entre os homens, às quais atribui qualidade e sentido; a sociedade passa a se estruturar a partir da representação de um pacto entre homens produtores e consumidores reunidos no mercado, homens iguais na sua condição de proprietários, já que todos deveriam estar livres dos laços da servidão; daí, serem ao menos proprietários do próprio corpo, mas diferenciados pela desigual propriedade de bens adquiridos. A crítica romântica à concepção racionalista e mecanizada do mundo inverte a maneira de se considerar a história. O próprio exercício histórico deixa de ser descrição de um processo e passa a ser interpretativo, genético. Não subordinado a uma determinação, mas a determinações; não o homem abstrato da razão universal, mas os homens em sua individual e altamente complexa psicologia e sensibilidade. O herói, essa imagem da força da subjetividade, uma vontade pessoal, nem sempre coincidente com a vontade social. A noção *orgânica* funde o indivíduo no coletivo e o dissolve em uma subjetividade de caráter nacional.[23]

Para o literato do século XIX, cuja relação com o leitor devia ser necessariamente mediada pelo mercado, colocou-se a exigência de textos inspirados em temas de compreensão generalizada. A tarefa de constituir um público leitor consumidor, distante e desconhecido, o constrange a modelar seus personagens à própria imagem de seus presumíveis leitores, a elaborar identidade para as multidões anônimas das cidades, dar-lhes nomes e transformá-las em consumidores ávidos do sempre novo, posto que sempre o mesmo. Estamos aí frente ao autor ou à inteligência no mercado, pois, enfim, pertencer à sociedade só pode significar um vínculo monetário, um *cash nexus,* como denuncia Thomas Carlyle.[24]

Nos textos desse autor inglês, polemista de grande repercussão entre a população letrada dos oitocentos, à instabilidade do mercado correspondem relações sociais instáveis, que por sua vez tornam possíveis "fenômenos" como a Revolução de 1789 e os movimentos dos trabalhadores ingleses pelo controle do processo de

---

23 ROSENFELD, Anatol; GUINSBURG, Jacó. Romantismo e Classicismo. *Op. cit.*; ROMANO, Roberto. *Conservadorismo romântico*: origem do totalitarismo. São Paulo: Brasiliense, 1981.

24 Thomas Carlyle, escritor e pensador político inglês cujos principais trabalhos críticos ao domínio da técnica e do pensamento escrito sobre os princípios organizadores da vida em sociedade tiveram longa repercussão na década, que medeiam o século XIX. Seus principais escritos encontram-se em sua maioria na forma de trechos selecionados: as críticas à sociedade "mecanizada" são definidas sinteticamente em Signs of the Times. (1829) In: CARLYLE, Thomas. *Thomas Carlyle Selected Writings*. Harmondsworth-UK: Penguin, 1980, p. 61-85.

produção e pelo pleno reconhecimento político da sua cidadania. E por que não, já que o principio universal – estar no mercado – corresponde à condição de ser cidadão? Para Carlyle, considerado um dos grandes pensadores do romantismo inglês, a noção de *moderno* nasce da subversão dos valores tradicionais e se impõe como ausência de durabilidade num mundo regido pelo poderio da máquina e pelo instável princípio do mercado. Consequentemente, a noção de moderno só poderia apontar para um futuro sombrio de cinzas e escombros, já que o Deus *mecânico* mostrava-se incapaz de regular duradouramente as relações entre os homens. Imagem solidária à ideia do mecanismo satânico construída por homologia à sociedade industrial, onde homens, cativos dos variados mecanismos, tornavam-se autômatos.[25]

O ponto mais fundo dessa atitude crítica romântica ao mundo mecanizado aponta para a perda do essencial nas pessoas e nas coisas: homens convertidos em meras carcaças sem vontade própria, sem ímpeto vital; coisas produzidas, não para servir aos homens, mas para assegurar o principio fundante da sociabilidade, ou seja, o próprio processo produtivo. Nos bastidores desse mundo infernal, Satanás comanda homens danados, condenados a fabricar sempre-o-mesmo; escravos do maquinismo, da mercadoria, da moda; homens reduzidos à condição de autômatos sem memória, incapazes de produzir experiência. Satanás travestido em progresso amarra os destinos dos homens ao castigo de Sísifo: o triunfo da mercadoria-fetiche. Nessa representação critica do mundo moderno, Carlyle e Benjamin se encontram, embora em lugares, tempos e posições diferentes. Em meio aos desafios do movimento cartista na Inglaterra, Carlyle coloca-se na trincheira reformista em busca do que considera o equilíbrio perdido entre essência e forma humanas; perante a violência do nazismo, Benjamin expressa sua desesperança. Nas palavras de Michael Lowy: "A alegoria do autômato, a percepção aguda e desesperante do caráter mecânico, uniforme, vazio e repetitivo da vida dos indivíduos na sociedade industrial, é uma das grandes iluminações sugeridas pelos últimos escritos de Benjamin".[26]

A imagem satanizada do mundo era partilhada no século XIX por Baudelaire, que poeticamente constrói o falso destino a si mesmo atribuído pelo homem: "Hugo pensa com frequência em Prometeu. Ele inflige sobre seu peito um abutre imaginário, esse peito que só é lacerado pelas moxas da vaidade".[27] Diferentemente do

---
25 CARLYLE, Thomas (1939). Chartism. In *Thomas Carlyle Selected Writings. Op. cit.*, p. 151-232.
26 LÖWY, Michael. Walter Benjamin critique du progrés: A la recherche de l'experience perdue. In WISMANN, Heinz (Org.). *Walter Benjamin et Paris*. Colloque international 27-29 juin 1983. Collection Passages. Paris: Cerf, jan.1986, p. 629-630.
27 BAUDELAIRE, Charles. De l'heroisme de la vie moderne. In: *Oeuvres Complètes. Op. cit.*, p. 687.

pensador inglês, ele não vê na subversão dos valores tradicionais e na instabilidade do mercado o prenúncio de uma possível volta à barbárie ou a renúncia irracional às conquistas da civilização feita em nome da própria razão. Em seus textos, civilização não significa uma linha reta em direção a um ponto ideal e, portanto, remetida a uma via de mão dupla. Recusa-se a julgar o seu tempo, numa nítida opção pelo puro registro da fatuidade do homem moderno, tão cheio de certezas exteriores e tão vazio de significado interior; este homem preso à moda e à ideia de progresso, "farol obscuro, invenção do filosofismo atual, patente adquirida sem garantia da Natureza ou da Divindade, essa lanterna moderna que projeta trevas sobre todos os objetos do conhecimento".[28]

No lugar da barbárie e do caos primitivos, ou seja, da volta a uma ausência total de ordenação do mundo, preconizada por Carlyle, Baudelaire vê na busca incessante do progresso – "essa série infinita, sem outra garantia salvo o crédulo apego à fatuidade"– a tortura em sua forma mais enganosa e cruel. Uma constante negação de si mesmo, um suicídio incessantemente cometido, o homem "fechado no círculo de fogo da lógica divina, semelhante ao escorpião, condenado a picar-se com a própria cauda...".[29] Ou seja, para ele, no final da trajetória trágica da humanidade presa nos circuitos sistêmicos e obcecada pela ideia de progresso, surge a imagem da *morte,* esse *desideratum* fruto do eterno desespero. Para ele, o homem ocidental (ou o bom francês), incapaz de olhar para além do próprio umbigo, lê o *seu jornal* em *seu botequim* e se crê rodeado pelo progresso materializado no vapor, na eletricidade e na iluminação a gás, "esses milagres desconhecidos pelos romanos".[30] É desse *insight* baudelairiano que Benjamim colhe a inspiração para celebrar Paris como a capital do século XIX. Através dessa cidade-símbolo, ele refaz de um ponto de vista marxista a imagem do mundo satanizado, identificando pessoas e coisas em pleno auge do festim burguês – esse mundo da falsa aparência.

Ao parodiar Baudelaire, ele decifra na Paris do Segundo Império o poder organizador das aparências falsas ou verdadeiras. Ele leva a sério a afirmação do poeta que diz: "Em suma, perante a história e frente ao povo francês, a grande glória de Napoleão III será a de ter provado que, ao se apoderar do telégrafo e da imprensa nacional, o primeiro aventureiro pode governar uma grande nação". Também leva a sério esta outra frase de Baudelaire: "Imbecis são aqueles que acreditam que coisas

---

28 BAUDELAIRE, Charles. Fusées XV. *Op. cit.*, p. 356.
29 BAUDELAIRE, Charles. Exposition Universelle 1855, Beaux Arts. *Op. cit.*, p. 722-727.
30 BAUDELAIRE, Charles. Exposition universelle 1855. Beaux-Arts. *Op. cit.*, p.725.

semelhantes possam acontecer sem a permissão do povo, e aqueles que acreditam que a glória só possa existir quando apoiada na virtude"[31], tão próxima a outra escrita por Marx em *O dezoito brumário de Luís Napoleão Bonaparte*.[32]

Em seu passeio analítico por Paris, Benjamin anota as *passagens*, essas ruas estreitas cobertas por tetos envidraçados pelos proprietários, precursoras dos atuais shopping centers. As passagens, outra *novidade* marcante da vida da burguesia parisiense, são assim descritas por um guia ilustrado de Paris:

> Essas passagens, nova invenção do luxo industrial, são galerias envidraçadas, revestidas de mármore, através de quadras inteiras de lojas, cujos proprietários se uniram para essas especulações. Dos dois lados dessas galerias iluminadas pelo alto sucedem-se as lojas mais elegantes, de tal forma que tal passagem se assemelha a uma cidade, ou ainda a um mundo em miniatura".[33]

Esses centros comerciais multiplicaram-se, a partir nos anos de 1820, uma conjuntura favorável para o comércio de tecidos, momento em que novos materiais – o ferro e o vidro – eram mobilizados para proporcionar durante o dia às mercadorias uma visibilidade que à noite a iluminação a gás se encarregava de manter; e ainda mais, observa irônico, momento em que nelas Fourier inspira-se para projetar, sob o impulso da novidade, sua utopia, o país de "Cocagne" em direção ao passado mais remoto.[34]

Ele anota também os *panoramas*, essas construções contemporâneas das passagens, que materializavam a ambição de subordinar a técnica ao singular comércio da visão da cidade representada em sua totalidade e nos seus detalhes em imensos painéis pintados na parte interna de grandes galpões arredondados. Esse momento

---

31 BAUDELAIRE, Charles. Mon coeur mis a nu. *Op. cit.*, p. 415.
32 A frase de Marx é a seguinte: "Não é suficiente dizer, como fazem os franceses, que a nação fora tomada de surpresa. Não se perdoa a uma nação ou a uma mulher o momento de descuido em que o primeiro aventureiro que se apresenta as pode violar". MARX, Karl; ENGELS, Friedrich. *Obras escolhidas*. Vol. I. Rio de Janeiro: Ed. Vitória, 1961, p. 207.
33 BENJAMIM, Walter. Paris, capital do século XIX. *Op. Cit.*, p.31.
34 Na avaliação de Benjamin, Fourier inspira-se na forma das passagem para elaborar seu projeto utópico fortemente ancorado em uma analogia das máquinas com os mecanismos psíquicos humanos. Segundo ele, "sua organização (o falanstério), de uma extrema complexidade, assemelha-se a uma máquina. As engrenagens de paixões, a cooperação complicada das paixões mecânicas com a paixão cabalística são construções obtidas, por analogia com a estrutura da máquina, por meio de materiais psicológicos. Essa máquina humana produz o país de Cocagne, símbolo bastante antigo do desejo ao qual a utopia fourierista dá uma nova vida. Nas passagens Fourier viu o modelo arquitetônico do falanstério". BENJAMIM, Walter. Paris, capital do século XIX. *Op. cit.*, p.32.

se mostra estratégico, a pintura escapa à arte e anuncia a fotografia, uma mercadoria que proclama eliminar a distância entre o observador e o que vê. A reprodução infinita da obra de arte, banalizada, faz a aura perder-se em meio ao turbilhão da quantidade. A *nouveauté* se expressa em bens de consumo maleáveis à necessidade de exploração do capital. "O novo", diz Adorno, "é sinal estético da reprodução ampliada, juntamente com a sua promessa de abundância ilimitada".[35]

Do interior burguês, esse refúgio e o avesso do espaço profissional do homem de negócios, Benjamin passa às *exposições universais,* templos da mercadoria-fetiche. Para elas, as pessoas se dirigem em peregrinação, cantando hinos em louvor à indústria; elas são também acolhidas pelos discípulos do utopista Saint-Simon, materializando seus planos para a completa industrialização do planeta; nelas, ainda, a festa popular se transforma em indústria do lazer, o divertimento se rebaixa à condição de mercadoria. A imagem benjaminiana das grandes exposições é magnífica em sua representação do acolhimento da produção das nações industrializadas, por reporem mimeticamente o universo com as mercadorias, e mais, ao sofisticarem o próprio globo terrestre, dotando-o de um anel de Saturno em ferro fundido.

À monumentalidade desses palácios de mercadorias correspondem as vistas em perspectiva proporcionadas pela abertura de longas e amplas avenidas, obras que atribui à imaginação artística de Haussmman, o polêmico prefeito de Paris sob Luís Napoleão. Em seu passeio, Benjamin identifica os sinais de uma ideologia que justifica o aperfeiçoamento da técnica com vistas a supostos objetivos artísticos; acompanha a trajetória da burguesia, que consolida o reinado de suas instituições objetivado em edifícios-monumentos. A expropriação de casas e terrenos como parte de uma prática administrativa torna a cidade estranha para seus próprios habitantes, uma fantasmagoria.[36] Nos textos de Baudelaire, "A humanidade (...) aparece em sua danação, porque o *novo* da produção mercantil é tão incapaz de fornecer-lhe uma solução liberadora como uma moda é incapaz de renovar a sociedade".[37]

O *flâneur* é uma personagem no limiar da sociedade moderna, cuja figura-chave é o cosmopolita em suas infinitas variantes, o homem desenraizado, à vontade em qualquer lugar. Nesse sentido, o grito de angústia baudelairiano contrasta infinitamente com o tom sombrio de Carlyle ou com a avaliação mordaz da mesquinhez

---

35 ADORNO, Theodor. *Teoria estética.* Op. cit., p. 33.
36 BENJAMIM, Walter. Paris, capital do século XIX. *Op. cit.*, p.40-43.
37 Walter Benjamin, Apud LÖWY, Michael. Walter Benjamin critique du progrés: A la recherche de l'experience perdue. In WISMANN, Heinz (Org.). *Op. cit.*, p.836.

burguesa e canalha da sociedade descrita por Zola. Não é a sociedade que se desfaz em caos, é sua própria morte como figura social que Baudelaire prenuncia ao enfrentar a questão maior como poeta, literato e crítico: sua relação com a produção da obra de arte e seu entendimento da arte moderna.

Gargalhando em meio à empáfia de homens que acreditavam viver uma época superior a todas as outras, Baudelaire rompe com a segurança dos sistemas – "essa fortaleza que tolhe a visão" – dos professores-catedráticos de estética. Diante da obra de arte, ele sussurra: desconfie das evidências, fuja dos pedagogos, busque um homem do mundo, alguém disposto a abandonar o comodismo tacanho do seu café, da sua escola, da sua doutrina; alguém com horizontes sem limites que aceite ser transportado para terras longínquas; alguém com a graça divina do cosmopolitismo, essa graça raramente concedida aos homens. Alguém capaz de reconhecer que "tudo é belo, em qualquer época, por conter algo de eterno e algo de transitório", alguém capaz de reconhecer o belo em sua própria sociedade, sem recorrer a velhas imagens que fixam o belo em alguns momentos do passado. Que impedem aos olhos produzir ou reconhecer a beleza na vida de seu próprio tempo.[38]

O universalismo da arte moderna não deveria, para ele, começar e acabar na Europa, subordinado a uma razão *universal* explicadora de tudo, porque considerada de tudo matriz. O universalismo da arte moderna expressar-se-ia antes na possibilidade oferecida pela tecnologia que reúne nos grandes palácios das exposições os produtos de todas as nações. Sem dúvida, diz ele, a apreciação de "um produto chinês, estranho, bizarro, contorcido em sua forma, intenso pela cor e às vezes de uma delicadeza que beira a evanescência" exige uma *inteligência* não comprometida com as regras despóticas de um sistema único de avaliação estética. Para apreciar a beleza singular desse produto estranho é necessário o olhar cosmopolita que a vê como um fragmento da *beleza universal*.[39]

Tal olhar é tão raro como um dom, porém acessível pela educação dos sentidos no contato com outras culturas, com outras concepções do *belo*. Esse olhar vem do homem portador de uma sensibilidade que lhe faculta usufruir, sonhar ou pensar por procedimentos outros que os seus próprios. Que afasta a "ciência lambuzada de tinta, o gosto bastardo, mais bárbaro do que os bárbaros, a ciência que esqueceu a cor do céu, a forma do vegetal, o movimento e o cheiro da animalidade, e cujos

---

38 As citações deste parágrafo e do seguinte foram extraídas de "De l'heroisme de la vie moderne" ; Exposition universelle 1855. Beaux-Arts. In *Oeuvres completes. Op. cit.*, p. 687; 722-726.
39 BAUDELAIRE, Charles. Exposition universelle 1855. Beaux-Arts. In *Oeuvres completes. Op. cit.*, p. 723.

dedos crispados, paralisados pela caneta, não podem mais correr com agilidade pelo imenso teclado das correspondências".[40]

Referências

ADORNO, Theodor W. (1970) *Teoria estética*. Trad. Artur Morão. Lisboa: Martins Fontes, 1982.

AUERBACH, Erich. (1946) Mimesis. *A representação da realidade na literatura ocidental*. Trad. George Bernard Sperber. São Paulo: EDUSP/Perspectiva, 1971.

BALZAC, Honoré. (1837) Ilusões perdidas. Trad. Ernesto Pelanda; Mario Quintana. Rio de Janeiro: Globo, 1951. BALZAC, Honoré. *Ilusões perdidas*. Trad. Rosa Freire d'Aguiar. São Paulo: Cia. das Letras, 2011.

BAUDELAIRE, Charles. *Oeuvres Complètes*. Paris: Éditions Robert Laffont, 1980.

BENJAMIM, Walter. Paris, capital do século XIX. In KOTHE, F.R. (Org.) Trad. F.R. Kothe. *Walter Benjamin*: Sociologia. São Paulo: Ática, 1985.

BENJAMIN, Walter. (1939) Sobre alguns temas em Baudelaire. *Os Pensadores* (vol. XLVIII). Trad. Edson Araújo Cabral; José Benedito Damião. São Paulo: Abril Cultural, 1975.

BENJAMIM, Walter. Paris, capital do século XIX; A Paris do Segundo Império em Baudelaire. In KOTHE, F.R. (Org.) Trad. F.R. Kothe. *Walter Benjamin: Sociologia*. São Paulo: Ática, 1985.

BRESCIANI, Stella. A elaboração de um mito literário. *História: Questões e Debates*. Curitiba: APAH, 7(13), dez/1986.

CARLYLE, Thomas. (1839) Chartism. In *Thomas Carlyle – Selected Writings*. Harmondsworth-UK: Penguin, 1980.

CARLYLE, Thomas. (1829) Signs of the Times. In *Thomas Carlyle – Selected Writings*. Harmondsworth-UK: Penguin, 1980.

CHEVALIER, Louis. *Classes laborieuses et classes dangereuses à Paris pendant la première moitié du XIXe siècle*. Paris: Librarie Générale Française, 1978.

LOUGH, John. *Writer and Public in France*. From the Middle Ages to the Present Day. Oxford and New York: Oxford University Press, 1978.

---

40 BAUDELAIRE, Charles. Exposition universelle 1855. Beaux-Arts. In: *Oeuvres complètes, Op. cit.*, p. 723.

LÖWY, Michael. Walter Benjamin critique du progres: A la recherche de l'experience perdue. In WISMANN, Heinz (Org.). *Walter Benjamin et Paris*. Colloque international 27-29 juin 1983. Collection Passages. Paris: Cerf, jan.1986.

MARX, Karl; ENGELS, Friedrich. *Obras escolhidas*. Rio de Janeiro: Ed. Vitória, 1961.

ROMANO, Roberto. *Conservadorismo romântico*: origem do totalitarismo. São Paulo: Brasiliense, 1981.

ROSENFELD, Anatol; GUINSBURG, Jacó. Romantismo e Classicismo. In GUINSBURG, Jacó. (Org.). *O romantismo*. São Paulo: Perspectiva, 1978.

ROUANET, Sérgio Paulo. *As razões do Iluminismo*. São Paulo: Companhia das Letras, 1987.

SENNETT, Richard. (1974) *O declínio do homem público*. As tiranias da intimidade. Trad. Lygia A. Watanable, São Paulo: Companhia das Letras, 1988.

TODOROV, Tzvetan. Apresentação In *Literatura e Realidade*. BARTHES, R.; BERSANI L.; HAMON, Ph.; RIFFATERRE, M.; WATT, I. (Org.), Trad. Tereza Coelho. Lisboa: Dom Quixote, 1984.

WATT, Ian. Realismo e forma romanesca. In *Literatura e Realidade*. BARTHES, R.; BERSANI L.; HAMON, Ph.; RIFFATERRE, M.; WATT, I. (Org.), Lisboa: Dom Quixote, 1984.

WISMANN, Heinz (Org). *Walter Benjamin et Paris*. Colloque international 27-29 juin 1983. Collection Passages. Paris: Cerf, jan.1986.

LITERATURA E CIDADE*

> A sociedade industrial é urbana. A cidade é o seu horizonte. Ela produz as metrópoles, conurbações, cidades industriais, grandes conjuntos habitacionais.

Esta frase define o campo de reflexão da filósofa Françoise Choay que, em seguida, expõe a questão que orienta seu estudo:

> No entanto, fracassa na ordenação desses locais. A sociedade industrial tem especialistas em planejamento urbano. No entanto, as criações do urbanismo são, em toda parte, assim que aparecem, contestadas, questionadas.[1]

A partir deste ponto de vista, seu estudo percorre mais de um século de escritos sobre a cidade, apresentando o percurso de avaliações das condições urbanas e de propostas para solucionar os problemas de autores que falam de diferentes pontos de

---

* Publicado em *Arte e Cidades*. Imagens, Discursos e Representações. Coletânea 1. PASSOS, Selma Cardoso; PINHEIRO, Eloisa Petti; CORRÊA, Elyane Lins (orgs.), Salvador: EDUFBA/PPG-AU, 2008, p. 9-40.
1 CHOAY, Françoise. (1965) *O urbanismo* – Utopias e realidades: uma antologia. Trad. Dafne Nascimento Rodrigues, São Paulo: Perspectiva, 1997, p.1.

vista. Criticado, por vezes, pela classificação redutora das posições assumidas pelos críticos da cidade nos séculos XIX e XX, períodos que denomina de "pré-urbanismo" e "urbanismo", respectivamente, seu livro tem um mérito crucial, o de estabelecer vínculos entre os diversos pontos de vista e seus fundamentos políticos-filosóficos. Em sua trajetória analítica, a autora indica que a diversidade política se perde quando assume formato técnico e objetivo e se torna o lugar privilegiado de expressão dos especialistas.[2]

Joseph Rykwert desloca um pouco o ângulo de aproximação e diz:

> A cidade atual é uma cidade de contradições; ela abriga muitas ethnes, muitas culturas e classes, muitas religiões. Essa cidade moderna é fragmentária demais, está cheia demais de contrastes e conflitos: consequentemente, ela tem muitas faces, não uma única apenas. É a própria condição de abertura que torna nossa cidade de conflitos tão convidativa e atraente para sua crescente multidão de habitantes. A falta de uma imagem coesa e explícita pode, em nossas circunstâncias ser uma virtude positiva, nunca um defeito ou mesmo um problema. (...) A velocidade da mudança vem acelerando nos últimos cento e cinquenta anos e está se acelerando ainda mais à medida que a globalização afeta todo o tecido urbano. Por isso, devemos partir do princípio de que nossas cidades são maleáveis e de que nós – cidadãos, administradores, arquitetos e urbanistas – podemos fazer algo para tornar claras nossas preferências e só podemos culpar a nós mesmos caso as coisas piorem em vez de melhorarem.[3]

Coerente com esse ponto de vista, Rykwert busca também escritos diversificados nos quais autores que desde fins do século XVIII expressaram observações críticas ao intenso crescimento das cidades e/ou propuseram formas de nelas intervir para solucionar problemas.[4]

O recurso à escrita de poetas, literatos, observadores sociais, políticos, moralistas, médicos, filantropos, entre os mais citados, constitui procedimento corrente

---

[2] Choay incorpora na Introdução à antologia textos de pensadores aos quais surpreendem e chocam as condições físicas e morais das grandes cidades. Menciona dois grupos, os que são inspirados por sentimentos humanitários – dirigentes municipais, homens da Igreja, médicos e higienistas; e os pensadores políticos aos quais atribui "informações de uma amplitude e precisão notáveis". CHOAY, Françoise. *O urbanismo... Op. cit.*, p.5.

[3] RYKWERT, Joseph. (2000) *A sedução do lugar. A história e o futuro da cidade.* Trad. Valter Siqueira. São Paulo: Martins Fontes, 2004, p.8-9.

[4] Foi ampla a utilização por Rykwert da poesia, literatura ficcional e relatos de viagens. Cito como exemplos: o poeta William Wordsworth (p. 47,53); os viajantes Arthur Young (p.33,53) e Alexis de Tocqueville (p.58); Restif de la Bretonne (p.83); o pintor Pugin; os escritores Edward Bellamy, John Ruskin, William Morris, Thomas Carlyle, Julio Verne, (p.59,92,93); Emile Zola (p.230-231). RYKWERT, Joseph. *Op. cit.*

entre os estudiosos da história das cidades, da história do urbanismo, bem como entre os que se dedicam a questões urbanas em geral.

Essa multiplicidade de escritos compartilha com várias formas de linguagens iconográficas a tarefa de dar a conhecer aos leitores as inúmeras facetas das cidades em que vivem ou daquelas que apresentam características de interesse particular. Ao iniciar, em 1980, minhas pesquisas sobre o ambiente urbano foi essa ampla dispersão de lugares de autores convergindo para um mesmo foco de interesse o que mais me intrigou. Descrições e mais descrições de capitais europeias no decorrer do século XIX – seu ambiente físico e seus habitantes – formavam um amplo painel, com frequência, conflituoso, peças de um verdadeiro quebra-cabeça difíceis, se não impossíveis de serem encaixadas.

Estudar as cidades no longo período de intensas mudanças nas formas de produção designado já no início do séc. XIX por Revolução Industrial exigiu que se levasse necessariamente em consideração a extensa produção literária, tanto no sentido estrito da literatura ficcional como na acepção mais abrangente de acolher textos de pensadores políticos e de observadores sociais. Isto porque mesmo escritos não literários apresentavam características narrativas assemelhadas à narrativa literária: seus autores recorriam a descrições nas quais fica evidente o uso de teorias estéticas formuladas no campo da produção artística, fortemente marcadas pela atenção dada à construção de linguagens capazes de convencer e de persuadir os leitores.[5] Em outras palavras, a tessitura dos textos mostra a nós, leitores do século XX e XXI, o uso de argumentos "objetivos" sublinhados em maior ou menor grau por imagens de grande poder persuasivo. Pode-se mesmo afirmar haver uma relação "promíscua" entre os inumeráveis

---

5 Quanto à relação entre o convencimento pelos argumentos lógicos e a persuasão por meio de imagens e apelos emocionais, remeto aos textos que no decorrer do século XVIII recuperaram para o domínio do homem letrado a importância das teorias estéticas tanto no domínio das imagens como da retórica. BURKE, Edmund. (1756) *Uma investigação filosófica sobre a origem de nossas ideias do sublime e do belo*. Trad. Enid Abreu Dobránsky. Campinas: Papirus, 1993; KANT, Emmanuel. (1764) Des observations sur le beau et le sublime (edição francesa do texto alemão). *Oeuvres philosophiques*. Trad. Bernard Lortholary, Vol.I. Paris: Gallimard, 1980, p.437-509; PRICE, Uvedale. *Essays on the picturesque*. Londres: Oxford University, 1810; entre outros, como os de GILPIN, William. *Three essays*: on picturesque beauty, on picturesque travel and on sketching landscape: to which is added a poem, on landscape painting. London: Printed for R. Blamire, 1792. Edição francesa com Trad. Isabelle Billiard; Pósfacio Michel Conan, Paris: Editions du Moniteur, 1982. Para o tema desse artigo, o trabalho de Edmund Burke foi fundamental. Uma importante reflexão sobre os escritos de Burke em FURNISS, Tom. *Edmund Burke's* – Aesthetic Ideology. Language, Gender and Political Economy in Revolution. Cambridge-UK: Cambridge University Press, 1993. Em relação à noção de pitoresco, ver COPLEY, Stephen; GARSIDE, Peter (Org.). *The Politics of the Picturesque*: Literature, Landscape, and Aesthetics since 1770. Cambridge-UK: Cambridge University Press, 1994.

textos de teor narrativo sobre as grandes cidades – suas formas físicas e modos de vida de seus habitantes –, que torna quase impossível estabelecer pioneirismo, originalidade ou prioridade entre autores e formas ou gêneros de escrita.

Nesse artigo busco abrir uma brecha e um caminho para desvendar a íntima relação entre escritos diversos e textos ficcionais, assim como a importância deles para conhecer e formar uma imagem e um saber sobre as cidades, que alimentaram e alimentam o pensamento urbanístico. Trata-se de um recorte que deixa de lado linguagens importantes – como as várias formas de representações iconográficas – mas que se impõe para tornar possível uma análise que transcreva trechos dos textos, evitando parafraseá-las e deles fazer somente apoio para meu próprio texto.

Poetas, literatos e observadores sociais na cidade

Começo por um livro que mereceu enorme acolhida do público acadêmico no Brasil nas décadas de 1980 e 1990 – *O declínio do homem público. As tiranias da intimidade*[6] – no qual Richard Sennett expõe ao longo de vários capítulos a forma pela qual, no ambiente urbano contemporâneo, "o eu de cada pessoa tornou-se o seu próprio fardo". Voltado para uma das dimensões da vida urbana, Sennett afirma com pessimismo: "A obsessão por conhecer-se a si mesmo como meio para se conhecer o mundo, leva a que quanto mais privatizada (for) a psique, menos estimulada ela será e tanto mais nos será difícil sentir ou exprimir sentimentos". Esta seria a condição do habitante das grandes cidades em nossos dias. Segundo Sennett, as pessoas estranhas nos surgem como figuras ameaçadoras, e poucos podem sentir um grande prazer nesse mundo de estranhos da cidade cosmopolita.[7]

> O silêncio em público se tornou o único modo pelo qual se poderia experimentar a vida pública, especialmente a vida das ruas, sem se sentir esmagado. (...) Cresceu a noção de que estranhos não tinham o direito de falar, de que todo homem possuía como um direito público um escudo invisível, um direito a ser deixado em paz. (...) Esse muro invisível de silêncio, enquanto um direito, significava que o conhecimento, em público, era questão de observação – das cenas, dos outros homens, dos locais (...) um certo tipo de voyeurismo.[8]

---

6   SENNETT, Richard. (1974) *O declínio do homem público*: As tiranias da intimidade. Trad. Lygia A. Watanable. São Paulo: Companhia das Letras, 1988.
7   SENNETT, Richard. *O declínio do homem público*. Op. cit., p.16.
8   SENNETT, Richard. *O declínio do homem público*. Op. cit., p.43.

O quanto à observação de Sennett mantém sua atualidade neste século XXI? Seria essa distância psicológica ainda o único meio eficaz de preservamos nossa integridade em uma sociedade urbana que exige a exposição pública quotidiana de todos? O quanto nos últimos dois séculos se levou ao limite a prática do isolamento como único meio de se proteger enquanto pessoa e personalidade na dupla acepção dos termos, física e moral? Quais mecanismos psicológicos teriam tornado plausível uma vida movida pela concorrência contínua e na qual a experiência da solidariedade foi substituída pelas explícitas relações de interesse? Teve a literatura, e a literatura ficcional em particular, parte importante na formação dessa "identidade defensiva" característica de nossos dias, já que a ela se relaciona o hábito do recolhimento para a leitura silenciosa e solitária? Leitura que ao desvendar o mundo para nós, seus leitores, traduz na escrita ficcional códigos de conduta em enredos saturados de noções morais e éticas, mas também de preceitos de higiene e preconceitos de classe. Ou, em posição radicalmente diversa, seria um argumento ou um construto intelectual formulado por Sennett a partir de sua própria experiência pessoal? O estreito vínculo entre a produção literária e a cultura urbana constitui a principal indagação deste trabalho.

Creio que Sennett, na verdade, coloca seu leitor frente a uma situação paradoxal, já que nas sociedades crescentemente urbanas, a exposição em público vem sendo aconselhada, desde as décadas finais do século XIX, como modo de completar a formação do indivíduo moderno. Evitar a companhia de estranhos passava a constituir a outra face da mesma moeda na qual se inscreve a necessidade de conhecer os perigos do mundo. O paradoxo parece, no entanto, ter sua lógica: o conhecimento aumenta o acervo das experiências que nos dá a necessária consciência daquilo que deve ser evitado.[9]

Assume assim significado expressivo ter Sennett colocado como epígrafe de seu livro uma citação Aléxis de Tocqueville, um atento observador da sociedade na primeira metade do século XIX:

---

9   Sobre a importância da experiência, já no final do século XVII, John Locke escrevia extensamente sobre questões relativas ao processo de conhecimento a partir do pressuposto de que não havia ideias inatas, a despeito da enorme diversidade de capacidade intelectiva inata, e que, ao nascermos, o cérebro constitui uma página em branco a ser preenchida por nossas experiências que formam um acervo mais rico na medida da diversidade e quantidade de situações vividas. LOCKE, John. (escrito em 1697, publicado postumamente em 1697) *Of the Conduct of the Understanding*. London: W.B. for A. and J. Churchill at the Black Swan in Pater-Nofter-Row, 1706. LOCKE, John. (1689/1690) *An Essay Concerning Human Understanding*. London: Routledge, 1689/1690.

> Cada pessoa, mergulhada em si mesma, comporta-se como se fora estranha ao destino de todas as demais. Seus filhos e seus amigos constituem para ela a totalidade da espécie humana. Em suas transações com seus concidadãos, pode misturar-se a eles, sem, no entanto, vê-los; toca-os, mas não os sente; existe apenas em si mesma e para si mesma.[10]

Essa afirmação de Tocqueville, alguém que se dispôs nas décadas de 1830 e 1840 a conhecer pessoalmente as sociedades dos países que considerou serem os que mais lhe ofereciam elementos para entender a "nova" sociedade em formação – Inglaterra, Irlanda, Estados Unidos e França, sua terra natal – apresenta-se em observações semelhantes de contemporâneos seus, citadas e reproduzidas por vezes sem um filtro crítico por inúmeros autores do século XX.

É importante anotar que Sennett retomava na década de 1970 indagações já presentes em escritos de autores dos oitocentos. Walter Benjamin constitui exemplo paradigmático de pensador que, no entre guerras, recorreu aos escritos do século XIX no intuito de conhecer e dar a conhecer a seus leitores a experiência de se viver nas cidades modernas: o anonimato em meio à multidão, os infindáveis estímulos nervosos aos quais o urbanita se vê submetido no cotidiano. Em *Sobre alguns temas em Baudelaire*, Benjamin se detém nesses dois temas. Sua afirmação de que "a multidão metropolitana despertava repugnância e horror naqueles que a viam pela primeira vez" encontrou apoio em textos literários. Porém não só de literatos e poetas Benjamin povoou seus escritos. Ao buscar elucidar o mecanismo dos estímulos nervosos, formula a "teoria do choque" a partir dos ensinamentos de seu contemporâneo Henri Bergson, e cita, entre os autores que manifestaram sentimento negativo pelas multidões, Friedrich Engels em seu conhecido relato das primeiras viagens à Inglaterra nos inícios da década de 1840, no qual deixava claro que "a multidão da rua tem, em si, algo de repugnante"[11]. Perante as cenas da multidão das ruas de Londres, Engels indagava:

> Será que essas centenas de milhares de pessoas, de todas as condições e de todas as classes, se apertam e se trombam, não são todos homens possuindo as mesmas qualidades e os mesmos interesses na busca da felicidade? E, entretanto, elas se cruzam correndo, como

---

10 Sennett não data ou remete esta epígrafe a um específico livro de Tocqueville, mas suas citações são principalmente de *A Democracia na América*. (1835-1840). Trad. Neil Ribeiro da Silva. Belo Horizonte: Itatiaia/São Paulo:Ed. USP, 1977; SENNETT, Richard. *O declínio do homem público*. Op. cit.

11 Sobre alguns temas em Baudelaire (1939) In BENJAMIN, Walter. *Obras escolhidas III*. Trad. José Carlos Martins Barbosa, Hemerson Alves Baptista. São Paulo: Brasiliense, 1989, p.124-125.

se nada tivessem em comum, nada a fazer em conjunto; e a única convenção entre elas é o acordo tácito segundo o qual cada um mantém a direita na calçada, de modo a permitir que se cruzem sem constituírem um obstáculo mútuo; e, entretanto, não vem à cabeça de ninguém dirigir ao outro, que seja, um mero olhar.[12]

Engels, como outros numerosos observadores sociais, anotava com espanto a aura de anonimato que cercava os habitantes da cidade. Antes dele, em *Signs of the Times*, de 1829, Thomas Carlyle considerou características da "era da máquina" o acelerado aumento da população urbana, o trabalho fabril, submetido à divisão das tarefas e à máquina, a "mecanização" das mentes, o conflito entre capital e trabalho, a acentuada concorrência entre empresários e trabalhadores. Pensador conservador, mas arguto avaliador da sociedade inglesa da primeira metade do século XIX[13], Carlyle alertava para o modo pelo qual as pessoas se tornavam meros autômatos subjugados uns ao maquinismo, outros à obsessiva busca de lucro, e fechavam-se sobre si mesmas. Verdadeiras mônadas na metáfora utilizada por Engels. Esses aspectos da vida contemporânea foram anotados por homens que consideravam estar vivendo no limiar de uma nova era, cujo potencial transformador do mundo material e da psique humana não fora ainda avaliado. Seriam retomados na reflexão filosófica "Metrópole e vida mental de Georg Simmell", em 1902.[14]

As observações de Carlyle, Engels e Simmell compunham o amplo acervo para a composição do qual também contribuíram vários autores com outras linguagens. Pinturas, mas, sobretudo, gravuras e charges, e mais tarde fotografias povoavam os periódicos apresentando cenas de rua e as características da variada composição dos habitantes das cidades. Formavam álbuns, acompanhavam e ilustravam argumentos escritos na clara intenção de mostrar aos leitores a complexidade do mundo em que viviam.[15] Na certeza de que imagens bastante eloquentes na representação de cenas

---

12 ENGELS, Friedrich. (1845) *La situation de la classe laborieuse em Angleterre*. Trad. Gilbert Badia, Jean Frederic. Paris: Editions Sociales, 1960, p.60.
13 CARLYLE, Thomas. (1829) Signs of the Times. In *Thomas Carlyle – Selected Writings*. Harmondsworth-UK: Penguin, 1980, p. 4.
14 SIMMELL, Georg (1903) A metrópole e a vida mental. Trad. Sérgio Marques Reis. In VELHO, Otávio Guilherme (Org.). *O fenômeno urbano*. Rio de Janeiro: Zahar, 1976, p.11 ; BRESCIANI, Stella. Metrópoles: as faces do monstro urbano (as cidades no século XIX). *Revista Brasileira de História*. São Paulo: ANPUH/Marco Zero, n.8/9, 1985, p. 36. (capítulo 3 desta coletânea)
15 J. Dyos e Michael Wolff ilustraram os dois volumes de *The Victorian City* com 434 imagens selecionadas entre milhares. DYOS, Harold James; WOLFF, Michael (Org.). *The Victorian City Images and Realities*. Vol. 2. London; Boston: Routledge & Kegan Paul, 1973.

e personagens exigiam menos formação intelectual e passavam mensagens visuais a um público mais amplo, traduziram em linguagem iconográfica o que a poesia expressava frequentemente de modo alegórico.

É bastante conhecido e citado o poema "A uma passante", no qual Baudelaire atribui ao acaso as parcas possibilidades de encontro entre duas pessoas em uma grande cidade e o caráter efêmero desse encontro:

> A rua em torno era um frenético alarido.
> Toda de luto, alta e sutil, dor majestosa,
> Uma mulher passou, com sua mão suntuosa
> Erguendo e sacudindo a barra do vestido.
> (...)
> Que luz ... e a noite após! – Efêmera beldade
> Cujos olhos me fazem nascer outra vez,
> Não mais hei de te ver senão na eternidade?
> Longe daqui! tarde demais! *nunca* talvez!
> Pois de ti já me fui, de mim tu já fugistes,
> Tu que eu teria amado, ó tu que bem o vistes![16]

Tomado de verdadeira obsessão pelas intervenções na cidade de Paris, pela aceleração do tempo urbano e as rápidas modificações nas relações entre as pessoas, Baudelaire expressou em seus *Petits Poemes en Prose* a experiência de viver mudanças radicais. Dedicou abertamente um dos poemas à experiência do poeta perante o insólito impacto proporcionado pela "aventura" de sair nas ruas:

> Não é dado a qualquer um tomar um banho de multidão: usufruir a multidão é uma arte; e isto só acontece as expensas do gênero humano, uma pândega de vitalidade, (...) por aquele a quem uma fada insuflou, ainda no berço, o gosto de travestir-se e mascarar-se, o ódio do domicílio e a paixão da viagem. Multidão, solidão: termos iguais e intercambiáveis para o poeta ativo e fecundo. Aquele que não sabe povoar sua solidão, sabe menos ainda estar só em meio a uma multidão atarefada.[17]

---

16 Citado em Paris do Segundo Império e Sobre alguns temas em Baudelaire. In BENJAMIN, Walter. *Obras escolhidas III*. Trad. José Carlos Martins Barbosa, Hemerson Alves Baptista. São Paulo: Brasiliense, 1989, p.42 e 117, respectivamente; o original em BAUDELAIRE, Charles. *Oeuvres Complètes*. Paris: Éditions Robert Laffont, 1980, p.68;.

17 No original : Il n'est pas donné à chacun de prendre un bain de multitude : jouir de la foule est un art ; et celui-là seul peut faire, aux dépens du genre humain, une ribole de vitalité, à qui une fée a insuflé dans son berceau le goût du travestissement et du masque, la haine du domicile et la passion du voyage. Multitude, solitude : termes egaux et convertibles pour le poëte actif et fècond In BAUDELAIRE, Charles. Les foules.*Oeuvres Complètes. Op. Cit.*, 1980, p.170.

O poeta oferecia a seus leitores em meados do século, (a edição de *Les fleurs du mal* é de 1861) algo semelhante à construção poética de William Wordsworth quando elaborou a imagem de Londres ao chegar à cidade no início do século XIX:

> Levante-te, tu formigueiro monstruoso na planície de um mundo muito atarefado!
> Perante mim flui, Tu! Corrente sem fim de homens e coisas em movimento!
> Tua aparência diária deslumbra-
> Pelo seu fascínio magnífico ou pelo seu sublime terror –
> Os estranhos de todas as idades; a dança rápida
> De cores, luzes e formas; o barulho ensurdecedor;
> Os que vêm e os que vão, face a face,
> Face após face; o cordão de mercadorias cintilantes,
> Loja após loja, com símbolos, nomes em brasões,
> E todas as honras do comerciante enaltecidas.[18]

Entretanto a linguagem mais difundida de registros da formação dessa sensibilidade para com a vida urbana foi certamente a literatura de ficção ou romance. Walter Benjamin é ainda, a meu ver, o autor que com grande acuidade apreendeu a relação de reciprocidade entre o literato e seu público. Para ele, a multidão era tema da escrita literária e como contrapartida constituía também o público consumidor do romance. Nesse momento, o mercado substituía a posição ocupada até então pelo mecenas. A multidão ganhava uma face, ou melhor, a escrita literária descortinava suas múltiplas faces para o leitor: ele se reconhecia na trama romanesca. O elenco de personagens composto pelo literato lhe atribuía uma identidade, sublinhava características do homem urbano, modo de se vestir, de andar, de falar, de se comportar, em suma. Os lugares pelos quais andava assumiam a grandeza de lócus literário, mereciam a atenção do autor, ganhavam publicidade. Benjamin indica como Eugene Sue, "o mestre neste gênero, que começava a se tornar fonte de uma espécie de revelação para o pequeno burguês (...) foi eleito em 1850, por grande maioria, para o Parlamento, como representante da cidade de Paris".[19]

---

18 No original: Rise up, thou monstrous ant-hill on the plain/ of a too busy world! Before me flow,/ Thou endless stream of men and moving things!/Thy every day appearance, as it strikes – With wonder heightened, or sublimed by awe –/ On strangers of all ages; the quick dance/Of colours, lights and forms; the deafening din;/The comers and the goers face to face/Face after face; the string od dazzling wares,/Shop after shop, with symbols, blazoned names/ And all the tradesman's honours overhead. WORDSWORTH, William. *Prelude*, 1799-1805. Book seventh. Residence in London In *The Complete Poetical Works*. Londres: Macmillan and Co., 1888. 1999, p. 150. www.bartleby.com/145/. p. 150; Também Apud G. Robert STANGE. The Frightened Poets in DYOS, James e WOLFF, Michael. *Op. cit.*, p. 477, e BRESCIANI, Stella. As faces do monstro urbano. As cidades no século XIX. *Revista Brasileira de História*. São Paulo: ANPUH/Marco Zero, n.8/9, 1985, p.35.

19 BENJAMIN, Walter. (1939) Sobre alguns temas em Baudelaire. In BENJAMIN, Walter. *Obras escolhidas*

Sue e Baudelaire conheciam as entranhas da vida parisiense e seus textos exalam o à vontade do habitante da cidade. O leitor se vê captado por essa desenvoltura e toma a ficção pela própria vida da capital francesa. Já Engels, um forasteiro, sem o mesmo à vontade, sente-se atônito perante o que vê na chegada a Londres. Seu texto reproduz o quanto a cidade o espanta e choca do ponto de vista estético e moral. Observa a multidão à distância, a descreve e a submete abertamente a uma análise mediada por noções e conceitos.[20] Embora a escrita do observador alemão se aproxime bastante da forma literária – há descrições formidáveis; verdadeiros quadros fotográficos tintos com as sombrias cores da estética do sublime – sua escrita define o lugar crítico de onde o autor fala desde o início: o custo social da imensa riqueza da Inglaterra. Navios carregados com mercadorias do mundo inteiro, a dimensão espacial da cidade, a magnificência de seus edifícios públicos, privados e religiosos; as docas, por exemplo, estavam em proporção inversa à imensa miséria das condições de vida do trabalhador. O descuido com que os empregadores ou os burgueses tratavam do hábitat operário e mesmo as condições físicas das fábricas constituíam das mais terríveis demonstrações de ser o lucro o objetivo primeiro (e único) da atividade produtiva.[21]

Engels registrava em *A situação de classe trabalhadora*, publicado em 1845, a promiscuidade em que viviam os trabalhadores, a falta de higiene de suas moradias e de seus corpos, numa época em que "a peste", as temidas vagas epidêmicas de cólera e tifo, voltava a assolar a Europa e borrava a autoimagem de ambiente "civilizado". Registrou a experiência física da aceleração do tempo no modo rápido pelo qual as pessoas se deslocavam pelas ruas, numa clara tradução da velocidade imposta a todas as atividades. Expôs a transformação do trabalho em mercadoria. Ou seja, Engels, bem como outros observadores sociais, deteve e explicitou os elementos teóricos que lhe possibilitaram ver e transmitir a experiência visual ao leitor, já que para o observador o sentido da visão é primordial.[22] Através da

---

III. Trad. José Carlos Martins Barbosa, Hemerson Alves Baptista. São Paulo: Brasiliense, 1989, p.114.
20 BENJAMIN, Walter. Sobre alguns temas em Baudelaire. *Op. cit.*, p.115.
21 Cf. os conceitos de mais valia absoluta e relativa em MARX, Karl. (1867) *O Capital*. Trad. Regis Barbosa e Flávio R. Kothe. São Paulo: Abril Cultural, 1983, vol. I, Seção III – A produção da mais-valia absoluta e Seção IV – A produção da mais-valia relativa.
22 Alain Corbin descreve longamente a importância da teoria sensualista, a experiência primordial dos sentidos na relação do homem com o mundo, que teria nos séculos XVII e XVIII privilegiado o olfato, comportando inclusive estudos detalhados da parte dos médicos (osphresiologie – estudo ou tratado do sentido olfativo) passando a privilegiar a visão no século XIX. Na relação com o meio urbano, diz Corbin: "Les savants de ce temps (séc. XVIII), observateurs incomparables des

aparência, ele buscava atingir o cerne da sociedade, adentrar como Marx o faria poucos anos depois, os meandros dessa organização social para trazer à luz ou dar a conhecer a seus leitores seu modo de funcionamento e suas estruturas.[23] Modo de funcionamento que redundava na despersonalização e no anonimato, no caráter efêmero e contingente da modernidade; um mundo em que a constante transformação moldava a experiência de vida.

Contudo, essa acuidade do observador munido de noções e/ou conceitos parece diferenciar-se da espontaneidade do fluxo da escrita poética. Seria, então, a escrita poética o registro da experiência dos sentidos, do choque causado pelos inúmeros estímulos nervosos que atingem os habitantes das grandes cidades traduzidos na forma de expressão dos sentimentos? Seria a escrita literária outra versão desse fluxo de impressões visuais acústicas, olfativas, sensuais em suma? Seria a materialização do registro veemente da rejeição aos dogmas do método um pressuposto do romantismo?[24] Ou, alternativamente, pode-se interpor um nítido intervalo entre o impacto das sensações recebidas e aparadas pelos sentidos e a escrita literária e, desse modo, aproximar a prosa ficcional do relato conceitual do observador social? E, nesse caso, estaria correta a definição de Germaine de Staël sobre o teor das ficções quando, em 1795, disse que nelas "tudo é ao mesmo tempo inventado e imitado, nada é verdadeiro, porém tudo é verossimilhante"?[25]

E importante reter a noção de verossimilhança ao percorrermos os textos literários, já que constitui evidência notável o recurso à poesia e à literatura para se falar

---

odeurs, proposent de la ville une image discontinue, ordonée par l' odorat, gérée par la hantise des foyers pestilentiels où germe l' épidernie". CORBIN, Alain. *Le miasme et la jonquille*. L'Odorat et l'imaginaire social XVIII e XIX siècles. Paris: Aubier, 1982, p.268.

23 Lembro as descrições das terríveis condições de trabalho e de moradia dos trabalhadores ingleses de Marx em *O Capital*. Cf. cap. XIII: Maquinaria e Grande indústria; ver, por ex. item 8 no qual relata a promiscuidade entre familiares e estranhos amontoados em uma mesma casa precária em meio à sujeira reinante e diz: Os corpos estão tão exaustos pela grande transpiração que de nenhum modo são observadas as regras de higiene, de limpeza ou de decência. Muitas dessas cabanas são verdadeiros modelos de desordem, sujeira e pó. (...) O maior mal desse sistema, que emprega mocinhas para essa espécie de trabalho, reside em que, em regra, ele as amarra, desde a infância, por todo o resto da vida, à corja mais abjeta.(...) Vestidas com poucos trapos imundos, pernas desnudas até bem acima dos joelhos, cabelos e rostos manchados com sujeira,aprendem a tratar com desprezo todos os sentimentos de decência e pudor. (...) Concluído, afinal, seu pesado labor cotodiano, vestem roupas melhores e acompanham os homens às tabernas. Citação retirada por Marx de Child. Empl. Comm., V Report 1866, p. XVI-XVIII, e p. 130-133, nº 39-71. MARX, Karl. *Op. cit.*, Vol. I, tomo 2., p. 73.

24 WILLIAMS, Raymond. *Culture & Society*, 1780-1950. Nova York: Harper & Row, 1958, p.39.

25 STAËL, Germaine de. (1795) *Essai sur les fictions suivi de de l'influence des passions sur le bonheur des individus et de nations*. Paris: Ed.Ramsay, 1979, p.39.

das cidades do século XIX, estudá-las como grandes observatórios sociais do mundo moderno ou da sociedade industrial. Vejamos o que os estudiosos da literatura têm a dizer sobre esta questão.

Raymond Williams refez em dois livros fundamentais, *Cultura e Sociedade* e *Campo e Cidade*,[26] o percurso histórico da relação entre a sociedade industrial e a produção da cultural. A condição de crítico literário permitiu que aproximasse suas impressões às do poeta William Wordsworth ao relatar a semelhança da experiência de suas respectivas chegadas a Londres. Os dois vinham do campo e Williams de uma aldeia aos pés das *Black Mountains* na divisa de Gales. Williams transcreve o trecho do registro poético do impacto visual causado em Wordsworth pela paisagem da capital inglesa vista a partir da ponte de Westminster: "Nada há na terra de maior beleza: só um insensível contempla vista tão límpida sem se empolgar: (…) torres e cúpulas se elevam no ar em luminosa e suave majestade". Em seguida Williams reconhece em si o mesmo sentimento em pleno século XX, em relação a Londres e a muitas outras cidades:

> eu próprio o experimentei muitas e muitas vezes: os grandes edifícios da civilização; os pontos de encontro; as bibliotecas e teatros, as torres e cúpulas; e – muitas vezes mais ainda emocionante – as casas, as ruas, a tensão e o entusiasmo de estar no meio de tanta gente, com tantos objetivos diferentes. (…) Como todo mundo, também já senti o caos dos metrôs e dos engarrafamentos de trânsito; a monotonia de casas idênticas enfileiradas· a opressão agressiva de multidões de desconhecidos".[27]

Esse sentimento, entretanto, só se configura para ele como experiência quando, já adulto, entra na faculdade, situação que incluiu o contato com "realizações concretas" que lhe deram a "sensação de ilimitadas possibilidades, de encontro e movimento, esse fator permanente do sentimento que me inspiram as cidades". Afinal, Williams, um habitante da área rural, só tomaria conhecimento da "literatura campestre" ao ter contato com "gente citadina, os acadêmicos", quando passa a reconhecer nessa literatura "uma versão influente do que realmente representava a vida campestre", ou seja, "uma história cultural reparada e convincente" (grifo meu para sublinhar o caráter de versão (construto) dado pelo autor). Uma literatura que, diz,

---

26 WILLIAMS, Raymond. (1973) *Campo e Cidade na História e na Literatura*. Trad. Paulo Henriques Britto. São Paulo: Companhia das Letras, 1989; WILLIAMS, Raymond. *Culture e Society*: 1780-1950. *Op. cit.*

27 WILLIAMS, Raymond. *Campo e Cidade… Op. cit.*, p.16.

exigia do leitor a distância defensiva "de relatos sentimentalizados e intelectualizados da Velha Inglaterra" e reconhecesse estar frente a uma posição de autores que se localizavam no tempo de suas infâncias, exalando em seus escritos uma nostalgia universal e persistente.[28]

Em suma, uma imagem traduzida na escrita fundada na idealização do campo. Seria certa nostalgia associada a uma tradição de poesia bucólica ou engajada em suas próprias intenções realistas? Williams indaga e alerta para os perigos de nos atermos a "uma continuidade meramente nominal" – atribuindo às palavras campo, cidade, metrópole um sentido único e originário. Para ele, a literatura de "lamentos campestres" teria marcado o tempo de "mudanças excepcionais na economia rural", uma réplica do movimento que associara a cidade a diferentes elementos nos últimos cinco séculos: nos séculos XVI e XVII ao dinheiro e à lei; à riqueza e ao luxo no século XVIII, à imagem da turba e das massas no final do XVIII e no XIX, e finalmente à mobilidade e ao isolamento no século XX.[29]

A sensação de repetição nas representações da cidade se manifesta também em outros escritos que escolhem um mesmo tema de reflexão. A maneira como Thomas Hardy se refere a Londres em 1887 mantém, diz Williams, certa continuidade em relação à Wordsworth décadas antes: "Londres parece incapaz de *se ver*. Cada indivíduo tem consciência de si próprio, mas ninguém é consciente da coletividade como um todo...".[30]

Ou, quando Hardy ao descrever uma multidão considera cada uma das pequenas formas humanas "como se fossem ovas do monstro maior":

> À medida que a multidão vai se tornando mais densa, ela perde o caráter de aglomerado de uma infinidade de unidades e transforma-se num todo orgânico, uma criatura negra semelhante a um molusco, que nada tem em comum com a humanidade, que assume as formas das ruas nas quais se coloca e estende horrendas excrescências e membros nos becos vizinhos; uma criatura cuja voz emana de sua superfície escamosa, que tem um olho em cada poro de seu corpo.[31]

---

28 WILLIAMS, Raymond. *Campo e Cidade... Op. cit., p.23.*
29 WILLIAMS, Raymond. *Campo e Cidade... Op. cit.*, p.388-389.
30 HARDY, Florence E. *The early life of Thomas Hardy*. London: Macmillan and Co., 1928, p.271 Apud WILLIAMS, Raymond. *Campo e Cidade... Op. cit.*, p.293.
31 HARDY, Florence E. Apud WILLIAMS, Raymond. *Campo e Cidade... Op. cit.*, p.293.

Escrito que Williams aproxima ao de Thomas Carlyle, referindo-se também a Londres em 1831:

> Como os homens são apressados aqui; como são caçados, perseguidos de modo terrível, impelidos a andar a toda velocidade! Assim, por uma questão de autodefesa, não podem parar e olhar uns os outros. (...) Ali, em suas pequenas celas, separados por paredes de tijolo ou madeira, permanecem estranhos.[32]

Anotações que, por seu teor negativo, contrastam com as escolhidas por Joseph Rykwert ao recortar partes do poema *The Excursion* de Wordsworth, publicado em 1814:

> Do germe de alguma aldeia humilde, aqui rapidamente Surgiu uma enorme cidade ... e lá,
> Onde antes não se erguia uma única casa,
> Abrigos humanos reunidos irregularmente ...
> Sobre os quais a fumaça de persistentes fogos
> Paira permanente e abundante, assim como guirlandas
> De vapor brilhando ao sol da manhã...

Que logo revelam, porém, ser um dos lados de um mundo cuja faceta sombria se expunha na hora em que o turno da noite vinha substituir os trabalhadores do dia:

> Agora são regurgitados os ministros do dia;
> E, à medida que saem do empilhamento iluminado,
> Um novo grupo vai ao seu encontro na porta lotada –
> ....homens, moças, jovens,
> Mães e crianças, meninos e meninas,
> Entram, e cada um retoma a faina habitual
> Dentro desse templo, onde é oferecido
> Ao ganho, o ídolo maior do reino,
> Perpétuo sacrifício...[33]

A ênfase nos contrastes oferecidos por cidades como Londres já no início do século XIX constitui traço evidente da escrita poética e literária fortemente alimentada por escritos políticos, na trilha dos escritos de Edmund Burke. Considerado o primeiro pensador britânico moderno de viés conservador, sua análise dos acontecimentos revolucionários franceses de 1789, que acompanha ano a ano, chama a atenção para a ameaça de uma possível reprodução de levantes populares na Inglaterra. Não há em

---

32 WILLIAMS, Raymond. *Campo e Cidade*. Op. cit., p.291.
33 WORDSWORTH, William. *The excursion*: being a portion of the recluse, a poem. London: Longman, Hurst, Rees, Orme, and Brown, 1814. Apud RYKWERT, Joseph. (2000) *Op. cit.*, p.47.

Reflexões sobre a Revolução em França[34] uma posição saudosista de uma situação idealizada do passado e a ser reconquistada. Suas críticas por vezes ásperas encontram-se inseridas no debate com os "radicais" ingleses que viam nos acontecimentos na França a imagem de uma possível sociedade liberta de privilégios milenares. Para ele, esses críticos não davam o devido valor à forma como os britânicos haviam adquirido um século antes suas próprias liberdades inscritas na Declaração de Direitos da Revolução Gloriosa de 1688. Seu texto talvez seja o primeiro a não só considerar o que ocorria na França, "uma grande crise, não apenas francesa, mas europeia" e ser a Revolução Francesa "a mais extraordinária que o mundo já viu", mas também a se referir a ela como "espetáculo de monstruosa tragicomédia (frente ao qual) nós passamos do desprezo à indignação, do riso as lágrimas, da arrogância ao horror".[35]

A metáfora do monstro acompanhou comentários sobre a representação das multidões na Revolução Francesa e foi recorrentemente utilizada no decorrer do século XIX, ao se falar de eventos considerados potencialmente destruidores da sociedade, mas também recobriu os componentes da multidão urbana no seu dia-a-dia. A metáfora-imagem do monstro teve o poder de aliar uma dimensão estética mecânica, em referência à Revolução Industrial, a uma dimensão estética orgânica por dramatizar e colocar em níveis aproximados os movimentos de multidões operárias na Inglaterra e populares em Paris.[36]

Por outro lado, Raymond Williams levanta uma questão interessante a respeito das reiteradas críticas das condições das cidades relacionadas à nostalgia, ou seja, a um "perpétuo recuo em direção ao passado". Sublinha a persistência de antigas concepções de cidade presentes nos escritos de certos autores e/ou pessoas vivendo em tempos diferentes, aproximados por um sentimento antiurbano romântico. Escritos nos quais, como o de Engels, a cidade é apresentada em tons sombrios, fortemente marcados pela retórica do *sublime,* em posição equivalente à estética do *pitoresco,*

---

34 O livro *Reflexões sobre a Revolução em França* é de 1790 e nele Edmund Burke se posiciona contra aos que defendem a revolução na França, em particular, a Sociedade da Revolução que, formada para avaliar os cem anos da Revolução Gloriosa na Grã-Bretanha, havia manifestado, a seu ver, entusiasmo e exaltação com o que se passava na França. BURKE, Edmund. (1790) *Reflexões sobre a Revolução em França.* Trad. Renato Faria, Denis Pinto, Carmen Moura. Brasília: Ed. UNB, 1982.
35 BURKE, Edmund. *Reflexões sobre a Revolução em França. Op. cit.,* p.82.
36 Em *As faces do monstro urbano. As cidades no século XIX,* indico como os autores do século XIX recorreram à estética do sublime, a partir do livro de Edmund Burke publicado em 1756, *Uma investigação filosófica sobre a origem de nossas ideias do sublime e do belo,* de modo a fazerem da metáfora do monstro argumento poderoso de persuasão de seus leitores. BRESCIANI, Stella. As faces do monstro urbano. As cidades no século XIX. *Revista Brasileira de História.* São Paulo: ANPUH/ Marco Zero, n.8/9, 1985; BURKE, Edmund. (1756) *Uma investigação filosófica. Op. cit.*

tão explícita nos textos que apresentam ao leitor a imagem do bucolismo campestre, exatamente no decorrer do processo em que a extensão do cultivo da terra trazia como subproduto o gosto pela natureza inculta, o cultivo do gosto pelo "pitoresco".[37]

Assim como as descrições detalhadas da natureza constituíam um elemento característico da literatura das décadas finais dos setecentos, as cidades são descritas e reveladas ao público pelo filtro do olhar aguçado do autor oitocentista.[38] Charles Dickens fez de Londres o ambiente da trama da maioria de seus romances. A heterogeneidade dos habitantes, a aglomeração de pessoas e de edificações, umas magníficentes em sua singularidade, outras se reproduzindo na monótona repetição do mesmo, o intenso e aleatório movimento das ruas, as figuras suspeitas e sombrias deslizando por ruelas infectas na escuridão da noite, os meninos ladrões sempre prontos a se apossarem das carteiras dos desavisados transeuntes, a correria dos empregados no trajeto para seus escritórios, e tantas outras cenas de rua, foram aspectos da cidade usados para falar em linguagem literária da aceleração do tempo e da submissão do homem às rígidas jornadas de trabalho, dos perigos potenciais a ameaçar diariamente a população, da sujeira das ruas contrariando os preceitos da higiene prescritos pelos médicos sanitaristas.[39]

Podemos aceitar ser sua escrita literária mero registro de um olhar agudo? Ou seria mais prudente estabelecer uma íntima conexão entre vários tipos de escrita em sua dependência recíproca? Afinal, Dickens, tal como Émile Zola, manteve cadernetas de anotações feitas *in loco*, com o intuito de dar maior verossimilhança a seus romances, os relatórios médicos e os da administração pública foram abundantemente utilizados por vários autores. O procedimento dos literatos do século XIX mostrava plena sintonia com as considerações de Germaine de Staël no final do século XVIII a respeito da escrita ficcional moderna:

---

37 WILLIAMS, Raymond. *Campo e Cidade... Op. cit.*, p.178-179.
38 WILLIAMS, Raymond. *Campo e Cidade... Op. cit.*, p.186, 214,215
39 Lembro, entre outros, *Oliver Twist, Nicholas Nickleby, Pickwick Papers, Bleak House, Great Expectations*, ambientados em Londres, e *Hard Times* ambientada em uma imaginária cidade do carvão: DICKENS, Charles. *Oliver Twist, or The parish boy's progress*. London: Richard Bentley, 1838; DICKENS, Charles. *The Life and Adventures of Nicholas Nickleby*. London: Chapman & Hall, 1839; DICKENS, Charles. *The Posthumous Papers of The Pickwick Club*. London: Chapman & Hall, 1837; DICKENS, Charles. *Great Expectations*. London: Chapman & Hall, 1861; DICKENS, Charles. *Hard Times – For These Times*. London: Bradbury & Evans, 1854. Para uma lista e comentários dos romances de Charles Dickens, ver a Nota de Angus Calder e a Introdução de David Craig In DICKENS, Charles. *Hard Times – For These Times*. Harmondsworth-UK: Penguin, 1982, p. 7-10, 11-36, respectivamente.

Nos bons romances (referia-se a Richardson e Fielding) nos quais o autor se propõe a acompanhar a vida seguindo exatamente as gradações, os desenvolvimentos, as inconsequências da história dos homens e o retorno constante do resultado da experiência para a moralidade das ações, constituem uma vantagem para a virtude, os acontecimentos são inventados, mas os sentimentos se apresentam de tal modo naturais que o leitor frequentemente crê que nos dirigimos a ele com a simples preocupação de mudarmos os nomes próprios.[40]

Verossimilhança e realismo

Pode-se propor uma leitura dos escritos de Charles Dickens a partir desse ponto de vista. Em seus romances se percebe uma clara estratégia narrativa: a apresentação do caos aparente da grande capital inglesa configura uma forma intencional de prender o leitor na riqueza dos detalhes que, deixa claro, poderiam com frequência passar despercebidos aos olhares incautos. Armada a trama sobre a aparência de caos, Dickens tece pouco a pouco os fios que ligam personagens dispersos a partir de um elemento organizador. Há nessa estrutura da narrativa a explícita definição do lugar do autor, esse "personagem ausente", porem onividente, que define as características dos personagens e do ambiente em que a trama transcorre. Dickens monta e conduz a trama, ao mesmo tempo em que dirige a atenção do leitor; ele é exímio na arte de passar em seus romances críticas sociais, mensagens moralizantes e códigos de conduta.[41] Seus romances não começam com um crime a ser desvendado, mas, tal como na literatura policial, a trama só revela no final a complementaridade das várias situações.

Sennett disse que Conan Doyle, criador do personagem Sherlock Holmes, ensinava a arte de observar sinais.[42] Uma arte também cultivada cuidadosamente por Balzac que pelos detalhes dos trajes, dos trejeitos e tiques nervosos, pelo modo de andar e olhar de seus personagens caracterizava-os. São sutilezas de que a escrita nada ingênua, menos ainda espontânea do literato, utiliza para passar ao leitor uma lição subliminar: estimula nele o sentimento de visualizar e partilhar uma situação verídica. Em *Outro estudo de mulher*, Balzac ironiza o comportamento da nova rica

---

40 STAËL, Germaine de. *Essai sur les fictions suivi de de l'influence des passions sur le bonheur des individus et de nations.* Paris: Ed.Ramsay, 1979, p.40. Tradução da autora.
41 Robert Pechman estuda com particular sensibilidade crítica alguns desses autores do séc. XIX que tiveram importância primordial na divulgação de códigos de conduta, inclusive higiênica e preceitos moralizantes. PECHMAN, Robert Moses. *Cidades estreitamente vigiadas. O detetive e o urbanista.* Rio de Janeiro: Casa da Palavra, 2002, p. 227 e seguintes.
42 SENNETT, Richard. *O declínio do homem público Op. cit.*, p.212.

e da burguesa por imitarem o comportamento da *femme comme il faut*, desejosas de se alçarem ao nível da aristocrata. Entretanto, simulando o olhar de um observador arguto, Balzac passa a sensação de só estar vendo fitas que evidentemente foram repassadas para novo uso, alfinetes e colchetes no ajuste de vestidos mal feitos e as longas horas de peregrinações pelas lojas necessárias quando o intuito são aquisições ao menor preço, detalhes denunciadores do arraigado traço mesquinho do poupar burguês e pequeno-burguês (o uso da relação entre custo-benefício), em tudo contrário aos descuidados dispêndios aristocráticos[43]. Essa leitura do caráter pelas aparências percorre os romances, porém mereceu de Thomas Carlyle uma reflexão também eivada de crítica irônica em *Sartor Resartus, uma nova Filosofia das roupas*.[44]

Acredito, porém, ter sido Émile Zola, o escritor mais obsessivamente apegado aos detalhes na elaboração do ambiente de seus romances e do caráter dos personagens. *Au Bonheur des dames*[45] (1883), *Le ventre de Paris*[46] (1873), *La curée*[47] (1871), *Pot-Bouille*[48] (1882), *Paris*[49] (1898), *Travail*[50] para citar alguns, mesclam temas sociais com longas descrições de lugares de uso coletivo, mercadorias expostas, edifícios e sua ocupação, de modo a saturar o leitor com informações e fazê-lo adentrar pela imaginação o ambiente da trama. Ao dar relevo ao caráter e às características físicas dos personagens, define seus lugares sociais e atitudes previsíveis[51]. Tomo como exemplo o parágrafo inicial de Pot-Bouille[52]:

---

43 O comentário de Balzac sobre a *Femme comme il faut* está no cap. cap.XX, item "Outro Estudo de Mulher". In BALZAC, Honoré de. *A comédia humana*. Trad. Vidal de Oliveira. Vol.IV. Rio de Janeiro: Globo, 1989, p.531
44 CARLYLE, Thomas. *Sartor Resartus*. London: Chapman and Hall, 1831.
45 ZOLA, Émile. *Au Bonheur des dames*. Paris: G. Charpentier, 1883.
46 ZOLA, Émile. *Le ventre de Paris*. Paris: G. Charpentier, 1873.
47 ZOLA, Émile. *La Curée*. Paris: A. Lacroix, Verboeckhoven et cie., 1871.
48 ZOLA, Émile. *Pot-Bouille*. Paris: G. Charpentier, 1882.
49 Esse livro constitui o terceiro romance que Zola dedicou a cidades. Anteriormente pensou em escrever dois romances, um dedicado a Lurdes e outro a Roma. Foi publicado em 1898, e apresenta acontecimentos políticos e sociais, ocorridos em Paris nos anos de 1892, 1894 e 1895, época de intensa atividade empresarial relacionada à política, como o empreendimento que tornou possível atingir o Pacífico por meio da abertura do canal do Panamá, em 1888. Ver Introdução a *Paris* por Henri Mitterand. MITTERAND, Henri. Introduction. In ZOLA, Émile. (1ªed. 1898) *Paris*. Paris: Stock, 1998. O ciclo dos Rougon-Macquart (1871-1893) é apresentado na p. 675 e segs.
50 ZOLA, Émile. *Travail*. Paris: E. Fasquelle, 1901.
51 Márcia Naxara analisa com acurada sensibilidade a polarização preconceituosa entre o parisiense e o provinciano na obra de Balzac. NAXARA, Márcia. *O (des)conhecimento do outro: pensando o "provinciano"*. In NAXARA, Marcia; MARSON, Izabel (Org.). *Sobre a Humilhação*. Uberlândia: EDUFU, 2006.
52 *Pot-Bouille* recebeu na versão brasileira o título *As mulheres dos outros*. ZOLA, Émile. *As mulheres dos outros*. (1882) Trad. Maria Lúcia Pessoa de Barros. Rio de Janeiro: Editora Vecchi Ltda, 1960.

> Na Rua Neuve-Saint-Augustin, uma confusão no trânsito fez parar o carro de praça carregando três malas, que levava Otávio da estação de Lyon. O rapaz abaixou o vidro de uma das portas, apesar do frio já cortante daquela sombria tarde de novembro. Surpreendia-o o declínio brusco do dia, naquele quarteirão de ruas estranguladas, todas fervilhantes de multidão. As blasfêmias dos cocheiros chicoteando os cavalos que resfolegavam, o acotovelamento sem fim das calçadas, a fila de lojas imprensadas, transbordantes de vendedores e de fregueses, o atordoavam; pois, se sonhara ver uma Paris mais limpa, não a supunha de trato tão ríspido; a sentia publicamente franqueada aos apetites das pessoas vigorosas e sólidas.

Ao chegar à Rua de Choiseul, Otávio, o personagem central da trama, desce do carro e passa a observar o edifício onde se instalaria:

> uma grande construção de quatro pavimentos... (Otávio) media-a, examinava-a com um olhar maquinal, desde a casa de sedas do rés do chão e da sobreloja, até as janelas recuadas do quarto andar, abrindo para uma estreita varanda.

Sem que haja uma ruptura clara entre o que Otávio vê e o que o autor deseja que seu leitor veja através de seu olhar crítico, Zola passa a relacionar as características vulgares da casa, despercebidas aos olhos desavisados do personagem, um "provinciano" recém-chegado à capital:

> No primeiro andar cabeças de mulher sustentavam uma sacada com balaústre de ferro fundido muito trabalhado. As janelas tinham caixilhos complicados, grosseiramente talhados com desenhos vulgares; e embaixo, acima da porta de entrada dos carros, mais carregada ainda de ornamentos, dois cupidos desenrolavam um cartucho, onde se encontrava o número, que um bico de gás do interior iluminava à noite.

Na página seguinte, faz outras observações sobre *o vestíbulo e a escada* de "um luxo gritante" e dos "painéis da entrada de imitação de mármore", e expõe seu conhecimento sobre os materiais usados no revestimento das paredes; descreve o interior da casa pelo personagem arquiteto Campardon. Este não poupa elogios aos dispositivos do conforto que mantinham até as escadas aquecidas em uma clara sugestão de quanto se valorizava os modernos equipamentos como indícios de *status* social. Quando faz alusão ao olhar "maquinal" de Otávio em seu exame da casa, a única observação a ele atribuída pelo autor

---

As citações constam do primeiro capítulo, p.5-17.

é a do aborrecimento que sente ao ver que o tapete vermelho da escada não chega ao 4º andar no qual ficava seu quarto. Essa observação de Zola sugere com ironia a futilidade da preocupação com o luxo nitidamente de mau gosto. Desse modo, dá a conhecer ao leitor o ambiente compartilhado por outros moradores-personagens e um traço do caráter da personagem principal que aos poucos ganha contornos mais nítidos na trama narrativa.

Os detalhes da apresentação do ambiente em que Otávio iniciaria sua vida parisiense repetem-se nos outros romances de Zola. Em *Paris*, cuja trama se desenrola no bairro popular de Montmartre, o autor contrasta o leste da cidade pobre com a zona oeste rica, elemento fundamental para entender a ação dos personagens, em especial a dos anarquistas:

> Em todo o leste da cidade, os bairros de miséria e de trabalho pareciam submersos na fumaça avermelhada onde se adivinhava os canteiros de trabalho e as fábricas; enquanto na direção oeste, nos bairros de riqueza e desfrute, a nebulosidade se iluminava, era somente um fino véu, imóvel de vapor. (...) Um Paris de mistério, envolto em nuvens, como se estivesse escondido pela cinza de algum desastre, meio escondido no sofrimento e na vergonha daquilo que sua imensidão escondida.[53]

Zola foi talvez o literato mais preocupado com dar "realismo" aos romances.[54] Seus *Carnets d'enquêtes* reunidos com o subtítulo *Une ethonographie inédite de la France*[55] revelam o cuidado com que preparava a ambientação e a caracterização dos personagens como cuidadosa etapa preparatória da escrita. Entre suas anotações se revela o autor atento às particularidades necessárias para relacionar ambientes e personagens. Para a montagem de, por exemplo, *La Curée*: a casa (*hôtel particulier*) da ilha São Luís onde o personagem Renée Saccard, filha de um austero magistrado, fora criada, respirava respeitabilidade, bairro tranquilo cercado pelo rio Sena, edifí-

---

53 No original: Tout l'est de la ville, les quartiers de misère et de travail, semblaient submergés dans des fumées roussâtres, où l'on devinait le souffle des chantiers et des usines; tandis que; vers l'ouest, vers les quartiers de richesse et de jouissance, la débâcle du brouillard s'éclairait, n'était plus qu'un voile fin, immobile de vapeur. (...) Un Paris de mystère, voilé de nuées, comme enseveli sous la cendre de quelque désastre, disparu à demi déjà dans la souffrance et dans la honte de ce que son immensité cachait. ZOLA, Émile. (1898) *Paris*. Paris: Stock, 1998, p. 35.
54 Ítalo Caroni diz "Todo artista é, a seu modo, um místico. Uma fé permanente sustenta e consolida o arcabouço geral da grande obra arquitetada ao longo de toda uma vida, (...) Assim é Zola, cuja crença naturalista alcança os contornos de uma verdadeira utopia". CARONI, Ítalo. A utopia naturalista. In ZOLA, Émile. *Do Romance*: Stendhal, Flaubert e os Goncourt. Trad. Plínio Augusto Coelho. São Paulo: Ed. Imaginário/EDUSP, 1995, p.9.
55 ZOLA, Émile. *Carnets d'enquêtes*. Une ethonographie inedite de la France. MITTÉRAND, Henri (Org.). Paris: Plon, 1986.

cio em pedra "sem esculturas". Casa em nítido contraste com aquela em que passara a viver com seu marido financista, na qual grades douradas, fonte e marquise de vidro, galerias douradas em seu interior de salões mobiliados com madeira vermelha e dourada, revestidos de seda, "tudo muito dourado, cornija, teto e moldura dos espelhos, grandes consoles suportando vasos da China, longas mesas de pés dourados (exalam) a ostentação de riqueza presente em todos os aposentos". As anotações foram complementadas pelo esboço da planta baixa da estufa na qual se cultivava vegetação exótica.

Sua obsessão pelo "realismo" foi ao limite de adaptar o livro do médico Claude Bernard – *Introduction à l'étude de la médecine expérimentale*[56] – para propor uma base segura de método para estimular o literato a ser tornar adepto da experimentação, "um cientista". Entusiasmado com as possibilidades abertas pela leitura de Bernard, indagava se seria possível a experiência como etapa da elaboração literária, já que em termos de método, tradicionalmente se empregava somente a observação. Há, porém, em suas indagações, algo a mais do que a finalidade de apresentar ao leitor com "realismo" a complexa sociedade francesa da segunda metade do século XIX. A seu ver, ao invés de contentar-se com a condição de observador de fenômenos sociais que os recolhia tal como se apresentavam, o literato deveria aceitar a lição da medicina experimental e, deslocando-se para a posição de experimentador, usar métodos pelos quais pudesse variar ou modificar, com alguma finalidade, as condições nas quais os acontecimentos se davam. Sugeria a utilidade de se aplicar esse método na produção do "romance naturalista", pois comungava a certeza de que "se a observação mostra, a experiência instrui".[57]

Sua proposta dirige-se ao grupo de produtores de romances em particular e alia a dimensão do observador-investigador a uma finalidade ética e pedagógica: o intuito de fazer de "nós romancistas os juízes de instrução dos homens e de suas paixões". Ao acompanhar os progressos da ciência o literato estaria apto a apreender "as leis do pensamento e das paixões"; chegaria inclusive, no futuro, a encontrar "o determinismo de todas as manifestações cerebrais e sensuais do homem". Em uma evidente concepção de divisão do trabalho intelectual em disciplinas especializadas, afirmava caber à medicina estudar "o meio intraorgânico" e ao literato estudar "o meio social". A afirmação baseava-se em uma certeza:

---

56 BERNARD, Claude. *Introduction à l'étude de la médecine expérimentale*. Paris: J.B. Baillière, 1865.
57 ZOLA, Émile. *Carnets d'enquêtes. Op. cit.*, p.59-97, 123-128.

> O homem não vive sozinho, vive em sociedade, em um meio social e, para nós romancistas, esse meio social modifica continuamente os fenômenos. Nosso grande estudo reside aí, no trabalho recíproco da sociedade sobre o indivíduo e do indivíduo sobre a sociedade (...) A partir disso, veremos que se pode atuar sobre o meio social agindo sobre os fenômenos (...) Eis aí o que constitui o romance experimental: possuir o mecanismo dos fenômenos humanos, mostrar as engrenagens das manifestações intelectuais e sensuais tais como a fisiologia nos explica, a influência da hereditariedade e das circunstâncias ambientes (...).[58]

Sua certeza de ser possível atingir a objetividade da experimentação valia-se do exemplo da medicina que passara da condição de arte para a de ciência. Daí sua pergunta: "por que a literatura não se tornará por sua vez uma ciência, graças ao método experimental?" Para ele tratava-se de uma "evolução fatal" que alcançaria o teatro e mesmo a poesia, pois acompanhava "a evolução naturalista que conduzia o século". Em suma, se havia "um determinismo absoluto para todos os fenômenos humanos, a investigação tornava-se um dever", cabendo ao literato "atuar sobre os caracteres, sobre as paixões, sobre os fatos humanos e sociais, tal como o químico e o físico operam nos corpos brutos, como o fisiologista opera nos corpos vivos".[59]

No texto do *Romance experimental*, Zola leva ao limite sua proposta: confere ao romance o estatuto de construção textual elaborada a partir do olhar arguto do literato e estimula práticas sistemáticas que pretendiam alcançar objetividade científica no domínio das relações sociais. Não foi o único a nutrir essa pretensão. Sennett diz que "em meados do século XIX, num nível sofisticado, a palavra "etologia" era usada por J. Stuart Mill e outros escritores para significar a ciência do caráter humano tal qual se pode deduzir das aparências humanas".[60]

---

58 ZOLA, Émile. *Le Roman experimental*. Paris: Garnier-Flammarion, 1971, p.73.
59 ZOLA, Émile. *Le Roman experimental*. Op. cit., p.59-97.
60 SENNETT, Richard. *O declínio do homem público*. Op. cit., p. 213. Ian Watt acompanha a formação do romance e faz essa observação em relação ao termo "realismo": "Evidentemente tal posição se assemelha muito à dos realistas franceses, os quais diziam que, se seus romances tendiam a diferenciar-se dos quadros lisonjeiros da humanidade mostrados por muitos códigos éticos, sociais e literários estabelecidos, era apenas porque constituíam o produto de uma análise da vida mais desapaixonada e científica do que se tentara antes. Não há evidência de que esse ideal de objetividade científica seja desejável e com certeza não se pode concretizá-la; no entanto, é muito significativo que (...) os realistas franceses tivessem atentado para uma questão que o romance coloca de modo mais agudo do que qualquer forma literária – o problema da correspondência entre a obra literária e a realidade que ela imita". WATT, Ian. (1957) *A ascensão do romance*. Estudos sobre Dejoe, Richardson e Fielding. Trad. Hildegard Feist. São Paulo: Companhia das Letras, 1996, p.13.

No final do século XIX, a ambição do literato de re(a)presentar a sociedade urbana moderna ao leitor será assumida pelas ciências sociais. A produção impressa nos permite acompanhar o longo processo pelo qual observadores sociais como Tocqueville, Arthur Young, Friedrich Engels, Henry Mayhew, Eugène Buret, Villermé, Flora Tristan, e tantos outros, dentre eles numerosos médicos higienistas, foram aos poucos cedendo lugar aos pré-sociólogos, como Auguste Comte e Frédéric Le Play[61]. Na Inglaterra, Charles Booth, e o casal Beatrice e Sidney Webb consideravam os métodos de trabalho científico uma base segura e confiável à sua ação filantrópica e política. A competição entre a literatura e a nascente sociologia percorre toda a segunda metade do século XIX colocando no cerne do conflito a oposição entre a fria razão e a cultura dos sentimentos. Processo que se estende até a sociologia alcançar e assegurar a condição de disciplina no mundo acadêmico quando Durkheim assume um cargo na Sorbonne em 1902 e exige de seus alunos que se ativessem aos métodos das ciências naturais e, sobretudo, se abstivessem de qualquer interpretação.[62]

Na trilha do repertório de observações in loco ou pesquisas de campo feitas pelo autor de ficções literárias, para o sociólogo, colecionar fatos passou a corresponder o mesmo que a coleta de documentos significava para o historiador. Sem a pretensão de atribuir prioridade ao literato, podemos indagar o quanto seus procedimentos estiveram na base dos métodos da antropologia ou o quanto as trocas entre as diferentes disciplinas e formas de escrita se mesclam e se alimentam reciprocamente. Creio que cabe aqui também a indagação sobre a íntima relação entre a produção acadêmica das ciências humanas em sua intenção de manter distância da escrita literária de modo a desenvolver um estilo com pretensão à objetividade aparentemente descomprometida de posições políticas ou fundamentada na posição política considerada correta. A trajetória da escrita literária prossegue de algum modo na elaboração textual de imagens, posição

---

61 LE PLAY, Frédéric. *Les ouvriers européens*. 2ªed. Tours: A. Mame et fils; (etc.) 1877-79. Indico para o tema dos observadores sociais TOPALOV, Christian. *Histoires d'enquêtes*. Londres, Paris, Chicago (1880-1930). Paris: Classiques Garnier, 2015.

62 Lepenies dedica todo um capítulo do livro – *Le roman jamais écrit: Beatrice Webb* – às atividades do casal Webb e seus aliados. Charles Booth, iniciou em 1886 uma pesquisa que se prolongou por dezessete anos que é considerada os inícios das ciências sociais na Inglaterra publicada entre 1902 e 1903 com o título *Life and Labour if the People if London*. LEPENIES, Wolf. (1985) *Les Trois Cultures*: Entre Science et Littérature L'avènement de la Sociologie. Trad. Henri Plard. Paris: Ed. de la Maison des Sciences de l'homme, 1990, p.107 e segs. Há uma edição comentada de partes da pesquisa de Booth em *On the city*: BOOTH, Charles. Charles Booth – On the city: physical pattern and social structure. In PFAUTZ, Harold W. (Org.). *Selected writings*. Chicago; Londres: Phoenix Books/The University of Chicago Press, 1967.

assumida pela fotografia cuja pretensão à objetividade se materializava na imobilização de um "fato social".[63]

A trajetória dirigida pela pretensão à objetividade não se apresenta, entretanto, linear, nem mereceu a adesão de todos os literatos. Vários autores, entre eles os ingleses, Matthew Arnold e T. S. Eliot, lembra Lepenies, mantiveram-se na posição que creditava à literatura a faculdade de falar ao coração; sua intuição clarividente opunha-se às análises dos sociólogos tão obcecados com a intenção de adotar o modelo das ciências da natureza, apoiando-se em estatísticas classificatórias e "dissecações" dos componentes da sociedade. Numerosos autores, como Samuel Smiles, C.F.G. Masterman, B. Seebohm Rowntree, Walter Besant prosseguiram nos caminhos abertos por observadores sociais.[64] Um dos mais sistemáticos observadores, o jornalista Henry Mayhew publicou no *Morning Chronicle*, entre 1849 e 1850, uma série de artigos sob o título *London Labour and the London Poor*[65]. Os artigos resumiam resultados de sua peregrinação pela capital inglesa na tentativa de fazer um levantamento o mais completo possível da imensa massa de trabalhadores informais que povoavam as ruas de Londres com o intuito declarado de dar a conhecer aos mais afortunados os sofrimentos e o frequente heroísmo do pobre sofredor.

Mayhew define um objeto particular – *the Street-Folk* – pois, como diz na introdução ao primeiro dos quatros volumes da publicação parcial de seus artigos que soma 2000 páginas: "cada tribo civilizada ou sedentária geralmente abriga alguma horda nômade". O resultado de suas investidas lhe permitiu inventariar "as raças nômades da Inglaterra", ou mais especificamente, aqueles que obtinham seu sustento de algum tipo de atividade desenvolvida nas ruas. À parte os vagabundos – "semi-ladrões, semi-mendigos, prostitutas e os sem-teto" – relaciona as seis espécies de *Street-folk*: "*Street-Sellers, Street-Buyers, Street-finders, Street-Performers, Artists and Showmen, Street-Artizans e Street-Labourers*".[66] Faz de entrevistas com esses personagens o material privilegiado para relatar seus costumes e diversões; transcreve

---

63 LEPENIES, Wolf. *Les trois cultures. Op. cit.*, p.45-46.
64 Vários desses autores foram reeditados por Garland Publishing. Neles há observações especializadas e relatos bastante próximos da escrita literária. SMILES, Samuel. (1861) *Workmen's earnings, strikes, and savings*. New York/London: Garland Pub., 1984; BESANT, Walter. (1901) *East London*. New York/London: Garland Pub., 1980; MASTERMAN, Charles G. (1902) *From the Abyss. Of its Inhabit*. New York/London: Garland Pub., 1980; ROWNTREE, B. Seebohm. (1910) *Poverty: A Study of Town Life*. New York/London: Garland Pub., 1980.
65 MAYHEW, Henry. *London Labour and London Poor*. London: Griffin, Bohn, and Company, 1861.
66 Numa tradução aproximada: vendedores ambulantes, compradores ambulantes, coletores de objetos encontrados nas ruas, performistas de rua, artistas, artesãos e trabalhadores de rua.

parte das falas de seus entrevistados e os artigos são acompanhados por desenhos feitos a partir de daguerreótipos de Beard. Mayhew diria se tratar de apresentar ao público leitor pela primeira vez "a história de um povo pelos próprios lábios dele – dando uma descrição literal de seu trabalho, ganhos, condições de vida, sofrimentos, em sua própria linguagem 'sem verniz' (...) pela observação pessoal dos lugares e em contato direto com as pessoas".[67]

No início do século XX, escritos assemelhados continuam a ser publicados e são acolhidos por amplo público leitor. Em *East London* de 1901, por exemplo, Walter Besant descreve a área a leste do rio Lea, um afluente do Tamisa, uma área nova e pobre da cidade que se tornara densamente povoada e coberta de casas no período de menos de um século. Contrasta essa área com a que se situa a oeste da City, a dos bairros ricos, e sublinha que quando se trata do "*East London*, não há necessidade de se falar em história". Para dar ao leitor uma ideia da situação da região, diz ser significativo que nessa "cidade" de dois milhões de habitantes (a população do *East London*) não houvesse um único hotel, nem restaurantes, o que mostrava não ser ela procurada por visitantes.[68] Tal como o livro de Mayhew, no qual gravuras ilustram e completam o texto, as páginas escritas do livro foram intercaladas com desenhos das ruas do bairro, fábricas e a área das docas.[69]

A literatura adentra o urbanismo

Voltando à ideia inicial deste artigo, o que mais me surpreendeu ao ler autores que escreveram sobre cidades, que colaboraram na formação do urbanismo, que relataram em minúcias a condição do habitante das grandes cidades foi a constante presença de textos literários utilizados como documentos, na maioria dos casos sem a necessária mediação. São apresentados como retratos de época da sociedade; um espelho, ainda que ao dar ênfase especial a determinados aspectos fiéis à almejada "realidade" social lhe impusesse certa deformação. O envolvimento pelos textos literários confirma o sucesso dos intuitos "românticos" ou "naturalistas" dos autores: "reapresentar a '*Essential Reality*' por meio do controle da faculdade Imaginação", como postulou Ruskin.[70] Algo como se os especialistas em estudos urbanos – e aqui

---

67 MAYHEW, Henry. (1861) *London Labour and London Poor*. 4 Vol. New York: Dover, 1968, n. XV, p.1-4.
68 BESANT, Walter. *East London. Op. cit.*, p.9.
69 Besant retira várias informações do trabalho de Charles Booth, *Life and Labour of the People of London*. London, New York: Macmillan, 1889 (Vol.I), 1891 (Vol.II).
70 WILLIAMS, Raymond. *Culture e Society: 1780-1950*. New York: Harper & Row, 1958, p.39.

se congregam os que escrevem história das cidades e os que produzem história do urbanismo – pudessem alcançar uma imagem verdadeira ou a re-apresentação verídica das principais questões do século XIX, no decorrer do qual a cidade se tornou um problema e exigiu a intervenção do saber especializado. Tal como os românticos acreditaram ser a "atividade do artista ler o segredo do universo" e os naturalistas ser a missão do literato apresentar a sociedade com a objetividade do cientista, as análises da formação do pensamento urbanístico parecem desejar alcançar ou penetrar a esfera da a própria vida urbana.

Leonardo Benévolo, um dos autores de leitura obrigatória para as áreas de história urbana e história do urbanismo, recorre em *História da Cidade* a extensas transcrições do livro de Engels para expor as condições de vida nos bairros pobres de Londres e cidades industriais, e completa a escrita com representações iconográficas do século XIX e de meados do século XX, de modo a mostrar a persistência da precariedade do habitat operário. No capítulo – A cidade industrial e seus críticos – do livro *História da Arquitetura Moderna*, Benévolo recorre novamente a Engels, mas também ao pensador político Thomas Carlyle e ao literato Charles Dickens, além de citar vários outros observadores sociais da época e, embora sublinhe as orientações políticas de seus autores, não estabelece diferenças entre o gênero de trabalho de cada um deles. A longa citação da parte introdutória de *Hard Times* de Dickens é acompanhada da observação de que, "não obstante a hostilidade preconcebida, a descrição de Dickens não é nem um pouco superficial, pelo contrário: exatamente graças à animosidade que a sustenta, penetra na realidade do ambiente industrial muito mais do que tantos discursos genéricos em louvor do progresso, onde a cidade é apresentada como um imenso canteiro de obras em festa".[71]

Ao deslocar sua análise para Paris, Benévolo apoia-se em Baudelaire para relatar as mudanças na vida urbana de uma capital europeia: "Apenas um grande poeta, em meados do século XIX, percebe essa mutação em termos explícitos, e exprime tal fato no célebre dístico: *Le vieux Paris n'est plus; la forme d'une ville change plus vite, helàs, que le coeur d'un mortel*". Com essas e várias outras transcrições organiza o argumento com o qual se propõe mostrar "até que ponto a cultura do século XIX estava ciente das transformações em curso nas cidades e nas terras (…)" e endossa as opiniões emitidas pelas avaliações pessimistas.[72]

---

[71] BENEVOLO, Leonardo. (1960) *História da Arquitetura Moderna*. 2ª ed. Trad. Ana M. Goldberger. São Paulo: Perspectiva, Op. cit., p.155-158.
[72] BENEVOLO, Leonardo. *História da Arquitetura Moderna*. Op. Cit., p. 158-172.

De seu lado, Lewis Mumford, em *A cidade na história*[73] de 1961, inicia e termina o capítulo sobre a cidade industrial com trechos do mesmo romance de Charles Dickens, utilizado por Benévolo, e ao qual dá o título *Hard Times – Coketown* repetindo o nome do romance e da cidade ficcional. Mantinha assim na década de 1960 as referências de *A cultura das cidades*, de 1938, afirmando reconhecer nas grandes cidades "um novo tipo de cidade, o tipo a que Dickens, em *Tempos Difíceis* chamou *Coketown*." E conclui: "Em maior ou menor grau, todas as cidades do Mundo Ocidental foram marcadas com as características de *Coketown*". A seu ver, "A férrea disciplina da máquina" levara ao "caos as grandes cidades" e delas fizera "um campo de batalha". Mumford utiliza a imagem de *Coketown* como modelo da cidade industrial inglesa do século XIX, um "paraíso paleotécnico" formado por "sombrias colmeias, a fumegar ativamente, abater, guinchar, a expelir rolos de fumo de doze a quatorze horas por dia..." Ao ambiente soturno, acrescenta as condições de trabalho: "a rotina escrava das minas, cujo trabalho constituía o ambiente normal do castigo intencional para os criminosos, tornou-se o ambiente normal do novo trabalhador industrial".[74]

Cotejar a citação de Mumford com a descrição da *Coketown* em Dickens consiste em um exercício interessante:

> Era uma cidade de tijolos vermelhos, ou de tijolos que teriam sido vermelhos se a fumaça e as cinzas deixassem; mas da forma como as coisas se apresentavam, era uma cidade de um vermelho e um preto não natural, como a face pintada de um selvagem. Era uma cidade da maquinaria e de altas chaminés, das quais intermináveis serpentes de fumaça se exalavam incessantemente. (...) Continha várias ruas largas, todas muito semelhantes e numerosas ruas pequenas ainda mais semelhantes entre si, habitadas por pessoas igualmente assemelhadas, que entravam e saíam às mesmas horas, com o mesmo som sobre o calçamento, para realizarem o mesmo trabalho, e para os quais cada dia de hoje se assemelha ao ontem e ao amanhã, e cada ano a contrapartida do anterior e do próximo.[75]

Em Dickens, a analogia entre a cidade industrial inglesa e *Coketown* é um evidente recurso retórico. Não quero atribuir ingenuidade à transcrição do texto ficcional

---
73 MUMFORD, Lewis. (1961) *A cidade na história. Suas origens, transformações e perspectivas*. Trad. Neil R. da Silva. São Paulo: Martins Fontes, 1998.
74 MUMFORD, Lewis. *A cidade na história. Op. cit.*, p.483.
75 DICKENS, Charles. *Hard Times. Op. cit.*, p. 65.

feita por Mumford, mas espero ter mostrado tratar-se de textos de gêneros diferentes, no qual a escrita especializada do urbanista recorre, quase sem transição, à transcrição de grande poder sugestivo da imagem literária em apoio de seu próprio argumento.

As críticas de Mumford se aproximam das de Thomas Carlyle e Friedrich Engels ao deixar aflorar o viés romântico de seus escritos, embora as projeções futuras fossem opostas.[76] Tal como Dickens, Carlyle, em 1829, baseara seu argumento em *Signs of the Times*[77] na crítica à mecanização da produção e a correlata transformação do homem em autômato esvaziado da essência humana mantendo entre si unicamente relações de interesse monetário (*cash nexus*). Mumford volta seus olhos para uma idealização da "comunidade" e expõe no item "O conceito Social da Cidade" de *A cultura das cidades* o quanto se havia perdido da função social originária da reunião de homens em núcleos urbanos[78]. Engels como Marx apostou na formação da consciência de classe entre homens destituídos de sua humanidade (condições de trabalho e habilidade manual) se reencontrando não mais nas restritas corporações de ofício, mas nas organizações operárias.[79]

Joseph Rykwert, já no limiar do século XXI, também não limita o uso de textos poéticos e literários às descrições do impacto da capital inglesa sobre visitantes recém-chegados. Ao analisar os planos para as cidades industriais projetadas pelos autores denominados utópicos, coloca lado a lado o projeto de cidade nova de Tony Garnier e a cidade ficcional do romance de Zola *O Trabalho*. As trocas entre romancista e "urbanista" merecem seu comentário sobre a maior sagacidade do romancista, evidente no fato de o engenheiro-arquiteto fourierista ter transcrito longas citações do romance em versões posteriores do seu projeto.[80]

Essas trocas ou diálogos entre procedimentos de método de trabalho e textos de intelectuais produtores de gêneros diferentes parecem ter sido comuns. No *Avant-propos* à edição dos *Carnets d'enquêtes* de Emile Zola, Henri Mitterand aproxima a obra do escritor a de outros romancistas, mas também daquelas "dos grandes sociólogos (neste artigo preferi nomeá-los observadores sociais) franceses do século

---

76 Ver a proximidade entre a crítica marxista do mundo industrial e o pensamento romântico do séc. XIX em ROMANO, Roberto. *Corpo e cristal*: Marx romântico. Rio de Janeiro: Editora Guanabara, 1985.
77 CARLYLE, Thomas. Signs of the Times. *Op. cit.*
78 MUMFORD, Lewis. *A cidade na história*. *Op. cit.*, p.493-498.
79 Essa aposta é enunciada por Engels já na Introdução a *A situação da classe operária na Inglaterra* (1845) e em especial no cap. XV, MARX, Karl. "O maquinismo e a grande indústria", no 1º volume de *O Capital*. *Op. cit.*
80 RYKWERT, Joseph. *Op. cit.*, p.230-231.

XIX – Parent Duchâtelet, Fréderic Le Play e Michelet". Afirma que "os vinte anos de observação haviam posto em ação as três características principais da pesquisa etnográfica: o trabalho de campo, a observação de fenômenos particulares em grupos restritos e a análise e organização dos fenômenos observados para elaborar documentos descritivos e sínteses". Confirma, pois, as observações de Lepenies sobre o quanto as ciências sociais seriam devedoras da literatura. Em minhas leituras também observei outro diálogo no modo como Vitor Hugo fez uso do relatório do médico Parent Duchâtelet na ambientação da fuga de Jean Valjean pelos esgotos de Paris durante os acontecimentos revolucionários de 1848 em Paris; também como Engels e Marx utilizaram os relatórios de médicos, juristas e parlamentares como documentos confiáveis para suas análises das condições de trabalho e de moradia dos operários. Nesses exemplos citados há um evidente deslocamento de escritas baseadas em cânones diferentes.

O uso de textos literários nas pesquisas sobre o ambiente urbano persiste ainda hoje em dia em nossas pesquisas. Penso, portanto, que cabe a pergunta: estaria na força expressiva desses escritos, nas poderosas reconstruções de locais e personagens elaboradas por suas narrativas o ponto de atração incontornável? Sem dúvida há uma inter-relação íntima de diversos tipos de escrita e, desse modo, pode-se indagar: por que nós os estudiosos das cidades e do urbanismo não lançaríamos mão dessa imensa gama de escritos que trazem aos dias atuais um tempo passado? Entretanto, tal como o relatório médico tem por base o saber especializado de sua época e os textos dos pensadores e homens políticos se estruturam pelo filtro de conceitos com os quais viam e analisavam a sociedade, o autor de ficções também se subordinou, e ainda o faz, aos cânones de sua especialidade. Ou seja, tal como para o pesquisador de uma das disciplinas constituídas sobre bases teóricas definidas se interpõe a ele e seu objeto a mediação de um campo conceitual que lhe orienta e limita tanto o olhar como a escrita, uma segunda mediação se coloca entre o texto lido e seus leitores, aliás, nem sempre familiarizados com o campo conceitual do autor. Além, convenhamos, das inevitáveis "leituras interessadas" que com maior ou menor evidência orientam perspectivas de leitura. Essas colocações remetem para a noção de *lugar de autor* em que nos colocamos ao redigirmos nossos textos que também se subordinam a um campo conceitual nem sempre explicitado. Ou seja, se toda linguagem é válida como documento, cada linguagem precisa ser analisada a partir de seu próprio campo "disciplinar" e condições de produção.

Com essa inquietação retorno às observações iniciais sobre a prática da leitura silenciosa que nos isola e substitui, no sentido a esse movimento atribuído por Walter Benjamin, a experiência pelo relato ficcional literário, e mesmo pela apresentação das experiências alheias com que somos bombardeados cotidianamente pela mídia. Penso ser importante voltar também a *Germaine* de Staël e a suas observações a respeito das ficções literárias, que denominava "ficções naturais", e a noção de verossimilhança:

> Os romances, ao contrário (da história), podem pintar os caracteres e os sentimentos com tanta força e detalhes que não há leitura que produza uma impressão tão profunda de ódio pelo vício e de amor pela virtude. A moralidade dos romances deve-se mais ao desenvolvimento dos movimentos interiores da alma do que aos acontecimentos que narram. (...) Tudo é tão verossimilhante em tais romances que nos persuadimos facilmente que tudo pode assim acontecer; não é a história do passado, mas, diremos, que é a do futuro.

E prossegue didaticamente:

> (...) É necessário acrescentar à verdade uma espécie de efeito dramático que não a desnatura, mas a coloca em relevo: é a arte do pintor, que longe de alterar objetos, os representa de outra maneira mais sensível. (...) A narrativa mais exata é sempre uma verdade de imitação (...) o gênio a faz penetrar nas dobras do coração humano. (...) Pode-se extrair dos bons romances uma moral mais pura, mais alta, do que de qualquer obra didática sobre a virtude. (...) Mesmo quando os escritos puramente filosóficos pudessem, tal como os romances, prever e detalhar todas as nuances das ações, sempre restaria à moral dramática uma grande vantagem; a de poder fazer nascer movimentos de indignação, uma exaltação da alma, uma doce melancolia, efeitos diversos das situações romanescas e uma espécie de suplemento da experiência; impressão esta que parecem fatos reais dos quais teríamos sido testemunhas.[81]

Afinal, dizia ela ao iniciar seu ensaio sobre as ficções: Não há faculdade mais preciosa para o homem do que sua imaginação. Concordamos?

Referências

BALZAC, Honoré de. *A comédia humana*. Trad. Vidal de Oliveira. Vol.IV Estu-

---
81 STAËL, Germaine de. *Op. cit.*, p.25-51.

dos de costumes. Cenas da vida provinciana. Rio de Janeiro: Globo, 1989.

BAUDELAIRE, Charles. *Oeuvres Complètes*. Paris: Éditions Robert Laffont, 1980.

BENEVOLO, Leonardo. (1960) *História da Arquitetura Moderna*. 2ed. Trad. Ana M. Goldberger. São Paulo: Perspectiva, 1989.

BENJAMIN, Walter. (1939) Sobre alguns temas em Baudelaire. In BENJAMIN, Walter. *Obras escolhidas III*. Trad. José Carlos Martins Barbosa, Hemerson Alves Baptista.São Paulo: Brasiliense, 1989.

BERNARD, Claude. *Introduction à l'étude de la médecine expérimentale*. Paris: J.B. Baillière, 1865.

BESANT, Walter. (1901) *East London*. 2ed. London: Chatto & Windus, 1902. New York/London: Garland Pub., 1980.

BOOTH, Charles. (1889-1892) On the city: physical pattern and social structure. PFAUTZ, Harold W. (Org.). *Selected writings*. Chicago; Londres: Phoenix Books/ The University of Chicago Press, 1967.

BOOTH, Charles. *Life and Labour of the People of London*. London, New York: Macmillan, 1889 (Vol.I), 1891 (Vol.II).

BRESCIANI, Stella. Metrópoles: as faces do monstro urbano. As cidades no século XIX. In: *Revista Brasileira de História*. São Paulo: ANPUH/Marco Zero, n.8/9, 1985.

BURKE, Edmund. (1790) *Reflections on the Revolution in France* ando n the proceedings in certain societies in London relative to that event. Penguin Books, 1986 *Reflexões sobre a Revolução em França*. Trad. Renato Faria, Denis Pinto, Carmen Moura, Brasília: Ed. UNB, 1982.

BURKE, Edmund. (1756) *Uma investigação filosófica sobre a origem de nossas ideias do sublime e do belo*. Trad. Enid Abreu Dobranszky. Campinas, SP: Papirus: Editora da Unicamp, 1993.

CALDER Angus. Introduction. In DICKENS, Charles. (1854) *Hard Times* – For These Times. Harmondsworth-UK: Penguin, 1971.

CARLYLE, Thomas. (1829) Signs of the Times. In *Thomas Carlyle – Selected Writings*. Harmondsworth-UK: Penguin, 1980.

CARONI, Ítalo. A utopia naturalista. In ZOLA, Émile. *Do Romance*: Stendhal, Flaubert e os Goncourt. Trad. Plínio Augusto Coelho. São Paulo: Ed. Imaginário/ EDUSP, 1995.

CHOAY, Françoise. (1965) *O urbanismo* – Utopias e realidades: uma antologia. Trad. Dafne Nascimento Rodrigues. São Paulo: Perspectiva, 1997.

COPLEY, Stephen; GARSIDE, Peter (Org.). *The Politics of the Picturesque*: Literature, Landscape, and Aesthetics since 1770. Cambridge-UK: Cambridge University Press, 1994.

CORBIN, Alain. *Le miasme et la jonquille*. L'odorat et l'imaginaire social XVIII e XIX siècles. Paris: Aubier, 1982.

DICKENS, Charles. *Great Expectations*. London: Chapman & Hall, 1861.

DICKENS, Charles. *Hard Times* – For These Times. London: Bradbury & Evans, 1854.

DICKENS, Charles. *Oliver Twist*, or The parish boy's progress. London: Richard Bentley, 1838.

DICKENS, Charles. *The Life and Adventures of Nicholas Nickleby*. London: Chapman & Hall, 1839.

DICKENS, Charles. *The Posthumous Papers of The Pickwick Club*. London: Chapman & Hall, 1837.

DYOS, Harold James; WOLFF, Michael (Org.). *The Victorian City Images and Realities*. Vol. 2. London; Boston: Routledge & Kegan Paul, 1973.

ENGELS, Friedrich. (1845) *La situation de la classe laborieuse em Angleterre*. Trad. Gilbert Badia, Jean Frederic. Paris: Editions Sociales, 1960.

FURNISS, Tom. *Edmund Burke's* – Aesthetic Ideology. Language, Gender and Political Economy in Revolution. Cambridge-UK: Cambridge University Press, 1993.

GILPIN, William. *Three essays*: on picturesque beauty, on picturesque travel and on sketching landscape: to which is added a poem, on landscape painting. London: Printed for R. Blamire, 1792.

KANT, Emmanuel. Des observations sur le beau et le sublime (edição francesa do texto alemão de 1764). *Oeuvres philosophiques*. Vol.I. Paris: Gallimard, 1980.

LE PLAY, Frédéric. *Les ouvriers européens*. 2ªed. Tours: A. Mame et fils; (etc.) 1877-79.

LEPENIES, Wolf. *Les Trois Cultures*: Entre Science et Littérature l'avènement de la Sociologie. Trad. Henri Plard. Paris: Ed. de la Maison des Sciences de l'homme, 1990.

LOCKE, John. *An Essay Concerning Human Understanding*. London: Routledge, 1689/1690.

LOCKE, John. *Of the Conduct of the Understanding*. London: W.B. for A. and J. Churchill at the Black Swan in Pater-Nofter-Row, 1706.

MARX, Karl. (1867) *Le Capital*. Trad. Joseph Roy. Livre I. Paris: Editions Sociales, 1976. Edição brasileira *O Capital*. Trad. Regis Barbosa e Flávio R. Kothe. São Paulo: Abril Cultural, 1983, vol. I.

MASTERMAN, Charles G. (1902) *From the Abyss*. Of its Inhabit. New York/London: Garland Pub., 1980.

MAYHEW, Henry. (1861) London Labour and London Poor. 4 Vol. New York: Dover, 1968, n.XV, p.1-4.

MITTERAND, Henri. (1898) Introduction. In ZOLA, Émile. *Paris*. Paris: Stock, 1998.

MUMFORD, Lewis. (1961) *A cidade na história*. Suas origens, transformações e perspectivas. Trad. Neil R. da Silva. São Paulo: Martins Fontes, 1998.

NAXARA, Márcia. O (des)conhecimento do outro: pensando o "provinciano". In: NAXARA, Marcia; MARSON, Izabel (Org.). *Sobre a Humilhação*. Uberlândia: EDUFU, 2006.

PECHMAN, Robert Moses. *Cidades estreitamente vigiadas*. O detetive e o urbanista. Rio de Janeiro: Casa da Palavra, 2002.

PRICE, Uvedale. *Essays on the picturesque*. Londres: Oxford University, 1810.

ROMANO, Roberto. *Corpo e cristal*: Marx romântico. Rio de Janeiro: Editora Guanabara, 1985.

ROWNTREE, B. Seebohm. (1910) *Poverty*: A Study of Town Life. New York/London: Garland Pub., 1980.

RYKWERT, Joseph. (2000) A sedução do lugar. A história e o futuro da cidade. Trad. Valter Siqueira. São Paulo: Martins Fontes, 2004.

SENNETT, Richard. (1974) *O declínio do homem público*: As tiranias da intimidade. Trad. Lygia A. Watanable. São Paulo: Companhia das Letras, 1988.

SIMMELL, Georg. A metrópole a vida mental. Trad. Sérgio Marques dos Reis. In VELHO, Otávio Guilherme (Org.) *O fenômeno urbano*. Rio de Janeiro: Zahar, 1976, p.11-25; Les grandes villes et la vie de l'esprit in *Philosophie de la modernité*. Trad. Jean-Louis Vieillard-Baron. Paris: Payot, 1989.

SMILES, Samuel. (1861) *Workmen's earnings, strikes, and savings*. New York/London: Garland Pub., 1984.

STAËL, Germaine de. (1795) *Essai sur les fictions suivi de de l'influence des passions sur le bonheur des individus et de nations*. Paris: Ed.Ramsay, 1979.

WATT, Ian. (1957) *A ascensão do romance*. Estudos sobre Dejoe, Richardson e Fielding. Trad. Hildegard Feist. São Paulo: Companhia das Letras, 1996.

WILLIAMS, Raymond. (1973) *Campo e Cidade na História e na Literatura*. Trad. Paulo Henriques Britto. São Paulo: Companhia das Letras, 1989.

WILLIAMS, Raymond. *Culture e Society*, 1780-1950. Nova Iorque: Harper & Row, 1958.

ZOLA, Émile. (1882) *As mulheres dos outros*. Trad. Maria Lúcia Pessoa de Barros. Rio de Janeiro: Editora Vecchi Ltda, 1960.

ZOLA, Émile. *Au Bonheur des dames*. Paris: G. Charpentier, 1883.

ZOLA, Émile. *Carnets d'enquêtes*. Une ethonographie inédite de la France. MITTÉRAND, Henri (Org.). Paris: Plon, 1986.

ZOLA, Émile. *La Curée*. Paris: A. Lacroix, Verboeckhoven et cie., 1871.

ZOLA, Émile. (1880) *Le Roman experimental*. Paris: Garnier-Flammarion, 1971.

ZOLA, Émile. *Le ventre de Paris*. Paris: G. Charpentier, 1873.

ZOLA, Émile. *Paris*. Paris: E. Fasquelle, 1898.

ZOLA, Émile. *Pot-Bouille*. Paris: G. Charpentier, 1882.

ZOLA, Émile. *Travail*. Paris: E. Fasquelle, 1901.

Les représentations d'une ville dans la formation de la pensée urbanistique*
São Paulo de 1890 à 1950

Cet article cherche à ouvrir un débat sur la notion assez divulguée dans l'historiographie brésilienne d' "importation d'idées" ou de "modèles" de l'urbanisme européen, d'abord, puis étasunien, par les urbanistes brésiliens. Il me semble être plus éclairant de privilégier le processus parfois conflictuel qui précède et régit le choix parmi les options disponibles et partagées dans le champ commun des connaissances de ce domaine que de me limiter à une simple comparaison entre modèles des solutions adoptées. Je suggère également l'hypothèse de ce que la refonte de la ville à la fin du XIXe et début du XXe se doit en partie à la substitution des édifices en torchis par des constructions en briques qui altèrent l'option des styles architecturaux[1] et non pas à des interventions amples ou radicales sur le tracé urbain de la zone ancienne de la ville – le "centre historique" ou "triangle central". De fait, au contraire de l'option qui a donné une nouvelle forme à la ville de Paris en perçant de grandes rues et avenues dans son ancien tissu urbain, à cette époque, les projets d'intervention pour São Paulo se sont concentrés de préférence sur l'urbanisation de nouvelles zones et des vallées des rivières Anhangabaú et Tamanduateí, d'abord, puis des rivières Tietê et Pinheiros.

---

* Tradução de Alain François. Publicado em *La Ville au Brésil (XVIIIe-XXe siècles). Naissances, renaissances*. VIDAL, Laurent (Org.), Paris: Rivages, 2008, p. 268-275.
1 LEMOS, Carlos Lemos. *Alvenaria Burguesa*. São Paulo: Nobel, 1985.

Une ville entre deux temps

São Paulo – 1900: une ville divisée en *deux temps* clairement circonscrits, l'ancien bourg des étudiants et la métropole du café.[2] D'un côté, les vestiges d'un temps passé qui survivent dans le tracé de la ville ancienne, et de l'autre les nouvelles zones, récemment urbanisées. Cette date, 1900, n'a qu'une valeur symbolique puisqu'en fait, elle correspond simplement aux annotations d'un voyageur de passage à São Paulo cette année-là, homme cultivé, ancien étudiant de la *Faculdade de Direito*, habitant de la capitale[3], ville qui sert évidemment de référence à ses observations. Ce repère m'a semblé important puisque l'historiographie soutient que la ville est passée, soit par une refondation, soit par un développement extraordinaire pendant les 20 dernières années du XIXe siècle. La ville commence à se transformer dès 1870 avec l'apparition des chemins de fer ou encore à partir de 1875 avec l'arrivée en masse d'immigrants européens. Le bourg paisible des "paulistes" et des étudiants de la *Faculdade de Direito* cede le pas à la ville moderne, commerciale et industrielle. Voilà comme le voyageur Moreira Pinto a exprimé cette différence:

> São Paulo, comme tu étais et comme tu es devenue! Je ne peux plus te tutoyer: noble comme tu l'es, tu mérites aujourd'hui que je t'appelle Excellence. Votre Excellence s'est complétement transformée![4]

Il y a aussi une observation d'altération radicale, exprimée dix ans plus tôt par le Dr. Paulo Egydio en référence à la province dans un article du journal *O Estado de São Paulo* de 1888:

> Nous avions vu de près les vastes terres de la province se couvrir de voies ferrées sous les auspices extrêmement féconds de l'initiative privée; nous avions vu se former de riches associations et des compagnies pour exploiter, sans intervention du pouvoir central, les plus importantes branches de l'industrie, de l'agriculture et du commerce; nous avions également vu la province de l'État de São Paulo changer complètement d'apparence en une vingtai-

---

2 Ces désignations assez communes donnent leur nom aux volumes 2 et 3 du livre de Ernani da Silva Bruno (1938). *História e Tradições da cidade de São Paulo*. São Paulo: Hucitec/Prefeitura do Município de São Paulo, 1984.
3 Rio de Janeiro, capitale du Brésil à cette époque-là. (N. d. T.).
4 PINTO, Alfredo Moreira. *A cidade de São Paulo em 1900* (ed. fac-símile). São Paulo: Governo do Estado de São Paulo, 1979.

ne d'années, propulsée par l'admirable pouvoir des associations libres, de la volonté individuelle.⁵

Au début des années 30, Cursino de Moura, autre mémorialiste, aborde la polémique soulevée par la construction de l'immeuble Martinelli, sur "la première parti e de la moderne et élégante avenue São João", et affirme:

> D' où nous vient cet étonnement? Du fait qu'il y ait un Martinelli avec ses 24 étages là ou il y avait le Café Brandão qui n'en comptait que trois? Alors que pour voir cette apothéose d'aujourd'hui les yeux de la population ont augmenté de plus d'un million de paires! Voilà bien l'accablante réalité de São Paulo, la plus magnifique réalisation de l'activité d'un peuple. Preuve palpable – Café Brandão, 3 étages; Martinelli, 24 – 1890: 200 000 habitants ; 1932: 1 200000. Différence – 42 ans. Quelle merveille!⁶

La relation entre la croissance démographique et spatiale et les interventions réalisées dans la ville par le pouvoir public associé à l'initiative privée compose les représentations de São Paulo, ville dont la particularité repose sur le lien étroit entre l'intérêt privé et la configuration expresse de l' espace au niveau de l'expansion territoriale aussi bien que des programmes architecturaux. C'est là, et jusqu'à nos jours, la marque d'identité de São Paulo, ville qui se confond avec l'État dont elle est la capitale. D'après ce point de vue, j'invite le lecteur à accompagner la formation d'une politique d'intervention pour São Paulo. La période entre 1890 et 1950 correspond à des repères chronologiques qui nous permettent d'appréhender le débat d' ordre théorique entre professionnels, bien que des persistances et des modifications dans la relation entre le pouvoir public et les propositions d'intervention dans l' espace urbain.

La ville – "Organisme complexe"

Au début des années 1890, sur l'initiative de la municipalité, une commission de médecins et d'ingénieurs fait un relevé des zones de risque, vulnérables aux épidémies qui sévissaient dans la ville portuaire de Santos et dans quelques villes de l'État de São Paulo. Le rapport propose aux autorités municipales une action dou-

---

5 EGAS, Eugenio. *Galeria dos Presidentes de São Paulo*. São Paulo: Secção de Obras d'O Estado de São Paulo. vol. 1 Império et vol. 2 República, 1926, p. 657-658. Les deux volumes contiennent des commentaires et des extraits des rapports des autorités municipales.
6 MOURA, Paulo Cursino de. (1932) *São Paulo de Outrora* (Evocações da metrópole). Belo Horizonte: Itatiaia, São Paulo: EDUSP, 1980, p. 90.

ble: corrective, visant l'élimination des zones de risque, et projective, anticipant l'importance de l'établissement de directives pour l'occupation de la ville en zones avec des fonctions différenciées, c'est-à-dire, une ébauche de principes pour un plan normatif de l'occupation de la zone urbaine et suburbaine. À la fin des années 1940, la ville, qui ne répond plus aux anciennes formes de contrôle et d'intervention, exhibe les problèmes d'une métropole dont l'expansion désordonnée, partiellement permise et même parfois stimulée par les autorités, qui sont alors obligées à penser en termes de planification urbaine.

Un même mot scande l'action gouvernementale – *melhoramentos* (équivalent du terme anglais *improvements*) – aussi bien sur la période antérieure à 1890 que sur celle postérieure à 1950. Il nous faut toutefois souligner que les initiatives recouvertes par ce terme qui étaient *ponctuelles* pendant le régime impérial (1822-1889), deviennent des *plans* d'intervention, correctifs dans la région centrale et projectifs pour les zones d'expansion, et débouchent, dans les années 1950 sur des propositions plus amples de *planificatiotin* urbaine.

Les documents sont donc des textes de *Relatórios de Prefeitos* (Rapport des Maires), conférences et articles spécialisés, écrits par des ingénieurs et des architectes directement engagés ou non par la Mairie et par le Gouvernement de l'État de São Paulo, dont quelques-uns étaient associés à des entreprises du bâtiment civil, qui ont collaboré à définir les politiques d'intervention dans la ville. Le discours des spécialistes s'appuie sur un vocabulaire technique, s'exprime au présent, et cherche à corriger des problèmes spécifiques, à modifier des tracés et des dispositions légales sur les édifications ; il se déplace pour mieux prévoir l'expansion ordonnée de la ville, discute des alternatives toujours liées à des options techniques. Il y a toutefois une persistante affirmation du caractère éthique de la fonction politique de l'État, comme action qui essaie de trouver le point d'équilibre entre les intérêts privés et le bien collectif ou public.

En ce qui concerne la période de 1890 à 1950, il est impossible de séparer, sur un plan conceptuel, le vocabulaire de l'urbaniste (ingénieur et architecte) de celui de l'administrateur public de São Paulo. Que ce soit parce que les maires et préfets ont recours aux rapports de professionnels responsables des différents départements et administrations publiques, ou parce qu'eux-mêmes sont, pour la plupart, des ingénieurs formés par l'*Escola Politécnica*, (École Polytechnique) leurs langages se rapprochent.

Le débat entre les urbanistes peut être résumé de façon synthétique d'abord aux présupposés académiques assez précis de la médecine, du génie sanitaire et du génie civil, et de l'urbanisme ensuite, avant de finir par s'organiser autour de l'axe génie--architecture et sociologie urbaine, toujours soumis au *but politique d'ordonner la ville*: corriger les erreurs, fournir des équipements collectifs, mais surtout prévoir sa croissance ordonnée. Il ne s'agit pas d'un registre unique ni unifié. Pendant ce demi-siècle il y a eu des divergences notables entre adeptes de théories différentes; il y a eu des glissements nets des préceptes du sanitarisme vers ceux de l'urbanisme, L'association entre médecins et ingénieurs, présence indiscutable au XIXe siècle, cède le pas, vers la fin des années 1920, à un partenariat inégal ou le spécialiste en sociologie urbaine sera un simple collaborateur de l'ingénieur urbaniste. Le cadre de circulation des textes, plus restreint, n'empêche pas qu'ils publient des articles dans des journaux et autres revues plus diverses. La polémique à travers la presse, si commune quand il s'agit de politique, devient le recours le plus efficace dans ce débat entre alternatives de politiques urbaines.

Pendant la plupart du XIXe siècle la question des *"melhoramentos públicos"* sera traitée de façon essentiellement ponctuelle par les administrations successives qui la rapportent à des oeuvres spécifiques: percement de rues, élargissement de celles qui existent, oeuvres de renforcement des murs de soutien dans les régions de forte déclivité, drainage des régions sujettes aux inondations.[7] Les menaces de choléra, dans les années 1850, et la rapide croissance de la population avaient imposé la création de l'*Inspetoria da Saúde Pública* (Commission d'Inspection de la Santé Publique) en septembre 1851 et de la *Repartição de Obras Públicas* (Département des Travaux Publics), en février 1877. La corrélation entre l'environnement et la santé de la population maintient une réciprocité d'action entre ces deux départements publics à plusieurs reprises. Dans les trente dernières années du siècle. "les riches agriculteurs de la province ont commencé à construire des maisons dans la capitale, et à y établir leur domicile permanent ou temporaire", affirme le commentateur Egas, ce qui amène, poursuit-il, les autorités publiques à investir dans des "ceuvres d'assainissement et d'embellissement de la ville".[8]

Dès le début du siècle, l'exiguïté de la région du "centre historique", plus particulièrement en ce qui concerne la circulation de véhicules, est compliquée par l'apparition des trams, et devient le centre des attentions des *melhoramentos urbanos* (aménagements urbains) pour ce qui est du tracé de la ville. Plusieurs propositions ponctuelles allant dans le sens d'élargir, d'augmenter et de percer des rues et des

---

7   EGAS, Eugenio. *Galeria dos Presidentes de São Paulo. Op. cit.*, V.1, p. 498-499.
8   EGAS, Eugenio. *Galeria dos Presidentes de São Paulo. Op. cit.*, V.1, p. 483.

avenues pour faciliter l'accès au "triangle" ou permettant l'expansion du "centre historique" ont vu le jour. C' est néanmoins dans les années 1910 que le débat prend une forme plus ample, avec la proposition de plans complets pour le remodelage de cette région. La ville en tant "qu'organisme complexe" constitue donc l'autre versant des préoccupations des spécialistes et oriente l'élaboration de métaphores aux contenus organicistes dans la composition du vocabulaire urbanistique. Il est très significatif, dans cette perspective, que la première phrase du *Memorial de Projectos da Diretoria de Obras* (*Mémoires de Projets de la Direction des Travaux*) pour l'année 1911[9] définisse le problème du tracé des rues centrales et des voies de communication avec les quartiers adjacents comme une crise due à "la croissance désordonnée" et "l'absence de prévisions":

L'ingénieur Victor da Silva Freire, lié à la *Secretaria de Obras* et professeur de l' Escola Politécnica aborde dans une conférence au *Grêmio Politécnico* en 1911[10], la question des "aménagements de São Paulo" comme une *question de circulation* de l'air, du soleil et des véhicules. Cette conférence fait partie de la politique du maire Duprat qui voulait des plans "d'aménagements urgents et nécessaires à l'expansion du centre ville pour lui donner l'aspect d'une ville moderne, prospère et civilisée, et pour répondre au besoin pressant de faciliter les communications avec les banlieues".[11]

Cette conférence précède et complète *A Cidade Salubre*[12], de 1914, et sous une structure de cours, il y définit déjà un *vocabulaire propre des ingénieurs* spécialistes en interventions urbaines et établit deux points d'action: la ville et l'habitation salubre. La relation entre espace construit et espace libre, aussi bien pour la circulation que comme parcs et jardins, y apparaît comme une base théorique sous-jacente de ce thème de la circulation.

Il définit d'emblée le cadre de sa proposition: "le problème municipal dans toute son amplitude ne nous intéresse pas pour le moment. Nous nous occupons maintenant de la trame de ces agglomérations, de la répartition de l'espace qu'elles recouvrent en rues, places, habitations, 'logradouros'. (C'est-à-dire à ce) qui concerne

---

9 Ce Memorial fait partie du Relatório Raymundo da Silva Duprat: *Relatório de 1911 apresentado à Câmara Municipal de São Paulo pelo Prefeito Raymundo Duprat*. São Paulo: Vanorden, 1912.
10 FREIRE, Victor da Silva. Melhoramentos de São Paulo. Conferencia do lente dr. Victor da Silva Freire no Gremio Polythecnico a 15 de fevereiro (de 1910) *Revista Politécnica* 6 (33), fev.-mar. 1911, p. 91-145.
11 Freire, selon la manière dont il définit les objectifs des plans proposés dans DUPRAT, *Relatório de 1911, Op. cit.*, p. 7.
12 FREIRE, Victor da Silva. A cidade salubre. *Revista Politécnica* 8 (48), out.-nov. 1914, p. 319-354.

la bonne distribution de l'air, de la lumière, la circulation – dont les exigences ont une grande importance sur notre vie quotidienne". C' est bien la configuration d'un *champ conceptuel où les idées de base de l'hygiénisme sont traduites dans le lexique da génie* en termes d'équilibre volumétrique pour une projection ordonnée de la ville.

Il précise qu' "améliorer c'est corriger"; c'est "une question permanente que de venir en aide aux besoins de croissance de la ville". Pour São Paulo, il divise cette question en trois phases: la "phase de l'assainissement", à l'époque de la fondation de l'Escola Politécnica en 1894; la "phase de méthodisation du développement désordonné", "phase ou le gouvernement a commencé à niveler, revêtir et arboriser les rues, a créé des jardins et a corrigé le tracé de rues dans la partie ancienne" ; et la "phase actuelle", expliquée par "un saut brutal des nombres".[13]

Pédagogiquement, il expose la *base théorique* et la *procédure* à adopter dans le cas de São Paulo. Conserver le tracé urbain original est le mot d'ordre auquel il aura recours pour s'élever contre les propositions qui défendaient l'ouverture d'avenues coupant le centre historique de la ville. À cet égard, il est en plein accord avec Camille Sitte, qu'il cite plusieurs fois.[14] En termes de procédure, il examine de nombreux exemples de propositions et d'interventions pratiques dans les villes des Etats-Unis, de Grande-Bretagne et d'Allemagne, loue leurs directives et critique "la pratique parisienne qui se stérilise en de longues discussions". Il en vient ensuite à la ville de São Paulo, dont il loue la "formation encore visible dans le tracé des rues", "groupes de maisons irréguliers qui s'étendent autour de la chapelle du Collège, (…) toute notre histoire si connue, (…) la vie en commun et officielle de nos jours en un triangle qui a pour sommets les couvents de *São Bento, do Carmo* et de *São Francisco*". C'est pour être contraire à cette ordonnance artistique de la croissance de la ville qu'il justifie sa critique du tracé en grille. "Quelle différence

---

13 Il dit que 1900 s'était soldé par un bilan de 1091 nouvelles maisons construites et 20443250 passagers transportes par les trams de la L. & P; et 1910 par un total de 3 231 nouvelles maisons et 31 095 501 passagers transportés (São Paulo Light & Power, compagnie installée dans la ville depuis 1900 qui fournissait l'energie et était responsable des trams urbains et des téléphones). Cf. ROLNIK, Raquel. *A cidade e a lei*: legislação, política urbana e territórios na cidade de São Paulo. São Paulo: FAPESP/Studio Nobel, 1998, p. 148.

14 Il manifeste son accord avec Sitte quand celui-ci fait l' éloge des villes européennes et des joyaux "que les places centrales recèlent, Athènes et l'Acropole, Rome et le Forum, modèles majeurs – où Ia symétrie du temps, Ia plus splendide symétrie. Ia symétrie artistique, de l' équilibre des masses, des proportions" et manifeste son rejet de Ia "sèche symétrie géométrique, autour d'un point, d'une ligne". Cf. SITTE, Camillo. (1889) *A construção das cidades segundo seus princípios artísticos*. (ANDRADE, Carlos Roberto, présentation), Traduction brésilienne par Ricardo Ferreira Henrique de la 4e éd. 1909: Der Städtebau nach seinen Künstlerischen Grundsätzen), São Paulo. Ática, 1992.

profonde avec l'implantation géométrique (...) sèche, régulière, fatale des villes américaines en général!".[15]

Il élabore une proposition d'intervention à partir de "l'expansion naturelle" de la ville, de sa "forme primitive". Il suggère que soit maintenue la direction des "lignes de communication", qui, "telles les tentacules d'une pieuvre" indiquent "le point de vue obligatoire pour le futur" qu'il traduit par la métaphore des "trois divisions distinctes d'une roue de voiture: le moyeu ou centre de la ville; les rayons, soit les grandes voies de pénétration dans le centre; les jantes, ou cercle de la roue – les rues permettant l'accès des différents quartiers aux voies de pénétration". "Il suffirait d'élargir et d'allonger les artères". Quant aux "quartiers nouveaux", il propose qu'ils soient créés par des particuliers, "selon un plan qui, pour chaque cas, serait organisé en fonction des prescriptions de la technique d'aujourd'hui ou, mieux encore, par la propre municipalité".[16] Bref, il propose une conception de "la ville comme oeuvre d'art", optant pour le "plan d'ensemble des aménagements" projeté par une seule personne ("un plan est une oeuvre individuelle, d'art" affirme-t-il), bien qu'il considère indispensable de consulter "tous ceux qui projettent d'élever des édifices d'une certaine importance".[17]

Les directives de son plan furent louées par l'architecte français Antoine Bouvard[18], lors de son passage à São Paulo en 1911, qui, pour sa part, propose un nouveau projet ajoutant des solutions ponctuelles dans la ville: "désencombrer la croissance du triangle de tous les obstacles d'ordre topographique", "transformer la vallée de l'Anhangabaú en jardin et créer le *Parque do Carmo*", "éléments d'embellissement et d'harmonie", et, surtout "occuper les espaces libres" laissés par l' expansion "exagérément étendue de la ville". Pour la "périphérie" il propose "des distributions en amphithéâtres, adaptées à la topographie et à la disposition pittoresque des lieux". Il y a dans son projet un très net souci de la monumentalité, dont la proposition d'un

---

15 La caractéristique des villes brésiliennes a été déterminée académiquement par HOLANDA, Sérgio Buarque de. O Semeador e o Ladrilhador. In *Raízes do Brasil*. Rio de Janeiro: Livraria José Olympio, 1936. Selon lui la différence fondamentale entre les villes projetées dans les régions de colonisation espagnole, et portugaises qui vont s'étaler géographiquement avec le temps. Ses réflexions ont été critiquées à cause de leur ton générique et de l'absence de recherches spécifiques. Cf. parmi d'autres: DELSON, Roberta Delson (1979) *Nova Vilas para o Brasil-Colônia*. Planejamento Espacial e Social no Século XVIII. Edições Alva, 1997, et BRESCIANI, Stella. *O charme da ciência e a sedução da objetividade*. Oliveira Vianna entre intérpretes do Brasil. São Paulo: EdUNESP, 2005.
16 DUPRAT, Raymundo. *Relatório de 1911*. Op. cit., p.98-101.
17 DUPRAT, Raymundo. *Relatório de 1911*. Op. cit., p.110-126, 135.
18 Le rapport de Bouvard a été transcrit par le maire Raymundo Duprat dans son Rapport de 1912: DUPRAT, Raymundo. *Op. cit.*, p. 12-15.

centre civique prévoit des "monuments et édifices publics disposés méthodiquement de manière à participer à un ensemble qui pourrait avoir le plus grand effet cédant le pas à un tout esthétique aussi grandiose qu'imposant". En ce qui concerne le problème de la "densité de l'agglomération", son attention se tourne vers "l'urgence du besoin d'espaces, de places publiques, de squares, de jardins, de parcs, (de) foyers d'hygiène et de bien-être, nécessaires à la santé publique aussi bien morale que physique". À son avis c'était le moment idéal "pour que la ville de São Paulo avance résolument sur le chemin que lui trace son mouvement rapide de progrès". Sa conception de progrès pour la ville prévoit de "tracer le programme de son développement normal, de son développement esthétique, réclamés par sa grandeur et importance".

Aménagements et Urbanisme

Quatre articles de Francisco Prestes Maia et João Florence d'Ulhôa Cintra, ingénieurs, anciens élevés et professeurs de l'*Escola Politécnica*, sont publiés dans le *Boletim do Instituto de Engenharia* entre mars 1925 et juin 1926, sous le titre "Os grandes melhoramentos de São Paulo. Um problema atual" (Les grands aménagements de São Paulo. Un problème actuel).[19] La notion de melhoramentos précédée de l'adjectif "grands" s'explique par le point de vue ample qu'ils ont choisi pour l'idée de "remodelage": la "crise de croissance de la capital e pauliste", qui se distancie de ses congénères, "dans la phase décisive de son entrée sur la liste des grandes métropoles".

La phrase – "la rapide évolution (qui) place São Paulo entre les villes aux croissances les plus rapides du monde" totalisant "le plus grand nombre de constructions annuelles du pays" – donne la dimension de la crise. La rapidité et la grandeur de l'expansion modifient la relation entre temps et espace. La triade conceptuelle "milieu et race associés à d'heureuses circonstances", en tant qu'expressions du "progrès (...) résultat naturel de facteurs" sert de référence à l'entrée dans "l'ère de l'industrialisme" avec la multiplication des "usines, l'action de ses habitants (le pauliste et l'immigrant), et la proximité du port". La solution proposée passe par la compréhension de ce que réaliser des "travaux de remodelage" signifie autant "corriger les défauts hérités" que la reconnaissance "de l'opportunité unique d'organiser

---

19 Ils ont été publiés dans les numéros 26/27 (octobre 1924/mars 1925), 28 (mars/juin 1925), 29 (juillet/octobre 1925) et 31 (mars/juin 1926). PRESTES MAIA, Francisco; CINTRA, João Florence d'Ulhôa. Os grandes melhoramentos de São Paulo. Um problema atual. São Paulo: *Boletim do Instituto de Engenharia*, mars 1925 et juin 1926. Ces articles ont été écrits alors que Prestes Maia travaillait à la Secretaria de Viação e Obras Públicas et précédent donc la préparation du travail de Francisco Prestes Maia: MAIA, Francisco Prestes. *Estudo de um Plano de Avenidas para a Cidade de São Paulo*. São Paulo: Melhoramentos, 1930.

notre ville". Selon eux, l'on vivait une période prospère, ou les expropriations étaient facilitées par les coûts bas des immeubles anciens, situation qui coïncidait à son tour avec l'encombrement intolérable du centre, le début des grandes constructions – de sorte qu'il était facile de prévoir "l'efficacité future du coeur d'une immense région", et donc de la préparer, en somme, à être, de par sa position géographique, "la métropole naturelle d'une immense partie de l'Amérique du Sud".

Et c'est dans ce champ conceptuel que le mot *remodelar* (remodeler) prend tout son sens, comme capacité de prévoir "en une vision ample, le développement plein et normal de la ville en un plan intégral de transformation et embellissement", donnant à l'"État de São Paulo une Capitale digne de son progrès".

Le thème de la circulation y persiste, cernant les concepts qui seraient repris dans la proposition principale de Prestes Maia, *Estudo de um Plano de Avenidas para a Cidade de São Paulo*, qui a défini les consignes pour les grandes voies de circulation de la ville.[20] Les "lignes maitresses du remodelage" sont pourtant déjà établies dans l'article du Boletim: constituées par le "squelette basique de la ville et son 'système de rues' – direction, connexions et largeur – projeté de manière à "satisfaire les nécessité de la circulation". La proposition de Prestes Maia et Ulhôa Cintra réaffirme la ville, qui "est née et a grandi comme les vieilles villes européennes, et dont le plan actuel fait ressortir un centre parfaitement caractérisé – de nos jours, le coeur de la ville –, qui s'irradie vers tous les secteurs, avec bon nombre de grandes voies de communication". Ils prévoient un "périmètre d'irradiation" autour du centre, et un "réseau de lignes radiales ou artère radiales" distribuant le trafic vers les rues secondaires. Dans ce schéma, les "nouveaux quartiers qui sont venus s'agréger successivement à la ville se sont appuyés sur ces radiales mentionnées, décrivant de grands segments de circonférence autour du centre de la ville". Ce remodelage exige également de "coordonner et diriger l'expansion de la ville, oeuvre exclusive de l'initiative privée, qui, essentiellement au moyen du système de vente à crédit, a provoqué la dispersion désordonnée haussant le prix des services publics". Pour eux, "ce programme unique – idéal en ce qui concerne l'art de tracer les villes – *est économique, exécutable et facile à mener à bien*". Leur programme de remodelage confirme et fait l'éloge de la directive tracée en 1911 par Victor Freire et Eugène Bouvard, et renforce l'initiative

---

20 L'implantation d'une partie de ce plan avait déjà été mise en ceuvre quand son auteur a été nommé maire par le gouvernment dictatorial de Getúlio Vargas, en 1938 (fonction qu'il exercerait jusqu'à la fin de l'Estado Novo en 1945) et ne serait complété que dans les années 1970. Compte rendu de la gestion de 1938-1945: MAIA, Francisco Prestes (1945) *Os Melhoramentos de São Paulo*. São Paulo: Imprensa Oficial, 2ª Ed., 2010.

du maire Duprat. S'il y a un élément nouveau dans leurs textes, c'est la propagande, qui doit "rendre clair pour le peuple peu familiarisé avec ce sujet, les avantages de tous les grands ouvrages de transformation". Une propagande qui devrait également valoir l'appui de la population à l'initiative des pouvoirs publics.

Urbanisme et Sociologie Urbaine

Le thème de la propagande réapparait dans la conférence "A Verdadeira Finalidade do Urbanismo" (La Véritable Finalité de l'Urbanisme)[21] prononcée par l'ingénieur-architecte Luiz de Anhaia Mello à l'Instituto de Engenharia de São Paulo, au moment de l'inauguration du Département d'Urbanisme, le 21 août 1929. Il y a un nouveau concept introduit dans le vocabulaire de l'urbaniste pour préciser que l'essentiel réside "dans la formation de la psychologie urbaine et du désir civique", dans l'élévation de la "température morale, comme préoccupation initiale de *l'urbaniculture*". Ses arguments opposent les villes anciennes, fondées selon des rituels sacrés et "celles qui sont aujourd'hui fondées sans rite, sans poésie, (et) ne se basent pas sur l'âme du citoyen". Dans ce cas, il pense que la "psychologie urbaine ne saurait être formée que par la propagande des principes de l'Urbanisme" qu'il nomme "le nouvel évangile de la régénération physique et sociale", et la "nouvelle croisade de la culture, pour la civilisation".

Ce concept, il va le diffuser vers des publics plus amples, comme dans la conférence pour les membres du Rotary Club, en septembre 1928: " L'urbanisme n'est pas seulement une question de technique ou d'administration, mais c'est essentiellement une question d'éducation".[22] Il décline l'ensemble des notions qu'il considère primaires pour le champ de "l'urbanisme pédagogique – le concept de parc" qui selon lui "a évolué d'un concept purement esthétique vers celui de" récréation active" de toutes les classes de la population". "La pelouse s'est transformée en *playground*, en *playfield* ; le lac en piscine ou en *skating pond*" affirme-t-il ramenant son argument vers la ville de São Paulo, vers cette Várzea do Carmo si présente dans les textes des mémorialistes.

---

21 MELLO, Luiz de Anhaia Mello. A Verdadeira Finalidade do Urbanismo. *Boletim do Instituto de Engenharia*, n° 51, août 1929. Il y a, dans ce numéro du *Boletim* une publicité pour son livre; MELLO, Luiz de Anhaia. *Problemas de Urbanismo. Bases para a resolução do problema technico.* São Paulo: *Escolas Profissionais Salesianas*, 1929, qui réunit cinq conférences prononcées entre novembre et décembre 1928, la première au Rotary Club, et les autres à l' Instituto, dans lesquelles il développait largement tous les thèmes mentionnés dans son article. Nous utilisons les observations de ce livre comme complément.

22 MELLO, Luiz de Anhaia. *Problemas de Urbanismo. Op. cit.*, p.18.

Une évaluation du paysage des quartiers ouvriers au-delà de la rivière Tamanduateí amorce ses observations, comme s'il voulait rappeler aux membres du Rotary l'existence des habitants de cette partie de la ville:

> Tous les jours je contemple, des fenêtres de mon bureau, du haut de la colline centrale, le spectacle grandiose que nous offrent les quartiers industriels de la ville – Braz, Móoca, Ipiranga – qui s'étalent de par la plaine et, tentaculaires, montent lentement à l'assaut des collines qui délimitent l'horizon. Des cheminées minces et fumantes émergent de tous côtés, entre les denses filières de maisons, marques commémoratives du progrès de la ville, balises de la marche triomphale vers le futur. L'édification de ces quartiers est compacte, juxtaposée, sans intervalles; la population en est plus dense encore. Aucun espace libre ne pouvant être mis à profit, leur *playground* c'est la rue. Ils sont bordés par le vaste Parque do Carmo, aux immenses pelouses, je ne dirais pas inutiles, mais inutilisées.

Et il pose la question:

> Ne vaudrait-il pas mieux transformer ces parterres en *playgrounds* ou terrains de jeux, avec du sable, des balançoires, des barres fixes et tout ce moderne et varie arsenal de récréations organisées?

On pourrait dire que, selon lui, les idéaux de l'urbanisme moderne prennent à leur compte la prévision des heures de loisir de la population de ces quartiers, (consacrées) à re-créer les énergies dépensées pendant le dur labeur quotidien pour la propre subsistance, bien comme pour le progrès de la ville.[23]

C'est la propagande qui se retrouve alors au centre des arguments pour parler de ce qu'il désigne comme un "champ d'études nouvelles, l'urbanisme". Il revient donc aux spécialistes de "préparer des plans bien compétents du point de vue de la technique, d'obtenir la coopération et l'appui du public et l'effort et la bonne volonté des autorités". Il propose d'avoir recours aux moyens de communication – "livres, radio, journaux et cinéma" – qui ont à son avis "un rayon d'action pratiquement illimité et immédiat" pour mettre en oeuvre une "contagion mentale" formant une "opinion publique éclairée", unissant ainsi la "technique aux directives du sens commun". Dans cette conception, l'urbanisme serait non seulement: "oeuvre synthétique, non pas abstraction, mais histoire vivante" et l'urbaniste, plutôt qu'un géomètre, quelqu'un "qui fait sienne la vie de la ville".

---

23 MELLO, Luiz de Anhaia. *Problemas de Urbanismo. Op. cit.*, p. 25-26. 272

C'est dans ce contexte de rapprochement des conceptions techniques avec l'expérience de la vie urbaine que s'insère la formation de la *Sociedade Amigos da Cidade* (Société Amis de la Ville), le 25 janvier 1935. Son but est de "mobiliser les énergies civiques et les intelligences en faveur de la ville, (en servant d)'agents de liaison entre le public et les bons gouvernements"; et plus encore de recommander aux urbanistes la nécessité d'attribuer une "importance fondamentale aux conseils des citoyens qui se consacrent à l'étude désintéressée des problèmes urbains". Anhaia Mello parle au nom du "patrimoine collectif", du "progrès de la collectivité entière", du "standard raisonnable de vie collective" qui, selon lui, doit recevoir la priorité en cas de conflit avec les intérêts individuels. Puisque l'imposition légale est incapable, en soi, de rendre effective la formation d'une "conscience urbanistique, d'un esprit d'urbanisme ou d'une conscience publique" parmi les habitants d'une ville, il souligne l'importance du problème éducatif. La formation d' "une véritable alliance" basée sur la "sympathie mutuelle entre les parties" doit être l'objectif de la "fonction psychosociale" de l'urbanisme qui représente, dit-il, citant Le Corbusier "le continent de la vie sociale: 1 – Habitation et famille; 2 – Travail; 3 – Repos, récréation, récupération hygiénique des énergies". Cette fonction, il l'étend à la *Sociedade Amigos da Cidade* de manière à ce qu'elle "enseigne aux paulistes la symphonie de la vie moderne".[24]

Dans ses textes, il reprend la manière de procéder de ses collègues et il passe en revue les expériences étrangères:

> Les Etapes de l'Urbanisme Américain: *la phase esthétique* de la *city beautiful* – plan beau, pratique, sain et efficace; ville utile – hygiénique, confortable, pratique et économique – et aspect technique des problèmes urbains; la phase métropolitaine – l'unité économique substituant la division politique – et les plans régionaux; *le stade final de l'urbanisation intégrale* – phase nationale – le plan qui dépasse les limites des Etats et municipalités, dans l'équilibre et la distribution des diverses activités.

C'est la référence des écrits de Louis Wirth qui l'amené à la psychologie, et plus précisément à la sociologie urbaine et qui rapproche, dit-il, le "génie politique et la technique de la Sociologie". À son avis, c'est la "consultation directe comme partie prenante dans toute résolution" qui doit "obtenir la confiance mutuelle et la coopé-

---

24 MELLO, Luiz de Anhaia. A Sociedade Amigos da Cidade e sua função no quadro urbano. *Boletim do Instituto de Engenharia*, n°115. vol. XXI. 6, 1935.

ration des citoyens (y compris financière) pour le progrès de la collectivité".[25] Dans le cadre de la pratique, et pour obtenir la collaboration de la population aux plans urbains, il propose que l'on adhère à la pratique américaine des Commission au Plan des Villes et de la Planning Foundation of America. Il étend son programme d'action au cadre de l'État par la création, dans le Secretariado de Viação (Secrétariat des Transports), d'une "Direction spéciale de l'Urbanisme, pour la propagande des principes généraux, pour l'orientation des municipalités et pour l'acceptation de plans qui soient organisés".[26]

Si la propagande est au coeur de sa conception de l'urbanisme, le zoning est son axe central. Par le recours, une fois de plus, à une métaphore biologique – le "métabolisme urbain", il recentre le thème de l'expansion de la ville en termes de fonctions spéciales à chaque partie, c'est-à-dire, de "mobilité naturelle du processus d'expansion des villes représenté théoriquement par une série de cercles concentriques" qui devra incessamment être réajustée aux cinq "distritos" de zonage: Résidences A, Résidences B, Commercial, Industriel, Sans Restrictions[27], "Le zoning met de l'ordre au chaos", juge-t-il.[28] C'est la ville rationnellement ordonnée selon les normes de la valorisation économique du terrain urbain.

En 1933, Anhaia Mello en arrive à la notion plus sophistiquée de cidade celular (ville cellulaire), proposant la création de *"blocks, superblocks et neighbourhood units cells"*.[29] Le motif de ses préoccupations reprend le thème de la circulation et souligne l'incompatibilité des grandes voies à circulation intense et rapide avec le trafic de piétons. L'idée de décentralisation et de zonage est maintenant étendue vers "la conception d'agencement urbain" prévoyant entre le systeme de voies principales, dans les quartiers résidentiels, "un intervalle d'environ 750 à 900 mètres traité comme une unité, une cellule complète, ayant une vie autonome, appelée par les urbanistes américains de *neighborhood unit cell*". C'est-à-dire un espace capable de garantir "une base physique pour le complexe des activités de la vie urbaine, de manière à ce qu'elles soient concentrées et se déroulent et succèdent avec une *friction of space* moindre". Dans son vocabulaire, le sanitarisme continue à se présenter sous deux

---

25 MELLO, Luiz de Anhaia. *Problemas de Urbanismo. Op. cit.*, p.138-139.
26 MELLO, Luiz de Anhaia. *Problemas de Urbanismo. Op. cit.*, p. 103.
27 Cette idée a été exposée dans la conférence Urbanismo – Regulamentação e Expropriação – à l'Instituto de Engenharia (28.12.1928) et publié par le *Boletim do Instituto de Engenharia* n. 45, fev. 1929.
28 MELLO, Luiz de Anhaia. *Problemas de Urbanismo. Op. cit.*, p.114.
29 MELLO, Luiz de Anhaia. A Cidade Cellular. Quadras, superquadras e cellulas residendaes. *Boletim do Instituto de Engenharia*, n. 91, (junho 1933).

faces: l'équilibre entre l'espace construit et les surfaces libres (circulation et loisirs) et l'habitation adaptée à une vie saine (sur le plan physique et spirituel), néanmoins subordonnées à la notion d'efficacité dans la relation d'équilibre entre le temps et l'espace rationnellement exprimée en termes architectoniques.

Le mot melhoramentos persiste dans le vocabulaire des urbanistes et recouvre les réalisations des pouvoirs publics dans la ville. En décembre 1929, l'ingénieur Arthur Saboya, Directeur des Travaux et Transports de la Mairie, donne à son texte, également remis aux membres de l'Institut d'Ingénierie, le titre de *Os melhoramentos de São Paulo* (Les aménagements de São Paulo).[30] Dans cet article, qui est constitué dans son essence par un rapport de prestation de compte des ouvrages réalisés par la municipalité, il réitère l'importance de la "propagande persuasive et du contact direct avec la population en général", pour réveiller "le civisme endormi par les préoccupations subalternes et la collaboration pour le bien général de la communauté".

Os *Melhoramentos de São Paulo* (*Les Aménagements de São Paulo*), est aussi le titre du rapport, publié sous la forme d'un album de grandes dimensions, dont le maire et ingénieur Prestes Maia fait le bilan, illustré par bon nombre de photos, de son mandat entre 1938 et 1945.[31] Le mot aménagements y conserve son sens de liste des travaux publics réalisés, principalement ceux "d'urbanisme, ceux qui ont la plus grande portée, ceux qui façonnent la ville entière". Il y loue l' "action pionnière de Victor Freire, de Anhaia Mello, Ulhôa Cintra et d'autres qui m'ont beaucoup aidé". En tant que maire d'une ville qui comptait alors 1 650 000 habitants et de responsable pour l'implantation d'un plan, il en présente un très semblable à celui de Freire, comprenant un anneau ou avenue circulaire d'irradiation, les deux liaisons diamétrales dénivelées, les artères radiales d'accès aux quartiers comme ouvrages visant à désencombrer la région centrale, et la canalisation des rivieres Tietê et Pinheiros, comme de "grands aménagements suburbains". Il souligne l'importance d'avoir donné le coup d'envoi au "zonage systématique", affrontant "les intérêts créés et les vices de béton armé", sans parler de la standardisation, non plus "celle des façades de style français", mais celle des "hauteurs normales" et des "reculs successifs" pour les édifices les plus hauts.

---

30 SABOYA, Arthur, Os melhoramentos de São Paulo. A "Divisão de Urbanismo" do Instituto de Engenharia de São Paulo. As obras publicas do municipio. A contribuição para calçamentos. Considerações. *Boletim do Instituto de Engenharia*, n. 56, jan. 1930.

31 PRESTES MAIA, Francisco. *Os Melhoramentos de São Paulo*. São Paulo: Prefeitura Municipal de S. Paulo, 1945.

L'immense liste des réalisations de son équipe est accompagnée d'une défense du régime politique dictatorial de L'*État Novo*, avec un éloge à "l'excellence du régime administratif et des directives implantées par le Président Getúlio Vargas", reprenant l'argument, à l'époque courant dans la bouche des défenseurs de l'autoritarisme, de ce que dans la période de la *Primeira República* (1889-1930), renversée par le coup d'État connu comme *Revolução de 1930*, "les disputes démagogiques, les embarras formalistes et l'incertitude financière" empêchaient la concrétisation des plans de travaux. Il va de soi qu'il n'y a pas la moindre mention des institutions basées sur "l'opinion publique et "la collaboration de la population" défendues par Anhaia Mello, Arthur Saboya et par la *Sociedade Amigos da Cidade*. Le citoyen se voit donc écarté des décisions de politiques urbaines. On peut toutefois voir une indication de l'appui et de l'approbation de la population de São Paulo aux aménagements réalisés par Prestes Maia dans le fait qu'il a été élu maire en 1954. Dans sa campagne électorale, sa longue liste de réalisations était précédée par l'affirmation: "Pendant son administration de la mairie (1938-1945) Prestes Maia a transformé la vieille São Paulo en la plus belle ville d'Amérique du Sud".

Referências

BRESCIANI, Stella. *O charme da ciência e a sedução da objetividade*. Oliveira Vianna entre intérpretes do Brasil. São Paulo: EdUNESP, 2005.

BRUNO, Ernani da Silva. *História e Tradições da cidade de São Paulo*. São Paulo: Hucitec/Prefeitura do Município de São Paulo, 1984.

DELSON, Roberta Marx. (1979) *Nova Vilas para o Brasil-Colônia*. Planejamento Espacila e Social no Século XVIII. Trad. Fernando de Vaconcelos Pinto. Brasília: Ed.ALVA-CIORD, 1997.

DUPRAT, Raymundo. *Relatório de 1911 apresentado à Câmara Municipal de São Paulo pelo Prefeito Raymundo Duprat*. São Paulo: Vanorden, 1912.

EGAS, Eugenio. *Galeria dos Presidentes de São Paulo*. São Paulo: Secção de Obras d'O Estado de São Paulo. vol. 1 Império et vol. 2 República, 1926.

FREIRE, Victor da Silva. Melhoramentos de São Paulo. Conferencia do lente dr. Victor da Silva Freire no Gremio Polythecnico a 15 de fevereiro (de 1910) *Revista Politécnica* 6 (33), fev.-mar. 1911, p. 91-145.

FREIRE, Victor da Silva. A cidade salubre. *Revista Politécnica* 8 (48) out.-nov. 1914, p. 319-354.

HOLANDA, Sérgio Buarque de. *Raízes do Brasil.* Rio de Janeiro: Livraria José Olympio, 1936.

LEMOS, Carlos Lemos. *Alvenaria Burguesa.* São Paulo: Nobel, 1985.

MAIA, Francisco Prestes. *Os Melhoramentos de São Paulo.* São Paulo: Prefeitura Municipal de S. Paulo, 1945.

MAIA, Francisco Prestes; CINTRA, João Florence d'Ulhôa. Os grandes melhoramentos de São Paulo. Um problema atual. São Paulo: *Boletim do Instituto de Engenharia*, mars 1925 et juin 1926.

MAIA, Francisco Prestes. *Estudo de um Plano de Avenidas para a Cidade de São Paulo.* São Paulo: Melhoramentos, 1930.

MAIA, Francisco Prestes (1945) *Os Melhoramentos de São Paulo.* São Paulo: Imprensa Oficial, 2ª Ed. 2010.

MELLO, Luiz de Anhaia Mello. A Verdadeira Finalidade do Urbanismo. *Boletim do Instituto de Engenharia*, n° 51, août 1929.

MELLO, Luiz de Anhaia. *Problemas de Urbanismo.* Bases para a resolução do problema technico. São Paulo: *Escolas Profissionais Salesianas*, 1929.

MELLO, Luiz de Anhaia. A Sociedade Amigos da Cidade e sua função no quadro urbano. *Boletim do Instituto de Engenharia*, n°115. vol. XXI. 6, 1935.

MELLO, Luiz de Anhaia. Urbanismo – Regulamentação e Expropriação. *Boletim do Instituto de Engenharia* n. 45, fev. 1929.

MELLO, Luiz de Anhaia. A Cidade Cellular. Quadras, superquadras e cellulas residendaes. *Boletim do Instituto de Engenharia*, n. 91, junho 1933.

MOURA, Paulo Cursino de. (1932) *São Paulo de Outrora* (Evocações da metrópole). Belo Horizonte: Itatiaia, São Paulo: EDUSP, 1980.

PINTO, Alfredo Moreira. *A cidade de São Paulo em 1900* (ed. fac-símile). São Paulo: Governo do Estado de São Paulo, 1979.

ROLNIK, Raquel. *A cidade e a lei*: legislação, política urbana e territórios na cidade de São Paulo. São Paulo: FAPESP/Studio Nobel, 1998.

SABOYA, Arthur. *Os melhoramentos de São Paulo. A "Divisão de Urbanismo" do Instituto de Engenharia de São Paulo. As obras publicas do município. A contribuição para calçamentos. Considerações.* Boletim do Instituto de Engenharia, n. 56 (jan. 1930).

SITTE, Camillo. (1889) A *construção das cidades segundo seus princípios artísticos*. (ANDRADE, Carlos Roberto, présentation), Traduction brésilienne par Ricardo Ferreira Henrique de la 4e éd. 1909: Der Städtebau nach seinen Künstlerischen Grundsätzen), São Paulo. Ática, 1992.

VIDAL, Laurent (Org.) *La Ville au Brésil* (XVIIIe-XXe siècles). Naissances, renaissances. Paris: Rivages, 2008.

Melhoramentos entre intervenções e projetos estéticos:*
São Paulo (1890-1950)

A palavra *melhoramentos* e a expressão *melhoramentos materiais* são presença constante nos diferentes enunciados sobre a cidade de São Paulo no decorrer de mais de um século. A longa permanência da palavra *melhoramentos* para designar *benefícios* feitos nas vias de comunicação, pontes, praças, mercados, e demais lugares de utilização coletiva, levou-me a situá-la entre duas possibilidades opostas. Seria uma palavra guarda-chuva *(mot valise)* recobrindo uma lista de situações tão diversas que a tornaria inespecífica e sem qualquer valor significativo? Ou seria um termo associado a um *lugar comum*,[1] uma palavra cuja compreensão é imediata e considerada, portanto, do ponto de vista de uma coletividade, "parte de um fundo comum onde se trocam palavras, crenças, preconceitos, argumentos e opiniões"?[2] Ou seja, uma palavra que permite as falas vindas de pontos diversos se encontrarem no *lugar-comum* onde as representações das experiências de natureza variada se acumulam e entrecruzam-se, designando, neste caso, sempre um acréscimo positivo a uma situação dada. Constituiria, então, um dos desdobramentos identificáveis da

---

* Publicado originalmente em BRESCIANI, Stella. (Org.). *Palavras da Cidade*. Porto Alegre: Editora da Universidade/ UFRGS, 2001, p.343-366. Estão em destaque as palavras que enfatizei nos documentos, bem como os conceitos e ênfases minhas.

2 Utilizo como referência teórica para a expressão "lugar comum" o texto de D'ALLONNES, Myriam Revault. *Le Dépérissemeni de la Politique. Généalogie d 'un lieu commun*. Paris: Aubier, 1999, p.9.

noção mais ampla de *progresso*, um sinal localizável por sua materialidade apreensível e mesmo mensurável? Esta é a questão inicial deste texto, onde busco fazer uma espécie de genealogia da utilização da palavra no recorte específico da província/estado e cidade de São Paulo, no período de 1850 a 1950.

Minha hipótese é que a palavra melhoramentos, além de ser um *lugar-comum*, permitindo a troca de opiniões sobre coisas diferentes, sempre relacionadas com a ideia de um acréscimo positivo àquilo que se refere, também *atua como metáfora*, ou seja, *algo que articula um sentido a uma representação, ou a uma realização mental sob a forma de imagem*. Consegue assim reunir três dimensões, a de lugar-comum, a conceitual e a figurativa. Provê com imagens, por vezes interligadas, uma opinião e/ou um conceito.

Recorro, portanto, a Paul Ricoeur como referência teórica para pensar o trabalho das metáforas. Entendendo "o processo metafórico como cognição, imaginação e sentimento", concordo quando afirma a insuficiência de uma teoria semântica da metáfora, sendo preciso a ela acoplar uma teoria psicológica, da imaginação e do sentimento. Considero também imprescindível o "momento em que a emoção participa do 'efeito do sentido'", através da imagem, na "busca da semelhança" como parte importante da "função semântica da imaginação e, consequentemente do sentimento". O que equivale dizer que "o dom de elaborar boas metáforas depende da capacidade de ponderar sobre semelhanças", ou de "colocar frente aos olhos o sentido por elas exposto". Ricoeur chama a isso de "função pictórica do sentido metafórico".[3]

Bastante importante para minha hipótese é, assim, o fato de Ricoeur atribuir à metáfora, não só o significado clássico de *desvio* (o uso de uma palavra emprestada, estranha, para denominar uma coisa usual ou preencher uma lacuna lexical quando se quer nomear uma coisa ou experiência nova). A ela atribui, também, a função semântica da busca da *semelhança*, ou seja, de "um *insight* de similaridades produzindo (tanto) significado" como a "transferência de significados". Tem assim o poder de revelar um parentesco entre ideias heterogêneas, permitindo, a uma *metáfora*, no caso *melhoramentos*, a longa permanência de aproximadamente um século, em tessituras argumentativas diversas.

A partir da proposta de Ricoeur procuro apreender a palavra *melhoramentos*, também, como metáfora aplicada a múltiplas situações portadoras de benefícios à

---

3 Recorro para a noção de metáfora ao artigo de RICOEUR, Paul. O processo metafórico como cognição, imaginação e sentimento. In SACKS, Sheldon. (Org.). *Da metáfora*. São Paulo: EDUC/Pontes, 1992, p.145 e segs.

cidade e a sua população. Penso que tomando *melhoramentos* como uma metáfora que põe ante nossos olhos uma cadeia ou sequência de semelhanças entre artefatos diferentes, pode-se entender a força explicativa (racional) e persuasiva (emocional) da palavra quando utilizada em um argumento. Pode-se ainda estabelecer conexões entre situações bastante diferenciadas, que a tornam *lugar-comum,* inclusive para diversos campos teóricos, o que lhe assegura prolongada permanência nos escritos especializados dos engenheiros e arquitetos urbanistas da primeira metade do século XX. Trata-se, pois, de um exercício, um estudo da ocorrência dessa palavra em registros de linguagem diversos, todos falando das condições materiais da cidade de São Paulo; uma primeira incursão ilustrativa da hipótese que levantei. Não há, portanto, nenhuma pretensão de levantamento exaustivo.

Neste estudo da ocorrência da palavra *melhoramentos* e das expressões correlatas *melhoramentos materiais, melhoramentos urbanos, melhoramentos de São Paulo, os grandes melhoramentos de São Paulo,* no período de 1850 a 1950, observei seu deslocamento das *intervenções singulares,* tais como a construção de um muro de arrimo, a correção do traçado de uma rua, a colocação de chafarizes, para *intervenções articuladas a planos* de reformas em um setor dos serviços públicos ou a uma determinada área da cidade. Refere-se sempre a objetos concretos, projeções de intervenções e/ou obras realizáveis que, pela dimensão imagética desenhada ou sugerida pela linguagem, são capazes de provocar em quem escuta, lê ou vê, o sentimento de serem partícipes, ou excluídos, de uma ação coletiva orientada no sentido de um *modelo ideal de cidade moderna,* imagem essa que não se imobiliza numa dada representação, mas se desloca constantemente, acompanhando os sucessivos deslocamentos nas concepções de *cidade ideal.* Ressalto, portanto, a importância da *imagem verbal* ou *icônica* como estímulo eficaz na produção de experiências estéticas e afetivas, complementares à da razão argumentativa.

Três registros de linguagens: especializada, culta e vernacular

Documentos diversos compõem o *corpus* desse trabalho proporcionando *três tipos de registros linguísticos. A fala dos especialistas* predomina sobre as outras, são médicos, engenheiros, arquitetos e pessoas relacionadas com a administração pública: pauta-se por um vocabulário técnico, se expressa no presente para corrigir problemas específicos, modificar traçados e dispositivos legais sobre edificações; desloca-se para prever a expansão ordenada da cidade, discute alternativas entre opções técnicas. *A linguagem culta* constitui outro registro que se aproxima da fala dos especialistas sem com ela se confundir: cronistas, militantes políticos, pessoas com bom nível de instrução, expressam suas avaliações críticas, propõem diretrizes para reformas e expansões ordenadas da cidade; nos jornais operários chamam a atenção das autoridades públicas para a situação precária dos bairros habitados pela população trabalhadora. O terceiro registro, *o léxico popular*, expressa em memórias, depoimentos e em cartas de leitores, o espanto e/ou o entusiasmo perante o progresso, crescimento e alterações na materialidade da cidade, contrapondo-os a recordações, lembranças esparsas, apoiadas em marcos afetivos ou simbólicos. Personagens diferentes, uns simples trabalhadores, outros com instrução superior; se nem sempre coincidem em suas opiniões, suas palavras mantêm, contudo, referências comuns sobre a cidade, seu crescimento, sua transformação. Os três registros, ao falarem dos aspectos positivos usam a expressão *melhoramentos* para se referirem às *obras* que deverão fazer ou fizeram de São Paulo uma *cidade moderna*, uma *grande metrópole*, mesmo quando essa palavra se encontra inserida em campos conceituais diferentes.

Um recuo no tempo: as intervenções pontuais

> Deixando, pois, de parte todas as vantagens conquistadas em favor da *salubridade*, do gozo social, e até da ordem pública e da amenidade dos costumes, com os melhoramentos e distrações inocentes, que afastam os homens *dos jogos, da embriagues, das associações, de maledicências*, para o gozo de mais suaves interesses, ainda assim as mesmas leis econômicas sancionam os benefícios feitos a uma cidade cuja grandeza deve ser para o estrangeiro o termômetro dos progressos da província.
>
> Relatório dr. João Theodoro, 1874, grifos no original.[4]

Nesta observação encontra-se definido o duplo benefício decorrente dos *melhoramentos* no meio urbano: "ordem pública e amenidade dos costumes", vale dizer, civilidade e urbanidade dos próprios cidadãos; a imagem do *progresso* da cidade e da província. Essa dupla concepção prevalece em todo o período estudado, articulando benefícios materiais a comportamentos desejáveis da população, frequentemente associados à noção de *cidadania*. Associa-se ainda à imagem projetada da cidade para além das fronteiras da província da qual é a capital.

---

4   Relatório do presidente dr. João Theodoro à Assembleia Legislativa provincial em 5 de fevereiro de 1874, p.500. In EGAS, Eugênio. *Galeria dos Presidentes de São Paulo*. vol. 1 – Período Monarchico. 1822-1889. São Paulo: Secção de Obras d'O Estado de S. Paulo, 1926.

Para acompanhar o trajeto da palavra *melhoramentos* em seu deslocamento das intervenções pontuais para as intervenções articuladas a um plano mais amplo, considerei necessário recuar até meados do século XIX, aos relatórios administrativos, nos quais geralmente subordina-se ao título *Obras públicas* ou *ramos do serviço público*.[5]

Iniciei minha incursão pelo *registro especializado* com os relatórios da autoridade provincial das décadas de 1830 e 1840, portanto alguns anos após a independência do país em 1822. Província agrícola, a atenção do governo se volta para o bem comum mais importante, as *estradas*, em particular, "as *Estradas Geraes* e suas ramificações". Nesses relatórios, a palavra melhoramentos vem associada a *reparo, benefício, aperfeiçoamento, conservação, concertos* de estradas, aterros, canais e pontes e a *abertura* de novas estradas projetadas.[6] O item do relatório *Melhoramentos* pode também se chamar *Obras Públicas* e dizer respeito a *calçamento* ou *recalçamento* das ruas, *encanamento* das águas, a *construção* da Casa de Detenção na cidade de São Paulo. Todas essas intervenções recebem o nome de *melhoramentos materiais* no relatório de 1845, mas há uma observação especial em relação à Casa de Detenção que deveria "attender á urgente necessidade de melhoramento material e moral de nossas prisões". Reparos também mereceram "os muros exteriores do Jardim publico", em 1848, assim como, em 1850, o "encanamento do Tamanduatehy" (rio que delimitava um dos lados da parte antiga da cidade) foi considerada obra da qual se "obterião vantagens". O leque de *Obras públicas da capital* amplia-se, sempre por referência a intervenções pontuais: em 1864, a palavra *melhoramentos* relaciona a *construção* do Teatro São José à *iluminação* pública, melhorada com "illuminação a gaz hydrogeneo carbonado" e, em 1870, o *encanamento* das águas da serra da Cantareira- "urgente e importantíssimo melhoramento, tão necessario á vida, como o ar e a luz".[7]

---

5   As referências aos Relatórios administrativos provinciais do período do Império aqui estudado (1850-1889), citadas no texto original, remetem, quando possível, para os Relatórios com as respectivas datas e páginas, ou para a publicação de EGAS, Eugenio. *Galeria dos Presidentes de São Paulo. Op. cit.*

6   Relatório do Presidente da Provincia de São Paulo – José Cezario de Miranda Ribeiro. São Paulo: Typographia do Governo, 1836, p.2-4; Discurso recitado pelo Exmo presidente, Manoel Machado Nunes, no dia 7 de janeiro de 1840 por occasião da abertura da Assembléa Legislativa Provincial. São Paulo: Typ. de Costa Silveira, 1840, p.18; Discurso recitado pelo Exmo. Presidente José Carlos Pereira d'Almeida Torres no dia 7 de janeiro de 1843 por ocasião da abertura da Assembleia Legislativa da Província de São Paulo. São Paulo: Typ. Do Governo, Arrendada por Silva Sobral, 1843, p.20.

7   Relatorio apresentado à Assemblea Legislativa Provincial de São Paulo pelo Exmo. Presidente da mesma Província Manuel da Fonseca Lima e Silva, no dia 7 de janeiro de 1845, São Paulo, Typ. Da Silva Sobral (em Palacio), 1845, p.16-18; Relatorio apresentado ao Exm. e Rvm. Sr. Doutor

Essa ampliação do elenco de intervenções específicas denominadas *melhoramentos* torna-se possível dado estarem todas compreendidas no campo semântico das teorias sanitárias. São os pressupostos do *sanitarismo* que, sob a égide da ciência, constituem o *lugar-comum* possibilitando a aproximação de coisas diferentes pelo "trabalho de similaridade", executado pela imaginação, qual seja, o de unir no plano das metáforas palavras a imagens numa cadeia significativa. Ou ainda, permite preservar a diferença dentro da proximidade conceitual do campo teórico. Essa é, segundo Ricoeur, a grande "habilidade da imaginação": produzir novos tipos por assimilação, sem eliminar as diferenças, exatamente o oposto do que ocorre no caso dos conceitos.

É também o *lugar-comum* dos preceitos higienistas que permite acolher observações sobre a *ausência de diretrizes* em determinados itens, considerando-a uma falha ou má aplicação dos *melhoramentos*. Redes de serviços públicos apresentam-se na argumentação como imagens relacionadas a benefícios, ou seja, imagens que permitem ao leitor articulá-las a noção de utilidade, economia e salubridade, todas componentes do campo conceitual do *higienismo*, ele também incluído na noção de *progresso*.

A mesma estrutura lógica e imagética preside a utilização da palavra *melhoramentos* na elaboração de *planos* para determinados serviços na trama da cidade. A *instalação*, em 1872, dos "trilhos urbanos para linhas de carris de ferro, apropriados a cargas e passageiros", a *reforma e construção* de edifícios públicos – o Palácio do Governo em 1864 e "a Escola Normal e Instrução Pública" em 1875 – indicam na fala presidencial que *melhoramentos públicos* passam a traduzir a finalidade de tornar "a capital engrandecida e circundada de atrativos", de modo a atrair os "grandes proprietários (rurais) e capitalistas para nela formarem seus domicílios temporários".[8]

Assim, na década de 1870, a noção de *melhoramentos* assume amplamente as diretrizes funcionais e estéticas do sanitarismo: tornar saudável ou higienizar e

---

Vicente Pires da Motta pelo Exm. Sr. Dr. Domiciano Leite Ribeiro ao entregar a presidencia. São Paulo, Typographia do Governo, 1848, p.7; Discurso com que o Illustrissimo e excelentissimo senhor Doutor Vicente Pires da Motta, presidente da província de São Paulo abrio a Assembleia Legislativa Provincial no dia 15 de abril de 1850. São Paulo, Typographia do Governo, 1850, p.11-14; Discurso José Antonio Saraiva, Relatório á assembléa no dia 15 de fevereiro de 1855. EGAS, Eugenio. *Op. cit.*, p.243-246; Relatório que por ocasião da abertura da Assembleia Legislativa Provincial de São Paulo no dia 3 de fevereiro de 1864 apresentou o Illmo. e Exmo. Sr. Conselheiro Doutor Vicente Pires da Motta presidente da mesma provincia. São Paulo, Typographia Imparcial de Joaquim, Roberto de Azevedo Marques, 1864, p.10-12; Relatório Antonio Candido da Rocha (1869-1870). Egas, Eugenio. *Galeria dos Presidentes de São Paulo. Op. cit.*, p.435-437.

8   EGAS, Eugenio. *Galeria dos Presidentes de São Paulo. Op. cit.*, p.459; 329; 491 e 500; 483, respectivamente.

aprazível ou embelezar.⁹ São consideradas *medidas de higiene pública*, a *eliminação* dos "focos de miasmas que muito concorrem para viciar a atmosfera, alterando e agravando a constituição médica pelo predomínio das febres paludosas". Também o *abastecimento* de água – "uma das mais úteis necessidades do povo" –, e a *instalação* da rede de esgotos – "outro ramo que altamente interessa a salubridade pública", confirmam para a administração municipal em 1877, que os *melhoramentos da capital* deviam ser precedidos de um *plano de saneamento*. Obras de melhoramentos que substituíssem "terrenos paludosos e miasmáticos", por "passeios mais aprazíveis e saudáveis", que tornassem utilizáveis "as planícies situadas nas imediações da cidade", as áreas próximas aos rios Tamanduateí e Tietê. Esses planos de intervenção setorial ganharão durante décadas uma ênfase especial. Neles, *Higiene pública e salubridade pública* estabelecem a correlação entre o meio ambiente e a saúde física e mental da população.¹⁰ A imagem elaborada como o avesso dos *melhoramentos* é a das doenças. A força persuasiva da imagem coloca frente aos olhos do leitor como alternativas a sujeira aliada às doenças e a limpeza como par constante da saúde. Não há necessidade de observações técnicas para produzir o sentido desejado; este já se encontra inserido no *lugar-comum* das teorias sanitárias largamente difundidas.

A justaposição de imagens opostas e, mutuamente, excludentes aparece também nos *registros culto e vernacular*. Vários memorialistas confirmam os registros administrativos e especializados ao fazerem observações negativas sobre uma mesma área alagadiça, a várzea do Carmo. Em 1870, "as imundícies que infetavam as ruas principais (da cidade) e principalmente as várzeas do Tamanduateí e Anhangabaú (...) onde noite por noite se fazia o despejo da cidade", são denunciadas pelo *Correio Paulistano*, que atribui ao descaso e conivência do poder público os casos de tifo e outras febres.¹¹ Em 1900, Moreira Pinto fala "da extensa várzea maltratada (...) donde se avista a cidade em um alto com os fundos das casas voltadas para o

---

9 A *Encyclopédie d'Hygiéne et de médecine* organizada por Jules Rochard comenta, em seu *Livre III Hygiene urbaine*, a moderna acepção de higiene social ou pública: "En somme, la seconde moitié de ce siécle a été signalée par un remaniement énergique des villes et de leur sous-sol, en vue de l'hygiêrie. Elles y ont peut être perdu en pittoresque, mais elles y ont gagné, comme il est juste et comme c'est inévitable, en beauté réelle, si tant est que la beauté implique d'abord la propreté". ROCHARD, Jules. (Org.). *Encylopédie d'Hygiéne et de Médecine Publique. Hygiène Urbaine* – Tome III. Paris: Lecrosnier et Babé, 1891, p.24-25.
10 EGAS, Eugenio. *Galeria dos Presidentes de São Paulo. Op. cit.*, p.609; 538; 498-499; 648 e 597, respectivamente.
11 Citado por Ernani Silva BRUNO. *História e tradições da cidade de São Paulo*, vol. II (Burgo de Estudantes. 1828-1872). São Paulo: Hucitec, Secretaria Municipal de Cultura, 1984, p.733.

viajante".[12] Em 1932, o "Tamanduateí, insalubre, espraiado, com inundações, viveiros inóspito de miasmas" ainda permanece nas recordações de antigos habitantes, como registram Paulo Moura e Geraldo Sesso.[13]

Em domínio diverso, mas situado na mesma orientação como "parte integrante de um *plano de saneamento* bem combinado", alguns casos de febre amarela e a insistência sobre a "higiene pública" abrem para as autoridades públicas, em 1893, as portas das habitações operárias. Os cortiços de uma área próxima ao *centro velho* merecem a denominação metafórica de "a chaga oculta no coração da cidade", ou, em termos técnicos, de "o ponto vulnerável do sistema de defesa então adotado". As justificativas para "adotar as medidas mais enérgicas (...) para salvar a cidade", agora já como parte de um plano de ordenação, reproduzem os preceitos usados para desqualificar certos espaços de uso público: "insalubridade", "sujeira repulsiva", e põem em evidência a complementaridade entre as obras de uso público e o cuidado com a "unidade urbana (...) onde se acumula a classe pobre". A avaliação dessas moradias incorpora a *noção projetiva* de "higiene defensiva" para, a partir dela, autorizar a *erradicação* dos cortiços e assemelhados, propondo substituí-los por moradias adequadas situadas em "torno da cidade" ou nos "terrenos ainda desocupados do perímetro urbano".[14] Esse deslocamento dos *melhoramentos* para uma imagem projetada da boa cidade encontrava base nos preceitos das "leis da higiene" e no poder da técnica para dar resposta às condições por elas exigidas. O caráter formativo do meio ambiente, inclusive o doméstico, sobre as condições físicas e morais da população urbana constitui uma certeza nos registros cultos e especializados do período entre 1890 e 1940,[15] e confere aos dispositivos técnicos um poder incontestável, acima das disputas político-partidárias, porque, por se pressupor estarem alicerçados em preceitos científicos.

---

12 PINTO, Alfredo Moreira. *A cidade de São Paulo em 1900*. (Coleção Paulística vol. XVI.) ed. fac-similar. São Paulo: Governo do Estado de São Paulo, 1979, p.24.

13 MOURA, Paulo Cursino de. (1932). *São Paulo de Outrora* (Evocações da metrópole). Belo Horizonte: Itatiaia, São Paulo: EDUSP, 1980, p.126,157,220,297; SESSO Jr., Geraldo. *Retalhos da velha São Paulo*. São Paulo: OESP-Maltese, 1986.

14 Relatorio da Commissão de exame e inspecção das habitações operarias e cortiços no districto de Santa Ephigenia. Parte do Relatorio apresentado à Camara Municipal de São Paulo pelo Intendente Municipal Cesario Ramalho da Silva em 1893, São Paulo, Typ. A Vapor de Espindola Siqueira & Comp., 1894, p.43-54.

15 Neste artigo não incorporei textos sobre a questão da moradia popular, entre eles, "A cidade salubre" conferência do eng. Victor Freire. FREIRE, Victor da Silva. A cidade salubre. São Paulo: *Revista Politécnica* 8 (48), 10/11.1914; e os textos do Primeiro Congresso de Habitação realizado em maio de 1931 em São Paulo: Publicação Official, 1931.

A *circulação* de veículos no "triângulo central" e a *expansão* da área urbanizada passam a compor um item no elenco das preocupações administrativas na década de 1880. *Obras de melhoramentos* incluem "a *abertura* de avenidas circulares" para "facilitar o tráfego da cidade, evitando a congestão das ruas centrais"; a *construção* de um viaduto (o do Chá inaugurado em 1898), para ultrapassar o obstáculo físico do vale do Anhangabaú.[16] O viaduto passa a constituir um *ícone* entre os "melhoramentos da capital paulista". São frequentes tanto na *linguagem culta* como na *vernacular* expressões, tais como, o "belo viaduto oferecendo de ambos os lados belos panoramas"; a "maravilhosa ponte", e "o viaduto que gostamente cultuamos", viaduto que "serve de escoadouro a toda a incontida ânsia do progresso paulista" e espraia-se pelo "bairro novo do Chá"; o viaduto que "personifica a grandeza da Paulicéia onipotente" e "reafirma o progresso da metrópole paulistana".[17]

Para falar da "cidade aristocratizada", os *melhoramentos materiais*, o bom traçado das ruas e os equipamentos urbanos, são também referência obrigatória no registro vernacular. Nas evocações de antigos moradores são esses melhoramentos que traçam *linhas divisórias* entre as diversas áreas da cidade. Vários se lembram de terem passado "por um trilho aberto no mato", e em seguida por ruas calçadas, essas ladeadas por "residências patriarcais e mansões da burguesia.[18] Referem-se também a *intervenções* na área central, às quais nomeiam por palavras como "*remodelação, aristocratização*, ou *construção* de edifícios modernos, arranha-céus, solares faustosos".[19] Elogios e adesão às obras de melhoramentos manifestam-se cotidianamente em jornais como o *Correio Paulistano*. Em março de 1901 a coluna "Em Prol do Município" aplaude, como medida "de utilidade intuitiva", a iniciativa da Câmara Municipal de ampliar o Largo do Rosário, embora exigisse a expropriação e demolição da igreja do mesmo nome. Também um dos maiores acionistas da S. Paulo Tramway, Light & Power Company é elogiado em nome dos "tantos melhoramentos que vem introduzindo em S. Paulo".

Diferentes intervenções – o traçado e calçamento das vias públicas, as redes de distribuição de energia elétrica e de água, a de coleta do esgoto e a erradicação dos cortiços – são relacionadas lado a lado com as lojas finas e as formas e dimensões das moradias ricas. Todas se justificam pelo *lugar-comum* dos preceitos sanitários; ou

---

16 EGAS, Eugênio. *Galeria dos Presidentes de São Paulo. Op. cit.*, p.546 e 649.
17 PINTO, Alfredo Moreira. *A cidade de São Paulo em 1900. Op. cit.*; MOURA, Paulo Cursino de. *Op. cit.* p.126, 157.
18 BOSI, Ecléa. *Memória e sociedade:* lembranças de velhos. São Paulo: T.A. Queiroz/EDUSP, 1987, p.218.
19 MOURA, Paulo Cursino de. *Op. cit.*, p.160-161.

seja, coisas heterogêneas se aproximam pela similaridade produzida pela metáfora *melhoramentos* ao construir uma espécie de quebra-cabeça que compõe a imagem da *cidade moderna*. A essa "habilidade" da metáfora, Ricoeur dá o nome de "imaginação produtiva", um passo necessário para ajustar uma psicologia da imaginação a uma semântica da metáfora. Ao serem as intervenções nomeadas como portadoras de atributos positivos, os diversos registros de linguagem colocam frente aos olhos do leitor a própria imagem do *progresso*. Dispensam uma articulação entre os itens nomeados que por suposição pertencem a um repertório comum a todos, ou a um *lugar-comum*, e atuam como o momento pictórico na produção da similaridade.

Prevenir, projetar, se antecipar

> É a esthetica para a vida corrente tão importante como a hygiene e a técnica; não vivemos apenas de ar e pão, é-nos igualmente preciso qualquer coisa para o coração e os olhos; sentimo-nos mais contentes e gosamos de melhor saúde em um meio de arte do que num meio banal; a vista de bellas coisas, influindo sobre a nossa moral, melhora-nos e ampara-nos a energia physica da mesma fórma que a hygiene.
> (...) a belleza é hygienica, não só educa e moralisa, mas enriquece...
> Virendeel Apud Victor da Silva Freire.[20]

A longa frase do especialista confirma a opinião das autoridades públicas a respeito do poder do meio ambiente para *formar o cidadão*. Há, contudo, na concepção de *melhoramentos* uma ênfase maior na questão estética. Apoiado na autoridade de professor e engenheiro responsável pelas Obras Públicas da cidade por mais de 20 anos, Freire, em declarada opção pela concepção "sitteana" da cidade como obra de arte, ou "obra projetada por um único indivíduo", subordina as funções úteis dos equipamentos urbanos à sua dimensão estética. O domínio do sensível e do estético mantém estreito vínculo com a implantação adequada dos equipamentos sanitários. Sua opinião especializada não configura, entretanto, um registro único, nem unificado. Ou seja, a forma como coloca a questão dos melhoramentos indica a existência de uma polêmica.

O tom da *polêmica* passa assim a predominar a partir do momento em que a palavra *melhoramentos* se vê *inserida em planos e projetos*, e mostra que nessas décadas, que vão dos anos 1910 a 1950, há divergências notáveis entre adeptos de teorias

---

20 FREIRE, Victor da Silva. Melhoramentos de S. Paulo *Revista Polythecnica* 6 (33) fev/mar 1911, p.113.

diferentes. Contudo e a despeito das divergências, com maior ou menor ênfase, a palavra migra sucessivamente para campos conceituais diferentes. A parceria entre o engenheiro e médico, indiscutível no século XIX, dá lugar, nas primeiras décadas do século XX, à parceria do engenheiro-arquiteto com o urbanista, antes de incorporar, na década de 1920, na condição de colaborador, o especialista em sociologia urbana. A metáfora *melhoramentos* elasticamente se estende aos *planos* de intervenção na cidade. Dá nome à série de artigos dos engenheiros Ulhôa Cintra e Prestes Maia em meados dos anos 1920; em 1945 está no título do relatório de prestação de contas do prefeito Prestes Maia; em 1950, Robert Moses intitula seu relatório *Programa de melhoramentos para a cidade de São Paulo*.[21]

Essa persistência talvez se justifique em parte por ser impossível separar, no plano conceitual, o vocabulário do urbanista (engenheiro e arquiteto) e o do administrador público de São Paulo, até porque vários deles são engenheiros. Além disso, embora os autores dos textos administrativos e especializados dirijam-se a um público restrito, acadêmico e culto, isso não impede que muitos deles colaborem em jornais e outros periódicos de consumo mais diversificado. Persiste, portanto, partilhada coletivamente como *lugar-comum*.

Nos textos de importantes especialistas a noção de *melhoramentos*, agora inserida em *planos de melhoramentos*, atua como poderosa metáfora da elástica noção de progresso. Embora, haja um deslocamento significativo entre três concepções hegemônicas de cidade – a cidade como organismo complexo e obra de arte, a cidade como domínio da técnica do engenheiro-arquiteto urbanista e a cidade-laboratório do urbanista em colaboração com o sociólogo. Mesmo quando a palavra melhoramentos recua para uma posição de menor visibilidade, ela ainda comparece nos registros técnicos para indicar, em sua singularidade, as realizações do poder público. Recobre, portanto, a materialidade projetada e executada na certeza do possível controle do crescimento da cidade. Seu enunciado produz uma imagem de grande poder emotivo que lhe amplia a eficácia persuasiva.

---

21 MAIA, Francisco Prestes & CINTRA, João Florence Ulhôa. Um problema actual. Os grandes melhoramentos de São Paulo. *Boletim do Instituto de Engenharia*, n° 26-27, 10.1924-03.1925, p. 50-60; *Idem*, n° 28, 03-06.1925, p.91-94; *Idem*, n° 29, 07-10.1925, p.121-132; *Idem*, n° 31, 03-06.1926, p.225-232; MAIA, Francisco Prestes. *Os melhoramentos de São Paulo*. Imprensa Oficial, 1945; MOSES, Robert. *Programa de Melhoramentos Públicos para a Cidade de São Paulo*. International Basic Economy Corporation, IBEC Technical Services Corporation, Diretor do Estudo New York City, 11.1950.

A cidade obra de arte e a cidade do urbanista

> A crise de circulação que passa actualmente S. Paulo é a que apparece em todas as agglomerações cujo crescimento se operou desordenamente sem espírito de precisão á mercê das circunstancias de momento.
> Projetos da Directoria de Obras. Memorial. Victor da Silva Freire. 1912.[22]

> A cidade moderna tornou-se um organismo tão complexo; garantir-lhe a salubridade, a segurança, a circulação passou a ser de tal modo delicado; a diversidade de interesses a servir emaranhou-se tão intimamente.
> Victor da Silva Freire. 1914.[23]

> A capital paulista soffre uma verdadeira crise de crescimento. (...) de tal modo se vae distanciando das suas congeneres deste e de outros continentes, (...) ella está em uma phase decisiva da sua existencia: a da sua paisagem para o rol das grandes metropoles. (...) Não só de terras do Estado e, hoje, S. Paulo, a capital.
> Francisco Prestes Maia e João Florence d'Ulhôa Cintra, março 1925.[24]

Entre 1911 e 1925, a noção de *crise* preside as propostas de intervenção na cidade feitas no registro dos especialistas. Ela se desloca, contudo, da questão específica da incompatibilidade entre a trama irregular e exígua do *centro velho* e o aumento da circulação de veículos para, em escala mais ampla tomar toda a cidade como objeto de transformação e embelezamento. A crise abre, nos dois momentos, a possibilidade, e mais, a necessidade, de realizar *melhoramentos* que, na década de 1910, privilegiam a relação entre espaço construído e espaço vazio sob a ótica da circulação e, na década de 1920, pretendem resolver a questão da rápida e desorganizada expansão da Cidade.

Em 1911, a autoridade municipal propõe "um programa de ação no presente e para o futuro" no intuito de corrigir os erros de uma cidade que "alastra-se exageradamente (...) pelos espigões das collinas faceis de alcançar" deixando vazios os

---

22 Projectos da Directoria de Obras – Memorial do Director eng. Victor Freire, transcrito em parte no Relatório do Prefeito Raymundo da Silva: DUPRAT, Raymundo. *Relatório de 1911 apresentado à Câmara Municipal de São Paulo pelo Prefeito Raymundo Duprat.* São Paulo: Vanorden, 1912, p.16.

23 FREIRE, Victor da Silva. A cidade salubre. *Op. cit.*, p.349.

24 Foram publicados no *Boletim do Instituto de Engenharia*, números 26/27 (out. 1924/mar 1925), 28 (mar/jun 1925), 29 (jul/out 1925) e 31 (mar/jun 1926). MAIA, Francisco Prestes & CINTRA, João Florence Ulhôa. *Um problema actual. Op. cit.* Estes artigos foram escritos quando Prestes Maia trabalhava na Secretaria de Viação e Obras Públicas e precedem a preparação do *Estudo de um Plano de Avenidas para a Cidade de São Paulo*, São Paulo: Melhoramentos, 1930, que definiu diretrizes para as grandes vias de circulação da cidade completadas somente na década de 1970.

vales de mais difícil acesso, para "remediar a congestão do centro" e prever "focos de hygiene e de bem estar necessarios á saúde publica, tanto moral como physica".[25]

No núcleo do problema dos *melhoramentos* está a *crise* provocada pela relação entre o aumento da população, de suas atividades, em especial a comercial, e, portanto, da circulação de veículos e a *expansão natural* da cidade corrigindo-a de forma a "assegurar o desenvolvimento da cidade em condições normaes e racionnaes". Para defender sua proposta o diretor da Secretaria de Obras Públicas, o engenheiro Victor Freire expõe as intervenções anteriores em sequência: une didaticamente *representações e imagens* e vincula teorias e seus resultados: a *phase do saneamento*, cuja preocupação, na década de 1890 fora com o "abastecimento de água, rêde e exgottos, obras de enxugo"; a *phase de methodisação* do "desenvolvimento desordenado", ou "acção de consolidação", quando "o governo nivelou, revestiu, arborisou ruas, creou jardins e corrigiu os traçados de ruas da parte antiga"; a *phase actual* caracterizada pelo "salto brusco dos numeros" de casas novas construídas e de usuários de transporte coletivo. Nessa sequência histórica e lógica, problemas novos exigem uma solução adequada a eles, portanto, atual, afirma o engenheiro.[26]

Em extensa palestra, Freire equaciona o problema dos *Melhoramentos de São Paulo* como relação entre a circulação de veículos e a trama das aglomerações, ou seja, a distribuição do espaço, em ruas, praças, habitações, logradouros, e a boa repartição do ar e da luz. Nessa relação entre espaço construído e espaço vazio, os *melhoramentos* dão prioridade aos fluxos e não ao espaço construído, cuja única determinação é a obediência aos dispositivos técnicos da boa circulação dos fluxos de ar e sol. Melhorar é arredar obstáculos e assegurar vários fluxos em movimento, mas com arte, manter o centro histórico e deixar os efeitos pitorescos para a periferia, alerta. A palavra *melhoramentos* recobre um campo de atuação no qual as noções higienistas, já incorporadas ao vocabulário técnico da engenharia, se expressam em termos de equilíbrio volumétrico numa projeção ordenada da cidade.

Freire assume posição teórica clara sobre intervenções em cidades ao afirmar que os *melhoramentos* devem respeitar o traçado original da área antiga, obedecer a "symetria do tempo, a mais esplendida symetria, a symetria artística, do equilíbrio das massas, das proporções", a "ordenação artística" em nítido contraste com a "symetria geometrica secca, em torno de um ponto, de uma linha. Propõe, assim,

---

25 *Relatório apresentado à Câmara Municipal de São Paulo* pelo Prefeito Raymundo da Silva Druprat, São Paulo: Vanorden, 1912.
26 FREIRE, Victor da Silva. Melhoramentos de S.Paulo: *Revista Politécnica* 6 (33), fev./mar.1911.

intervir em harmonia com a *expansão natural* da sua "fórma primitiva" e reitera a concepção do *plano de conjuncto dos melhoramentos* como trabalho de uma única pessòa – *plano é obra individual, de arte* afirma, sem descurar, entretanto, de suas finalidades úteis – "É a esthetica para a vida corrente tão importante como a hygiene e a technica (...) têm as cidades interesses em serem bellas, porque não só a belleza é hygienica, não só educa e moralisa, mas enriquece, atrai negocios e lucros".[27]

A *crise* permanece no centro dos *grandes melhoramentos* de São Paulo nos planos de 1925. Entretanto não se buscava mais dar-lhe o "aspecto de uma cidade moderna"; tratava-se de uma ampla "remodelação" como solução para a "*crise de crescimento da capital paulista distanciando-se das suas congeneres, em phase decisiva da sua passagem para o rol das grandes metropoles*".[28] A palavra *metrópole* acoplada a *crise* acrescenta um novo aspecto ao *lugar-comum melhoramentos:* permite uni-las à imagem de obras grandiosas, apropriadas a projetar o poder da cidade e do estado de São Paulo para além dos seus limites geográficos. O tom de otimismo completa-se com a afirmação de que se havia entrado na "era do industrialismo". Nessa metade da década de 1920, a *crise* é apresentada como algo extremamente positivo – *um momento oportuno* – para se tomar grandes decisões.

Esse equacionamento feito pelos engenheiros Francisco Prestes Maia e João Florence d'Ulhôa Cintra (ex-alunos e professores da Escola Politécnica) em quatro artigos, foi publicado no *Boletim do Instituto de Engenharia,* entre março de 1925 e junho de 1926, com o título "Os grandes melhoramentos de São Paulo. Um problema actual".[29]

A noção *problema atual* abriga um conjunto de palavras que desenham imagens e dão conteúdo à noção abstrata de *crise*. A frase, "a rapida evolução (que) colloca S. Paulo entre as cidades de crescimento mais rapido no mundo" e de "maior soma de construções annuaes no país" assume importância no contraste com a que afirma ser "de hontem o seu aspecto provinciano e atrazado". A tríade, "meio e raça reunidos a circunstancias felizes", serve de suporte para explicar a *era do industrialismo,* a multiplicação das *fábricas* pela ação de seus habitantes (o paulista e o imigrante). Nessa representação de grande força plástica, o imigrante une-se ao paulista

---

27 FREIRE, Victor da Silva. Melhoramentos de S. Paulo. *Op. cit.,* p.98-101, 113.
28 MAIA, Francisco Prestes & CINTRA, João Florence Ulhôa. Um problema actual. *Op. cit.,* nº 26-27, p.56. Grifos no original.
29 Dos estudos desses dois engenheiros arquitetos resultou o *Estudo de um Plano de Avenidas para a Cidade de São Paulo* (publicado com autoria de Prestes Maia. *Op. cit.*) que definiu as diretrizes para as grandes vias de circulação da cidade completadas na década de 1970. Parte dele começou a ser implantada quando o autor foi designado prefeito pelo governo ditatorial de Getúlio Vargas, em 1938, cargo que exerceu ate o fim do Estado Novo em 1945.

na imagem do *progresso*. Se *Melhoramentos* relacionam "obras de remodelação" para "corrigir os defeitos herdados", eles se situam sobretudo na "oportunidade única" de "organisar a nossa cidade". Momento de prever a "efficiencia futura do coração de uma immensa região", prepará-la em suma para ser, por sua posição geográfica, "a metropole natural de uma imensa zona da América do Sul".[30]

É nessa rede de palavras que *remodelação* ganha sentido por sistematizar as obras de melhoramentos que contrastam a cidade atual com a sua desejável projeção futura. Trata-se da capacidade de prever "com largueza de vistas o pleno e normal desenvolvimento da cidade num *plano integral de transformação e embellezamento*" na definição das diretrizes: "fixação de linhas mestras e um plano integral de esthetica e architectura urbana", eliminando "muito aspecto deploravel e lamentavel" para oferecer ao "Estado de S. Paulo uma Capital digna do seu progresso". Prestes Maia e Ulhôa Cintra concordam com Victor Freire em seu elogio às características da cidade, que "nasceu e cresceu à maneira das velhas cidades européas, destacando-se na planta actual um centro perfeitamente caracterisado – hoje o coração da cidade –, irradiando-se para todos os sectores, um bom numero de grandes vias de communicação". As *obras de melhoramentos* deveriam se realizar em torno desse centro num "*perímetro de irradiação*", a partir do qual, uma "rêde de linhas radiais ou arterias radiais" distribuiriam o tráfego para as ruas secundárias. Nesse esquema, *corrigir* significava facilitar o acesso aos "novos bairros que successivamente se foram aggregando á cidade (e) se apoiaram nas radiais descriptas, descrevendo grandes segmentos de circunferencia em torno do centro da cidade". Já *remodelar* vai mais longe em sua exigência de "coordenar e dirigir a expansão da cidade", até então em mãos da iniciativa privada, para Freire, a causa da "dispersão desordenada encarecendo os serviços publicos". Há um elemento novo em seus textos, a estreita colaboração entre as propostas técnicas de melhoramentos e a *propaganda*, cujo objetivo seria o de "patentear para o vulgo pouco esclarecido as vantagens de todas as grandes obras de transformação". A fé exclusiva na potencialidade da técnica na formação do cidadão recua em favor do reconhecimento da necessidade de angariar o apoio da população à iniciativa dos poderes públicos.[31]

Na década de 1910, os *melhoramentos* da cidade merecem também destaque na grande imprensa. A *linguagem culta* traduz a opinião de homens instruídos, ao con-

---

30 MAIA, Francisco Prestes & CINTRA, João Florence Ulhôa. Um problema actual. *Op. cit.*, n° 26-27, p.57; n° 28, p.91.
31 MAIA, Francisco Prestes & CINTRA, João Florence Ulhôa. Um problema actual. *Op. cit.*, n° 29, p. 121-132.

cordarem ou criticarem decisões e ações dos poderes públicos, e oferecer sugestões para modernizar a cidade. Entre 12 e 24 de novembro de 1912, Adolfo Pinto, homem culto e viajado, publica no Jornal o *Estado de São Paulo* doze artigos intitulados "A transformação e o embellezamento de São Paulo".[32]

Sua proposta ultrapassava a dimensão meramente técnica da reforma e expansão da cidade, na projeção da *capital paulista* para em dez anos ser a *"metrópole intelectual e economica* da mais extensa, da mais rica, da mais futurosa região do Brasil". Criticava "os melhoramentos realizados e em via de realização" por considerar se limitarem "a satisfação das exigências atuais", inexistindo "um plano geral de obra de previsão (...) um plano de medidas para aparelhar a estrutura urbana em seu vertiginoso surto de progresso".[33]

Suas observações têm uma nítida preocupação com a *monumentalidade* em termos estéticos: prevê a abertura de uma avenida de acesso "à colina sagrada",[34] ocupada pelo monumento do Ipiranga e Museu Paulista, ladeada por palmeiras imperiais e edificações padronizadas. O apelo à monumentalidade invoca imagens afetivas – "cultivar com amor e dedicação os caracteres psicológicos da nossa raça (...) preservá-los de afogarem-se e desaparecerem para sempre nos sedimentos aluviais do imigrantismo". No jogo de seus argumentos, *melhoramentos,* unem-se por meio da imaginação e sentimento no apelo emocional que constitui a imagem de uma identidade nacional genérica que só ganha sentido na contraposição à figura do estrangeiro.[35]

Menos ambiciosas são as denúncias do descuido de áreas públicas e de solicitações de benefícios e melhorias publicadas como *cartas de leitores* nas seções "Queixas e Reclamações" ou das "Coisas da Cidade" do mesmo jornal. Os preceitos sanitários constituem a referência para falarem de *melhoramentos,* na maioria das vezes inexistentes. No início do século elogiava-se o fechamento de "alguns cafés da cidade que se achavam em pessimas condições de hygiene","verdadeiros antros", mas criticava-se a "falta de illuminação electrica" ou de "agua encanada" em determinadas vias públicas e também a ausência ou "pessimo estado do calçamento de ruas".[36] Denúncias sobre questões pontuais constituíam também matéria para artigos nos jornais

---

32 PINTO, Adolfo. A transformação e o embelezamento de São Paulo. *O Estado de São Paulo*. 12, 13, 14, 15, 16, 17, 19, 20, 21, 23, 24 nov.1912.
33 PINTO, Adolfo. A transformação e o embelezamento de São Paulo. *Op. cit.*, 16.11.1912.
34 Lugar onde, se supõe, ter D.Pedro, futuro primeiro imperador do Brasil, proclamado a independência.
35 PINTO, Adolfo. A transformação e o embelezamento de São Paulo. *Op. cit.*, 15.11.1912.
36 Artigos de *O Estado de São Paulo* de fevereiro a junho de 1902.

operários descontentes com o descaso para com as péssimas condições do bairro do Brás. Nos *jornais operários,* os *melhoramentos* repetiam e confirmavam as obras repertoriadas nos textos especializados: a correta abertura, a manutenção e reparos das vias públicas, o saneamento das áreas alagadiças e a instalação de equipamentos urbanos modernos e adequados. Alertavam, contudo, que devem ser completados pela erradicação das habitações coletivas sem condições de higiene e conforto.

Nesses artigos, afirmações de que "melhor é prevenir que curar, lá diz a verdade scientifica" são referências diretas ao *fundo comum* dos preceitos sanitários. Denunciava-se a precariedade do "systema de remoção do lixo" da cidade, e a ele atribua-se lixo todas as manhãs expostos á porta das casas as mais modestas, bem como dos palacios os mais sumptuosos".[37]

A área de além Tamanduateí era descrita como tendo "a maior parte da ruas esburacadas, sem calçamento, sem luz, sem passeios, enfim, verdadeiras arterias de lama, que mais dia, menos dia, virão trazer a legião de microbios e miasmas 'competentes'". "Não tens a mesma sorte que Villa Buarque e demais arrabaldes...", lamenta o articulista e menciona os novos bairros abertos na área ligada ao centro pelo recém-inaugurado viaduto do Chá. A *cidade dividida* pela várzea do Carmo, "lodaçal perigoso", linha demarcatória das áreas beneficiadas pelos *melhoramentos* e as deles excluídas, pontuava os textos de outros jornais operários.[38]

Memorialistas e *moradores* da cidade desenham em textos e depoimentos esses bairros desamparados das medidas de *melhoramentos* preconizadas. Nas recordações de Penteado persistia a imagem da *cidade dividida*, o "centro velho" separado da área de expansão industrial pela várzea e pelo paredão do Carmo. Do lado do Brás, à noite, via-se apenas, "ao longe as luzes do velho casarão" (Frontão Boa Vista), com suas inúmeras luzes; os jogos de futebol, nos inúmeros campos da várzea, substituíam no lazer dos domingos o passeio pelo então aristocrático Jardim Público da Luz. Na geografia de suas memórias, casas ricas, como "a magnifica mansão com um belo parque do capitalista Sampaio Moreira" inseriam-se nas ruas do bairro mesclando-se a monotonia feia das moradias pobres.[39]

Ainda como o avesso dos *melhoramentos*, os cortiços fazem parte das memórias dos habitantes e da paisagem de vários bairros: podia estar no Brás e ser

---

37 *A Folha do Braz*, 29.10.1899.
38 Entre eles, a *Folha do Braz* faz constantes denúncias que estabelecem relação direta entre sujeira (áreas sem melhoramentos) e doenças.
39 PENTEADO, Jacob. *Belenzinho, 1910*. Retrato de uma época. São Paulo: Martins, 1962, p.59-60.

"um cortiço modesto, bem diferente daquele que imortalizou Aluísio de Azevedo, apenas três casas", ou um pequeno cortiço no fundo", mas também ser "um quarto" onde "não tinha luz (iluminação elétrica), só lampião, vela, lamparina", próximo aos Campos Elíseos, "maravilhoso, aquelas ruas quietas, aqueles jardins (...) moravam condes em palacetes".[40] São lembrados também como "casa de cômodos" ou "pensão", ou na versão moderna dos apartamentos IAPs, das lembranças do senhor Amadeu, sofrendo ainda nos anos 1970-1971 o mesmo problema das enchentes do rio Tamanduateí.[41]

Melhoramentos e urbanismo

> Urbanismo é cooperação. É também um problema para o engenheiro mas exige, para sua solução perfeita e adequada, a collaboração do sociologo, do legislador, do jurista, do politico, do administrador, do economista e de todo o cidadão.
>
> Anhaia Mello, fevereiro 1929.[42]

> O verdadeiro objectivo da civilisação é construir bellas cidades e viver nellas em belleza. Construir cidades é construir homens. O ambiente urbano é que plasma o caracter humano de accôrdo com a propria feição, para a fealdade ou para a belleza.
> Preparar o ambiente é conquistar a opinião publica, o soberano poder do mundo. Mas essa opinião publica para ser effetiva precisa ser esclarecida, controlada, organisada.
>
> Anhaia Mello, setembro 1928.[43]

No registro especializado no final da década de 1920, a palavra *melhoramentos* recua para o fundo do palco e a *cidade* projetada como obra de cooperação coletiva, *fruto do civismo,* assume a frente da cena e estimula racional e afetivamente a adesão de especialistas e da população aos planos. As palavras *Urbanismo* e *propaganda*

---

40 PENTEADO, Jacob. *Belenzinho, 1910. Op. cit.,* p.52, 58-61.
41 BRUNO, Ernani Silva. *História e Tradições da Cidade de São Paulo,* vol.III. Metrópole do Café (1872-1918). São Paulo de Agora (1919-1954), São Paulo: Hucitec – Prefeitura do Município de São Paulo/Secretaria Municipal de Cultura, 1984, p.141 e 100, respectivamente. Cabe observar que os IAPs eram edifícios construídos pelos Institutos de Aposentadorias e Previdência constituídos pelo governo do Estado Novo (1937-1945).
42 MELLO, Luiz de Anhaia. *Problemas de Urbanismo.* Bases para a resolução do problema technico. Publicação do Boletim do Instituto de Engenharia, São Paulo: Escolas Profissionaes Salesianas, 1929, p.11.
43 MELLO, Luiz de Anhaia. Problema Psychologico. In *Problemas de Urbanismo. Op. cit.,* p.12-26, palestra realizada no Rotary club de São Paulo em 21.09.2918.

passavam a ser constantes nas palestras e textos técnicos. Ao partir da ideia de que "o grau de responsabilidade que um homem sente pelas condições existentes em sua comunidade é a medida de seu valor como cidadão", o engenheiro-arquiteto Luiz de Anhaia Mello estabelecia a fundamental importância da "formação da psycochologia urbana e desejo cívico", para formar o ambiente, elevar a "temperatura moral, como preocupação inicial da urbanicultura".[44]

Ganhava destaque a preocupação com os *vínculos emocionais* perdidos entre a cidade e seus moradores. Através do contraste entre as cidades antigas e fundadas sobre rituais sagrados e "as que agora se fundam, sem rito, sem poesia, (e) não se alicerçam na alma do cidadão",[45] o autor expressava poeticamente o ar desencantado das cidades modernas. Na frase podemos, contudo, surpreender também a distância interposta entre as intervenções na cidade e os sentimentos dos habitantes. Esse nítido distanciamento entre o saber especializado e o senso comum impunha a exigência da elaboração de um novo *lugar-comum* para que o diálogo entre os vários registros de linguagem se restabeleça.

Reconhecia-se que o *sentimento,* expressão de *urbanidade* e de *cidadania,* não mais se tecia simplesmente na urdidura da vida cotidiana; se fazia necessário estabelecer uma correia de transmissão entre o saber especializado e o homem comum. Se os princípios do *urbanismo* são elevados à condição de "novo evangelho de regeneração physica e social"; e do urbanista o papel de "novo cruzado da cultura, pela civilização".[46] Contudo, a questão é mais complicada, já que entre o saber técnico e o cidadão se interpõe uma nova personagem, o sociólogo, como alguém capacitado a entrever, em meio ao aglomerado de edifícios e indivíduos, em meio aos diversos grupos culturais e profissionais, "um verdadeiro mechanismo psychophysico (...) uma unidade cultural típica"; "a alma da cidade, alma colletiva de nova especie, com um corpo visivel, de feição peculiar". Sem o que não haveria cidade, só "agglomerados humanos".[47] Pouco mais de uma década bastara para evidenciar os limites da solução técnica e objetiva, ou seja, a aposta no poder modelador do meio para a

---

44 "A verdadeira finalidade do Urbanismo", palestra publicada no *Boletim do Instituto de Engenharia*, n.51 (agosto 1929). Há nesse número do Boletim a propaganda de Problemas de Urbanismo. Bases para a resolução do problema technico. *Op. cit.* Nele foram reunidas cinco palestras proferidas entre novembro e dezembro de 1928. 1929.
45 MELLO, Luiz de Anhaia. A verdadeira finalidade do Urbanismo. *Op. cit.*
46 Ver maiores referências a essa auto-demominação de "cruzados" pelos engenheiros em CERASOLI, Josianne. *A Grande Cruzada*: Os Engenheiros e as Engenharias de Poder na Primeira República. Dissertação (Mestrado IFCH-Unicamp), 1998.
47 MELLO, Luiz de Anhaia. A verdadeira finalidade do Urbanismo. *Op. cit.*

formação do cidadão. *Urbanismo* passa à condição de novo *lugar-comum* do diálogo entre as diversas linguagens que expressam as intervenções na cidade.

Expressões como "contagio mental", formação da "opinião publica esclarecida", união da "technica às diretivas do senso comum", punham em evidência a ênfase na faceta pedagógica do registro técnico. O recurso aos meios de comunicação – "livros, rádio, jornal e cinema" – com "um raio de acção quase illimitado e immediato" fundava-se na certeza de ser importante "mostrar ao público os desenhos, plantas, diagramas, perspectivas, orçamentos dos trabalhos a executar", já que, como acredita Anhaia Mello, "Ver é mais facil do que pensar. E tem a vantagem de interessar tambem os analphabetos".[48]

Embora menos frequente na cena principal, a palavra *melhoramentos* permanece no vocabulário dos urbanistas. Perde seu lugar nos planos e projetos de reforma e expansão da cidade, mas mantém-se no relato das realizações do poder público.

Em dezembro de 1929, o engenheiro Arthur Saboya, diretor de Obras e Viação da Prefeitura, também em palestra para os membros do Instituto de Engenharia, dava ao seu texto o título *Os melhoramentos de São Paulo*. Nessa prestação de contas, reiterava a importância da *"propaganda persuasiva e contacto directo* com a população em geral", para despertar "o civismo adormecido por preocupações subalternas e a colaboração para o bem geral da communidade".[49]

A palavra aparece novamente no título do álbum Os *Melhoramentos de São Paulo*. Nele, o prefeito e engenheiro Prestes Maia expunha a intenção de prestar contas das obras realizadas no período de sua gestão, 1938-1945, e nele reuniu texto e inúmeras fotografias.[50] O termo *melhoramentos* mantinha seu sentido de elenco de obras pontuais inseridas, contudo, num *plano urbanístico,* "as de maior alcance, as que plasmam toda a cidade", e estabelecia imediata conexão com seu projeto de reforma das vias públicas. Ou seja, adotava procedimento análogo ao do importante e fundamental *Estudo de um Plano de Avenidas para a Cidade de São Paulo*[51] de

---

48 MELLO, Luiz de Anhaia. Problemas de Urbanismo. *Op. cit.*, p.31.
49 SABOYA, Arthur. Os melhoramentos de São Paulo. A "Divisão de Urbanismo"do Instituto de Engenharia de São Paulo. As obras publicas do municipio. A contribuição para calçamentos. Considerações. São Paulo: *Boletim do Instituto de Engenharia*, n. 56 (jan.1930).
50 MAIA, Francisco Prestes. *Os Melhoramentos de São Paulo, Op. cit.*
51 O Estudo foi editado pela Companhia Melhoramentos de São Paulo. Há dois estudos importantes desse Plano: um de LEME, Maria Cristina. *Revisão do Plano de Avenidas*. Um estudo sobre o planejamento urbano. Tese (Doutorado em Arquitetura) – São Paulo: FAU-USP, 1990 e de CARPINTÉRO, Marisa. (1998) *Em busca da imagem*: a cidade e seu figurino – São Paulo de 1938 a 1954. Tese (Doutorado em História). Campinas: IFCH-Unicamp, 1998.

1930, onde o conteúdo imagético ao unir a reprodução de fotos de trechos da cidade com projeções de perspectivas urbanístico-arquitetônicas compunha um segundo texto de grande poder persuasivo. Na palestra de 1945, a palavra *melhoramentos* atuou tanto no nível da metáfora por estabelecer imediata conexão com o *Estudo* que orientou suas *realizações,* como na condição de *lugar-comum* capaz de dar inteligibilidade à apresentação das obras realizadas.

Melhoramentos mantém sua força de *lugar-comum* por permitir-lhe hierarquizar as intervenções, cujo ponto focal se dirige para a *remodelação* e *ampliação* da região central, seguida dos *benefícios* das áreas adjacentes e complementares, para finalizar com os *melhoramentos suburbanos.* Completava o relato ao falar da ação disciplinar do *zoneamento sistemático,* necessário para combater "interesses criados e vícios de concreto armado", e da *padronização das edificações,* não "a das fachadas à francesa", mas a das "alturas normais" e dos "sucessivos recuos" para os edifícios mais altos.

A longuíssima lista de realizações de seu governo se fazia acompanhar da defesa do regime político ditatorial do Estado Novo, num elogio "da excelência do regime administrativo e das diretrizes implantadas pelo presidente Getúlio Vargas". Com o elogio reitera um argumento comum na época, para os adeptos do "autoritarismo", de que no período da Primeira República (1889- 1930), derrubada pelo golpe de Estado, conhecido como Revolução de 1930, "as disputas demagógicas, os embaraços formalísticos e a incerteza financeira" eram impeditivos para a concretização dos planos de obras.[52] Pela primeira vez a política merecia menção nos textos técnicos especializados que percorremos em mais de meio século de república, o que indica a força persuasiva da linguagem técnica, considerada aproximação objetiva dos problemas para a formulação dos *planos de melhoramentos* e os subsequentes *planos urbanísticos.* Nos textos especializados, tudo se passa como se a cidade consistisse uma entidade em si, e a cidadania fosse a arte de bem viver na cidade.

O mesmo formalismo da linguagem técnica repete-se no Relatório dos Consultores do *Programa de melhoramentos públicos para a cidade de São Paulo,* coordenado por Robert Moses, em 1950. A palavra *melhoramentos* mantém o caráter descritivo das obras realizadas e intervenções na cidade, e constitui também argumento de peso na indicação da primeira providência a tomar para se fazer um planejamento de São Paulo, a execução de um mapa aéreo fotogramétrico das áreas já urbanizadas, uma planta oficial da cidade. Ainda uma vez mais se recorre

---

52 Na reedição dos *Melhoramentos de São Paulo,* iniciativa de sua filha Adriana Prestes Maia Fernandes, não mais consta o elogio a Getúlio Vargas. São Paulo: Imprensa Oficial, 2010.

ao argumento que prevê "dirigir a cidade por um crescimento racional, não pelo presente sistema desordenado".[53]

A palavra *urbanismo* mantém a acepção expressa em 1927 por Anhaia Mello: "é arte scientifica do arranjo e disposição das agglomerações urbanas. (...) O que distingue a urbanisação scientifica da natural é justamente a intervenção reflectida, intelligente, ordenadora da vontade humana no jogo das leis naturaes de existencia e crescimento das agglomerações urbanas, afim de que estas se tornem um objecto de utilidade, de rendimento superior e proveitoso á colletividade. *La ville est um outil de travail*", completa citando Le Corbusier.[54] Já *melhoramentos* guarda seu significado de *lugar-comum* de obra realizada ou a ser realizada, mesmo quando absorvida pelos textos mais amplos dos projetos urbanísticos, como no de Anhaia Mello, em 1929.[55] Guarda, também, sua forte característica de *metáfora* que une a ideia dos benefícios de natureza variada à imagem isolada ou em sequência ordenada dos elementos que compõem ou comporão a paisagem urbana. Por meio da imaginação, une coisas diferentes aproximando-as, sem eliminar as diferenças. Atua, pois, como metáfora na produção de sentido, ao articular um projeto estético a uma experiência afetiva, como sentimento que pode ir da sensação de participar e de usufruir até a certeza da exclusão de seus benefícios, ou seja, de ser na hierarquia dos valores urbanos um cidadão de primeira ou de segunda categoria.

Referências:

BOSI, Ecléa. *Memória e sociedade*: lembranças de velhos. São Paulo: T.A. Queiroz/EDUSP, 1987.

BRUNO, Ernani Silva. *História e tradições da cidade de São Paulo*, vol. II (Burgo de Estudantes. 1828-1872). São Paulo: Hucitec, Secretaria Municipal de Cultura, 1984.

CARPINTÉRO, Marisa. *Em busca da imagem*: a cidade e seu figurino – São Paulo de 1938 a 1954. Tese (Doutorado em História). Campinas: IFCH-Unicamp, 1998.

CERASOLI, Josianne Francia. *A Grande Cruzada*: os engenheiros e as engenharias de poder na Primeira República. Dissertação (Mestrado em História)-IFCH-

---

53 MOSES, Robert. *Programa de melhoramentos Públicos para a cidade de São Paulo/* Programa of Public Improvements. International basic Economy Corporation; IBEC Technical Services Corporation; Diretor do Estudo. New York City, Novembro de 1950, p.21.
54 MELLO, Luiz de Anhaia. Problemas de Urbanismo. São Paulo: *Revista Politécnica* n.83, 1927.
55 MELLO, Luiz de Anhaia. Urbanismo – O problema financeiro. São Paulo: *Boletim do Instituto de Engenharia*, vol.X, n.46, março 1929.

-Unicamp, 1998.

D'ALLONNES, Myriam Revault. *Le Dépérissement de la Politique*. Généalogie d'un lieu commun. Paris: Aubier, 1999. Discurso recitado pelo Exmo. Presidente José Carlos Pereira d'Almeida Torres no dia 7 de janeiro de 1843 por ocasião da abertura da Assembleia Legislativa da Província de São Paulo. São Paulo: Typ. do Governo, Arrendada por silva Sobral, 1843. Discurso recitado pelo Exmo presidente, Manoel Machado Nunes, no dia 7 de janeiro de 1840 por occasião da abertura da Assembléa Legislativa Provincial. São Paulo: Typ. de Costa Silveira, 1840.

Discurso com que o Illustrissimo e excelentissimo senhor Doutor Vicente Pires da Motta, presidente da província de São Paulo abrio a Assembleia Legislativa Provincial no dia 15 de abril de 1850. São Paulo, Typographia do Governo, 1850.

DUPRAT, Raymundo. *Relatório de 1911 apresentado à Câmara Municipal de São Paulo pelo Prefeito Raymundo Duprat*. São Paulo: Vanorden, 1912.

EGAS, Eugenio. *Galeria dos Presidentes de São Paulo*. São Paulo: Secção de Obras d'O Estado de São Paulo. vol. 1 Império et vol. 2 República, 1926.

Folha do Braz, 29.10.1899.

FREIRE, Victor da Silva. A cidade salubre. São Paulo: *Revista Politécnica* 8 (48), 10/11.1914.

FREIRE, Victor da Silva. Melhoramentos de S. Paulo. São Paulo: *Revista Politécnica* 6 (33), fev/mar.1911.

HOLANDA, Sérgio Buarque de. *Raízes do Brasil*. Rio de Janeiro: José Olympio, 1936.

LEME, Maria Cristina da Silva. *Revisão do Plano de Avenidas*. Um estudo sobre o planejamento urbano. Tese (Doutorado em Arquitetura) – São Paulo: FAU-USP, 1990.

MAIA, Francisco Prestes. *Os Melhoramentos de São Paulo*. Prefeitura Municipal de S. Paulo, 1945.

MAIA, Francisco Prestes. *Os Melhoramentos de São Paulo*. São Paulo: Imprensa Oficial do Estado de São Paulo, 2010 (reedição apresentada por Adriana Prestes Maia Fernandes).

MAIA, Francisco Prestes & CINTRA, João Florence d'Ulhôa. Um problema actual. Os grandes melhoramentos de São Paulo. In: *Boletim do Instituto de Engenharia*, nº 26-27: 10.1924-03.1925; nº 28; 03-06-1925; nº 29: 07-10.1925; nº 31: 03-06.1925.

MELLO, Luiz de Anhaia. Problemas de Urbanismo (Bases para a resolução do problema technico). *Boletim do Instituto de Engenharia de São Paulo*. São Paulo, 1929.

MELLO, Luiz de Anhaia. *Problemas de Urbanismo. Base para a resolução do problema technico.* São Paulo: Escolas Profissionais Salesianas, 1929.

MELLO, Luiz de Anhaia. *Problemas de Urbanismo.* São Paulo: Revista Politécnica n.83, 1927.

MELLO, Luiz de Anhaia. *Urbanismo.* O problema financeiro. São Paulo: *Boletim do Instituto de Engenharia*, vol. X, n.46, março 1929.

MOSES, Robert. *Programa de melhoramentos Públicos para a cidade de São Paulo/* Programo of Public Improvements. International basic Economy Corporation; IBEC Technical Services Corporation; Diretor do Estudo. New York City, Novembro de 1950.

MOURA, Paulo Cursino de. (1932). *São Paulo de Outrora* (Evocações da metrópole). Belo Horizonte: Itatiaia, São Paulo: EDUSP, 1980.

O Estado de S. Paulo de fevereiro a junho de 1902.

PENTEADO, Jacob. *Belenzinho, 1910.* Retrato de uma época. São Paulo: Martins, 1962.

PINTO, Adolfo. A transformação e o embelezamento de São Paulo. *O Estado de São Paulo.* 12, 13, 14, 15, 16, 17, 19, 20, 21, 23, 24 novembro de 1912.

PINTO, Alfredo Moreira. *A cidade de São Paulo em 1900.* (Coleção Paulística vol. XVI.) ed. fac-similar. São Paulo: Governo do Estado de São Paulo, 1979.

Primeiro Congresso de Habitação realizado em maio de 1931 em São Paulo: Publicação Official, 1931.

Relatório apresentado à Assemblea Legislativa Provincial de São Paulo pelo Exmo. Presidente da mesma Província Manuel da Fonseca Lima e Silva, no dia 7 de janeiro de 1845, São Paulo, Typ. Da Silva Sobral (em Palacio), 1845.

Relatório apresentado à Câmara Municipal de São Paulo pelo Prefeito Raymundo da Silva Duprat, São Paulo: Vanorden, 1912.

Relatório apresentado ao Exm. e Rvm. Sr. Doutor Vicente Pires da Motta pelo Exm. Sr. Dr. Domiciano Leite Ribeiro ao entregar a presidencia. São Paulo, Typographia do Governo, 1848.

Relatório da Comissão de exame e inspecção das habitações operarias e cortiços no districto de Santa Ephigenia. Parte do Relatorio apresentado à Camara Municipal de São Paulo pelo Intendente Municipal Cesario Ramalho da Silva em 1893, São Paulo, Typ. A Vapor de Espindola Siqueira & Comp.

Relatório do Presidente da Provincia de São Paulo, José Cezario de Miranda Ribeiro. São Paulo: Typographia do Governo, 1836.

Relatório que por ocasião da abertura da Assembleia Legislativa Provincial de São Paulo no dia 3 de fevereiro de 1864 apresentou o Illmo. E Exmo. Sr. Conselheiro Doutor Vicente Pires da Motta presidente da mesma provincia. São Paulo, Typographia Imparcial de Joaquim, Roberto de Azevedo Marques, 1864.

RICOEUR, Paul. O processo metafórico como cognição, imaginação e sentimento. In SACKS, Sheldon. (Org.). *Da metáfora*. São Paulo: EDUC/Pontes, 1992, p.145-160.

ROCHARD, Jules. (Org.). *Encylopédie d'Hygiène et de Médecine Publique. Hygiène Urbaine* – Tome III. Paris: Lecrosnier et Babé, 1891.

SABOYA, Arthur. *Os melhoramentos de São Paulo*. A "Divisão de Urbanismo" do Instituto de Engenharia de São Paulo. As obras públicas do municipio. A contribuição para calçamentos. Considerações. São Paulo: Boletim do Instituto de Engenharia, n. 56 (jan.1930).

SESSO Jr., Geraldo. *Retalhos da velha São Paulo*. São Paulo: OESP-Maltese, 1986.

SANITARISMO E CONFIGURAÇÃO DO ESPAÇO URBANO*

> Mercúrio e S. Vito: degradação de pé.
> Ações judiciais impedem a demolição dos prédios e detêm o processo de revitalização do Parque D. Pedro II
> Cidades. *O Estado de S. Paulo*, domingo: 29 de junho de 2008.

> Colapso do lixo atinge 67 cidades de São Paulo. Nove terão de fechar os aterros; prefeitos alegam "perseguição".
> Metrópole. *O Estado de S. Paulo*, 5ª feira: 2 de outubro de 2008.

Antigos problemas. Velhas soluções?

Duas indagações correlatas percorrem este artigo no intuito de estabelecer a importância das questões sanitárias na configuração do espaço urbano: quais as implicações das noções e das ações sanitárias para a formação do campo conceitual do Urbanismo como disciplina que se propõe a planejar a organização e a expansão das cidades? Quais os saberes implicados na formação desse campo conceitual e dessa disciplina eminentemente operativa?

---

* Edição original em CORDEIRO, Simone Lucena. (Org.). *Os cortiços de Santa Ifigênia*: sanitarismo e urbanização. São Paulo: Imprensa Oficial; Arquivo Público do Estado de S. Paulo, 2010, p.15-38.

O texto se estrutura em dois eixos:

No primeiro, apresento as preocupações com a "questão sanitária" em São Paulo a partir da eclosão da epidemia de febre amarela e de cólera na cidade de Santos e em cidades do interior do estado no início da década de 1890, dando início a uma avaliação mais ampla da cidade, de seus bairros e das diversas e necessárias intervenções saneadoras de dessecação de áreas pantanosas ou sujeitas a frequentes enchentes, e a implantação em rede do abastecimento de água e coleta de esgoto.

No segundo, estabeleço um recorte no campo do sanitarismo para mostrar como as moradias para a população de baixa renda (ou "casas proletárias") compõem parte importante do campo das medidas sanitárias constitutivas do urbanismo, cuja permanência se dá a despeito de sua transcrição em preceitos técnicos da engenharia e da arquitetura.

Busco, assim, conduzir o texto na direção da fundamental importância das questões sanitárias na formação do saber urbanístico que se estrutura no decorrer do século XIX sobre a base de ações intimamente vinculadas à medicina higienista e à engenharia sanitária e que, contudo, recebe aportes de outras áreas, tais como a filosofia política e a filantropia, até se configurar como corpo de conhecimentos de dimensão internacional e receber, no início do século XX, a denominação *"urbanisme"*, *"urbanismo"*, *"Town Planning"*, embora o termo "urbanização" já esteja presente em 1858 no projeto de Ildefonso Cerdá para a expansão de Barcelona.

Esse procedimento permite-me, por fim, avançar pela trilha dos entrecruzamentos da formação interdisciplinar dessa área e da apropriação de seus preceitos compósitos pelo Urbanismo – enquanto disciplina que se define nas décadas iniciais do século XX como ciência e técnica sistematizada de intervenção urbana – cujos preceitos se constituem e se difundem em âmbito internacional, assumido como profissão no sentido de se constituir em rede de especialistas em busca de uma linguagem comum para uma disciplina cujo caráter é, sobretudo, operativo ou pragmático, nas palavras de Donatella Calabi.[1]

---

[1] Optamos por trazer a linha teórica e o método de trabalho, bem como os argumentos desenvolvidos por Donatella Calabi, por virem ao encontro das premissas que orientam minha própria pesquisa. CALABI, Donatella. *Storia dell'urbanistica europea: Questioni, strumenti, casi esemplari*. Turim: Paravia Scriptorium, 2000, p. 20-21.

São Paulo – Cidade de (agudos) contrastes

> A cidade de São Paulo é um palimpsesto – um imenso pergaminho cuja escrita é raspada de tempos em tempos, para receber outra nova, de qualidade literária inferior no geral. Uma cidade reconstruída duas vezes sobre si mesma, no último século.[2]

Com essas frases o arquiteto e professor Benedito Lima de Toledo apresenta os argumentos com os quais tece comentários às transformações urbanísticas e arquitetônicas da capital paulista entre finais do século XIX e no século XX. Suas palavras repetem observações de inúmeros viajantes brasileiros e estrangeiros de passagem pela cidade, e também de moradores, cronistas, memorialistas e autoridades públicas. Formam hoje em dia um lugar-comum que merece ser examinado. Essas palavras remetem ao crescimento da cidade em termos físicos e populacionais numa escala inusitada, a planos de expansão, e, principalmente para as décadas iniciais da República, remetem a preocupações com a retificação de ruas e cursos d'água, com o saneamento e a urbanização de áreas – como a Várzea do Carmo e o Vale do Anhangabaú –, e com a adoção de medidas sanitárias e de regulamentação de edificações sediadas em diversos bairros antigos e novos, em particular as destinadas à população operária.

Entre os viajantes, Henrique Raffard, carioca e filho do cônsul-geral da Suíça, visita São Paulo em março de 1890, três anos antes da comissão de especialistas efetuar a inspeção dos cortiços de Santa Ifigênia, e tece elogios ao "incrível desenvolvimento" da cidade. Raffard voltava à "Paulicéia" após uma ausência de quase cinco anos e dedica quinze dias a percursos pelos "quatro pontos cardeais da cidade". Para qualificar o que vê, escolhe transcrever uma observação de Rui Barbosa:

> São Paulo é a expressão do espírito *yankee* e perfumada pela graça do gosto italiano. Triplicada em população e opulência, no espaço de poucos anos, esta cidade está destinada a ser a mais magnífica de toda a América Meridional. Este desenvolvimento maravilhoso e incomparável será bastante rápido, eu o espero, para aqueles que como eu conheceram a antiga cidade acadêmica, escondida atrás das suas rótulas e dos seus mosteiros (...).[3]

---

2   TOLEDO, Benedito Lima de. *São Paulo: três cidades em um século*. São Paulo: Livraria Duas Cidades, 2ª Ed. aumentada, 1983, p.69.
3   RAFFARD, Henrique. *Alguns dias na Paulicéia*. Vol.4. São Paulo: Academia Paulista de Letras, 1977, p.14.

Confirma os elogios ao comentar o "Passeio Público, constantemente embelezado", coloca as "magníficas casas" que vê percorrendo ruas do bairro de Santa Ifigênia em franco contraste com as más condições das moradias operárias também sediadas nesse bairro. Sobre essa área denominada Bom Retiro, habitada quase exclusivamente por famílias operárias (indica contarem cerca de 4 mil pessoas), ele diz ser "de lastimar que não se tenham melhor preparado os terrenos (...) para evitar que águas pluviais fiquem retidas em alguns lugares". Critica também o mau alinhamento das construções e menciona, sem se deter, as lamentáveis condições dos terrenos da Várzea do Carmo, contíguos ao Bom Retiro, sublinhando a urgente necessidade de saneamento, de modo a tornar mais cômoda a comunicação com o distrito do Brás.[4]

Decorridos dez anos, outro carioca, Alfredo Moreira Pinto, vem também em visita de quinze dias à capital paulista. Suas observações sobre o impacto causado pela cidade, após trinta anos de ausência, agregam qualificativos às imagens compostas por Raffard em 1890 e sublinham o contraste entre o centro e a região que se estende para além da Praça da República, alcançando os novos bairros de Higienópolis e da Avenida Paulista e o Brás, área adjacente à Estação do Norte:

> Era então S.Paulo uma cidade puramente paulista, hoje é uma cidade italiana!!
> S.Paulo, quem te viu e quem te vê!
> (...)
> Não posso mais dar-te o tratamento de tu: fidalga como és merece hoje o tratamento de *excellencia*. Está V. Ex. completamente transformada, com proporções agigantadas, possuindo opulentos e lindíssimos predios, praças vastas e arborizadas, ruas todas calçadas, percorridas por centenares de pessoas (...); bellas avenidas, como a denominada Paulista, encantadores arrabaldes como os Campos Elysios, a Luz, Santa Cecília, Santa Ephigenia, Hygienopolis e Consolação, (...) comercio activissimo, luxuosos estabelecimentos bancarios, centenares de casas de negócios e as locomotivas soltando seus sibilos progressistas (...)
> (...)
> A cidade e arrabaldes são illuminados á gaz e á luz electrica, abastecidos de excellente agua derivada da serra da Cantareira, possuindo tambem um bom serviço de esgotos.[5]

---

4   RAFFARD, Henrique. *Alguns dias na Paulicéia. Op. cit.*, p.18-19.
5   PINTO, Alfredo Moreira. *A cidade de São Paulo em 1900.* (Coleção Paulística vol. XVI.) ed. fac-similar. São Paulo: Governo do Estado de São Paulo, 1979, p.7-10 e 25.

Fora, contudo, o aspecto da área próxima à estação do Norte da Estrada de Ferro Central do Brasil que lhe causara má impressão logo em sua chegada à cidade. Em vivo contraste com as entusiásticas afirmações sobre as avenidas e alamedas, os bairros novos com seus "ricos palacetes", o Viaduto do Chá estendendo "a cidade velha" para o centro novo, o Bairro do Brás é por ele descrito como "arrabalde muito populoso, mas que não prima pelo asseio, nem pela belleza de seus prédios particulares", tendo "uma extensa varzea muito maltratada" a separá-lo da "cidade em um alto com os fundos das casas voltados para o viajante".[6]

Moreira Pinto, tal como Raffard, percorre os quatro pontos cardeais da cidade e compõe suas avaliações sobre as condições físicas a partir da noção de progresso quando se refere às atividades econômicas e as interliga a preceitos sanitários que, por sua vez, também apoiam suas concepções estéticas. Assim, se as ruas da "cidade velha" apresentam desigualdade nas edificações, umas altas, outras baixas – não "obedecendo a um plano esthetico" –, diz que, contudo, "o aspecto não é feio" por nelas sentir "a vida e a animação das grandes cidades européas". O Palácio do Governo, igualmente, merece avaliação negativa no plano estético – "um edifício antigo, baixo, sem symetria na sua fachada e debaixo do ponto de vista architectonico uma verdadeira monstruosidade" –, porém a parte interna recebe elogios pelas suas salas "bem illuminadas, arejadas e suntuosas", elogios não extensivos, por exemplo, à "sua antiga Faculdade de Direito", alojada no mesmo "pardieiro, sem achitectura, sem o mais ligeiro gosto esthetico, sem asseio, com as paredes esburacadas, ennegrecidas, (...) pateos onde viceja abundantemente a relva". Já os edifícios da Escola Normal, do Museu Paulista e da Escola Politécnica são listados entre os que foram projetados com "gosto estético" e a eles soma avaliações positivas sobre as Secretarias da Justiça e de Agricultura e a Thesouraria de Fazenda: a primeira pelo "estylo dórico-romano", a segunda pelo "estylo Renascimento", e a última por ter suas fachadas "filiadas à ordem corinthia".[7]

As observações de Alfredo Moreira Pinto indicam a ampla difusão entre a população com formação acadêmica de preceitos sanitários e concepções estéticas filiadas a teorias arquitetônicas, conhecimentos que também podem ser encontrados nas páginas dos jornais operários e em abaixo-assinados dirigidos às autoridades municipais por moradores contrariados por considerarem incorretas as medidas

---

6 PINTO, Alfredo Moreira. *A cidade de São Paulo em 1900. Op. cit.*, p.24-25.
7 PINTO, Alfredo Moreira. *A cidade de São Paulo em 1900. Op. cit.*, p. 71-85, 106-111, 114-119.

para os problemas urbanos. Caso exemplar de abaixo-assinado se dá nesse mesmo ano de 1900 em relação ao calçamento da Avenida da Intendência (atual Celso Garcia), cuja largura, alegam os interessados, não corresponde à necessidade do fluxo do trânsito a que se destina:

> (...) a avenida da Intendência é incontestavelmente a rua de maior movimento da capital; a principal arteria de sua circulação. Tem um transito que não cessa, uma vida que não se altera; pela noite á fora, passam por ella disputando logares nos mercados publicos transportes carregados de generos; durante o dia, ao lado de seu constante trafego de bonds, se sucedem n'uma frequencia animadora os conductores de materiais para construcção, dos produtos das fabricas visinhas, e os intermediarios de todas as relações da Penha, Guarulhos, Nazareth, Santa Izabel, com a capital.[8]

Ao afirmarem que a largura da rua deve ser proporcional ao desenvolvimento da circulação que nela ocorre baseiam seus argumentos em afirmações do médico sanitarista francês, organizador da *Enclyclopédie d'Hygiène et de Médecine Publique* publicada em 1891, Dr. Jules Rochard, e de Jules Arnould, autor de parte significativa do Livro III da mesma obra, dedicado a *Hygiène Urbaine*.[9] O parecer ao abaixo-assinado vem redigido pelo diretor da "Secção de Obras", o engenheiro Victor da Silva Freire, que, nos argumentos em defesa do projeto da Prefeitura, utiliza dispositivos do código inglês de higiene pública, expõe seu amplo domínio do assunto ao citar exemplos de códigos de cidades europeias e da capital argentina, além de analisar detalhadamente as dimensões de ruas como a Rivoli, parisiense, e a Regent's Street, londrina.

---

8 O longo arrazoado do abaixo-assinado, com 78 assinaturas de moradores da Avenida da Intendência, que contesta a regulamentação dos passeios laterais das ruas da cidade, data de 10.10.1899 e refere-se à Lei 460, de 17/04/1900. Arquivo Histórico Municipal Washington Luiz – Fundo Câmara Municipal de São Paulo, vol. 1966 (caixa 519, Fundo Diretoria de OP). Traz também, em anexo, a reprodução dos desenhos dos perfis de ruas de Paris e Londres constantes da resposta redigida por Victor da Silva Freire, p.358. Leis do Município (621-639), 1903 e Caixa 519, Fundo Diretoria de Obras, série Obras Públicas, 1908. Debate reproduzido por CERASOLI, Josiane Francia. *Modernização no Plural*: obras públicas, tensões sociais e cidadania em São Paulo na passagem do século XIX para o XX. Cap. 1 – "Cidade como direito: forças sociais e intervenções na cidade". Tese (Doutorado em História). Campinas: IFCH-Unicamp, 2004, p.91-101.

9 ROCHARD, Jules (Org.). *Encyclopédie d'hygiène et de médecine publique*. Paris: Lecrosnier et Babé, 1891. Jules Arnould colabora com grande número de artigos dentre os quais o Capítulo II – *La voie Publique* (p. 83-150) –, em que discorre extensamente sobre dimensão e orientação, largura e profundidade, tipo de revestimento, não só em relação ao fluxo do tráfego, mas também da insolação das habitações, bem como das variantes da rua – ruelas, ruas sem saída, passagens, bulevares, avenidas, praças e jardins públicos – e de seus equipamentos – fontes, mictórios e latrinas públicas. Dedica parte importante à limpeza e manutenção, coleta e destinação do lixo doméstico.

Victor da Silva Freire que, entre 1899 e 1926, ocupou sucessivamente cargos diretivos da Seção, da Diretoria e da Secretaria do Município responsável pelas Obras Públicas, manteve como procedimento responder aos requerimentos de proprietários e empreendedores envolvidos com "obras de melhoramentos".[10] Em 2 de fevereiro de 1903 ele daria parecer contrário à Lei que autorizava prorrogar a concessão dada a Jules Martin para a construção de uma galeria de cristal na Travessa do Comércio com a justificativa de que "o requerente não apresenta idoneidade requisitada para uma concessão dessa ordem"; em 12 de janeiro de 1908 manifestou-se contra as modificações, solicitadas por proprietários de companhias de comércio e agentes bancários, relativas aos planos da Prefeitura para ruas do triângulo central. Embora nem sempre os requerentes tenham obtido resposta favorável a seus pedidos, como mostra Josianne Cerasoli, os abaixoassinados foram frequentes e indicam a ativa participação dos habitantes nos assuntos de interesse privado ou coletivo.[11]

Se nos textos de cronistas e memorialistas, bem como nas memórias de antigos moradores da cidade, os preceitos sanitários e estéticos são dispostos de modo mais difuso, nos jornais operários são expressos de forma contundente. A *Folha do Braz* tem, na primeira página de 29.10.1899, Ano III de sua publicação, artigos dos mais combativos em relação à saúde pública. O articulista, de pseudônimo Hypocrates, discorre sobre a ameaça à capital paulista da "Peste Bubônica", ativa na cidade portuária de Santos; artigo seguido por outro, "Hygiene do Braz", onde vem transcrita a expressão "Melhor é prevenir que curar, lá diz a verdade scientifica". Nele o autor enfatiza a necessidade de "Hygiene, muita hygiene, rigorosissima – eis o 'serum' infalllivel contra a medonha peste", o "mal indiano". Preocupado com as más condições de limpeza do bairro, diz:

---

10 Sobre as noções de "melhoramentos" e "melhoramentos urbanos" indico LEME, Maria Cristina da Silva. A formação do pensamento urbanístico, em São Paulo, no início do século XX. *Espaço & Debates*, n. 34 Cidade e História. São Paulo: NERU, 1991. p.64-70; e BRESCIANI, Stella. Melhoramentos entre intervenções e projetos estéticos: São Paulo (1850-1950), nesta coletânea.

11 O longo arrazoado do abaixo-assinado com 78 assinaturas de moradores da Avenida da Intendência contesta a regulamentação dos passeios laterais das ruas da cidade, data de 10.10.1899 e refere-se à Lei 460, de 17/04/1900. Arquivo Histórico Municipal Washington Luiz – Fundo Câmara Municipal de São Paulo, vol. 1966 (caixa 519, Fundo Diretoria de OP). Traz também, em anexo, a reprodução dos desenhos dos perfis de ruas de Paris e Londres constantes da resposta redigida por Victor da Silva Freire, p.358. Leis do Município (621-639), 1903 e Caixa 519, Fundo Diretoria de Obras, série Obras Públicas, 1908. O debate vem reproduzido no primeiro capítulo "Cidade como direito: forças sociais e intervenções na cidade", da tese de Doutorado de Josianne Cerasoli, *Op. cit.*, com apresentação e análise de farta documentação de particulares que encaminhavam suas reivindicações aos órgãos municipais e as respostas a essas reivindicações. Agradeço à Josianne o acesso à documentação dos órgãos municipais relacionados às obras públicas.

> Que vale a hygiene superficial num bairro essencialmente sujo em cujo oceano de pó se concentram os microbios de mil molestias? Que vale a hygiene num bairro cujas ruas empestam-se aos gazes emanados de eternos locadaçaes? Que vale a hygiene num bairro, cujas casas na maioria cortiços acoitam innumeras pessoas?

No mesmo dia o jornal traz a público outro assunto sanitário, "A remoção do lixo", e as observações abrangem toda a cidade:

> O vergonhoso aspecto que apresenta esta capital, com os asquerosos receptaculos de lixo todas as manhãs expostos á porta das casas as mais modestas, bem como dos palácios os mais sumptuosos, está clamando pro uma medida que ponha termo a tão barbaro costume. (...) impestando o ambiente com as suas mephiticas exhalações.

Em sucessivas edições, a *Folha do Braz* mantém sua luta contra a peste bubônica. Manifesta-se contra os procedimentos de remoção do lixo e da higiene pública demonstrando, em artigo de 5 de novembro de 1899, ter informações atualizadas sobre o assunto debatido em congresso internacional de higiene ocorrido em Paris, em que os "professores Richard e Grancher atribuíram a insalubridade à poeira proveniente das demolições e dos grandes trabalhos de aterro.[12] Os "Cortiços em S. Paulo" constituem matéria da primeira página desse jornal no dia 12 de novembro do mesmo ano. Sempre trazendo à baila a ameaça da "invasão pestosa" pede "medida de maior alcance hygienico" para "attender com particular cuidado esses incalculaveis antros de infecção a que chamamos geralmente 'casa de habitação collectiva' ou mais precisamente 'cortiços'". Questões relativas à obras de infraestrutura são frequentes nas páginas desse jornal. Notícia referente às obras de instalação do sistema de coleta de esgotos[13] indicava a correta atuação da administração municipal que solucionava dois outros problemas, temas de queixas constantes na *Folha do Braz*, pois o bairro ganhara, em

---

12 O articulista prossegue: "A communicação dos illustres sabios estabelece desde logo o seguinte principio em que se devem basear todas as medidas prophylaticas: 'os micróbios pathogenicos existem no solo, onde se póde demonstrar experimentalmente a sua presença'. O bacillo do tetano, o collibacilo, o bacillo da tuberculose, o bacillo da febre typhoide, o da cholera e o da pneumonia. Esses germens habitam as camadas superficiaes do solo. (...) São pois as camadas superficiais do solo que devem ser saneadas". *Folha do Braz*: n. 88, p.1, (Propriedade de Ruz & Leuenroth) 5/11/1899.

13 Em 23/12/1900 a coluna "Em prol do Braz" informa ter o Secretário da Agricultura dirigido aviso à Repartição de Águas e Esgotos no sentido de acelerar obras de canalização como "um dos mais salubres melhoramentos (...) e um dos mais indispensaveis preservativos das epidemias" para essa região que denomina "nosso populoso arrabalde, que até hoje tem sido tão menosprezado pelos poderes públicos".

1899, calçamento de quase todas as suas ruas "extirpadas muitas imundicies que por aqui existiam". Afinal, como dizia o articulista em 8 de outubro de 1899:

> O Braz, este populoso e adiantado arrabalde, onde primeiro pisam aquelles que vêm admirar a belleza destas plagas e o nosso passo accelerado na vanguarda do progresso, ha muito tempo reclamava a attenção da Camara Municipal, para o completo desprezo em que o deixava.

A Câmara Municipal, entretanto, já mostrara preocupação com a urbanização dessa área sujeita a frequentes inundações e lançara edital a 15 de fevereiro de 1889 para abrir concorrência para projetos de "obras de saneamento e aformoseamento da Várzea do Carmo". Duas propostas foram encaminhadas e delas constava como objetivo principal "dar a esta cidade um serviço de saneamento (...) e dotar esta capital com augmento extraordinario de área propria para edificar-se e desenvolver-se seu commercio e industria". A escolha de um dos projetos instaurou um longo debate cujo desfecho foi o parecer negativo da Comissão de Justiça da Intendência que considerou ilegal a iniciativa da Câmara de alienar bens que escapavam do seu direito de propriedade dando início a obras "attentatorias dos direitos do povo si aquelle campo fosse realmente logradouro publico".[14]

Em 31 de janeiro de 1901, a *Folha do Braz* repetia observação semelhante à do carioca Alfredo Moreira Pinto sobre a área ribeirinha ao Tamanduateí. Queixava-se do menosprezo da Câmara Municipal em relação ao Braz e indagava:

> Qual o arrabalde de mais futuro, de mais prosperidade, que o nosso? Qual, dos outros, contribue com maior quota para o erario publico? Nenhum! E, no entanto, nada merecemos, nada guardamos de bello, de decente ao menos, com que possamos vangloriar-nos. Saneamento, calçamento estacionário. Só, agora, a estrada que atravessa a várzea do Carmo está merecendo reparos precisos e assim mesmo, depois de muita celeuma, muita reclamação, por parte da imprensa.

Solicitações dos citadinos referentes a temas sanitários ganham a seção de "Queixas e Reclamações" em jornais da grande imprensa, como o *Estado de São Pau-*

---
14 Marta ENOKIBARA desenvolveu importante pesquisa sobre os vários projetos de saneamento dessa região para sua tese de doutorado: Para além do vazio. As propostas elaboradas para a Várzea do Carmo na Cidade de São Paulo: séculos XIX e XX. 2003. Tese (Doutorado em Arquitetura). São Paulo: FAU-USP, 2003, da qual retirei essas informações (p.104-147). Sobre as reformas do Vale do Anhangabaú, cf. SIMÕES JÚNIOR, José Geraldo. *Anhangabaú*. História e urbanismo. São Paulo: Senac/Imprensa Oficial do Estado, 2004.

lo[15] que, simultaneamente, publica matérias assinadas em defesa da importância da boa aplicação das rendas públicas e da obtenção de empréstimos para executar obras condizentes ao "S. Paulo moderno". Nesse sentido, vários artigos do ano de 1910 contêm opiniões sobre a construção do Viaduto Santa Ifigênia, do Paço Municipal, a conclusão do Teatro Municipal, a construção de um mercado que substituísse o de São João, o alinhamento de ruas centrais. No dia 7 de dezembro de 1910 concedia espaço na página 4 para pessoas que, como João M. de Sampaio Vianna, R. Duprat e Armando Prado, advogavam ser atribuição da administração da cidade ir além de calçar ruas, ajardinar praças e arborizá-las: "Ao poder publico cabe modernisar uma cidade, rasgando avenidas, dilatando as suas praças, construindo jardins, embellezando as suas ruas e não simplesmente limitar-se a obras de conservação...". É significativo ter, alguns dias antes, o mesmo jornal publicado sob o título "As avenidas de São Paulo" informações do "projeto das três grandes avenidas que um syndicato de capitalistas se propõe a construir nesta capital". Essa iniciativa mereceu rasgados elogios do redator em cuja opinião, "São Paulo, uma vez posto por obra o projecto que se vê ou qualquer outro que se lhe approxime e que lhe conserve as linhas geraes, ficará sendo uma das primeiras cidades do mundo".[16]

Descontados os aspectos estritamente técnicos do saber higienista de médicos e engenheiros, pode-se dizer que os preceitos da "questão sanitária" encontravam-se largamente difundidos entre a população. Até o *Diccionario de medicina popular e das sciencias accessorias para o uso das famílias* ganhara, em 1890, sua 6ª edição, e ao tratar da palavra "habitação" discorria sobre as responsabilidades da medicina quanto a diminuir os inconvenientes criados pelo crescimento das cidades.[17]

---

15 Em amostragem para o ano de 1910 encontramos transcritas nesse periódico cartas de leitores que vão do desacordo com o horário em que se retiram os "barris de lixo" (19/10/1910, p.4), à má qualidade da água distribuída no bairro de Higienópolis que, dizem, "chega a saturar as casas de uma fedentina insuportavel" (2/11/1910), ou para a falta dessa mesma água no bairro do Lavapés (5/11/1910) e na Rua Conselheiro Furtado (28/12/1910), o descuido com trechos de ruas (4 e 31/12/1910), a localização do grupo escolar a ser construído no bairro do Belenzinho (10 e 12/12/1910), a sujeira depositada nos terrenos baldios da Rua Anhangabaú (14/12/1910), o mau serviço de aterro em ruas e até ao "grande desrespeito ás posturas municipaes, e um perigo ao livre transito de bondes, a pastagem de gado pelos bairros da cidade" (29/12/1910).

16 Artigo do dia 1/12/1910, p.3. Este projeto de autoria de Alexandre Albuquerque desencadearia a proposta de mais dois outros projetos pela Prefeitura Municipal, um assinado por Victor da Silva Freire e Eugenio Guilhem, e outro, da Secretaria da Agricultura, da autoria de Samuel das Neves, em disputa resolvida pelo engenheiro-arquiteto francês Joseph Antoine Bouvard com mais um projeto que incorpora elementos dos anteriores e os amplia.

17 CHERNOVIZ, Pedro Luiz Napoleão. *Diccionario de medicina popular e das sciencias accessorias para o uso das famílias...* 6ª ed. Paris: A. Roger & F. Chernoviz, 1890.

A cidade do saber especializado

É, contudo, nos relatórios, planos, projetos e escritos dos profissionais higienistas que se encontram definidos de forma contundente os pressupostos da "Questão Sanitária" em suas várias facetas. O reconhecimento das más condições sanitárias de certas áreas da cidade e, em particular, das péssimas condições de asseio das moradias coletivas constituem presença constante nos relatórios de autoridades médicas desde pelo menos 1885, quando o médico da Câmara, Dr. Eulálio da Costa Carvalho, dirige-se à Comissão de Justiça alertando-a para a necessidade de normas que estipulassem critérios para a demolição de cortiços "julgados inconvenientes ou prejudiciais à saúde dos seus habitantes" e, ao mesmo tempo, orientassem a manutenção da higiene dos existentes e dos que ainda fossem construídos. Coube ao engenheiro da Câmara, Luiz Cesar do Amaral Gama, propor em relatório normas de construção para moradias para a população de baixa renda, no qual deixa clara sua posição amplamente favorável à extinção dos cortiços existentes, proibindo que fossem construídas novas "casas de moradia comum".

Questões pontuais, em parte marcadas pelas epidemias que desde meados do século constituíam ameaças à população urbana – como o cólera na década de 1850 e a febre amarela nas décadas finais do século –, e ao rápido crescimento da cidade, haviam dado lugar à criação da Inspetoria de Saúde Pública em setembro de 1851 e da Repartição de Obras Públicas em fevereiro de 1877. A correlação entre o meio ambiente e a saúde da população estabeleceu e manteve a reciprocidade de atuação entre essas duas repartições públicas em vários momentos. Em 1886 era editado o *Código de Posturas do Município de São Paulo* que, em seus 318 artigos, definia normas para abertura de ruas, praças e largos, estabelecia a numeração obrigatória das casas e dedicou 11 artigos do Título II às edificações. Além de estabelecer coordenadas para os elementos externos às construções, tais como largura, declividade e material a ser empregado no calçamento dos passeios fronteiros às edificações, alinhamento obrigatório e nivelamento do terreno, o Código também impunha normas sobre a própria edificação. As prescrições do *Padrão Municipal*, transcritas em itens, definiam a qualidade do material e estabeleciam o padrão construtivo: altura dos cômodos e dos porões, dimensões das janelas, colocação de canos no interior das paredes. Entretanto, como observa Carlos Lemos, o Código de 1886 mantém a possibilidade e até regulamenta a construção dos cortiços, de modo a sugerir a difícil tarefa de contrariar interesses dos que investiam nessa modalidade de habitação.[18] Os regulamentos sobre os cortiços constam dos sete parágrafos do Artigo 20, no qual se define o tratamento a ser dado ao solo, as dimensões do lote e das edificações para as quais se estipula as aberturas de janelas e portas, altura do teto e elevação do solo correspondente às necessidades de ventilação e de isolamento da umidade. O Código prescreve, inclusive, no Artigo 21, a multa para os contraventores.[19]

Nos primeiros anos do regime republicano as epidemias de febre amarela e de cólera-morbo, em cidades do interior paulista e na cidade de Santos, põem em alerta as autoridades públicas que estabelecem programas de "visitas domiciliares" em áreas consideradas críticas. A partir da década de 1880 grandes levas de imigrantes impulsionaram o crescimento da cidade que, em 1886, passa a contar com 44.030 habitantes concentrados em sua significativa maioria nos distritos centrais da Sé, Santa Ifigênia e Consolação. Dobrara, portanto, o número de pessoas em comparação ao censo de 1872, avaliado em 23.243 habitantes. A explosão demográfica se daria nos anos subsequentes: 1890, com 64.934, e 1893, com 192.409 habitantes.[20] Na virada do século XIX para o XX, a população da cidade seria estimada em mais de 200 mil pessoas.

Em 1893, como resposta às "constantes reclamações, ora pela imprensa, ora pelos particulares (...) exigidas pelo incessante crescimento desta cidade", o intendente municipal designa uma comissão de especialistas para avaliar as condições higiênicas da "zona afetada pela epidemia de febre amarella".[21] No relatório encaminhado ao Prefeito Cesário Ramalho da Silva, os integrantes da *Commissão de exame e inspecção das habitações operarias e cortiços no districto de Sta. Ephigenia* apresentaram em detalhes as más condições sanitárias de determinadas ruas e casas desse bairro. A situação de emergência os autorizava a adentrar o espaço privado das habitações "em bem da hygiene urbana", pois, como enfatizavam os inspetores, a área constituía "ponto vulnerável do systema de defeza". E mais, reivindicavam em nome da

---

18 LEMOS, Carlos. *Cozinhas*. (1976). São Paulo: Perspectiva, 1978; LEMOS, Carlos. *Alvenaria Burguesa*. São Paulo: Nobel, 1985, p.60-62. Eva BLAY é autora de extenso e fundamental trabalho sobre as moradias operárias: *Eu não tenho onde morar: Vilas operárias na cidade de São Paulo*. São Paulo: Nobel, 1985.

19 *Código de Posturas do Município de São Paulo*, 1886.

20 Remeto para o estudo pioneiro de MORSE, Richard. *Formação Histórica de São Paulo*. São Paulo: Difel, 1970, p.238; PRADO Jr., Caio. *Evolução Política do Brasil e outros estudos*. São Paulo: Brasiliense, 1963, p.128, apresenta números aproximados aos dele: 31.385 habitantes em 1872; 64.934 em 1890; 239.820 em 1900 e para 1920 indica o número de 579.033 habitantes.

21 Nabil BONDUK traz informações sobre questões sanitárias do início do período republicano em seu importante livro *Origens da habitação social no Brasil. Arquitetura Moderna, Lei do Inquilinato e Difusão da Casa Própria*. São Paulo: Estação Liberdade/FAPESP, 1998, p.20-43, 58-59.

higiene pública o poder e o dever das autoridades governamentais de "em certos casos supprimir garantias", e até "mandar demolir, retocar e reformar" e, em certas circunstâncias, sem obrigação de indenizar o proprietário.

As primeiras observações reproduzem a avaliação feita por Raffard em 1890 quanto às características do que fora a "antiga bacia lacustre", já então aterrada e coberta de construções:

> Ahi a depressão do terreno no interior dos quarteirões é uma bacia rodeada pelo aterro das ruas, cujo calçamento fica de ordinário mais alto do que a área dos quintaes.
>
> A drenagem superficial é assim imperfectissima sem o concurso de um bom serviço de exgottos.
>
> A humidade copiosa do terreno, não raro, fórma nestes terrenos deprimidos, pequenas lagôas que as aguas pluviaes alimentam e que só desapparecem pela acção do calor solar.
>
> Em mais de um ponto a drenagem é mesmo impossível por se achar o encanamento do exgotto em nivel superior. Em outros sítios a carga addicional de agua no tempo de chuva faz refluir da rede de exgotto materias ahi contidas ou retardadas, o que demonstra as condições desfavoráveis em que essa rede funcciona.[22]

Em seu relatório, a Comissão coordenada pelo engenheiro Luis Cesar do Amaral Gama e formada por seu colega Teodoro Sampaio e três médicos, utiliza expressões que conjugam noções técnicas a figuras de linguagem. Assim, se suas avaliações iniciam-se afirmando do ponto de vista técnico a necessidade impositiva de "um plano de saneamento", de "manter em nivel elevado a hygiene (...) (e) cuidar da *unidade urbana* a habitação", é a elas adicionada uma metáfora de grande poder imagético e persuasivo ao nomearem o objeto da inspeção, "essa chaga occulta no coração da cidade" posta em relevo pelas visitas aos domicílios por eles qualificada como parte da ação governamental para "salvar a cidade". Várias são as denominações para designar essas moradias coletivas: "habitações communs, estalagens, cortiços, hoteis de 3ª ou 4ª ordem, casas de dormida, predios transformados em hospedaria, vendas e tascas, quasi todas com aposentos no fundo para aluguel".

---

22 Relatório da Commissão de exame e inspecção das habitações operarias e cortiços no districto de Santa Ephigenia. In: *Relatório apresentado á Camara Municipal de São Paulo pelo Intendente Municipal Cesario Ramalho da Silva em 1893*. São Paulo: Typ. A Vap. Espindola, Siqueira & Comp., 1894, p.44-45. O manuscrito original foi publicado n'*Os cortiços de Santa Ifigênia: sanitarismo e urbanização* (1893). CORDEIRO, Simone Lucena (Org.). São Paulo: Arquivo Público do Estado de São Paulo/Imprensa Oficial, 2010.

As palavras mostram, da parte da comissão, o claro entendimento de duas esferas de atuação do "poder público" a respeito da organização do espaço físico urbano: realizar as obras de saneamento, que denominam "hygiene defensiva" – ou seja, a que não se limita a tratar os efeitos das más condições de higiene, mas a elas se antecipar por ação preventiva; e legislar e regulamentar a construção e locação de prédios com base nas "leis da hygiene". Conjugam, portanto, o conhecimento especializado de duas formações – Medicina Higienista e Engenharia Sanitária –, o que autoriza esses profissionais a avaliarem em termos técnicos as condições higiênicas das habitações operárias. Há, entretanto, uma outra dimensão subjacente ao objetivo almejado: "um regime especial de policia e de hygiene" ou, seja, obter pelas disposições técnicas e pelas leis "as transformações que a hygiene impõe e a policia deve exigir". Dimensão intimamente relacionada a preceitos higiênicos e morais a serem exigidos do comportamento de locadores e locatários. A definição da área de competência do poder público e dos objetivos indica o pleno conhecimento e adoção dos pressupostos da "questão sanitária".[23] A intenção sanitária de teor disciplinar já consta das Posturas Municipais da primeira metade do Oitocentos e mantém-se reforçada e compõe um dos elementos da base do saber urbanístico.[24]

Preocupados com as péssimas condições sanitárias dos cortiços e demais habitações coletivas dessa área bastante populosa e próxima ao "centro velho" da cidade, os inspetores percorrem casa a casa e anotam minuciosamente em fichas os nomes dos proprietários e de seus respectivos inquilinos. Não se limitam a descrever a situação, mas também apresentam propostas de demolição ou de reforma, em vista da situação de cada edifício, e propõem duas plantas para "habitações operarias de caracter urbano" (uma delas define inclusive "o minimo das construcções deste genero toleradas dentro da cidade"), e uma planta para "as villas operárias" a serem

---

23 A "questão sanitária" foi formulada pelo advogado inglês Edwin Chadwick na década de 1840 ao apontar as possibilidades técnicas como poderoso instrumento de controle do meio ambiente físico cujas más condições estavam relacionadas com as doenças epidêmicas. In MELOSI, Martin V. (2000). *The Sanitary City*. Environmental services in urban America from colonial times to the present. Pittsburgh: University of Pittsburgh Press, 2008, p. 29-39. As vagas epidêmicas de cólera e tifo varrem a Europa entre as décadas de 1830 e 1860; chegam à América do Norte e do Sul no início dos anos 1850. Cf.: RYCKWERT, Joseph. (2000) *A sedução do lugar*. A História e o futuro da cidade. São Paulo: Martins Fontes, 2004, p.51; e SCHWIETERMAN, Joseph. P. & CASPALL, Dana M. *The Politics of Place*. A History of Zoning in Chicago. Chicago: Lake Claremont Press, 2006, p.5.
24 BÉGUIN, François. As maquinarias inglesas do conforto. Trad. Jorge Hajime Oseki. *Espaço & Debates*. São Paulo: NERU, ano XI, n. 34, 1991, p.39-54. (Publicação original: BÉGUIN, François. Les machineries anglaises du confort. In: MURARD, Lion; ZYLBERMAN, Patrick (éds). L'haleine des faubourgs. Ville, habitat et santé au XIXe siècle. Paris: *Recherches*, n° 29, dez.1977/1978, p.395-422).

construídas em "terrenos fóra da cidade". Estabeleciam, assim, um parâmetro que viria a ser elemento de conflito entre higienistas e engenheiros civis.

O Relatório apresenta ainda outro item de grande importância para a constituição do urbanismo enquanto prática de projetar e intervir na configuração do espaço urbano: o da especialização de áreas da cidade para determinadas ocupações. Pode-se mesmo sugerir uma proposta de pré-zoneamento expressa no final do Capítulo VII – "Do typo das habitações e villas operarias a adoptar", longamente exposta no VIII – "Da situação das villas operarias". Em suma, pragmaticamente os especialistas estabelecem condições mínimas para a construção ou reforma dos cortiços em bairros urbanos e já dispõem a localização para as vilas operárias, "de preferência, nos subúrbios em terrenos escolhidos e saneados", com fácil acesso aos empregos por meio do transporte ferroviário ou, quando dentro do perímetro da cidade, serem implantadas em "terrenos ainda desoccupados no Bexiga, Bella Cintra, Pacaembu, Pary, Moóca e Cambucy".

A leitura dos oito capítulos do Relatório de 1893 mostra que, ao estipularem as atribuições dos poderes públicos relativas ao controle das habitações operárias, os membros da comissão detinham o pleno conhecimento das modernas práticas sanitárias difundidas internacionalmente por meio de projetos, soluções exemplares apresentadas em exposições, congressos, escritos teóricos, livros e artigos em revistas especializadas, manuais técnicos e demais publicações. Apoiada na teoria mesológica de ampla adoção para as intervenções urbanas, a ação governamental amplia a área de sua responsabilidade, antes pontualmente restrita à realocação de cemitérios, hospitais e matadouros para áreas afastadas da parte mais urbanizada da cidade, e ao cuidado de avaliar os lugares de implantação em relação à topografia e direção dos ventos.[25] Como forma de assegurar, ainda que precariamente, a entrada de luz e ar nos cômodos, a prefeitura exige, a partir de 24 de maio de 1893, supervisionar as plantas das casas a serem construídas como condição prévia ao forneci-

---

25 A historiadora Denise de Sant'Anna desenvolveu trabalho pioneiro e amplo sobre os diversos usos da água e as iniciativas dos poderes públicos relativas à sua regulamentação, distribuição e qualidade disponibilizada para a população no decorrer do século XIX. Remeto também para o artigo de Cristina de Campos (2005, p.189-283). A arquiteta Ivone Salgado foi e é responsável pela orientação de várias pesquisas em nível de Iniciação Científica e Mestrado na PUC-Campinas sobre as teorias higienistas e sua aplicação na regulamentação e definição espacial de cemitérios, hospitais, matadouros e mercados na cidade de São Paulo no século XIX. Ver: SANT'ANNA, Denise. *São Paulo das águas. Usos de rios, córregos, bicas e chafarizes em São Paulo (1822-1901)*. São Paulo: Senac, 2007; CAMPOS, Cristina de. A promoção e a produção das redes de águas e esgotos na cidade de São Paulo, 1875-1892. São Paulo: *Anais do Museu Paulista. História e Cultura Material*, v.13, n.2, p.189-283, jul./dez. 2005.

mento do necessário alinhamento no lote. Complementa desse modo leis que, já em 1871, haviam estipulado a exigência do pedido de alinhamento feito à Câmara para as novas construções. O governo do Estado, por sua vez, criava em 11 de novembro de 1891 três Secretarias – do Interior, da Justiça, e da Agricultura, Comércio e Obras Públicas –; a 23 de maio de 1892 formava uma comissão para a verificação das condições higiênicas dos prédios criando, a 18 de julho, o Serviço Sanitário do Estado.[26] Tratava-se da evidente reorganização administrativa dos estados e municípios nesses anos iniciais do regime republicano.

Como parte da reorganização administrativa, a Prefeitura estabeleceu, para efeito de cobrança de impostos, a divisão da cidade em quatro perímetros: o primeiro circunscrevia o Triângulo Central e o Centro Novo, estendendo-se até a Praça da República; em continuidade o segundo perímetro comportava extensa área a leste e a área a oeste formava o terceiro perímetro, restando ao quarto uma área ainda em urbanização e definida a partir das linhas divisórias dos dois anteriores. Em ato subsequente ao Relatório da Comissão de 1893, o Presidente do Estado de São Paulo decretava, a 2 de maço de 1894, o Código Sanitário cuja vigência se estenderia até 1911, quando o Serviço Sanitário do Estado foi reorganizado.[27]

O Código de 1894 ganha, em seus XXII Capítulos e 520 Artigos, extensão e detalhes: dispõe sobre a abertura de ruas, praças e jardins, sobre a construção de habitações e edifícios destinados a uso público, e deixa de regular hábitos e comportamentos pessoais. Desaparecem as normas para os cuidados com criados, amas de leite e cocheiros, com o sossego público e injúrias e ofensas à moral,[28] mas surgem 76 artigos no Capítulo II dedicado às "Habitações em geral" nos quais 11 deles traduzem preceitos sobre tratamento do solo anteriormente à construção e 16 artigos especificam as normas para o recobrimento do chão e paredes, e os tipos de equipamento destinados às latrinas. Dedica o capítulo III às "Habitações coletivas", definindo-as como "edificios destinados a conter permanentemente grande numero de habitantes", e deveriam ser "(construídas) fóra da agglomeração urbana". Dessa categoria constam internatos, quartéis e prisões para as quais estipulam a necessidade de jardins e pátios internos como "garantias hygienicas". Hotéis e casas de

---

26 LEMOS, Carlos. *Alvenaria Burguesa. Op. cit.*, p.29; DIAS, Márcia Lucia Rebello. *Desenvolvimento Urbano e Habitação Popular em São Paulo, 1870-1914*. São Paulo: Nobel, 1989, p.36 e 52.
27 DIAS, Márcia Lucia Rebello. *Desenvolvimento Urbano e Habitação Popular em São Paulo. Op. cit.*, p.54 e 66.
28 Refiro-me ao *Código de Posturas* de 1886. *Op. cit.*

pensão merecem 12 artigos do Capítulo IV, especificando o número de locatários como proporcional à capacidade do edifício e a proibição de uso dos porões para moradias. Proíbem também, no Capítulo V dedicado às "Habitações das classes pobres", a construção de cortiços e a sublocação de grandes casas para abrigar elevado número de pessoas e, no mesmo capítulo, estabelecem o padrão de vilas operárias a serem construídas fora da aglomeração urbana, contando cada uma com suas próprias instalações higiênicas. Cinco parágrafos do primeiro artigo do Capítulo VI definem as "habitações insalubres", seguidos de mais dois artigos contendo prescrições sobre a reforma dos passíveis de saneamento e a demolição, caso a recuperação fosse considerada impossível.[29]

Preceitos da medicina higienista, já incorporados pela engenharia sanitária, ganham as páginas de publicações da área de engenharia civil. A *Revista de Engenharia*[30] traz em seu primeiro número, de 10 de junho de 1911, artigo dedicado às "Casas Operarias".[31] Ao se definir como "Publicação Mensal de Engenharia Civil e Industrial, Architectura e Agronomia" lista seus diretores e colaboradores, todos engenheiros, e justifica a iniciativa como intenção de cobrir no país a carência de "associações technicas e publicações dedicadas á sciencia e á arte do engenheiro", que "á exceção do Rio de Janeiro, com o Club de Engenharia, o Instituto Polytecnico e suas revistas scientificas" era ainda a imprensa diária que acolhia e divulgava os trabalhos do profissional-engenheiro. É interessante assinalar nas justificativas o argumento da dispersão dos profissionais pelo extenso território brasileiro, e, decorrente dessa situação, a "falta de coesão entre engenheiros" e a restrita "autoridade moral da profissão". A crítica ao procedimento de "cada um de *per si* na pratica da profissão" visava explicitamente o "direito a seus serviços", logo, uma questão crucial para o mercado de trabalho em formação.

---

29 O Decreto n. 233 – 02.03.1894 estabelece o Codigo Sanitario do Estado de São Paulo. In *Diario Oficial do Estado de São Paulo*, Actos do Poder Executivo, São Paulo, anno 3°. N. 815, 1894. Reeditado no original manuscrito por CORDEIRO, Simone Lucena. (Org.). *Os cortiços de Santa Ifigênia*. Op. cit., p.183-219.

30 A *Revista de Engenharia*, publicada por iniciativa de dois diretores do Instituto de Engenharia de São Paulo – os engenheiros Ranulpho Pinheiro Lima e H. Souza Pinheiro –, lista 21 engenheiros colaboradores, entre eles Alexandre Albuquerque, Armando de Salles Oliveira e Roberto Cochrane Simonsen. Constam do primeiro volume 12 números, de junho de 1911 a maio de 1912, com 366 páginas e 235 figuras; do segundo, 12 números, de junho de 1912 a junho de 1913, com 306 páginas (a partir do n.10 passa a constar como subtítulo "Electrotechnica, Hydraulica e industrial"). O exemplar da Biblioteca Central da Escola Politécnica da USP traz a assinatura de José Mariano Filho. São Paulo, junho de 1911 a maio de 1912, p.4-6.

31 *Revista de Engenharia*. 1911-1912. Op. cit., p.4.

Não por acaso, a frase inicial do artigo "Casas Operarias" introduz o conceito "casas economicas" acoplado ao de "habitação hygienica", de modo a traduzir em preceitos da técnica construtiva da engenharia e da arquitetura os pressupostos básicos do higienismo. Atribuía-se à engenharia uma missão: a de desvincular o que Victor da Silva Freire denominaria, em 1917, a "Hygiene applicada" da "Hygiene abstracta". Essa posição pragmática seria uma das bandeiras de luta dos engenheiros preocupados em compatibilizar os baixos salários dos operários aos aluguéis das casas. O artigo não está assinado e pode-se aceitá-lo como opinião comum dos responsáveis pela revista. Há nele duas diretrizes: 1- condena as "habitações collectivas" como único recurso frente à disponibilidade financeira do operário obrigado a confinar a família em um cômodo que lhe serve de dormitório e cozinha, numa situação de convívio "em viveiros de micróbios das moléstias que flagellam hoje todas as classes sociais"; 2- coloca lado a lado o contraste entre o interesse das autoridades públicas em torno dos "Melhoramentos da Capital Paulista" que, "com régua e compasso", traçavam avenidas e remodelavam a planta da cidade, e os poucos e honrosos resultados advindos da Lei n. 498, de 14 de dezembro de 1900, que permitira a construção de casas operárias fora do perímetro urbano mediante a concessão de determinados favores: isenção de impostos municipais, diminuição das exigências construtivas na qualidade, no gabarito e na definição da exigência mínima de três cômodos, incluindo entre eles a cozinha. Sobressai na opinião do redator certa repulsa às "verdadeiras *villas*", "grupos de casas" construídas pelo "capitalista" em retalhos de terrenos, fundos de quintais ou mesmo em grandes áreas de terreno de baixo custo. Em agosto do mesmo ano, no terceiro número, entre artigos bastante técnicos concernentes "a conservação do ferro nas construções em cimento armado" e "o custo da água impura" com os vários métodos e materiais para sua filtragem[32], é inserida uma nota sobre as "casas operárias" na qual se demonstra, com planta de vila operária projetada pelo engenheiro Regino Aragão, o "relativamente alto juro obtido pelos proprietários com tal emprego de seus capitaes".[33]

Em seus artigos esta revista define, talvez pioneiramente em São Paulo, um programa para a construção de "casas *economicas*" a serem adquiridas pelos ope-

---

32 O artigo trata da questão da poluição das águas dos rios pelo despejo de esgoto em cidades de vários países, como Londres, e os riscos à saúde devido à má qualidade da água nas principais cidades dos Estados Unidos, com ênfase especial para os cuidados especiais de autoridades de alguns países europeus que nos últimos anos mostravam grandes progressos na purificação de seus rios (*Revista de Engenharia*, 1911, Op. cit., p.83-84).
33 Casas Operárias. In: *Revista de Engenharia*, 1911-1912. Op. cit., p.84-85.

rários, que assim ficariam livres dos aluguéis escorchantes pagos aos proprietários em virtude da não existência de leis que estabelecessem limite a esses aluguéis. É, portanto, no declarado objetivo de participar diretamente nos "negócios públicos" que os engenheiros, "com a sua technica", trazem para o debate entre especialistas a questão das casas operárias. Afinal, duas importantes instituições de ensino especializado haviam sido implantadas na cidade: a Escola Politécnica, em 1894, e a Escola de Engenharia Mackenzie, em 1896. Em verdadeira cruzada[34] o artigo traz como parágrafo final a seguinte advertência:

> Cremos que, com um pouco da boa vontade dos nossos governos estadoal e municipal, alguma cousa se poderia fazer de serio que puzesse termos á exploração do capital sobre a economia do pobre, diminuísse a colheita diária da tuberculose e a mortalidade infantil, levantando, assim, o nível moral de uma grande parte da sociedade moderna, que constitue, justamente, os verdadeiros esteios dessa mesma sociedade.[35]

A preocupação com a saúde física e com os hábitos promíscuos do trabalhador, induzidos pela exiguidade do espaço de moradia, compõe a agenda administrativa desses inícios da vigência das instituições republicanas em clara sintonia dos médicos e engenheiros sanitaristas atuantes no Brasil com iniciativas semelhantes à de outros países, como a França – cuja intervenção do Estado, até 1894, ano da promulgação da Lei Siegfried, limitara-se a proibir a locação de moradias insalubres, ainda apoiada em lei de 1850.[36] Destaca-se significativamente a dimensão disciplinar nas

---

34 Tomo a expressão de Cerasoli em referência ao discurso de Raul de Queiroz Telles em Sessão Solene de Colação de Grau em 26 de junho de 1900. CERASOLI, Josianne. A Grande Cruzada: os engenheiros e as engenharias de poder na Primeira República. Dissertação (Mestrado em História IFCH-Unicamp). 1998, p.7.
35 Casas Operarias. In: *Revista de Engenharia*. 1911-1912. Op. cit., p.6.
36 Na França, somente no início do século XX, ocorrem as primeiras ações legais voltadas para o incentivo à iniciativa privada como forma de abrir perspectivas de trabalho à recém-criada (1890) *Société des Habitations à bon marché* e proporcionar ao operário o acesso à propriedade. Thierry Oblet afirma terem sido as primeiras ações a respeito do alojamento na França, não o resultado de reivindicações operárias, mas iniciativas da fração esclarecida da burguesia apoiada pelas premissas dos "solidaristas" partidários da "economia social" e de "republicanos progressistas" preocupados em minimizar os efeitos inaceitáveis do *laissez-faire* liberal e da tentação socialista. OBLET, Thierry Oblet. *Gouverner la ville*. Paris: PUF, 2005, p.41-50. Sobre o solidarismo remeto para a coletânea *La Solidarité*, em particular a Louis Moreau de BELLAING, Le solidarisme et ses commentaires actuels. In CHEVALLIER, Jacques. (Org.). *La Solidarité*: un sentiment républicain? Paris: PUF, 1992, p.85-99. Sobre o "Solidarismo", os solidaristas e suas relações com o pensamento político brasileiro, ver BRESCIANI, Stella. *O charme da ciência e a sedução da objetividade*. Oliveira Vianna entre intérpretes do Brasil. São Paulo: Ed.UNESP, 2005, Cap. 5 – Solidarismo e

propostas de construção das moradias operárias. O agenciamento do espaço doméstico deveria conjugar, na obediência rigorosa aos "preceitos da hygio-technica", a saúde física e a modificação dos hábitos dos seus moradores. Elementos imprescindíveis a qualquer moradia ganhavam importância para a "casa do proletário", pois era voz corrente que "ao operário, ao pobre em geral, falta a instrucção, falta o conhecimento dessas regras já vulgarizadas nas classes médias – a educação e a persuasão pelos *philantropos* da estofa de Miss Octavia Hill – só actuam com o tempo". A referência a Octavia Hill, presente no relatório sobre *Habitações Populares* apresentado em 1906 pelo engenheiro civil Everardo Backheuser ao Ministro da Justiça e Negócios Interiores, remetia às iniciativas de um dos esquemas filantrópicos baseados na crença do poder do meio ambiente como determinante do comportamento – criminoso no caso do pobre – corrente na Inglaterra desde meados do século XIX. Difundira-se o preceito de que a "moralidade estava intimamente vinculada a livre circulação do ar e à exposição ao olhar do público".[37] Havia nessas iniciativas a mescla de determinação moralizante filantrópica com prescrições benthamitas de que o bom agenciamento do espaço induziria a comportamentos previstos e desejáveis, sem a necessidade de passar pela aceitação racional dos seus ocupantes.[38]

As bem conduzidas iniciativas do capital privado mereceram comentários de Backheuser ao elogiar a decisão da S. Paulo *Railway* na capital paulista que, ao transportar gratuitamente os "materiais destinados ás edificações nas circunvizinhanças de suas linhas", assegurara, em contrapartida, "estações bem povoadas nos pontos onde se encontravam suas estações". As construções de vilas operárias por empresários industriais recebiam também comentários elogiosos nas páginas dos jornais paulistanos. Em 30 de outubro de 1912, *A Capital* traz matéria ilustrada por três

---

sindicalismo corporativista: a arquitetura política da harmonia, p.367 e seg.

37 Na década de 1870, o "esquema de Octavia Hill" baseava-se no pressuposto de que a eliminação das casas superpovoadas substituídas pela correta moradia devia ser acompanhada pelo "treinamento" da pontualidade, frugalidade, economia e respeitabilidade do inquilino sob a supervisão do proprietário ou do coletor do aluguel. Stedman Jones diz que "por volta de 1840, enquanto a 'limpeza das ruas' estabelecia-se como panacéia oficial, os esforços da filantropia privada voltaram-se para 'moradias padrão' (*model dwellings*) como resposta construtiva ao problema do alojamento do pobre": JONES, Gareth Stedman. *Outcast London*: A study between Classes in Victorian Society. Great Britain: Penguin Books, 1976, p.179-194. Há muitos trabalhos sobre o tema, cito: BUTLER, Rémy & NOISETTE, Patrice. *Le logement social en France*, 1815-1981. De la cité ouvrière au grand ensemble. Paris: Maspero, 1983; TREBLE, James H. *Urban Poverty in Britain*, 1830-1914. Londres: Methuen, 1979; BEC, Clette et al. (Org.). *Philanthropies et politiques sociales en Europe* – XVIII-XX siècles. Paris: Anthropos, 1994; OBLET, Thierry Oblet. *Gouverner la ville. Op. cit.*

38 Remeto a BENTHAM, Jeremy. (1787) *The Panopticon Writings*, com introdução de Miran BOZOVIC (Org.). London/New York: Verso, 1995.

fotografias, dos bons resultados de "idéas arrojadas e iniciativas nobilitantes", como a da construção da Villa Oriente pela Companhia Mechanica Importadora que, a seu ver, observara "todos os preceitos da engenharia sanitária", com 3 e 4 dormitórios e "luz directa e abundante em todos os comodos".[39]

O conflito maior se daria entre a "hygiene applicada" dos que se propunham resolver na prática o problema da moradia operária higiênica e econômica, e a "hygiene abstracta" dos compêndios teóricos aos quais o engenheiro Victor da Silva Freire se refere em suas críticas aos pressupostos adotados pelos autores do *Código Sanitário* de 1917. Em longo e detalhado comentário ao *Código*, Freire coloca no cerne dos problemas urbanos da cidade o modo pelo qual "os Paulistas, aconselhados em nome da hygiene, se derramaram para todos os lados do 'triangulo' a perder de vista", onerando sobremaneira a administração pública com demanda de infraestrutura, e o "preço desmedidamente caro a que elevou o alojamento" ou do que deveria ser "a casa econômica".[40]

Na qualidade de professor da Escola Politécnica, Freire já havia dedicado aos alunos, em 1911, uma conferência sobre "Melhoramentos de S. Paulo" e em 1914 profere outra complementar à primeira – "A cidade salubre" –, ambas publicadas na *Revista Politécnica*.[41] Discorrera longamente nessas conferências sobre questões relativas a intervenções urbanas alinhando as fases de atuação do poder estadual e municipal desde 1894, ano do início dos trabalhos da Escola Politécnica. Nesse período, a seu ver, se passava pela "phase do saneamento" cujo esforço conjunto do governo do Estado e da municipalidade ampliara o abastecimento de água, estabelecera a rede de esgoto e realizara obras de enxugo; fora seguido pela "phase de methodisação do desenvolvimento desorganizado" ou de "acção de consolidação" com obras de nivelamento, de revestimento, de arborização de ruas, de criação de jardins e de correção do traçado de ruas antigas. Chegara-se, enfim, à "phase actual" de brusco aumento de números.

---

39 BACKHEUSER, Everardo. *Habitações Populares*. Relatório apresentado ao Exm. Sr. Dr. J. J. Seabra, Ministro da Justiça e Negócios Interiores. Rio de Janeiro: Imprensa Nacional, 1906, p.45.
40 FREIRE, Victor da Silva. Codigos Sanitarios e Posturas Muncipaes sobre Habitações (alturas e espaços): Um capítulo de urbanismo e de economia nacional. São Paulo: *Boletim do Instituto de Engenharia*, v. I, n. 3, fev. 1918, p.229-355.
41 FREIRE, Victor da Silva. Melhoramentos de S. Paulo. São Paulo: *Revista Politécnica* 6 (33), fev/mar.1911, p. 91-145; FREIRE, Victor da Silva. A cidade salubre. São Paulo: *Revista Politécnica* 8 (48), out./nov.1914, p. 319-354.

Na primeira conferência ("Melhoramentos de S. Paulo"), Freire se ocupa da "trama das aglomerações": a distribuição do espaço coberto pelas ruas, pelas praças, pelas habitações e pelos logradouros, a eles somando a circulação. Como procedimento pedagógico, repassa experiências de muitas cidades. Da Grã-Bretanha cita a boa gestão dos municípios entregue a "homens de negocio", dado serem, diz, "os vereadores recrutados quase exclusivamente entre os commerciantes, industriaes e gerentes de emprezas ou companhias". Apresenta também o "systema allemão", semelhante ao inglês, e critica o francês, sobre o qual observa a perda de tempo da Câmara daquele país em longas e estéreis discussões, em opinião semelhante à do sanitarista francês Jules Rochard. Em defesa da manutenção da área antiga da cidade, com suas ruas tortuosas e estreitas, apoia-se em escritos de Camillo Sitte e nas reformas da cidade de Viena, e traça em torno do centro de São Paulo um "annel" como o percurso imaginado do visitante pela cidade ao desembarcar na Estação da Luz. Preocupado com a relação entre higiene, técnica e estética, afirma sua complementaridade "estabelecida desde fins do século XVIII", e conclui: "Tem as cidades interesse em serem bellas, porque não só a belleza é hygienica, não só educa e moralisa, mas enriquece: attráe o estrangeiro, diverte-o, fal-o ficar, voltar (...) é um acréscimo de negócios e lucros".[42]

A "architectura da habitação" é seu tema em "A cidade salubre". Responsabiliza o homem de dinheiro, o seu compadre e um analfabeto destro na arte de fazer muros pelo péssimo estado das habitações e critica a imprecisão normativa a respeito das moradias ao jogo de "empurra-empurra" entre legisladores e técnicos. Suas críticas recaem também no polo oposto que denomina "ponto de vista unilateral" dos que constroem consultando somente os tratadistas sem o estudo prévio das "nossas condições mesológicas". Percorre novamente situações semelhantes de outros países – Inglaterra; Alemanha; Milão, na Itália; e Barcelona, na Espanha – advogando a necessária avaliação da interdependência "do elemento casa e do elemento rua".

Freire não abandona sua crítica ativa em relação ao que nomeia "ponto de vista unilateral" dos "hygienistas" ao comentar a *Legislação Sanitária do Estado de S. Paulo sobre Habitações*, de 1917. Critica-a por ter tido só "de raspão a collaboração de engenheiro". Introduz um tema novo, o "*rendimento social*", ou seja, a "capacidade de produção da sociedade". Focaliza por esse ângulo as "condições de alojamento", como "a feição social de um problema" que a seu ver devia ser encarado sempre do

---

[42] FREIRE, Victor da Silva. Melhoramentos de S. Paulo. *Op. cit.*, p.91-145

ponto de vista econômico, ou seja, levar necessariamente em conta "o preço desmedidamente caro do alojamento" como parte do orçamento das famílias de baixa renda em São Paulo. Só após longo e detalhado exame do custo das construções em diversos países, conclui "que constituimos um nucleo urbano de mau rendimento", o que tornava a busca das causas e a diminuição do custo o primeiro dever do técnico. Quanto à forma de expansão da cidade, reitera a crítica da estrita obediência aos critérios "aconselhados em nome da hygiene", cujo resultado levara a uma urbanização esparramada, de tal modo que a "zona urbana e a fracção já alinhada da suburbana" atingira 34.730.200 metros quadrados; em sua opinião, "o dobro do sufficiente para se ter uma cidade perfeita, ideal". Segundo ele, essa expansão desregrada tornava tudo mais caro: a moradia, o custo de vida e os gastos da municipalidade com os equipamentos e serviços públicos. Confirmou essa posição nos comentários aos "Códigos Sanitários e Posturas Municipais sobre Habitações". Em suas críticas, há, para além da defesa da competência técnica dos profissionais lotados na administração municipal, um preciso posicionamento frente ao persistente conflito com os higienistas e seus rígidos preceitos teóricos.[43]

Freire é explícito ao definir o campo de atuação do *"City planning"*, do *"town planning"* ou "urbanismo", e cita, em apoio à sua opinião, o *City Planning Progress* que, em 1917, regulamentara os melhoramentos e posturas para o Estado de Minnesota, nos Estados Unidos. Deixa claro que a publicação não fora destinada aos afiliados do *American Institute of Architects*, mas sim preparado pelo e para o *"commitee on town planning"* desse mesmo Instituto. Ou seja, como profissional do urbanismo, não só reivindicava uma Faculdade específica para o ensino da arquitetura como confirmava com esse exemplo ser o urbanismo uma especialidade "á parte da architectura usual como a hygiene praticante do alojamento o é da hygiene geral". Reproduz até uma narrativa permeada por imagens bastante sugestivas cuja autoria remete a Émile Cacheux:

> Até 1900, os interessados na questão "do alojamento" reuniam-se em casa dos hygienistas. A partir d'esse anno, (…) passaram a residir em separado. Não quer isso dizer que não continuassem a manter com os hygienistas as relações mais proveitosas e cordeaes. Ao

---

43 Em Codigos Sanitarios e Posturas Municipaes sobre Habitações (alturas e espaços) Freire analisa a proposta de remodelação do Serviço Sanitário e redige um contra-projeto adicional à lei Municipal, com comentários ao Código Estadual aprovado pelo Congresso do Estado sem que se levasse em conta suas observações. A reação de Freire foi proferir palestras em dezembro de 1917 no anfiteatro da Escola Politécnica. *Op. cit.*, p.229-355.

contrario, continuaram-nas e conservaram-nas. Cumprimentam-se; visitam-se com regularidade. Nas reuniões dos ultimos não é difficil encontrar os "salubristas", (...) de braço dado com os que captam, filtram e distribuem aguas naturaes, com os que canalisam e depuram depois de servidas, com os que incineram residuos solidos recolhidos de porta em porta.

Mas todos estes que a principio também eram inquilinos dos hygienistas, embora se despedissem do antigo senhorio nos bons termos (...) encontraram por ultimo mais conveniência em se approximar dos "urbanistas".[44]

Coerente com sua posição teórica, Freire solidarizava-se com "a via pragmática", ou seja, o "pioneirismo da universidade americana de Harvard", cujos estudantes eram encaminhados no sentido de "resolver os problemas mais prementes da nação, de preferencia ao exclusivo culto scientifico desinteressado e geral do classico molde europeu". A preocupação em pensar a "cidade moderna como um organismo complexo", inserida em um "plano de expansão", e a divisão da cidade e do município em áreas especializadas, significava para ele que "Temos hoje, felizmente para a sociedade, uma technica".[45]

A compreensão do urbanismo que adota é exposta quando comenta o curso de Arquitetura implantado em Harvard, no qual o aprendizado profissional não se limitava ao lote: "os programas abrangem e attribuem importancia predominante á quadra, á rua, á praça, ao parque; á cidade em summa". Seria essa "tenda", bem delineada por Freyre, o abrigo do "regulamentador do alojamento nas cidades, o que, por dever de officio, delinea códigos sanitarios e municipaes para habitações particulares". A definição de nível de especialização e competência é por ele ilustrada pela diversa organização das seções de vários congressos: no Terceiro Congresso Internacional do Saneamento e de Salubridade da Habitação, organizado por "salubristas" em Dresde, em 1911, o Grupo A – Questões Gerais – trataria de "urbanismo puro"; já em 1913, dois anos depois, os "urbanistas" decidiram se agrupar em separado ao realizarem em Gand, em agosto, o Primeiro Congresso Internacional e Exposição Comparada das Cidades; em setembro, o Quarto Congresso Internacional de Saneamento e Salubridade da Habitação tivera lugar em Antuérpia e no mesmo mês, em Haia, acontecera o Décimo Congresso Internacional das Habitações "à bon marché",

---

44 FREIRE, Victor da Silva. Codigos Sanitarios e Posturas Muncipaes sobre Habitações (alturas e espaços). *Op. cit.*, p.340-346.
45 FREIRE, Victor da Silva. Codigos Sanitarios e Posturas Muncipaes sobre Habitações. *Op. cit.*, p.340-346

"com Exposição annexa e seguida da visita circulatoria ás cidades Allemans, organisada por Albrecht em Berlim". Sem dúvida, Freire se queixa do pequeno comparecimento de profissionais brasileiros a esses congressos dos quais participara, mas neles obtivera a confirmação de que se "a 'era Victoriana' assistira á elevação da hygiene á cathegoria de sciencia, de corpo de doutrina á parte, presenceára já, antes de desapparecer, na 'cidade', ao desmembramento de um dos capitulos da hygiene que passou a enquadrar-se dentro da moldura unica de tres frisos – local, nacional e social – que constitui o 'problema urbano'".[46]

Ao propor um esboço de Código alternativo ao que criticava, baseia-se nas resoluções da *National Housing Conference*, nos Estados Unidos da qual teriam resultado prescrições para "*A Model Housing Law*" de 1914, uma substituição aperfeiçoada à lei de 1901 sobre habitações coletivas. Seguem-se páginas e páginas em que discorre sobre situações assemelhadas de cidades em vários países e da capital paulista. Apresenta programas construtivos de habitações de várias cidades norte-americanas e europeias nas quais detalha as formas como foram inseridas em lotes e em quadras de diversas proporções.

Quero, portanto, chamar atenção para a forma como Freire elabora seus argumentos, configurando um procedimento protocolar de longa duração que consta da maioria dos escritos de urbanistas como prática corrente: trazer para o debate e utilizar em apoio de suas propostas modelos e exemplos de experiências já realizadas em outras cidades no país e no estrangeiro. Esse procedimento corrobora a opinião de Calabi quanto a ser o urbanismo uma disciplina eminentemente operativa, aspecto que merece destaque, pois tem sido considerado pelos estudiosos da história do urbanismo como prática de importação, transferência ou transposição de legislação e modelos estrangeiros, bem ou mal adaptados a situações brasileiras. Na verdade, constitui procedimento de larga utilização por profissionais em vários países e traria como exemplo a já citada *Encyclopédie d'Hygiène et de Médecine Publique*,[47] de 1891, dirigida por Jules Rochard, assim como seu *Traité d'Hygiène Sociale*,[48] publicado em 1888. Importa, assim, sublinhar ser esse um procedimento constitutivo da própria tessitura da argumentação, na qual à exposição do conhecimento especializado se soma a avaliação dos bons ou maus resultados obtidos com projetos já implantados. Trata-se de prática apoiada em artigos, livros, legislação, atas de exposições e con-

---

46 FREIRE, Victor da Silva. Codigos Sanitarios e Posturas Muncipaes sobre Habitações. *Op. cit.*, p.351.
47 ROCHARD, Jules. *Encyclopédie d'hygiène et de médecine publique. Op. cit.*
48 ROCHARD, Jules. *Traité d'Hygiène Sociale*. Paris: Adrien Dehahaye et Emile Lécrosnier Editeurs, 1888.

gressos e também na participação em conclaves internacionais que se multiplicam entre finais do século XIX e início do XX, congregando profissionais interessados em debater e partilhar soluções para as mesmas questões relacionadas a intervenções urbanas e moradias operárias, em grande parte apoiadas na "questão sanitária" como eixo constitutivo do urbanismo.

Em 1925, a Lei n.º 2.121, de 30 de dezembro, aprovou o Decreto n.º 3.876, de 11 de julho do mesmo ano, e reorganizou o Serviço Sanitário do Estado em repartições dependentes, modificando a forma de se pensar a relação com a população. A longa lista de profissionais do Artigo 2 dá conta da ampliação e detalhamento das funções especializadas. Estipulava a competência e a responsabilidade de cada Seção e Inspetoria em seus procedimentos de supervisão da área que engloba serviços de farmácia, de distribuição de alimentos e de profilaxia de doenças contagiosas. Trouxe modificações ao Código Sanitário, com ênfase especial na "propaganda sanitaria e educação de hygiene", supervisionadas pela Inspetoria de Educação Sanitária que, por sua vez, seria apoiada nas tarefas cotidianas pelos Centros de Saúde e educadores sanitários.[49] Em maio de 1931, o *Primeiro Congresso de Habitação de São Paulo*[50] trataria da questão da moradia, em especial, a "habitação operária", ou "habitação popular", ou ainda, "a casa econômica". O Congresso recebeu ampla e otimista cobertura da imprensa paulistana que transcreveu textos e entrevistas dos participantes, inclusive debates entre ideias diferentes. As avaliações sobre as condições sanitárias das moradias são mantidas no quadro teórico como "medida de higiene pública" e acrescenta-se a questão da redução dos custos, tema já abordado em 1914 por Victor Freire.[51]

---

49 Seriam atribuições dos centros, entre outras: higiene pré-natal, higiene infantil, higiene pré-escolar e escolar, higiene das outras idades, exames periódicos médicos e de hábitos de higiene, tratamento da tuberculose, verminose, sífilis e moléstias venéreas, nutrição e dietética. Um centro modelo, instalado no Instituto de Higiene, encarregava-se de repassar aos cinco centros distritais a serem instalados na capital preceitos da educação popular. Agradeço a cessão do Código de 1925 a Luciana Correia, que o estudou em sua pesquisa de Iniciação. A Lei n. 2.121, de 30 de dezembro de 1925, aprova o decreto 3.876 de 11.07.1925 que reorganizou o Serviço Sanitário e repartições dependentes. In: Coleção das Leis e Decretos do Estado de São Paulo de 1925. Legislativo, p.76-83; Arquivo do Estado de São Paulo.
50 *Primeiro Congresso de Habitação*. São Paulo, maio-1931. Publicação Official. São Paulo: Escolas Profissionaes do Lyceu Coração de Jesus, 1931. Remeto ao estudo amplo e pioneiro no campo historiográfico sobre o congresso e as moradias populares em: CARPINTÉRO, Marisa Varanda T. *A Construção de um Sonho. Os engenheiros-arquitetos e a formulação da política habitacional no Brasil*. Campinas: Ed. Unicamp, 1997; CORDEIRO, Simone Lucena. *Moradia Popular na Cidade de São Paulo*: projetos e ambições (1930-1940). Dissertação (Mestrado em História). São Paulo: PUC-SP, 2003; também em CORREIA, Telma de Barros. *A Construção do Habitat Moderno no Brasil – 1870-1950*. São Carlos: RiMa/FAPESP, 2004.
51 FREIRE, Victor da Silva. A cidade salubre. São Paulo: *Revista Politécnica* 8(48), outu./nov./1914.

O tema "cortiços" e "porões insalubres" permanecia como um dos eixos dos problemas urbanos e constitui o tema desse *Congresso de Habitação* organizado pela Divisão de Arquitetura do Instituto de Engenharia, que definiu a questão de maneira a englobar "os menos favorecidos", "a classe obreira" e "os proletários de gravata". O engenheiro-arquiteto, professor e vereador Alexandre de Albuquerque, organizador do Congresso, retomou no discurso de abertura os argumentos de que é "da vida promiscua que sahe um corso de pervertidos, de delinquentes cortejado por molestias terriveis". Sua posição buscava definir uma diretriz para os debates:

> "Nossa Casa" (...) Queremol-a mais san, mais alegre, mais economica. Modificam-se os materiaes e os processos de construcção; balam-se velhas concepções de pudor e rigidos costumes de nossos antepassados; anceia-se por uma nova esthetica.[52]

O velho refrão sobre o contraste entre a "casa iluminada pelo sol onde a humanidade desenvolve-se para o progresso constante e o bar onde a escuridão propicia a vida microbiana" era assim proposto como preocupação central para que se propusesse a "casa economica, com redução do custo sem prejuizo das condições geraes de hygiene". Apresentava-se, decerto, como questão "particular dos seus habitantes" e, no entanto, devia "ser encarada do ponto de vista social", dado propiciar "o desenvolvimento da raça", o que implicou em acrescentar ao vocabulário técnico uma expressão característica do pensamento nacionalista amplamente difundido nesse período.[53] Preocupação retomada pelos congressistas no decorrer das sessões nas quais foram comuns afirmações, tais como preparar a "cellula mater das raças fortes", "amparar e melhorar a sorte das classes obreiras (...) a reserva physica da nacionalidade".[54]

---

52 ALBUQUERQUE, Alexandre. Sessão inaugural – 25.05.1931. *Primeiro Congresso de Habitação. Op. cit.*, p.22.
53 Para a bibliografia sobre nacionalismo, remeto novamente para meu livro *O charme da ciência e a sedução da objetividade. Op. cit.*
54 Entretanto, o tom nacionalista ocupa pouco espaço nas sessões, emergindo na fala de José Marianno Filho, apresentado como "antigo Director da Escola de Bellas Artes; Membro do Instituto Central de Architectos do Rio de Janeiro e Membro da Comissão do Plano da Cidade". Sua conferência "A Architectura Mesologica" pauta-se pela crítica a maneira como "o problema architectonico brasileiro" vinha sendo tratado tanto pelos "eruditos, mero carater artistico" quanto pelos "architectos e sua pratica de fachadas bonitas", "alheios ao facto" da "chave do problema estar na mão do sociologo". Defendendo a "architectura como expressão do meio", convoca uma "campanha pela reconstituição do velho estylo da raça", das qualidades organicas e virtudes sadias, os fundamentos estructuraes em concordancia com a alma da nação", na negação radical dos

As soluções propostas para o problema da "casa mínima" ou "habitações economicas" mantinham o tom da linguagem técnica para as medidas a serem adotadas. Alertavam, contudo, o profissional para sua "responsabilidade de formador do ambiente moral". Embora a participação de engenheiros e arquitetos fosse majoritária, houve ainda a presença ativa de médicos sanitaristas, como o Dr. Americo Pereira da Silva que elogiou a iniciativa do Instituto de Engenharia e da municipalidade paulista pela organização do Congresso. Manteve, entretanto, suas palavras fincadas no campo conceitual do sanitarismo:

> A expansão das cidades e dos povoados deve obedecer a um plano de conjunto previamente estudado e organisado de acordo com a topographia e com as suggestões da engenharia sanitaria. As leis de desapropriação por utilidade publica devem ser modeladas para que os casos de desapropriação por insalubridade ou para salubridade publica sejam devidamente attendidos.

Sua proposta de um "typo racional de habitação", isolada e estruturada no "systhema crucial" a partir das noções de clima tropical, aeração e ação solar, mantinha o ponto de vista de que "o tipo de habitação preconizada por architectos e hygienistas brasileiros" constituía a solução para o "saneamento das cidades", embora reconhecesse ter o problema da "hygienisação dos nucleos urbanos avançado para coisas mais complicadas, a cujo conjunto se deu o nome de URBANISMO".[55]

As três "theses approvadas e assentadas" expressavam, segundo o engenheiro Henrique Doria em entrevista ao *Diario de S.Paulo* de 5 de junho de 1931,

> as ideias acceitas por quasi a unanimidade da classe dos engenheiros e a linha geral dos trabalhos apresentados pelos congressistas em suas discussões e propostas de plantas para casas econômicas, seguindo sugestões das "associações técnicas" presentes às reuniões.[56]

"estylos alienigenas, que se plasmaram sob a influencia de factores sociaes e geographicos de todo estranhos ao ambiente historico da nacionalidade". A defesa do "regionalismo" contra o "cosmopolitismo" encontrava-se já amplamente difundido no pensamento nacionalista brasileiro desde a década de 1910. *Primeiro Congresso de Habitação. Op. cit.*, p.311-322.

55 SILVA, Dr. Americo Pereira da. Typo racional de Habitação. In *Primeiro Congresso de Habitação. Op. cit.*, p.150.

56 1. "habitações economicas – Programmas, Loteamento do terreno, Districtos; 2. Habitações collectivas – Casas de apartamentos, Inquilinos e proprietarios; 3. Racionalização dos materiaes de construcção – Processos de construcção, Padronização, Condições de conforto".

São elas referentes ao "maior aproveitamento da luz solar e circulação do ar como complemento da arquitetura", à "utilização racional e econômica dos materiais e das técnicas construtivas", e à adoção de cidades jardins para as casas populares. O argumento novo nos debates referia-se à insistente preocupação com a redução dos custos das construções, ou seja, a "orientação racional a seguir", e, para tanto, definia *tipos* de habitação, padronização e especificação dos materiais. Novamente a faceta pragmática pontuava a noção de "especificação no seu verdadeiro sentido", ao enfatizar ser "não norma academica, elaborada no escriptorio, mas o fructo da collaboração de todos os interessados, que possa ser applicada na realidade", "não especificação especifica, mas especificação *standard*".[57]

O campo conceitual dos congressistas mantinha uma estrutura em que se aliam noções sanitárias e de engenharia civil conjugadas a questões administrativas, já que o congresso contou com a organização, o estímulo e a participação das autoridades municipais, muitas das quais eram engenheiros. Ou seja, o vínculo entre o vocabulário dos especialistas e o dos administradores públicos de São Paulo persiste numa rede em que termos teóricos e conclusões de experiências realizadas compunham o léxico das propostas dos "melhoramentos" da cidade. Porém a leitura das teses aprovadas mostra um nítido afastamento do estrito vocabulário higienista e a reiterada utilização de termos técnicos da engenharia e da arquitetura.

Uma rápida trajetória pelo urbanismo em formação no século XIX

Um expressivo diálogo entre especialistas de diversas nacionalidades e formações – médicos higienistas, engenheiros sanitaristas e legisladores – deu lugar, no decorrer do século XIX, a um "saber atuar" sobre a materialidade dos núcleos urbanos e sobre o comportamento do citadino, passando a constituir um campo de ação especializado. Não há para cada uma dessas especialidades um desenvolvimento interno próprio. A formação técnica dos especialistas constituía-se a partir de elementos cruzados com questões filantrópicas, religiosas e morais, tecendo um complexo campo de conceitos e de "pré-conceitos". Começos plurais e resistentes à definição de um marco inicial dessa prática tornam pouco consistente a busca de uma pretensa "origem". A multiplicidade constitutiva desse saber lhe dá particularidade: impõe a recusa a uma história linear e nos faz concordar com o arquiteto Bernardo Secchi quando afirma, "Considerar o urbanismo como um conjunto de práticas e de sabe-

---

57 DORIA, Henrique. *Diario de S.Paulo*, 05.06.1931. In: *Primeiro Congresso de Habitação. Op. cit.*, p.339-342.

res que não têm arquitetura evidente e se constrói de maneira fragmentária, deixando vazios, é uma forma de religá-lo à sua história".[58]

A coparticipação dos saberes do médico e do engenheiro nas primeiras intervenções nas cidades no século XIX encontrou na conjunção industrialização e crescimento demográfico, sua explicação mais evidente e sempre repetida nos trabalhos dedicados às transformações urbanas e à formação do urbanismo, ou mesmo à história das cidades. Neles, os problemas derivam das más consequências do sensível adensamento da população em territórios urbanos restritos. Essa determinação mecânica pode ser questionada a partir da análise do filósofo François Béguin, quando interpõe ao par densidade demográfica e industrialização um elemento-chave catalisador: o recrudescimento de epidemias mortais na Europa nos anos 1830.[59] Sem desprezar a relação industrialização – crescimento demográfico, Béguin sublinha a importância crucial da eclosão de epidemias, nas décadas de 1830 e 1840, para a conscientização dos problemas sanitários e a formulação de uma prática intervencionista governamental nas cidades, prática apoiada nos saberes da medicina e da engenharia.[60] No início da década de 1980, também o historiador Alain Corbin estabelecia a conexão entre doença e intervenção urbana pelo eixo da percepção olfativa relacionada ao odor das espécies mórbidas detectadas por médicos, ainda na década final do século XVIII.[61]

O impacto causado na França e na Inglaterra pela epidemia de cólera em 1831, cujo alto potencial de morte entrara pelo porto de Marselha e atravessara o continente europeu até cidades da Rússia e Inglaterra, foi estudado por Béguin que expõe uma mudança fundamental na forma de "ver" as cidades.[62] A última epidemia de

---

58 SECCHI, Bernardo. (2000). *Première leçon d'urbanisme*. Trad. Patrizia Ingallina. Marselha: Éditions Parenthèses, 2006, p.47.
59 BÉGUIN, François. As maquinarias inglesas do conforto. Trad. Jorge Hajime Oseki. *Espaços & Debates* – Cidade e História. Ano XI, 1991, n.34, NERU, p.39-54. Essa vertente, já bastante aceita nos estudos urbanos, foi em grande parte apontada por pesquisadores reunidos em torno dos trabalhos sobre "Políticas do habitat", produzidos na década de 1970 por uma equipe coordenada por Michel FOUCAULT. (Org.). *Politiques de l'habitat (1800-1850)*. Paris: CORDA, 1977.
60 BÉGUIN, François. As maquinarias inglesas do conforto. Op. cit. Remeto também para o inovador estudo de CALABI, Donatella. *Il "male" città: diagnosi e terapia. Didattica e istituzioni nell'urbanistica inglese Del primo '900*. Roma: Officina, 1979.
61 CORBIN, Alain. *Saberes e odores: o olfato e o imaginário social nos séculos XVIII e XIX*. Trad. Ligia Watanabe. São Paulo: Companhia das Letras, 1987. Ver especialmente a segunda parte: Purificar o espaço público.
62 Na parte introdutória à *Encyclopédie d'Hygiène et de Médecine Publique*, tomo terceiro – Hygiène Urbaine, o médico higienista Jules Rochard afirma a relação entre as epidemias e as intervenções nas cidades: "A peste de 1348 e as que se sucederam a intervalos mais ou menos regulares em

cólera atinge a Inglaterra em 1866, momento em que eram tomadas as primeiras medidas legislativas sanitárias sérias com vistas a regulamentar as moradias. Países que se consideravam imunes às epidemias, dobraram-se à evidência da ameaça do cólera e do tifo que dizimaram parte significativa das suas populações. Só "depois da onda emotiva suscitada pelas epidemias, como a de 1831, começaram na Inglaterra (por volta dos anos 1840) as primeiras pesquisas públicas sobre as condições sanitárias das fábricas, das ruas, das moradias e da população".[63]

A escolha do advogado Edwin Chadwick para a coordenação de pesquisas das quais resultaram o *Report on the Sanitary condition of the labouring population of Great Britain*, de 1842, e o *First report for inquiring into the state of large towns and districts of London*, de 1844, deveu-se em grande parte à sua experiência anterior quando, em 1832, foi designado para compor a comissão de revisão das *English Poor Laws*, da qual resultou o *Poor Law Report*, de 1834.[64] Pesquisas e documentos parlamentares revelaram as péssimas condições sanitárias e materiais dos bairros pobres:

> quase que toda a Europa, obrigaram as administrações urbanas a pensarem no assunto. Deu-se um verdadeiro despertar em relação à higiene geral (...) despertar penoso e lento, (...) o da transição para o período ativo que hoje presenciamos, que não seria possível sem os novos e importantes conhecimentos da ciência contemporânea e, talvez, sem a severa advertência que o cólera deu à Europa no final do primeiro terço deste século". ROCHARD, J., Op. cit., p.20 (trad. da autora, assim como as demais constantes do texto). Melosi explica a precariedade de ações contra vagas epidêmicas por serem consideradas castigo divino. Mesmo o relativo isolamento das áreas colonizadas da América não evitou, nos séculos XVII e XVIII, as ondas de doenças infecciosas, como varíola, febre amarela, tifo, tuberculose, difteria, escarlatina, sarampo, caxumba e diarreia. MELOSI, Martin V. *The Sanitary City*. Environmental services in urban America from colonial times to the present. Pittsburgh: University of Pittsburgh Press, 2008, p.14-15.

63 CALABI, Donatella. *Storia dell'urbanistica europea*. Questioni, strumenti, casi esenplari. Turim: Paravia-Scriptorium, 2000, p.82; BÉGUIN, François. *As maquinarias inglesas do conforto*. Op. cit.

64 O texto de François Béguin foi fundamental na importância atribuída à participação de Edwin Chadwick nas pesquisas sobre as cidades inglesas (cf. MELOSI, Martin V. *The Sanitary City*. Op. cit., p.28-39). Ver também, neste volume, meus artigos: Metrópoles: as faces do monstro urbano (as cidades no século XIX) (1985); Permanência e ruptura nos estudos da cidade (1992) e As sete portas da cidade (1991). Mais recentemente a relação entre doença-pobreza-sanitarismo foi desenvolvida no texto-conferência *Voyage de par le territoire de la pauvreté* apresentado no Seminário *Corps dans l'espace*, coordenado por Georges Vigarello na *École des Hautes Études en Sciences Sociales* (fevereiro 2006, Paris, França) e em versão ampliada e completada por imagens no X Seminário de História da Cidade e do Urbanismo (Recife, outubro 2008) BRESCIANI, Stella. Cidade e território: os desafios da contemporaneidade numa perspectiva histórica. In *Cidade, território e urbanismo: um campo conceitual em construção*. PONTUAL, Virgínia; LORETTO, Roseane Picollo (Org). Olinda: CECI, 2009, p. 119-140. Polanyi trata das *Poor Laws* e do significado do *Reform Bill* de 1832 e da *Poor Law Reform Act* de 1834 em vários momentos de seu livro *A grande transformação*, especialmente nos capítulos 6, 7, 8 e 14, nos quais indica o envolvimento de vários intelectuais ingleses, entre eles Bentham, Edmund Burke, Malthus, Roberto Owen e John Stuart Mill, além de Karl Marx. POLANYI, Karl. *A grande transformação*. As origens de nossa época. Trad. Fanny Wrobel. Rio de Janeiro: Campus, 1980.

ruas, casas e pátios internos, lixo e sujeira amontoados, misturados à lama acumulada nas ruas mal pavimentadas ou, em sua maior parte, destituídas de pavimento. Ao reconhecer o pioneirismo da Inglaterra na adoção dos princípios da "higiene", o médico Jules Rochard fornece informações sobre a atuação do poder público britânico nessa área: nenhum dispositivo (*ordonnance*) de polícia local prescrevia a obrigação de cuidar desses bairros pobres. As leis – *Towns improvement clauses Act* e *Commisionners clauses Act*, de 1847, e *Public Health Act*, de 1848 – buscavam vencer resistências de proprietários e dos diretamente interessados, os pobres. Criou-se uma administração central – *General Board of Health* – para supervisionar a aplicação das leis sanitárias em toda localidade na qual um décimo dos contribuintes as solicitasse ou que apresentasse alto nível de mortalidade.[65]

Boa parte da orientação da política sanitária formulada e aplicada na Inglaterra deveu-se a Chadwick. Convicto adepto das ideias do economista David Ricardo e do filósofo radical Jeremy Bentham de quem foi, inclusive, secretário, ele computou os custos da epidemia em mortes de adultos e ausências no trabalho e se tornou ferrenho defensor da adoção de medidas sanitárias preventivas como menos onerosas para os gastos públicos e privados. Suas pesquisas confirmaram teorias médicas de finais do século XVIII e início do XIX ao demonstrarem a evidente correlação entre ambientes malsãos (águas estagnadas, lixo acumulado e as péssimas condições do *habitat* da população pobre e trabalhadora) e a doença, e definiram a parceria duradoura entre o médico – no cuidado dos corpos – e o engenheiro – nas ações de saneamento urbano. A ação desses especialistas combinava a inspeção dos bairros e das moradias onde a doença fazia mais vítimas com a composição de mapas, nos quais, a transcrição da cidade histórica para traçados em escala, abstraia a materialidade da cidade e tornava possível reduzir o ambiente a dados técnicos e traçar rotas de intervenção apoiadas em preceitos sanitários.

Ao afirmar que no começo do século XIX muda a relação entre o poder central e o poder local, dada a intensificação das preocupações com as condições sanitárias das cidades, Calabi também considera o *Public Health Act*, de 1848, uma vitória do movimento de reforma do ambiente urbano na Inglaterra resultando na formação de 183 entidades locais. Alguns anos depois, o *Metropolitan Management Act*, de 1855, instituía em Londres o *Metropolitan Board of Works*, ao qual se atribuiu a tarefa de projetar e controlar a rede de esgoto, a distribuição de água e a iluminação, bem como

---

65 ROCHARD, Jules. *Encyclopédie d'hygiène et de médecine publique. Op. cit.*, p.21-23.

a reforma, a pavimentação e a manutenção das vias públicas. A esses dispositivos legais veio se somar o *Public Health Act,* de 1875, que se tornaria referência para os regulamentos de higiene em vários países da Europa. O *Housing Act,* de 1890, completava o conjunto de leis inglesas ao tornar obrigatória a apresentação de relatórios sobre os bairros e moradias considerados malsãos e atribuir aos médicos higienistas autoridade para decidir a interdição e demolição de toda edificação que apresentasse perigo para a saúde pública. Esse conjunto de disposições levou o médico Jules Rochard a elogiar as medidas adotadas pelas autoridades inglesas – a eliminação de 30 mil fossas fixas, a implantação do sistema interceptor dos esgotos e dos reservatórios de água – e a avaliar os bons resultados do exemplo inglês, que se espalharam por outros países europeus e difundiram práticas sanitárias em várias cidades:

> [em Paris] Os engenheiros puseram abaixo colinas (...) (quanto) aos trabalhos de canalização subterrânea (...) Londres dá o exemplo do sistema dos esgotos interceptadores ou coletores que, imediatamente, foram adotados em Paris. (...) Berlim imagina o *sistema radial* que permite dividir as obras por bairros (...) Bruxelas (1867) refaz sua rede de esgotos. (...) Dantizg, Breslau, Hamburgo e Frankfurt completaram entre 1869 e 1880, obras com vistas a evacuar as imundícies (...) É também nesse período que se desenvolve a idéia da canalização dupla (*Separate-System*) (...).

e completa seus comentários ao definir com clareza quais critérios estariam modificando o significado da noção estética do belo:

> Em suma, a segunda metade deste século foi assinalada por um remanejamento enérgico das cidades e de seus subsolos com vistas à higiene. Elas talvez tenham perdido algo de seu pitoresco, mas ganharam, como é correto e inevitável, em beleza real, se pensarmos que a beleza implica em limpeza.
> (...) Essas reformas não poderiam ser executadas sem sérias modificações da superfície do solo.[66]

As informações fornecidas pelo Dr. Rochard incluíam as cidades maiores da costa leste da América do Norte, sublinhavam a importância fundamental de se prosseguir na adoção das prescrições da higiene social e alertavam para os perigos de não levá-las em consideração.[67] Associar o qualificativo social à noção de higiene

---
66 ROCHARD, Jules. *Encyclopédie d'hygiène et de médecine publique. Op. cit.*, p.23-25.
67 ROCHARD, Jules. *Encyclopédie d'hygiène et de médecine publique. Op. cit.*, p.43.

exigia deslocar a questão do corpo dos indivíduos para o "corpo coletivo" da sociedade, movimento cujas significativas implicações político-filosóficas forneceriam a base conceitual para uma das vertentes do pensamento urbanístico.[68] Como higienista, Rochard discordava dos que definiam a cidade como "um fato artificial" ou artefato, considerando-a "um ser coletivo gigantesco" cujas demandas de água pura, alimentação e eliminação das excreções pediam modificações, por vezes, violentas nos meios naturais e tornavam imprescindíveis uma "higiene especial". Reafirmava a base interdisciplinar do higienismo e aproximava-se de modo indireto das concepções benthamitas a respeito da necessidade de um Estado Central autoritário e eficiente ao postular, em 1888, no *Traité d'Hygiène Sociale*: "As nações têm como maior interesse a saúde pública; a higiene é, pois, a ciência social por excelência. A ela dizem respeito todos os problemas que concernem à vida dos povos. Ela mantém conexões diretas com a administração e a economia política". Em suas considerações surge evidente a dimensão psicológica diferenciada do habitante dos grandes núcleos urbanos em percepção aproximada à de Georg Simmell alguns anos mais tarde.[69] Alertava o profissional a "jamais perder de vista as disposições psicológicas dos citadinos, sua existência agitada e mais intelectual do que física, suas paixões, a natureza e multiplicidade de suas relações que dispersam os contatos". É na questão física de grande número de indivíduos reunidos num mesmo espaço que a necessidade da higiene aparecia como instrumento eficaz para desfazer "os lugares (*foyers*) propícios à infecção".[70]

Nesse mesmo período, pesquisas e medidas de intervenção nos espaços urbanos de uso público, bem como relativas às casas dos trabalhadores, abrangem cidades da Holanda (Amsterdã, Haia, Utrecht, Delft); da Alemanha, onde o médico Rudolf Virchow, ao interpretar as conclusões de Chadwick, responsabilizou a pobreza e a fome pelas doenças epidêmicas, despertando, na década de 1870, o interesse de profissionais que se tornariam urbanistas famosos, como Franz Adickes e Joseph Stübben, entre outros; da França, país no qual a administração pública tomou medidas no sentido de melhorar a infraestrutura urbana que, nos cerca dos vinte anos do Segundo Império, receberia atenção especial como parte das "grandes obras" do pre-

---

68 CHOAY, Françoise. (1965). *O urbanismo. Utopias e realidades. Uma antologia*. Trad. Dafne Nascimento Rodrigues. São Paulo: Perspectiva, 1997.
69 Refiro-me aqui à conferência "A Metrópole e a Vida Mental", de 1903. SIMMELL, Georg. A metrópole a vida mental. Trad. Sérgio Marques dos Reis. In: *O fenômeno urbano*. GUILHERME VELHO, Otávio. (Org.). Rio de Janeiro: Zahar, 1976, p.11-25.
70 ROCHARD, Jules. *Encyclopédie d'hygiène et de médecine publique*. Op. cit., p.3.

feito Haussmann; da Itália, onde os componentes do quadro técnico cultural seriam responsáveis pelo saneamento de Nápoles e pelo Código de Higiene e Saneamento Público de 1888. A "ideia sanitária" assume importância tamanha para os executores desse amplo painel de pesquisas, intervenções e medidas legais, que Donatela Calabi afirma ter a higiene se constituído na chave de leitura dos problemas da cidade e do território. Trata-se de uma revisão funcional do espaço urbano e da formulação de modelos com essa finalidade.[71]

A higiene passava a receber as designações "higiene social", "medicina pública" e "higiene urbana" para diferenciá-la da "higiene rural". Definia-se como disciplina pragmática, nova e entrelaçada ao urbanismo em formação; suas prescrições predominam nas pesquisas e intervenções em cidades no final do século, sempre fiéis à aspiração de manter a salubridade "natural" e à intenção de educar os homens no cuidado de si e do meio ambiente. Tanto no *Traité d'Hygiène Sociale*, de 1889, como na *Encyclopédie d'Hygiène Sociale* ou de *Médecine Publique*, de 1891, Jules Rochard definia de modo explícito, não só a compreensão dessa nova área de atuação e a obrigação dos poderes públicos em tomar medidas para assegurar a saúde pública, como estipulava ser a higiene um domínio de conhecimento cuja aplicação prática tinha limites: "os tratados de higiene não podem (para os poderes públicos) lhes servir de guia, pois neles as questões são tratadas de um ponto de vista puramente científico. Mostra-se o objetivo a atingir, sem tratar dos meios, sem levar em conta os obstáculos".[72]

A lenta aceitação dos preceitos de higiene pública e privada nas sociedades europeias devia-se em boa parte, a seu ver, à posição daqueles que, instruídos, teriam plenas condições de compreender a importância das medidas de "profilaxia sanitária", "as classes altas da sociedade e os que ocupavam cargos oficiais", e que, contudo, consideravam ser a higiene um luxo impossível para os pobres. Esses, por sua vez, permaneciam indiferentes às questões de higiene, habituados a defecar em plena rua e a depositarem excrementos em montes lixo acumulado; hábitos a serem erradicados e que indicavam a importância da educação e os esclarecimentos a serem transmitidos a essa parcela da população. Como médico sanitarista não poupava palavras na intenção pedagógica de explicitar os assuntos abordados em seus estudos e sublinhar a necessidade de provar a todos que "os interesses das populações estão unidos entre si por estreitos elos de solidariedade":

---

71 CALABI, Donatella. *Storia dell'urbanistica europea*. Op. cit., p.82-88.
72 ROCHARD, Jules. *Traité d'Hygiène Sociale*. Op. cit., 1888. Lembro ser essa a compreensão partilhada Victor da Silva Freire em seus escritos que diferenciam a "higiene abstrata" da "higiene prática".

> Buscar os meios de diminuir a mortalidade, dado que a natalidade nos escapa, e, portanto, sanear nossas cidades, fornecer às classes trabalhadoras uma alimentação suficiente e moradias salubres; educar as crianças de modo a desenvolver a resistência de nossa raça e preservar as populações das doenças que as dizimam: tais são os temas que aqui passei em revista sucessivamente.[73]

A plena convicção de Jules Rochard quanto à importância dessa nova área de atuação era confirmada, a seu ver, em virtude de o ministro do comércio da França ter incluído a "economia social" na Exposição Universal, de 1889. Este reconhecimento enfatizava sua condição de "ciência totalmente nova" formada pela colaboração do "movimento das artes, das ciências e da indústria, reunindo economistas, físicos, químicos e fisiologistas" em continuidade aos estudos que no decorrer do século XVIII mereceram a atenção de "uma plêiade de homens de saber". Se, diz ele, ao enfrentar resolutamente "o estudo dos problemas sociais" os higienistas se viram taxados de "utópicos", o tempo acabara por evidenciar o engano de seus críticos e confirmara que "não há questão social que não esteja relacionada a uma questão de higiene".

Enfatizo o modo como em seus estudos se entrelaça a ampla colaboração, direta ou indireta, de estudiosos de várias áreas, dada a complexidade dos problemas a serem enfrentados. Em suas palavras, só quando

> (...) os médicos chamaram para ajudá-los engenheiros, arquitetos, físicos e químicos, e a administração constituiu comitês e conselhos nos quais todas as competências se reuniram, a higiene começou a pisar no terreno das questões práticas.[74]

Nada estava, porém, resolvido de modo completo; a luta se mostrava árdua e concessões deveriam ser feitas. A lucidez com que visualiza a tensão entre médicos, em busca de "um ideal por vezes bem custoso"; arquitetos, em busca da elegância e da dimensão decorativa de suas construções, e os limites impostos pelo orçamento das municipalidades, o leva a projetar de modo claro a questão da funcionalidade, ou seja, a obediência às prescrições da higiene "sem exageros arquitetônicos". Afinal, diz ao alertar o poder municipal para o descompasso do projeto arquitetônico de

---

73 ROCHARD, Jules. *Traité d'Hygiène Sociale*. Paris: Adrien Dehahaye et Emile Lécrosnier Editeurs, 1888. Prefácio, partes I e III.
74 ROCHARD, Jules. *Traité d'Hygiène Sociale*. Op. cit., p.15.

uma escola e sua finalidade: "é inútil construir um palácio para crianças cujos pais moram em casebres".

Em seu entusiasmo e otimismo Rochard profetizava: "antes de vinte anos, os cursos de higiene terão lugar em todas as faculdades e será necessário ampliar os anfiteatros." Previa a inserção nos cursos de medicina de uma disciplina específica para as questões de higiene e sanitarismo e, propunha serem essas questões consideradas como "ciência em si". Sua longa experiência como médico sanitarista de portos na França e a total sintonia com os conhecimentos da área lhe concediam autoridade para afirmar que "a higiene tem sobre a terapêutica a vantagem de agir com um grau de certeza muito maior", já que, tomadas as devidas precauções relativas ao saneamento do meio ambiente, seria "muito mais fácil impedir cem pessoas de caírem doentes do que cuidar de um só doente". Utiliza o procedimento protocolar de comparar a França com outros países e dizer que se em seu país a higiene havia feito seu trabalho do ponto de vista teórico, sua aplicação prática estava atrasada em relação "à maioria das nações civilizadas". Em avaliação próxima à de Victor da Silva Freire no início do século XX, considerava que nomear comissões, realizar inúmeras conferências, discussões a perder de vista significava se "agitar no vazio", enquanto em outros países se aplicavam as medidas cuja utilidade teria sido demonstrada por eles, os franceses.[75]

Trata-se, portanto, de um demorado processo de implantação de dispositivos da higiene e do saneamento cujos preceitos formam, no decorrer do século XIX, um campo de práticas no entrelaçar de saberes, que se tornam mais atuantes entre 1859 e 1913. Constituíam-se os instrumentos bem definidos de atuação: loteamento, regulamentação da tipologia viária e edilícia, alinhamentos, afastamentos, normas higiênicas (sanitárias) e de prevenção e controle de incêndios, relações entre as esferas pública e privada, zoneamento, medidas que, a meu ver, transcrevem preceitos das propostas de Jeremy Bentham e incluem a supervisão vigilante dos hábitos da população pobre. A formação de uma prática de intervenção se difunde por meio de variados canais, como afirma Calabi:

> (...) a bagagem de conhecimentos e de experiências dos primeiros estudiosos dos problemas da cidade, a dos especialistas, é debatida e transmitida dando lugar a um corpo disciplinar mais ou menos es-

---

75 ROCHARD, Jules. *Traité d'Hygiène Sociale. Op. cit.*, p.1-2; p.15-21.

pecializado, restrito a um pequeno número de pessoas que constitui a cultura urbanística da época.[76]

Forma-se uma espécie de sociedade urbanística internacional, ativa e atuante na propaganda do próprio âmbito operacional e na organização de situações de trocas e de confrontos. Passa-se do levantamento de questões cruciais à circulação dessas questões: uma "Internacional do Urbanismo" na qual concorrem as diversas visões nacionais.

> A dimensão internacional (diz a autora) se torna crucial no sentido de que pela primeira vez permite a constituição de um sentido de *comunidade profissional que ultrapassa as fronteiras nacionais*: permite *a circulação das experiências, as tentativas de fundar uma linguagem comum e construir uma rede de consultores* aos quais se recorre, quando necessário.[77]

As visitas a cidades e os relatórios de viagem difundiam informações; congressos, seminários e as primeiras revistas de urbanismo, assim como as Exposições Universais, davam livre curso a ideias e ao debate; sistematizava-se o saber acumulado, as teorias e os estudos históricos, e a produção de manuais; formaram-se associações profissionais de engenheiros e arquitetos, com participação ativa na elaboração de regulamentos e leis. Por se tratar de uma disciplina operativa, a ampla difusão de conhecimentos permite a comparação de experiências, de problemas e suas respectivas soluções, que ganharam espaço crescente nas Exposições Universais, como as de Paris em 1889 e 1900 e de Chicago em 1893, e nos congressos de arquitetura, como os de *Art Public*, de Bruxelas em 1898 e 1910, de Paris em 1900, e de Liège em 1905, nos quais já se expressava a preocupação com a preservação ambiental e com os monumentos históricos. Temas setoriais assumiam importância: jardins, transporte público, ferrovias, aquedutos, esgotos, canais e moradias.[78]

Nos anos próximos a 1910 a maturidade do debate internacional centrava as preocupações urbanísticas de modo mais sistemático nas questões relacionadas à moradia, ao trânsito, às áreas verdes e às grandes cidades. Confrontavam-se propostas de soluções para situações geográfica e historicamente diferentes em debates já

---

76 CALABI, Donatella. *Storia dell'urbanistica europea*. Op. cit., p.20.
77 CALABI, Donatella. *Storia dell'urbanistica europea*. Op. cit., p.82-83 (sublinhado por mim); CALABI, Donatella. Antologia di scritti di Reinhard Baumeisteer, Joseph Stübben, Cornelious Gurlitt e Rud Eberstadt. Nota Introduttiva. In PICCINATO, Giorgio. *La costruzione dell'urbanistica*: Germânia, 1871-1914. Roma: Officina Edizioni, 1974, p.182.
78 CALABI, Donatella. *Storia dell'urbanistica europea*. Op. cit., p.22.

específicos do urbanismo. Calabi lista uma longa sequência de exposições nacionais e internacionais, bem como publicações de periódicos especializados, manuais, propostas e modelos de intervenção e expansão de cidades nas quais os *topoi* conferem evidente destaque para a constatação de que "a cidade está doente". Os lugares onde a patologia se manifestava são sempre as moradias operárias e os pobres em geral, os locais de trabalho e o transporte em seu translado do centro à periferia, *topoi* que constituem os pontos privilegiados para a observação e a tomada de decisões sobre as intervenções urbanas.[79]

Em suma, o eixo sobre o qual desenvolvemos nossa pesquisa, e este artigo como recorte do seu tema, enfatizam a fundamental importância de entender a formação e posterior desdobramento da disciplina Urbanismo como campo de debate e conflitos, corpo de conhecimentos constituído por ideias, projetos e práticas propostas por especialistas de formação e de proveniência nacional diversa, a partir de problemas pontuais compartilhados pelas cidades em expansão. Neste sentido, enfatizo a acepção universal da formação dos saberes, ou campos de conhecimento, e a multiplicidade de saberes que se entrecruzam na base do Urbanismo, dando forma a uma disciplina operativa. A persistente presença desses problemas em inúmeras cidades contemporâneas indica ser essa uma história que não alcançou e talvez nunca alcance seu ponto final.[80]

Referências:

ARNOULD, Jules. La voie Publique. In: ROCHARD, Jules. *Encyclopédie d'hygiène et de médecine publique*. Paris: Lecrosnier et Babé, 1891.

---

[79] Calabi lista exposições: Estados Unidos (Boston e Washington em 1909); Inglaterra (Londres em 1910, com a codificação urbanística profissional; Liverpool em 1910, ocasião em que se debate a questão dos modelos e de sua utilização nos esquemas dos planos); Alemanha (Berlim e Düsseldorf em 1910-1911). Revistas de urbanismo: a importante *Der Städtebau*, de iniciativa de Camillo Sitte, publicada entre 1904 e 1942. Propostas de modelos de intervenção e expansão em cidades, como a *Teoria General de la Urbanisacion*, de Ildefonso Cerda em 1867; de novas cidades, como *Ciudad Lineal*, de Arturo Soria y Mata (1882-1939) e *Gardens Cities of Tomorrow*, de Ebenezer Howard em 1902 e *A construção das cidades segundo seus princípios artísticos*, de Camillo Sitte em 1889. Manuais de enorme sucesso, em especial dos autores alemães Reinhard Baumeister (1876), Joseph Stübben (1889) e Rud Eberstadt (1909), e do inglês Edmond Unwin (1909). Calabi encerra seu estudo com a Primeira Guerra Mundial e a formação de importantes instituições, como o *Town Planning Institute* na Inglaterra e a *Société Française des Architectes Urbanistes* (1909), o *International Labour Office*, a Unesco, as Nações Unidas, associações voluntárias como a *Union internationale des Authorités locales*, a *International Federation for Housing and Town Planning*, a *Garden Cities and Town Planning Federation*, que, afirma a autora, tiveram papel relevante. CALABI, Donatella. *Storia dell'urbanistica europea*. Op. cit. Appendice, p.543-615.

[80] Referência ao livro de Maria Alice Rosa RIBEIRO, *História sem fim... Inventário da saúde pública: São Paulo, 1880-1930*. São Paulo: Ed.Unesp, 1993.

BACKHEUSER, Everardo. *Habitações Populares*. Relatório apresentado ao Exm. Sr. Dr. J. J. Seabra, Ministro da Justiça e Negócios Interiores. Rio de Janeiro: Imprensa Nacional, 1906.

BEC, Clette et al. (Org.). *Philanthropies et politiques sociales en Europe* – XVIII-XX siècles. Paris: Anthropos, 1994.

BÉGUIN, François. As maquinarias inglesas do conforto. Trad. Jorge Hajime Oseki. *Espaço & Debates*. São Paulo: NERU, ano XI, n. 34, 1991, p.39-54. (Publicação original: BÉGUIN, François. Les machineries anglaises du confort. MURARD, Lion; ZYLBERMAN, Patrick (éds). L'haleine des faubourgs. Ville, habitat et santé au XIXe siècle. Paris: *Recherches*, n° 29, dez.1977/1978, p.395-422.

BELLAING, Louis Moureau de. Le solidarisme et ses commentaires actuels. In CHEVALLIER, Jacques (Org.). *La Solidarité*: un sentiment républicain? Paris: PUF, 1992, p.85-99.

BENTHAM, Jeremy. *The Panopticon Writings*. BOZOVIC, Miran (ed.). London; New York: Verso, 1995.

BLAY, Eva. *Eu não tenho onde morar*. Vilas operárias na cidade de São Paulo. São Paulo: Nobel, 1985.

BONDUKI, Nabil. *Origens da habitação social no Brasil*. Arquitetura Moderna, Lei do Inquilinato e Difusão da Casa Própria. São Paulo: Estação Liberdade/ FAPESP, 1998.

BRESCIANI, Stella. Melhoramentos entre intervenções e projetos estéticos: São Paulo (1850-1950). In BRESCIANI, M. S. M. (Org.). *Palavras da Cidade*. Porto Alegre: Ed.UGRS/ UNESCO/MOST/CNRS, 2001. p.343-366.

BRESCIANI, Stella. *O charme da ciência e a sedução da objetividade*. Oliveira Vianna entre intérpretes do Brasil. São Paulo: Ed.UNESP, 2005.

BUTLER, Rémy Butler & NOISETTE, Patrice Noisette. *Le logement social en France*, 1815-1981. De la cite ouvrière au grand ensemble. Paris: Maspero, 1983.

CALABI, Donatella. *Il "male" città: diagnosi e terapia*. Didattica e istituzioni nell'urbanistica inglese Del primo '900. Roma: Officina, 1979.

CALABI, Donatella. *Storia dell'urbanistica europea*. Questioni, strumenti, casi esemplari. Turim: Paravia Scriptorium, 2000.

CALABI, Donatella. Antologia di scritti di Reinhard Baumeister, Joseph Stübben, Cornelious Gurlitt e Rud Eberstadt. Nota Introduttiva. In PICCINATO, Giorgio. *La costruzione dell'urbanistica*: Germânia, 1871-1914. Roma: Officina Edizioni, 1974.

CAMPOS, Cristina de. A promoção e a produção das redes de águas e esgotos na cidade de São Paulo, 1875-1892. São Paulo: *Anais do Museu Paulista*. História e Cultura Material, v. 13, n. 2, jul./dez. 2005.

CARPINTÉRO, Marisa Varanda T. *A Construção de um Sonho*. Os engenheiros--arquitetos e a formulação da política habitacional no Brasil. Campinas: Ed.Unicamp, 1997.

CERASOLI, Josianne Francia. Modernização no plural: obras públicas, tensões sociais e cidadania em São Paulo na passagem do século XIX para o XX. Tese (Doutorado em História). Campinas: IFCH-Unicamp, 2004.

CHERNOVIZ, Pedro Luiz Napoleão. *Diccionario de medicina popular e das sciencias accessorias para o uso das famílias*... 6ª Ed. Paris: A. Roger & F. Chernoviz, 1890.

CHEVALLIER, Jacques (Org.). *La Solidarité*: un sentiment républicain? Paris: PUF, 1992.

CHOAY, Françoise. (1965). *O urbanismo – Utopias e realidades*. Uma antologia. Trad. Dafne Nascimento Rodrigues. São Paulo: Perspectiva, 1997.

Código de *Posturas do Município de São Paulo*. São Paulo, 1886.

CORBIN, Alain. (1982) *Saberes e odores*: o olfato e o imaginário social nos séculos XVIII e XIX. Trad. Ligia Watanabe. São Paulo: Companhia das Letras, 1987.

CORDEIRO, Simone Lucena. *Moradia Popular na Cidade de São Paulo*: projetos e ambições (1930-1940). Dissertação (Mestrado em História). São Paulo: PUC--SP, 2003.

CORDEIRO, Simone Lucena. (Org.). *Os cortiços de Santa Ifigênia*: sanitarismo e urbanização (1893). São Paulo: Arquivo Público do Estado de São Paulo/Imprensa Oficial, 2010.

CORREIA, Telma de Barros. *A Construção do Habitat Moderno no Brasil – 1870-1950*. São Carlos: RiMa/FAPESP, 2004.

Decreto n. 233 – de 2 de março de 1894 estabelece o Codigo Sanitario do Esatdo de São Paulo. *Diário Oficial do Estado de São Paulo*, Actos do Poder Executivo, São Paulo, anno 3º, n. 815, 1894.

DIAS, Márcia Lucia Rebello. *Desenvolvimento Urbano e Habitação Popular em São Paulo, 1870-1914*. São Paulo: Nobel, 1989.

ENOKIBARA, Marta. Para além do vazio. As propostas elaboradas para a Várzea do Carmo na Cidade de São Paulo: séculos XIX e XX. 2003. Tese (Doutorado em Arquitetura). São Paulo: FAU-USP, 2003.

Folha do Braz: n. 88, p.1, (Propriedade de Ruz & Leuenroth) 5/11/1899.

FREIRE, Victor da Silva. A cidade salubre. São Paulo: *Revista Politécnica* 8 (48), out./nov.1914.

FREIRE, Victor da Silva. Codigos Sanitarios e Posturas Muncipaes sobre Habitações (alturas e espaços): Um capítulo de urbanismo e de economia nacional. São Paulo: *Boletim do Instituto de Engenharia*, v. I, n. 3, fev. 1918.

FREIRE, Victor da Silva. Melhoramentos de S. Paulo. São Paulo: *Revista Politécnica* 6 (33), fev/mar.1911.

FOUCAULT, Michel. (ed.). *Politiques de l'habitat (1800-1850)*. Paris: CORDA, 1977.

JONES, Gareth Stedman. *Outcast London:* A study between Classes in Victorian Society. Great Britain: Penguin Books, 1976.

LEME, Maria Cristina da Silva. A formação do pensamento urbanístico, em São Paulo, no início do século XX. *Espaço & Debates*, n. 34 Cidade e História. São Paulo: NERU, 1991.

LEMOS, Carlos. *Alvenaria Burguesa*. São Paulo: Nobel, 1985.

LEMOS, Carlos. (1976). *Cozinhas*. São Paulo: Perspectiva, 1978.

MELOSI, Martin V. (2000) *The Sanitary City*. Environmental services in urban America from colonial times to the present. Pittsburgh: University of Pittsburgh Press, 2008.

MORSE, Richard. *Formação Histórica de São Paulo*. São Paulo: Difel, 1970.

OBLET, Thierry Oblet. *Gouverner la ville*. Paris: PUF, 2005.

PINTO, Alfredo Moreira. *A cidade de São Paulo em 1900*. (Coleção Paulística vol. XVI.) ed. fac-similar. São Paulo: Governo do Estado de São Paulo, 1979.

POLANYI, Karl. (1944) *A grande transformação*. As origens de nossa época. Trad. Fanny Wrobel. Rio de Janeiro: Campus, 1980.

PRADO Jr., Caio. (1934) *Evolução Política do Brasil e outros estudos*. São Paulo: Brasiliense, 1963.

Primeiro Congresso de Habitação. São Paulo, maio-1931. Publicação Official. São Paulo: Escolas Profissionaes do Lyceu Coração de Jesus, 1931.

RAFFARD, Henrique. (1892) *Alguns dias na Paulicéia*. Vol.4. São Paulo: Academia Paulista de Letras, 1977.

Revista de Engenharia. Publicação mensal de Engenharia Civil e Industrial, Architectura e Economia. Diretores Ranulpho Pinheiro Lima e H. Souza Pinheiro.

Primeiro Volume de junho de 1911 a maio de 1913. São Paulo, Typographia Henrique Scheliga & Cia.

RIBEIRO, Maria Alice Rosa. *História sem fim...* inventário da saúde pública. São Paulo, 1880-1930. São Paulo: Ed.UNESP, 1993.

ROCHARD, Jules. *Encyclopédie d'hygiène et de médecine publique.* Paris: Lecrosnier et Babé, 1891.

ROCHARD, Jules. *Traité d'Hygiène Sociale.* Paris: Adrien Dehahaye et Emile Lécrosnier Editeurs, 1888.

SANT'ANNA, Denise. *São Paulo das águas.* Usos de rios, córregos, bicas e chafarizes em São Paulo (1822-1901). São Paulo: Senac, 2007.

SCHWIETERMAN, Joseph. P. & CASPALL, Dana M. *The Politics of Place.* A History of Zoning in Chicago. Chicago: Lake Claremont Press, 2006.

SECCHI, Bernardo. (2000). *Première leçon d'urbanisme.* Trad. Patrizia Ingallina. Marselha: Éditions Parenthèses, 2006.

SIMMELL, Georg. (1903) A metrópole a vida mental. Trad. Sérgio Marques dos Reis. In *O fenômeno urbano.* GUILHERME VELHO, Otávio (Org.). Rio de Janeiro: Zahar, 1976, p.11-25.

SIMÕES JÚNIOR, José Geraldo. *Anhangabaú.* História e urbanismo. São Paulo: Editora Senac/Imprensa Oficial do Estado, 2004.

TOLEDO, Benedito Lima de. *São Paulo*: três cidades em um século. São Paulo: Livraria Duas Cidades, 1983.

TREBLE, James H. *Urban Poverty in Britain,* 1830-1914. Londres: Methuen, 1979

Planos e projetos para intervenções na cidade de São Paulo: 1890-1930[*]
A polêmica entre arte e ciência

> (...) o urbanismo não é uma ciência assim como não é uma arte, mas ele compreende tudo o que diz respeito à vida social do homem, como indivíduo isolado e como parte da coletividade.

Com essas palavras de epígrafe, os redatores da Revista Politécnica apresentam em 1941 a tradução do artigo de Marco Semenza "*Che cosa é l'urbanistica?*"[1] O comentário do autor é bastante significativo pois, ao expressar sua concepção de urbanismo, traz para o debate uma questão em aberto. Semenza prossegue sua reflexão e afirma que se "todos os ramos do saber humano têm agora os próprios limites e as próprias características bem definidas... existe, todavia, um ramo dos conhecimentos humanos que é ainda muito incerto em relação ao seu significado e também aos limites que lhe são atribuídos na extensão e no desenvolvimento. Este ramo constitui o urbanismo".

---

[*] Publicado originalmente em HEIZER, Ala & VIDIRA, Antonio Augusto Passos. (Orgs). *Ciência, Civilização e República nos trópicos*. Rio de Janeiro: Mauad; Faperj, 2010, p.97-113. (Resultado parcial de pesquisa apoiada pelo CNPq e do Projeto Temático FAPESP (05/55338-0) Saberes eruditos e técnicos na configuração e reconfiguração do espaço urbano. Estado de São Paulo, séculos XIX e XX. CIEC-Unicamp/PUC-Campinas/UNESP-Bauru/SSA-IUAV-Veneza). As traduções do francês e do Inglês são da autora.

[1] SEMENZA, Marco. O que é Urbanismo? São Paulo: *Revista Politécnica*, nº 137, 1941, p.221-226. Trad. de "Che cosa é l'urbanistica" publicado em l'*Ingegnere*, n.6, 15.06.1938, p.319-321.

O autor apresenta com mais detalhes o que considera ser a área de atuação desse ramo do conhecimento:

> o urbanismo deveria ser a ciência que se ocupa dos problemas formativos, como sejam os distributivos, de criação, de vida, de desenvolvimento e de estética das cidades, de modo a se obter os melhores resultados sob o ponto de vista da comodidade, da saúde e do bem estar da população, juntamente com as condições mais favoráveis ao desenvolvimento futuro da zona habitada.

A "palavra urbanismo" compreenderia, portanto:

> (...) uma parte artística, relativa à sistematização arquitetônica dos vários elementos cívicos, e uma parte científica, no sentido absoluto que comumente se dá a essa palavra, relativa ao serviço técnico da cidade: transportes, esgotos, estradas, iluminação, etc. Uma parte cultural que diz respeito à distribuição dos centros de estudos, de assembleia, de reunião, teatros, estádios, etc. Uma parte industrial e comercial (...) Uma parte social, higiênica e política relativa a todos os problemas de saúde e de bem estar conexo com a aglomeração de grandes massas de população em um pequeno espaço. (...) o zoneamento como o seu elemento mais importante, que constitui a distribuição das habitações em relação aos locais de trabalho. (...) acresce o estudo das previsões futuras do ampliamento da cidade, com sua influência direta e indireta sobre a zona suburbana e agrícola.[2]

Devia-se, assim, a essa "diversidade substancial dos vários problemas inerentes às cidades (...) a confusão de ideias".

Não por acaso o artigo de Semenza é traduzido e publicado na *Revista Politécnica*[3] em 1941. A polêmica acerca do conteúdo específico ou campo de ação da disciplina "urbanismo" percorre a primeira metade do século XX em íntima conexão com concepções diversas e até mesmo divergentes sobre o significado de se reconfigurar as cidades, intervir em seu traçado, atuar na forma pela qual as edificações deviam ser implantadas nos lotes e definir a localização de monumentos em áreas de uso coletivo.

Parte importante desse debate ocorreu entre médicos higienistas e engenheiros, cuja parceria se dava desde a primeira metade do século XIX. Em meados do século, veio se somar às normas prescritas pelas Posturas Municipais a atenção privilegiada

---

[2] SEMENZA, Marco. O que é Urbanismo? *Op. cit.*, p.222.
[3] *Revista Polytechnica* publicada pelo Grêmio Politécnico da Escola Politécnica de São Paulo. O primeiro número é de novembro de 1904, impresso na "Typographia do Diario Official".

relativa a tudo que pudesse ser causa da produção de miasmas. Apoiada nos tratados de higiene urbana, a administração pública justificou a urgência da melhoria do abastecimento de água e de serem afastadas das áreas urbanizadas as edificações cujas atividades fossem consideradas nocivas aos habitantes: cemitérios, hospitais e matadouros.[4] Os efeitos perversos das más condições de moradia na saúde e na formação moral da população operária tornam-se cerne das preocupações sanitárias nos anos iniciais do governo republicano, momento em que, justificada pela epidemia de febre amarela em várias cidades próximas e na capital do estado, uma comissão de higiene, composta por médicos e engenheiros, inspeciona os cortiços do bairro de Santa Ifigênia, região central da cidade e um dos redutos da população imigrante.[5] A preeminência do saber da ciência médica se expressa na composição da comissão com três médicos e dois engenheiros, na definição do campo de atuação visado – "parte integrante de um plano de saneamento... em bem da higiene urbana" – e nas referências a noções da medicina sanitarista que orientam o relatório. Entretanto, já na década de 1910, a parceria entre médicos e engenheiros esbarrava no que estes consideraram a rigidez dos preceitos das teorias higienistas.

Em 1914, o engenheiro Victor da Silva Freire, professor da Escola Politécnica de São Paulo e responsável pelo Departamento de Obras Públicas da Municipalidade, expôs de modo exemplar seu ponto de vista sobre as duas posições então no cerne da disputa: o "critério científico" do Serviço Sanitário ao qual estava entregue "o estudo científico de todas as questões relativas á saúde publica" e o da "técnica" disponibilizada por "um vasto cabedal de experiência, já em grande parte corporificado em regras fixas" colocado à disposição dos urbanistas.[6] Quatro anos depois, e na intenção de conciliar "a higiene abstrata", submetida às regras fixadas pelo "ponto de vista unilateral dos tratadistas", com a "higiene aplicada", atenta às "nossas condições

---

4   SANT'ANNA, Denise Bernuzzi de. *Cidade das águas*. Usos de rios, córregos, bicas e chafarizes em São Paulo (1822-1901). São Paulo: Ed.Senac, 2007.
5   Relatório da Commissão de exame e inspecção das habitações operarias e cortiços no districto de Santa Ephigenia apresentado a 19 de outubro de 1893 a Câmara Municipal de São Paulo pelo Intendente Municipal Cesário Ramalho da Silva, São Paulo: Typ. a Vapor de Espindola Siqueira & Comp., 1894, p.43-54. A questão já era preocupação anterior à República e o médico da Câmara Municipal de São Paulo, Dr. Eulálio da Costa Carvalho mostrava-se preocupado com os cortiços, compartilhando a orientação do engenheiro, também funcionário da Câmara, Luiz Cesar do Amaral Gama, de que se devia extinguir tais tipos de residências. In LEMOS, Carlos. *Alvenaria Burguesa*. São Paulo: Nobel, 1985, p.60-61. Remeto para o artigo Sanitarismo e configuração do espaço urbano In CORDEIRO, Simone Lucena. (Org.). *Os cortiços de Santa Ifigênia*: sanitarismo e urbanização. São Paulo: Imprensa Oficial; Arquivo Público do Estado de S. Paulo, 2010, p.15-38 e republicado nesta coletânea.
6   FREIRE, Victor da Silva. A cidade salubre. São Paulo: *Revista Politécnica* 8 (48), 10/11.1914, p.319-354.

mesológicas" e ao problema do "rendimento social", Freire expunha em longo e minucioso relatório sua discordância em relação aos dispositivos do Código Sanitário e Posturas Municipais sobre Habitações[7] e anunciava um afastamento no campo de atuação e de formação profissional. Seu ponto de vista expressava a adesão aos procedimentos de engenheiros da área do "City planning", do "town planning" ou "urbanismo", nomenclatura adotada pelos profissionais urbanistas em diferentes países:

> Até 1900, os interessados na questão "do alojamento" reuniam-se em casa dos higienistas. A partir d'esse ano, por proposta de alguém que já aqui nomeamos, Émile Cacheux, passaram eles a residir em separado. Não quer isso dizer que não continuassem a manter com os higienistas as relações mais proveitosas e cordiais. Ao contrário, continuaram-nas e conservaram-nas. Cumprimentam-se; visitam-se com regularidade. (...) Mas todos esses (engenheiros) que a princípio eram inquilinos dos higienistas (...) encontraram por último mais conveniência em se aproximar dos "urbanistas".[8]

Definidos como campos de atuação próximos, porém diferenciados, o higienismo e o urbanismo não abandonaram, contudo, a questão relativa às suas bases científicas e/ou artísticas. A difícil delimitação entre arte e ciência prosseguiu alimentando o debate e sistematicamente foi reposta nos escritos dos urbanistas.

Na década de 1920 grande parte do debate entre os próprios engenheiros ativos na Escola Politécnica e na Prefeitura Municipal pode ser estudado a partir dos escritos e projetos de dois dos principais urbanistas paulistas: Luiz Ignácio Romeiro de Anhaia Mello e Francisco Prestes Maia.

Em 1930 o engenheiro arquiteto Francisco Prestes Maia apresenta seu *Plano de Avenidas para a cidade de São Paulo*. Já na introdução define um entendimento para os "planos de urbanismo": teriam "índole diretiva" dado o "caráter permanente da urbanização" e se baseariam em "uma concepção da cidade e na orientação que (...) deve presidir ao seu desenvolvimento". Contrapõe sua posição ao que considera serem "planos de conjunto, ao sabor da época":

---

7 FREIRE, Victor da Silva. *Códigos Sanitários e Posturas Municipaes sobre Habitações* (Alturas e Espaços). São Paulo: Boletim do Instituto de Engenharia, vol.I, nº 3, 02.1918, p.229-355; citação: p.271.

8 FREIRE, Victor da Silva. *Códigos Sanitários e Posturas Municipaes sobre Habitações* (Alturas e Espaços). *Op. cit.*, p.344.

Da cidade e do urbano 423

> O Plano fornece o rumo: a comunidade segui-lo-à até onde puder ou quiser. Salvo auxiliar o trabalho de interpretação, seleção e adaptação, aí finda a incumbência do urbanista.[9]

A despeito da declarada intenção de ser "estudo sumario e despretensioso de repartição" (no caso a de Obras Públicas do Município de São Paulo), as 350 páginas do *Plano*, ilustradas com fotos comparativas de São Paulo antigo e moderno, esquemas e detalhes técnicos, somados a numerosas aquarelas ilustrativas dos possíveis resultados da implantação do projeto, contradizem suas palavras iniciais e se aproximam da afirmação de Daniel Burnham, um dos responsáveis pelo *Plan of Chicago* de 1909,[10] afirmação programática citada por Prestes Maia logo em seguida:

> Make no little plans. They have no magic to stir men's blood and probably themselves will not be realized. Make big plans. Aim high in hope and work, remembering that a logical diagram once recorded will never die, (...) Let your watchword be Order and your beacon Beauty.[11]

Não que Prestes Maia minimizasse as dificuldades para a implantação do *Plano* que trazia para o conhecimento público. Antevia como principais obstáculos "as idéias feitas arraigadas", e mais ainda a "ausência de espírito cívico e a ambição do lucro".[12] Sua atitude crítica relativa à execução dos planos de intervenção nas cidades apoiava-se em experiências de outros países nos quais, a seu ver, "os planos notáveis de remodelação ou extensão (...) o mais das vezes não passaram da estampa". Faz mesmo um balanço crítico de iniciativas fracassadas como a *Lei Cornudet* na França e o *Town Planning* inglês. Avalia ainda o pouco que fora realizado do Plano proposto para a cidade de Chicago decorridos quase quinze anos:

---

9 MAIA, Francisco Prestes. *Introdução ao Estudo de um Plano de Avenidas para a Cidade de São Paulo*. São Paulo – Cayeiras – Rio: Companhia Melhoramentos de São Paulo, 1930. p.X.
10 BURNHAM, Daniel H; BENNETT, Edward H. (1909) *Plan of Chicago*. Prepared under the direction of the Commercial Club during the years MCMVI, MCMVII, and MCMVIII. Chicago: The Commercial Club. Republicado pela Princeton Architectural Press, New York, 1993.
11 "Não faça pequenos planos. Eles não têm magia para agitar o sangue dos homens e provavelmente eles não serão realizados. Faça grandes planos. Vise o alto tanto na esperança como no trabalho, lembrando que um diagrama lógico, uma vez gravado, nunca morre, (...) Deixe lema ser Ordem e seu farol Beleza." (Tradução da autora). MAIA, Francisco Prestes. *Introdução ao Estudo... Op. cit.*, p.IX. Citado em inglês pelo autor.
12 MAIA, Francisco Prestes. *Introdução ao Estudo... Op. cit.*, p.5.

> Chicago realiza as maiores obras de urbanismo de nossa época. Isso não impediu que provocasse de Saarinen (1923) a seguinte expressão: "Before I came to Chicago, or even had a thought of ever coming to the United States, I was, as a town-builder, professionally familiar with Chicago's official city plan. I had also studied the afore-mentioned improvement project in all its details. The heart of Mr. Burnham's plan was the laying out of Grant Park and in connection with it a board monumental park boulevard running West at Congress Street. Upon my arrival in Chicago I expected to see Grant Park ready and the boulevard partly finished, or at least in the process of being built. But Grant Park lay untouched and the monumental boulevard seemed to have been forgotten. The Burnham dream seemed in large part, perhaps altogether, to have met the same fate that overtakes most beautiful dreams in these days. Their realization is delayed until it is too late; or else their magnificence and beauty are to overwhelming that one loses faith in them".[13]

Sua crítica dirigia-se tanto para os que tinham uma apreciação negativa da cidade e das obras da administração pública, como para os que concebiam o "plano geral" como "coleção de projetos, rígida, detalhada, espetaculosa e destinada a uma execução integral (...) por que evidentemente inviável". Ou seja, seria "sempre desejável ser (o Plano) considerado como conjunto orgânico de projetos e sugestões, ou exequíveis ou simplesmente capazes de orientar empreendimentos parciais ou prever e facilitar empreendimentos futuros".[14]

Na qualidade de urbanista considerava ter completado a primeira etapa de um processo que ainda exigia uma longa "campanha na imprensa, nas associações, nas escolas", para que entre os citadinos o "espírito (cívico) se forme e toda a mentalidade se refaça a ponto de prestarem aos empreendimentos municipais o apoio que merecem".[15] O golpe de outubro de 1930 modifica o jogo de forças políticas em São Paulo e seria o engenheiro arquiteto Luiz de Anhaia Mello, filiado ao Partido Demo-

---

13 Antes de vir a Chicago, e mesmo antes de pensar em vir aos Estados Unidos, estava, como planejador urbano, profissionalmente familiarizado com o Plano oficial para a cidade de Chicago. Havia, inclusive, estudado o referido plano em todos seus detalhes. O cerne do plano de Mr. Burnham era a formação do Grant Park em conexão com o monumental parque-bulevar que corre a Oeste na Rua do Congresso. Quando cheguei a Chicago, esperava ver o Grant Park acabado e o bulevar parcialmente completo ou, ao menos, em vias de. Porém o Grant Park permanecia intocado e o bulevar monumental parecia esquecido. O sonho de Burnham parecia em grande parte, talvez no todo, ter encontrado o mesmo destino dos mais belos sonhos desses dias. Sua implantação foi postergada até se tornar tardia demais; ou então sua magnificência e beleza se mostraram tão grandiosas a ponto de nelas não se confiar. Tradução da autora. MAIA, Francisco Prestes. *Introdução ao Estudo...Op. cit.*, p.5.
14 MAIA, Francisco Prestes. *Introdução ao Estudo...Op. cit.*, p.1.
15 MAIA, Francisco Prestes. *Introdução ao Estudo... Op. cit.*, p.6.

crático, oposição ao Partido Republicano Paulista, o indicado para o cargo de prefeito da cidade. Efetivamente, a execução do *Plano de Avenidas* só teve início quando Prestes Maia assumiu a Prefeitura da cidade por nomeação do interventor do estado Ademar de Barros sob o Estado Novo, ou seja, por obra e graça do golpe de Estado de novembro de 1937, e lá permaneceu de 1938 a 1945. As principais diretrizes do *Plano* só seriam completadas na década de 1970 com a abertura da Avenida 23 de maio e das avenidas marginais aos rios Tietê e Pinheiros. Ou seja, a projeção quanto às dificuldades para a implantação do Plano se realizou.

O governo ditatorial do Estado Novo define, pois, os rumos da remodelação e expansão da cidade na direção prevista por Prestes Maia em posição divergente à diretriz proposta por seu colega Anhaia Mello com quem manteve longa polêmica. O cerne da polêmica entre os dois engenheiros arquitetos estava no modo como concebiam a boa cidade e também no método pelo qual projetavam expansões e intervenções.

Em defesa de sua concepção de cidade, Anhaia Mello citava Lethaby (*"town--planner* inglês") e afirmava em palestra no Rotary Club em setembro de 1928, que "o verdadeiro objetivo da civilização é construir belas cidades e viver nelas em beleza", o que exigia um trabalho de colaboração de equipe multidisciplinar antecedido pela formação da "psicologia urbana e do desejo cívico".[16] Em novembro do mesmo ano, falando para o público do Instituto de Engenharia, repisa ser a "psicologia urbana a base da solução dos problemas do urbanismo" e define o Urbanismo como "uma filosofia das ciências aplicadas", ou, referindo-se às palavras de Raymund Unwin, "the science of linking up connections between things". Para tal, prossegue, exigia "a colaboração ou cooperação do jurista, do legislador, do economista, do sociólogo, dos governos..., do cidadão", de modo a "transformar em realidade os benefícios que a técnica da engenharia pode trazer para a vida em comum".[17] Defendia a concepção de cidade-jardim, cujo crescimento seria controlado por uma cinta verde envoltória.

---

16 MELLO, Luiz de Anhaia. O Problema Psychologico. Base de uma campanha pratica e efficiente em prol de São Paulo maior e melhor (Palestra realizada no Rotary Club de são Paulo em 21.9.1928). In: Problemas de Urbanismo. Base para a Resolução do Problema Technico. *Boletim do Instituto de Engenharia de São Paulo*. São Paulo: Escolas Profissionaes Salesianas, 1929, p.16-17.

17 MELLO, Luiz de Anhaia. Ainda o Problema Psychologico. As associações Americanas de Urbanismo (Palestra realizada no Instituto de engenharia em 8.11.1928). In: Problemas de Urbanismo. Base para a Resolução do Problema Technico. *Boletim do Instituto de Engenharia de São Paulo*. São Paulo: Escolas Profissionais Salesianas, 1929, p.37-38.

Prestes Maia, de seu lado, relacionava a cidade aos sistemas viários cujas características associava a períodos específicos da história – a cidade antiga definia-se pelos limites circunscritos, ou seja, o "fechamento" (*Abschluss*) e a cidade moderna pela "expansão" (*Ausbreitung*). Essas características apoiavam seu posicionamento a favor da expansão ordenada da cidade. Partia da ideia de que para as cidades modernas, o sistema de "traçados concêntricos" (tal como a *Ringstrassen vienense*) havia sido superado e substituído pelo "sistema radial, cujos "raios em vez de anéis" permitiam "um desenvolvimento natural às cidades". Para ele somente os profissionais da área de engenharia e arquitetura detinham o conhecimento necessário para conceber planos de intervenção urbana.[18]

Condenava, pois, os que exigiam para as nossas cidades, "como anel isolante, parques envoltórios" e enfatizava a necessidade de a cidade moderna procurar libertar-se definitivamente desta ideia. Trazia em defesa de sua tese observações de urbanistas de reconhecimento internacional para os quais a justificativa teórica paisagística dos "*parkways*" havia, na prática, perdido sua finalidade. Afinal, diz ele, citando Hubbard, os "parkways" projetados se transformam rapidamente em "fast light-traffic ways, used to get quickly from one part of the city to another or from the suburbs to the business center." A intenção paisagística dos idealizadores dos *parkways* via-se ironicamente derrotada pelo fluxo do trânsito: "The volume of traffic frequently makes landscape enjoyment almost impossible".[19] Propõe para a cidade um "sistema de parques e *parkways* paulista" cujo percurso margeava o rio Tietê em traçado radial-perimetral com 52 km de extensão que, somado a diametral de 14 km, resultaria em 66 km. Embora visualize a complementaridade dessa marginal ao rio Tietê com a do rio Pinheiros, diria ser esta do interesse e incumbência da Light & Power Co. A fluidez da circulação e a adequação multifuncional da ocupação das áreas contíguas a essas vias definem a opção de Prestes Maia pelas avenidas perimetrais: "Conjuntos monumentais, *parkways*, paisagismo, instalações esportivas, circulação rápida, linhas de alta velocidade, navegação, vias férreas, cais, industrias, etc., são matéria vastíssima e interconexa, apenas entrevista pela maioria dos munícipes". Em suma afirma: "As possibilidades estéticas e utilitárias das nossas grandes avenidas fluviais são infinitas".[20]

---

18 MAIA, Francisco Prestes. *Introdução ao Estudo... Op. cit.*, p.124.
19 A citação é de HUBBARD, Theodora Kimball; HUBBARD, Henry Vicent. *Our cities, to-day and to-morrow; a survey of planning and zoning progress in the United States*. Cambridge: Harvard University Press, 1929.
20 MAIA, Francisco Prestes. *Introdução ao Estudo... Op. cit.*, p.126-128.

O *Plano de Avenidas* não encerra a polêmica entre os dois importantes urbanistas de São Paulo. O debate perdura durante suas longas trajetórias profissionais. No que concerne à formação acadêmica, os dois obtiveram diploma de engenheiro-arquiteto na Escola Politécnica, fundada pelo governo do Estado em 1894, – Anhaia Mello em 1913 e Prestes Maia em 1918. Nela lecionaram – Anhaia Mello inicia a carreira docente em 1917, permanece até ser aposentado em 1961, embora se mantenha ativo no curso de Pós-graduação até 1968; Prestes Maia é contratado em 1924 e se afasta em 1938 ao optar por cargo na Secretaria de Viação e Obras Públicas da municipalidade.[21] Além das divergentes concepções teóricas de cidade, a polêmica se tece entremeada por interesses profissionais e imobiliários,[22] em meio às tensões políticas de mais de cinco décadas de atuação.

Ciência e/ou Arte?

Para a mesa-redonda[23] pareceu-me interessante expor e refletir sobre o aparente paradoxo inscrito nas concepções de cidade de Prestes Maia e Anhaia Mello e no modo como deram continuidade ou romperam com concepções de profissionais que pensaram e estabeleceram planos para intervir na cidade de São Paulo no período entre 1890 e 1930.

Anhaia Mello propunha solucionar os problemas de congestão da cidade por meio da contenção e retração do crescimento urbano com o objetivo previsto projetualmente de "criar uma equilibrada transição entre campo e cidade"[24]. Concepção cujas características o filiavam ao "modelo culturalista" de cidade como obra de arte, portanto, em tese, politicamente conservador e nostálgico das cidades antigas e medievais na acepção de Françoise Choay.[25] Prestes Maia, em posição oposta, defendia

---

21 FICHER, Sylvia. *Os arquitetos da Poli*. Ensino e Profissão em São Paulo. São Paulo: EDUSP, 2005, p.150 e 154, respectivamente.
22 Anhaia Mello desenvolveu sua principal atividade profissional privada na Iniciadora Predial onde permaneceu até 1964 e dirigiu a Cia. Cerâmica Villa Prudente, ambas empresas do engenheiro Ramos de Azevedo; Prestes Maia abriu em 1918 uma firma própria de negócios imobiliários, ano em que entrou para o serviço público municipal na Diretoria de Obras Públicas da Secretaria de Viação e Obras Públicas. FICHER, Sylvia. *Os arquitetos da Poli*. Op. cit., p.144 e 154.
23 Seminário Ciência, civilização e República nos Trópicos: 1889-1930. Abril 2008, organizado por Alda Heizer e Antonio Augusto Passos Videira. Jardim Botânico – Rio de Janeiro.
24 FELDMAN, Sarah. *Planejamento e Zoneamento*. São Paulo, 1947-1972. São Paulo: EDUSP/FAPESP, 2005, cita MEYER, Regina. *Metrópole e Urbanismo – São Paulo Anos 50*. Tese (Doutorado em Arquitetura)-PPGAU-USP. São Paulo: FAU-USP, 1991.
25 CHOAY, Françoise. (1965). *O Urbanismo*. Utopias e Realidade. Uma antologia. Trad. Dafne Nascimento Rodrigues. São Paulo: Perspectiva, 1997. Lineamentos do urbanismo progressista e culturalista se encontram nas páginas 18-29.

"o esgotamento das potencialidades ainda não exploradas da metrópole e a remoção dos problemas por meio de novas obras e novos planos, ou seja, adotar soluções técnicas com vistas ao "permanente ajuste da metrópole às exigências da organização da sociedade moderna". Sua concepção de cidade aberta era explícita: "A necessidade é evitar não o crescimento de metrópole, mas a interrupção do processo pela ineficiência do funcionamento urbano".[26] Concepção, portanto, filiada ao "modelo progressista" de Choay, de nítida base liberal.

Entretanto, caberia a Anhaia Mello definir, em 1929, a disciplina urbanística como "ciência do Urbanismo" e aproximar os procedimentos de sua área à "norma geral da pesquisa científica" na qual colaboraria uma equipe multidisciplinar; e a Prestes Maia, cujo plano de Avenidas configura um projeto de funcionalidade viária, se dizer adepto das posições de Victor da Silva Freire, seu antecessor no Setor de Urbanismo da Prefeitura, pertinaz defensor da concepção artística de cidade e da vertente pitoresca nas intervenções urbanas. "Uma obra de arte não pode ser criada por comissões ou repartições, mas somente por um indivíduo. Uma planta de cidade que deve produzir efeito artístico é ainda uma obra de arte e não uma simples operação de viabilidade. É esse o nó da questão...", afirmava Freire, em 1911, citando Camillo Sitte, cujo texto *A construção das cidades segundo seus princípios artísticos* de 1889 firmou-o como o principal teórico dos pressupostos artísticos na construção e intervenção nas cidades.[27]

Examinemos mais de perto as duas posições. Sarah Feldman e Regina Meyer, ambas arquitetas, referem-se à polêmica entre os dois profissionais paulistas e confirmam que no cerne da proposta de Anhaia Mello estavam as diretrizes para reverter o ciclo metropolitano por meio de estratégias de contenção da cidade fixadas pelo sistema regional ou regionalismo e pela polinucleação urbana. Anhaia Mello manteria essa posição e a ampliaria em escritos da década de 1950, como "O Plano Regional de São Paulo. Uma contribuição da Universidade para o estudo de 'Um Código de Ocupação Licita do Solo'", conferência proferida no dia 8 de novembro de 1954 para marcar o Dia Mundial do Urbanismo e no texto "Curso de Urbanismo.

---

26 MAIA, Francisco Prestes. *Introdução ao Estudo... Op. cit.*, p.22.
27 FREIRE, Victor da Silva. Melhoramentos de S. Paulo. *Op. cit.* Conferencia no Grêmio Politécnico em 15 de fevereiro de 1911, p.91-145, citação da p.123. Freire permanece na área de Obras Públicas da Prefeitura de São Paulo entre 1898 e 1926. Schorske define Sitte como teórico da cidade comunitária, cuja orientação serviu de base para a estruturar a crítica ao urbanismo moderno de, entre outros, Lewis Mumford e Jane Jacobs. In SCHORSKE, Carl. *Viena Fin-de-siècle*. Política e Cultura. Trad. Denise Bottmann. São Paulo: Cia. das Letras, 1988, p.44, 78-85.

Elementos de Composição Regional", parte do Curso de extensão universitária patrocinado pelo Grêmio Politécnico em 1957.[28]

Segundo a arquiteta Sylvia Ficher, Leo Ribeiro de Moraes, partidário do "Esquema Anhaia", em avaliação feita em 1954 explicitava de modo claro a divergência entre os dois urbanistas:

> No trato das questões de urbanismo e da organização de nossas coletividades humanas, duas são as atitudes que se pode tomar em face delas: a "prática" e a "científica". A primeira delas, que é a advogada pelo engenheiro Prestes Maia, é a que tem sido tomada até hoje pelos governos que se empenham em realizar "alguma coisa" (...) A segunda atitude, aquela adotada por Anhaia Mello, é "a aplicação dos preceitos do moderno urbanismo para (...) alcançar algo mais que a simples desobstrução do trânsito e a ornamentação de praças e avenidas".[29]

Na sequência de sua avaliação, Moraes toca no ponto sensível da divergência ao afirmar que os dois itens do "Esquema Anhaia" "que mais impressão causaram no engenheiro Prestes Maia foram o que preconiza a proibição da instalação de novas indústrias em São Paulo e o que estabelece a limitação do crescimento da cidade", em outras palavras, diz Moraes, repugnava a ele o que considerava ser medidas destinadas a "ananicar nossa cidade por meio de fôrma". Vários dos depoimentos de profissionais da área obtidos por Ficher concordam ao afirmar que Anhaia Mello defendia posição teórica correta, enquanto Prestes Maia se apoiava na posição mais pragmática – "um praticista, um abridor de avenidas. (...) o edifício, as ruas, a engenharia do meio-fio". Sobre Anhaia Mello recaiu por vezes a pecha de ser o idealizador de "uma grande proposta genérica, globalizante, mas sem instrumentalização". Posição que, segundo Ernest R. de Carvalho Mange, em depoimento a Ficher em 1986, "apenas abriu campo para os cabides de emprego, os relatórios e os planos integrados de desenvolvimento, as empresas consultoras e muito papel".[30]

Sem dúvida, só os escritos de Anhaia Mello somam grande número de artigos, publicados entre 1926 e 1974 (ano de sua morte). Soma-se à sua produção a longa

---

28 Feldman afirma que o estudo "Plano Regional de São Paulo – Uma contribuição da Universidade para o Estudo de um Código de Ocupação Lícita do Solo" de 1954 ficou conhecido como "Esquema Anhaia" em função da polêmica que gerou entre o autor e Prestes Maia. MAIA, Francisco Prestes. *Introdução ao Estudo... Op. cit.*, p. 20; sobre o curso de urbanismo ver p.21.
29 Apud FICHER, Sylvia. *Os arquitetos da Poli. Op. cit.*, p. 149.
30 FICHER, Sylvia. *Os arquitetos da Poli. Op. cit.*, p.149-150.

carreira docente na qual foi reconhecidamente "o professor de maior influência do curso de engenheiro arquiteto nas décadas de 1930 e 1940". Ainda nos anos 1940, já com a Escola Politécnica integrada à Universidade de São Paulo, a ele caberia importante parcela da iniciativa, junto ao governo estadual, para criar a Faculdade de Arquitetura e Urbanismo. Ao ser fundada pelo Decreto Lei n. 104, 21 de junho de 1948, Anhaia Mello veio a ocupar, em 1949, o cargo de primeiro diretor, e nesse cargo pode contratar arquitetos de "formação carioca e orientação moderna" (Antonio Paim Vieira, Abelardo Riedy de Souza, Alcides da Rocha Miranda, Hélio Queiroz Duarte). Exonerou-se do cargo ao ser barrada pela reitoria da Universidade a contratação de Oscar Niemeyer por sua filiação comunista. Para além dos muros da universidade, defendeu suas ideias em palestras para públicos não especializados no Rotary Club e na Sociedade Amigos da Cidade, da qual foi co-fundador em 1935, e em vários tipos de publicações de sua área e na grande imprensa.[31] Seria principalmente no setor de urbanismo da Prefeitura que, em termos práticos, afirma Feldman, sua atuação definiria a linha mestra do urbanismo paulistano, pautada na noção de zoneamento, por ele defendida já na década de 1920 e, em 1945, nas atribuições de uma proposta para um Departamento de Urbanismo.[32]

Entretanto, foi o *Plano de Avenidas* de Prestes Maia, apresentado em 1930 como projeto assinado por um único autor, que definiu a configuração da cidade em termos de traçado viário. Embora Maia remeta a ideia do "Perímetro de irradiação" como "a solução para São Paulo, proposta há tempos pelo Dr. Ulhôa Cintra", este não configura co-autor do *Plano*.[33] Enquanto esquema viário, o *Plano de Avenidas* retomava um artigo de Ulhôa Cintra de 1924[34] quando expôs seu esquema justificando-o por ter o "sistema geral de viação de S. Paulo" se desenvolvido "de maneira muito mais semelhante as cidades europeias que as suas irmãs americanas". Considerava feliz a circunstância "de possuir nossa cidade um centro nitidamente caracterizado servido por um grupo suficiente de vias radiais de bom traçado", opinião corroborada pelos esquemas de Hénard para Moscou, Berlim e Paris sobre os quais baseava seu estudo. Em posição oposta a Anhaia Mello, sublinhou a importância da cen-

---

31 FICHER, Sylvia. *Os arquitetos da Poli*. *Op. cit*., p.143-153.
32 FELDMAN, Sara. *Planejamento e Zoneamento*. *Op. cit*., p.21, 69 e segs., e 118-119: "O zoneamento aprovado em 1972 é fruto de práticas que já vinham sendo construídas, sistematicamente, pelos engenheiros do Departamento de Urbanismo desde 1947".
33 MAIA, Francisco Prestes. *Introdução ao Estudo...* *Op. cit*., p.34-35.
34 CINTRA, João F. de Ulhôa. Projeto de uma avenida circular constituindo perímetro de irradiação. São Paulo: *Boletim o Instituto de Engenharia*, n.21, vol. 01-03, 1924, p.331-336.

tralidade urbana única justificando-a pelos bons resultados obtidos nas cidades de São Luiz e Chicago nos Estados Unidos; cidades que, apesar de formação original diversa – um centro bem definido em São Luiz com suas avenidas radiantes e o xadrez de Chicago – este fora quebrado pela criação de um centro e pelas avenidas radiais e anulares cortando "a massa dos quarteirões em xadrez". Ulhôa Cintra, tal como Prestes Maia o faria no *Plano de Avenidas*, opta pelas diretrizes propostas por Eugène Hénard para esclarecer que:

> (...) todas as vias de expansão e penetração convergem para o mesmo núcleo central mas não todas para o mesmo ponto, nem para o mesmo monumento. Todas essas vias ao contrário, se ligam a uma espécie de circuito fechado ou collector que nós propomos chamar *perímetro de irradiação* e que é traçado a uma certa distância do centro matemático da cidade.[35]

Ao optarem pela concepção mononuclear de cidade, Ulhôa Cintra e Prestes Maia davam continuidade às diretrizes de Victor de Silva Freire. Prestes Maia rende tributo a Freire (não o cita nominalmente, mas lista artigos seus) ao dizer:

> (...) a primeira campanha de urbanismo no país levou-a a efeito o ex-Diretor de Obras da Prefeitura numa serie de conferencias, artigos e relatórios notáveis pela erudição e elevação de vistas, (Melhoramentos de São Paulo, cidade salubre, regulamentos sanitários e posturas, calçamento, viação, etc.) norma de que não se afastaram seus companheiros e discípulos ao realizarem a ampla divulgação das questões municipais: Perímetro de Irradiação, retificação do Tietê, avenida Anhangabaú, grandes melhoramentos da cidade... expostas em artigos na Revista Politécnica, Revista do Brasil, Boletim do Instituto de Engenharia, palestra no Rotary, folhetos, reportagens diversas e até em exposições como a do Teatro Municipal em 1924. Não obedecemos a outra orientação.[36]

Tal como Anhaia Mello, Prestes Maia repete o método adotado por Freire quando afirma a importância de se buscar no exame crítico das "experiências alheias" o ponto de partida para definir a situação paulistana. Seu posicionamento de que se vivia uma época "muito própria para o inicio dos melhoramentos" referia-se tanto às condições de São Paulo como à experiência acumulada na área do urbanismo: "Hoje

---

35 CINTRA, João F. de Ulhôa. *Projeto de uma avenida circular...* Op. cit., p.331-336.
36 MAIA, Francisco Prestes. *Introdução ao Estudo...* Op. cit., p.6.

possuímos alem disso (o ambiente da cidade) os ensinamentos de todo o movimento mundial de urbanismo dos últimos tempos, o que nos poderá evitar passos em falso a que outras cidades não escaparam".[37]

Em 1911, Freire adotara esse percurso de exame das intervenções ocorridas em várias cidades na palestra "Melhoramentos de S. Paulo", após escalonar as três fases pela qual passaram os "melhoramentos" em São Paulo – "fase de saneamento – o aumento do abastecimento de água, o estabelecimento da rede de esgotos e as obras de enxugo fase de metodização – nivelando, revestindo, arborizando as ruas da cidade, criando jardins e corrigindo traçados de algumas ruas da parte antiga, e a fase atual, a de acudir ás necessidades do crescimento da cidade". Seu argumento se apoiava no número de casas construídas – 1906: 1.091; 1910: 3.231 e passageiros transportados pelos carros da Light & Power – 1906: 20.443.250; 1910: 31.095.501. Comparou, depois, o rápido crescimento de São Paulo ao das cidades europeias e justifica ser essa a característica da "era do industrialismo" e sermos nós "dos últimos a sentir-lhes as conseqüências".

Daí sua proposta: "Aproveitemos dessa circunstancia para utilizarmos a experiência dos que nos precederam. Na mesma ordem de ideias manda o bom senso que observemos os que melhor resolveram os seus problemas e aqueles cujas condições mais se assemelham ás nossas". Sempre preocupado com a eficácia dos procedimentos a serem adotados, passa em seguida em revista o modo pelo qual vários países haviam procedido a reconfiguração do espaço urbano. A conclusão de sua análise aponta para a excelência dos procedimentos praticados na Grã-Bretanha e na Alemanha, países em que a "gestão dos municípios" constituía atribuição de homens de negócios (vereadores recrutados quase exclusivamente entre os comerciantes, industriais e gerentes de empresas ou companhias). Soma à circunstância da íntima relação entre o poder público e os interesses da sociedade civil o fato de na Alemanha serem essas ocupações remuneradas. Em contrapartida qualifica de lamentável o que ocorria na França onde "a câmara parisiense esterilizava-se em longas discussões"; já "espetáculo mais contristador" apresentavam as cidades norte-americanas, exceção feita a Washington.[38]

Anhaia Mello repetia, em 1928, a diretriz de Freire ao deixar claro, logo no início da palestra dirigida aos rotarianos, que "Nada poderá progredir se pretendermos sempre recomeçar o caminho já por outros percorridos, em vez de tomarmos por

---

37 MAIA, Francisco Prestes. *Introdução ao Estudo... Op. cit.*, p.7.
38 FREIRE, Victor da Silva. Melhoramentos de S. Paulo. *Op. cit.*, p.95-97.

marco inicial das nossas pesquisas a alheia experiência". Afinal, a seu ver, esse procedimento constituía "a norma geral da pesquisa científica á qual devemos prestar obediência no caso particular do estudo dos nossos problemas urbanos". Apoiado nessa premissa sentenciava: "Examinemos como os outros os resolveram e procuremos aplicar, com inteligência e não servilmente ou por mero espírito de imitação, os métodos e processos que se adaptem às nossas condições locais". A avaliação positiva de Anhaia Mello recaía, diferentemente de Freire, no que se produzia nos Estados Unidos, por considerar tanto a "paridade de situação" mas também "a excelência do modelo". Em outro ponto fundamental posicionava-se de modo divergente a Freire: não entende o plano de intervenções como obra de um só autor. Já em 1929, no prefácio de coletânea de artigos, designa a "ciência do Urbanismo" como cooperação e critica aqueles que confundiam "uma ciência tão bela e vasta com a simples técnica da engenharia municipal", ao subestimarem a necessidade da "colaboração do sociólogo, do legislador, do jurista, do político, do administrador, do economista e de todo cidadão".[39]

A necessidade de pesquisa científica convivia em sua acepção de urbanismo com o que considerava ser "o verdadeiro objetivo da civilização – construir belas cidades e viver nelas em beleza" o que exigia como primeiro passo "preparar o ambiente" formar "uma psicologia urbana e anseio cívico", uma opinião publica esclarecida, controlada e organizada por meio de associações de diversos tipos. O viés "culturalista ou romântico" de sua proposta incluía a noção determinista do positivismo de Hippolyte Taine, remetido a *Philosophia da Arte*.[40] O texto de Taine o apoia na certeza "da influência do meio social", ou seja, de que há "condições precisas e leis fixas que presidem á produção das obras de arte", o que tornava imprescindível formar a "temperatura moral" ou "urbanicultura", base para a produção artística, também base segura para "a grande arte de construir cidades, o urbanismo". A justaposição de noções deterministas, próprias dos que, como Taine, consideravam o procedimento do historiador o mesmo adotado pela ciência natural, à imagem poé-

---

39 MELLO, Luiz de Anhaia. Ainda o Problema Psychologico. *Op. cit.*, p.12-20.
40 Na apresentação desse livro Taine insere a obra de arte em três círculos: o primeiro seria o conjunto da obra do artista; o segundo o conjunto de artistas da mesma época e do mesmo país; por último, o conjunto mais vasto do mundo – o estágio dos costumes e do espírito que seria o mesmo para o público como para os artistas. Enfim, para se compreender uma obra de arte, dever-se-ia considerar com exatidão o "estágio geral do espírito e dos costumes do tempo ao qual ela pertence. Lá se encontra a explicação final; lá reside a causa primitiva que determina o resto". In TAINE, Hippolyte. (1865). *Philosophie de l'art*. Paris: Fayard, 1985, cap. I, 1, p.11-15.

tica do urbanismo percorre as propostas de Anhaia Mello. É nítida em sua proposta a matriz de uma das vertentes do pensamento romântico e conservador. Ele prevê inclusive uma comissão de Estética destinada à censura arquitetônica acoplada à preocupação de crescimento controlado e delimitado do espaço urbano, na projeção de uma tranquila cidade-jardim, o que não o impedia de tratar de assuntos eminentemente técnicos, como questões administrativas e legais, problemas de circulação viária, de zoneamento, do calçamento, da expropriação e uso do solo, impostos, transporte coletivo, planos regionais. Imagem poética da boa cidade na qual opinam e convivem especialistas e cidadãos comuns, entre os quais ganham relevo os homens pragmáticos, os que efetivamente assumem o ônus de propor e financiar estudos e intervenções de grande monta, tal como ocorrera com o Plano de Chicago, "tarefa hercúlea de transformar a velha cidade em xadrez, símbolo típico da falta de alma", a partir da iniciativa do Merchant's Club e do Commercial Club.[41]

De modo semelhante, na década de 1910, Freire costurava em palestras e relatórios técnicos ideias aparentemente opostas. Defensor da "simetria do tempo", a "simetria artística" que "resulta do equilíbrio das massas, das proporções", colocava-a em oposição à "simetria geométrica, seca, em torno de um ponto, de uma linha". Além disso, faria em momentos diversos o elogio da preservação do núcleo central das cidades por configurarem o espaço "onde se sublima a vida coletiva". A partir desse ponto de vista considerava "o nosso centro um agregado irregular ou 'pitoresco'", "onde as ruas" seguiam, "como nas cidades da Europa, a fantasia do construtor e não este implacável cordel do alinhador". Para preservar a matriz histórica da cidade sem prejudicar os necessários planos de expansão da cidade e a abertura de rede viária eficiente, propunha um esquema que reproduzia a imagem da roda: "o cubo corresponde ao centro da cidade, os raios representam as grandes vias de penetração; as cambotas, ou elementos do aro da roda, não são senão a expressão ideológica das ruas de acesso dos diferentes bairros as vias de penetração".[42] Proposta assumida e desenvolvida por Ulhôa Cintra e Prestes Maia nos anos 1920.

A concepção romântica da preservação das camadas da história da cidade pelo respeito ao seu traçado e edificações antigas não o impediu de propor no *Boletim do Instituto de Engenharia* de 1918 soluções eminentemente técnicas frente à constatação da ineficiência das leis.[43] Cito a introdução aos comentários sobre a reforma

---

41 MELLO, Luiz de Anhaia. Ainda o Problema Psychologico. *Op. cit.*, p.19-20.
42 FREIRE, Victor da Silva. Melhoramentos de S. Paulo. *Op. cit.*, p.100.
43 Os casos aqui recortados estão no longo arrazoado de Freire em que comenta o projeto de refor-

das Posturas Municipais para construções e das leis do serviço Sanitário do Estado e dois casos exemplares do item denominado "vida cara". O primeiro diz respeito à parcela da população pouco interessada e disposta a viver em um "ambiente sadio e decente" que poderia "constituir ameaça para os vizinhos, para a comunidade e para a civilização", os moradores de cortiços e demais habitações inadequadas. A solução que propõe não revela preocupação com a "urbanicultura"; aponta para a dimensão considerada a mais eficiente, a de fazer de cada casa o abrigo da "família normal" e "célula de uma nacionalidade sã e robusta" – tornar o homem um proprietário. Encontra a frase que define sua posição em um especialista dos Estados Unidos:

> Quando um homem pode vir a ser dono do teto sob que se abriga e aos seus, fica sob a ação do melhor dos incentivos para tornar-se econômico e previdente, para interessar-se pelos seus deveres de cidadão, para intervir beneficamente no governo da terra em que fixou residência. A democracia não foi pregada para paises habitados por moradores de cortiços, nem poderá manter-se n'um meio d'essa ordem".[44]

O segundo diz também respeito aos cortiços, agora em relação "aos reclamos da higiene". Para solucionar o problema propõe, ao invés de leis até então insuficientes para erradicá-lo, reduzir os lotes, principalmente na profundidade de modo a tornar impossível a construção de habitações do tipo cortiço, comuns nos terrenos estreitos, mas de grande profundidade. Seu embate na época centrava-se no lema, a meu ver benthamita, "O rendimento máximo em espaço". A partir dessa noção polemizou com os higienistas e suas prescrições para a casa saudável para a população que vivia em condições precárias. Não só considerou-as exageradas e incompatíveis com o salário do trabalhador como demonstrou as várias possibilidades de oferta de moradias econômicas aos trabalhadores pela inserção de conjuntos de casas em lotes compondo vilas e mesmo bairros ao apresentar exemplos bem sucedidos em diversos países, como Inglaterra, Holanda, Bélgica, Estados Unidos.[45]

Prestes Maia não adotaria procedimento diverso. As 356 páginas de seu "estudo sumario e despretensioso de repartição" encontram-se repletas de apreciações acer-

---

ma de Posturas municipais para construções e as reformas das leis do Serviço Sanitário do Estado. FREIRE, Victor da Silva. *Códigos Sanitários e Posturas Municipaes sobre Habitações* (Alturas e Espaços). *Op. cit.*, p.229-355.

44 Robert Forrest apud FREIRE, Victor da Silva. *Códigos Sanitários e Posturas Municipaes sobre Habitações* (Alturas e Espaços). *Op. cit.*, p.234.

45 FREIRE, Victor da Silva. *Códigos Sanitários e Posturas Municipaes sobre Habitações* (Alturas e Espaços). *Op. cit.*, p.229-254, 293.

ca de intervenções em outras cidades e, como Freire e Anhaia Mello, as referências teóricas a profissionais de diversas nacionalidades estabelecem um diálogo teórico e técnico de evidente erudição. Procedimento que encontramos no já citado plano do início do século, o *Plan of Chicago* de Burnham e Bennett,[46] procedimento usual e amplamente utilizado em textos de profissionais em intervenções urbanas do século XIX. Longas digressões sobre a formação de cidades e o modo como os problemas estavam sendo resolvidos cobrem páginas dos tratados de higiene urbana, como os do Dr. Jules Rochard.[47]

Para finalizar, creio persistir a questão entre ciência ou arte na definição do campo de atuação do urbanismo, já que Giulio Carlo Argan diz como palavras introdutórias ao texto "Urbanismo, espaço e ambiente", de 1969:

> A discussão sobre a essência do urbanismo, se é arte ou ciência, não tem sentido. Não tem sentido, porque a distinção e a oposição das categorias da arte e da ciência já não nos interessa. Pertence a um esquematismo cultural superado, não serve mais para esclarecer, mas apenas para confundir as ideias. O urbanismo é uma disciplina nova que pressupõe a superação desse esquematismo; para ser mais preciso, ele colocou-o e superou-o por conta própria, no próprio processo de formação.
>
> Sem dúvida, a nova disciplina formou-se, como sempre acontece, utilizando materiais da cultura precedente. Podemos dizer, portanto, que tem um componente científico, no sentido tradicional do termo porque efetua análises rigorosas sobre a condição demográfica, econômica, produtiva, sanitária, tecnológica dos agregados sociais e seus desenvolvimentos previsíveis; tem um componente político, porque influi sobre esses desenvolvimentos orientando-os em certas direções; tem um componente histórico, porque considera as situações sociais na dupla perspectiva do passado e do futuro; e tem, enfim, um componente estético, porque termina sempre na determinação de estruturas formais.[48]

Palavras que contrastam com as de Françoise Choay em texto de 1965:

---

46 No longo capítulo II, os autores passam em revista o planejamento nos tempos antigos e modernos, do mesmo modo que avaliam os parques de Londres, Paris e Viena ao propor o sistema de parques para Chicago no capítulo IV. BURNHAM, Daniel H; BENNETT, Edward H. *Op. cit.*
47 ROCHARD, Jules. *Traité d'Hygiène Sociale*. Paris: Adrien Dehahaye et Emile Lécrosnier Editeurs, 1888; e *Encyclopédie d'hygiène et de médecine publique*. Paris: Lecrosnier et Babé, 1891.
48 ARGAN, Guilio Carlo. (1983). *História da Arte como História da Cidade*. São Paulo: Martins Fontes, 1993, p.221-224.

Um contrassenso foi cometido, e continua a ser, sobre a natureza e a verdadeira dimensão do urbanismo. Apesar das pretensões dos teóricos, o planejamento das cidades não é o objeto de uma ciência rigorosa. Muito mais: a própria idéia de um urbanismo científico é um dos mitos da sociedade industrial.[49]

Referências

ARGAN, Giulio Carlo. (1983). *História da Arte como História da Cidade*. Trad. Pier Luigi Cabra. São Paulo: Martins Fontes, 1993.

BURNHAM, Daniel H; BENNETT, Edward H. *Plan of Chicago*. Prepared under the direction of the Commercial Club during the years MCMVI, MCMVII, and MCMVIII. Chicago: The Commercial Club, 1909. Republicado pela Princeton Architectural Press, New York, 1993.

CINTRA, João F. de Ulhôa. *Projecto de uma avenida circular constituindo perímetro de irradiação*. São Paulo: Boletim o Instituto de Engenharia, n.21, vol. 01-03, 1924.

CHOAY, Françoise. (1965). *O Urbanismo. Utopias e Realidade. Uma antologia*. Trad. Dafne Nascimento Rodrigues. São Paulo: Perspectiva, 1997.

FELDMAN, Sarah. *Planejamento e Zoneamento*. São Paulo, 1947-1972. São Paulo: EDUSP/FAPESP, 2005.

FICHER, Sylvia. *Os arquitetos da Poli*. Ensino e Profissão em São Paulo. São Paulo: EDUSP, 2005.

FREIRE, Victor da Silva. A cidade salubre. São Paulo: *Revista Politécnica* 8 (48), 10/11.1914.

FREIRE, Victor da Silva. Códigos Sanitários e Posturas Municipaes sobre Habitações (Alturas e Espaços). São Paulo: *Boletim do Instituto de Engenharia*, vol.I, nº 3, 02.1918.

FREIRE, Victor da Silva. Melhoramentos de S. Paulo. São Paulo: *Revista Politécnica* 6 (33), fev/mar.1911.

---

49 CHOAY, Françoise. *Op. cit.*, p.49.

HUBBARD, Theodora Kimball; HUBBARD, Henry Vicent. *Our cities, to-day and to-morrow; a survey of planning and zoning progress in the United States.* Cambridge: Harvard University Press, 1929.

LEMOS, Carlos. *Alvenaria Burguesa.* São Paulo: Nobel, 1985.

MAIA, Francisco Prestes. *Introdução ao Estudo de um Plano de Avenidas para a Cidade de São Paulo.* São Paulo – Cayeiras – Rio: Companhia Melhoramentos de São Paulo, 1930.

MELLO, Luiz de Anhaia. Ainda o Problema Psychologico. As associações Americanas de Urbanismo (Palestra realizada no Instituto de engenharia em 8.11.1928). In: Problemas de Urbanismo. Base para a Resolução do Problema Technico. *Boletim do Instituto de Engenharia de São Paulo.* São Paulo: Escolas Profissionais Salesianas, 1929.

MELLO, Luiz de Anhaia. O Problema Psychologico. Base de uma campanha pratica e efficiente em prol de São Paulo maior e melhor (Palestra realizada no Rotary Club de são Paulo em 21.9.1928). In *Problemas de Urbanismo.* Base para a Resolução do Problema Technico. Publicação do Boletim do Instituto de Engenharia de São Paulo. São Paulo: Escolas Profissionaes Salesianas, 1929.

MEYER, Regina. *Metrópole e Urbanismo* – São Paulo Anos 50. Tese (Doutorado em Arquitetura)-PPGAU-USP. São Paulo: FAU-USP, 1991.

ROCHARD, Jules. *Encyclopédie d'hygiène et de médecine publique.* Paris: Lecrosnier et Babé, 1891.

ROCHARD, Jules. *Traité d'Hygiène Sociale.* Paris: Adrien Delahaye et Emile Lécrosnier Editeurs, 1888.

SANT'ANNA, Denise Bernuzzi de. *Cidade das águas.* Usos de rios, córregos, bicas e chafarizes em São Paulo (1822-1901). São Paulo: Ed.Senac, 2007.

SCHORSKE, Carl (1961) *Viena Fin-de-siècle.* Política e Cultura. Trad. Denise Bottmann. São Paulo: Cia. das Letras, 1988.

SEMENZA, Marco. O que é Urbanismo? (Tradução de "Che cosa é l'urbanistica" publicado em *l'Ingegnere,* n. 6, 15.06.1938.). São Paulo: *Revista Politécnica,* nº 137, 1941, p.221-226.

SIMMEL, Georg (1903) Metrópole e vida mental. Trad. Sérgio Marques dos Reis. In O fenômeno urbano (Org. Otávio Guilherme Velho). Rio de Janeiro: Zahar, 1976.

TAINE, Hippolyte. (1865). *Philosophie de l'art.* Paris: Fayard, 1985.

IMAGENS DE SÃO PAULO:*
estética e cidadania

As cidades trazem em si camadas superpostas de resíduos materiais: elementos da arquitetura, recorte das ruas ou monumentos. Poucas vezes mantidos em sua integridade, sobrevivem na forma de fragmentos, resíduos de outros tempos, suportes materiais da memória, marcas do passado inscritas no presente. Configuram, em sua singularidade, uma marca, uma imagem da cidade. Essas camadas de resíduos materiais convivem com outras, também compostas por camadas sucessivas, contudo menos perceptíveis ao olhar, embora não menos importantes para a elaboração de uma identidade. Trata-se das memórias diversas, esquecidas ou rejeitadas, confusas ou fragmentadas, avessas a se unirem a marcos materiais; memórias constitutivas do viver em cidades, ambiente da urbanidade. Configuram a *doxa* urbana, algo que, segundo a filósofa Anne Cauquelin, envolve uma cidade, tece uma opinião sobre ela, memória sem lugar e difusa, considerada pelos eruditos excrescência, monstruosidade informe, mas ativa no processo urbano, já que tudo nela está no presente.[1]

---

* Publicado em FERREIRA, Antonio Celso; LUCA, Tania de & IOKOI, Zilda. (Org.). *Percursos históricos e historiográficos de São Paulo*. São Paulo: Ed.UNESP/FAPESP/ANPUH-SP, 1999, p.11-45. Texto revisado pela autora.
1 CAUQUELIN, Anne. *Essai de philosophie urbaine*. Paris: PUF, 1982.

Aqui, a noção de tempo é primordial. Temporalidades diversas se sobrepõem, amalgamam-se na formação de um saber sobre a cidade. O tempo mensurável dos trajetos, dos obstáculos a serem superados, da distância entre casa e trabalho é o tempo privilegiado pelo urbanista. Esse tempo, em sua densidade de memória do passado, constitui para o especialista um estoque de modelos, de estilos, imagens diversas de onde retira o material para seu trabalho.

Há, entretanto, um outro tempo, cuja textura se compõe de transmissões de memórias, conjunto de recordações coletivas e pessoais, intimamente ligadas à escuta e à escrita, aos mores, a um dado monumento cuja referência exata foi perdida, uma substância menos racional, em suma. Tempo que constitui lugares, que torna os espaços vazios insuportáveis, uma ausência a subverter nossa concepção de urbano, lugar do pleno, do preenchido, por excelência. Tempo que, em suas dobras superpostas e simultâneas, guarda memórias assemelhadas à forma como transcorre nossa vida: fragmentariamente, com esquecimentos e lacunas, submetidos que somos a um acúmulo de opiniões cuja origem desconhecemos e que, no entanto, servem de suporte à vida social.

É esse vínculo que nos interessa perseguir. Vínculo que forma a identidade urbana e pelo qual os homens reconhecem sua natureza "política" (no antigo sentido de viver em conjunto). Vínculo que resiste, quase escapa à análise de tipo racional, e na forma de comunicação simbólica recorta na cidade lugares singulares, lugares dos habitantes, não coincidentes com as divisões geográficas ou administrativas, algo mais próximo da verossimilhança, aparentado, portanto, a uma lógica da opinião.[2]

Com essa *entrada* conceitual nas cidades, procuramos mostrar que a separação entre os que as pensam, as projetam e nelas intervêm e aqueles que a essas políticas se submetem há mais pontos de contato do que se poderia supor. Antigos preconceitos relativos à incapacidade de as pessoas comuns gerirem seus espaços desmantelam-se quando percebemos que os habitantes da cidade, estejam eles em qualquer dos lados dessa separação imaginada, partilham os mesmos princípios de um estoque de histórias, fábulas e lendas. Esse estoque de recordações amealhadas no próprio território urbano forma um sistema de rede simbólica muito sutil, no qual palavras, nomes e em geral ficções se vêm constantemente acionados para a apropriação dos lugares.

---

2   Cauquelin expõe as noções de "lugar do tempo" e de "as dobras do tempo" nos capítulos 1 e 2. CAUQUELIN, Anne. *Essai de philosophie urbaine*. Op. cit., p. 5-28.

A tentativa de captar essas pequenas memórias daqueles que vivem nos centros urbanos, no caso São Paulo, cidade palimpsesto, que foi três em um século,[3] nos conduz primeiro aos relatos dos memorialistas. Neles encontramos uma cidade recortada em tantos detalhes e pedaços de vida quantos forem necessários para a recomposição de uma memória. Uma segunda leitura nos conduz pelos caminhos complexos da constituição de uma imagem cultural, intelectualmente constituída, porém não menos mutável, também ela composta e recomposta sucessivamente sobre esse fundo comum de opiniões.

Comecemos a coleta de pequenas memórias com um relato de Alfredo Moreira Pinto, escrito em 1900.

> Para quem desembarca na estação do Norte, da Estrada de Ferro Central do Brazil, o aspecto da cidade não impressiona bem. Com effeito, o viajante depara logo com o Braz, arrabalde muito populoso, mas que não prima pelo asseio, nem pela belleza de seus predios particulares; depois passa por uma extensa varzea, muito maltratada, da qual avista a cidade em um alto com os fundos das casas voltados para o viajante.[4]

Figura 1 – Cercadura da Nova Carta da Província de São Paulo feita por Jules Martin na década de 1870. Imagem feita de um ponto de vista que apresenta a cidade voltada para seu centro, cercada pela várzea do Carmo já em parte ajardinada no governo de João Theodoro (1870-1875).
Fonte: TOLEDO, Benedito Lima de. *São Paulo: três cidades em um século*. Op. cit., p.46.

---

3 Uso essa expressão a partir da proposta de Benedito Lima de TOLEDO. *São Paulo: três cidades em um século*. 2ª ed. São Paulo: Duas cidades, 1983.
4 PINTO, Alfredo Moreira. *A cidade de São Paulo em 1900*. (Coleção Paulística vol. XVI.) ed. fac-similar. São Paulo: Governo do Estado de São Paulo, 1979. p.24.

Figura 2 – o Mercado Municipal era conhecido popularmente como Mercado dos Caipiras e, após a reforma e ampliação no final do século XIX, também chamado de Mercado Grande ou Mercado da 25 de Março (Guilherme Gaensly, c. 1898.
Fonte: José Alfredo Vidigal. *São Paulo de Piratininga*: de pouso de tropas a metrópole.
O Estado de S.Paulo/Ed.Terceiro Nome, 2003, p.144.
Todas as fotos são do Centro de Documentação e Informação de *O Estado de S.Paulo*.

Com essas palavras, o memorialista registra suas primeiras impressões ao voltar para São Paulo depois de trinta anos de ausência. Essa primeira imagem apresenta uma cidade dobrada sobre si mesma; as casas das encostas com as fachadas voltadas para o perímetro do triângulo, tal como visualizamos mentalmente a acrópole, ou as cidades muradas medievais – fechada, avessa aos forasteiros, defensiva.

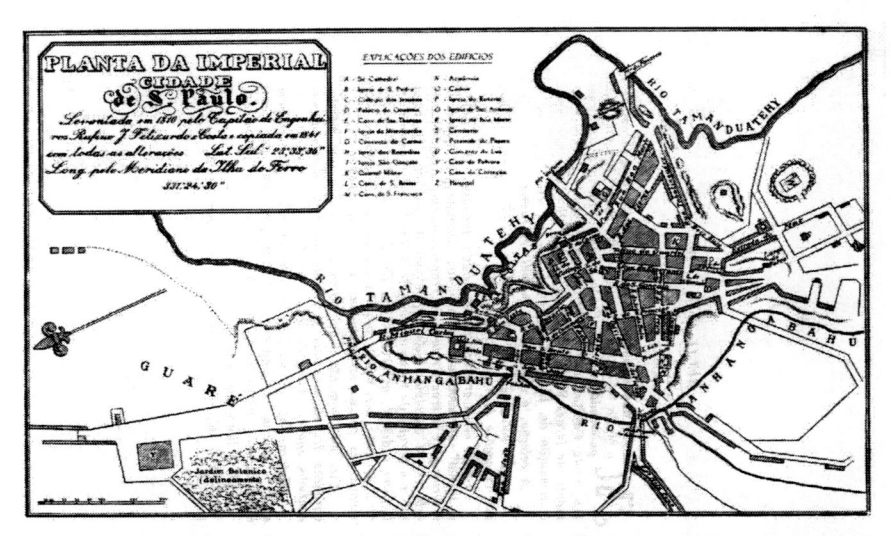

Figura 3 – Primeira planta da Imperial Cidade de S. Paulo, pelo Capitão de Engenheiros Rufino J. Felizardo e Costa (1810) e copiada em 1841 (legendas e descrição das ruas pelo Autor). *Revista do Instituto Histórico e Geográfico de S. Paulo*, v. XVI, 1911. Fonte: MOURA, P. C. de. *São Paulo de outrora* (Evocações da metrópole). Belo Horizonte: Itatiaia; São Paulo: EDUSP, 1980, p.16.

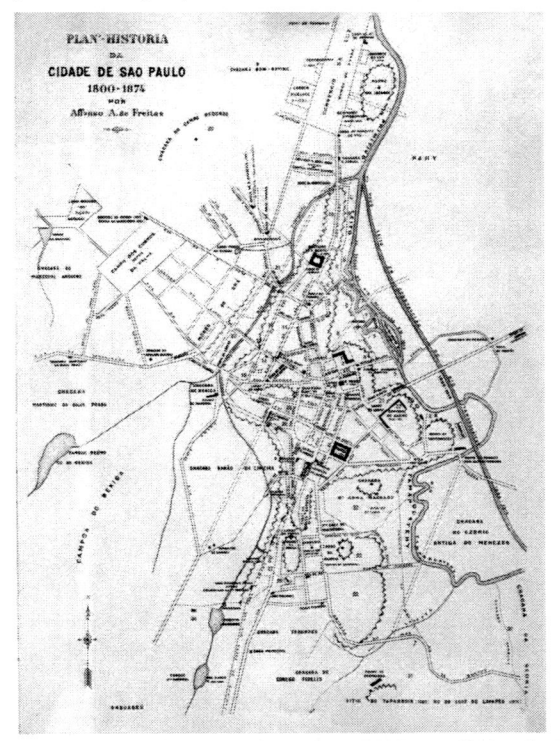

Figura 4: Plan-História da cidade de São Paulo. 1800-1874. Por Affonso de Freitas. Fonte: TOLEDO, Benedito Lima de. *São Paulo: três cidades em um século*, op. cit., p. 59

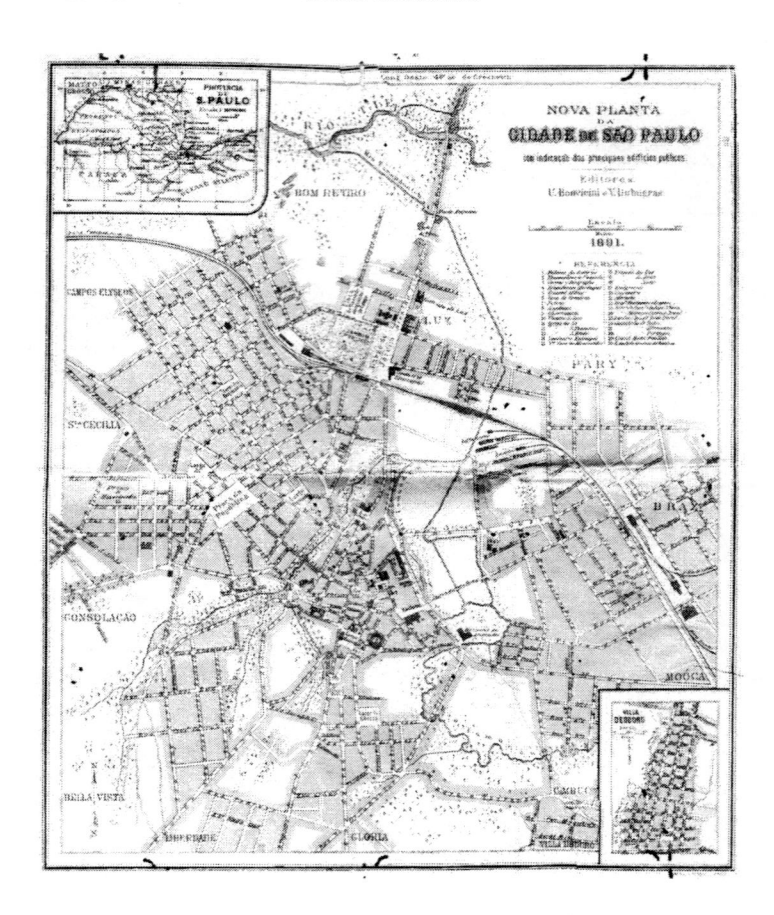

Figura 5 – Mapa da cidade de São Paulo com indicação dos principais edifícios públicos, 1891. Editores U. Bonvicini e V. Dubugras. Nele se estão as novas áreas urbanizadas em torno do centro velho. Fonte: Album di São Paulo. São Paulo, Pasqualino Coloniale, 1922. TOLEDO, Benedito Lima de. *Prestes Maia e as origens do urbanismo moderno em São Paulo*. São Paulo: Empresa das Artes, 1996, p.32

Os bairros do Brás, Moóca e Pari são, nas páginas iniciais do livro, rememorados em seus tempos de estudante na Faculdade de Direito, como "insignificantes povoados com algumas casas de sapé, que a medo erguiam-se no meio de espessos mattagaes". Quando menciona a "extensa varzea, muito maltratada", refere-se à Várzea do Carmo, terrenos adjacentes ao rio Tamanduateí, área que relembra ter sido, três décadas antes, "o logar escolhido para caçadas de cabritos". Os limites entre o urbano e o rural, antes claramente definidos, são agora menos nítidos em suas anotações. Os confins da cidade, populosos mas pouco integrados ao núcleo inicial, como se a cidade resistisse a essa expansão, ignorasse-a.

Prossegue em seu caminho, e o antigo estudante diz ter atravessado "uma ponte que ha sobre o Tamanduatehy e penetra(do) na rua Florencio de Abreu, que liga o bairro da Luz ao centro da cidade". Aí novamente suas observações mantêm o tom de desagrado: "na cidade velha ha a maior desegualdade nas edificações e nos arruamentos. As casas são umas altas e outras baixas, não obedecendo a um plano esthetico, as ruas sinuosas, estreitas e quasi todas em ladeira, os largos muito estreitos e irregulares".

Contudo, suas observações se contradizem: as ruas de suas lembranças, "sem calçamento, illuminadas pela luz baça e amortecida de uns lampiões de azeite, suspensos a postes de madeira", contrastam com as que encontra agora pavimentadas, iluminadas a gás e eletricidade, avenidas e alamedas largas e extensas alongando-se por "lindissimos bairros com ricos palacetes". É uma outra cidade que nesse momento se revela, não mais fechada, defensiva e acanhada. Suas palavras alteram o tom ao elaborarem essa *outra* imagem. Ela como que se desprende, desdobra a antiga, porém com outras características. Nega a primeira na referência aos "*boulevards*, praças e largos vastos e arborizados" percorridos pelo autor; se expande nas anotações dos principais edifícios, instituições culturais e sociedades benemerentes; revela-se inteira em sua alteridade na listagem de bancos, hotéis, indústrias e casas de moradia particular. Moreira Pinto adiciona a essa longa listagem os jornais diários, os estabelecimentos de ensino, cemitérios, mercados e o matadouro, o hipódromo, o teatro, os monumentos. Completa seu percurso pela cidade, nomeia as ferrovias que proporcionam ligação com o interior do Estado e com a capital do país: Central do Brasil, Inglesa (Jundiaí), Sorocabana, Cantareira e Santo Amaro. Parece ter se deixado encantar pelas modificações que a haviam apresentado "completamente transformada", "agigantada e opulenta", quando Moreira Pinto contradiz sua avaliação estética inicial e afirma que "o aspecto da cidade não é feio".

Esta atenuante à aparência geral da área antiga do centro de São Paulo busca seu sentido não só na paisagem sensivelmente modificada, mas se apoia na *relação estética entre movimento e crescimento*. Pontua suas anotações o espanto perante os numerosos transeuntes e a atividade variada que observa. "Sente-se nella a vida e a animação das grandes cidades européas", diz, e passa a deter o olhar sobre a área central de forma mais detalhada. Registra então que "a rua Quinze de Novembro, a de S. Bento, a Direita ou Marechal Floriano e o largo do Rosario recommendam-se pela sumptuosidade de seus predios, pela febril circulação de milhares de indivíduos e pela infinidade de importantes casas commerciais de que dispoem". Não deixa de anotar que "todas ellas são atravessadas por numerosos *bonds*, que transportam passageiros aos bairros mais próximos e mais afastados, percorridos por faustosos trens particulares, por muitos carros de aluguel e por centenares de outros vehiculos, que occupam-se em varios misteres".

Completa o percurso comentando que "da rua Direita parte um bello viaducto (do Chá) até á rua Barão de ltapetininga, com 240 metros de extensão e largura de 14 metros, percorrido por *bonds* e oferecendo dos dous lados esplendidos panoramas".[5] Aliás, a imagem do viaduto do Chá é presença constante nas fotos do centro da cidade: primeiro como ponto de observação do panorama das chácaras do vale do Anhangabaú, mais tarde, equilibrando em suas extremidades, o Teatro Municipal e o Palacete Prates. Cursino de Moura diz dele que "personifica a grandeza da Paulicéia onipotente". Neste autor, a imagem do progresso mescla-se com a imagem romântica da "alma do viaduto que gostosamente cultuamos. São Paulo, sem o Viaduto que o caracteriza, envolto pela garoa, nas noites de frio, com os lampiões esvoaçantes de névoa, não seria o São Paulo das velhas tradições, o São Paulo-estudante dos tempos atrás, o São Paulo--"*yankee*" dos tempos modernos e o São Paulo-boêmio de todos os tempos", comenta.[6] Viaduto de ferro com sapatas de alvenaria, obra de Jules Martin, também idealizador da Galeria de Cristal, entre a 15 de Novembro e a Rua da Boa Vista, cedo demolida.

Assim, a *primeira imagem* do núcleo acanhado se fixa no passado como história ainda apreensível nos traços materiais do centro antigo, e contrasta com a nova imagem que se fixa visualmente como o resultado da ação do homem, do seu poder criador-transformador. Diferentemente de outras cidades, Rio de Janeiro, um caso exemplar, nada se diz a respeito da paisagem natural; a topografia somente é mencionada ao se falar das dificuldades em unir as partes ilhadas da expansão urbana dispersa. A névoa e a garoa pouco dizem se inexistir um liame com um outro tempo, embaçando os lampiões de outrora e as lembranças do cronista. Também no tempo presente do relato, a natureza – no caso as chácaras das encostas do rio Anhangabaú – só se torna objeto de deleite visual a partir de um ponto de vista que privilegia primordialmente a condição de belvedere do viaduto. Assim, quando essa *segunda imagem* de São Paulo se desenha, ela é referida à operosidade dos seus habitantes, expressa materialmente na abertura de novos bairros e na superação de um obstáculo, a difícil travessia do vale. Esboça-se uma fórmula para se falar de São Paulo: nela, os números, dados e dimen-

---

5   PINTO, Alfredo Moreira. *A cidade de São Paulo em 1900. Op. cit.*, p. 23-29.
6   MOURA, Paulo Cursino de. (1932). *São Paulo de Outrora* (Evocações da metrópole). Belo Horizonte: Itatiaia, São Paulo: EDUSP, 1980, p.126 e 131.

sões apoiam a elaboração da potência dos homens paulistas. *São Paulo, antes de tudo sublime pela condição de artefato, negação, domesticação da natureza.*

Figura 6 – Vista do velho Viaduto do Chá (1844-1896) de Jules Martin.
Em frente, o que restou da antiga plantação do chá; ao fundo o Teatro Politeana; mais ao longe, o Mercado São José construído entre 1886-1890. Fonte: Departamento do Patrimônio Histórico, foto n. 1032. Arquivo Municipal de São Paulo

Figura 7 – O Teatro São José e o novo Teatro Municipal. Fonte: Foto Guilherme Gaensly. TOLEDO, Benedito Lima de. *São Paulo*: três cidades em um século. *Op. cit.*, p.138.

Figura 8 – Parque do Anhangabaú, vendo-se o teatro municipal e o Hotel Esplanada. Fonte: TOLEDO, Benedito Lima de. *São Paulo*: três cidades em um século. p.164.

Para além das dimensões agigantadas, Moreira Pinto nota, entretanto, uma modificação fundamental nos seus 250 mil habitantes: a população havia se alterado em seus elementos constitutivos. A cidade rememorada – casas com janelas de rótulas e moças cobertas com mantilhas em demanda das igrejas – mudara também seus hábitos e linguajar; as levas de imigrantes europeus haviam feito desaparecer a coloração paulistana dos seus habitantes, mesclando-a à de pessoas de origem diversa. Contudo, a preponderância de imigrantes vindos da Itália leva Moreira Pinto a registrar essa diferença em dois tempos com os tons de um impacto: "Era então S. Paulo uma cidade puramente paulista, hoje é uma cidade italiana!!".[7]

A frase, que atualmente se tornou lugar comum para os leitores dos cronistas do início do século XX, traduz, entretanto, em termos visuais, aquilo que a estatística corrobora numericamente. Só para o período de 1872 a 1886, Richard Morse indica um aumento da população imigrante de 8 para 25%.[8] Estes números ganham expressividade se detalhados: são 137.367 italianos entre os 168.127 imigrantes no quinquênio 1885-1889, 210.910 para 42.816 espanhóis e 30.752 portugueses no período de 1890 a 1894.[9] Morse afirma ainda terem as modificações relacionadas ao crescimento numérico e à diversidade nacional da população produzido uma espécie de "desintegração social", uma negação da herança luso-africana e adesão aos hábitos aqui aportados junto com as levas de imigrantes, hábitos e costumes europeus.[10] Na avaliação de Morse pode-se entrever a adesão aos comentários da época, sempre ciosos na elaboração de uma representação ambígua do imigrante, entre força de trabalho necessária e intrusão descaracterizadora de costumes originais.

Novamente é Moreira Pinto quem registra, na maneira de vestir, as modificações trazidas pelos europeus: "Naquelles tempos usavas calças de brim, *paletot* sacco e chapéo de palha; hoje envergas casaca, usas collarinho a Luiz XIV, gravata de setim branco, botinas de verniz e tens á cabeça um vistoso *castor* ou debaixo do braço, o aristocratico *claque*.[11] São Paulo crescia e modificava-se de maneira a inverter a imagem sombria da provinciana vila do século XIX, mas também perdia suas características anteriores; esboça-se uma primeira identidade.

Contudo, se quisermos fixar uma data precisa para essa modificação ela se torna controvertida, pois, bem antes da virada do século, outros cronistas já se referiam

---

7 PINTO, Alfredo Moreira. *A cidade de São Paulo em 1900.* Op. cit., p.9.
8 MORSE, Richard. *Formação histórica de São Paulo.* São Paulo: Difel, 1970, p.239.
9 PENTEADO, Jacob. *Belenzinho, 1910.* Retrato de uma época. São Paulo: Martins, 1962, p.43.
10 O tema da desintegração social ou perda da identidade da população paulista e agrária foi retomado por SEVCENKO, Nicolau. *Orfeu extático na metrópole:* São Paulo, sociedade e cultura nos frementes anos 20. São Paulo: Cia. das Letras: 1992, p.31.
11 PINTO, Alfredo Moreira. *A cidade de São Paulo em 1900.* Op. cit., p.9.

a alterações notáveis. Ernani Silva Bruno relata que, em 1882, Junius havia descrito em suas notas de viagem, o deslocamento de pessoas "em grandes ondas nas ruas, nas praças, nos arrabaldes, nos jardins, em toda parte, dando visivelmente maior animação ao comércio, mais vida à cidade, e fazendo circular mais dinheiro".[12] Datação confirmada ao serem acrescentadas as lembranças de mais um memorialista, Rodrigo Otávio, que entre 1883 e 1886 anotara o desaparecimento do antigo burgo das ruidosas tradições acadêmicas. Esse registro volta a ressaltar uma mesma dimensão, a do crescimento e da diversidade, ou seja, "o progresso, com todas as exigências e preconceitos da civilização, havia insensivelmente invadido a velha capital jesuítica e eliminado, de suas ruas e bairros, aspectos e perspectivas tão caros ao espírito e à saudade de tantas gerações estudiosas".[13]

A constatação carregada de emotividade e o tom pessimista perante as modificações arroladas, como que sugerem a perda da pureza dessa entidade feminina, a cidade de São Paulo. A representação da cidade invadida como que anuncia a suposta perda de sua identidade original, uma espécie de corrupção ou contágio, externo e estranho a ela, a modificá-la esteticamente, dela subtrai seus traços peculiares, a dota com contornos arquitetônicos e urbanísticos padronizados, insere-a enfim no movimento em direção às exigências do "progresso" e "preconceitos da civilização".

Muitas modificações justificavam-se pela premência em abrir novas áreas para a urbanização. A ocupação espontânea se fazia indesejada, assemelhava-se ao caos. Os recém-chegados ocupavam espaços, formavam núcleos de comunidade linguística. Agora, os habitantes mais antigos e autoridades sentiam-se obrigados a voltar os olhos para a extensa planície além-Tamanduateí.

---

12 BRUNO, Ernani Silva. (1938). *História e Tradições da cidade de São Paulo.* Vol. III. São Paulo: Hucitec/Prefeitura do Município de São Paulo, 1984, p.904.
13 OCTAVIO, Rodrigo. *Minhas memórias dos outros.* Rio de Janeiro: J. Olympio, 1934, p.57-59. Apud BRUNO, Ernani Silva. *Op. cit.* p.908.

Da cidade e do urbano 451

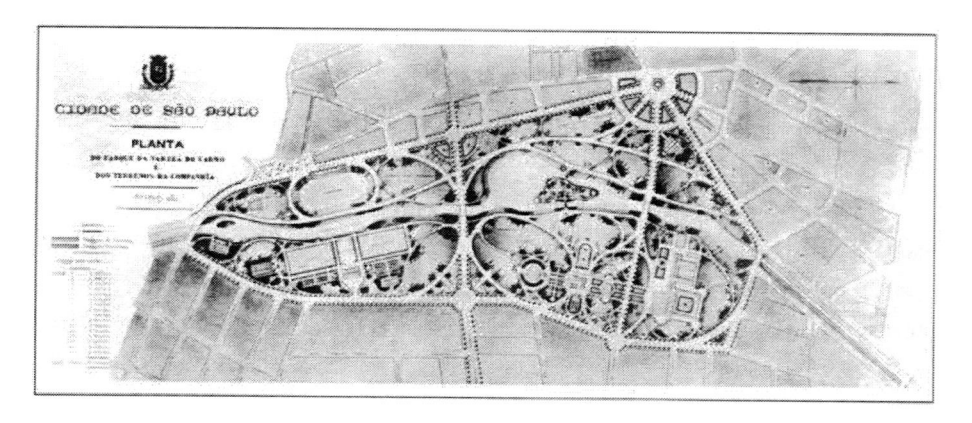

Figura 9 – Projeto Bouvard para o Parque D. Pedro II.
Fonte: TOLEDO, Benedito Lima de. *São Paulo*: três cidades em um século. *Op. cit.*, p.110.

A controvérsia em torno da datação das mudanças radicais ganha mais cores se escutarmos a opinião de outro cronista, Almeida Nogueira, que sentencia em suas anotações de 1870: "O príncipe perfeito, sua alteza sereníssima o estudante, ia ser deposto pelo caixeiro-viajante. Caíam as rótulas, as mantilhas, arruavam-se o campo do Chá, o Bexiga, o Zunega; entravam no alinhamento o Brás, a Moóca, a Ponte Grande. A Penha perdia o encanto, uma vez servida pelas locomotivas, pelo bonde e pelo gás corrente".[14] O traçado geográfico desenhado nas palavras do cronista ultrapassava a antiga área do "triângulo central", esse acréscimo acanhado ao ponto inicial de povoamento, a colina histórica, onde permaneciam ainda os vestígios da reconstituição da capela e colégio dos jesuítas.[15] O alinhamento dava configuração urbana às áreas adjacentes antes ocupadas por chácaras ou por edificações irregulares. Outro cronista relembra os bairros industriais da cidade: Luz e Bom Retiro, os mais antigos, Brás e Moóca, de formação recente. Três deles separados do núcleo histórico pelos trilhos da ferrovia, como se sua existência apartada estivesse neles implicada. "Continham toda a indústria paulista", informa Jorge Americano e detalha a produção:

> tecidos de juta para sacaria, e tecidos de algodãozinho; serrarias e fábricas de móveis; refinações de açúcar; torrações de café; fábricas de botões de ossos, fábricas de telhas, olaria e cerâmica; louças

---

14 NOGUEIRA, Almeida. *A Academia de São Paulo*: tradições e reminiscências, estudantes, estudantões, estudantadas. Vol. VIII. São Paulo: Academia de São Paulo, 1907-1912, p.12. Apud BRUNO, Ernani da Silva. *Op. cit.*, p.907.

15 AMERICANO, Jorge. *São Paulo naquele tempo*, 1895-1915. São Paulo: Saraiva, 1957, faz uma detalhada descrição do perímetro da cidade por volta da virada do século, p.99-101.

de mesa chamadas de "pó de pedra". Indústrias rudimentares, de couros, e mais algumas coisas. Seriam trinta ou quarenta chaminés, de fumaça negra de coque da Inglaterra, conclui, já que "ainda não havia eletricidade em S. Paulo".[16]

Os traços se alargam e grandes áreas agregam-se ao núcleo urbano. As rótulas das janelas banidas das casas por determinação legal e as mantilhas guardadas nos baús de velharias estabelecem uma correlação significativa entre expansão e mudança de costumes. Conferem densidade temporal específica a esse "lugar", a cidade de São Paulo.

Figura 10 – Departamento do Patrimônio Histórico, foto n. 686. Pormenor do Parque D. Pedro
Fonte: TOLEDO, Benedito Lima de. *Prestes Maia e as origens do urbanismo em São Paulo*. São Paulo, SP: Empresa das Artes, 1996, p.99.

É significativa a inserção na década de 1910 do Palácio das Indústrias na área ajardinada que receberá em 1922 a atual denominação de parque D. Pedro II. Constitui uma espécie de área de transição entre o centro antigo, lugar das transações financeiras por excelência, e o bairro das fábricas e moradias operárias; a construção de estilo bizarro servia de vitrine para a produção paulista na 1ª Exposição Industrial em 1917.

---

16 AMERICANO, Jorge. *São Paulo naquele tempo*. Op. cit., p.104-5.

Figura 11 – Parque D. Pedro II e Palácio das Indústrias.
Fonte: Departamento do Patrimônio Histórico, foto 688. Arquivo Histórico de São Paulo

A imagem da área urbanizada abre-se, desdobra-se e pode ser também referida às autoridades municipais, preocupadas com o crescimento desordenado, com a escassez de equipamentos coletivos urbanos, traçados de ruas a serem corrigidos, habitações coletivas, os indesejáveis cortiços. Logo no início do governo republicano, mais precisamente em 1893, uma comissão, na qual predominam médicos, avalia a situação da cidade, invadida por levas de imigrantes europeus e migrantes de outras regiões do Estado e do país, e localiza nesses maus lugares possíveis focos de doenças infecto-contagiosas. O par pobreza-doença, já bem conhecido dos centros urbanos europeus que se industrializavam no século XIX, parece, na opinião das autoridades públicas, comprometer aqui um possível crescimento ordenado. A característica de cidade em formação num país novo permitia ainda evitar os amontoamentos característicos dos centros de antiga formação, se fossem tomadas as precauções adequadas.[17]

---

17 *Relatório do ano de 1893* apresentado a Câmara Municipal de São Paulo pelo Intendente Municipal Cesário Ramalho da Silva, 1893. São Paulo: Typ. a Vapor de Espíndola, Siqueira & Comp., 1984. Este Relatório mereceu mais recentemente publicação do manuscrito original e fichas ano-

A proposta de desamontoar a população oferecendo-lhe condições de moradia mais dignas corre paralelamente aos cuidados que a cidade começa a merecer de médicos e engenheiros sanitaristas. Segundo Janice Theodoro da Silva,[18] já na década de 1880 São Paulo ocupava a atenção dos engenheiros – profissionais que nela começam a intervir –, consolidando na virada do século uma articulação de longa duração, o vínculo estreito entre autoridades governamentais e a Escola Politécnica. Em seu relatório sobre as condições de vida das famílias dos trabalhadores, a comissão municipal afirmava a necessidade de definir diretrizes para o crescimento da área urbanizada: preencher os vazios deixados por uma ocupação que até então privilegiara as regiões altas e não alcançava as margens suburbanas da cidade. Previsão de arruamentos, extensão dos equipamentos urbanos, canalização de rios e córregos, drenagem do solo.[19]

Pode-se, entretanto, visualizar, já em 1900, a expansão ordenada da cidade no correr das anotações de Alfredo Moreira Pinto. Sua referência aos quatro pontos cardeais detém-se mais nos "lindíssimos bairros com lindos palacetes, avenidas e alamedas largas e extensas", áreas distantes na direção das "avenidas e alamedas, como a Paulista, a Glette, a Nothman, dos Bambus, do Triumpho e Barão de Piracicaba", embora não esqueça "a Tiradentes e a Rangel Pestana, esta última no Braz". O encantamento, contudo, volta-se decisivamente para os lados das praças e largos arborizados, "como a da Republica, com a Escola Normal, o de Paysandú, o dos Guayanazes e o do Arouche"; para ruas, "umas largas e planas, outras estreitas e ladeiradas, todas caprichosamente calçadas, como a Barão de Itapetininga", com acesso propiciado pelo viaduto do Chá, e outras próximas.[20] Impossível deixar de anotar o contraste: na apreciação da São Paulo 1900, há duas partes distintas: a "cidade velha" e a nova. Na primeira, o visitante demonstra ter um padrão a orientar seu olhar, quando afirma que edificações e arruamentos não obedecem a "um plano esthetico". Significativamente, a apreciação visual positiva detém-se na área de urbanização recente, mostrando o cronista como que fascinado pelos *boulevards* e as extensas e largas avenidas, tão distintas das ruas sinuosas, estreitas e quase todas em ladeira, do

---

tadas pela equipe, e artigos relacionados à questões tratadas no Relatório: CORDEIRO, Simone Lucena (Org.) *Os cortiços de Santa Ifigênia*: sanitarismo e urbanização (1893). Arquivo Público do Estado de São Paulo/Imprensa Oficial, 2010;

18 SILVA, Janice Theodoro da. *São Paulo, 1554-1880*: discurso ideológico e organização espacial. São Paulo: Moderna, 1984.
19 Relatório do ano de 1893, *Op. cit.*
20 PINTO, Alfredo Moreira. *A cidade de São Paulo em 1900. Op. cit.*, p.25.

núcleo central. *Aliam-se para formular essa concepção estética o saber sanitarista e a imagem idealizada do progresso.*

Figura 12 – Bairro de Higienópolis, carta postal Malussardi. Fonte: TOLEDO, Benedito Lima de. *Prestes Maia e as origens do urbanismo em São Paulo. Op. cit.*, p.48.

Alguns elementos em suas anotações estabelecem, entretanto, o necessário liame a aproximar as partes, a antiga e a nova, no tempo do presente: iluminação a gás e a eletricidade, o abastecimento de água pela companhia que a trazia desde a serra da Cantareira, o serviço de esgoto, todos componentes dos modernos equipamentos coletivos urbanos. E, mais esclarecedora ainda, é a menção ao movimento; o antigo "triângulo" abrigando uma vida animada; suas ruas delimitadoras, a Quinze de Novembro, a São Bento e a Direita, bem como seu núcleo, o Largo do Rosário, recomendavam-se "pela sumptuosidade de seus predios, pela febril circulação de milhares de individuos e pela infinidade de importantes casas commerciaes de que dispoem". O movimento de bondes, carros e outros veículos são outros tantos índices da mudança observada. Decididamente, o cronista compõe uma opinião sobre a cidade, traça em palavras o sentimento dos contrastes que evidenciam e conferem significado ao impacto da mudança: "S. Paulo, quem te viu e quem te vê!".[21]

---

21 PINTO, Alfredo Moreira. *A cidade de São Paulo em 1900. Op. cit.*, p.24-25,9.

Formadas no contraste entre as fragmentárias lembranças do passado e o crescimento e mudança rápidos no presente, opiniões de origem diversa fixam uma *primeira marca identificadora* da cidade no início do século XX: *a marca da alteridade*. Amplia-se uma opinião de senso comum para expressar essa alteridade. Ela recobre a imagem do burgo de contornos coloniais, acanhado, a mover-se numa letargia provinciana, apenas suspensa pelo alarido das vozes dos estudantes de Direito do Largo de São Francisco, o passado, e contrasta com a da cidade que, no presente, se desdobra, modificada pelo ritmo rápido do crescimento expresso em vários registros. Contudo, a nova cidade guarda em seu centro irregular a marca material de um outro tempo: envolta pela premência do ritmo rápido, seu espaço é inadequado, incapaz de dar respostas a demandas com outras características. A controvérsia sobre a datação perde força, pois pouco importa se o marco cronológico fixa os anos da década de 1880 ou a virada do século como momento inaugural.[22] O registro do contraste entre o novo e o velho, o impacto da velocidade a imprimir um ritmo que lhe vem de fora, e a certeza da *invasão* se impõem entre as imagens da cidade como o do momento em que ela se deixou levar pela voracidade dos tempos modernos: centro distribuidor de café, a instalação de indústrias, o batalhão do trabalho formado por imigrantes europeus, novas línguas, novos hábitos. São Paulo participava do circuito internacional, entrava na história, em suma.

Duas marcas permanentes se inscrevem, portanto, nas representações dessa cidade e lhe confere uma identidade. Na opinião dos que nela vivem e dos que a ela se referem forma-se uma representação paradoxal na identificação de São Paulo: ela não se caracteriza pela nacionalidade, dela também desaparecem as marcas culturais e materiais acumuladas durante os três séculos anteriores. Proveniente de diferentes lugares do mundo e do próprio país, os forasteiros são responsáveis, tal como ainda hoje, pelo espantoso crescimento demográfico nos últimos anos do século XIX e nas décadas iniciais do século XX. São linguajares diversos a colorir os textos de época com a desconcertante imagem de Babel; são artesãos italianos, em estreita colaboração com os profissionais brasileiros formados em escolas de engenharia dos centros universitários europeus, os que irão pôr abaixo a cidade de taipa, e sobre seus escombros construir a cidade de alvenaria.[23] Esses profissionais confirmam a *segunda*

---

22 Para um estudo inovador sobre as imagens e representações de São Paulo no século XIX, sombra e luz, letargia e movimento, remeto a MONTOIA, Ana Edite Ribeiro. Cidade e politica: São Paulo no século XIX. Dissertação (Mestrado em História). Campinas: IFCH-Unicamp, 1990.

23 Como referência a esta mudança no padrão arquitetônico e técnicas construtivas, remeto para

imagem identificatória de São Paulo, a da "descaracterização imposta pelos empréstimos europeus".[24] Duas imagens convergem sobre a cidade – a dos imigrantes e a da estética neoclássica – e a identificam exatamente pela perda da identidade original, pela sua alteridade. *"São Paulo è stata fatta dagli italiani"*, enfatizam Debenedetti e Salmoni na década de 1950.[25]

Figura 13 – Edifício Martinelli. Perspectiva do projeto.
Fonte: TOLEDO, Benedito Lima de. *São Paulo: três cidades em um século. Op. cit.*, p.109

LEMOS, Carlos. *Alvenaria burguesa*. São Paulo: Nobel, 1985; e para o livro pioneiro de DEBENEDETTI, Emma. & SALMONI, Anita. *Architettura italiana a San Paolo*. São Paulo: Instituto Ítalo-Brasileiro, 1953.

24 A alegação dos "empréstimos europeus" dado, engenheiros e chefes de obra terem muitos nacionalidade estrangeira ou terem se formado no exterior, formará uma interpretação persistente que ganharia nos trabalhos acadêmicos a interpretação de serem "importações, empréstimos, transferências" e outros sinônimos.

25 DEBENEDETTI, Emma. & SALMONI, Anita. *Architettura italiana a San Paolo. Op. cit.*, p.11.

Sem dúvida, o estilo neoclássico ou eclético, marca preponderante dos projetos do engenheiro Ramos de Azevedo, começam a se implantar, ainda por solicitação dos governos provinciais, nos últimos anos do Império. O prédio da Secretaria da Fazenda, no Largo do Palácio (hoje rebatizado Pátio do Colégio), apesar de inaugurado em 1891, fora encomendado ao engenheiro dez anos antes e concluído em 1886. Em interpretação oposta à da importação, transferência de modelos europeus, um simples ato mimético, proponho que nessa década final do século XIX e até quase meados do século XX, definia-se *um padrão arquitetônico* cujas características deveriam expressar pujança e estabilidade.[26] "Severidade, elegância de estilo, e robustez", foram as qualidades observadas pelo viajante francês Gaffré, que considerou estarem as secretarias de Estado de São Paulo "instaladas em palácios cujo bom gosto e proporções eram dignos das mais nobres cidades da Europa".[27]

Entretanto, esse estilo e os diversos prédios públicos, que pontuam a área central, partes antiga e nova, se confundem na "imagem da dinâmica do progresso" amalgamado à do trabalho. Assim, os imigrantes, os novos moradores, se viram e foram vistos como dínamos humanos a impulsionar os antigos habitantes na direção do crescimento, idealizado no projeto utópico da concepção moderna e universal de cidade. Os sinais da contemporaneidade não se esgotam no padrão arquitetônico; estendem-se através da preocupação com o traçado das ruas e as boas condições higiênicas das unidades formadoras da cidade, as moradias. Foi esse contexto maior da preocupação com a salubridade da área urbanizada do município que moveu engenheiros e agentes sanitários a constituir a já mencionada Comissão de Inspeção Higiênica, encarregada em 1893 de examinar as condições físicas das habitações coletivas do bairro de Santa Ifigênia. Em seu relatório, a comissão amplia o âmbito de atuação das autoridades municipais; propõe um plano regulador para urbanizar partes ainda desocupadas dos bairros centrais e, principalmente, fazer avançar o traçado da ocupação urbana para os bairros periféricos. Um conjunto de intervenções configura a estratégia sanitária: eliminar focos de doença e de comportamentos inadequados na área central, higienizar as moradias operárias, padronizar os

---

26 Pretensão semelhante ocorreu em vários países europeus e nos Estados Unidos no decorrer do século XIX e a pretensão à monumentalidade impositiva da arquitetura neo-clássica e eclética na Inglaterra vitoriana foi analisada por TAYLOR, Nicolas. The awful sublimity of the Victorian City. In DYOS, H.J.; WOLFF, Michael (Org.) *The Victorian City. Images and Realities*. Londres: Routledge & Kegan Paul Ltd, 1973, 2 vols., vol 2, p. 431-448.

27 Citado por LOUREIRO, Maria Amélia Salgado. *A evolução da casa paulistana e a arquitetura de Ramos de Azevedo*. São Paulo: Voz do Oeste, 1981, p.54.

"kiosques" a fim de assegurar um padrão mínimo aos alimentos ali comercializados, calçar ruas, eliminar a sujeira do pó e da lama, e o mau costume dos moradores de desfazer-se do lixo doméstico atirando-o nas vias públicas.

Os preceitos do sanitarisrno perduram nas primeiras décadas do século XX e orientam o olhar crítico dos técnicos em suas intervenções. Referindo-se ao aspecto higiênico, fundamental para os "melhoramentos de São Paulo", o engenheiro Victor Freire procura, em 1914,[28] não deixar dúvidas quanto aos benefícios da "influência que a luz e o ar assumem na salubridade das aglomerações humanas". Em sua opinião, assegurar o bom fluxo do ar e dos raios solares constituía a técnica profilática mais eficaz no combate à tuberculose e à febre tifoide, entre outras doenças contagiosas. Seu alvo principal consistia na "arquitetura da habitação numa cidade onde", diz, "a pressão do imigrante habituado à moradia individual em seu país de origem, alimenta ingenuamente a ganância de construtores irresponsáveis".[29]

Em sua proposta de intervenção no tecido urbano, a ideia-mestra consistia em prever as necessidades criadas pela "constante e rápida evolução do movimento social", e assim, antecipar-se aos problemas. "Antecipação" é, em 1911, a palavra de ordem de Victor Freire em *Melhoramentos de São Paulo*. Contudo, não deixavam de merecer também sua atenção as praças subordinadas ainda, segundo ele, aos poucos exigentes padrões coloniais. Mesmo em relação às ruas, embora reconheça termos conseguido evitar a "implantação geométrica... regular, fatal das cidades americanas em geral!", não deixa de propor um plano para, mantendo-se a implantação vigente da cidade, assegurar o fluxo fácil do trânsito. Sua concepção baseia-se nos resultados obtidos em Nova York por uma comissão de estudiosos. Em termos gráficos, a proposta assume a forma de "uma roda de carro", na qual "o cubo corresponde ao centro da cidade, os raios... às grandes vias de penetração no centro; as cambotas, ou elementos do aro da roda... a expressão ideologica das ruas de acesso dos diferentes bairros ás vias de penetração". Uma proposta na qual se inscreve entre a obediência aos caminhos naturais sugeridos, ou mesmo exigidos pela topografia acidentada e a expansão controlada pela concepção radio-concêntrica.[30]

---

28 FREIRE, Victor da Silva. A cidade salubre. São Paulo: *Revista Politécnica* 8 (48), out./nov.1914, p. 319-354.
29 Uma política mais definida em seus pressupostos só acontece com o I Congresso de Habitação de 1931. Sobre o tema, ver: CARPINTÉRO, Marisa Varanda T. *A Construção de um Sonho. Os engenheiros-arquitetos e a formulação da política habitacional no Brasil*. Campinas: Ed. Unicamp, 1997.
30 FREIRE, Victor da Silva. Melhoramentos de S. Paulo. São Paulo: *Revista Politécnica* 6 (33), fev/mar.1911, p.95-97.

Assim, até o engenheiro Victor Freire, defensor consciente da preservação dos elementos antigos na cidade em renovação, reconhece, no texto de 1911, a necessidade de projetar um plano de expansão da área urbanizada segundo os padrões modernos, das largas avenidas. Sua preocupação em não descaracterizar a cidade refere-se à parte antiga; cujos estratos superpostos recontam uma história. Trata-se para ele de preservar a antiga concepção de cidade, montada peça por peça pelos moradores como uma obra artística, única e inigualável; de assegurar a "mais esplendida 'symetria', a symetria do tempo". Na leitura da cidade, suas palavras ressoam e traduzem a concepção estética do pitoresco:

> Não parece estarmos assistindo á formação de S. Paulo com a casaria irregular alastrando-se em torno da capella do Collégio, a posterior fundação da Cadêa, toda a tão nossa conhecida historia que segue, e colloca a vida em comum e official de nossos dias em um triangulo que tem seus vertices nos conventos de S. Bento, do Carmo, de S. Francisco?[31]

Esse cuidado com as referências históricas da cidade relaciona-se à preservação de edificações e monumentos, recortes das vias, elementos que se comportam como *topoi*, lugares delimitados no espaço-tempo, ícones de localização geográfica para os habitantes e pessoas de passagem. É preciso deixar claro que não se trata do elogio da permanência de um padrão de vida ultrapassado. Como professor de engenharia da Escola Politécnica e diretor do Departamento de Viação e Obras Públicas da Prefeitura Municipal, Freire defende a não-eliminação dos suportes materiais da memória coletiva, marcas do passado no presente.

Escuta-se, assim, uma nota visivelmente dissonante entre as possibilidades inscritas no futuro traçado de São Paulo. Poder-se-ia identificar, com Choay[32], uma concepção conservadora, romântica, e daí de recorte nacional, em oposição a outra, progressista e internacionalista, que seria, segundo Freire, descaracterizadora. Contudo, a posição de Freire, que celebra "nosso centro" como "aggregado irregular ou 'pittoresco'... onde as ruas seguiram... a fantasia do constructor e não o implacavel cordel do alinhador", se de certa maneira explicita a discordância em relação ao modelo parisiense de Haussmann, é porque mantém vínculo teórico

---

31 FREIRE, Victor da Silva. Melhoramentos de S. Paulo. *Op. cit.*, p.99.
32 Para localizar essas posições em torno ao urbanismo nascente do final do século XIX, ver CHOAY, Françoise. (1965) *Urbanismo*: realidades e utopias. São Paulo: Perspectiva, 1976.

com Camillo Sitte, arquiteto austríaco, crítico das reformas de Viena.[33] Victor Freire aliava-se às opiniões contrárias à posição prevalecente, para a qual modernizar, reformar ou embelezar uma cidade implicava impor-lhe a grelha "rectangular de Nova-York", como comenta em tom crítico. Ou seja, mesmo a opção por uma diretriz urbanística que asseguraria a preservação do traçado original do núcleo central, em plenos anos de negação da herança colonial, respalda-se também ela em uma teoria que postulava uma concepção de cidade que correu mundo e teve notoriamente alcance internacional. É importante sublinhar neste ponto que as opiniões técnicas divergentes de avaliação e intervenção urbanas configuram, certamente, diferentes posições teóricas, e mais, confirmam a participação dos engenheiros de São Paulo no debate urbanístico contemporâneo.

Em outras palavras, até quando se defendia a tradição, não se fugia a um debate mais amplo, que considerava a urbanização moderna, assim como a industrialização, um problema mundial. Nada que confirme as referências – frequentes nas histórias do urbanismo – às "ideias fora do lugar", referências em que se procede ao recorte, obtuso a meu ver, de rotular a prática arquitetônica e urbanística entre nós como importação inadequada ou transferência empobrecida de ideias e projetos idealizados em solo europeu para uma "realidade" outra. Tal como se fosse necessário compartilhar a crença na "nacionalidade" das formas de pensar, na exigência ingênua de ideias puras, "originais", autóctones, porque enraizadas em solo pátrio. Rótulo estranho a esse domínio acadêmico, mas que aí facilmente ganhou adeptos da explicação fácil e adotada em todos os domínios das ciências humanas. Em suma, o que indicamos em nosso estudo em nada se assemelha à aceitação de um mimetismo aborígine tacanho. Parte-se simplesmente do reconhecimento de que, no campo do urbanismo, e estreitamente vinculado às possíveis opções políticas, colocava-se ao dispor dos interessados, como um fundo comum do conhecimento e prática de intervenção nas cidades, um leque de concepções universalizantes.

Entretanto, é preciso que se sublinhe o liame entre as opiniões da época e sua presença em eco na historiografia, e não só nela, dessa marca que instalou nas cabeças pensantes, ou nas meramente repetidoras, a teoria das "ideias fora do lugar", de tão ampla aceitação entre nós, e que orgulhosamente exportamos, para regozijo dos estudiosos estrangeiros que antecipadamente nos colocam o rótulo de "colonizados", como interpretação de "nossa história", esta sim genuinamente nacional.

---

33 Remeto a SCHORSKE, Carl. E. (1961). *Viena fin-de-siècle*. Política e Cultura. Trad. Denise Bottmann. São Paulo: Campinas: Ed.Unicamp; São Paulo: Companhia das Letras, 1988.

Esse alerta tem sua razão de ser para o tema analisado. É necessário lembrar, e recorro a Bronislaw Baczko, que "uma das funções dos imaginários sociais consiste na organização e domínio do tempo coletivo no plano simbólico".[34] Eles têm sua eficácia não só nos trabalhos acadêmicos, mas na orientação de práticas. Essa fixação de duas imagens imobilizadas de São Paulo como que cristalizou uma história em dois tempos, dissociados tanto em termos numéricos como esteticamente: o das origens e o da "europeização" descaracterizadora, embora necessária. Opinião endossada por autores preocupados em desfazer enganos sobre a "origem" do neoclássico paulista: nenhum vínculo com a França, mas de origem italiana, trazido na bagagem dos engenheiros e mestres de obras peninsulares, já numa segunda fase do neoclassicismo, em sucessão ao alemão, aqui aportado primeiro na década de 1860.[35]

Algo como se, diante de problemas "específicos", "nossos" urbanistas não tivessem conseguido pensar uma "solução nacional", demostrando, dessa maneira, sua incapacidade de pensar autonomamente "nossa" singularidade. Imagem cuja força estética explicativa, em sua oposição binária – a cidade de taipa e a cidade de alvenaria –, aprisiona como uma armadilha nossa imaginação, impedindo ao raciocínio a busca de outro apoio. Sua força projeta no futuro uma determinada representação do passado, representação ativa da vida coletiva, e mais, da prática política. Baczko sugere que, por meio dela, uma "coletividade designa sua identidade no mesmo movimento em que elabora uma representação de si".[36] Representação identitária que assinala os lugares sociais, exprime e impõe certas crenças comuns e determinados modelos – de operosidade no caso – marca um território. Anne Cauquelin, não adepta da noção de imaginário coletivo, alerta contudo para a necessidade de se levar em conta memórias esparsas e comportamentos como substância ativa do viver em cidades.[37]

Continuemos nosso percurso no sentido de apreender o campo das representações coletivas, das memórias esparsas ou *doxa* urbana, essa opinião mutante, com suas fronteiras móveis, instáveis. Agora são os *costumes* que se modificam com as levas de estrangeiros, substituindo ou agregando novos hábitos de trabalho, alimentares, de leituras, modificando comportamentos, o gosto, enfim.

---

34 BACZKO, Bronisław. *Les imaginaires sociaux. Mémoires et espoirs collectifs.* Paris: Payot, 1984, p.35.
35 DEBENEDETTI, Emma. & SALMONI, Anita. *Architettura italiana a San Paolo.* Op,.cit.
36 BACZKO, Bronisław. *Les imaginaires sociaux. Op. cit.*, p.32-33.
37 CAUQUELIN, Anne. *Essai de philosophie urbaine. Op. cit.*, p. 27-31.

Entre as lembranças de cançonetas cantadas em agremiações musicais, às vezes mesmo nas ruas, servindo as calçadas de pista de dança, estão as cadeiras trazidas para as portas nos fins de tarde e nas noites de verão, hábitos de sociabilidade pouco difundidos entre os paulistanos de antanho, sublinham. Geraldo Sesso rememora com saudades o tempo em que se podia sem susto manter-se horas a fio nas calçadas conversando com vizinhos, estreitando amizades. Contrasta essa reminiscência de um tempo de ordem com o momento da escrita de suas lembranças, quando diz ser "'temeridade' o cidadão sair de sua casa, expondo-se a ser imediatamente atacado e assaltado por vagabundos e marginais".[38] Significativamente, Sesso tem como ponto de referência um tempo em que o Brás era italiano, um pouco espanhol, diverso do bairro de hoje. O contraste agora é elaborado de outra perspectiva, a do filho de imigrantes que se sente autorizado a afirmar:

> Infelizmente, para todos os paulistanos, e em especial para aqueles que um dia lá habitaram... o velho bairro do Brás já não é o mesmo! Tudo ali está modificado; no lugar das antigas cantinas, existem novas casas de pasto, especializadas em petiscos, comidas e bebidas típicas do Norte. As "brajolas" foram substituídas por carne de sol, as sopas de grão de bico por 'mungunzá', as suculentas macarronadas por feijão com farinha de inhame...[39]

Em suas recordações, o caráter ordeiro dos bairros de imigrantes só era suspenso por epidemias de tifo (1913) e de gripe (1918), ou pela carestia dos alimentos, em parte ocasionada, em sua opinião, pela guerra mundial de 1914, seguida da greve geral de 8 de junho de 1917. As serenatas cedem em certos momentos o espaço para os comícios liderados pelos anarquistas, Edgard Leuenroth e José Inegues Martins; a multidão de grevistas carregando faixas do Comité de Defesa Proletária e a polícia, avisada com antecedência, "carregando" sobre os manifestantes. Violência previsível na lógica do confronto capital-trabalho, tão diversa da outra, atual, também registrada pelo cronista. Hoje em dia, nas esquinas, diz ele, não mais encontramos os grupos de rapazes reunindo-se para os bailes, mas "meninas-mulheres que, quando não assaltam os transeuntes, convidam-nos para fazer amor...".[40]

As fronteiras das representações se deslocam para traçar um outro marco cronológico, um antes e um depois, composto pelas imagens opostas do imigrante tra-

---
38 SESSO Jr., Geraldo. *Retalhos da velha São Paulo*. São Paulo: OESP-Maltese, 1986, p.119.
39 SESSO Jr., Geraldo. *Retalhos da velha São Paulo. Op. cit.*, p.119.
40 SESSO Jr., Geraldo. *Retalhos da velha São Paulo. Op. cit.*, p.135 e 161.

balhador e cônscio de seus direitos e a do migrante nordestino, a pobreza de hábitos sociais e alimentares a eles atribuída, traduzindo uma precária consciência cívica. Procede-se à inversão do sinal positivo do tempo em que os imigrantes europeus haviam introduzido plantas frutíferas, como maçãs, marmelos, pêssegos, amoras, videiras, alterando os hábitos alimentares tradicionais dos paulistas, à base de feijão acompanhado de angu e carne seca.[41] A pobreza do repertório alimentar traduz o acanhado horizonte cultural do habitante primeiro das terras de Piratininga, seus costumes pouco sofisticados, rudes até, herança de outro tempo, ilhado agora como reminiscência significativa, revivido pelos novos rudes nordestinos, também eles forasteiros, como os imigrantes europeus do início do século, mas diferentes daqueles, pois remanescentes de um tempo de atraso, mesclando novamente tempos diferentes num mesmo tempo.

As imagens de São Paulo se acumulam, enriquecendo o imaginário de uma cidade que se confunde com o Estado, recorte regional de um país do qual se fixa na opinião corrente como centro propulsor. Um outro fio textual pode ser puxado, refazendo agora a história a partir de imagens cruzadas: a da potência da riqueza com a do pioneirismo desbravador bandeirante.

"São Paulo é um Estado admiravel! A iniciativa do seu povo é um facto que assombra. A rapidez do seu progresso ainda não encontrou parallelo no seio das nações civilizadas do mundo, com excepção, apenas, dos Estados Unidos da America do Norte". Esta avaliação altamente positiva faz parte do desagravo a São Paulo, escrito pelo autor que diz ser francês e se autodenomina Antoine Renard (Antonio Raposo [Tavares]), no momento em que o Estado sofria a derrota na revolução constitucionalista de 1932. Inconformado com o que considera a humilhante intervenção federal, ele propõe escrever uma homenagem reclamada por sua consciência. Dizendo ter chegado a São Paulo em 1926, afirma ter se maravilhado "deante da magestade e do tamanho da sua capital", Ao elogio segue-se a explicação: "Realmente, esta cidade, marulhenta de vida e semeada de arranha-céos, verdadeiro escrinio de bellezas architectonicas e esculpturaes, encanta e deslumbra, pelo seu conjunto artístico e sumptuoso, a todos que a contemplam". Oferece em nota os números confirmadores dessa grandeza, recurso seguidamente utilizado nas mais de duzentas páginas de seu livro *S. Paulo É Isto!*[42]

---

41 SESSO Jr., Geraldo. *Retalhos da velha São Paulo*. Op. cit., p.49.
42 RENARD, Antoine. *S. Paulo É Isto! A riqueza economica de S. Paulo. A alma civica paulista. A epopea das bandeiras*. São Paulo: jan. 1933.

Contudo, mais significativa é a ilustração da capa, onde a figura de um bandeirante segura nas costas, à guisa de agasalho, o mapa do Brasil, bem traçada a linha do Tratado de Tordesilhas delimitando o território conquistado pelos paulistas. A seus pés, o navio e o porto, o recorte das fábricas e suas chaminés, o trem e as plantações de café; uma epígrafe retirada de Oliveira Martins afirma em lugar de destaque: "De S. Paulo poude sahir a raça que fez o Brasil".

Figura 14 – Capa do livro de Antoine Renard. *São Paulo, É Isto*. janeiro, 1933.

As características do "povo paulista", enfatizadas na expressão, "de uma potência constructora fóra do commum", são celebradas com os números insofismáveis de seu crescimento demográfico e econômico: instalações fabris, áreas de cultivo agrícola, ferrovias e o porto de Santos, entre outros empreendimentos relacionados. Números intercalados por representações estéticas compõem argumentos de grande apelo emotivo. Constituem imagens nas quais a estatística se mescla à poética do crescimento vertiginoso; paisagens pouco referidas à beleza natural, vinculadas sempre ao poder transformador do homem:

> Observada á noite, do alto de qualquer de suas interessantes collinas, a capital paulista dá-nos a idéa de um immenso amphitheatro, immerso num vasto oceano de luzes, cuja belleza ainda tem, a realçar-lhe o conjuncto, a bizarria dos innumeros annuncios luminosos, projectados dos cimos dos seus arranha-céos. Observada de dia, das mesmas alturas, as chaminés das suas innurneras fabricas, a confundirem os seus espessos pennachos de fumo com as nuvens que passam, lembram-nos Manchester, o maior parque industrial europeu.[43]

Renard não esgota nos feitos materiais sua apologia das características da população paulista. Exalta seu espírito empreendedor sim, mas também seu civismo; homens e mulheres que não recuaram perante os acontecimentos revolucionários de julho de 1932; confirmando "descenderem de uma raça de gigantes". Quando, "desfraldada a bandeira paulista da Revolução de Julho", diz ainda Renard, "o povo de S. Paulo ergue-se em massa, como se uma forte móla de aço o impulsionasse com um único arranco...".[44] Forma-se em suas palavras uma *imagem do civismo*, atribuído ao paulista, uma cidadania que não se confunde com a mera obediência às leis, mas é ela mesma instauradora de regras.

A mescla de números, atos heróicos e atitudes patrióticas une crescimento e civismo, moldando o presente e o futuro, soldados entretanto por um perfil caracterológico forjado em antigas batalhas. É na última parte, dedicada a narrar "a epopéa das bandeiras paulistas", que o autor procura não deixar dúvidas sobre os "feitos heroicos dos bandeirantes paulistas, a cujas audaciosas arremettidas pelas solidões desconhecidas da America do Sul deve o Brasil quasi dois terços de seu immenso territorio". Não só em extensão fora o ganho, pois as bandeiras haviam sido "sementeira fecunda de onde surgiram, exhuberantes e fortes, as mais bellas flor ações da nacionalidade brasileira".[45] Inúmeras atividades sedentárias haviam se fixado no território percorrido, assegurando sua conquista.

A imagem poderosa do bandeirante consegue estabelecer em solo seguro, porque envolto nas brumas da epopeia lendária, o lugar da identidade desfeita por um momento pela chegada do imigrante europeu. Com ela se estabelece um fio de con-

---

43 RENARD, Antoine. *S. Paulo É Isto! Op. cit.*, p.15.
44 RENARD, Antoine. *S. Paulo É Isto! Op. cit.*, p.104.
45 RENARD, Antoine. *S. Paulo É Isto! Op. cit.*, p.134.

tinuidade desde os tempos mais remotos, uma espécie de mito fundador, não de São Paulo, mas da própria nação brasileira. Nessa imagem, paulistas natos e recém--chegados fundem-se na figura ímpar do desbravador. Trata-se do esforço coletivo em que "moços e velhos, brancos e pretos, ricos e pobres, patrões e empregados, mestres e discípulos, medicos, engenheiros e moços da lavoura, numa fraternização tocante, empunham os fuzis".[46]

O "estoicismo inenarrável" de pais e mães dando vivas a São Paulo em meio à dor da perda dos filhos nas frentes de batalha confirma as características de *"heroísmo, bravura e abnegação"* da população. Imagem elaborada no desagravo do paulista protegido pelo disfarce do nome e pretensa nacionalidade francesa, desagravo à cidade ocupada pelas forças federais. Essa imagem é, entretanto, reiterada pelo saber acadêmico de Oliveira Vianna, em *Populações meridionais do Brasil* e outros escritos. Imagem talvez mais poderosa, com certeza mais duradoura, pois apresentada como saber erudito, fruto de pesquisas e reflexões; mais convincente ainda, pois o estudioso da sociedade brasileira diz não se prender às explicações dos "nossos historiadores", que, ao descreverem o movimento das bandeiras, esquecem as "causas intimas", deixando-se "seduzir por seus traços épicos". Recorre a documentos ao mencionar um dos descendentes desses bandeirantes, Frei Gaspar, que fala dos "intrépidos moradores de S. Vicente, nos quais, ou por força do fado, ou por desgraça da sua capitania e ventura das outras, sempre foi predominante a paixão de conquistar". Oliveira Vianna prossegue afirmando ser insuficiente ater-se apenas à "causa aparente e imediata desse movimento, ou seja, a atração magnética exercida pela legenda da Serra das Esmeraldas", aceitando-a como explicação da gênese da paixão pela conquista. Afinal, argumenta, homens de outras regiões tiveram também conhecimento dessas histórias sedutoras. As raízes do impulso ao movimento, ele as encontra no que postula ser a *tríade* determinante do comportamento dos homens: o meio (físico, econômico e social), a história e o momento. Nesse sentido, considera que, reforçadas agora as investidas anteriores das entradas sertanistas na caça ao índio, pela experiência adquirida pelo bandeirante e pela contribuição do braço do trabalhador escravo, a empresa desbravadora se consolida como "fragmento do latifúndio".[47]

Os argumentos de Vianna estendem-se no relato do translado de famílias e componentes técnicos dos latifúndios, formando com eles a estrutura duradoura da grande empresa agrícola. Para nosso tema, porém, interessa reter a importância que

---

46 RENARD, Antoine. *S. Paulo É Isto! Op. cit.*, p.104.
47 OLIVEIRA VIANNA, Francisco José de. (1920). Dispersão dos paulistas. Cap. V. In: *Populações meridionais do Brasil*. São Paulo: Paz e Terra, 1973, p.83-85.

confere à formação de chefes: "esses grandes potentados territoriais trazem nas veias uma forte herança de bravura, de intrepidez, são todos personalidades fortemente vincadas", afirma, e fecha seu argumento de maneira peremptória: "Os primitivos colonizadores lusos, de quem descendem, representam a porção mais eugênica da massa peninsular"; e explica esse caráter eugênico indo buscar sua certeza "em uma lei de antropologia social", atribuída a Lapouge em *Seléctions sociales*, na qual se garante que "só emigram os caracteres fortes, ricos de coragem, imaginação e vontade". Assim, aos cabedais soma-se a bravura; estes são por sua vez soldados pela dignidade, lealdade e probidade de seus ancestrais, os nobres das estirpes dos Egas Moniz e D. João de Castro.[48]

Chega-se na sequência à questão do caráter desses chefes paulistas, cujos modos aristocráticos são recuperados por Vianna através da *Nobiliarquia paulistana*,[49] de Pedro Taques. A riqueza, o luxo, o espírito culto fazia das casas de alguns desses homens o centro de reunião de todo o escol de São Paulo. A biblioteca, as cem camas sempre postas, a mesa farta e o cuidado com os hóspedes e seus trastes, bem como a arte de bem falar e escrever, são descritos pelo autor, que chega mesmo a dizer que, por tudo o que são, "esses aristocratas paulistas e pernambucanos mostram-se muito superiores à nobreza da própria metrópole".[50] Em suma, o que, no desagravo de Renard, tem o tom da defesa da grandeza econômica e do civismo paulista contra algo próximo da barbárie do restante do país, em Vianna, que aplaudirá em 1930 e 1937 o fim da República liberal, assume a dimensão do conhecimento acadêmico com declarada adoção de teorias científicas e métodos objetivos. O mito colorido com as cores da lenda se recobre com a chancela da verdade.

A avaliação da população de São Paulo fora, aliás, sintetizada em entrevista concedida pelo sociólogo ao jornal *O Estado de S. Paulo* em 17 de fevereiro de 1924: "Os velhos paulistas", sentencia, "foram sempre uma raça exhuberante e fertil, um typo moral e physicamente eugenicos. É este, precisamente, um dos traços que mais os distinguem dos outros grupos nacionaes. O affluxo moderno dos colonos europeus tenderá ainda mais essas aptidões eugenísticas da gente paulista".[51]

---

48 OLIVEIRA VIANNA, Francisco José de. (1920). Dispersão dos paulistas. Cap. V. In *Populações meridionais do Brasil*. São Paulo: Paz e Terra, 1973,
49 TAQUES, Pedro. *Nobiliarquia paulistana*. 5ª ed. Belo Horizonte: Itatiaia; /São Paulo: EDUSP, 1980.
50 OLIVEIRA VIANA, Francisco José de. (1920). Formação do tipo rural. Cap. I. In *Populações meridionais do Brasil. Op. cit.*, p.30-32.
51 OLIVEIRA VIANA, Francisco José de. Entrevista. *O Estado de S. Paulo* em 17 de fevereiro de 1924

A identidade perdida e as mudanças descaracterizadoras, ambas resultantes da "invasão europeia", se desfazem, dando lugar à imagem apaziguada da fusão de dois braços na empreitada do trabalho e do progresso. Imagem mítica reconfirmada no dia-a-dia da cidade que não parou de crescer. Duas imagens tão fortes, que como mitos fundadores marcam ainda nosso imaginário e dão aos habitantes da Babel uma identidade simbólica tecida na ação e na materialidade dela resultante, fincada em monumentos como a barca que fronteia o Parque Ibirapuera, ou o *kitsch* Borba Gato da confluência da Santo Amaro com Adolfo Pinheiro.

Ou, em nota dissonante entre tanta convergência, as palavras de Mário de Andrade em "Paulicéia desvairada":[52]

> Mas... olhai, oh meus olhos saudosos dos ontens
> Esse espetáculo encantado da Avenida!
> Revivei, oh gaúchos Paulistas ancestremente!
> ...
> Guardate! Aos aplausos do esfusiante clown,
> Heróico sucessor da raça heril dos bandeirantes,
> Passa galhardo um filho de imigrante,
> Louramente domando um automóvel!

Ou ainda no verso XXII de "Losango cáqui":[53]

> A manhã roda macia a meu lado
> Entre arranha-céus de luz
> Construídos pelo milhor engenheiro da Terra.
>
> Como ele deixou longe as renascenças do snr. dr. Ramos de Azevedo!
> De que valem a Escola Normal o Théatre Municipal de l'Opéra
> E o sinuoso edifício dos Correios-e-Telégrafos
> Com aquele relógio-diadema made inexpressively?
>
> Na Paulicéia desvairada das minhas sensações
> O sol é o snr. engenheiro oficial.

Monumentos, prédios, traçados de ruas, costumes, atos de bravura, percursos, lutas e confrontos, tardes de domingo, trabalho na fábrica e na oficina de costura, são impressões-recordações, reminiscências que, entre outras, formam o amálgama de opiniões sobre São Paulo. Materialidade que atua como suporte visível da memória, mas também mitos e lendas, recordações, projeções utópicas, conformam

---

52 ANDRADE, Mário de. *Poesias completas*. Belo Horizonte: Itatiaia, São Paulo: EDUSP, 1987, p.92.
53 ANDRADE, Mário de. *Poesias completas. Op. cit.*, p.84.

memórias sem lugar, afetivas, também intelectuais e eruditas, que entre passado e futuro compõem uma imagem-identidade de São Paulo.

Referências

AMERICANO, Jorge. *São Paulo naquele tempo, 1895-1915*. São Paulo: Saraiva, 1957.

ANDRADE, Mário de. *Poesias completas*. Belo Horizonte: Itatiaia, São Paulo: EDUSP, 1987.

BACZKO, Bronisław. *Les imaginaires sociaux*. Mémoires et espoirs collectifs. Paris: Payot, 1984.

BRUNO, Ernani da Silva. (1938). *História e Tradições da cidade de São Paulo*. Vol. II. São Paulo: Hucitec/Prefeitura do Município de São Paulo, 1984.

CARPINTÉRO, Marisa Varanda T. *A Construção de um Sonho*. Os engenheiros-arquitetos e a formulação da política habitacional no Brasil. Campinas: Ed. Unicamp, 1997.

CAUQUELIN, Anne. *Essai de philosophie urbaine*. Paris: PUF, 1982.

CHOAY, Françoise. *Urbanismo*: realidades e utopias. São Paulo: Perspectiva, 1976.

DEBENEDETTI, Emma. & SALMONI, Anita. *Architettura italiana a San Paolo*. São Paulo: Instituto Ítalo-Brasileiro, 1953.

FREIRE, Victor da Silva. A cidade salubre. São Paulo: *Revista Politécnica* 8 (48), out./nov.1914.

FREIRE, Victor da Silva. Melhoramentos de S. Paulo. São Paulo: *Revista Politécnica* 6 (33), fev/mar.1911.

LEMOS, Carlos. *Alvenaria burguesa*. São Paulo: Nobel, 1985.

LOUREIRO, Maria Amélia Salgado. *A evolução da casa paulistana e a arquitetura de Ramos de Azevedo*. São Paulo: Voz do Oeste, 1981.

MONTOIA, Ana Edite Ribeiro. Cidade e politica: São Paulo no século XIX. Dissertação (Mestrado em História). Campinas: IFCH-Unicamp, 1990.

MORSE, Richard. *Formação histórica de São Paulo*. São Paulo: Difel, 1970.

MOURA, Paulo Cursino de. (1932). *São Paulo de Outrora* (Evocações da metrópole). Belo Horizonte: Itatiaia, São Paulo: EDUSP, 1980.

NOGUEIRA, Almeida. *A Academia de São Paulo*: tradições e reminiscências, estudantes, estudantões, estudantadas. Vol. VIII. São Paulo: Academia de São Paulo, 1907-1912.

OLIVEIRA VIANA, Francisco José de. (1920). Dispersão dos paulistas. Cap. V. In: *Populações meridionais do Brasil*. São Paulo: Paz e Terra, 1973.

OLIVEIRA VIANNA, Francisco José de. (1920). Formação do tipo rural. Cap.I. In: *Populações meridionais do Brasil*. São Paulo: Paz e Terra, 1973.

PENTEADO, Jacob. *Belenzinho, 1910* – Retrato de uma época. São Paulo: Martins, 1962.

PINTO, Alfredo Moreira. *A cidade de São Paulo em 1900*. (Coleção Paulística vol. XVI.) ed. fac-similar. São Paulo: Governo do Estado de São Paulo, 1979.

Relatório do ano de 1893 apresentado a Câmara Municipal de São Paulo pelo Intendente Municipal Cesário Ramalho da Silva, 1893. São Paulo: Typ. a Vapor de Espíndola, Siqueira & Comp., 1984.

RENARD, Antoine. *S. Paulo É Isto!* A riqueza economica de S. Paulo. A alma civica paulista. A epopea das bandeiras. São Paulo: jan. 1933.

SESSO Jr., Geraldo. Retalhos da velha São Paulo. São Paulo: OESP-Maltese, 1986.

SEVCENKO, Nicolau. *Orfeu extático na metrópole*: São Paulo, sociedade e cultura nos frementes anos 20. São Paulo: Cia. das Letras: 1992.

SCHORSKE, Carl. E. (1961). *Viena fin-de-siècle*. Política e Cultura. Trad. Denise Botmann. São Paulo: Campinas: Ed.Unicamp; São Paulo: Companhia das Letras, 1988.

SILVA, Janice Theodoro da. *São Paulo, 1554-1880*: discurso ideológico e organização espacial. São Paulo: Moderna, 1984.

TAQUES, Pedro. (Pedro Taques Leme de Almeida – 1714-1777; texto escrito a partir 1742 e publicada postumamente pelo IHGB). *Nobiliarquia paulistana*. 5ªed. Belo Horizonte: Itatiaia; São Paulo: EDUSP, 1980.

TOLEDO, Benedito Lima de. *Prestes Maia e as origens do urbanismo em São Paulo*. São Paulo, SP: Empresa das Artes, 1996. 297p

TOLEDO, Benedito Lima de. *São Paulo*: três cidades em um século. 2ª ed. aumentada. São Paulo: Duas cidades, 1983.

CIDADE E TERRITÓRIO*
os desafios da contemporaneidade numa perspectiva histórica

Contrastes de São Paulo, os maus lugares da cidade

> *Uma macrometrópole de R$ 475 Bilhões – São Paulo*
> São Paulo e Campinas formam a maior mancha urbana do Hemisfério Sul, responsável por 22% do PIB brasileiro.

Essas afirmações abrem o encarte Megacidades de *O Estado de São Paulo* de 3 de agosto de 2008. Números e imagens compõem quadros de grande impacto, sobretudo quando sobressai a informação de que o "Clube das megalópoles cada vez mais é terceiro-mundista". São Paulo mantém, desde 1975, o 5º lugar na lista do vertiginoso crescimento da população urbana mundial.

Os artigos sobre Londres, Xangai, Chongqing, Tóquio, Moscou, Nova York, Cidade do México, Mumbai, Lagos, entre outras, se baseiam em estatísticas e avaliações qualitativas, curvas de crescimento e fotos que enfatizam a tendência progressiva da urbanização mundial. Exceções: Londres sai do ranking das 25 maiores em 2007 e Paris poderá sair por volta de 2025. Fortes contrastes se interpõem às

---

* Edição original em PONTUAL, Virgínia & LORETTO, Rosane P. (Org.). *Cidade, Território e Urbanismo*. Olinda: CECI, 2009, p.119-140.

megalópoles: rios altamente poluídos da São Paulo de 2008 e o túnel construído em 1917 para trazer à Nova York água das Montanhas Catskills, cuja pureza dispensa tratamento; a maciça composição de arranha-céus de Manhattan sob o céu limpo e a cidade do México praticamente envolta pela poluição; a revitalização compósita das margens do Tâmisa somada à "gentrification" de áreas de Londres antes degradadas e a constrangedora situação das favelas de Mumbai (Índia) e dos "milhões vivendo no pântano" em Lagos (Nigéria).

Para São Paulo, o impacto fica com o montante necessário para sair do "terceiro mundo": R$ 175.656.775.081,00: R$ 19.292.475,081 para saneamento, R$ 61.904.300.000 para transportes, R$ 43.760.000.000 para obras viárias e R$ 50.700.000.000 para habitação. A complexidade aumenta ao examinarmos o mapa da "primeira macrometrópole do hemisfério sul": manchas e pontilhados unem 65 municípios de São Paulo a Campinas nos quais se habita 12% da população do país.

No caderno Cidades do mesmo jornal, notícias pontuais configuram territórios e compõem o cotidiano da população da Região Metropolitana. A preferência pelo transporte coletivo significa transitar no metrô mais lotado do mundo.[1] Há projeto de duplicação, com parceria público-privada para a marginal do Tietê, sempre congestionada. "Bairros saturados ganham mais carros", pois a Prefeitura aprova novos projetos de construções, por falha da legislação.[2] Outros territórios desenham-se quando a administração pública implanta serviços em áreas menos valorizadas, como o Tatuapé, "anos esquecido pelo mercado" ou no Jardim Anália Franco onde 42 condomínios, com 1.620 unidades, foram lançados nos últimos três anos,[3] ou se noticia que a "Periferia ganhará parque de 7,5km" na faixa entre Sapopemba e São Mateus, será "o maior parque linear urbano do País" (...) em benefício de 20 bairros e 200 mil habitantes de 94 favelas da região.[4]

Projetos de recuperação de áreas degradadas revelam a dimensão mais sensível da "questão urbana" – áreas ocupadas por favelas, narcotráfico, baixa prostituição, cortiços e moradores de rua. Partes da região central ganharam manchetes quando, em fevereiro de 2005, a Prefeitura propôs recuperar o bairro de Santa Ifigênia e mudar o perfil de sua ocupação. O subprefeito da Sé assim expôs sua proposta: "A Cracolândia é um quisto numa região que tem projetos de recuperação em anda-

---

1 *O Estado de São Paulo. OESP-* Cidades: 8.set.2008.
2 *OESP-* Cidades: 11.mai.2008.
3 *OESP-* Morar Bem: 20.abr.2008.
4 *OESP* – Metrópole: 2.mai.2008.

mento, como a Sala São Paulo". A "revitalização" da área visava transformá-la em polo cultural com "a Pinacoteca do Estado e a Universidade Livre de Música Tom Jobim", e assim assegurar maior circulação de pessoas, principalmente jovens.[5] Já para o Parque D. Pedro II as propostas de "revitalização se alternam, sempre adiadas em função dos edifícios Mercúrio (ainda ocupado) e São Vito (27 andares, 624 apartamentos, desocupados desde 2004)". A "Região sofre degradação há quase 70 anos", diz o articulista e detalha:

> São 21h44 de quarta-feira e dezenas de mendigos acendem fogueiras com restos de caixas de madeira espalhadas pelas ruas próximas do mercado Municipal. Do outro lado do Rio Tamanduateí, o sereno cobre a Avenida Mercúrio e torna o cenário mais inóspito e fantasmagórico. Passam-se quase 20 minutos e nenhum pedestre cruza a rua onde fica o desativado São Vito, o "treme-treme" ícone da degradação do centro velho paulistano. Ao lado, debaixo do Viaduto Diário Popular, o constante piscar de pontos luminosos denuncia o uso de crack por garotos enrolados em mantas velhas, sob o frio de 13º C.
>
> A região do Parque D. Pedro II segue pouco habitada e violenta, cortada por quatro viadutos que segregam a região central e a zona leste.[6]

A matéria é longa e apresenta pontos de vista de arquitetos e moradores, do coordenador do Núcleo de Habitação da Defensoria Pública e do secretário de coordenação das Subprefeituras. Há evidente disputa em torno da ocupação dessa área: a Prefeitura projeta demolir os dois edifícios e construir no local uma praça de 5.389,10 m² interligando no parque o Palácio das Indústrias e o Mercadão; o Plano Diretor incentiva a construção de moradias populares no centro e é apoiado pelo Núcleo de habitação da Defensoria.[7]

Áreas de favela constituem a segunda dimensão ultrassensível do problema habitacional para a população de baixa renda.[8] Representam a ocupação irregular de bordas e interstícios da área urbana. Tal como acontece com outras cidades, são objeto de matérias e comentários nos editoriais da grande imprensa e ganham espaço

---

5   *OESP*- Cidades: 27.fev.2005.
6   *OESP*- Cidades: 29.jun.2008.
7   *OESP*- Cidades: 29 jun.2008.
8   Estimava-se, em pesquisa sobre o município de São Paulo de 2003, serem 1.160.590 as pessoas vivendo nas 2.018 favelas existentes, o que indicava ter a população favelada crescido mais do que o total da população do município: 2,97% contra 0,9% ao ano. In MEYER, R. P.; GROSTEIN, M.D. & BIDERMAN, C. *São Paulo Metrópole*. São Paulo: EDUSP; Imprensa Oficial, 2004, p.62.

nos jornais televisivos quando ocorrem tragédias e ações de cunho policial, como incêndios ou ações de vandalismo que, no dia 1º de fevereiro de 2009, eclodiu na favela Paraisópolis no bairro do Morumbi, vizinha de casas e prédios de alto custo. Configuram áreas por vezes de grandes dimensões físicas, incrustadas no próprio espaço urbanizado cujo tecido rompem.

Compreende-se assim por que desalojar posseiros na Favela Real Parque ensejou em 2007 debate sobre a questão das invasões de terrenos públicos e privados em áreas próximas a pontes, viadutos e grandes avenidas, a expansão das favelas avançando em áreas de mananciais ou protegidas pela legislação ambiental, como a Represa de Guarapiranga e a Serra da Cantareira.[9] A Prefeitura e a Defensoria Pública do Estado defendem a "efetivação do direito à cidade" e projetam transformar a Favela Jardim Edite em conjunto habitacional. Em meio as diferentes posições das 815 famílias residentes na área, a melhor alternativa, na opinião do Jornal, seria a concretização da Operação Urbana Água Espraiada (Lei 13.260 de 2001) com vistas a reurbanizar a área. Os motivos são evidentes:

> Com a redução da área ocupada, seria possível diminuir o impacto causado pela presença de um conjunto habitacional para a população carente numa área de grande valorização, cenário da operação urbana mais bem-sucedida de São Paulo.
> (...)
> Muitos empreendedores resistem a investir na região porque temem a desvalorização que o Jardim Edite traz ao local. Além de uma parcela de trabalhadores da área, a favela abriga gangues cada vez mais numerosas, que agem nas redondezas cometendo sequestros relâmpagos, assaltos e furtos de notebooks.[10]

A defesa da saída "voluntária" de mais da metade dos habitantes dessa favela contrasta com matéria de teor altamente positivo, no já citado Megacidades de agosto de 2008, com várias páginas detalhando "Como a violência foi reduzida na periferia, no relato de vítimas, testemunhas e ex-bandidos". A reportagem sobre a violência em áreas da cidade nas quais a favela foi a resposta possível ao agravamento da carência de moradias expõe a dimensão humana da rotina cotidiana da população na intenção de mostrar a possível reversão da tendência à criminalidade. Exemplos simbólicos transcrevem a recuperação de antigos criminosos e o contentamento de

---

9 Editorial "A questão urbana". OESP: 16.dez.2007, p.3.
10 OESP- Cidades: 17.set.2008.

diretora de Escola Municipal do Jardim Ângela que "contou mais de 100 alunos assassinados nas décadas de 1980 e 1990, período em que o número de homicídios (atingiu) seu pico histórico: 11.472 mortes violentas em 1999". Seis pessoas entrevistadas relatam como a violência na periferia foi sensivelmente reduzida: um Policial Militar fala das gangues de "justiceiros" da década de 1980, migrantes nordestinos que alegavam ter integrado gangues após serem vítimas de bandidos ou ter a mulher violentada; "solução caseira" aos poucos apoiada por comerciantes seguidamente assaltados. No começo dos anos 1990 a área se tornou alvo das "forças de segurança do Estado" com a prisão de mais de 40 justiceiros. Os relatos discorrem sobre rapazes iniciados nas mortes por vingança em variadas situações de solidariedade.

Na opinião do articulista, a instalação de uma base comunitária da polícia no Jardim Ângela e no Capão Redondo, ambos bairros pobres da zona sul da cidade, invertera essa trajetória, no final da década de 1990, com o enfraquecimento das gangues. Um ex-traficante e hoje pastor evangélico afirma que "o sofrimento parece ajudar também a construir um ambiente receptivo a mudanças" e que hoje ele e outros "ex-matadores espalhados em igrejas de bairros pobres (...) luta(m) para converter aqueles que permanecem no mundo do crime". Um mapa do município indica áreas de maior violência e a significativa diminuição dos homicídios registrados entre 2000, 5.310 casos, e 2007, 1.499.[11] Informações e estatísticas estabelecem o contraste entre as grandes e as pequenas e médias cidades do interior do país, das quais as 33 primeiras com um "alto índice de desenvolvimento humano" se encontram no Estado de São Paulo. Pode-se considerar esse quadro estatístico um claro indicativo de que somente no patamar de menor urbanização seria possível chegar a bons resultados?

Múltiplas linguagens compõem esses artigos levantados em um único jornal da grande imprensa paulista – relatos, estatísticas, mapas e fotografias – formam imagens que se impõem ao nosso cotidiano; elaboram uma representação do território da pobreza e dele fazem uma certeza física fincada na cidade. A força expressiva de palavras como favela, cortiços, guetos, mas também metáforas, imagens construídas com palavras – a Cracolândia é um quisto – descortinam locais marcados pelo estigma da violência, do medo, do vício, da doença física e moral, revisitada em filmes, literatura, televisão. Imagens que ultrapassam o recorte físico geográfico e constituem territórios ao incorporar a subjetividade da relação dos habitantes com o lugar.[12] Soma-se,

---

11 Megacidades. *OESP*: 3.ago.2008, p.98-105.
12 Cf. ROLNIK, Raquel. História Urbana: História na Cidade? In FERNANDES, Ana & GOMES,

entretanto, a essa noção de pertencimento pelos habitantes, o poder de sugestão de sujeitos externos a ele, que recortam o espaço geográfico e o recobrem de qualidades extensivas ou derivadas das características atribuídas aos seus moradores, com noções fundamentadas em campos conceituais formados no decorrer do século XIX e fixados no campo disciplinar do urbanismo e da sociologia urbana no século XX.

Penso ser estratégico rever algumas questões. A *permanência do campo conceitual* formado no decorrer do século XIX a partir de aportes de várias áreas direta ou indiretamente relacionadas a vertentes do pensamento político-filosófico e o *procedimento* dos pesquisadores unindo estatísticas e conhecimentos adquiridos a entrevistas e observações *in loco*. A *força expressiva das palavras*, o modo como orientam e "aprisionam" o olhar; noções e conceitos que só permitem "ver" aquilo que o campo delimita e assinala: *o que* deve ser visto e *como* deve ser observado relaciona-se, sobretudo, ao poder persuasivo das metáforas quando imagens se intercalam a argumentos "objetivos". O que, à primeira vista, poderia ser mero recurso a figuras de linguagem desdobra-se numa clara rede de palavras interligadas. A última refere-se à *justaposição e complementaridade de diversas linguagens* na tessitura das representações que se fixam na imaginação – textos, estatísticas e iconografia – e lastreiam a formação dos campos conceituais.

Observadores sociais do século XIX: "ensaios" de sociologia e antropologia urbanas

> Um dos aspectos mais notáveis de nossos dias constitui o interesse pelas investigações analíticas. Quase todo ramo da economia social é tratado com precisão e cuidado à semelhança de uma ciência exata. Demonstrações foram reduzidas a uma certeza matemática; números e estatísticas abundam e fornecem dados para outras pesquisas. Entretanto, com frequência, a solução do problema social ou a organização dos fatos, que lançam luz sobre a condição moral e religiosa de nosso país, constituem o objetivo e não o ponto de partida de nosso trabalho. Ao terminar uma pesquisa detalhada, quase sempre trabalhosa, as pessoas em geral se satisfazem com o mero prazer derivado do bom resultado de conseguir extrair a verdade da massa de evidências contraditórias.
>
> Henry Mayhew, 1861[13]

Marco Aurélio (Org.). *Cidade & História*. Modernização das cidades brasileiras nos século XIX e XX. Salvador: UFBA/Mestrado em Arquitetura e Urbanismo, 1992, p.27.
13 Tradução da autora, assim como as demais traduções constantes do texto.

Com essa aguda observação o jornalista Henry Mayhew introduz o leitor ao quarto e último volume de *London Labour and the London Poor*,[14] nos quais publicava suas pesquisas sobre a população londrina que "tirava seu sustento das ruas". Preocupava-o o dispêndio de energia e perseverança, tempo e dinheiro, já que as descobertas não resultavam em aplicação prática; permaneciam no campo dos resultados teóricos e quando muito tocavam a sensibilidade dos leitores. Para Mayhew "as tristezas e sofrimentos da humanidade despertam um espírito de benevolência ativo e persuasivo que infectam todos os níveis de cada classe social".[15]

No decorrer do século XIX, profissionais de diversas áreas se lançaram em campo na observação das consequências perversas da industrialização para o trabalhador. Conseguir apreender um sentido na imensa diversidade dos grandes centros urbanos; perceber entre inúmeros sinais aqueles aptos a oferecer chaves de entrada na sua aparente desordem; atingir o princípio de inteligibilidade e tornar possível uma leitura da cidade: estes parecem ter sido os fins visados por homens que expressaram desconforto ao vivenciarem os conflitos urbanos, a intensificação dos estímulos nervosos e a perda de muitas das antigas referências baseadas na antiga hierarquia social. Constituíram repertórios de informações, organizaram dados colhidos com suas pesquisas e formaram um campo de conhecimentos apreensível de modos diversos; nele designaram "o lugar" da pobreza.[16]

Os autores desses registros colocam-se na posição de observadores da sociedade por acreditarem, como Eugène Buret, que "As ciências sociais são bem mais difíceis de se constituir do que as ciências físicas; todas igualmente se baseiam na observação dos fatos".[17] Os "fatos sociais" tinham, entretanto, a particularidade de não estarem "submetidos a leis constantes e periódicas, que permita repetir as observações até que se apresentem perfeitas".[18]

---

14 MAYHEW, Henry. (1851-1861,1862). *London Labour and the London Poor*: a Cyclopaedia of the Condition and Earnings of those that will work, those that cannot work, and those that will not work. The London Street-folk: comprising, street sellers, street buyers, street finders, street performers, street artisans, street labourers with numerous illustrations from photographs. New York: Dover, 1968.
15 MAYHEW, Henry. *London Labour and the London Poor. Op. cit.*, p.XI-XIII.
16 Fui introduzida à dimensão sensível das grandes cidades pelos escritos de Walter Benjamin, a dimensão física revelou-se textualmente no livro de Fr. Engels *A situação da classe trabalhadora inglesa* (1845), e no artigo de François BÉGUIN, Les machineries anglaises du confort.
17 BURET, Eugène. *De la misère des classes laborieuses en Angleterre et en France*: de la nature de la misère, de son existence, de ses effets, de ses causes, et de l'insuffisance des remèdes qu'on lui a opposés jusqu'ici, avec les moyens propres à en affranchir les sociétés. Vol.1. Paris: Paulin, 1840, p.30. Ed. fac-similar, Paris: Editions d'Histoire Sociale, 1979.
18 BURET, Eugène. *De la misère des classes laborieuses... Op. cit.*, p.30-31.

Essa característica dos "fatos sociais" exigia sua descrição detalhada compondo representações estéticas da sociedade. Entretanto, os observadores sociais sabiam que só o conceito permitiria traduzir, para a linguagem intelectual, considerada objetiva e isenta de resíduos afetivos, as impressões causadas na imaginação pelos sentimentos de medo e de fascínio. Coube à estética do sublime operar como filtro e oferecer um método de aproximação descritiva em apoio à observação desvencilhada do impacto emocional.[19] A teoria estética permaneceria na base da atividade exploratória do modo de vida urbano. "Pobres", "trabalhadores" ou "vagabundos", "almas selvagens e inarticuladas" foram considerados equivalentes aos povos selvagens e seus bairros definidos como territórios desconhecidos, "terra incógnita". Os observadores sociais – políticos, jornalistas, médicos, reformadores filantropos, membros de sociedades estatísticas, homens letrados – assumiram a posição de exploradores de culturas estranhas, estrangeiras ou exóticas na intenção de formar um campo de conhecimento organizado e base para as intervenções.

"O que significa este amargo grito de descontentamento das Classes Trabalhadoras?" indagava Carlyle em 1839.[20] Armados com os meios intelectuais disponíveis detalharam o que os sentidos captavam e aperfeiçoaram formas de compreensão qualitativas e quantitativas da evidente tensão entre classes opostas da sociedade. Diversas expressões foram usadas para nomear a "causa" dessa tensão sempre com ênfase na ameaça potencial contida em um de seus pólos – "flagelo social", "anomalia social", "a gangrena que corrói a sociedade" –, buscando desfazer a opacidade e as sombras que, segundo eles, a organização moderna da sociedade lançara sobre o homem pobre.

A premissa do desconhecimento da "outra parte" da sociedade permitiu a elaboração intelectual da representação da "alteridade" como parte da sociedade não mais em terras distantes; a "terra incógnita" passara a fazer parte da sociedade civilizada. Essa opinião intelectual impunha, assim, a necessidade de ultrapassar a constatação superficial dos sentidos: conhecer em profundidade o fenômeno social por meio da análise, chegar ao âmago ou à estrutura da sociedade. A terminologia expressa a dificuldade da tarefa. Não se percorre, penetra-se nos bairros operários;

---

19 É referência o texto de Edmund BURKE (1757) A Philosophical Inquiry into the Origin of our Ideas of the Sublime and Beautiful. In *The Works of Edmund Burke*. Vol. 1. London: G.Bell & Sons Ltd., 1913. Versão brasileira: *Uma investigação filosófica sobre a origem de nossas ideias do sublime e do belo*. Trad. Enid Abreu Dobranszky. Campinas, SP: Papirus; Ed.Unicamp, 1993.
20 CARLYLE, Thomas. (1829). Chartism. In *Thomas Carlyle – Selected Writings*. Harmondsworth--UK: Penguin, 1980, p.152.

desce-se até as profundezas dos redutos das classes trabalhadoras. Correlata à abertura das grandes vias com o corte físico do tecido desigual e tortuoso das antigas cidades europeias, a atividade dos observadores sociais, ao explorar o mundo operário, visava romper a aparente opacidade do tecido social.

Trabalhos com documentos variados e observações colhidas em longos e repetidos percursos por Londres e cidades industriais inglesas se estruturam na ênfase das condições higiênico-sanitárias das áreas industriais e da moradia operária. A erupção do cólera em 1832,[21] em praticamente todos os países da Europa, atuou como reagente químico ao condensar dados que compuseram o campo de estudos da "questão sanitária" nas dimensões física e moral – os redutos da população pobre induzem à doença e aos comportamentos inadequados. As características do espaço e seus efeitos sobre a saúde e a moralidade dos habitantes formaram um par de longa duração. Considero, pois, importante lançar uma ponte para surpreender como, já na primeira metade do século XIX, as críticas ao custo social do laissez-faire ganham espaço e configuram uma clara representação da pobreza enquanto produto da própria sociedade e a recobrem com características específicas.[22]

Variados motivos estimularam pesquisadores, tais como Henry Mayhew, Friedrich Engels, Eugène Buret e Charles Booth. Engels, enviado por seu pai, instala-se na Inglaterra em 1842, conhece Marx e lá permanece até os primeiros meses de 1844. Eugène Buret, com o prêmio doado pela *Academie des Sciences morales et politiques* por seu ensaio sobre a pobreza, visita a Inglaterra em 1840, a seu ver, o "país privilegiado para os estudos sociais", e desenvolve análise comparativa das condições de vida do proletariado francês e inglês.[23] Entre 1849 e 1850, Mayhew, jornalista, considerou essencial "trazer informações sobre um grande número de pessoas, menos conhecidas do público do que as tribos distantes", já que, "nem as tabelas da

---

21 A referência à epidemia de cólera em 1832 é constante nos documentos de procedência variada que, já na época, relacionavam doença e trabalho industrial. Informações colhidas pelas grandes pesquisas encomendadas pelas autoridades inglesas aparecem como referências obrigatórias em quase todos os textos dos observadores sociais. São exemplares as observações de Edwin Chadwick nos *Report to her Majesty's principal secretary of state for the home department from the poor law commissioners on an inquiry into the sanitary condition of the labouring population of G.B.*, Londres, 1842; First report of the commissioners for inquiring into the state of large towns and populous districts, Londres, 1844 e Second report (...) 1845. In BÉGUIN, François. Les machineries anglaises du confort. In: MURARD, Lion; ZYLBERMAN, Patrick (Org.) L'haleine des faubourgs. Ville, habitat et santé au XIXe siècle. Paris: *Recherches*, n° 29, dez.1977/1978, p.395-422; As maquinarias inglesas do conforto. Trad. Jorge Hajime Oseki, *Espaço & Debates* n.34, NERU, 1991.
22 Eric Hobsbawm, E. P. Thompson, Garreth Stedman-Jones, Raymond Williams e Michelle Perrot são autores indispensáveis para o conhecimento da sociedade industrial moderna.
23 BURET, Eugène. *De la misère des classes laborieuses... Op. cit.*

população do governo os inclui entre os habitantes do reino". No final do século XIX, Charles Booth, empresário e pesquisador independente, diria em suas memórias ter se interessado pelo estudo da população trabalhadora ao observar durante seus passeios de fim de tarde as condições de vida dos habitantes do East London, área da cidade considerada, na época, residência de parcela de "pobres respeitáveis", mas também dos pobres mais miseráveis da Inglaterra. Tal como Engels e Buret, Booth obteve informações detalhadas com base em sucessivas visitas, rua-rua, casa-casa, realizadas por um "grupo de visitadores" entre 1886 e 1903. Ao cruzar as informações recolhidas, entrelaça a dimensão política à questão física e moral e alerta que "o individualismo", base do código social inglês estava sob ameaça: "são os sentimentos de desesperança que espalham as teorias socialistas".[24]

> É na cidade e não no campo que a "terra incógnita" deve ser inscrita em nossos mapas. No campo o maquinismo da vida humana é evidente e facilmente reconhecível; as relações pessoais ligam as pessoas. O equilíbrio da ordem estabelecida, satisfatório ou não, é visível, evidente. Nas cidades as coisas são muito diferentes, permanecemos no escuro quanto à essas questões, e por ignorância, temos corações desconfiados e temores desnecessários.[25]

Embora mal acolhidos pelos incipientes estudos de sociologia urbana de seus contemporâneos, os trabalhos de Booth mereceram de Robert Park, nos anos 1920, elogios pelas "descrições realísticas da vida das classes sociais por ocupação profissional; as condições em que viviam e trabalhavam, suas paixões, lazeres, tragédias domésticas e filosofia de vida (...) fizeram desses estudos uma contribuição memorável e permanente para nosso conhecimento da natureza humana e da sociedade... Esses volumes formam um estudo sociológico e se tornaram documen-

---

24 Entre 1889 e 1892 Charles BOOTH produz 17 volumes de relatórios sobre a pesquisa, publicada em dois volumes *Life and Labour of the People of London*. London: Macmillan, 1902-1903; TREBLE, James H. *Urban Poverty in Britain 1830-1914*. Londres: Methuen, 1983. Ao lado das séries estatísticas, compôs mapas da pobreza nos quais pontuou a parcela de responsabilidade da religião, das condições sociais e do meio ambiente urbano e demonstra que 30,7% da população londrina vivia abaixo da linha da pobreza (p.24-31). Stedman-Jones em Le Londres des réprouvés (*Recherches* n.29. *Op. cit.*, p.37-77) diz que Booth conseguiu grande parte das informações iniciais em relatórios de pesquisadores de bairros da C.O.S. (Charity Organization Society) e dos funcionários da assistência social (p.69).

25 BOOTH, Charles. *Charles Booth on the city*: physical pattern and social structure. PFAUTZ, Harold W. (Org.). *Selected writings*. Chicago: University of Chicago Press; Londres: Phoenix Books, 1967, p.85.

tos históricos".[26] Booth dividiu a sociedade inglesa em *Lower Class, Central Class* e *Upper Class*, mapeou os bairros e enfatizou a alta incidência da pobreza:

> O Leste de Londres permanece escondido por trás de uma cortina sobre a qual se pintam quadros terríveis: – crianças famintas, mulheres sofredoras, homens sobrecarregados de trabalho: o horror da embriagues e do vício; monstros e demônios de desumanidade; gigantes da doença e do desespero... foi esta cortina que tentamos levantar.[27]

Fiat lux – conhecer/mapear o território da pobreza

> Intellect is like light; the chaos becomes a World under it: *fiat lux*.

> Há um sentimento geral de que a condição e a disposição das classes trabalhadoras formam hoje uma questão preocupante; algo deve ser dito, algo deve ser feito a respeito disso. Quão útil seria termos o real conhecimento delas, a correta compreensão do que as classes mais baixas significam intrinsecamente; a clara interpretação daquilo que atormenta suas almas selvagens e confusas, e tal como criaturas mudas em sofrimento, incapazes de falarem por si, lutam e se expressam por meio de enorme vozerio inarticulado. Algo elas pretendem; a despeito de tudo, algum fundo de verdade (há) em seus corações confusos – pois também são corações criados por Deus: ... Um perfeito esclarecimento equivaleria a encontrar o remédio.
>
> Carlyle, *Chartism*[28]

Ao analisar o movimento cartista em 1839, Carlyle buscou completar sua crítica à "Era Mecânica" de *Signs of the Times*[29] ao expor em *Chartism* o núcleo da "Condition-of-England Question". Seis anos depois, Friederich Engels publicava *A situação da classe trabalhadora na Inglaterra,* onde expunha o custo social da produção de riqueza, em texto que entrecruza observações *in loco* e dados colhidos em trabalhos anteriores de Thomas Carlyle, Edwin Chadwick, relatórios parlamentares e

---

26 BOOTH, Charles. *Charles Booth on the city. Op. cit.*, p.87; PARK, Robert E. The City as a Social Laboratory. In SMITH, Thomas V. & WHITE, Leonard D. (Org.). *Chicago*: An Experiment in Social Science Research. Chicago: The University of Chicago Press, 1929, p.46.
27 BOOTH, Charles. *Charles Booth on the city. Op. cit.*, p.51-52 e 185.
28 CARLYLE, Thomas. *Chartism. Op. cit.*, p.155.
29 CARLYLE, Thomas. *Chartism. Op. cit.*, p.61-85.

médicos voltados para o ambiente de trabalho e as péssimas condições das moradias da população operária inglesa.[30] Várias pesquisas oficiais realizadas na Inglaterra entre 1840 e 1845 e pesquisas independentes, baseadas em teorias médicas, trouxeram incrível quantidade de dados que, ao serem sobrepostos e cruzados formularam a "Questão Sanitária",[31] como dimensão técnica da "Questão Social". Na trilha dos ensinamentos utilitaristas de Jeremy Bentham,[32] seus formuladores estabeleceram como objetivo maior erradicar doenças e modificar o quadro moral dos comportamentos por meio do correto agenciamento do espaço.[33]

Ao aceitarem a premissa de antes conhecer para somente depois intervir, os observadores fizeram do conhecimento uma operação na qual as descrições extremamente diversas e matizadas ganhavam estrutura e contornos nítidos a partir das recorrentes evidências anotadas. A sensibilidade do observador sintoniza-se pelas referências teóricas que conferem ao olhar armado pelos valores burgueses – teorias estéticas, noções e conceitos do saber erudito – a capacidade de classificar a partir das diferenças observáveis, aquilo que coisas e pessoas possuem de essencial: a sociedade se torna legível.

Henry Mayhew, cofundador da então radical revista *Punch*, percorreu incontáveis milhas de ruas londrinas para recolher testemunhos, publicados na série de artigos *London Labour and the London Poor* do *Morning Chronicle* entre 1849 e 1850,

---

30 E.J. Hobsbawm fornece informações preciosas em seu Prefácio ao livro de Engels que cito aqui a partir da edição francesa (Prefácio à ENGELS, Friedrich (1845) *La situation de la classe laborieuse en Angleterre*. Trad. Badia Gilbert; Frederic Jean. Paris: Éditions sociales, 1960, p.7-23. Hobsbawm observa que "o livro de Engels está longe de constituir um fenômeno isolado. (...) Nos anos 1830, era evidente aos olhos do observador inteligente que nas regiões economicamente avançadas da Europa colocavam-se problemas inéditos". Registra as várias pesquisas oficiais e particulares às quais Engels teve acesso, dentre as quais, a de Eugène Buret (o que lhe mereceu acusação de plágio), o *Report of the Factory Enquiry Commission* de 1833, o *Report to her Majesty's principal secretary of state for the home department from the poor law commissioners on an inquiry into the sanitary condition of the labouring population of G.B.*, Londres, 1842, e o *First Report of the Commission for Inquiring into the State of Large Towns* de 1844, p.8-9.

31 Bringing the Serpent's Tail into the Serpent's Mouth. Edwin Chadwick and the 'Sanitary Idea' in England. In MELOSI, Martin V. (2000) *The Sanitary City*. Environmental services in urban America from colonial times to the present. Pittsburgh: University of Pittsburgh Press, 2008, p.28-39. Ver também artigos de *The Victorian City*: DYOS, J. Harold J. & WOLFF, Michael (Org.). *The Victorian City*. Images and Realities. 2 Vol. London; Boston: Routledge & Kegan Paul, 1973.

32 BENTHAM, Jeremy. (1787). Panopticon or the Inspection-House. In *The Panopticon Writings*. Edição e Introdução de Miran Bozovic. Londres-Nova York: Verso, 1995.

33 François Béguin expõe a "gigantesca empreitada que visou reduzir o ambiente a dados técnicos correlacionando sua incidência sobre o comportamento e a doença, calculada em seus efeitos e comparada sempre a este outro modo de funcionamento do ambiente possibilitado pelos mais recentes progressos tecnológicos e pela redistribuição dos poderes no meio urbano". BÉGUIN, François. *Op. cit., As maquinarias do conforto. Op. cit.*,p.39-54.

editados em 4 volumes com o mesmo título em 1861-1862. As transcrições das entrevistas desenham a imagem da terra incógnita onde "os nômades urbanos e suburbanos" exibem características morais tão diferentes e particulares como seus traços físicos: até a forma das cabeças diferem das dos mais civilizados. Para cada entrevista com os trabalhadores de rua, há gravuras produzidas a partir de daguerreótipos. Os longos comentários do autor versam sobre o nível mental (geralmente tão baixo quanto suas consciências), suas personalidades turbulentas e perigosas, usos e costumes. O convívio de crianças com os pais alterna fome e embriaguez; algumas vezes surpreende encontrar casas cuidadas e limpas.[34] Mayhew mereceu reconhecimento de Thackeray por fornecer "um quadro da vida humana maravilhoso e terrível, tão piedoso quão patético, tão estimulante quanto terrível, mesmo leitores de romances jamais haviam lido nada igual."[35]

A crise da oferta de moradias nos anos 1880 aumentou a superpopulação das áreas centrais de Londres e levou pessoas sensibilizadas pela situação dos pobres a escreverem sobre suas péssimas condições de vida.[36] Títulos de grande apelo buscavam ganhar o público leitor e a escrita emocional intensa, em estilo semelhante ao da literatura de ficção, traz descrições da vida de pessoas decaídas a níveis subumanos e atingem a sensibilidade do leitor. O pastor Andrew Mearns publica em 1883 o panfleto *The bitter Cry of Outcast London*.[37] Preocupado com a baixa frequência ao "serviço divino", até pelos membros da "classe trabalhadora respeitável", atribuiu essa circunstância às péssimas condições dos lugares em que viviam. "Como dar o nome de lares a esses lugares cuja comparação faz a toca das bestas selvagens parecerem mais confortáveis e saudáveis?", pergunta. Já em *From the Abyss*, cujo subtítulo Of Its Inhabitants by One of Them (1902) anuncia a condição real ou fictícia de seu autor Masterman, descreve as "regiões abissais": "refúgios onde buscam um lugar para descansar após o dia de trabalho, as ruas enxameiam com nossas crianças sujas, doentes, felizes...".[38] Em *How the Poor Live* (1889), George R. Sims,

---

34 MAYHEW, Henry. *London Labour and the London Poor*. Op. cit., p.110-112; 101-111.
35 John D. Rosenberg nos introduz ao trabalho do jornalista: diz "que sua arte (...) como dramaturgo construtor de caracteres por meio de palavras" seria comparável à de Shakespeare. MAYHEW, Henry. *London Labour and the London Poor*. Op. cit., V. I, p.VII.
36 JONES, Gareth Stedman. The housing crisis in the 1880s (Cap. 11). In *Outcast London*. A study in the relationship between class in Victorian society. London: Penguin Books, 1976, p.215 e segs.
37 MEARNS, Andrew. (1883) *The bitter Cry of Outcast London*. An inquiry into the condition of the abject poor. New York: Humanities Press (The Victorian Library), 1970, p.55-77.
38 MASTERMAN, Charles G. (1902). *From the Abyss*. Of its inhabitants. By One of Them. (ed. facsimile). New York/London: Garland Pub., 1980.

escritor e político inglês de tendência radical, convidava o leitor a adentrar com ele o território da pobreza:

> A dificuldade de conferir um tom pitoresco a esse capítulo (*Abrindo as comportas do conhecimento*) o que é essencial para o sucesso de qualquer escrito entre a maioria dos leitores ingleses, torna-se mais evidente ao meu grupo de viagem ao explorar cada uma das regiões onde os pobres se enfurnam para viver o melhor que podem.[39]

Os relatos confirmam a relação entre o péssimo meio ambiente e a degradação física e moral dos trabalhadores e fixam a imagem da pobreza e de seu território. A força das representações da pobreza reside na união dos preceitos técnicos da "higiene" com noções românticas nas quais a denúncia à desumanidade das condições de vida e trabalho da classe operária deixa explícita a preocupação com o perigo da revolta social. Os conceitos românticos, críticos da sociedade industrial, oferecem suporte à maioria dos relatos dos observadores sociais. A partir deles, seus autores designam *um lugar* e uma missão à filantropia: ancorada no sentimento moral de justiça e na objetividade da avaliação racional da sociedade, assumem a tarefa de moldar em nova ética esses *Sanspotatoes*.[40] Nesta posição, à primeira vista contraditória, expressam a confiança em uma possível harmonia entre as duas partes antagônicas da sociedade a ser alcançada por meio de reformas.

O raciocínio analítico desmonta, peça a peça, pessoas e coisas com o objetivo de transpor a superfície e atingir o âmago, sua essência ou sua estrutura. O método de desvendar a sociedade se inspira no procedimento do conhecimento do corpo físico pelo médico: a dissecação permite apreender a composição e a estrutura do corpo; vê-la, mensurá-la, definir sua composição, organização e funcionamento. Explica-se também o homem em termos psicológicos pela mensuração do crânio e da massa encefálica, pelas características da formação da face, o *rictus*, mas também pela "dissecação" de seu passado, ou, usando uma metáfora cara a Freud, pelo trabalho de escavar a mente semelhante ao realizado pelo arqueólogo. A sociedade passa por um processo de apreensão das características físicas humanas e dos diferenciados perfis psicológicos com vistas a alcançar suas determinações mais íntimas.

Nesse esforço de domínio da sociedade pelo intelecto, a pretensa objetividade do conceito convive com imagens que o antecedem e constituem seu

---

39 Sobre G.R. Sims ver JONES, Gareth Stedman. *Outcast London. Op. cit.*, p.95 e 283.
40 BURET, Eugène. *De la misère des classes laborieuses... Op. cit.*, p.89.

próprio chão. A luz lançada sobre as condições de vida e de trabalho do assalariado, esse mesmo homem do qual a burguesia se esforçara para se distanciar, deveria preceder o *fiat lux* iluminador de mentes mal formadas e compuseram uma nova e extensa área de conhecimentos denominada "cultura da pobreza".[41] Desse ponto de vista, os verbos adentrar e penetrar funcionam como via de mão dupla: antes o pesquisador "adentra ou penetra" os mistérios do desconhecido mundo da pobreza, depois expõe os resultados de suas observações no intuito de "adentrar ou penetrar" as mentes arredias do homem médio culto, cego perante as ameaças a sua própria sociedade.

Observações sobre a maléfica influência das más condições de vida para a população repetem o que já havia sido escrito à exaustão por outros observadores. O crime e a subversão política estão entre os temas mais desenvolvidos pelos pesquisadores, como práticas que configuram a materialização perigosa das duas extremidades da pobreza: num polo, o "embrutecimento da sensibilidade física e moral" e seu corolário, a violência criminosa; no outro, a instrução que fornecia instrumentos intelectuais para irem em busca "das causas da sua condição miserável", aproximando-os dos "teóricos radicais" sempre prontos a denunciarem as instituições políticas como a origem dos sofrimentos do povo. Os relatos das incursões pelos distritos operários cumpriam dupla função: davam a conhecer o "outro" lado da cidade – o território da pobreza – e didaticamente passavam os preceitos da higiene para seus leitores. Nas décadas finais do século XIX, os tratados de Higiene Social repetem, apoiados em conhecimentos da medicina e da engenharia, afirmações muito próximas às dos observadores sociais e comporão a base sobre a qual se forma a disciplina "urbanismo" no início do século XX.[42]

Higienistas entram em ação – médicos, engenheiros, arquitetos, administração pública

> Não há para as nações interesse maior do que o da saúde pública; a higiene é, pois, a ciência social por excelência. (...) Mantém relações diretas com a administração e a economia política. Essa deve ser

---

41 HIMMELFARB, Gertrude. *The idea of poverty*: England in the early Industrial Age. New York: Randon House, 1985, Part Three "The undiscovered country of the poor", chap. XIV "The 'Culture of Poverty'", p.307-400. Para o período anterior ao século XIX ver GEREMEK, Bronislaw. *Os filhos de Caim*. Vagabundos e miseráveis na literatura europeia – 1400-1700. São Paulo: Cia. das Letras, 1995.
42 CORBIN, Alain. *Le miasme et la jonquille*. L'odorat et l'imaginaire social XVIII e XIX siècles. Paris: Aubier-Montaigne, 1982, em especial Segunda Parte – Purifier l'espace public, p.105 e segs. Ed. brasileira: CORBIN, Alain. *Saberes e odores*: O olfato e o imaginário social nos séculos XVIII e XIX. Trad. Lígia Watanabe. São Paulo: Cia. das Letras, 1997.

a posição dos poderes públicos quando se trata de tomar medidas exigidas pela saúde da população.⁴³

Em seu *Traité d'Hygiène Social*, publicado em 1889, o médico sanitarista Jules Rochard data do século XVIII a formação da "higiene como ciência", embora, diz, sua aplicação tivesse que aguardar os "grandes espíritos do começo do século XIX", homens que superaram os preconceitos dos que ironizavam os higienistas e consideravam utópicas suas teorias. O tempo e a "própria força das coisas" teriam se encarregado de passar seus pressupostos para o domínio da prática.⁴⁴

Rochard lista as preocupações dos higienistas e o caráter multinacional dos congressos organizados pelas sociedades de higiene em várias capitais europeias. "A Bélgica abriu em 1851 a era dos congressos internacionais", informa, uma iniciativa que só encontrou repercussão na década de 1870 quando da realização de um novo congresso na própria Bélgica. A questão colocada em termos claros estimulou a organização de reuniões em Turim (1880), Genebra (1882), Haia (1884) e Viena 1887, Londres (1889) e Paris (1889 – Exposição Universal)⁴⁵ às quais "acorreram higienistas de todos pontos do globo". Paralelamente aos grandes congressos, várias sociedades locais formaram-se para tratar de problemas relativos à higiene rural, profissional, escolar, hospitalar, militar e alimentar, e os resultados dos debates mereceram divulgação em revistas fundadas com essa finalidade. Para ele, seria importante ganhar a opinião pública, para ser possível passar da teoria à prática e fazer valer os Conselhos de Higiene Pública e de Salubridade de meados do século XIX. Assim, "só quando os médicos pediram a ajuda dos engenheiros, arquitetos, físicos e químicos e a administração pública constituiu comissões, a higiene começou a enfrentar as questões práticas". Mantiveram-se, contudo, posições contraditórias entre os profissionais das diferentes áreas: os médicos perseguiam um ideal dispendioso; os arquitetos se preocupavam com a elegância e o aspecto decorativo. O entendi-

---

43 ROCHARD, Jules. *Traité d'Hygiène Sociale*. Paris: Adrien Dehahaye et Emile Lécrosnier Editeurs, 1888.
44 Ver também SALGADO, Ivone. Pierre Patte e a cultura urbanística do iluminismo francês. *Revista de Estudos sobre Urbanismo*. São Paulo: Cadernos de Pesquisa do LAP – FAU-USP, n.38, jul.-dez. 2003.
45 Por ocasião da Feira Internacional de 1889 em Paris, até mesmo o ministro do comércio e da indústria reconhecera a importância e a dimensão social da questão sanitária: "sanear nossas cidades, fornecer às classes trabalhadoras uma alimentação suficiente e habitações salubres; educar as crianças de modo a desenvolver a resistência de nossa raça e proteger as populações das doenças que as dizimam: tais são os temas que passei em revista sucessivamente". Havia decretado ser a economia social uma das ciências representadas na Exposição. ROCHARD, Jules. *Traité d'Hygiène Sociale*. Op. cit., p.11.

mento pressupunha uma solução intermediária na qual a higiene não fosse um entrave: bastava que o espaço, o ar e a luz fossem bem distribuídos.[46]

Dois anos depois Rochard organiza e publica a *Encyclopédie d'Hygiène Publique*, obra em vários volumes da qual o 3º é dedicado a *Hygiène Urbaine*.[47] No extenso primeiro capítulo "Les Villes en général", Jules Arnould faz um percurso pelas cidades desde a Antiguidade até chegar à higiene nas cidades modernas. Fixa a relação entre doença e higiene ao afirmar que "foi necessário o rude aguilhão da nova peste, o cólera em 1832, para que fossem envidados esforços para sanear as cidades". Arnould atribui às autoridades inglesas a iniciativa pioneira das pesquisas subsequentes à epidemia de cólera de 1832 e fornece o um quadro da situação encontrada:

> Das 50 cidades cuidadosamente exploradas, a drenagem das casas e a canalização das ruas só eram satisfatórias em uma delas, passáveis em 7 e detestáveis em 42 – nos bairros habitados pelos trabalhadores, as casas e os pátios não dispunham de canais de saída da água, nem dispunham muitas vezes de latrinas. Os regos e esgotos mal construídos não tinham saída. Montes de lixo e imundices de todo tipo se amontoavam nos pátios e porões. O lixo não era retirado, tal como a lama das ruas, mal ou nem sequer pavimentadas. Encontrava-se sujeira túrgida nas casas amontoadas. Não havia postura de polícia para esses bairros.[48]

Conclusão das comissões: "A mortalidade urbana é proporcional a densidade da população, (...) a mortalidade depende da aeração dos locais e dos meios de retirar a sujeira". Longas páginas discorrem sobre as habitações insalubres em percurso por diferentes países europeus, Inglaterra, Bélgica, Holanda, Suíça, Dinamarca, Itália, Espanha, e atravessa o Atlântico chegando à América, Nova York e Buenos Aires, com avaliações semelhantes às observadas na Europa.[49] Felizmente, conclui, tratava-se de problemas evitáveis por ações saneadoras que, ao se manterem letra morta, não impediram uma nova epidemia em 1884.

Vários capítulos tratam da dimensão médica da higiene e de aspectos técnicos da engenharia: dimensão e orientação das ruas e sua pavimentação, ruelas, passagens, becos, avenidas, bulevares, mobiliário urbano (latrinas, fontes, incêndio), e da limpeza desses espaços, etc. Tratam da "cidade subterrânea" e dos equipamentos ne-

---

46 ROCHARD, Jules. *Traité d'Hygiène Sociale*. Op. cit., p.10-17.
47 ROCHARD, Jules (Org.). *Encylopédie d'Hygiène et de Médecine Publique*. Hygiène Urbaine – Tome III. Paris: Lecrosnier et Babé, 1891.
48 ARNOULD, Jules. Les villes en général. In ROCHARD, Jules (Org.). *Encylopédie d'Hygiène et de Médecine Publique*. Hygiène Urbaine – Tome III. Op. cit., Cap. I, p.22.
49 ROCHARD, Jules (Org.). *Encylopédie d'Hygiène et de Médecine Publique*. Op. cit., p.389-434.

cessários para que tudo fluísse. Na parte mais extensa da *Encyclopédie d'Hygiène*, da página 317 à 676, detalham-se preceitos a serem observados nas moradias unifamiliares e habitações coletivas: pensionatos, escolas, seminários e conventos, hospitais, hospícios, casernas, penitenciárias.[50] Em todos os itens, os autores trazem sempre para o leitor exemplos de iniciativas já realizadas em outros países como exemplos a serem evitados ou a serem seguidos.

Que resposta dar às indagações iniciais? Esse percurso por diversas linguagens que analisam ou configuram representações das cidades no século XIX permite acompanhar a constituição de campos de saberes a partir de diversos pontos de vista. A higiene pública e privada, e sua versão técnica o sanitarismo, compõem a base sobre a qual o urbanismo se estrutura enquanto disciplina que intervém no tecido urbano e projeta a expansão das cidades. Dessa multiplicidade de saberes herda formas narrativas, conceitos, imagens; paradigmas que ainda hoje orientam a visualização das questões urbanas. O quadro conceitual talvez deva sua força explicativa dos grandes problemas urbanos, aos argumentos construídos com análises e imagens. Dentre eles os colocados pelos "territórios da pobreza".

Referências

BÉGUIN, François. Les machineries anglaises du confort. In MURARD, Lion; ZYLBERMAN, Partrick. (éds.). L'haleine des faubourgs. Ville, habitat et santé au XIXe. siècle. Paris: *Recherches,* n° 29, dez.1977/1978, p.395-422. Versão brasileira: As maquinarias inglesas do conforto. *Espaço & Debates.* São Paulo: NERU, ano XI, n. 34, p.39-54, 1991.

BENTHAM, Jeremy. Panopticon or the Inspection-House, 1787. In *The Panopticon Writings.* Edição e Introdução de Miran Bozovic. Londres-Nova York: Verso, 1995.

BOOTH, Charles. *Charles Booth on the City*: Physical Pattern and Social Structure. PFAUTZ, Harold W. (Org.). Chicago: University of Chicago Press; Londres: Phoenix Books, 1967.

---

50 Propõem programas para os diversos tipos de edificações, discorrem sobre procedimentos básicos para o preparo do solo evitando a umidade das águas usadas; estabelecem o padrão de construção racional da casa dotada dos meios eficazes de aeração, aquecimento e ventilação, eliminação rápida dos detritos orgânicos.

BOOTH, Charles. *Life and Labour of the People of London*. 17 volumes. London: Macmillan, 1902-1903.

BURET, Eugène. *De la misère des classes laborieuses en Angleterre et en France*: de la nature de la misère, de son existence, de ses effets, de ses causes, et de l'insuffisance des remèdes qu'on lui a opposés jusqu'ici, avec les moyens propres à en affranchir les sociétés. Vol.1. Paris: Paulin, 1840. Ed. Facsimile, Paris : Editions d'Histoire Sociale, 1979.

BURKE, Edmund. (1757). A Philosophical Inquiry into the Origin of our Ideas of the Sublime and Beautiful. In *The Works of Edmund Burke*. Vol. 1. London: G.Bell & Sons Ltd., 1913. Versão brasileira: *Uma investigação filosófica sobre a origem de nossas ideias do sublime e do belo*. Trad. Enid Abreu Dobranszky. Campinas, SP: Papirus; Ed.Unicamp, 1993.

CARLYLE, Thomas. (1829). Chartism. In *Thomas Carlyle* – Selected Writings. Harmondsworth-UK: Penguin, 1980.

CORBIN, Alain. *Le miasme et la jonquille*. L' odorat et l'imaginaire social XVIII e XIX siècles. Paris: Aubier-Montaigne, 1982.

CORBIN, Alain. *Saberes e odores:* O olfato e o imaginário social nos séculos XVIII e XIX. Trad. Lígia Watanabe. São Paulo: Cia. das Letras, 1997.

DYOS, J. Harold J. & WOLFF, Michael (Org.). *The Victorian City*. Images and Realities. Vol. 2. London; Boston: Routledge & Kegan Paul, 1973.

ENGELS, Friedrich. (1845). *La situation de la classe laborieuse en Angleterre*. Trad. Badia Gilbert; Frederic Jean. Paris: Éditions sociales, 1960, prefácio Eric HOBSBAWM.

GEREMEK, Bronislaw. *Os filhos de Caim*. Vagabundos e miseráveis na literatura europeia – 1400-1700. Trad. Henryk Siewierski. São Paulo: Companhia das Letras, 1995.

HIMMELFARB, Gertrude. *The idea of poverty*: England in the early Industrial Age. New York: Randon House, 1985.

JONES, Gareth Stedman. *Outcast London*. A study in the relationship between class in Victorian society. London: Penguin Books, 1976.

JONES, John Stedman. Le Londres des réprouvés. *Recherches* n.29, dez.1977/1978, p. 33-77.

MASTERMAN, Charles G. (1902). *From the Abyss*. Of its inhabitants. By one of them. (ed. facsimile). New York/London: Garland Pub., 1980.

MAYHEW, Henry. (1851/1861). *London Labour and the London Poor*: a Cyclopaedia of the Condition and Earnings of those that will work, those that cannot work, and those that will not work. The London Street-folk: comprising, street sellers, street buyers, street finders, street performers, street artisans, street labourers with numerous illustrations from photographs. New York: Dover, 1968.

MEARNS, Andrew. (1883). *The bitter Cry of Outcast London*. An inquiry into the condition of the abject poor. New York: Humanities Press (The Victorian Library), 1970.

MELOSI, Martin V. (2000). *The Sanitary City*. Environmental services in urban America from colonial times to the present. Pittsburgh: University of Pittsburgh Press, 2008.

MEYER, R. P.; GROSTEIN, M.D. & BIDERMAN, C. *São Paulo Metrópole*. São Paulo: EDUSP; Imprensa Oficial, 2004.

PARK, Robert E. The City as a Social Laboratory. In SMITH, Thomas V. & WHITE, Leonard D. (Org.). *Chicago*: An Experiment in Social Science Research. Chicago: The University of Chicago Press, 1929.

ROCHARD, Jules (Org.). *Encylopédie d'Hygiène et de Médecine Publique*. Hygiène Urbaine – Tome III. Paris: Lecrosnier et Babé, 1891.

ROCHARD, Jules. *Traité d'Hygiène Sociale*. Paris: Adrien Dehahaye et Emile Lécrosnier Editeurs, 1888.

ROLNIK, Raquel. História Urbana: História na Cidade? In FERNANDES, Ana & GOMES, Marco Aurélio (Org.). *Cidade & História*. Modernização das cidades brasileiras nos século XIX e XX. Salvador: UFBA/Mestrado em Arquitetura e Urbanismo, 1992.

SALGADO, Ivone. Pierre Patte e a cultura urbanística do iluminismo francês. *Revista de Estudos sobre Urbanismo*. São Paulo: Cadernos de Pesquisa do LAP – FAU-USP, n.38, jul.-dez. 2003.

TREBLE, James H. *Urban Poverty in Britain 1830-1914*. Londres: Methuen, 1983.

A CONSTRUÇÃO DA CIDADE E DO URBANISMO*
ideias têm lugar?

O tema proposto pela comissão organizadora do *XI Seminário de História da Cidade e do Urbanismo* traz para o debate um dos eixos sobre o qual se estruturam os estudos urbanos, seja na área de arquitetura, do urbanismo ou da história das cidades. Representou uma excelente oportunidade para se enfrentar a questão teórica crucial para os trabalhos de avaliação historiográfica do urbanismo e da prática de intervenções nas áreas urbanizadas ou fundação de novos núcleos urbanos. Proporcionou refletir sobre as contribuições apresentadas no período de 20 anos de "seminários".

A iniciativa de arquitetos voltados para a área de história da cidade e do urbanismo reúne pesquisadores de disciplinas afins, desde o início da década de 1990, por iniciativa de Ana Fernandes e Marco Aurélio Filgueiras Gomes, professores da UFBA. Neste XI SCHU enfrentamos o desafio de refletir sobre o tema "lugar das ideias" como questão central. Se para alguns dos componentes das três mesas-redondas, foi possível elidir a questão central e se deterem em seus próprios recortes temáticos de pesquisa, da minha parte, o desafio desdobrou-se ao ser proposta a tarefa de realizar o balanço crítico dos trabalhos apresentados. Lembro que sou histo-

---

*   Edição original em FREITAS, José Francisco Bernardino; MENDONÇA, Eneida Maria Souza. (Org.). *A construção da cidade e do urbanismo*: as ideias têm lugar? Vitória: EDUFES, 2012, p.141-159.

riadora e, assim, minha participação constitui um olhar externo à formação acadêmica em arquitetura e urbanismo, embora, há tempos, compartilhemos uma mesma indagação sobre a formação do pensamento urbanístico, sua aplicação na prática de intervenções, modificações internas ao campo evidenciadas perante questões, nem sempre novas, mas renovadas em sua complexidade.

Sublinho como característica bastante positiva dos "seminários", sua dimensão multidisciplinar. Neles predominam os arquitetos interessados na formação e transformações das cidades, e entretanto, não deixam de provocar e estimulam, entre pesquisadores de outras áreas, o debate sobre conceitos-chave do campo do urbanismo, aqui considerado em sua dimensão interdisciplinar ou transdisciplinar dos planos metropolitanos, regionais, nacionais e seus rebatimentos internacionais.

Em uma avaliação preliminar e com base nas apresentações orais dos trabalhos produzidos a partir da questão provocativa *A construção da cidade e do urbanismo: ideias têm lugar?* constato o amplo espectro de recortes temáticos abordados pelos pesquisadores preocupados em mapear, sob enfoques diversos, a formação do pensamento urbanístico, como campo de reflexão e intervenção, mas também o modo como a urbanização se dispõe sobre o território. Ao historicizar a disposição de leis, as inserções de elementos, tipologias e modelos formadores das "ideias" urbanísticas em situações particulares, seja na elaboração da trama de argumentos inscritos no campo do urbanismo, seja no modo como se estabelecem e se desdobram enquanto instrumentos de ação nas cidades, os participantes das mesas-redondas trouxeram informações fundamentais e estratégicas para o enquadramento do percurso formador desse campo de reflexão e atuação. Destacou-se nas apresentações a intenção de situar o lugar ocupado pela política, em sentido amplo, na delimitação das políticas públicas e na definição das várias estratégias de ação, e ainda, no posicionamento dos pesquisadores em relação aos seus próprios objetos de estudo. Afinal, assumir uma posição frente ao objeto de estudo implica, explícita ou implicitamente, definir, "o lugar de onde se fala", e como decorrência, a opção acerca do "lugar das ideias" para a constituição de sua própria disciplina.

Os temas propostos para as três mesas-redondas indicam algumas das várias dimensões essenciais do campo da construção das cidades e da formação do urbanismo: "A circulação das ideias na América Latina", "A experimentação, a prática e a dimensão cultural do urbanismo" e "Processos históricos e questões contemporâneas". Embora nem todos os conferencistas tenham colocado no centro de seus trabalhos a questão do lugar das ideias proposta para o *XI Seminário*, o percurso ou a tessitura de seus argumentos elucidam o ponto de vista teórico adotado.

Participaram da primeira mesa-redonda os colegas Arturo Almandoz Marte, Nestor Goulart Reis Filho e Marco Aurélio Andrade de Filgueiras Gomes, sob a coordenação de Leila Christina Dias. Os modos pelos quais as ideias circulam pelos países latino-americanos receberam dos pesquisadores enfoques diferentes, por vezes diferenciados, mas até certo ponto complementares. O fio condutor dos trabalhos foi a preocupação em trazer para nossa reflexão a produção escrita no campo disciplinar do urbanismo.

Arturo Almandoz expôs sua leitura crítica de extenso repertório historiográfico hispano-americano de período bastante longo que, iniciado nos anos 1920, quando predominaram as análises morfológicas, prossegue até a Agenda do V Centenário. Inscreveu a produção historiográfica em campos conceituais que se sucederam, porém, mantiveram dois vínculos: um interno ao próprio campo do conhecimento do urbanismo e outro estreitamente vinculado aos desafios colocados por questões políticas e sociais. Destacou um dos momentos fundadores, o da concepção orgânica do urbano e da cidade e a decorrente imagem com eles relacionada que induziu, e creio eu, em alguns trabalhos induz ainda nos dias atuais, a conceber a cidade como organismo vivo, tal como proposto pelo biólogo Patrick Geddes no final do século XIX.

Essa aproximação entre os começos do urbanismo e do planejamento urbano e regional, enquanto área de conhecimento, feita por Almandoz permite mostrar como Geddes, na trilha de Darwin, considerou aplicáveis os mesmos focos analíticos aos protozoários e à cidade.[1] Essa junção da ciência da vida com o campo do urbanismo em formação, definiu um paradigma persistente que relaciona a imagem do corpo vivo à organização sistêmica da cidade, com as possíveis deduções acerca de bom funcionamento, de disfunção, anomalias e patologias, e certamente, pensando a cidade na história sob o prisma de um processo evolutivo, ou seja, do desenvolvimento em sucessivas fases. Sua reflexão permitiu avaliar os desdobramentos implicados nessa posição teórica que possibilita e mesmo exige a intervenção de algo externo; a ação humana especializada seria indispensável na definição de rumos para manter a cidade como organismo saudável, pois, tal como todo organismo, ela se vê sujeita a ciclos e à degeneração, mas diferentemente deste, não detém entelequia ou autorregulação. Almandoz permitiu acompanhar os meandros em seus processos não lineares, pelos quais essa concepção orgânica de cidade chegou

---

1 Remeto ao livro WELTER, Volker M. & WHYTE, Iain Boyd. *Biopolis:* Patrick Geddes and the City of Life. Cambridge/Londres: MIT Press, 2002.

à agenda Cepalina do desenvolvimento e a formar, do ponto de vista externo, uma concepção da condição imatura da América Latina.

A mesma preocupação com a historiografia sobre a formação das cidades e da urbanização no recorte territorial do Brasil percorreu a apresentação de Nestor Goulart Reis Filho. A questão da circulação das ideias na América Latina mereceu um enfoque marcadamente sociológico com a preocupação de acompanhar a construção do campo historiográfico indagando-se sobre os conceitos utilizados e os diálogos e trocas dos pesquisadores. Apoiado em sua longa experiência de pesquisa,[2] Goulart indica vários trabalhos esparsos relacionados ao movimento moderno, como o SPHAN, Lucio Costa e Sérgio Buarque de Holanda, mas define o ano de 1945 como o momento representativo em que, no Brasil, dada a urbanização acelerada, se começou a ter consciência dos problemas urbanísticos, em resposta à força imagética da urbanização de massa, de seus problemas e da busca da forma de atendê-los e controlá-los.

O palestrante colocou, a meu ver, uma questão essencial, ao cruzar diversos campos disciplinares em sua trajetória de reflexão sobre essa historiografia – Antropologia, Geografia, História, Sociologia – que estiveram na base da preocupação com a urbanização de massa, não só no Brasil, mas em países europeus e nos Estados Unidos, em íntimo relacionamento com interesses sociais e políticos.

Marco Aurélio Filgueiras Gomes trouxe para o centro do debate a questão da circulação das ideias na América Latina e a pergunta fundamental: as ideias têm lugar? Sua principal referência foram as reflexões de Roberto Schwarz que resultaram no artigo *As ideias fora do lugar*, publicado em 1973.[3] Embora para Gomes seja importante reconhecer que, nos dias atuais, a compartimentação das ideias não mais acontece, dadas as possibilidades de difusão simultânea proporcionada pelo suporte da infor-

---

2   Lembro que Nestor Goulart Reis Filho é autor da primeira crítica, fundamentada em trabalho de pesquisa, à distinção entre a suposta urbanização regular efetivada pelos espanhóis em suas colônias americanas e a urbanização desleixada dos portugueses em sua colônia Brasil, distinção que se tornou paradigma de grande número de pesquisas na área de história das cidades e de história do urbanismo. Há também o trabalho de DELSON, Roberta Marx. (1979) *Novas Vilas para o Brasil-Colônia*. Planejamento Espacial e Social no Século XVIII. Trad. Fernando de Vasconcelos de Lyra; Miriam Vargas. Brasília: Ed.ALVA-CIORD, 1997.

3   SCHWARZ, Roberto. As ideias fora do lugar. In: *Estudos CEBRAP*, n. 3, jan. 1973; reimpresso em *Ao vencedor as batatas*: Forma literária e processo social nos inícios do romance brasileiro. São Paulo: Duas Cidades, 2000, p.9-31. Gomes mantém persistente interesse pela questão, ver: GOMES, Marco Aurélio Filgueiras. A construção da história urbana no Brasil e a experiência dos Seminários de História da Cidade e do Urbanismo. In: PONTUAL, Virgínia; LORETO, Rosane Piccolo (Org.). *Cidade, território e urbanismo*. Recife: CECI, 2009, p.33-38.

mática – o *cyber space*, sua posição ratifica que as ideias são marcadas pelo lugar de sua recepção em diferentes realidades sociais. Logo, a seu ver, deve-se considerar o mecanismo complexo das realidades locais de modo a não pensar em uma transposição mecânica e sim em uma transposição de ideias complexa e mediada pelo lugar de recepção que inclui, não só os circuitos hemisférios norte-sul, para a arquitetura moderna, mas os internos ao continente americano, para a planificação.

Sublinha, assim, a importância de contrapor o olhar estrangeiro, sempre atento à difusão das grandes obras da Arquitetura latino-americana expostas em vitrines de arquitetura e urbanismo, e à necessidade dos pesquisadores latino-americanos voltarem seus olhares para a América Latina. Para tanto, propõe uma agenda de temas motivadores de interlocuções e trocas internacionais voltadas para os países latino-americanos. Chamou minha atenção em sua exposição o atual interesse da União europeia, no caso, Espanha e Portugal, para com países da América Latina, que traz uma suspeita intrigante, a do retorno da dimensão político-econômica entre ex-metrópoles e ex-colônias.

A segunda mesa-redonda, sob a coordenação de Renato Luiz Sobral Anelli, centrou-se na experimentação e na dimensão prática e cultural do urbanismo e dela participaram Inês Sanches Madariaga, Fania Fridman e Maria Cristina Leme. As pesquisadoras trouxeram para o debate o tema do território a partir de enfoques diferentes: Madariaga e Fridman se detiveram no território físico da ação de urbanizar e Leme dirigiu sua análise para o território do saber urbanístico. Em todas as exposições enfatizou-se a dimensão política das práticas urbanísticas de ocupação e controle do território.

Madariaga apresentou análises críticas referentes à questão da ocupação do território pela dispersão urbana, tema bastante atual também para as cidades brasileiras. Apoiada em sua experiência em órgãos de administração governamental da Espanha, expôs a complexa relação do planejamento urbano com interesses imobiliários e a necessidade de redirecionar o planejamento regional para a concepção de cidade compacta, prevendo sua inserção no território, seus contextos e seus custos, para que atinja o objetivo de sustentabilidade. Recortou, em sua extensa pesquisa, o estudo de quatro casos, dois nos Estados Unidos, as cidades de San Diego e Portland, e dois em países europeus, Berna na Suíça e Ramdstat na Holanda. Na análise de expansão dispersa dessas cidades mostrou o interesse em conservar espaços naturais, em dirigir o crescimento para lugares específicos, bem como em definir a dimensão dessa expansão e a possibilidade de resolver problemas e atingir os objetivos almejados envolvendo os vários âmbitos e instrumentos disponíveis, tais como, manuais e simulações. Retenho, com ênfase, em sua exposição, a afirmação de que, a despeito de propostas formais gerais, a efetivação de cada planejamento e a solução dos problemas se efetiva de acordo com a cultura política de cada país.

A conquista do território fluminense desde os inícios do processo de colonização portuguesa foi o tema tratado por Fridman. Ao estabelecer as várias etapas desse processo, mostra terem sido, todas, orientadas para o deliberado objetivo da ocupação controlada pela metrópole que lançou mão de práticas legais e urbanísticas para a criação de redes urbanas, já nos dois primeiros séculos de colonização. Pontuou a alteração de estratégia do período pombalino, na segunda metade do século XVIII, quando Pombal estipulou o controle da população da colônia americana, por meio da elevação de capelas a paróquias, cumpriu a intenção de urbanizar com vistas à busca de eficácia na cobrança de impostos. Estratégia ampla que, em São Paulo, ocorreu na ação contra os sítios volantes.[4] Em sua longa, detalhada e instrutiva exposição, sublinhou o quanto a violência se dispôs como instrumento para tornar factível essa ocupação e implicou tanto a violência física contra pessoas, como a violência simbólica com a eliminação de lugares e de seus significados.

Leme deslocou a questão da territorialidade física da urbanização para a dos saberes sobre a cidade e o urbanismo, suas questões teóricas e os métodos de investigação utilizados. A apresentação esteve intimamente vinculada à sua própria trajetória de pesquisadora e deu continuidade a reflexão já pontuada por ocasião do X SCHU.[5] Na busca de definir o lugar das ideias no campo do urbanismo, relacionou as várias disciplinas que contribuíram para constituir o campo teórico e a prática do planejamento da ocupação do território. Em sua exposição, ressaltou a importância da dimensão política, com a participação plural e ativa de profissionais da área de Engenharia e Arquitetura nas agências da administração pública, mas também a de uma que esteve explicitamente sujeita às injunções políticas no período do Estado Novo, na agenda da Comissão Econômica para América Latina e Caribe (CEPAL), no Pós-Segunda Guerra, na presença do padre Lebret, com o movimento Economia e Humanismo e a formação da Sociedade para Análise Gráfica e Mecanográfica

---

4   Para São Paulo, remeto para o livro TORRÃO FILHO, Amilcar. *Paradigma do caos ou Cidade da conversão?* São Paulo na administração do Morgado de Mateus (1765-1775). São Paulo: FAPESP/Annablume, 2007.

5   LEME, Maria Cristina da Silva. A circulação das ideias e práticas na formação do urbanismo no Brasil. In: PONTUAL, Virgínia; LORETO, Rosane Piccolo. (Orgs.). *Cidade, território e urbanismo*. Recife: CECI, 2009, p.73-92.

Aplicada aos Complexos Sociais (SAGMACS) em São Paulo. Esses processos de cruzamento entre o saber especializado e a política que sofrem inflexão nos anos 1960, em particular pela interrupção a partir do golpe militar de 1964. Sublinho em sua exposição a forte ênfase à dimensão pluridisciplinar do urbanismo e, tal como Fridman e Madriaga, a importância estratégica da política na configuração de cidades e de seus territórios.

A terceira mesa-redonda, sob minha coordenação reuniu os pesquisadores Laurent Vidal, Margareth de Silva Pereira e Ana Maria Fernandes e girou em torno do tema dos processos históricos e questões contemporâneas.

Vidal trouxe uma reflexão sobre a encenação do poder quando da mudança da capital do Brasil da cidade do Rio de Janeiro para a cidade de Brasília, construída com a finalidade específica de acolher a sede do Governo Federal.[6] A temporalidade da mudança territorial da Capital da República, entre os anos 1956 e 1960, incide, de forma diversa, na "invenção do lugar do poder", no tempo esmigalhado e fugidio da saída do Rio de Janeiro e na inauguração e inscrição do novo lugar territorial do poder político-administrativo. A busca dos signos divinos teve, a seu ver, expressiva presença na elaboração desse novo lugar, fosse com o argumento mítico do sonho de D. Bosco, na cruz que define os eixos do traçado urbano, proposto por Lucio Costa, ou ainda na caravana – quase peregrinação – do deslocamento da comitiva presidencial para a nova Capital. Vidal se deteve, em particular, na encenação política da saída do presidente do Rio de Janeiro, em sua preocupação em minimizar para os cariocas a perda da Capital da República com a transformação do palácio governamental em Museu e a entrega teatral da chave do prédio ao seu diretor, em um ato simbólico de apagamento de lugar vivo do poder para transmutá-lo em lugar histórico do poder no passado.

Na mesma trilha da dramatização da ação do poder instituído, Fernandes apresentou em vídeo o ato violento da derrubada das barracas das praias de Salvador em obediência à determinação do Ministério Público Federal, com apoio de arquitetos, urbanistas e ambientalistas, entre outros, em nome do princípio do ir e vir. Pode-se indagar se a intenção governamental não declarada foi a de erradicar lugares e práticas consideradas nocivas à condição sanitária da cidade e dos frequentadores da orla marítima. Violência desdobrada em outros atos, como a expulsão de moradores de áreas de ocupação ilegal, violência inscrita de modo dramático no depoimento

---

6 A apresentação é parte da pesquisa de Laurent Vidal, publicada no livro VIDAL, Laurent. *Les larmes de Rio*. Paris: Éditions Flammarion, 2009.

de um dos desabrigados captado em vídeo e divulgado pelo *YouTube*. Fernandes nos obriga a refletir sobre questões contemporâneas relacionadas com a concentração de riqueza, a desigualdade, a busca de integração social, os direitos ambientais e direitos coletivos, a violência em sociedades democráticas envolvendo empreendimentos urbanísticos, a apropriação privada do espaço público. Obrigou-nos, principalmente, a pensar que as ideias e os projetos precedem as ações, mas demonstram ser um aprendizado no qual se encontram ausentes as preocupações do Ministério da Cidade e das políticas urbanas, ou seja, as ações governamentais.

Silva Pereira, em reflexão bastante pessoal, ao responder se as ideias têm um lugar, propôs a importância de se desvelar a dimensão do nosso consciente e do nosso inconsciente coletivo em termos teóricos e esquematizados. Suas respostas partiram do SIM, já que olhamos as questões do mundo e a ele damos um sentido, e mais ainda, ao se referir à área de arquitetura e urbanismo, afirmou enfaticamente: pensar é construir, construir é pensar ideias que emergem no confronto com a alteridade e no compartilhamento. Deslizaram depois para o NÃO, já que as ideias são porosas, viajam, circulam, atravessam, conformam teias e territórios; são encarnadas e carregadas por pessoas, por atores que as apresentam, as representam; são memórias de nossas experiências, e tal como elas, instáveis; são polissêmicas, exalam uma proliferação de sentidos. Finalizou seu percurso com um DEPENDE, já que dada a instabilidade inerente às ideias, mostram-se precárias e contingentes, pressupõem embates e conflitos de diversas naturezas, são constantemente resignificadas. Afinal, diz Silva Pereira, é imprescindível pensar em fronteiras e nos critérios de sua territorialização no Brasil, pensar que devemos refletir sobre nosso vocabulário e sua incidência nesse nosso objeto de estudo interdisciplinar, multidisciplinar, transdisciplinar.

Das apresentações dos nove conferencistas, retenho argumentos daqueles que tematizaram diretamente a questão do "lugar das ideias": de Filgueiras Gomes, mantenho a questão do translado e apropriação; de Arturo e Leme, a datação política com a CEPAL em 1960; de Silva Pereira, a indagação acerca da transitoriedade das ideias, a contingência, a polissemia, os embates de interesses de ordem variada. Somo a essas questões elementos das apresentações que considerei cruciais para construir minhas próprias reflexões, rever suposições e definir uma posição, ainda que, reconheça sua precariedade, sua transitoriedade, sua contingência, mas, sobretudo, para esclarecer a posição que me permite pensar e falar de cidades e de urbanismo.

Lembro, em primeiro lugar, o caráter instrumental para os estudos urbanos das análises historiográficas no sentido amplo, pois acolhem escritos de sociólogos, economistas, geógrafos, antropólogos e arquitetos. Enfatizo também a característica operativa ou pragmática do campo de conhecimento denominado urbanismo, o que torna as reflexões acerca de sua formação um momento fundamental para se avaliar as "ferramentas" ou o "instrumental teórico" dispostos para a formulação de planos de intervenção urbana. Entendemos por "ferramentas" ou "instrumental teórico" o campo conceitual – um vocabulário próprio ao urbanismo, bem como uma gramática – regras de uso, e atos de fala – o uso desse vocabulário em suas várias linguagens: escrita, estatística, esquemática, projetual, a ampla gama iconográfica de mapas, projetos, esboços, desenhos, pinturas, fotos, e os recursos dos meios informáticos. Tal como o vocabulário de um idioma passa por modificações, palavras entram em desuso ou são substituídas por outras, palavras são acrescentadas, o vocabulário do urbanismo modifica-se e se enriquece pela reflexão sobre as "questões urbanas" que colocam desafios ao profissional.

Assim, se nos inícios da formação desse campo conceitual no século XVIII (e insisto no plural "inícios", pois não penso em "origem", como fosse discernível demarcar um momento ou um lugar) evidencia-se um forte e inseparável vínculo entre os preceitos do higienismo e sua tradução em termos da Engenharia Civil e da arquitetura, não se pode ignorar estarem também inscritas preocupações éticas e moralizantes de religiosos, filósofos, filantropos, reformadores sociais e literatos. Trata-se, pois, da formação de um complexo campo transdisciplinar atravessado por noções filosóficas de diferentes vertentes, por posições políticas em constante movimento e pelos interesses econômicos e financeiros de proprietários e empresários. Noções, e aqui tomo como exemplo fundamental, a de compaixão que desliza da religiosidade e do foro íntimo das pessoas e suas ações caritativas para o campo da política e da economia política.[7]

Ainda se, nas décadas iniciais do século XX, os tratados de higiene foram considerados por demais exigentes em suas concepções teóricas da boa cidade e da moradia adequada, nem por isso seus preceitos se viram abandonados. O que se explicita

---

7 Remeto às reflexões de ARENDT, Hannah. (1963) *Sobre la revolution*. Trad. Pedro Bravo. Madri: Revista de Occidente, 1967, cap. 2. La questión social, p.67-124; HIMMELFARB, Gertrude. *The idea of poverty*: England in the early Industrial Age. New York: Vintage Books, 1983 (em particular o capítulo II Adam Smith, p.42-63); a meus artigos: BRESCIANI, Stella. A compaixão pelos pobres no século XIX: um sentimento político. In: SELIGMANN-SILVA, Márcio. (Org.). *Palavra e imagem, memória e escritura*. Chapecó: Argos, 2006, p.91-126; e BRESCIANI, Stella. A compaixão na política como virtude republicana. In BREPOHL, Marion; CAPRARO, André; GARRAFONI, Renata Senna. (Org.) *Sentimentos na História*: Linguagens, práticas, e emoções. Curitiba: Ed.UFPR, 2012, p.115-151.

de modo claro é o esforço dos engenheiros sanitários, engenheiros e arquitetos para encontrar soluções menos onerosas que alcançassem os mesmos resultados ou resultados aproximados e aceitáveis. Sem dúvida, muito dos avanços técnicos da área da construção civil e das intervenções urbanas, em especial as relacionadas aos equipamentos de infraestrutura, mantiveram, ao menos em seus programas e planos, as exigências definidas pelo campo do urbanismo em formação. Fixava-se a longa e imprescindível vinculação desses campos de conhecimentos, embora tenham seguido em sua prática nem sempre os mesmos caminhos.

Retenho uma das ideias constitutivas do campo do urbanismo, contida no lema de William Lethaby, citada pelo engenheiro-arquiteto Luis de Anhaia Mello em conferência de 1928: "Construir cidades é construir homens. O ambiente urbano é o que plasma o caráter humano de acordo com a própria feição, para a fealdade e para a beleza".[8] A frase diz bem da aposta, sempre renovada, em relação ao vínculo entre a configuração física da cidade e a formação física e psicológica de seus habitantes. Lema que poderíamos projetar retroativamente à *República* de Platão, ou à menos longínqua *Utopia* de Thomas More e as subsequentes propostas de edificações e cidades idealizadas para conformar moralmente as pessoas, presentes em escritos de Bentham, Saint-Simon, Fourier e outros autores que no século XIX se propuseram a tarefa de conciliar o trabalho industrial e as usinas, o capital e o trabalho. Ideias e propostas que circularam por países europeus e atravessaram o Atlântico inserindo-se nos países formados pelas metrópoles colonizadoras. Lema que traduz em termos operativos, a ideia central do arquiteto William Lethaby ao afirmar, em 1891, que se propunha a fazer uma história da arquitetura que não fosse reduzida à suas origens utilitárias relativas aos modos construir com base no ajuste das formas às condições locais dos materiais disponíveis – o barro na Mesopotâmia, o granito no Egito e o Mármore na Grécia.

Para tanto, apoiava-se no pressuposto de que construir nada significava além de veículo do arquiteto, um meio para dar corpo ao pensamento por trás da forma, com o propósito de manifestá-lo e transmiti-lo. "A arquitetura", para ele, "configurava a construção, não para a simples satisfação das necessidades do corpo, mas para as mais complexas do intelecto".[9] O quanto desta concepção simbólica e idealista,

---

8   Citado por MELLO, Luiz de Anhaia. O Problema Psychologico. In: Problemas de Urbanismo. Base para a Resolução do Problema Technico. *Boletim do Instituto de Engenharia*. São Paulo: Escolas Profissionaes Salesianas, 1929, p.17.
9   LETHABY, William. R. (1891) *Architecture, Mysticism and Myth*. Nova York: Cosimo, 2005.

platônica, tramada entre o mito e o misticismo, como ele mesmo afirma no título de seu livro, se mantém viva, até em suas versões funcionalista e utilitária? E o quanto a mesma indagação pode deslizar para as concepções de construção de cidades?

Nossa questão fundamental pode ser enunciada nesses termos: como determinar a nacionalidade ou a procedência "nacional" de ideias ou de determinados programas urbanísticos e arquitetônicos, já que a noção de identidade nacional foi elaborada como arma de combate político nos dolorosos processos de independência das colônias nas Américas? Teria ela sido transposta do campo das lutas e embates políticos para o domínio da arte de construir e edificar cidades, ou, em outra chave, da ciência do urbanismo, polarização corrente na primeira metade do século XX?

Pela excelente análise e clareza da argumentação, escolhi trazer para o debate um trabalho recente de Elías Palti,[10] dedicado a pesquisas na área de História Intelectual e ao "lugar das ideias". Para ler o alerta de Palti, quando se refere ao erro de tomar como transparentes e racionais os ideais que foram utilizados como bandeira de luta pela independência das colônias hispano-americanas e a implantação de instituições democráticas, retomo as noções de contingência e de polissemia, já enunciadas por Silva Pereira em sua apresentação.

No seu alerta, Palti mostra que esse procedimento levou vários estudiosos a concluirem ser o período das guerras pela independência caótico e povoado por personagens grotescos, ao invés de ser entendido como tempo de refundação e de incertezas, em que o sentido desses ideais somente poderia ser resolvido no tempo próprio da política.

Palti propõe como procedimento de análise deixar de lado nossas ideias e valores atuais para adentrarmos o universo conceitual da temporalidade da crise de independência e o processo de construção de novos Estados nacionais. A linguagem política e seu vocabulário têm chaves de entrada conceituais datadas, não é transparente e as mudanças semânticas não são apreensíveis pelo dicionário. "Uma linguagem política, (afirma), não é um conjunto de ideias ou conceitos, mas um modo específico de produzi-los". Para reconstruir a linguagem política de um período não bastaria, portanto, reconstruir o vocabulário político, se faz necessário "(...) penetrar a lógica das articulações e a forma como se recompõe o sistema de suas relações recíprocas".[11]

Podemos entender como parte desse processo de articulações políticas a intenção de nomear a fundação desses países como algo autêntico e próprio, de modo a

---

10 PALTI, Elías J. *El tiempo de la política*. Buenos Aires, Madri e México D.F.: Siglo XXI, 2007.
11 PALTI, Elías J. *El tiempo de la política*. Op. cit., p.14 e 18.

contrastá-los frente às demais culturas, um ato político por excelência. A sequência de afirmações da especificidade do nacional, do regional e do local sugere a complexidade da definição de identidades sobrepostas com profundas repercussões na tradição cultural e política da "Latinoamérica". No que se refere ao Brasil, talvez o processo tenha sido menos traumático, já que, a despeito do novo pacto constitucional, as grandes famílias luso-portuguesas mantiveram-se como elite e mantiveram relações com a antiga mãe pátria.

Os vários estudos voltados para as sucessivas tentativas de buscar a integração e forjar uma identidade ou consciência continental latino-americana mostram terem essas tentativas enfrentado um processo bem mais longo e complicado, cujo resultado, diferentemente, se expressou em um mosaico de diversos e numerosos países. Vários foram os congressos em busca da união hispano-americana. Em 1826 no Panamá, em 1848 e 1865 em Lima e em 1856 em Santiago do Chile, os encontros se estruturaram em torno de projetos de união, a partir da definição da consciência da "singularidade do continente americano", da formação do imaginário da "americanidade" ou do sentimento de pertencimento, como diríamos hoje, composto por um amálgama de projeções geográficas, de elementos da natureza, dos mitos e da religião.

Diversas designações se sucederam: "Colombia", ainda em finais do século XVIII, como forma de nomear o conjunto dos territórios do império espanhol na América; "América", quando no congresso do Panamá se buscou a unidade e a integração do continente sobre a base de repúblicas independentes e livres; "Hispanoamérica", nos congressos de Lima e de Santiago para interpor a diferença em relação à América do Norte; "América latina" ou expressões mais regionais – "*Central America*" e "*South America*" – associadas ao desejo explícito das elites intelectuais americanas de constituir uma identidade continental. Os autores[12] mostram como a noção de América Latina se imporia progressivamente em meio a um processo em que a oposição ao inimigo – a defesa e a manutenção da independência das ex-colônias – tornava-se o traço fundamental de identidade. Os esforços de se constituírem como uma confederação teve pouco êxito. Poucas também foram as tentativas de incluir o Império brasileiro nessa união das nações hispano-americanas. Na leitura desses autores, o que desejamos sublinhar é o caráter eminentemente político dessa busca de identidade fixada em um recorte nacional.

---

12 Adiciono ao livro de Palti o de GRANADOS GARCIA, Aimer & MARICHAL, Carlos (Org.). *Construcción de las identidades latinoamericanas*. Ensayos de historia intelectual siglos XIX e XX. México: Colegio de México, 2004.

No Brasil, a fórmula "as ideias fora do lugar", cunhada pelo crítico literário Roberto Schwarz, em texto publicado em 1973, marcou toda uma geração e as que a sucederam. Na intenção de definir um contraponto ao peso nacionalista das organizações de esquerda dos 1960-1970 e ao mesmo tempo traduzir em termos culturais os postulados da "teoria da dependência", Schwarz retomava, em chave marxista, a persistente questão da identidade nacional brasileira, presente em autores do século XIX e novamente na ordem do dia nos anos após a proclamação da República em autores, com posições políticas tão diferenciadas, como Alberto Torres, Oliveira Vianna, Paulo Prado, Sérgio Buarque de Holanda, Gilberto Freyre, e tantos outros, chegando até Darcy Ribeiro em *O povo brasileiro* de 1995.[13]

Palti insere Schwarz no grupo reunido no "seminário de Marx" dos anos 1960, comprometido com discutir as "teses dualistas" do desenvolvimento capitalista que concebiam as zonas periféricas como resíduos pré-capitalistas e tendentes a se desenvolver pelo modelo dos países centrais. A elas, os adeptos da "teoria da dependência" postulavam, ao contrário, existir uma dinâmica complexa entre "centro" e "periferia", enquanto partes constituintes do mesmo processo capitalista. Para eles, a periferia não seria uma "anomalia" local, mas criaturas ou contradições do próprio sistema, completa Palti. A particularidade da fórmula de Schwarz teria contribuído para ampliar o alcance dos postulados dependentistas para além da história econômica e social, até a crítica literária e cultural. Para tanto, retomava também estudos de Antonio Candido, nos quais, este havia já definido conceitualmente a noção de centro e periferia, mas a destituindo da condição de inferioridade latino-americana em relação à europeia. Nessa trilha, a crítica a Silvio Romero e sua crença de que os desajustes ideológicos nas regiões periféricas fossem evitáveis desmonta esquemas romântico-nacionalistas, até então bases das histórias da literatura brasileira enquanto busca do auto-descobrimento de um ser nacional oprimido pelas categorias "importadas", estranhas à realidade nacional, diz Palti. Se, em estética, como na política, "o terceiro mundo é parte integral da cena contemporânea", de nada servia insistir na óbvia falsidade das ideias liberais na América latina; se deveria, na verdade, "observar sua dinâmica, da qual sua falsidade é um componente verdadeiro", seria "algo que os latino americanos não podem evitar", conclui Schwarz.[14]

---

13 Remeto para uma avaliação dessas posições a meu estudo BRESCIANI, Stella. *O charme da ciência e a sedução da objetividade*. Oliveira Vianna entre os intérpretes do Brasil. São Paulo: Ed. UNESP, 2005, 2007.
14 Citação de Schwarz apud PALTI, Elías J. *El tiempo de la política*. Op. cit., p.263-264.

Interessa, aqui, reter o modo pelo qual Palti introduz em sua análise a posição de Maria Sylvia de Carvalho Franco em seu texto-depoimento *As ideias estão no lugar*, publicado em 1976. Nele, Carvalho Franco critica Schwarz por recair no dualismo que buscara combater e argumenta não serem falsas as ideias dado que sempre servem a algum objetivo, de tal modo que as ideias liberais, tal como as correntes de defesa do escravismo, constituíam partes integrantes da complexa realidade brasileira. Para Palti, a posição de Carvalho Franco seria mais consistente do que a de Schwarz por colocar de modo explícito o caráter eminentemente político das atribuições de "alteridade" das ideias em oposição a Schwarz, cuja fórmula levaria a instaurar um lugar da Verdade e reduzir o resto a meras "ideologias". A meu ver, se o embate o perseguiria ao longo de toda sua trajetória intelectual, desdobrando-se em sucessivas elaborações, a crítica de Carvalho Franco teria tocado no ponto nevrálgico da argumentação de Schwarz.

Contudo, a despeito da crítica a Schwarz, Palti mantém firme sua oposição centro-periferia e o caráter "capitalista periférico" dos países latino-americanos. Sua crítica a Carvalho Franco a alcança ao afirmar que sua posição teórica tenderia a dissolver a cultura brasileira na ideia de unidade da cultura ocidental. Desse modo, a autora perdia o núcleo argumentativo de Schwarz e, consequentemente impediria a tematização das particularidades que derivam da condição periférica da cultura local, temática de Schwarz, mais sensível, diz Palti, às peculiaridades do caráter periférico da cultura local.

Pode-se afirmar que as ideias estariam no lugar na Europa e fora do lugar na América Latina? Palti coloca a questão: por Schwarz manter o esquema dos "modelos" e dos "desvios", isso tem consequências, mas seria a oposição entre "modelo" e "cópia" adequada para dar conta do tipo de assimetrias culturais?

Palti encontra a resposta ao indicar terem os sucessivos estudos de Schwarz sobre a produção literária no Brasil, em particular a de Machado de Assis, possibilitado apreender criticamente a própria falsidade da "forma" europeia. Ou seja, o romance realista, rebaixado em seu translado para "a periferia" (no caso o Brasil), tornara manifestos os dispositivos discursivos que deveria ocultar. Desse modo, sem "renegar a condição marginal da cultura ocidental, mas explorando-a", Schwarz teria desvendado "o segredo da universalidade da obra" machadiana, já que as possíveis "distorções locais" não autorizariam a concluir que as ideias estão sempre bem situadas na Europa e mal situadas na América Latina, como o conceito das "ideias fora do lugar" parecia supor. Descoberta que, paradoxalmente, o aproximaria perigosamente de seus antagonistas, ao ver de Palti.

A insistência de Palti na dicotomia centro-periferia se repõe na leitura de mais um autor crítico de Schwarz, Silviano Santiago em sua concepção de "entre-lugares", como desvio da norma, a marca da diferença, inscrevendo-se como o outro dentro do Um da cultura ocidental da qual faz parte. Persiste na dicotomia ainda quando a desloca para o campo da linguística e estabelece o jogo sempre presente entre "língua" (significado) e "fala" como realização de uma ação (sentido). Os enunciados transcenderiam a distinção entre "ideias" e "realidades" por serem sempre reais como atos de fala. Com essa proposta sugere a possibilidade de se captar a dinâmica problemática das ideias na América Latina em que a pragmática da linguagem estabelece relações significativas entre os textos e seus contextos particulares de enunciação e assim, encontram algum traço que as particularizem. Para ele, a busca das determinações contextuais que condicionam os modos de apropriação, circulação e articulação dos discursos públicos vai muito além da história das ideias. Propõe deslizar o enfoque da questão do "lugar das ideias" para outro plano de análise: uma história das linguagens e de seus modos de articulação. Esta seria uma ferramenta mais sofisticada do que o esquema de "modelos" e "desvios", embora o preço a ser pago por essa sofisticação argumentativa seja o de renunciar a toda expectativa de encontrar algum traço genérico, formulável, que identifique na história intelectual latino-americana uma característica particular em sua dinâmica.

O que desejo sublinhar é a persistente volta – sofisticadamente elaborada – de noções "facilitadoras" das análises, sejam elas no campo da história política, econômica, cultural, das cidades ou do urbanismo e trazer para o debate o tema de nosso *XI Seminário*.

Desloco agora o argumento para a formação transdisciplinar, compósita e complexa do pensamento urbanístico, em constante movimento de modificações e de novos elementos acrescentados a esse campo de conhecimento a partir de propostas, experiências de intervenção realizadas em diferentes cidades e diferentes países, se estrutura como campo entre-nações ou internacional, ainda que soluções apresentem características particulares a cada caso. A noção de tipo ou tipologia – e aqui apresento a leitura de Argan para a arquitetura dos tratadistas – contém a possibilidade do "emprego livre, não determinado por princípios estruturais ou proporcionais a priori, das morfologias deduzidas dos antigos". E atribui a Sérlio a substituição da relação edifício-espaço pela relação edifício-paisagem e definindo assim "a elasticidade espacial" pela estratégia das regras da perspectiva, do "escorço" como "recurso estilístico fundamental". Cada elemento, afirma Argan, pode e deve ser passível de modificação em razão da circunstância espacial em que é empregado. Existiria então a intenção, de generalizar um vocabulário da arquitetura, no caso, o clássico, quando fosse impossível uma experiência direta com os monumentos antigos. Diferentemente do modelo, sempre um protótipo, o tipo ou tipologia se dispõe como "uma espécie de 'média' deduzida da comparação de todos os monumentos antigos aparentados por uma clara analogia formal ou funcional", cuja "finalidade específica é o projeto". A transferência do projeto baseado no tipo para o processo de edificação nunca aconteceria arbitrariamente, mas pela adequação do tipo à irregularidade do terreno, ao caráter do ambiente, às exigências dos destinatários, aos limites do orçamento e, obviamente, ao estro do arquiteto.[15]

Desses argumentos, retenho a interposição do deslocamento entre o desenho/projeto e a edificação resultante, coerente a uma plasticidade ou emprego livre a ser adequado às injunções de cada processo construtivo. Assinalo ainda a importância do processo de produção em sua dupla trajetória: a da formulação dos tipos e a da sua utilização no agenciamento do espaço urbano e na disposição e edificação arquitetônica.

A condição de vocabulário estilístico dos tratados arquitetônicos pode ser extensiva ao vocabulário urbanístico em suas diferentes vertentes programáticas e políticas?

Penso ser mais importante conhecer o processo, por vezes bastante complexo, não linear e nem sempre tranquilo, pelo qual se formam conhecimentos e opiniões que precedem a escolha entre opções disponíveis no campo comum de conhecimentos e experiências da área de planejamento urbano, opções que permitem o compartilhamento de ideais e de resultados entre especialistas de numerosos países. Constituem conhecimentos e experiências formadoras de um fundo comum traçado sobre a projeção idealizada da boa cidade ou da boa arquitetura com pretensão à exemplaridade e objetividade transnacional.

Para seguirmos alguns percursos de propostas fundadoras do campo do urbanismo pode-se recorrer à pesquisa de Giorgio Piccinato, nos anos de 1970,[16] sobre a urbanística alemã das décadas finais do século XIX com sua clara demarcação entre a história do urbanismo e a história da cidade, logo entre as transformações

---

15 ARGAN, Giulio Carlo. (1984) A arquitetura do maneirismo. In *Clássico e anticlássico*. O Renascimento de Brunelleschi a Bruegel. Trad. Lorenzo Mammi. São Paulo: Companhia das Letras, 1999, p.379.
16 PICCINATO, Giorgio. *La costruzione dell'urbanista*. Germania 1871-1914. Roma: Officina Edizioni, 1974.

urbanas e a teoria urbanística, que por sua vez, não seguem um percurso linear. A pesquisa de Piccinato contou com a importante e, a meu ver, decisiva contribuição de Donatella Calabi[17] para o levantamento de congressos internacionais, exposições setoriais, nacionais e internacionais, eventos, publicações, relatórios administrativos e de pesquisas de campo, exposição de experiências bem ou mal sucedidas, viagens, observações *in loco*.

Esse exercício exploratório do caráter inter ou transnacional da formação do domínio comum do saber urbanístico permitiu a Calabi acompanhar, em trabalhos posteriores, a formação da área do urbanismo e as trajetórias de profissionais com formação diferenciada, bem como a composição de redes de informações nas quais prevaleceu a prática de compartilhamento de experiências. Desse modo, afirma Calabi, compunha-se um campo de conhecimentos de base interdisciplinar e uma linguagem ou vocabulário comum aos especialistas. A troca de conhecimentos e de experiências deu "origem a um corpo disciplinar mais ou menos especializado e restrito a um pequeno número de pessoas que constituíam a cultura urbanística da época", uma espécie de sociedade urbanística internacional ativa e atuante na propaganda do próprio âmbito operacional e na organização de situações de trocas e de debates que permitem definir e redefinir com maior precisão noções, categorias e conceitos.[18]

Aceitar o desafio de conhecer criticamente essa ampla circulação de ideias, modelos, tipologias e práticas bem ou mal sucedidas, constitui a base de nossas pesquisas e da leitura dos documentos produzidos em diferentes linguagens. Nosso intuito é não aprisionar a reflexão ou as respostas às questões levantadas a uma explicação ou interpretação *a priori* sempre apoiada em modelos facilitadores da análise. Quero propor a concepção de terem as noções e conceitos do urbanismo, não um lugar fisicamente definível – país, cidade, escritos de um profissional, livros, revistas, e demais suportes –, mas comporem um campo de conhecimento estruturado, embora não estável e cristalizado, e sim sujeito à transitoriedade das ideias, à contingência, à polissemia, aos embates de interesses de ordem variada.

---

17 A parte desenvolvida por Donatella CALABI encontra-se na apresentação da antologia de textos de profissionais alemães (Joseph Stübben, Reinhard Baumeister, Rud Eberstadt, Cornelius Gurlitt) e no Apêndice onde se encontra o levantamento de congressos, exposições, publicações: p.543-631, de PICCINATO, Giorgio. *La costruzione dell'urbanista. Op. cit.*
18 CALABI, Donatella. *Il "male" città: diagnosi e terapia. Didattica e istituzioni nell'urbanistica inglese Del primo '900.* Roma: Officina Edizioni, 1979; CALABI, Donatella. *Storia dell'urbanistica europea. Questioni, strumenti, casi esemplari.* Turim: Paravia Scriptorium, 2000, p.11-21.

Assim, a interpretação dos textos, da cartografia, dos projetos, planos, fotografias e demais documentos iconográficos exige que se restabeleça a teia de leituras, diálogos e concepções nas quais estiveram envolvidos os profissionais da área de intervenções urbanas nos séculos XIX e XX. Trata-se também de esclarecer essas noções-base a partir de leituras críticas da expressiva produção bibliográfica com suas efetivas contribuições para a área dos estudos urbanos.

Referências

ARENDT, Hannah. (1963) *Sobre la revolution*. Trad. Pedro Bravo. Madri: Revista de Occidente, 1967.

ARGAN, Giulio Carlo. (1984) A arquitetura do maneirismo. In: *Clássico e anticlássico*. O Renascimento de Brunelleschi a Bruegel. Trad. Lorenzo Mammi. São Paulo: Companhia das Letras, 1999, p.373-386.

BRESCIANI, Stella. A compaixão na política como virtude republicana. In: BREPOHL, Marion; CAPRARO, André; GARRAFONI, Renata Senna. (Org.). *Sentimentos na História:* Linguagens, práticas, e emoções. Curitiba: Ed. UFPR, 2012, p.115-151.

BRESCIANI, Stella. A compaixão pelos pobres no século XIX: um sentimento político. In SELIGMANN-SILVA, Márcio. (Org.). *Palavra e imagem, memória e escritura*. Chapecó: Argos, 2006, p.91-126.

BRESCIANI, Stella. *O charme da ciência e a sedução da objetividade*. Oliveira Vianna entre os intérpretes do Brasil. São Paulo: Ed.UNESP, 2005, 2007.

CALABI, Donatella. *Il "male" città: diagnosi e terapia*. Didattica e istituzioni nell'urbanistica inglese Del primo '900. Roma: Officina Edizioni, 1979.

CALABI, Donatella. *Storia dell'urbanistica europea*. Questioni, strumenti, casi esemplari. Turim: Paravia Scriptorium, 2000.

GOMES, Marco Aurélio Filgueiras. A construção da história urbana no Brasil e a experiência dos Seminários de História da Cidade e do Urbanismo. In PONTUAL, Virgínia; LORETO, Rosane Piccolo (Org.). *Cidade, território e urbanismo*. Recife: CECI, 2009, p.33-38.

GRANADOS GARCIA, Aimer & MARICHAL, Carlos (Org.). *Construcción de las identidades latinoamericanas*. Ensayos de historia intelectual siglos XIX e XX. México: Colegio de México, 2004.

FRANCO, Maria Sylvia de Carvalho. As ideias estão no lugar. *Cadernos de Debate*, n. 1, 1976, p. 61-64

HIMMELFARB, Gertrude. *The idea of poverty:* England in the early Industrial Age. New York: Vintage Books, 1983.

LEME, Maria Cristina da Silva. A circulação das ideias e práticas na formação do urbanismo no Brasil. In PONTUAL, Virgínia; LORETO, Rosane Piccolo. (Orgs.). *Cidade, território e urbanismo.* Recife: CECI, 2009, p.73-92.

LETHABY, William. R. (1891) *Architecture, Mysticism and Myth.* Nova York: Cosimo, 2005.

MELLO, Luiz de Anhaia. O Problema Psychologico. In: Problemas de Urbanismo. Base para a Resolução do Problema Technico. *Boletim do Instituto de Engenharia.* São Paulo: Escolas Profissionaes Salesianas, 1929.

PALTI, Elías J. *El tiempo de la política.* Buenos Aires, Madri e México D.F.: Siglo XXI, 2007.

PICCINATO, Giorgio. *La costruzione dell'urbanista.* Germania 1871-1914. Roma: Officina Edizioni, 1974.

SCHWARZ, Roberto. As ideias fora do lugar. *Estudos CEBRAP*, n. 3, jan. 1973.

SCHWARZ, Roberto. As ideias fora do lugar. In *Ao vencedor as batatas*: Forma literária e processo social nos inícios do romance brasileiro. São Paulo: Duas Cidades, 2000, p.9-31.

TORRÃO FILHO, Amilcar. *Paradigma do caos ou Cidade da conversão?* São Paulo na administração do Morgado de Mateus (1765-1775). São Paulo: FAPESP/Annablume, 2007.

VIDAL, Laurent. *Les larmes de Rio.* Paris: Éditions Flammarion, 2009.

WELTER, Volker M. & WHYTE, Iain Boyd. *Biopolis:* Patrick Geddes and the City of Life. Cambridge/Londres: MIT Press, 2002.

Agradecimentos

Sem a colaboração de Carlos de Oliveira, Fayga M. Madeira de Oliveira, Clecia A. Gomes, pós-graduandos cuja colaboração técnico fundamental foi viabilizado pelo Programa de Auxílio a Projetos Institucionais da Unicamp – PAPI, dificilmente teríamos conseguido converter e padronizar com eficiência os arquivos originais em seus variados formatos. Foi também fundamental o apoio financeiro e institucional do Programa de Pós-Graduação em História da Unicamp. Agradecemos às editoras – EDUFBA, EDUFES, ED.UERJ, ED.UFRGS, Presses de L'Université de Paris-Sorbonne, Rivages des Xantons, Annablume, CECI, Imprensa Oficial, Mauad, 34 pela autorização para publicação de artigos que agora compõem também esta coletânea, todos identificados no início de cada texto. Como organizadores, registramos nossa gratidão a José Lira, que prontamente acolheu nosso convite para converter uma homenagem em prefácio desta obra e, por fim, à generosidade e confiança de Stella em nossa desafiante proposta. A parceria e persistência nesse projeto foi crucial, desde o início.

Alameda nas redes sociais:

Site: www.alamedaeditorial.com.br
Facebook.com/alamedaeditorial/
Twitter.com/editoraalameda
Instagram.com/editora_alameda/

Esta obra foi impressa em São Paulo na primavera de 2018. No texto foi utilizada a fonte Minion Pro em corpo 10,25 e entrelinha de 15,5 pontos.